西武学園文理高等学校

マルケス校長

時に、西暦2024年

校則改正

主体性
協働性
多様性

行動力、判断力、自己表現力、自己肯定感
様々な価値観・文化・外見・背景を認め共存
ICT スキル、デジタル空間における道徳

学校改革

襲来

完成

人工芝グラウンド

自分の興味や好奇心を追求し、自ら学び、考え、解決策を見出す力を育てる

Be the

あなたの世界を一緒に

BUNRIS

アートクラス

開設

スペシャルアビリティクラスが進化

スポーツクラス

アカデミックチャレンジクラス

アカデミックマルチパスクラス

デュアルクラス

2024 NEW クリエイティブクラス

スポーツクラス

2025 NEW アートクラス

先端サイエンスクラス

\情報発信中/

ホームページ

説明会日程

X（Twitter）

Instagram

2025年度受験用 埼玉県公立高等学校 6年間スーパー過去問

年度	入試問題の収録内容		別冊		
			解説	解答	解答用紙
2024	学力検査	英語・数学・社会・理科・国語	◯	◯	◯
	学校選択	英語・数学	◯	◯	◯
2023	学力検査	英語・数学・社会・理科・国語	◯	◯	◯
	学校選択	英語・数学	◯	◯	◯
2022	学力検査	英語・数学・社会・理科・国語	◯	◯	◯
	学校選択	英語・数学	◯	◯	◯
2021	学力検査	英語・数学・社会・理科・国語	◯	◯	◯
	学校選択	英語・数学	◯	◯	◯
2020	学力検査	英語・数学・社会・理科・国語	◯	◯	◯
	学校選択	英語・数学	◯	◯	◯
2019	学力検査	英語・数学・社会・理科・国語	◯	◯	◯
	学校選択	英語・数学	◯	◯	◯

受検者平均点（全日制）

年度	英語	数学	社会	理科	国語	合計
2024	53.4 / 54.8	51.7 / 50.2	65.7 / —	51.6 / —	58.1 / —	280.5 / —
2023	45.8 / 56.7	55.8 / 50.5	64.1 / —	58.2 / —	57.1 / —	281.0 / —
2022	52.6 / 58.3	48.0 / 42.6	52.9 / —	52.5 / —	62.9 / —	268.9 / —
2021	51.4 / 61.6	62.2 / 56.0	62.6 / —	56.2 / —	68.7 / —	301.1 / —
2020	52.2 / 58.9	67.9 / 55.2	55.4 / —	51.1 / —	57.2 / —	283.8 / —
2019	47.7 / 64.3	42.3 / 53.5	60.3 / —	44.5 / —	58.3 / —	253.1 / —

※各教科100点満点　上段:学力検査　下段:学校選択　合計は各教科平均点の単純合計

上段グラフ 偏差値 70 / 60 / 50 / 40 / 35

ラベル: 理数　外　外　情処　園デ　体　音美書　（外）　理数

学校名	浦和	浦和第一女子	浦和西	浦和北	浦和東	川口	川口北	川口東	川口青陵	与野	蕨	南稜	鳩ヶ谷	大宮	大宮武蔵野	大宮東	大宮南	大宮光陵	さいたま市立浦和	さいたま市立浦和南	川口市立

学区：旧・第1学区（南部）

下段グラフ 偏差値 70 / 60 / 50 / 40 / 35

ラベル: 普　芸　ス　外　理数　定総合I　食物　デ　服デ　総ビ　電機　情技

学校名	桶川西	北本	伊奈学園総合	吹上秋桜	朝霞	朝霞西	志木	新座	新座柳瀬	和光国際	新座総合技術	川越	川越女子	川越南	川越西	川越初雁	所沢	所沢北	所沢西	所沢中央	狭山清陵	富士見	坂戸

学区：旧・第1学区（北部）　旧・第2学区（東部）

合格のめやす

不動岡	羽生第一	進修館	誠和福祉	羽生実業	草加	草加南	草加東	草加西	越ヶ谷	越谷北	越谷南	越谷西	越谷東	八潮南	三郷	三郷北	松伏	吉川美南	学校名
		旧・第7学区									旧・第8学区（南部）								学区

科目ラベル（縦棒・白棒内）:
- 進修館: 総合 / 情メ / 電シ / も
- 誠和福祉: 総合 / 福祉
- 羽生実業: 園芸 / 情処 / 商業 / 農経
- 草加南: 外
- 越谷北: 理数
- 越谷南: 外
- 八潮南: 情処 / 商業
- 松伏: 音 / (情ビ)
- 吉川美南: 全・定Ⅰ総合 / 定Ⅱ総合

偏差値目盛り: 70 / 60 / 50 / 40 / 35

（下部・別学区）

久喜工業	学校名
	学区

科目ラベル: 情技 / 環境 / 工化

偏差値目盛り: 70 / 60 / 50 / 40 / 35

表の見方

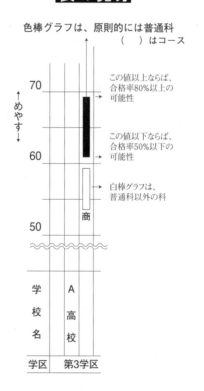

色棒グラフは、原則的には普通科
（　）はコース

め
や
す

- この値以上ならば、合格率80％以上の可能性
- この値以下ならば、合格率50％以下の可能性
- 白棒グラフは、普通科以外の科

学校名	A高校
学区	第3学区

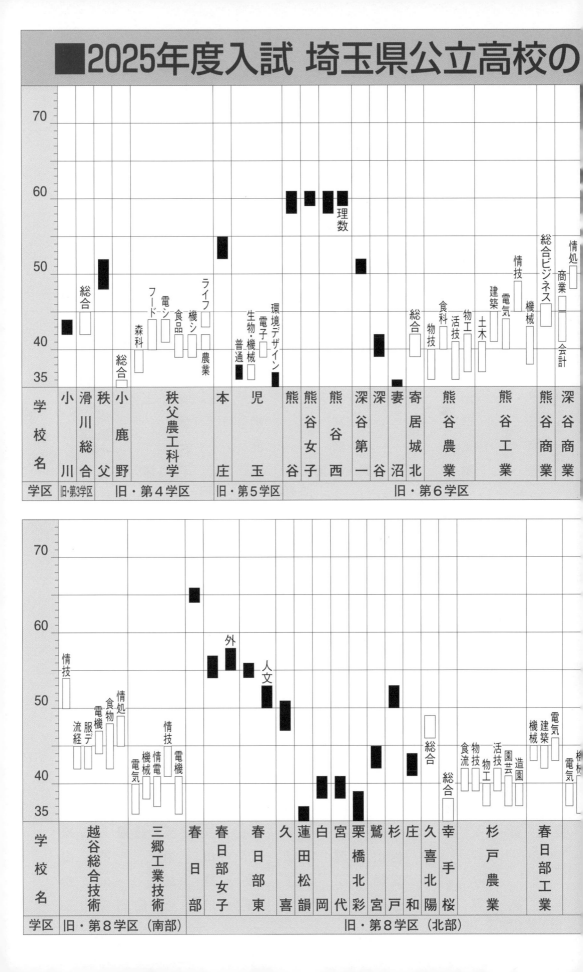

合格のめやす

偏差値スケール：70／60／50／40／35

旧・第8学区（北部）／旧・第1学区（北部）

学校名	科・コース（偏差値帯）
さいたま市立大宮北	理数
戸田翔陽	総合I
いずみ	環境／生物
川口工業	電気／情通／電気／機械
大宮工業	電機／機械／建築
浦和商業	情処／商業
大宮商業	商業
常盤	看護
岩槻	国文／商業
岩槻商業	情処／商業
鴻巣	
鴻巣女子	保育／家科／商業
上尾	商業
上尾南	
上尾鷹の台	
上尾橘	
桶川	

旧・第2学区（中部）／旧・第2学区（西部）／旧・第3学区（南部）

学校名	科・コース（偏差値帯）
坂戸西	美
越生	
日高	（情）
ふじみ野	スポ
鶴ヶ島清風	
市立川越	情処／国経
川越総合	総合
狭山緑陽	定総合I
川越工業	電気／デ／建築／機械／化学
狭山工業	電気／機械
所沢商業	電機／国流／ビ会
狭山経済	情処／情処／流経
芸術総合	映像／美／舞台／会計／音
飯能	
豊岡	
入間向陽	
松山	理数
松山女子	

受検者のみなさんへ

2024年度入試はどう行われたか（参考）

● **入学者選抜 実施要項**

5教科の学力検査を全校で実施

① 出 願

(1)公立高等学校２校以上に出願することはできない。

(2)同一高等学校における全日制と定時制の課程に出願することはできない。

(3)同一課程に２学科以上ある高等学校，普通科でコース等を設置する高等学校，２部または３部制の高等学校及びいずみ高等学校において，当該高等学校長は第２志望を認めることができる。

② 志願先変更

志願者は，期間内に１回に限り，志願先を変更することができる（帰国生徒特別選抜，外国人特別選抜へは変更できない）。

③ 学力検査

教科：国語，数学，社会，理科，英語（リスニング含む）

場所：志願先高等学校

学力検査の時間割

時間	8：45〜9：20	9：25〜10：15	休憩	10：35〜11：25	休憩	11：45〜12：35	昼食	13：30〜14：20	休憩	14：40〜15：30
教科等	一般諸注意	国 語		数 学		社 会		理 科		英 語

英語・数学は標準的な「学力検査問題」のほかに，一部に応用的な問題を含む「学校選択問題」を設定。2024年度入試で採用した学校は以下の22校。

> **2024年度入試　学校選択問題実施22校**
>
> 浦和・浦和第一女子・浦和西・大宮・春日部・川口北・川越・川越女子・川越南・熊谷・熊谷女子・熊谷西・越ヶ谷・越谷北・所沢・所沢北・不動岡・和光国際・蕨・さいたま市立浦和・さいたま市立大宮北・川口市立
>
> （県立高校は50音順）

また，2025年度入試の実施校は夏頃に公表される予定。

英語リスニングテストの音声について ※コードの使用期限以降は音声が予告なく削除される場合がございます。あらかじめご了承ください。

実技検査と面接は一部の学校で実施	**4 実技検査** (1)次の学科・コース等の志願者は，実技検査を受けなければならない。 　・芸術系学科(美術科，音楽科，書道科，映像芸術科，舞台芸術科) 　・体育科 　・スポーツサイエンス科 　・県立伊奈学園総合高等学校のスポーツ科学系及び芸術系 (2)外国語科・外国語コース等においては，英語による問答等を内容とする実技検査を実施することができる。 **5 面　接** 実技検査を実施しない学科・コース等においては，面接を実施することができる。 **6 入学許可候補者の発表** 場所：志願先高等学校での掲示と各校のホームページ等 ・入学許可候補者は，志願先高等学校に受検票を持参し，志願先高等学校長から交付書類を受け取ること。
●帰国生徒特別選抜による募集	全日制の課程において，一般募集に併せて実施する。 **1 出願資格** 一般募集の出願資格に準じ，かつ次の(1)または(2)のいずれかに該当する者。 (1)日本国外における在住期間が，帰国時からさかのぼり継続して，原則2年以上4年未満の者で，帰国後2年以内の者。 (2)日本国外における在住期間が，帰国時からさかのぼり継続して，原則4年以上の者で，帰国後3年以内の者。 　※「帰国後2年以内」及び「帰国後3年以内」とは，原則として帰国した日から2024年2月1日現在で，それぞれ2年及び3年が経過していない場合をいう。 **2 出願手続・志願先変更** 一般募集に準じる(一般募集を行う高等学校への変更もできる)。
学力検査は3教科で実施	**3 学力検査・面接(・実技検査)** 学力検査：国語，数学，英語(リスニング含む)(各50分) 面　　接：個人面接 (実技検査：実技検査を実施する場合，一般募集に準じる。) **4 入学許可候補者の発表** 一般募集に準じる。
●欠員の補充	入学許可候補者の数が募集人員に満たない場合，欠員の補充が行われる。 **1 欠員の補充を行う学校及び募集人員の公示** 2024年3月6日(水)　午後2時に県庁及び各教育事務所に公示。 ※埼玉県教育委員会のホームページにも掲載。 **2 欠員の補充の期間** 2024年3月18日(月)から，2024年4月まで

‖‖‖‖‖‖‖‖‖‖‖ 選 抜 の 方 法 ‖‖‖‖‖‖‖‖‖‖‖

1 選抜資料

(1)学力検査の得点

学力検査を実施する各教科の配点を100点とする。なお，傾斜配点を実施する学科・コースがある。

(2)調査書の得点

各高等学校の定める基準に従い，「学習の記録の得点」，「特別活動等の記録の得点」，「その他の項目の得点」を算出し，各得点を合計。

(3)その他の資料

「実技検査」及び「面接の結果」について，各高等学校の定める基準にしたがって得点を算出。

2 選抜の手順と方法

(1)第１次選抜（募集人員の60〜80%）

A学力検査の得点の合計，高等学校で定めた各定数をそれぞれ調査書の得点の合計，その他の資料の得点に乗じて，B調査書の得点の合計の換算点，Cその他の資料の得点の換算点を算出し，A，B，Cの合計得点に基づいて選抜し，入学許可候補者を決定する。

(2)第２次選抜（入学許可候補予定者数を満たすために必要な人数の60〜100%）

第１次選抜で入学許可候補者とならなかった者を対象者として，A学力検査の得点の合計，高等学校で定めた各定数をそれぞれ調査書の得点の合計，その他の資料の得点に乗じて，B′調査書の得点の合計の換算点，C′その他の資料の得点の換算点を算出し，A，B′，C′の合計得点に基づいて選抜し，入学許可候補者を決定する。

(3)第３次選抜（残り）※行われた場合

第３次選抜を行う場合，第１次・第２次選抜で入学許可候補者とならなかった者を対象者として，「特別活動等の記録の得点」，「その他の項目の得点」，「実技検査の得点」及び「面接の結果の得点」から，１つまたは２つ以上の組み合わせなどを用いて選抜し，入学許可候補者を決定する。また，通学距離または通学時間を資料に加えることができる。

埼玉県公立高校　2025年度入試全日程（予定）

願書等提出	志願先変更	学力検査	実技検査・面接	入学許可候補者発表
２月13日（木） 14日（金） 17日（月） ※２月13日は郵送による提出	２月18日（火） 19日（水）	２月26日（水）	２月27日（木） ※一部の学校	３月６日（木）

● インフルエンザ罹患等，やむを得ない理由により本検査を受検できなかった者の追検査は３月３日（月）に行う。

詳しくは今後の県教育委員会の発表をお待ちください。

英語 出題傾向と対策

●出題のねらい

　中学の学習指導要領の主旨を反映して，日常的なコミュニケーション能力を重視し，中学で学ぶ基本的な内容を広範囲にわたって出題する，というのが基本方針。具体的には，①まとまりのある比較的平易な英語の話を聞いて，その概要や要点を聞き取る力を見る，②基本的な語句や文法事項を文中で運用する力，および平易な英語を使って独自で表現する力を見る，③まとまりのある英語の文章を読んで，その概要や要点を読み取る力を見る，となっている。平素の授業に地道に取り組んでいれば，十分に対応できる問題である。

●何が出題されたか

学力検査	学校選択
1 放送問題	1 放送問題
2 適語(句)補充・条件作文	2 長文読解総合―会話文
3 長文読解総合―スピーチ	3 長文読解総合―説明文
4 長文読解総合―会話文	4 テーマ作文
5 長文読解総合―スピーチ	

　1の放送問題は共通で出題形式は例年と同じ。学力検査は2が基本単語を書く問題と条件作文。3は短めの読解問題。4は複数の形式の長文読解問題。5は短い読解問題で，その中に3文以上で書かせる作文問題が含まれる。学校選択は2は学力検査の4とほぼ同じ。3はやや長めの英文読解問題。4はテーマが与えられ40～50語程度で英文を記述する問題。

〈英語出題分野一覧表〉

分野		2021 検	2021 選	2022 検	2022 選	2023 検	2023 選	2024 検	2024 選	2025予想 検	2025予想 選
音声	放送問題	★	★	★	★	★	★	★	★	◎	◎
	単語の発音・アクセント										
	文の区切り・強勢・抑揚										
語彙・文法	単語の意味・綴り・関連知識										
	適語(句)選択・補充	●		●		●		●		◎	
	書き換え・同意文完成										
	語形変化	●	●			●		●	●	△	◎
	用法選択										
	正誤問題・誤文訂正										
	その他										
作文	整序結合	●	●	●	●	●	●	●	●	◎	◎
	日本語英訳　適語(句)・適文選択					●		●			◎
	日本語英訳　部分・完全記述						●		●		◎
	条件作文					●		●		◎	△
	テーマ作文	●	●	●	●	●	●	●	●	◎	◎
会話文	適文選択										
	適語(句)選択・補充										
	その他										
長文読解	内容把握　主題・表題										
	内容把握　内容真偽	●		●		●		●		◎	◎
	内容把握　内容一致・要約文完成	●	●	●	●	●	●	●	●	◎	◎
	内容把握　文脈・要旨把握	●	●	●	●	●	●	●	●	◎	◎
	内容把握　英問英答	●	●	●	●	●	●	●	●	◎	◎
	適語(句)選択・補充	●	●	●	●	●	●	●	●	◎	◎
	適文選択・補充	●	●	●	●	●	●	●	●	◎	◎
	文(章)整序										
	英文・語句解釈(指示語など)	●	●	●	●	●	●	●	●	◎	◎
	その他(適所選択)	●				●		●		◎	

●印：1～5問出題。　■印：6～10問出題。　★印：11問以上出題。
※予想欄　◎印：出題されると思われるもの。　△印：出題されるかもしれないもの。
検：学力検査　選：学校選択

●はたして来年は何が出るか

　学力検査，学校選択ともに基本的な内容が幅広く出題されると見てよい。共通問題の放送問題は，いわゆる5W1Hと呼ばれる疑問詞を用いた問いが多い。長文読解は学力検査，学校選択ともに2題で，うち1題はほぼ同じ問題である。2題とも英文の理解を試す問題が中心で，適語選択，整序結合，英問英答，内容真偽などが出題されるだろう。対話文形式の英文が出るので，会話の慣用表現や疑問文とその答え方の知識も重要なポイントとなろう。英作文は，学力検査は与えられた条件に合わせて3～5文程度の記述，学校選択ではあるテーマについて自分の考えを40～50語程度で記述する形式は変わらないだろう。

●どんな準備をすればよいか

　まずは基礎固めとして，中1の教科書から順に丹念に復習し直すことから始めよう。単語の綴りや文法事項を確かめながら，教科書を何度も音読する。基本的な英文に慣れることこそ，速読速解力を養う重要な第一歩なのだ。教科書に載っている重要構文や会話でよく使う慣用表現は，ノートにまとめておき，繰り返し読み書きして暗記してしまおう。また，日頃から習った表現を利用して，自分の身近な事柄を英語で書く練習をしよう。積極的に英語を使いこなそうとする姿勢が大切である。教科書以外では，長文読解や英作文の問題集で応用力を養うほか，余裕があれば中学生向けの副読本などを読んで，要点を日本語でまとめる練習をするとよい。なお，放送問題に関しては，平易な内容でも油断は禁物だ。読んでわかるということと，聞いてわかるということは別物である。継続して英語の発音に耳を慣らしておかなければならない。教科書用のCD教材か，あるいはラジオやテレビの初級レベルの英会話講座を毎日続けて聞くようにしよう。

数学 出題傾向と対策

●出題のねらい

　本年度の数学の出題方針は例年とほぼ同様である。すなわち，基礎的・基本的な内容について，広範囲にわたって出題し，①数学的な表現や処理の仕方や，数理的考察力，数学的な見方や考え方を活用する能力，②「数と式」，「図形」，「数量関係」に関する内容を総合的に活用する能力，③図形に対する直観的な見方や考え方と，論理的に推論する力，④基礎的な概念や原理・法則の理解，基礎的な技能の習熟度，並びにそれらを活用する能力を見るというのが出題のねらいである。

●何が出題されたか

　大問4題，23問の出題。①は小問集合で16問。各分野から基本的な計算力や知識を問うものを中心に出題されている。②は小問集合で，平面図形から2問。証明問題と作図問題。③は関数で，放物線と直線に関するもの。会話形式の出題。座標や線分の長さを文字を使って表し，2つの線分の長さの関係を利用して，点のx座標を求めるもの。条件に当てはまらない理由を答える問題もある。④は空間図形。水で満たした直方体の容器を傾けて水をこぼし，このときの残った水の体積や，床からの水面の高さを求める問題。

　学校選択問題は，大問5題，20問の出題。比較すると，小問数は少ないが，大問数が1題多くなり，少し高いレベルの問題となっている。知識だけでなく思考や推察する力を問う出題もある。

〈数学出題分野一覧表〉

分野	年度	2021検	2021選	2022検	2022選	2023検	2023選	2024検	2024選	2025予想検※	2025予想選※
数と式	数・式の計算, 因数分解	★	■	★	★	★	■	★	■	◎	◎
	数の性質, 数の表し方	■	■	●	●	■	■	■		◎	◎
	文字式の利用, 等式変形	●	●	●	●					△	△
	方程式の解法	★	●	★	●	★	●	●	●	◎	◎
	方程式の解の利用		●								△
	方程式の応用					●		●	●	△	◎
関数	比例・反比例, 一次関数					●	●			△	△
	関数 $y = ax^2$	●	●			●	●			△	△
	関数 $y = ax^2$とその他の関数	●	●	■	■			★	★	◎	◎
	関数の利用, 図形の移動と関数など		★								△
図形	(平面) 計量	★	★	★	●	■	●			◎	◎
	(平面) 証明, 作図	■	■	■	■	■	■	■	■	◎	◎
	(平面) その他										
	(空間) 計量	●	●	●	★	■	■	★	★	◎	◎
	(空間) 頂点・辺・面, 展開図	●					●			△	△
	(空間) その他					●	■				
データの活用	場合の数, 確率	●	●	★	★	●	●	●	★	◎	◎
	データの分析・活用, 標本調査	●	●	■	■	●	●	●	●	◎	◎
その他	特殊・新傾向問題など										
	融合問題										

●印:1問出題。 ■印:2問題。 ★印:3問以上出題。
※予想欄 ◎印:出題されると思われるもの。 △印:出題されるかもしれないもの。

●はたして来年は何が出るか

　前年とほぼ同様，大問が4題で，うち2～3題が独立小問集合形式，残りの1～2題が総合題で，総設問数は23問前後になるものと見られる。具体的には，前半の独立小問集合題では，数学の基本的概念や原理・法則の理解度を試す小問が16問前後。後半は，関数，図形を中心とした出題になると思われるが，複数の分野を融合した問題や特殊・新傾向問題が出題されることも考えられる。図形においては，証明問題と作図は必出である。学校選択問題は，前述のものに加え，応用力を問う問題が数問含まれる。問題数には若干違いはあるが，出題内容にはほとんど差異はないと思われる。

●どんな準備をすればよいか

　受験勉強，入試対策などといっても特別な方策があるわけではなく，毎日の基礎的・基本的な学習の積み重ねが合格への一番確実で賢明な道である。これは「普段の授業を大切にし，まじめに取り組んでいれば解ける問題である」といった入試後の中学校の先生方のコメントや，「幅広い領域からの基本的内容についての出題」という県教委発表の出題方針からも明らかであろう。具体的なポイントとしては，①不得意分野をなくす（←出題は広い領域にわたっている），②数・式，方程式の計算は確実，かつ迅速に処理できるよう繰り返し学習する（←配点の$\frac{1}{4}$を占める領域であり，ここで手間取っていたのでは，後半の総合題にじっくり取り組む時間がなくなってしまう），③時間配分を考えた学習を心がける，などが挙げられる。特に，秋以降の学習では，入試と同じ時間設定で模擬試験として問題を解いてみるのも効果的である。また，知識のみに頼らない柔軟な発想力や直観力を養うために，新傾向の問題にもできるだけ挑戦しておきたい。

社会　出題傾向と対策

●出題のねらい

地理，歴史，公民の各分野について基礎事項を中心とした幅広い出題がなされている。しかし，ほとんどの問題が資料を用いて出題されるなど，基本的知識を問うにとどまらず，資料の読み取りや総合的な考察力，文章表現力などさまざまな能力を見ようとする良問が多い。特にテーマごとの自由研究を想定して与えられた複数の資料を読み取り，論述させるものなどが多く見られ，論理的思考力を試す出題になっているといえる。各大問には，少なくとも1問，論述形式の出題があり，表現力も重視されている。

●何が出題されたか

出題は，本年度は全6題であった。内訳は地理，歴史から2題ずつ，公民から1題，三分野総合が1題となっている。

具体的な出題内容を見てみよう。地理的分野からは1が世界地理，2が日本地理で，ともに地図やグラフなどを利用して世界や日本の各地域の特色をとらえる問題であった。また，地形図の読み取り問題も出題された。歴史的分野からは，3では古代から江戸時代までの文化や政治について，4では年表を中心に近現代について政治・経済や社会などが出題された。5は公民の総合問題で政治や経済，労働・福祉などが出題された。6は三分野総合問題で，職場訪問を題材に，日本の歴史やアメリカの産業，鹿児島県の取り組みに関するレポートを読み取る問題などが出題された。

〈社会出題分野一覧表〉

分野	年度	2021	2022	2023	2024	2025予想※
地理的分野	地 形 図	●	●	●	●	◎
	ア ジ ア		産		総	◎
	ア フ リ カ			地		△
	オ セ ア ニ ア					△
	ヨーロッパ・ロシア			地	地	◎
	北 ア メ リ カ	地			産	◎
	中・南アメリカ	産				△
	世 界 全 般	地産	地産人	総	産 総	◎
	九 州・四 国		人		産人	◎
	中 国・近 畿				産	△
	中 部・関 東	産人		地産		◎
	東北・北海道		地産			△
	日 本 全 般	地産	地産	産	地	◎
歴史的分野	旧石器～平安	●	●	●	●	◎
	鎌 倉	●	●	●	●	◎
	室町～安土桃山	●	●	●	●	◎
	江 戸	●	●	●	●	◎
	明 治	●	●	●	●	◎
	大正～第二次世界大戦終結	●	●	●	●	◎
	第二次世界大戦後	●	●	●	●	◎
公民的分野	生活と文化		●		●	◎
	人権と憲法	●	●	●	●	◎
	政 治	●	●	●	●	◎
	経 済	●	●	●	●	◎
	労働と福祉	●		●	●	◎
	国際社会と環境問題	●	●	●	●	◎
	時 事 問 題				●	△

注) 地理的分野については，各地域ごとに出題内容を以下の記号で分類しました。
地…地形・気候・時差，産…産業・貿易・交通，人…人口・文化・歴史・環境，総…総合
※予想欄 ◎印：出題されると思われるもの。　△印：出題されるかもしれないもの。

●はたして来年は何が出るか

構成については大きな変化は考えにくいが，近年，論述形式の問題が多く出題されている。内容は基礎知識を中心としたものであろうが，論理的思考力などさまざまな能力を見るために，出題形式には工夫がこらされることが予想される。地図（地形図を含む），年表，統計などの資料の読み取りや，文章での簡潔なまとめなどは，日頃の学習の中で対応できるようにしておきたい。また，各分野とも現代社会と関連した出題が予想されるので時事的な問題にも気をつけたい。

●どんな準備をすればよいか

第一に基本的知識を確実に定着させることである。地図，写真，年表，グラフなどを用いた出題が多いが，正しく資料を読み取るためにも押さえるべき基本を確実にしておくことが重要である。まず，教科書を繰り返し活用して理解を深めておきたい。その際，日常の学習で使用する地図帳や年表，資料集などは十分に利用するとよい。また，近年の問題傾向を見ると，意欲や関心を持ち，主体的な姿勢で学習することが重要であろう。つまり，ニュースなどを通じて自分の社会的関心を育てること，各分野を関連させた総合的な学習をすることなどが求められる。地理では世界と日本の気候や産業，生活などのほか，地形図や貿易の統計などの各資料に当たっておきたい。歴史は略年表などで時代の流れと特色をとらえるとともに，同時代の世界の動きを視野に入れて学習していこう。また，公民では現代的課題から出題される場合もあるので時事的な問題にも関心を持ちたい。さらに過去の問題を解いて出題の意図や傾向を理解するとともに，自分の弱点を補強して学習の充実度を高めよう。

理科　出題傾向と対策

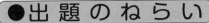

●出題のねらい

　理科の出題方針は，基本的な内容について広範囲な出題に努め，物理・化学・生物・地学の各分野と各学年での学習内容から均等に出題されるよう考慮したうえで，観察，実験に関する問題を出題し，科学概念の理解と思考，判断力などを見る，というものである。特に，観察，実験が重視されており，授業や身の回りの科学事象に対して取り組む姿勢そのものを問う内容となっている。また，図を含めた記述力，表現力，科学的な思考力を見る度合いもかなり高く，作図問題や論述問題が複数出題されている。

●何が出題されたか

　①は小問集合題8問。堆積岩，植物の体のつくり，こまごめピペットの使い方，光の屈折，季節風，生物のふえ方，科学技術と人間，半導体などに関する問題で，いずれも基礎的な知識を問う。②は月に関して，月の自転や日食，月の見え方などについての知識や理解，考察力を問う。③は動物に関して，節足動物の特徴や分類のための基準などについて知識や理解を問う。④は炭酸水素ナトリウムの反応に関して，分解してできた物質や実験結果などについての理解と考察力，数的な処理能力を問う。⑤は斜面を下る鉄球の運動に関して，鉄球にはたらく力や実験内容，鉄球の速さの変化と力学的エネルギーの移り変わりについての知識と理解，科学的な思考力を問う。なお，⑤問1では重力を分解する作図問題が見られた。

〈理科出題分野一覧表〉

分野		2021	2022	2023	2024	2025予想※
身近な物理現象	光と音		●	●	●	◎
	力のはたらき(力のつり合い)		●			◎
物質のすがた	気体の発生と性質	●				◎
	物質の性質と状態変化			●		◎
	水溶液					◎
電流とその利用	電流と回路	●				◎
	電流と磁界(電流の正体)			●		◎
化学変化と原子・分子	いろいろな化学変化(化学反応式)				●	◎
	化学変化と物質の質量				●	◎
運動とエネルギー	力の合成と分解(浮力・水圧)	●				◎
	物体の運動	●				◎
	仕事とエネルギー			●	●	◎
化学変化とイオン	水溶液とイオン(電池)	●				◎
	酸・アルカリとイオン	●				◎
生物の世界	植物のなかま			●		◎
	動物のなかま			●	●	◎
大地の変化	火山・地震	●	●			◎
	地層・大地の変動(自然の恵み)	●				◎
生物の体のつくりとはたらき	生物をつくる細胞			●		△
	植物の体のつくりとはたらき		●			◎
	動物の体のつくりとはたらき				●	◎
気象と天気の変化	気象観察・気圧と風(圧力)					△
	天気の変化・日本の気象		●			◎
生命・自然界のつながり	生物の成長とふえ方		●			◎
	遺伝の規則性と遺伝子(進化)				●	◎
	生物どうしのつながり					◎
地球と宇宙	天体の動き		●	●	●	◎
	宇宙の中の地球					◎
自然環境・科学技術と人間					●	△
総合	実験の操作と実験器具の使い方	●	●	●	●	◎

※予想欄　◎印：出題されると思われるもの。　△印：出題されるかもしれないもの。
分野のカッコ内は主な小項目

●はたして来年は何が出るか

　①が小問集合題であるため，出題範囲は広い。また，各大問当たりの小問数が多く，より正確で，深い知識や理解を必要とする問題が出題されている。来年度もこの傾向は続くと考えられる。しかし，問題は主に観察や実験を題材に出題されるので，出題される単元に大きな変動はないと考えられる。物理・化学分野では「電流とその利用」や「光と音」「化学変化と原子・分子」，生物・地学分野では「生物の体のつくりとはたらき」や「気象と天気の変化」が出題される可能性は高い。なお，論述問題や作図問題がどちらも複数見られるだろう。

●どんな準備をすればよいか

　教科書で取り扱われる観察，実験をもとにした出題がほとんどだから，学校の授業が最も重要であることは間違いない。また，図を含めた記述問題が全体の5割以上を占めるので，これらに対応できる学習方法を取り入れる必要がある。最も効果的なのは，自分なりの「理科ノート」を作成することである。教科書の中に出てくる観察や実験について，その目的，器具の使い方も含めた手順と方法，観察結果と実験結果の整理，考察などのそれぞれについて，たんねんにノートに書いていこう。スケッチや図については，教科書や参考書のものを写してもかまわない。とにかく，自分の手を使って書き，まとめていくことだ。日々の積み重ねがものをいう。授業の復習や，中間，期末テストの勉強をする際にこの作業をすすめていこう。受験が近づいてきたら，記述式の問題を多く含む問題集を解いていくのがよい。このときも，自分のつくったノートで確認することができるから，自信を持って取り組めるはずだ。

国語 出題傾向と対策

● 出題のねらい

　国語の基本的な内容に関して広範囲にわたって出題することが意図されており、中学校3年間で学習した基礎学力がどの程度身についているかを見ようとしている出題内容である。具体的には、文学的文章・論理的文章・平易な古文の読解力、漢字の読み書きや文法の能力、作文力が試されている。すなわち読解力・表現力・言語能力といった総合的な国語力と思考力を評価しようとしているといえる。言葉をかえていえば、3年間の授業への取り組みの態度を問われているともいえるだろう。

● 何が出題されたか

　問題の構成および出題の傾向は、ほぼ例年どおりである。□は小説の読解問題で、登場人物の心情をつかむ設問が中心となっている。5問のうち2問が記述式の設問で、文章表現力も試されている。□は言語事項に関する問題で、文法や漢字に関する設問が出されていた。漢字の読み書きの問題は、日常よく用いるものや、間違えやすいものが出題されている。□は論説文の読解問題で、内容の理解を試す設問が中心となっている。小説・論説文ともに、40～50字程度の記述式の設問も含まれていた。四は古文の読解問題。内容理解についての設問が中心であるが、古典の知識を問う設問も出された。五は作文で、「持続可能な開発目標（SDGs）の推進」について、資料を参考にして自分の考えを200字程度でまとめさせる問題であった。

● はたして来年は何が出るか

　出題形式・内容ともにここ数年大きな変化は見られないので、来年度もほぼ例年同様の出題になると考えられる。ただし、自分の考えを自分の言葉でまとめさせる設問は、今後さらに増える可能性もあるので注意しておきたい。予想される出題内容は、心情を理解させる設問を中心とした文学的文章の読解問題1題、内容の理解を問う設問が中心の論理的文章の読解問題が1題、平易な古文の読解問題が1題、漢字など国語の知識に関する問題が1題、最後に課題作文が1題というものである。現代文の読解問題の中には、記述式の解答を要求する設問も含まれるだろう。

● どんな準備をすればよいか

　出題のねらいが基礎学力を試す点にあるので、中学校3年間の総復習をするつもりで受験勉強をすればよいだろう。まず現代文の読解問題については、教科書を読み返すことから始めよう。小説や随筆は登場人物の心情に注意しながら、論説文や説明文は要旨をノートにまとめながら読み進めるとよい。古文は、現代語訳と原文が対照できる本を読み、古文特有の表現に慣れよう。歴史的仮名遣いは完璧にマスターしておくこと。漢字は、小中学校で習った漢字を読み書きできるようにしておくこと。文法は、便覧などを用いて学習し、余裕があれば基礎的な問題集に取り組んでおきたい。作文は、実際に文章を書いてみることが大切。まずは過去に出題された課題をもとに、問題の注意事項に沿って実際に書いてみよう。さらに、新聞などで話題になっているテーマを自分で見つけ、さまざまな課題で作文を書いてみるとよい。書いたものは、できれば人に読んでもらい、批評してもらえるとよいであろう。

〈国語出題分野一覧表〉

分野		年度	2021	2022	2023	2024	2025予想※
現代文	論説文説明文	主題・要旨					
		文脈・接続語・指示語・段落関係			●		△
		文章内容	●	●	●	●	◎
		表現					
	随筆日記手紙	主題・要旨					
		文脈・接続語・指示語・段落関係					
		文章内容					
		表現					
		心情					
	小説	主題・要旨					
		文脈・接続語・指示語・段落関係					
		文章内容	●	●	●	●	◎
		表現	●	●	●	●	◎
		心情	●	●	●	●	◎
		状況・情景					
韻文	詩	内容理解					
		形式・技法					
	俳句和歌短歌	内容理解				●	△
		技法			●		△
古典	古文	古語・内容理解・現代語訳	●	●	●	●	◎
		古典の知識・古典文法	●	●		●	◎
	漢文	（漢詩を含む）					
国語の知識	漢字語句	漢字	●	●	●	●	◎
		語句・四字熟語		●	●		◎
		慣用句・ことわざ・故事成語			●		◎
		熟語の構成・漢字の知識					◎
	文法	品詞	●				◎
		ことばの単位・文の組み立て		●	●	●	◎
		敬語・表現技法	●				△
	文学史						
作文・文章の構成・資料			●	●	●	●	◎
その他							

※予想欄 ◎印：出題されると思われるもの。 △印：出題されるかもしれないもの。

2024年度 埼玉県公立高校 学力検査

英語　●満点 100点　●時間 50分

■リスニングテストの音声は，当社ホームページで聴くことができます。（当社による録音です。）再生に必要なアクセスコードは「合格のための入試レーダー」（巻頭の黄色の紙）の1ページに掲載しています。

1　放送を聞いて答える問題(28点)

　　問題は，No.1～No.7の全部で7題あり，放送はすべて英語で行われます。放送される内容についての質問にそれぞれ答えなさい。No.1～No.6は，質問に対する答えとして最も適切なものを，A～Dの中から一つずつ選び，その記号を書きなさい。No.7は，それぞれの質問に英語で答えなさい。放送中メモを取ってもかまいません。各問題について英語は2回ずつ放送されます。

【No.1～No.3】（各2点）

Listen to each talk, and choose the best answer for each question.

No.1

　A　　　　　　　B　　　　　　　C　　　　　　　D

No.2

　A　　　　　　　B　　　　　　　C　　　　　　　D

No. 3

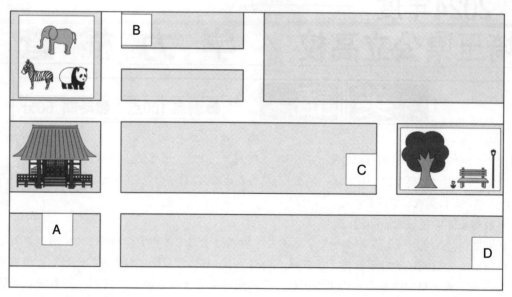

【No. 4，No. 5】（各2点）

Listen to each situation, and choose the best answer for each question.

No. 4

  A Do not eat or drink.   **B** Please stand up.

  C Take off your shoes.   **D** Do not enter.

No. 5

  A OK. It's red.   **B** Do you know what color it is ?

  C Do you have a bigger one ?   **D** What a big T-shirt !

【No. 6】（各3点）

Listen to Mr. Jones. He's an ALT at a junior high school. Choose the best answer for questions 1, 2 and 3.

(1) Question 1

  A Because the students try to be quiet in English class.

  B Because the students try to teach Mr. Jones Japanese.

  C Because the students try to talk to Mr. Jones in English.

  D Because the students try to use Japanese in English class.

(2) Question 2

  A To introduce the shrine.   **B** To talk with her in English.

  C To speak Japanese.   **D** To take a picture.

(3) Question 3

  A Mr. Jones is talking about the history of Kyoto.

  B English will help the students in the future.

  C It's important to talk with people about language.

  D Mr. Jones must think about his friend in China.

【No.7】（各3点）

Listen to the talk between Kenta and Emily, a student from the U.S., and read the questions. Then write the answer in English for questions 1, 2 and 3.

(1) Question 1 : When did Kenta leave Aichi？

　　　Answer：　　He left Aichi（　　　　　　　　　　）ago.

(2) Question 2 : What will Kenta and Shinji do？

　　　Answer：　　They will（　　　　　　　　　　）in the park.

(3) Question 3 : Why is Emily going to Tokyo next Saturday？

　　　Answer：　　Because she is going to look for some English books about（　　　　　　　　　　）in Japan.

※＜放送を聞いて答える問題台本＞は英語の問題の終わりに付けてあります。

2　　生徒会本部役員の Yosuke が〔日本語のメモ〕をもとに，スタディタイムについてのポスターを，英語で作成します。〔日本語のメモ〕と〔英語のポスター〕を読んで，問1〜問3に答えなさい。（17点）

〔日本語のメモ〕

✎けやき中 スタディタイム✎

数名の先生や生徒が，テスト勉強をお手伝いします。一緒に勉強しましょう！

日　　時	場　　所
5月14日(火) 午後3時40分〜午後4時40分	図書室
5月17日(金) 午後3時40分〜午後4時40分	英語教室

☆スタディタイムに興味のある人は担任の先生に5月7日までに申し出てください。
☆勉強したい教科の教科書とノートを持ってきてください。

〔英語のポスター〕

✎ Keyaki J.H.S. Study Time ✎

Some teachers and students are going to help you study for the [　A　]．　Let's study together！

Time and Date	Place
3:40 p.m. — 4:40 p.m. Tuesday, May 14	Library
3:40 p.m. — 4:40 p.m. [　B　], May 17	English Room

☆Please tell your homeroom teacher [　C　] May 7 if you are interested in Study Time.

☆Please bring your textbooks and notebooks for subjects you [　D　]．

問1 〔日本語のメモ〕をもとに，空欄 A ～ C にあてはまる適切な1語を，それぞれ英語で書きなさい。なお，省略した形や数字は使わないものとします。（各3点）

問2 〔日本語のメモ〕をもとに，空欄 D に適切な3語以上の英語を書きなさい。（4点）

問3 次は，Yosuke が ALT の Ms. Doyle に渡す英語のメモです。あなたが Yosuke なら，どのようなメモを書きますか。空欄 E に2文以上の英文を書きなさい。1文目は Could you に続けて，「Study Time に参加してくれませんか。」とお願いし，2文目以降は【語群】の中の語を1語のみ使ってその理由を書きなさい。（4点）

Hello, Ms. Doyle,
This is a poster about Study Time in our school.

E

I'll talk to you later.
Yosuke

【語群】
・hard
・useful
・help

---

③ 次は，ニウエ(Niue)について Ryo がクラスで発表した英文です。これを読んで，問1～問5に答えなさい。＊印のついている語句には，本文のあとに〔注〕があります。（18点）

I think most of you know the country with the smallest *population in the world. That's right, it is *Vatican City. Now, how about the country with the second smallest population? The answer is Niue. The population of Niue was about 1,900 in 2020. Today, I would like to tell you about Niue. [A]

Niue is about 2,400 *kilometers *northeast of New Zealand. It is one of the largest *coral reef islands in the world. It was a part of New Zealand but *gained autonomy in 1974. [B] Its population was about 5,000 in 1963, but after an airport was opened in 1970, people left Niue. The population dropped to less than 2,000 about 20 years ago.

In Niue, people *grow fruits, such as bananas. However, there is (　　　　　) *farmland and water to grow fruits to sell to other countries. Actually, there was not much *industry in Niue. [C] The people of Niue realized that their country has a lot of nature and it can be used for tourist activities such as hiking in the forest.

I did not know that there 〔a / was / called / country〕 Niue until *recently. I like to look at maps now, after learning about Niue. When I look at maps, I realize that there are still many countries that I do not know.

〔注〕 population 人口　　Vatican City バチカン市国　　kilometer キロメートル
　　　northeast 北東　　coral reef サンゴ礁　　gain autonomy 自治権を得る
　　　grow ～ ～を栽培する　　farmland 農地　　industry 産業　　recently 最近

問1 本文中の A ～ C のいずれかに，So, Niue needed to look for a way to make money, and found it. という1文を補います。どこに補うのが最も適切ですか。 A ～ C の中から一つ選び，その記号を書きなさい。（3点）

問2 下線部について，（　）にあてはまる最も適切なものを，次のア～エの中から一つ選び，その記号を書きなさい。（3点）

ア not enough　　イ full of　　ウ a few　　エ a lot of

問3　〔　〕内のすべての語を，本文の流れに合うように，正しい順序に並べかえて書きなさい。（4点）

問4　本文の内容に関する次の質問の答えとなるように，（　）に適切な英語を書きなさい。（4点）

Question： What does Ryo like to do now, after learning about Niue ?

Answer： He (　　　　　　　　　　　　　　　　　　) at maps.

問5　本文の内容と合うものを，次の**ア〜エ**の中から一つ選び，その記号を書きなさい。（4点）

ア　Niue is the country with the smallest population in the world.

イ　Ryo is interested in finding an island that is smaller than Niue on the map.

ウ　People of Niue realized that they have nature that can be used for tourist activities.

エ　Niue opened an airport in 1970 and its population was about 1,900 at that time.

4　次の**1**〜**4**は，中学生の Kento，Mandy と Jiro の会話です。これらを読んで，問1〜問7に答えなさい。＊印のついている語句には，本文のあとに〔注〕があります。（25点）

1　〈*The students are trying to decide the topic for their presentation.*〉

Kento： We have a presentation in class next week.　What topic do you want to talk about ?

Mandy： Hmm, how about the Olympics ?　The next one will be held in ＊Paris this summer. I hope to be there to watch the games.

Jiro： That's nice.　Paris showed the next Olympics' ＊pictograms to the world.

Mandy： Sorry.　What are pictograms ?

Jiro： Pictograms are ＊simple pictures that tell people information.　They are used in many ＊public places, such as stations.

Kento： Ah, I know.　I have seen pictograms for the Paris Olympics on the Internet.　They look cool.　Some people say the athletes will feel proud of their sports when they see those pictograms.

Jiro： New ones are made for every Olympics.　The designs are different from city to city.

Mandy： What were the pictograms in the 2020 Tokyo Olympics like ?

Jiro： Here they are.　They are different from those in Paris, aren't they ?

Kento： Yes, they are simple.

Mandy： Why did Japanese people make simple pictograms ?

Kento： I don't know why.　I'm going to look for some books and websites to answer your question.

〔注〕Paris　パリ　　pictogram　ピクトグラム　　simple　簡素な
public place　公共の場所

問1　下線部 your question のさす質問の具体的な内容を，日本語で書きなさい。（4点）

2　〈*The next day, the students are talking about the pictograms for the 1964 Tokyo Olympics.*〉

Kento： Let me tell you about the 1964 Tokyo Olympics.　Tokyo is the first city that used pictograms for the Olympics.

Mandy： Why were pictograms used in the 1964 Tokyo Olympics ?

Kento :　In the 1964 Tokyo Olympics, Japanese people needed to communicate with visitors from all over the world, but it was difficult to support visitors in their languages. So, Tokyo [to / had / way / another / think of] to communicate with everyone. That was the pictogram.

Jiro :　I think many visitors from other countries could not understand Japanese.

Kento :　Right. For that reason, Tokyo decided to tell people important information through pictograms.

Mandy :　I see. Then, do you know who created the pictograms for the 1964 Tokyo Olympics ?

Kento :　Yes, a group of designers started creating the pictograms. Katsumi Masaru, an *art critic, was one of them. The designers worked in small groups. One team was *working on sports pictograms. Another was working on pictograms for public places. Each group worked hard *based on Mr. Katsumi's idea. He thought the pictograms would *play an important role in big events such as the Olympics.

　〔注〕　art critic　美術評論家　　work on ～　～に取り組む　　based on ～　～に基づいて
　　　　play an important role　重要な役割を果たす

問2　〔　〕内のすべての語句を，本文の流れに合うように，正しい順序に並べかえて書きなさい。（4点）

問3　本文 ② の内容と合うように，次の英語に続く最も適切なものを，ア～エの中から一つ選び，その記号を書きなさい。（4点）

　　Pictograms were used in the 1964 Tokyo Olympics because

　ア　it was easy for Japanese people to speak foreign languages.

　イ　Tokyo wanted other countries to learn about Japanese culture.

　ウ　there were many designers who were interested in sports.

　エ　Japanese people needed to communicate with many visitors from other countries.

3 　〈The students continue talking.〉

Jiro :　What were the pictograms for public places like ?

Kento :　Here is an example. Have you ever seen this ?

Mandy :　Yes, it means a restaurant.

Kento :　That's right. This was used in Haneda Airport in 1964. Haneda Airport was an entrance to Japan for visitors from other countries at that time. Before that, there were *notices on the wall, but because most of them were written in Japanese, it was hard for many foreign visitors to understand what the notices *said. So, pictograms were useful for making the information easier for foreign visitors to understand.

Jiro :　We often see such pictograms at the airports in Japan now.

Kento :　There were pictograms in public places before 1964. But each country had different pictograms. Mr. Katsumi and other designers tried to make simpler pictograms that everyone in the world could understand when they started getting ready for the 1964 Tokyo Olympics. Simple pictograms created by Japanese designers many years ago are still used around the world.

〔注〕 notice　掲示　　say 〜　〜と書いてある

問4　本文 3 の内容と合うものを，次の**ア〜エ**の中から一つ選び，その記号を書きなさい。
（3点）

　ア　Many visitors from other countries understood the notices at Haneda Airport before 1964.

　イ　Different pictograms for public places were made in each country before 1964.

　ウ　The pictograms Mr. Katsumi created were designed based on the Japanese language.

　エ　Many countries like their own pictograms better than the simple pictograms.

4 〈*Kento shows another pictogram.*〉

Kento :　Now, many kinds of pictograms are used in public places. Have you seen this pictogram ?

Mandy :　Yes, I have seen it in school. It shows a door that is used to leave the *building when there is a fire or an earthquake.

Kento :　That's right. It was created by Japanese designers and became an *international standard in 1987. There is another example. Pictograms are often used on websites. Have you seen a *magnifying glass icon ?

Jiro :　　⬚　　A　　　It means "*search."

Kento :　Right. Pictograms are often used to tell people important information in a limited *space.

Mandy :　One more example. Look, here is a small gift my friend in Australia gave me. You see it on the *roads.

Jiro :　　Oh, it means "Be careful of kangaroos." That's easy. I would like to share it with our classmates. Why don't we talk about the history of pictograms and those found in other countries for the presentation ?

Mandy :　That's a good idea. In our presentation, I would like to tell everyone that there are many pictograms around us. Let's make the *slides and write a *script.

　〔注〕　building　建物　　international standard　国際基準
　　　　magnifying glass icon　虫眼鏡のアイコン　　search　検索　　space　場所
　　　　road　道路　　slide　スライド　　script　台本

問5　下線部 this pictogram のさすものとして最も適切なものを，次の**ア〜エ**の中から一つ選び，その記号を書きなさい。（3点）

問6　空欄 A にあてはまる最も適切なものを，次の**ア〜エ**の中から一つ選び，その記号を書きなさい。（3点）

　ア　Have you ?　　**イ**　Who is it ?　　**ウ**　No, thank you.　　**エ**　Of course.

問7　次は，後日の Kento と Mandy の会話です。自然な会話になるように，（　）に適切な3語以上の英語を書きなさい。（4点）

Kento : The slides you made were very good. The pictogram quiz was also interesting.

Mandy : Thank you. I hope that our (   ) it.

Kento : I'm sure everyone will be interested.

Mandy : That would be nice. Is there anything else I can do for our presentation?

5 　次は，あなたが通う学校の英語の授業で，ALT の Ms. Moore が行ったスピーチです。これを読んで，問１〜問３に答えなさい。＊印のついている語句には，本文のあとに〔注〕があります。（12点）

What did you do last night? I watched the rugby match between New Zealand and Australia on TV. I am from New Zealand, so I am a big fan of the New Zealand team. New Zealand and Australia have been *long-time rugby *rivals. The match I watched last night is called the *Bledisloe Cup. It is an *international match that began around 1930 and holds a special meaning among many rugby fans. Both teams play several times a year. The Bledisloe Cup is usually held at stadiums in New Zealand or Australia, but it is sometimes held in other countries. It was held in Japan twice.

Have you ever heard the word "*Haka"? It is a traditional dance in New Zealand. Some people say that it is performed as an expression of respect and *gratitude. You will often see it at graduation ceremonies, sports matches, and many other events. Watching the dance, Haka, performed by the New Zealand team before the match also makes me excited. When I watch the dance, I realize the match will begin soon.

Last night's match was exciting. It ended in a *tie, but it was a very good match. Actually, I am a member of a local rugby team and I play rugby on weekends. Sports are fun to watch and to play. <u>Which do you like better, watching or playing sports?</u>

〔注〕 long-time　長年の　　rival　ライバル　　Bledisloe Cup　ブレディスローカップ
　　　international match　国際試合　　Haka　ハカ　　gratitude　感謝
　　　tie　引き分け

問１　本文の内容に合うように，次の英文の（　）にあてはまる最も適切な１語を，本文中から抜き出して書きなさい。（３点）

　　Ms. Moore watched an international rugby match (   ) New Zealand and Australia.

問２　本文の内容と合うものを，次のア〜エの中から一つ選び，その記号を書きなさい。（３点）

　ア　Ms. Moore は，昨夜スタジアムでラグビーの国際試合を観戦した。

　イ　Bledisloe Cup は日本で行われたことがある。

　ウ　Haka は，スポーツの国際試合のみでみられる伝統的な踊りである。

　エ　New Zealand と Australia のラグビーの試合は毎年一回行われる。

問３　下線部について，あなたはスポーツをみることとすることのどちらが好きかについて英語の授業でスピーチをします。〔条件〕に従い，空欄 **A** に３文以上の英文を書いて，**スピーチ原稿**を完成させなさい。（６点）

スピーチ原稿

　　Hi, everyone. Today, I'm going to tell you how I enjoy sports.

A

Thank you.

〔条件〕　①　1文目は，あなたはスポーツをみることとすることのどちらが好きか，I like に
　　　　　　　続けて，解答欄の①に書きなさい。
　　　　　②　2文目以降は，その理由が伝わるように，2文以上で解答欄の②に書きなさい。

＜放送を聞いて答える問題台本＞

※「チャイム」

> 　これから「放送を聞いて答える問題」を始めます。
> 　問題用紙の第1ページ，第2ページを見てください。問題は，No.1〜No.7の全部で
> 7題あり，放送はすべて英語で行われます。放送される内容についての質問にそれぞれ答
> えなさい。No.1〜No.6は，質問に対する答えとして最も適切なものを，**A**〜**D**の中から
> 一つずつ選び，その記号を書きなさい。No.7は，それぞれの質問に英語で答えなさい。
> 放送中メモを取ってもかまいません。各問題について英語は2回ずつ放送されます。
> 　では，始めます。

> Look at No. 1 to No. 3 on page 1.
> Listen to each talk, and choose the best answer for each question.
> Let's start.

No. 1

> A : Good morning, Tom.　Where is Dad ?
> B : He is out now.　I think he is running in the park.　He left ten minutes ago.
> A : Good for him.　Well, I'm going to watch TV now.　Do you want to watch, too ?
> B : No.　I'm going to do my homework in my room, so I can't.

> Question :　What is Tom going to do now ?

（会話と質問を繰り返します。）

No. 2

> A : Lisa, I can't wait for our field trip tomorrow.
> B : But the weather report says it will rain tomorrow.　So we must remember to bring
> 　　a raincoat.
> A : I will not forget it.

B ： Good, see you tomorrow.

Question ： What does Lisa say they should bring for the field trip ?

（会話と質問を繰り返します。）

No. 3

A ： It's time for lunch. Do you know any good restaurants around here ?
B ： Yes. The restaurant across the street from the temple is famous for traditional Japanese food. There are two popular Italian restaurants around the park. Also, there is a cafe near the zoo. It has good sandwiches.
A ： Well, how about going to the restaurant across the street from the temple ? I want to eat some Japanese food.
B ： OK. Let's go.

Question ： Where are they planning to go ?

（会話と質問を繰り返します。）

Look at No. 4 and No. 5 on page 2.
Listen to each situation, and choose the best answer for each question.
Let's start.

No. 4

John is at an art museum.
He gets hungry and thirsty, but he remembers a sign by the entrance.
He realizes he should not eat or drink here.

Question ： What does the sign show ?

（英文と質問を繰り返します。）

No. 5

Julia is looking for a present for her father at a shop.
Next Sunday is his birthday.
She finds a nice blue T-shirt, but it looks too small.

Question ： What will Julia say to the staff ?

（英文と質問を繰り返します。）

Look at No. 6.

Listen to Mr. Jones. He's an ALT at a junior high school. Choose the best answer for questions 1, 2 and 3.

Let's start.

Today is our last day of English class. Your English has improved a lot, and I really enjoyed my English classes with all of you. I still remember our first English class two years ago. Most of you were quiet when I asked you something in English. Now, you try to talk to me in English. That makes me happy.

Well, let me tell you how English is useful for communication. This is a story about Chika, my Japanese friend. When she visited a shrine in Kyoto, a tourist asked her to take a picture in Chinese. Chika couldn't speak Chinese, so she talked with her in English. After that, they talked to each other in simple English. Chika thought the English she learned at school is useful for communicating with people from other countries.

Please remember this. It's wonderful to talk with people from different countries. Please keep learning English. It will help you in the future. Thank you.

Question 1: Why is Mr. Jones happy now?

Question 2: What did a tourist ask Chika to do at the shrine in Kyoto?

Question 3: Which is true about Mr. Jones' speech?

（英文と質問を繰り返します。）

Look at No. 7.

Listen to the talk between Kenta and Emily, a student from the U.S., and read the questions. Then write the answer in English for questions 1, 2 and 3.

Let's start.

Emily: Hi, Kenta. You look happy.

Kenta: Hi, Emily. My friend, Shinji, is coming from Aichi to see me next Saturday.

Emily: That's great. Did you live in Aichi?

Kenta: Yes. But, because of my father's job, my family left Aichi two years ago.

Emily: I see. How long have you been friends with him?

Kenta: For five years. When I was ten years old, I joined one of the baseball teams there. Shinji was on the same team.

Emily: Does he still play baseball?

Kenta: Yes, he does. He is a member of the baseball club at his school. We will play baseball together in the park. Do you have any plans for next Saturday, Emily?

Emily : Yes. I'm going to some bookstores in Tokyo. I have been looking for some English books about nature in Japan, but I couldn't find them at the bookstores in this city.

Kenta : I hope you can find the books you want.

Emily : Thanks. Oh, the next class starts in a few minutes. See you, Kenta.

（会話を繰り返します。）

以上で「放送を聞いて答える問題」を終わります。では，ほかの問題を始めてください。

（注意）　(1)　答えに根号を含む場合は，根号をつけたままで答えなさい。
　　　　　(2)　答えに円周率を含む場合は，π を用いて答えなさい。

1　次の各問に答えなさい。（65点）

(1)　$5x-3x$　を計算しなさい。（4点）

(2)　$2\times(-4)-1$　を計算しなさい。（4点）

(3)　$6x^2y\times12y\div4x$　を計算しなさい。（4点）

(4)　方程式　$5x-7=6x-3$　を解きなさい。（4点）

(5)　$\sqrt{12}+\sqrt{3}$　を計算しなさい。（4点）

(6)　x^2-x-72　を因数分解しなさい。（4点）

(7)　連立方程式　$\begin{cases}6x-y=10\\4x+3y=-8\end{cases}$　を解きなさい。（4点）

(8)　2次方程式　$2x^2+7x+1=0$　を解きなさい。（4点）

(9)　y が x の一次関数で，そのグラフの傾きが2で，点 $(-3,\ -2)$ を通るとき，この一次関数の式を求めなさい。（4点）

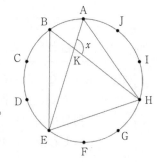

(10)　右の図のように，円周の長さを10等分する点 A〜J があります。△AEH と△BEH をつくり，辺 AE と辺 BH との交点を K とするとき，∠AKH の大きさ x を求めなさい。（4点）

(11)　下の図のような平行四辺形 ABCD があり，辺 AD，CD の中点をそれぞれ E，F とします。このとき，△EBF の面積は△DEF の面積の何倍になるか求めなさい。（4点）

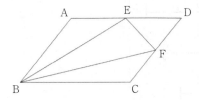

(12)　右の表は，あるクラスの生徒20人が，2学期に借りた本の冊数を，度数分布表に表したものです。この表から読みとることができる内容として正しいものを，次の**ア〜エ**の中から一つ選び，その記号を書きなさい。（4点）

借りた本の 冊数（冊）	度数（人）
以上　未満	
0〜 4	2
4〜 8	3
8〜12	4
12〜16	8
16〜20	3
合計	20

　ア　中央値は8冊以上12冊未満の階級にある。

　イ　8冊以上12冊未満の階級の相対度数は4である。

　ウ　最頻値は8である。

　エ　12冊以上16冊未満の階級の累積相対度数は0.85である。

(13)　1から6までの目が出る大小2つのさいころを1回投げて，大きいさいころの出た目の数を x，小さいさいころの出た目の数を y とします。このとき，$10x+y$ が7の倍数になる確率を求めなさい。

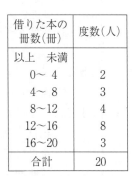

ただし，大小2つのさいころは，どの目が出ることも同様に
確からしいものとします。（4点）

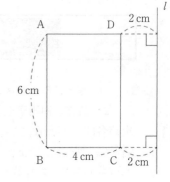

⑭　右の図のような，AB＝6cm，BC＝4cm の長方形 ABCD と
直線 l があり，辺DC と直線 l の距離は2cm です。このとき，
長方形 ABCD を，直線 l を軸として1回転させてできる立体
の体積を求めなさい。（4点）

⑮　下の図のように，直線 l 上に1辺が8cm の正三角形を底辺
が4cm ずつ重なるようにかいていきます。正三角形を x 個か
いたとき，かげ（▨）をつけた重なる部分と重ならない部分
の面積の比が2：5になりました。このとき，x の値を求めなさい。（4点）

⑯　次は，先生とSさん，Tさんの会話です。これを読んで，下の問に答えなさい。

先　生「わたしたちの中学校では，校庭にある桜の開花日を生徒会の役員が毎年記録して
　　　　います。次の図は，1961年から2020年までの記録を，3月15日を基準日としてその
　　　　何日後に開花したかを，期間①から期間④の15年ごとの期間に分け，箱ひげ図にそ
　　　　れぞれ表したものです。これを見て，気づいたことを話し合ってみましょう。」

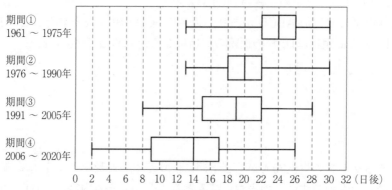

Sさん「4つの箱ひげ図を見ると，桜の開花日は60年間でだ
　　　　んだん早くなっているようだね。」

Tさん「だけど，期間①と期間②の箱ひげ図は，最も早い開
　　　　花日と最も遅い開花日が同じ位置だよ。それでも，開
　　　　花日は早くなっているといえるのかな。」

Sさん「期間①と期間②の箱ひげ図を比べると，

| I |

　　　　から，期間①より期間②の方が，開花日は早くなっているといえると思うよ。」

問　会話中の　I　にあてはまる，開花日が早くなっていると考えられる理由を，**第1四分位数，第3四分位数**という**二つの語**を使って説明しなさい。（5点）

2　次の各問に答えなさい。（12点）

(1)　下の図のように，∠ABC＝90°となる3点A，B，Cがあります。このとき，線分ACが対角線となり，AB∥PC，AB：PC＝2：1であるような台形ABCPの頂点Pをコンパスと定規を使って作図しなさい。

　　ただし，作図するためにかいた線は，消さないでおきなさい。（6点）

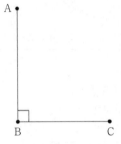

(2)　右の図のように，直角三角形ABCの辺ABを1辺とする正方形ADEBと，辺ACを1辺とする正方形ACFGがあります。

　　このとき，△ACD≡△AGBであることを証明しなさい。

（6点）

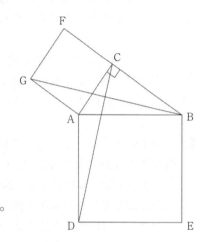

3　次は，ある数学の【問題】について，先生とFさん，Gさんが会話している場面です。これを読んで，あとの各問に答えなさい。（13点）

先　生「次の【問題】について，考えてみましょう。」

【問題】

　　右の図のように，x軸上を点Pが原点Oから点A$(5, 0)$まで動きます。点Pのx座標をt（$0 \leqq t \leqq 5$）として，点Pを通りy軸に平行な直線をlとしたとき，直線lと直線$y = x$との交点をQ，直線lと放物線$y = \dfrac{1}{3}x^2$との交点をRとします。

　　PQ：RQ＝4：1になるときの点Pのx座標を**すべて**求めなさい。

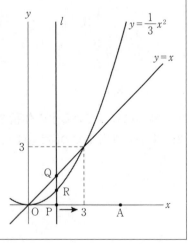

Fさん「線分PQと線分RQの長さの比ではなく，線分PQと線分PRの長さの比を考えればわかりやすいかな。」

Gさん「そうだね。点Qと点Rのx座標はそれぞれtなので，点Qのy座標は　ア　，

点 R の y 座標は　　イ　　になるよ。これで，線分 PQ の長さと線分 PR の長さをそれぞれ t で表すことができるね。」

F さん「そうすると，$t=0$, 3 の場合は線分 RQ の長さが 0 だから，除いて考える必要があるね。$0<t<3$ の場合，PQ：RQ＝4：1 という条件にあてはまるのは，PQ：PR＝4：3 かな。」

G さん「そうだね。でも $3<t\leqq 5$ の場合は，PQ：PR＝4：3 だと，その条件にあてはまらないよ。」

F さん「なるほど。すると $3<t\leqq 5$ の場合も，線分 PQ と線分 PR の長さの比を正しく表すことができれば，【問題】は解けそうだね。」

先　生「そのとおりです。それでは，【問題】を解いてみましょう。」

(1)　　ア　，　イ　にあてはまる式を，t を使って表しなさい。（4点）

(2)　下線部の理由を，点 Q と点 R の y 座標にふれながら説明しなさい。（5点）

(3)　PQ：RQ＝4：1 になるときの点 P の x 座標を**すべて**求めなさい。（4点）

4　　図1のような，1辺の長さが 6 cm の正方形を底面とし，高さが 12 cm の透明でふたのない直方体の容器 ABCD-EFGH を水で満たし，水平な床の上に置きました。

辺 FG を床につけたまま，図2のように，線分 AF が床と垂直になるように容器を傾けて，水をこぼしました。水面と線分 AF との交点を I とするとき，下の各問に答えなさい。

ただし，容器の厚さは考えないものとします。（10点）

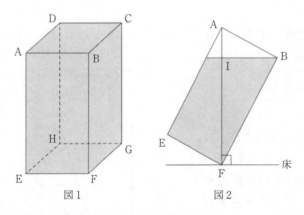

図1　　　　　　図2

(1)　容器に残っている水の体積を求めなさい。（6点）

(2)　床から水面までの高さ FI を求めなさい。（4点）

社会

●満点 100点　●時間 50分

1 Sさんは，次の**地図**に示した国や地域について調べました。**地図**をみて，問1～問4に答えなさい。（14点）

地図

問1　三大洋のうち，**地図**中のポルトガルが面している海洋の名称を書きなさい。（3点）

問2　Sさんは，**地図**中の**A～D**のいずれかの地域にみられる人々の生活の様子について調べ，次の**カードⅠ**と**カードⅡ**をつくりました。**カードⅠ**，**カードⅡ**と**地図**中の**A～D**の地域の組み合わせとして最も適切なものを，下の**ア～エ**の中から一つ選び，その記号を書きなさい。（3点）

カードⅠ

標高に応じた，多くの種類のじゃがいもが栽培され，市場で売られています。人々は，アルパカの毛でつくった衣服を重ね着して，高地の寒さと強い日差しを防いでいます。

カードⅡ

植民地時代に持ちこまれたカカオが輸出用に生産されています。国際価格の変動が大きく，生産者の収入も安定しないことが課題となっています。

ア　カードⅠ－Ａ　カードⅡ－Ｃ　　イ　カードⅠ－Ａ　カードⅡ－Ｄ
　ウ　カードⅠ－Ｂ　カードⅡ－Ｃ　　エ　カードⅠ－Ｂ　カードⅡ－Ｄ

問3　次の**グラフ1**は，**地図**中の韓国とベトナムの，2010年と2020年における，現地に工場など
をもつ日本企業の数を示したものです。**グラフ1**中のベトナムの日本企業の数が韓国より増え
ている理由を，**表**中の①と②から書きなさい。（5点）

グラフ1

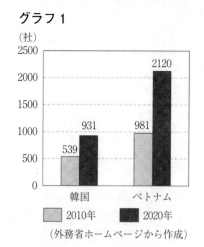

（外務省ホームページから作成）

表　日本，韓国及びベトナムにおける月額
　　　賃金と，総人口に占める15〜49歳の人口
　　　の割合（2020年）

	①　月額賃金	②　総人口に占める 15〜49歳の人口の割合
日本	2684ドル	39.6%
韓国	2162ドル	48.1%
ベトナム	250ドル	53.5%

（世界人口推計 2022年版などから作成）

問4　Sさんは，**地図**中のアメリカ合衆国，ポルトガル，スイス及び日本の4か国の，1990年と
2020年の1人あたりのGDPについて調べ，次の**グラフ2**をつくりました。**グラフ2**から読み
とれる内容を述べた文として正しいものを，下の**ア〜オ**の中から**すべて**選び，その記号を書き
なさい。（3点）

グラフ2

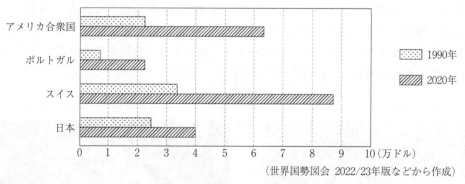

（世界国勢図会 2022/23年版などから作成）

　ア　1990年において，1人あたりのGDPが2万ドルを超えているのは，4か国のうち2か国
　　である。
　イ　2020年において，アメリカ合衆国の1人あたりのGDPは，日本の1人あたりのGDPよ
　　り高い。
　ウ　2020年において，スイスの1人あたりのGDPは，ポルトガルの1人あたりのGDPの3
　　倍以上である。
　エ　日本における，1990年の1人あたりのGDPは，2020年の1人あたりのGDPの2分の1
　　以下である。
　オ　4か国のうち，1990年の1人あたりのGDPと2020年の1人あたりのGDPとの差が最も

大きいのは，アメリカ合衆国である。

2 Nさんは，地理的分野の授業で日本の諸地域を学習したあと，**地図1**を作成しました。**地図1**をみて，問1〜問5に答えなさい。(16点)

地図1

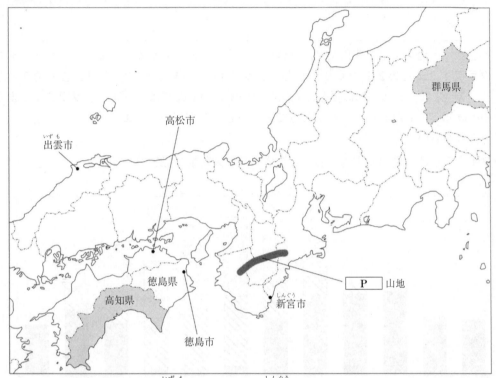

問1 Nさんは，**地図1**中の出雲市，高松市，新宮市の三つの都市の気温と降水量を調べ，次のⅠ〜Ⅲのグラフをつくりました。Ⅰ〜Ⅲのグラフと都市の組み合わせとして正しいものを，下の**ア〜カ**の中から一つ選び，その記号を書きなさい。(3点)

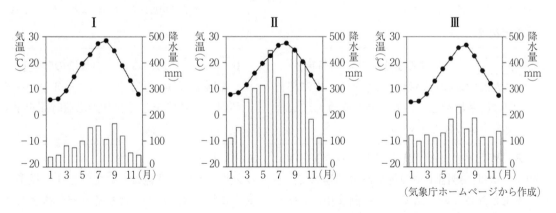

(気象庁ホームページから作成)

ア Ⅰ—出雲市 Ⅱ—高松市 Ⅲ—新宮市		**イ** Ⅰ—出雲市 Ⅱ—新宮市 Ⅲ—高松市	
ウ Ⅰ—高松市 Ⅱ—出雲市 Ⅲ—新宮市		**エ** Ⅰ—高松市 Ⅱ—新宮市 Ⅲ—出雲市	
オ Ⅰ—新宮市 Ⅱ—出雲市 Ⅲ—高松市		**カ** Ⅰ—新宮市 Ⅱ—高松市 Ⅲ—出雲市	

問2 Nさんは，近畿地方の産業について調べ，次のようにまとめました。**地図1**と**まとめ1**の

中の ｜ P ｜ にあてはまる語を書きなさい。（3点）

まとめ1

> 近畿地方の南部にある ｜ P ｜ 山地には，豊かな森林が広がっています。急斜面の多い険しい山地ですが，ここでは，すぎやひのきを植林して，間伐をくり返す林業が行われています。林業の後継者の確保が課題となっていますが，現在でも高い品質の木材が生産されています。

問3　Nさんは，**地図1**中の群馬県と高知県で，なすの生産がさかんであることに興味をもち，次の**グラフ1**と**まとめ2**をつくりました。**グラフ1**中の ｜ W ｜ と ｜ X ｜ 及び，**まとめ2**の中の ｜ Y ｜ と ｜ Z ｜ には，それぞれ群馬県と高知県のいずれかがあてはまります。**グラフ1**と**まとめ2**の中の高知県にあたる組み合わせとして正しいものを，下の**ア～エ**の中から一つ選び，その記号を書きなさい。（3点）

グラフ1　東京都中央卸売市場におけるなすの月別入荷量(2021年)

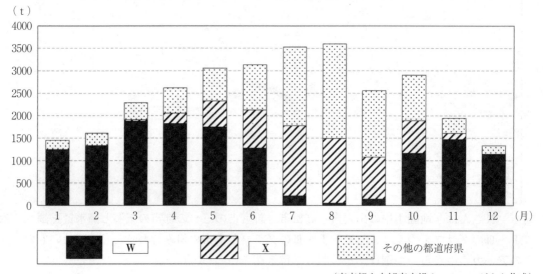

(東京都中央卸売市場ホームページから作成)

まとめ2

> 【 ｜ Y ｜ におけるなすの栽培の特色】
> 　大消費地に近い条件を生かし，主に都市向けに栽培をしており，新鮮なうちに出荷できるようにしている。

> 【 ｜ Z ｜ におけるなすの栽培の特色】
> 　温暖な気候を生かし，ビニールハウスを利用した栽培をしており，出荷時期を早める工夫をしている。

ア　WとY　　**イ**　WとZ　　**ウ**　XとY　　**エ**　XとZ

問4　次は，**地図1**中の徳島県に関連して，日本の交通・通信の特色について学習する授業での，先生とNさんの会話です。会話文中の ｜ Q ｜ と ｜ R ｜ にあてはまることばをそれぞれ書きなさい。（5点）

先　生：**資料**のように，1980年代から1990年代にかけて，本州四国連絡橋が開通したこと
　　　　を学習しました。このような交通網の整備が地域をどのように変化させたか，徳島
　　　　県を事例に考えてみましょう。

Nさん：はい。明石海峡大橋の開通で徳島県が本州に直接つながって以降，**グラフ2**から
　　　　は，　　　**Q**　　　ことが読みとれます。

資料　本州四国連絡橋のルートと主な連絡橋が開通した年

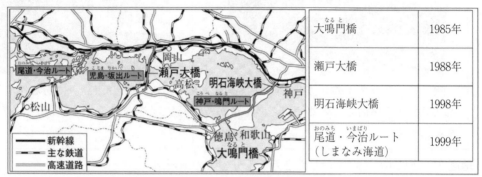

大鳴門橋	1985年
瀬戸大橋	1988年
明石海峡大橋	1998年
尾道・今治ルート（しまなみ海道）	1999年

グラフ2　徳島県と関西方面を結ぶフェリーと旅客船の輸送人数の推移

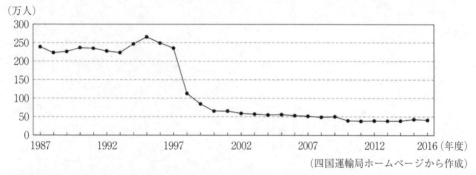

（四国運輸局ホームページから作成）

先　生：そうですね。徳島県と関西方面の間は，高速バスを利用して行き来する人が多く
　　　　なりました。しかし，このように移動が便利になったことで，**表**から，徳島県では
　　　　どのような課題が生じていると考えられますか。

表　徳島県における年間商品販売額の推移(億円)

1994年	1997年	1999年	2002年	2004年	2007年	2012年	2014年
20205	20911	21157	18218	17621	16615	12746	13433

（RESASから作成）

Nさん：はい。**表**から，徳島県の年間商品販売額は，1999年以降少しずつ低くなっている
　　　　傾向が読みとれます。これは，買い物などで　　　**R**　　　ことが理由の一つとし
　　　　て考えられます。

先　生：そうですね。このように交通網が整備されたことで，地方の消費が落ちこむこと
　　　　もあります。

問5　Nさんは，**地図1**中の徳島市で野外観察を行い，その記録をまとめました。次の①，②は，
　　　下の**地図2**中の**A〜D**のいずれかの地点の記録です。①，②と**地図2**中の**A〜D**の地点の組み

合わせとして最も適切なものを，**ア〜エ**の中から一つ選び，その記号を書きなさい。（2点）

①

駅とロープウェイのりばとの間の中心市街地ですが，閉店している商店もいくつかみられます。

②

山に囲まれた高台にある住宅地で，一戸建てが多くみられます。

地図2　徳島市の一部を示した2万5千分の1の地形図

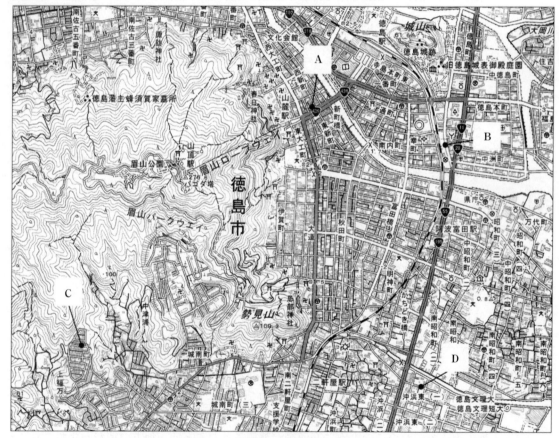

（国土地理院2万5千分の1地形図「徳島」平成31年発行一部改変）

ア　①—A　②—C　　イ　①—A　②—D
ウ　①—B　②—C　　エ　①—B　②—D

3 次のⅠ～Ⅴは，Mさんが，五つの異なる時代の人々の生活について調べ，まとめたものです。これをみて，問1～問5に答えなさい。（16点）

Ⅰ	朝廷は人々に開墾をすすめ，新しく開墾した土地は，租を納めることと引きかえにいつまでも私有地としてよいことにした。
Ⅱ	社会が変化し，人々の心に不安な気持ちが高まると，念仏を唱えて阿弥陀如来にすがり，死後に極楽浄土へ生まれ変わることを願う浄土信仰が都でおこった。
Ⅲ	農作業に牛や馬が利用され，鉄製の農具が広まり，草や木を焼いた灰が肥料として使われるようになった。寺社の門前や交通の便利な所には定期市が開かれ，町が生まれた。
Ⅳ	土倉や酒屋などをおそって借金の帳消しなどを求める土一揆が起こるようになり，近畿地方を中心に広がった。
Ⅴ	庶民の間にも教育への関心が高まり，町や農村に多くの寺子屋が開かれ，読み・書き・そろばんなど実用的な知識や技能を教えた。

問1　Mさんは，文化に興味をもち調べたところ，次のa，bの文と**資料1**，**資料2**をみつけました。Ⅰの時代の文化について述べた文と，その時代の代表的な文化財の組み合わせとして正しいものを，**表**中の**ア～エ**の中から一つ選び，その記号を書きなさい。（3点）

a　奈良盆地を中心とする地域に，強大な力を持つ王と有力な豪族たちとから成る大和政権が現れ，王や豪族の墓として大きな前方後円墳が造られた。

b　国家の仕組みが整い，国際的な交流がさかんになると，日本の国のおこりや，天皇が国を治めることの由来を説明しようとする動きが朝廷の中で起こり，「古事記」と「日本書紀」が作られた。

資料1

興福寺の阿修羅像

資料2

武人埴輪

表

	文化	代表的な文化財
ア	a	資料1
イ	a	資料2
ウ	b	資料1
エ	b	資料2

問2　Ⅱの時代における政治の様子を述べた文として正しいものを，次の**ア～エ**の中から一つ選び，その記号を書きなさい。（2点）

ア　戦乱の時代から残る社会のあらあらしい気風をただすため，生類憐みの政策が行われた。

イ　元軍の再度の侵攻に備え，御家人たちによって，博多湾の沿岸に石垣が築かれた。

ウ　豪族が支配していた土地と人々とを，公地・公民として国家が直接支配する方針が示さ

れた。

エ　貴族の中でも天皇と深い関係のある
　　人々が力を持つようになり，摂関政治が
　　行われた。

問3　Mさんは，Ⅲの時代における，地頭と
　　領家(荘園の領主)の争いが読みとれる，
　　資料3をみつけました。**資料3**から，ここ
　　での争いはどのように解決されたのかを，
　　「**地頭**」という語を用いて書きなさい。
　　(5点)

問4　Ⅳの時代に起こった世界のできごとを
　述べた文として，その正誤の組み合わせが正しいものを，下の**ア～エ**の中から一つ選び，その
　記号を書きなさい。(3点)

> **X**　明は，正式な貿易船の証明として，勘合を日本の船に与えて貿易を始めた。
> **Y**　ロシアの使節ラクスマンが蝦夷地の根室に来航し，通商を求めた。
> **Z**　朝鮮半島では，李成桂が高麗をほろぼして朝鮮国を建てた。

ア　**X**　正　**Y**　正　**Z**　誤
イ　**X**　正　**Y**　誤　**Z**　正
ウ　**X**　誤　**Y**　正　**Z**　正
エ　**X**　誤　**Y**　誤　**Z**　正

問5　Mさんは，Ⅴの時代の学問について調べ，次のようにまとめました。**まとめ**の中の　P
　　にあてはまる人物名を書きなさい。(3点)

まとめ

　　佐原の名主で商業を営んでいた　P　は，江
戸で天文学や測量術を学び，各地を自費で測量しま
した。その技術におどろいた幕府は，全国の測量を
幕府の事業とすることとし，　P　にこれを命
じました。**資料4**は，　P　によって作られた
地図です。

資料4

4 次の年表をみて，問1～問4に答えなさい。(17点)

西暦(年)	で　き　ご　と	
1853	・アメリカの使節ペリーが浦賀に来る………………………………	A
1871	・岩倉使節団が欧米に派遣される…………………………………	B
1914	・第一次世界大戦がはじまる………………………………………	C
1939	・第二次世界大戦がはじまる………………………………………	
1973	・石油危機が起こる………………………………………………	D
1992	・国際平和協力法が成立する………………………………………	

問1　次は，年表中**A**の時期の，開国によって受けた影響について学習する授業での，先生と生徒の会話です。会話文を読み，下の(1)と(2)の問いに答えなさい。

> 先　生：この時期の状況を示した**資料1**の浮世絵から，どのようなことが読みとれますか。
> 生　徒：はい。生活に必要な品物がかかれた凧があがっていることが読みとれます。
> 先　生：そうですね。では，この時期がどのような状況かを考えるために，開国して貿易が始まったときの，国内への影響について思い出してみましょう。
> 生　徒：はい。日本の主要な輸出品だった　**P**　の生産がさかんになる一方で，安くて質の良い綿織物や綿糸が輸入されたため，国内の綿産業は打撃を受けました。
> 先　生：そうでしたね。では，開国後の貿易によって，人々の生活はどのような影響を受けたのでしょうか。**資料2**から読みとれる変化にふれながら，考えてみましょう。
> 生　徒：はい。　**Q**　と考えられます。
> 先　生：そのとおりです。**資料1**は，この状況を示した浮世絵だと考えられますね。

資料1

資料2　幕末の物価の変化

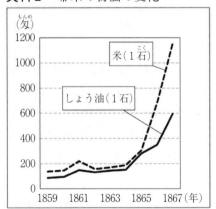

(注)　匁は銀貨の単位。1石は約180L。
（『近世後期における主要物価の動態』
から作成）

(1)　会話文中の　**P**　にあてはまる語を，次の**ア**～**エ**の中から一つ選び，その記号を書きなさい。（3点）

　　ア　毛織物　　**イ**　武器　　**ウ**　鉄鋼　　**エ**　生糸

(2)　会話文中の　**Q**　にあてはまることばを書きなさい。（5点）

問2　次の図は，年表中Bの時期を学習する授業で，ある生徒が「不平等条約の改正」をテーマに，できごとを起こった順にまとめたステップチャートです。図中の X と Y にあてはまる語の組み合わせとして正しいものを，下のア～エの中から一つ選び，その記号を書きなさい。（3点）

図

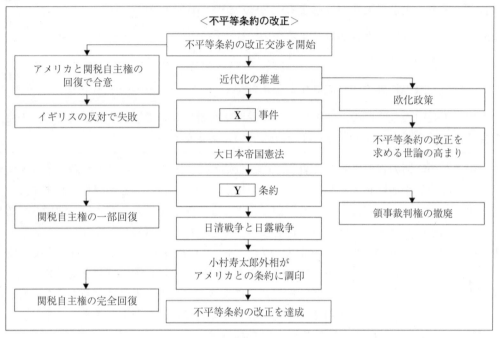

<不平等条約の改正>

不平等条約の改正交渉を開始

アメリカと関税自主権の回復で合意

イギリスの反対で失敗

近代化の推進

欧化政策

X 事件

不平等条約の改正を求める世論の高まり

大日本帝国憲法

Y 条約

関税自主権の一部回復

日清戦争と日露戦争

領事裁判権の撤廃

小村寿太郎外相がアメリカとの条約に調印

関税自主権の完全回復

不平等条約の改正を達成

ア　X－日比谷焼き打ち　Y－日英通商航海　　イ　X－日比谷焼き打ち　Y－ポーツマス
ウ　X－ノルマントン号　Y－日英通商航海　　エ　X－ノルマントン号　Y－ポーツマス

問3　年表中Cの時期における日本の政治や経済の様子を述べた文として正しいものを，次のア～エの中から一つ選び，その記号を書きなさい。（3点）
ア　原敬は，選挙法を改正して選挙権を持つのに必要な納税額を引き下げた。
イ　自由民権運動は，政党の結成へと進み，板垣退助を党首とする自由党が結成された。
ウ　テレビ放送が始まり，最初は街頭でみられていたが，次第に一般の家庭へと普及していった。
エ　自動車などの輸出がのび，貿易黒字が増えると，アメリカなどとの貿易摩擦が深刻化した。
問4　次は，年表中Dの時期のあるできごとについてまとめたものです。まとめの中の Z にあてはまる語を書きなさい。（3点）

まとめ

　　東ヨーロッパ諸国では，民主化運動が高まり，共産主義政権が次々とたおれました。アメリカのブッシュ大統領とソ連のゴルバチョフ共産党書記長は，1989年12月に地中海の Z 島で会談し，冷戦の終結を宣言しました。資料3は，その Z 会談の様子です。

資料3

5 Kさんは，公民的分野の学習で，次の**学習課題**について調べました。これをみて，問１〜問７に答えなさい。(23点)

学習課題

・①社会権とはどのような権利なのだろうか。
・②参政権にはどのようなものがあるのだろうか。
・③日本の司法制度には，どのような仕組みがあるのだろうか。
・④地方公共団体の課題には，どのようなものがあるのだろうか。
・⑤消費者の権利はどのように保障され，どのような責任があるのだろうか。
・⑥社会保障の充実と経済成長とを，どのように両立させていけばよいのだろうか。
・世界の課題に，⑦国際社会ではどのように協力して取り組んできたのだろうか。

問１ 下線部①に関連して，Kさんは，社会権について調べ，次のようにまとめました。**まとめ1**の中の ⎡ Ⅰ ⎦ と ⎡ Ⅱ ⎦ にあてはまる語の組み合わせとして正しいものを，下の**ア〜エ**の中から一つ選び，その記号を書きなさい。(3点)

まとめ1

> 　社会権の中でも基本的な権利が，日本国憲法に「健康で文化的な最低限度の生活を営む権利」と規定されている ⎡ Ⅰ ⎦ です。この規定に基づいて，日本は，医療，年金，介護などの社会保障を充実させてきました。
> 　私たちが健康で文化的な生活を送るためには，仕事と生活との調和を図る ⎡ Ⅱ ⎦ が重要です。労働人口が減っている日本では，働きたいと考える人たちが，無理なく力を発揮できる社会をつくっていくことがよりいっそう重要になります。

ア Ⅰ—生存権　　　　Ⅱ—ダイバーシティ
イ Ⅰ—生存権　　　　Ⅱ—ワーク・ライフ・バランス
ウ Ⅰ—勤労の権利　Ⅱ—ダイバーシティ
エ Ⅰ—勤労の権利　Ⅱ—ワーク・ライフ・バランス

問２ 下線部②について述べた文として正しいものを，次の**ア〜オ**の中から**すべて**選び，その記号を書きなさい。(3点)
ア 選挙権は，満18歳以上の国民に認められている。
イ 国会議員の選挙では，外国に住んでいる日本国民にも，投票できる仕組みがある。
ウ 都道府県知事に立候補する被選挙権は，満25歳以上の国民に認められている。
エ 憲法の改正は，国民の３分の２以上の賛成で，国民が，これを発議し，国会に提案する。
オ 最高裁判所の裁判官に対しては，国民が直接，任命が適切かどうか，国民審査を行う。

問３ 下線部③について述べた文として最も適切なものを，次の**ア〜エ**の中から一つ選び，その記号を書きなさい。(3点)
ア 一つの事件について，最大で２回まで裁判を受けることができ，第一審の判決が不服な場

合は，第二審の裁判所に上告することができる。

イ 被告人は，判決を受けるまでは有罪とみなされるが，公平で速やかな，公開された裁判を受ける権利が保障されている。

ウ 捜査が適正に行われたかを後から確かめられるように，裁判員裁判の対象となる事件などで，警察官や検察官の取り調べを録画・録音する，取り調べの可視化が義務化されている。

エ 一部の事件では，被害者が，裁判に参加することが認められているが，被告人や証人に質問することはできない。

問4 下線部④に関連して，次の**グラフ**は，2019年度の大阪府と鳥取県の歳入とその内訳を示したものです。**グラフ**から，国から配分される地方交付税交付金などの歳入に占める割合が，大阪府と鳥取県で異なることが読みとれます。**グラフ**をみて，国から地方交付税交付金が配分される目的を，「**自主財源**」と「**格差**」という**二つの語**を用いて書きなさい。（5点）

グラフ

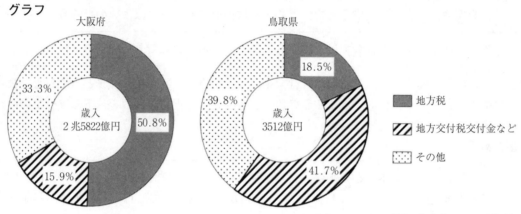

（データでみる県勢2022年版などから作成）

問5 下線部⑤に関連して，**K**さんは，契約を解除することを通知する右の**資料1**をみつけました。訪問販売や電話勧誘などで商品を購入した場合に，一定期間内であれば消費者側から無条件で契約を解除することができます。この制度を何といいますか，その名称を書きなさい。（3点）

問6 下線部⑥に関連して，**K**さんは，ある国における四つの政党の主張について調べ，次のようにまとめました。**まとめ2**をもとに，各政党が主張する政策を分類し，**図**中の**ア**～**エ**のいずれかの領域に位置付けたとき，【**C党**】の考え方が位置する領域として最も適切なものを一つ選び，その記号を書きなさい。（3点）

資料1

> **通知書**
>
> 次の契約を解除します。
>
> 契約年月日　令和○○年○月○日
> 商品名　　　○○○○
> 契約金額　　○○○○○○円
> 販売会社　　株式会社××××□□営業所
> 　　　　　　　　　　担当者△△△△
>
> 支払った代金○○○○○○円を返金し、商品を引き取ってください。
>
> 　　　　　　令和○○年○月○日
> 　　　埼玉県○市○町○丁目○番○号
> 　　　　　　氏名　　○○○○

まとめ2

【A党】
・国民の税金の負担を軽くするために，行政や福祉のサービスを減らします。
・自国の商品が売れるように，外国の商品には税金をかけて販売価格を高くします。

【B党】
・国民の生活は自己責任を基本として，医療や福祉のサービスを減らし，税金を安くします。
・外国の商品を安く輸入できるように，外国の商品にかかっている税金を減らして，市場を開放します。

【C党】
・国民の税金の負担は重くなりますが，行政や福祉の手厚いサービスを提供します。
・外国の商品にかかっている税金を減らして，外国の商品の販売価格を低くします。

【D党】
・税金は高くなりますが，国民の生活は政府が支え，医療や福祉のサービスを充実させます。
・自国の産業を守るため，外国の商品に税金をかけて輸入を減らします。

図　座標軸による政党の考え方の分類

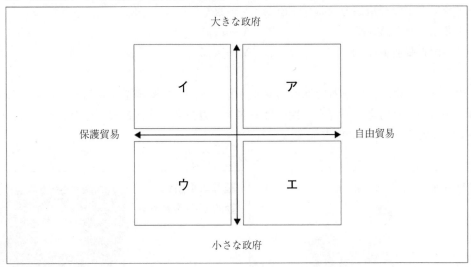

問7　下線部⑦に関連して，**K**さんは，国際会議について調べ，次のようにまとめました。**まとめ3**の中の　X　と　Y　にあてはまる語の組み合わせとして正しいものを，下の**ア～エ**の中から一つ選び，その記号を書きなさい。（3点）

まとめ3

　　国際社会の重要な課題に対応するため，さまざまな国際会議が開催されます。例えば，世界の政治や経済について話し合う　X　があります。**資料2**は，2023年5月に，日本を議長国として，　Y　で開催された　X　の行事の様子です。被爆から復興をとげた　Y　の姿を世界に向けて発信することで，平和の素晴らしさを改めて強調しました。

資料2

ア　X－アジア太平洋経済協力会議(APEC)　　Y－広島

イ　X－アジア太平洋経済協力会議(APEC)　　Y－京都

ウ　X－主要国首脳会議(G7)　　　　　　　　Y－広島

エ　X－主要国首脳会議(G7)　　　　　　　　Y－京都

6　Fさんのクラスでは，校外学習で四つのグループに分かれて職場を訪問しました。そこで働いている人から聞いた内容の一部を，次の**カードⅠ～カードⅣ**にまとめました。これらに関する問1～問4に答えなさい。(14点)

カードⅠ

外交官のHさん

　私たちは，外務省や世界各国にある日本の大使館などに勤務し，国家間の交渉にたずさわっています。相手国の文化などを積極的に理解しようとする姿勢や社交性が求められます。

カードⅡ

証券取引所に勤めているRさん

　私たちは，投資家が安心して市場で取引でき，上場した企業が安定して資金を集められるようにサポートをしています。株式などの売買が，ルールに従って正しく行われているかを監視しています。

カードⅢ

プログラマーのTさん

私は，システムエンジニアが考案したシステムなどの設計に従って，プログラミングを行っています。コンピュータを動かすためのプログラミング言語などの専門知識が必要です。

カードⅣ

畜産農家のUさん

私は，食肉として販売するために，豚などの家畜を育てています。基本的に毎日同じ時間にえさやりや掃除を行っており，動物の異変にすぐに気づける注意力が欠かせません。

問1　**カードⅠ**に関連して，次の**ア～エ**は，日本と外国との関係に関するできごとについて述べた文です。年代の**古い**順に並べかえ，その順に記号で書きなさい。（3点）

ア　憲法の制定に向けて，伊藤博文はヨーロッパへ調査に行き，君主権の強いドイツやオーストリアなどで憲法について学んだ。

イ　幕府は，貿易を望む大名や豪商に，東南アジアへの渡航を許可する朱印状を発行し，東南アジアの国々に対して，朱印船の保護を求めた。

ウ　イエズス会の宣教師の勧めにより，キリシタン大名が少年4人をローマ教皇のもとへ派遣した。

エ　世界平和と国際協調を目的とする国際連盟が設立され，新渡戸稲造が事務次長に選ばれた。

問2　**カードⅡ**に関連して，Fさんは，株式会社の仕組みについて，次のようにまとめました。**まとめ1**の中の　**X**　と　**Y**　にあてはまる語の組み合わせとして最も適切なものを，下の**ア～エ**の中から一つ選び，その記号を書きなさい。（3点）

まとめ1

> 　株式会社は，必要となる資金を少額に分けた株式を発行して，多くの人から資金を集めます。株式は，資金を出したことの「証明書」であり，株式を購入した個人や法人を株主といいます。株主には，　**X**　に参加して経営の基本方針に対して意見を述べる権利や，保有する株式数に応じて，利潤の一部を　**Y**　として受け取る権利が保障されています。

ア　X―労働組合　Y―年金保険　　　**イ**　X―労働組合　Y―配当
ウ　X―株主総会　Y―年金保険　　　**エ**　X―株主総会　Y―配当

問3　**カードⅢ**に関連して，Fさんは，アメリカ合衆国の産業について，次のようにまとめました。**まとめ2**の中の　**P**　にあてはまる語を書きなさい。また，　**P**　の位置として最も適切なものを，**地図**中の**ア～エ**の中から一つ選び，その記号を書きなさい。（3点）

まとめ2

　現代のアメリカ合衆国は，新しい産業の分野で世界をリードしています。特に，サンフランシスコの南に位置するこの地域は，□P□とよばれ，先端技術産業の拠点となる大学や研究機関を中心として，多くのICT関連企業が集中し，高度な技術の開発が進められています。□P□には，アジア系をはじめ，さまざまな国籍をもつ人材が集まっています。

地図

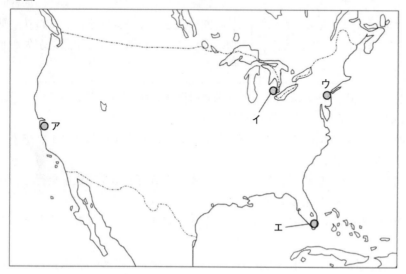

問4　**カードⅣ**に関連して，**F**さんは，豚肉の生産がさかんな鹿児島県の取り組みについて調べ，**レポート**にまとめました。**グラフ2**の□a□にあてはまる，取り組みの成果を示す最も適切なものを，あとの**ア～エ**の中から一つ選び，その記号を書きなさい。また，□A□にあてはまることばを書きなさい。なお，□A□には，**資料**と**グラフ2**から読みとれる，取り組みの内容とその成果があてはまります。（5点）

レポート

　≪探究課題≫
　　持続可能な畜産業を実現するため，私たちはどのようなことができるか。
　≪課題設定理由≫
　　鹿児島県では，豚の飼育戸数が減少している一方で，「かごしま黒豚」とよばれる日本を代表する豚肉が生産され，国内外で人気を集めています。この人気を集めた取り組みが，日本の畜産業を発展させるための参考になると考えたからです。
　≪探究内容≫
　1　日本における豚肉の生産の現状
　　　グラフ1から，豚肉の国内生産量は，ほぼ一

グラフ1

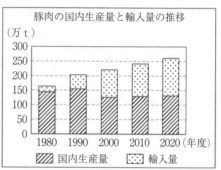

豚肉の国内生産量と輸入量の推移

（万ｔ）

国内生産量　輸入量

定であるのに対して，豚肉の輸入量は増加傾向であることが読みとれます。価格の安い外国産の豚肉に対抗するには，「かごしま黒豚」のように品質重視の豚肉を生産し，ブランド化していく必要があります。

2 鹿児島県の主な取り組みとその成果

(1) 黒豚の品種改良を進め，さつまいもを飼料に使うことで，肉質や食感の良い黒豚肉が生産されています。

(2) 厳格な生産ルールのもと，黒豚を飼育管理することで，安全，安心な黒豚肉が消費者に届けられています。

(3) **資料**と**グラフ2**から，| A | ことが分かります。

グラフ2

a

資料 鹿児島県産の食肉の輸出の促進を図る主な取り組み

新規輸出国に対する広報活動の様子

ホンコン(香港)の消費者向けに黒豚肉を紹介している動画の一部

(注) **レポート**は一部である。

(鹿児島県黒豚生産者協議会ホームページなどから作成)

ア

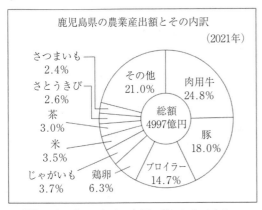

鹿児島県の農業産出額とその内訳

(2021年)

総額 4997億円

肉用牛 24.8%
豚 18.0%
ブロイラー 14.7%
鶏卵 6.3%
じゃがいも 3.7%
米 3.5%
茶 3.0%
さとうきび 2.6%
さつまいも 2.4%
その他 21.0%

(注) ブロイラーとは，食用の鶏のことである。

イ

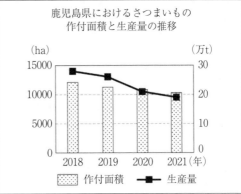

鹿児島県におけるさつまいもの作付面積と生産量の推移

作付面積 生産量

ウ

鹿児島県における豚の飼育戸数の推移

エ

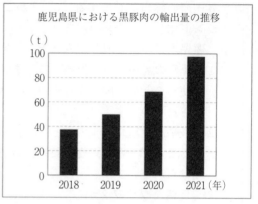

鹿児島県における黒豚肉の輸出量の推移

（鹿児島県ホームページなどから作成）

理科

●満点 100点　●時間 50分

1 次の各問に答えなさい。(24点)

問1　貝やサンゴなどの死がいが堆積してできた，炭酸カルシウムが主成分である岩石を，次の
ア～エの中から一つ選び，その記号を書きなさい。(3点)

ア　石灰岩　　イ　チャート　　ウ　花こう岩　　エ　凝灰岩

問2　図1は，ある植物の茎から葉に
かけての断面を模式的に表したもの
です。葉の表側を通る管Xの名称と，
管Xを通る物質が運ばれる向きの組
み合わせとして正しいものを，次の
ア～エの中から一つ選び，その記号
を書きなさい。(3点)

ア　X…師管　向き…A
イ　X…道管　向き…A
ウ　X…師管　向き…B
エ　X…道管　向き…B

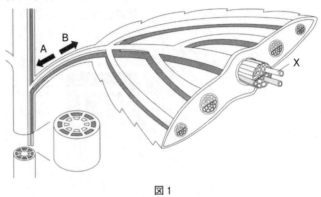

図1

問3　こまごめピペットで溶液をはかりとるときの持ち方として正しいものを，次のア～エの中
から一つ選び，その記号を書きなさい。(3点)

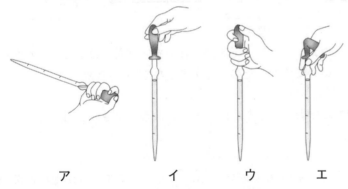

ア　　　　　イ　　　　　ウ　　　　　エ

問4　図2のように，水で満たした円柱状の透明なコップ
を腕をのばして持ち，じゅうぶん離れた壁に貼ってある
文字「は」を，コップを通して見るとどのように見えま
すか。最も適切なものを，次のア～エの中から一つ選び，
その記号を書きなさい。(3点)

ア　　　　イ　　　　ウ　　　　エ

図2

問5　日本列島付近では，夏には主に南東の風，冬には主に北西の風がふきます。このような，季節によって風向の異なる特徴的な風を何といいますか。その名称を書きなさい。（3点）

問6　**図3**のミカヅキモなどの単細胞生物や，**図4**のジャガイモが行う，受精によらない個体のふえ方の総称を何というか，書きなさい。（3点）

図3　　　　図4

問7　**図5**は，火力発電において，石油のもつ $\boxed{Y}$ エネルギーがボイラーで熱エネルギーに，その熱エネルギーがタービン・発電機で電気エネルギーに変換されていくようすを模式的に表したものです。**図5**の $\boxed{Y}$ にあてはまる語を書きなさい。（3点）

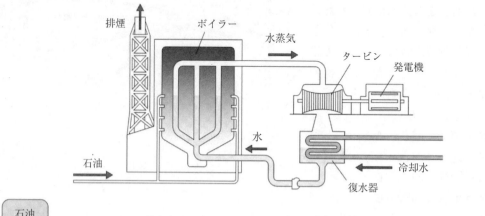

図5

問8　ケイ素（シリコン）やゲルマニウムのように，電流が流れやすい物質とほとんど流れない物質の中間の性質をもつ物質を何といいますか。その名称を書きなさい。（3点）

2　Wさんは，月について，探究的に学習しました。問1〜問5に答えなさい。（19点）

場面1

先　生：月のように惑星のまわりを公転する天体を $\boxed{M}$ といいます。月が地球のまわりを公転することによって，月の見え方は**図1**の写真A〜Iのように少しずつ変化します。

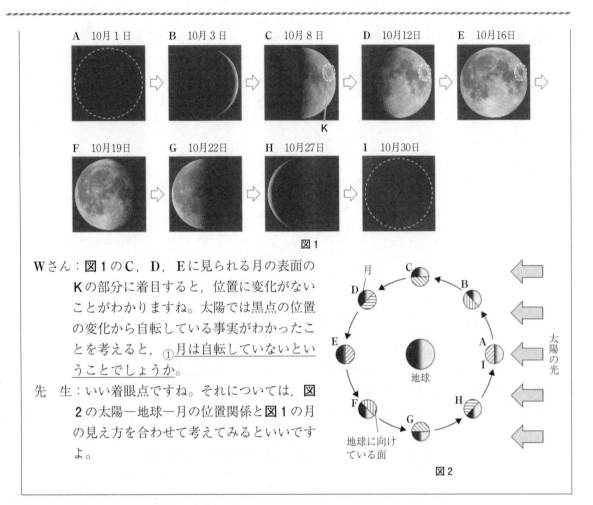

図1

Wさん：**図1**の**C，D，E**に見られる月の表面の
　　　　Kの部分に着目すると，位置に変化がない
　　　　ことがわかりますね。太陽では黒点の位置
　　　　の変化から自転している事実がわかったこ
　　　　とを考えると，①月は自転していないとい
　　　　うことでしょうか。
先　生：いい着眼点ですね。それについては，**図
　　　　2**の太陽―地球―月の位置関係と**図1**の月
　　　　の見え方を合わせて考えてみるといいです
　　　　よ。

図2

問1　　**M**　にあてはまる語を書きなさい。（3点）
問2　**W**さんは，下線部①について仮説を立て，次
　　　のようにまとめました。　**P**　にあてはまるこ
　　　とばを，**Kの部分**という語を使って書きなさい。
　　　（4点）

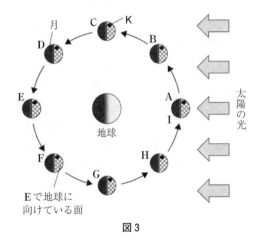

図3

　　　仮説として，月が自転していないとする。
図3のように，月が「**E**で地球に向けている
面」を太陽に向けて固定したまま地球のまわ
りを回ると考えると，**図3**の**C**では
　　　　　P　　　　ことになり，**図1**の見え方と
矛盾する。よって，この仮説は正しくない。
改めて，**図2**の月が「地球に向けている面」
を**A**～**I**の順にみていくと，月は約30日かけ
て1回自転していることがわかる。

場面2

Wさん：図2について，前から不思議に思っていたことがあります。新月と満月を比べると，新月は月に当たった太陽の光が地球に届かないので見えないことはわかります。でも，満月のときは月に太陽の光が当たる前に地球に当たるので，月にはそもそも光が当たらなくなってしまうのではないでしょうか。

先　生：いいことに気づきましたね。図2のように平面的に考えるとわかりづらいのですが，月の公転面は，図4のように，地球の公転面に対して約5°傾いています。

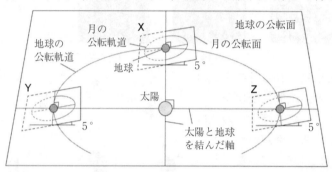

図4

Wさん：それで満月のときも太陽の光がちゃんと当たっているんですね。

先　生：ただし，月と地球の位置関係によっては，太陽の光が月に当たりにくくなることはあります。

Wさん：それが，月が地球の影に入る　　**N**　　という現象なんですね。

問3　　**N**　　にあてはまる語を書きなさい。また，この現象が見られるのはいつですか。図4のX～Zの中から一つ選んでその記号を書き，解答欄の図に，この現象が見られるときの月の位置を•でかき入れなさい。（5点）

場面3

Wさん：もう一つ気になることがあります。②今日の満月は，普段の満月より大きくて明るく見えるなと思うときがあるんですが，見かけの大きさって変わるんですか。

先　生：よく観察していますね。確かに月が大きく見えることはあります。その理由は，図5のように，地球と月の距離が，最も近いときで35.6万km，最も遠いときで40.7万kmと変化するためです。

月の公転軌道

月の公転面

35.6万km　40.7万km

地球

月が地球から最も近いときと最も遠いときを結んだ軸

Wさん：そうだったんですね。

先　生：なお，月の平均的な見かけの大きさは太陽の見かけの大きさとほぼ同じです。③もし日食が起こったときに，月の見かけの大きさが大きかっ

図5

たり小さかったりするとどうなるか，考えてみるとおもしろいですよ。

問4　下線部②について，図5では，満月が最も大きく見えるときの見かけの直径は，最も小さく見えるときを基準にすると，14％長く見えます。月の明るさが月の見かけの面積に比例するとしたとき，満月が最も大きく見えるときの明るさは，最も小さく見えるときの明るさの何倍ですか。小数第2位を四捨五入して小数第1位まで求めなさい。ただし，満月の見え方は完全な円であるものとします。（4点）

問5　Wさんは，下線部③について考え，次のようにまとめました。あてはまる語の組み合わせとして正しいものを，下のア〜エの中から一つ選び，その記号を書きなさい。（3点）

> 　月が地球から　Q　距離にあるときには，月は大きく見える。このとき，日食が起こると，　R　日食となる。一方，月が地球から　S　距離にあるときには，月は小さく見える。このとき，日食が起こると，　T　日食となる。

ア　Q…遠い　R…金環　S…近い　T…皆既
イ　Q…遠い　R…皆既　S…近い　T…金環
ウ　Q…近い　R…金環　S…遠い　T…皆既
エ　Q…近い　R…皆既　S…遠い　T…金環

3　Yさんたちは，動物の分類について，探究的に学習しました。問1〜問5に答えなさい。（19点）

観察

> 課題
> 　学校周辺にはどのような動物がいるのだろうか。
> 【方法】
> ［1］　学校周辺で動物をさがし，見つけた動物を記録した。
> ［2］　見つけた動物の一部を①ルーペで観察し，それらの特徴を生物カードにまとめた。
> 【結果】
> **学校周辺で見つけた動物**
> 　バッタ，カエル，ヘビ，ヤモリ，タヌキ，ザリガニ，イモリ，フナ，メダカ，コウモリ，スズメ，ハト

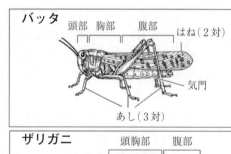

バッタ
頭部　胸部　　　腹部　　　はね（2対）
気門
あし（3対）

特徴

○　からだが，頭部，胸部，腹部の3つに分かれていた。

○　胸部に3対のあしと，2対のはねがあった。

○　胸部や腹部に気門があった。

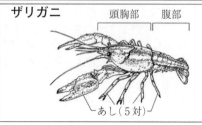

ザリガニ
頭胸部　　　腹部
あし（5対）

特徴

○　からだが，頭胸部，腹部の2つに分かれていた。

○　頭胸部に5対のあしがあった。

○　5対のあしのうち，1対のあしは大きく，はさみのようなつくりをしていた。

問1　下線部①について，図のように，バッタを入れた透明な容器を手にとって，ルーペで観察します。このときのルーペの使い方として正しいものを，次のア～エの中から一つ選び，その記号を書きなさい。（3点）

ふた
透明な容器
図

ア　ルーペを目に近づけて固定し，容器を前後に動かして，ピントを合わせる。

イ　ルーペを容器に近づけて固定し，顔を前後に動かして，ピントを合わせる。

ウ　ルーペを目から遠ざけて固定し，容器を前後に動かして，ピントを合わせる。

エ　容器を目から遠ざけて固定し，ルーペを前後に動かして，ピントを合わせる。

問2　生物カード1について，バッタとザリガニの共通点を次のようにまとめました。 I ， II にあてはまる語をそれぞれ書きなさい。（4点）

　　バッタとザリガニのからだは丈夫な殻のようなつくりである　 I 　で覆われており，からだとあしに節がある。　 I 　は，からだを支えるとともに，内部を　 II 　はたらきをしている。

　Yさんたちは，学校周辺で見つけた動物を，脊椎動物の5つのなかまと無脊椎動物に分類するため，基準を考えてノートにまとめました。

ノート

分類のしかた

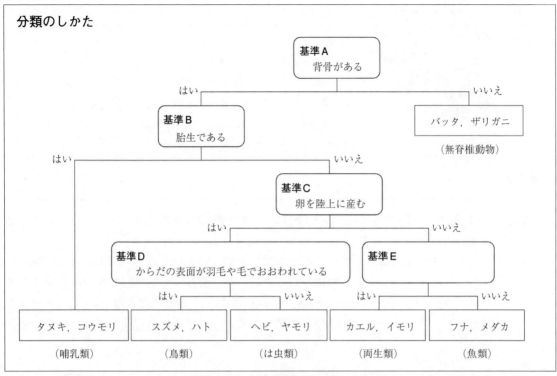

問3 カエル, イモリ, フナ, メダカを, ノート のように分類するための**基準E**にあてはまる
ものを, 次の**ア～エ**の中から**すべて**選び, その記号を書きなさい。(4点)

ア からだの表面がうろこでおおわれている

イ 陸上で生活する時期がある

ウ 卵の殻がかたい

エ 皮ふでも呼吸を行う

場面1

Yさん:学校周辺で見つけた動物をすべて分類できたね。同じ分類の動物どうしは, 多くの
共通点をもっていて, からだのつくりも似ているんだね。

Nさん:そうだね。でも, コウモリは哺乳類なのに鳥類と同じように翼をもつよ。

Yさん:確かに, 考えてみると, クジラも哺乳類だけど魚類と同じようにひれをもつね。分
類が異なっていても, からだのつくりが似ている例はたくさんありそうだね。

Nさん:生物は, 長い年月を経て, からだのつくりが　　　X　　　ように進化した結果,
さまざまな形質をもつようになったと考えられるよ。だから, 分類が異なっていても,
からだのつくりが似ることがあるんだね。

問4 　X　に, 生物のからだのつくりがどのように進化したのかを書きなさい。(4点)

　Yさんたちは, ノート に示した**分類のしかた**で, カモノハシを分類するために, その特徴を
調べて生物カードにまとめました。

生物カード2

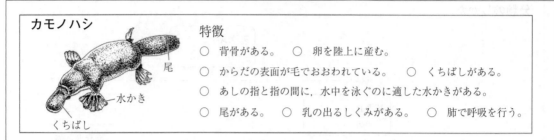

カモノハシ

特徴
○ 背骨がある。　○ 卵を陸上に産む。
○ からだの表面が毛でおおわれている。　○ くちばしがある。
○ あしの指と指の間に，水中を泳ぐのに適した水かきがある。
○ 尾がある。　○ 乳の出るしくみがある。　○ 肺で呼吸を行う。

場面2

Ｙさん：生物カード2 をもとに，ノート に示した**分類のしかた**でカモノハシを分類すると鳥類になるね。

Ｎさん：でも，調べてみると，カモノハシは哺乳類に分類されるみたいだよ。この**分類のしかた**ではカモノハシを哺乳類に分類できないね。**表**は，脊椎動物の５つのなかまとカモノハシについて，共通点と相違点がわかるようにまとめたものだよ。②ノートを見直して，カモノハシを哺乳類に分類できるようにするにはどうすればいいか，考えてみよう。

表

特徴	魚類	両生類	は虫類	鳥類	哺乳類	カモノハシ
背骨がある	○	○	○	○	○	○
卵生である	○	○	○	○	×	○
からだの表面が羽毛や毛でおおわれている	×	×	×	○	○	○
P　くちばしがある	×	×	×	○	×	○
Q　水かきがある	×	○	×	△	△	○
R　尾がある	○	○	○	○	○	○
S　乳の出るしくみがある	×	×	×	×	○	○
T　肺で呼吸する時期がある	×	○	○	○	○	○

○…あてはまる　　△…一部あてはまる　　×…あてはまらない

問5　下線部②について，Ｙさんたちはカモノハシを，タヌキ，コウモリが属する哺乳類に分類できるようにするため，次のように考えをまとめました。Ⅲ にあてはまる基準を書きなさい。また，Ⅳ にあてはまる特徴を，**表**の**P～T**の中から一つ選び，その記号を書きなさい。（４点）

ノート の**基準A～基準D**のうち，**基準** Ⅲ を Ⅳ と変更すればカモノハシを哺乳類に分類できるようになる。

4 Aさんたちは，炭酸水素ナトリウムの反応について，探究的に学習しました。問1 ～問5に答えなさい。（19点）

場面1

先　生：試験管に入れた炭酸水素ナトリウム $NaHCO_3$ をじゅうぶんに加熱すると，二酸化炭素 CO_2 や水 H_2O が失われ，炭酸ナトリウム Na_2CO_3 のみが残ります。では，炭酸水素ナトリウムの質量の何%が二酸化炭素や水として失われているか，実験で確かめてみましょう。まず，先生が実験してみせますね。

［１］　図1のように電源を入れた電子てんびんの上に薬包紙を置いて，ゼロ点調整をします。
［２］　試薬びんから薬包紙に約2gの炭酸水素ナトリウムをとり出し，その値を記録します。先生がはかりとった値は(X)2.00gちょうどでした。
［３］　乾いた試験管に，はかりとった炭酸水素ナトリウムを入れます。
［４］　試験管ばさみを使って，試験管に入れた試料をじゅうぶんに加熱します。①このとき試験管の口は図2のように少し下に傾けます。

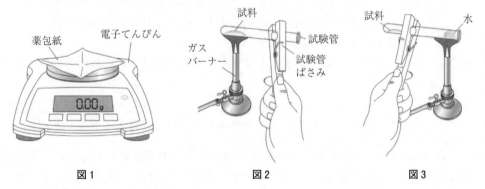

図1　　　　　　　　　　　　図2　　　　　　　　　　　　図3

［５］　生じた水を完全に蒸発させるために，図3のように別の試験管ばさみに持ちかえて，試験管の口を加熱したり，再び試料を加熱したりしながら，試験管全体をじゅうぶんに加熱します。
［６］　試験管をよく冷まし，薬包紙を置いてからゼロ点調整をした電子てんびんで，試験管の中の試料をすべて薬包紙にとり出して質量をはかり，その値を記録します。先生が実験で得られた値は(Y)1.26gでした。
　　　では，みなさんもやってみましょう。

Aさん：（［２］のとき）　あ，多くとり出しすぎちゃった。まあ，大丈夫かな。
Bさん：（［３］のとき）　あとで試験管の中の試料をとり出さなくても，先に試験管の質量をはかっておけば，実験後に試験管ごと質量をはかれるな。
Cさん：（［６］のとき）　よし。先生が実験で得られた値と同じ値だ。

問1　下線部①の操作をする理由を，**水**という語を使って書きなさい。（4点）
問2　場面1 の炭酸水素ナトリウムの反応で波線部(X)，(Y)の値を用いたとき，二酸化炭素や水として失われた質量は，もとの炭酸水素ナトリウムの質量の何%か，求めなさい。（4点）

問3　Aさんたちは，場面1の実験で得られた値を，表1にまとめました。先生の結果が正しいものとするとき，誰の結果が**正しく得られなかった**か，一つ書きなさい。また，結果が正しく得られなかった理由として最も適切なものを，下のア〜エの中から一つ選び，その記号を書きなさい。（4点）

表1

	先　生	Aさん	Bさん	Cさん
[2]　実験前の質量〔g〕	2.00	3.00	2.06	1.90
[6]　実験後の質量〔g〕	1.26	1.89	1.30	1.26

ア　[1]で，ゼロ点調整をした後に薬包紙を電子てんびんに置いてしまったから。

イ　[3]で，試験管に炭酸水素ナトリウムを多く入れすぎたから。

ウ　[5]で，水を完全に蒸発しきれなかったから。

エ　[6]で，試験管の中の試料をとり出さなかったから。

場面2

　先　生：では，炭酸水素ナトリウムと，炭酸ナトリウムの性質を比較してみましょう。2本の試験管に水を5cm³ずつとり，一方には炭酸水素ナトリウム，もう一方には炭酸ナトリウムを1.00g ずつ入れ，溶かします。次にそれぞれの水溶液に，フェノールフタレイン溶液を1滴ずつ加えます。

　Bさん：やってみると，炭酸水素ナトリウムと炭酸ナトリウムでは明らかに性質が違いますね。

　先　生：そうですね。さて，②この炭酸ナトリウム水溶液が入った試験管に，二酸化炭素を入れて振り混ぜ，どんな化学変化が起こったのか，考えてみましょう。

問4　Bさんたちは，場面2の実験結果を表2にまとめて比較したところ，下線部②の操作で，炭酸ナトリウムは炭酸水素ナトリウムに化学変化したのだと考えました。この化学変化を化学反応式で表しなさい。（4点）

表2

	炭酸水素ナトリウム水溶液	炭酸ナトリウム水溶液	炭酸ナトリウム水溶液に二酸化炭素を入れて振り混ぜたもの
溶質の溶けているようす	溶け残った	すべて溶けた	沈殿が生じた
フェノールフタレインの色の変化	うすい赤色になった	赤色になった	赤色が少しうすくなった

場面3

　Aさん：身のまわりでは，炭酸水素ナトリウムも炭酸ナトリウムも，掃除用洗剤として使われているんですね。

　先　生：はい。炭酸水素ナトリウムは重曹という名称で販売されています。また，炭酸ナトリウムは，セスキ炭酸ソーダという，炭酸ナトリウムと炭酸水素ナトリウムが半量ずつ入ったものとして販売されています。

　Cさん：それぞれの③洗浄効果の違いについて調べてみます。

問5　Cさんたちは，下線部③についてインターネットで調べて**表3**を作成し，重曹とセスキ炭酸ソーダで洗浄効果に違いが生じる理由を，次のようにまとめました。
　　 M ， N にあてはまることばの組み合わせとして最も適切なものを，下の**ア～エ**の中から一つ選び，その記号を書きなさい。（3点）

表3

	重曹	セスキ炭酸ソーダ
衣類の皮脂汚れ	△	○
キッチンの油汚れ	○	◎
鍋の焦げ	◎	○

◎…とても効果がある　○…効果がある　△…少し効果がある

　　　調べていくうちに，油はアルカリによって分解されることがわかった。このことから，皮脂汚れや油汚れに対しては，油が分解されることで汚れが落ちるのだと考えられる。このとき，pHの　 M 　セスキ炭酸ソーダの方が，効果があることがわかる。一方，鍋の焦げに対して，重曹の方が効果があるのは，重曹が比較的水に　 N 　，研磨剤の効果も期待できることが要因の一つと考えられる。

ア　M…より大きい　N…溶けにくく
イ　M…より大きい　N…溶けやすく
ウ　M…より小さい　N…溶けにくく
エ　M…より小さい　N…溶けやすく

5　　Kさんたちは，斜面を下る鉄球の運動について，探究的に学習しました。問1～問4に答えなさい。ただし，レールどうしはなめらかにつながっており，鉄球にはたらく摩擦や空気の抵抗は考えないものとします。（19点）

実験1

課題1
　　鉄球の速さは，レール上で鉄球をはなす高さとどのような関係があるのだろうか。
【方法1】
［1］　図1のように，長さ15cmのレールを7本用いてコースを組み立てた。
［2］　10gの鉄球を，5cmの高さから静かに手をはなし，速さ測定器で速さを1回測定した。高さを10cm，15cmと変えて，同様の操作を行った。

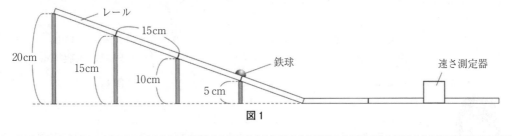

図1

問1 **図2**は，斜面上の鉄球にはたらく重力を矢印で表したものです。この重力について，斜面に垂直な方向と斜面に平行な方向に分解した2つの力を，定規を用いて矢印で表しなさい。（4点）

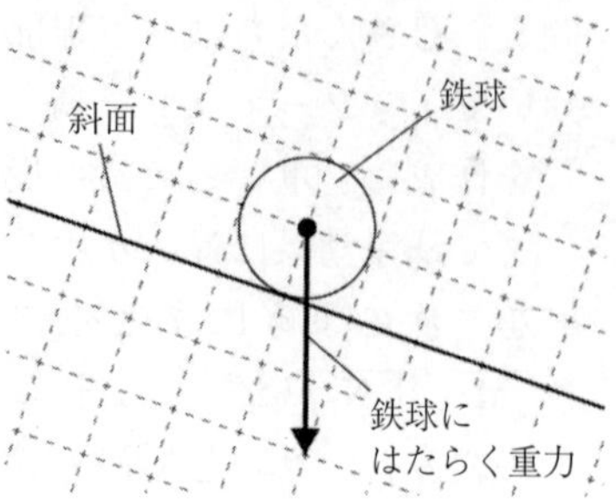

問2 **実験1**で鉄球が斜面を下っているとき，鉄球にはたらく斜面に平行な方向の分力の大きさは，時間の経過とともにどうなりますか。最も適切なものを，次の**ア**〜**エ**の中から一つ選び，その記号を書きなさい。（3点）

ア 小さくなる。　　イ 変化しない。
ウ 大きくなる。　　エ 大きくなったあと一定になる。

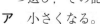

図2

実験1の続き

【結果1】

鉄球をはなす高さ〔cm〕	5.0	10.0	15.0
鉄球の速さ〔m/s〕	0.99	1.40	1.71

会話

Kさん

わたしは，【結果1】から測定値を点で記入し，**図3**のように，原点を通って，上下に測定値の点が同程度に散らばるように，直線のグラフをかいたよ。

ぼくは，**図4**のように，原点を通って，なるべく測定値の点の近くを通るように，曲線のグラフをかいたよ。

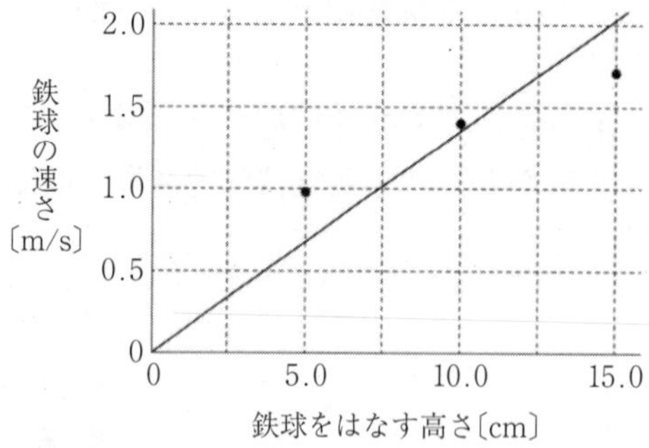

Mさん

図3

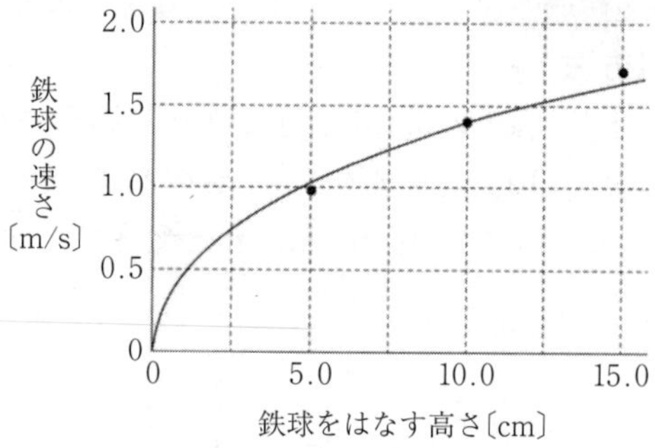

図4

①グラフが直線になるか曲線になるかを判断するには，追加で実験を行う必要があるね。

問3　下線部①のために，実験1に追加すべき実験内容として最も適切なものを，次の**ア～エ**の中から一つ選び，その記号を書きなさい。（4点）

ア　【方法1】の［2］を3回くり返し，平均を求める。

イ　鉄球の質量を20gにかえて，【方法1】の［2］を行う。

ウ　鉄球をはなす高さを2.5cm，7.5cm，12.5cm，17.5cmにして，【方法1】の［2］を行う。

エ　斜面の傾きを大きくして，鉄球をはなす高さは5.0cm，10.0cm，15.0cmとしたまま，【方法1】の［2］を行う。

　Kさんたちは，コースの形を変えることで鉄球の運動にどのような違いが生じるかに興味をもち，2つのコースで実験を行いました。

実験2

課題2

　コースの形を変えることで，鉄球の速さに違いが生じるのだろうか。

【方法2】

［1］　図5のように，実験1で用意したコースを**コース1**とし，**コース1**の点C，点Dの高さを変えて，それぞれを点C′，点D′とした**コース2**の2つのコースを用意した。

［2］　10gの鉄球を，**コース1**，**コース2**それぞれの点Aから同時に静かに手をはなし，速さ測定器で速さを測定した。

コース1

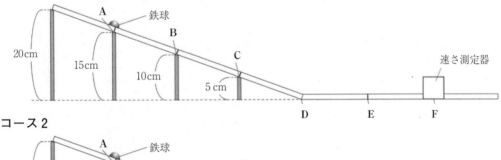

コース2

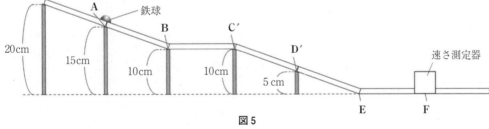

図5

【結果2】

　○　**コース1**，**コース2**の②速さ測定器を通過したときのそれぞれの鉄球の速さは同じであった。

　○　**コース2**の鉄球より③**コース1**の鉄球の方が先に速さ測定器を通過した。

問4　実験2について，次の(1)，(2)に答えなさい。ただし，点Fを含む水平面を高さの基準とします。

(1)　下線部②の理由を，**位置エネルギー**，**点F**という語を使って説明しなさい。（4点）

(2) K さんたちは，下線部③の理由を，次のようにまとめました。 $\boxed{\text{I}}$ にあてはまる区間を書きなさい。また， $\boxed{\text{II}}$ にあてはまることばを，**運動エネルギー**，**速さ**という語を使って書きなさい。（4点）

> 　水平面では鉄球の速さが変化しないとすると，速さの変化のしかたが同じ区間は，両コースの AB 間，EF 間，**コース1**の BD 間と**コース2**の C′E 間である。そのため，比較すべき区間は**コース1**の DE 間と**コース2**の $\boxed{\text{I}}$ 間となる。**コース1**の鉄球の方が先に速さ測定器を通過したのは，**コース2**の $\boxed{\text{I}}$ 間より**コース1**の DE 間の鉄球の方が， $\boxed{\text{II}}$ ためだと考えられる。これは， $\boxed{\text{I}}$ 間の速さを測定することで確かめることができる。

資料

① あなたは，持続可能な開発目標（SDGs）に関心がありますか。

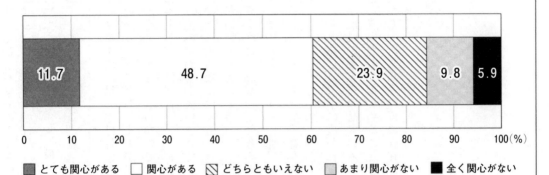

とても関心がある	関心がある	どちらともいえない	あまり関心がない	全く関心がない

② （「とても関心がある」「関心がある」「どちらともいえない」「あまり関心がない」と答えた人に対し）
あなたは，持続可能な開発目標（SDGs）のどの分野に興味がありますか。

【複数回答・上位５項目】

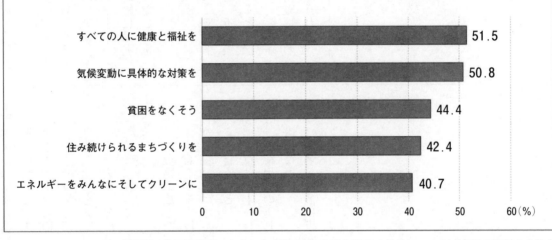

埼玉県　第208回簡易アンケート「埼玉県におけるSDGsの推進について」（令和４年度）から作成

問3 ③興(きょう)じ給(たま)ひて とありますが、この部分を「現代仮名遣い」に直し、**すべてひらがな**で書きなさい。（3点）

問4 次は、この文章を読んだあとの先生とAさんの会話です。空欄 I にあてはまる内容として最も適切なものを、あとの**ア〜エ**の中から一つ選び、その記号を書きなさい。（3点）

先生「文章中に『世の中は月にむら雲花に風近衛殿には左近なりけり』とありますが、これはどのようなことを伝えようとしたものなのでしょうか。」

Aさん「上の句には、『月』と『むら雲』、『花』と『風』という組み合わせが表現されています。これをふまえて下の句『近衛殿には左近なりけり』を考えると、近衛殿が領地を治める上で、 I ということを伝えようとしたものだと考えられます。」

先生「そのとおりです。一休はその意図が、近衛殿にはわかってもらえるという確信があったのでしょうね。」

ア 農民たちを苦しめる左近の存在が妨げになっている

イ 左近が農民たちを苦しめることを責めないでほしい

ウ 左近が反乱の動きをみせているので警戒するべきだ

エ 農民たちと左近は公平に扱われなければならない

五 次のページの資料は、「持続可能な開発目標（SDGs）の推進」について、主に県内在住者を対象に調査し、その調査の結果をまとめたものです。

国語の授業で、この資料から読み取ったことをもとに「持続可能な社会を築くためにわたしたちができること」について、一人一人が自分の考えを文章にまとめることにしました。次の（注意）に従って、あなたの考えを書きなさい。（12点）

（注意）

(1) **二段落構成**とし、第一段落では、あなたが資料から読み取った内容を、第二段落では、第一段落の内容に関連させて、自分の体験（見たこと聞いたことなども含む）をふまえてあなたの考えを書くこと。

(2) 文章は、十一行以上、十三行以内で書くこと。

(3) 原稿用紙の正しい使い方に従って、文字、仮名遣いも正確に書くこと。

(4) 題名・氏名は書かないで、一行目から本文を書くこと。

エ　個人がモノを所有するには、身体のなかに閉じ込められた自己が必要になるのに対し、他者に贈与したり分配したりするときには、自己と身体の同一視が前提になるという考え方。

問5　⑤私的所有に失敗することを「損失」とみなし、贈与や分配を「利他的な行為」であるとみなす必然性はどこにもない。とありますが、筆者はなぜこのように考えるのですか。次の空欄にあてはまる内容を、**媒介**、**帰属**の二つの言葉を使って、四十字以上、五十字以内で書きなさい。ただし、二つの言葉を使う順序は問いません。(7点)

も、[　　] 私的所有に失敗したり、モノを贈与したり分配したりしても、

[　　　　50]

と考えることができるから。[40]

四　次の文章を読んで、あとの問いに答えなさい。(──の左側は口語訳です。)(12点)

一休和尚は「たき木」という所に時々住んでおられた。そのあたりの村々は近衛殿の御領地であったが、家老の左近が農民から年貢を強引に取るので、農民たちはこれを嘆いていた。農民たちが近衛殿への訴状を考えていたところへ、一休がやってきた。

百姓共一休を請じ、「此訴状御書き下されよ。」とのたまへば、「しかじかのこ
農民たち

「やすき事也、いかなることぞや。」
なり

とにて侍る。」と申しければ、「長々しき状までもいるべからず。是をもちて近衛殿へ捧げよ。」とて歌よみてやらせたまふ。
はべ　　　　　　　　　　　　　　　　　　　　　　　これ　　　　　　　　　　　　さき

世の中は月にむら雲花に風近衛殿には左近なりけり

とよみて、これをつかはされければ、村々の百姓、「①かかる事にては、免おほく給はること思ひもよらず。」と申しければ、一休
たま

「ひたすら此歌のみ捧げよ。」と仰せられて帰り給へば、②おのおの
この　　　　　　　　　　おほ　　　　　　　　　　　　　　たま

年貢のお許しを多くくださる

せんぎしけれ共、本より土のつきたる男共なれば、一筆よみかく事
ども

集まって相談したが

ならざれば、ぜひなく、かの歌をささげければ、近衛殿御覧じて、
しかたなく

「是はいかなる人のしける。」と仰出されける。百姓申しけるは、
おほせいだ　　　　　　　　　　おっしゃった

「たき木の一休の御作にて候。」と申せば、「その※放者ならでは、
さうらふ　　　　　　　　　　　　　　　　おどけもの

かかる事いはん人は今の世にて候。」と③興じ給ひて、おほくの
けう　　たま

今の世にはいない

免を下されけるとなり。

(注)※放者……ふざけたことをする人。
おどけもの

(『一休ばなし』による。)
いっきゅう

問1　①かかる事　とありますが、ここでは誰にどうすることを指していますか。次の空欄にあてはまる内容を十五字以内で書きなさい。(3点)

[　　　　]こと。

問2　②おのおの　とありますが、これは誰のことを指していますか。最も適切なものを、次のア～エの中から一つ選び、その記号を書きなさい。(3点)

ア　百姓共　　イ　一休　　ウ　近衛殿　　エ　左近

問1 ① こうした循環 とありますが、その説明として最も適切なものを、次の**ア～エ**の中から一つ選び、その記号を書きなさい。
（4点）

ア タンザニアでは、モノの融通や共有が進んでおり、ICTを利用した不用品の交換などを通じて限られた資源を有効活用しているということ。

イ タンザニアでは、資本主義経済の進展で失われた「つながり」やコミュニティの再興を通じて、モノの融通や共有を推進しているということ。

ウ タンザニアでは、商品を購入する能力が不足している人びとが多いため、モノは誰かからの贈与によってはじめて入手可能になるということ。

エ タンザニアでは、モノは寿命限界までリユースやリサイクルされ、贈与や転売が繰り返されることで様々な人の所有物になっていくということ。

問2 ② モノの価値は、使用価値だけでなく、伴って変化する交換価値によっても決まる とありますが、「モノの社会的履歴」に伴って[交換価値]が変化するとはどういうことですか。次の空欄にあてはまる内容を、**商品化、付帯**の二つの言葉を使って、三十五字以上、四十五字以内で書きなさい。ただし、二つの言葉を使う順序は問いません。（7点）

モノは、

```
[        35        ]
[        45        ] ということ。
```

問3 ③ 日本では、恋人からもらった手編みのマフラーを誰か別の人に贈ったり売ったりすることは忌避されがちだ。 とありますが、その理由として最も適切なものを、次の**ア～エ**の中から一つ選び、その記号を書きなさい。（4点）

ア もらった手編みのマフラーには編んだ人の人格が憑っていると感じ、マフラーを手放すことは編んだ人との関係性を断つことを意味すると考えるから。

イ もらった手編みのマフラーには編んだ人の「彼／彼女らしさ」があり、マフラーを捨てることで贈り手の人格そのものを否定することにつながるから。

ウ もらった手編みのマフラーには編んだ人の思いが込められており、マフラーを手放すことは贈り手への裏切りであり慣習的にも法的にも不当なものだから。

エ もらった手編みのマフラーには編んだ人の魂が宿っており、マフラーを介して形成された「魂と魂との紐帯」によりそもそも手放すことができなくなるから。

問4 ④ 所有（私的所有）と他者への贈与や分配を対立するものとみなす とありますが、この考え方を説明した文として最も適切なものを、次の**ア～エ**の中から一つ選び、その記号を書きなさい。（4点）

ア 私的所有されたモノは、持ち主である個人に所有権があり贈与や分配ができないのに対し、他者から贈与や分配されたモノは、さらに別の他者に贈与や分配ができるという考え方。

イ 私的所有されたモノには、持ち主である個人が排他的な権利を有しているのに対し、モノを他者に贈与したり分配したときには、その権利が失われてしまうという考え方。

ウ 個人がモノを所有するには、身体による労働が必要であるのに対し、他者から贈与や分配されたモノは、労働せず得られたものであるゆえに、真に私的所有したとは言えないという考え方。

わった。モースは、マオリの法体系において、モノを介して形成される※紐帯は「魂と魂との紐帯」であり、「何かを誰かに贈ることは、自分自身の何ものかを贈ることになる。」と論じた。なぜならモノには元の持ち主、贈り手の魂が宿り、元の持ち主は贈り物を介して受け手に影響力を発揮しているからである。贈り物に持ち主の人格が宿っていること自体は、私たちにも経験的に理解できることである。

③　日本では、恋人からもらった手編みのマフラーを誰か別の人に贈ったり売ったりすることは忌避されがちだ。それは、そのマフラーにマフラーを編んだ恋人の思い、すなわち魂が込められているように感じられるからだろう。恋人がデパートで選んだ商品でさえ、そこに「彼／彼女らしさ」、すなわち贈り手の人格が憑いていると感じ、不要になっても捨てるのを躊躇する人は多いだろう。別れた恋人の贈り物を捨てるという行為が、そのモノとの関係だけでなく、そのモノを媒介にして恋人への執着と決別するという儀式になるのも、モノが元の持ち主のアイデンティティやその持ち主と受け手が共有する何がしかを帯びていると考えるからだろう。こうした贈り物に与え手の人格の一部が宿っているといったヒトとモノとの分離不可能な関係を論じてきた人類学は、「個人」が所有物に対して排他的な権利を有するという、個人の「身体＝労働」を基盤とする私的所有論の考え方に対して異議を提示してきた。

④　所有（私的所有）と他者への贈与や分配を対立するものとみなす議論に再考を促す。すなわち、法的な権利とはべつに、贈り物を※エージェントにして受け手に働きかけ続ける元の所有者は、その贈り物の所有権を放棄したと言えるのだろうか。そのモノはまだ持ち主に帰属しているのではないか。「譲渡不可能」な贈り物とはいかなるもので、それはいかにモノとヒトとの関係を取り結んでいるか。これらの問いは必然的に、さまざまな角度から「自己」とは何かをめぐる問いも喚起してきた。

たしかに、タンザニアのインフォーマル経済従事者のあいだでも共同（集団）所有か私的（個人）所有か、あるいは所有権が認められているか否かといった慣習的、法的なルールだけでなく、何をどこまで他者に分け与えたり、他者と共有したりするか、いかにして譲り渡すのを回避するかをめぐるミクロな攻防がモノの所有をめぐる大きな関心事であることは間違いない。だが、明らかに自身に所有権がある場合でも、「譲ってくれ。」「共有させてくれ。」という要請を心情あるいは社会道徳的に断ることができず、モノや財を手放すことは多々ある。そうした事態は、「私的所有の失敗」のように見える。

しかし、先述したように、元の所有者がモノを媒介として財を譲り受けた者たちに働きかけていることを前提とすると、⑤私的所有に失敗することを「損失」とみなし、贈与や分配を「利他的な行為」であるとみなす必然性はどこにもない。そのような所有と贈与、自己と身体との同一視を前提とした考え方に過ぎない。

（小川さやか　著「手放すことで自己を打ち立てる――タンザニアのインフォーマル経済における所有・贈与・人格」による。一部省略がある。）

（注）
※遊休資産…活用されていない資産。
※インフォーマル経済…行政の指導の下で行われていない経済活動。
※アイデンティティ…ここでは、個性や独自性、自分らしさのこと。
※マオリ…ニュージーランドのポリネシア系先住民。
※紐帯…二つのものを結びつけるもの。

三 次の文章を読んで、あとの問いに答えなさい。（26点）

「循環型社会」「シェアリング経済」「持たない暮らし」。日本社会で目にするこれらの用語には、ICT（情報通信技術）などの利用を通じて不用品を交換したり、※遊休資産へのアクセスを可能にしたり、特定のモノへのオープンアクセスを実現することで、限られた資源を有効活用するとともに、資本主義経済の進展で失われた「つながり」やコミュニティを再興する意図が込められている。本章では、こうした議論が基盤とする「個人と個人のあいだのモノの融通・共有」とそれによる「持たない暮らし」とは異なる世界観で成り立っている、東アフリカに位置するタンザニア社会の「持たない暮らし」を提示したい。

欧米諸国や日本の人びとが捨てた不用品は、タンザニアを含む発展途上国に輸出され、モノの寿命限界までリユースやリサイクルされてきた。タンザニアでは現在でも、中古車や中古家電、古着など中古品が人びとの消費生活において重要なウェイトを占めている。タンザニアの消費者が購入した中古品は、彼らの隣人や友人、故郷の親族へ贈られたり、生活に困窮して転売されたり、金銭を借りる担保にされたりする。贈られた中古品がさらに別の誰かに贈られたり、担保として友人に預けたモノが買い戻されたりもする。誰かがひとたび所有したモノが贈与や転売を通じて別の誰かの所有物となる。それが何度も繰り返されることで、モノは「私のもの」「ふたたび私のもの」「誰かのもの」「さらに別の誰かのもの」などと変化を遂げながら、社会の中で循環してきたのだ。

① こうした循環が起きるのは、ある面では新品の商品を購入する能力が不足しているからであり、豊かな者から貧しい者へと富が分配されることを是とする社会規範があるからである。またある面では、手に入れた財を転売したり投資したりしながら、「自転車操業的」に営む※インフォーマル経済がひろく展開しているからである。

いずれの場合でも重要なのは、「私のもの」が「他の誰かのもの」に変化する際、そのモノは、それを一時所有した「私」から切り離された無色透明の「モノ」になるわけではないことである。

人類学者のアルジュン・アパデュライは、②モノの価値は、使用価値だけでなく、モノの社会的履歴に伴って変化する交換価値によっても決まることを論じた。私たちの身近な例で説明すると、わかりやすいだろう。たとえば、ある骨董品店で売られている万年筆は、すでに書くという行為には使えないとしよう。だが文豪に使用されていたという万年筆の社会的履歴によって、そのモノは非常に高価なものになっている。もし、その万年筆の履歴に恋人から文豪へ贈られたというロマンスが発見されれば、その価値はより高くなるだろうし、万年筆を購入した富豪が次々と不審な死を遂げたという履歴が明らかになれば、呪われた万年筆としてその価値は下がるだろう。

同じことは、文豪による所有に限らずに生じる。車などの日用品から美術品を含め、多くのモノや財は「個人化・人格化」と「商品化」を行き来している。それぞれの文化的な履歴には、そのモノにまつわるさまざまな関係性が埋め込まれている。そして、ひとたび誰かのものとされたモノが再び商品化されるとき、そのモノは、そのモノの履歴に関係する人びととの※アイデンティティを帯びることもあるのだ。

元の所有者や関係者のアイデンティティがモノに付帯するという考え方は、人類学ではとりわけモノや財が贈与される場面において強調されてきた。そのような議論の端緒は、マルセル・モースの『贈与論』における※マオリの贈り物の霊「ハウ」をめぐる謎だ。よく知られている通り、モースは、贈り物に返礼が起きるのは、贈り物にとり憑いた霊「ハウ」が、元の持ち主のもとに戻りたいと望むからであるとするマオリのインフォーマント（情報提供者）の説明にこだ

の取り組みが行われています。

地産地消とは、どのような意味でしょうか。

I

地産地消には、地域を活性化する効果が見込まれています。また、消費者にとっては生産者との結びつきが強くなることで、ニーズに合った農産物が増えたり、安心で新鮮な農産物が手に入りやすくなったりする効果もあります。

さて、昨日の献立の野菜のうち、さといもとほうれんそうは、二〇二一年産の野菜において、埼玉県の収穫量が全国一位となったものです。かぶも全国で二位でした。埼玉県は、県内で採れる多くの農産物を、たくさんの人に知ってもらったり、活用してもらったりするための取り組みをしています。例えば、県内の施設での野菜収穫体験や、埼玉県産の農産物を活用した加工食品の宣伝などです。

給食委員会としては、地産地消の取り組みの紹介から、地域の野菜の魅力を感じてもらい、地域の活性化につなげてほしいと思っています。給食に使われている野菜は、地域の生産者の思いがこもっていますから、毎日の給食をしっかり食べましょう。

以上で発表を終わります。ありがとうございました。

(1) 次の**ア〜エ**は、原稿 中の空欄 I に記入されていた文です。文脈が通るように並べかえ、その順に記号で書きなさい。
（3点）

ア その地産地消の現状について、次の二点を調べてみました。

イ 次に、埼玉県産の農産物を普及させる取り組みについても調べました。

ウ まず、地産地消の効果について調べました。

エ それは「その地域で生産された食材をその地域で消費すること」という意味です。

(2) このスピーチをする際のAさんの話し方として**適切でないも**のを、次の**ア〜エ**の中から一つ選び、その記号を書きなさい。
（2点）

ア 自分の感じたことを強く伝えるために、言葉の抑揚や間の取り方を意識しながら話す。

イ 最初から最後まで手元の原稿から目を離さずに一定の速度で話す。

ウ 話の内容が伝わっているかどうか、聞き手の反応を確かめながら話す。

エ 伝えたい内容や相手に応じて、話す速度や声の大きさなどを工夫して話す。

(3) Aさんは──部の文が不自然であると考え、それを推敲しました。推敲後の文中の──部と空欄の関係が適切になるように、空欄 II にあてはまる言葉を書きなさい。（3点）

原稿 中の文
これらの野菜がよく給食で使われるのは、埼玉県でたくさん採れます。

推敲後の文
これらの野菜がよく給食で使われるのは、埼玉県でたく 　　　　 II 　　　さん。

「途方に暮れたような真宙の呟き」などの比喩を用いることで、登場人物の行動や心情がわかりやすく表現されている。

ウ 「真宙は、えっと目を見開いた」という表現によって、天音が初対面の柳くんに気軽に話しかけている様子に真宙が戸惑いや驚きを感じていることを印象づけている。

エ 「腕組みをして長く黙り込んだ後で」や「柳くんが、今度もまた『うーん。』と長く考え込んだ」という表現によって、柳くんが真宙や天音の質問に真剣に答えようとしていることを印象づけている。

オ 本文は、真宙、天音、柳くんの三者がやりとりをする「現在」の場面と、真宙が小学校時代の自分を回想する「過去」の場面とで構成されており、真宙の長年にわたる柳くんへの憧れの強さが表現されている。

二 次の各問いに答えなさい。（24点）

問1 次の――部の漢字には読みがなをつけ、かたかなは漢字に改めなさい。（各2点）

(1) 試供品を無料で頒布する。
(2) 彼を懐柔して味方にする。
(3) 炎天下の作業でかいた汗を拭う。
(4) 大臣がシュウニンのあいさつをする。
(5) アヤういところで難を逃れた。

問2 次の――部「ない」と同じ意味（用法）であるものを、あとのア～エの文の――部から一つ選び、その記号を書きなさい。（3点）

わたしは、あまり漫画を読まない。

ア 今日は何もしないで、のんびりしましょう。

イ 友人にお願いをしたら、頼りない返事だった。

ウ マラソンに挑戦したいが、長距離を走ったことはない。

エ この部屋は、エアコンが壊れていて涼しくない。

問3 次の――部の熟語の構成（成り立ち）が他の三つと異なるものを、ア～エの中から一つ選び、その記号を書きなさい。（3点）

ぶらぶら歩いて二里行き三里行き、そろそろ全里程の半ばに ア到達した頃、降ってわいた イ災難、メロスの足は、はたと、止まった。見よ、前方の川を。昨日の豪雨で山の水源地は氾濫し、ウ濁流とうとうと下流に集まり、猛勢一挙に橋を エ破壊し、どうどうと響きをあげる激流が、こっぱみじんに橋げたを跳ね飛ばしていた。

（太宰 治 著『走れメロス』による。）

問4 中学生のAさんは、委員会活動で調べてわかったことについて、全校集会でスピーチを行うことになりました。このスピーチに使う次の 原稿 を読んで、あとの問いに答えなさい。

原稿

昨日の給食の献立は、ご飯、牛乳、ふりかけ、焼きシシャモ、さといものそぼろ煮、ほうれんそうのおひたし、かぶのとろみ汁でした。皆さんおいしく食べましたか。先日配った給食委員会新聞ではシシャモについての特集を掲載しましたが、今日は給食の野菜について調べたことを発表します。

ここで問題です。昨日の献立の中には、何種類の野菜の名前が入っていたでしょうか。答えは、さといも、ほうれんそう、かぶの三種類です。これらの野菜がよく給食で使われるのは、埼玉県でたくさん採れますよね。現在、さまざまな理由で地産地消いたことがありますよね。現在、さまざまな理由で地産地消

問1 ① 中井、何言ってんの？ と当惑して、思わず空を見上げる。とありますが、このときの真宙の様子を説明した文として最も適切なものを、次のア～エの中から一つ選び、その記号を書きなさい。（4点）

ア 天音がいきなり「ウチュウセン」と言い出したことにとまどい、宇宙線は肉眼で見ることができないことを確認しようと空を見渡している。

イ 天音がいきなり「ウチュウセン」と言い出したことにどう対応していいかわからず、本当に宇宙船が飛んでいるのかと目を空に向けている。

ウ 天音がいきなり「ウチュウセン」と言い出したことに恥ずかしさを感じ、天音や柳くんの顔を見ることができずに天を仰いでいる。

エ 天音がいきなり「ウチュウセン」と言い出したことにがっかりしてしまい、子どものようなことを口にする天音から目を背けている。

問2 ② 真宙の中で、体温がすっと下がっていく感覚がする。とありますが、このときの真宙の心情を説明した文として最も適切なものを、次のア～エの中から一つ選び、その記号を書きなさい。（4点）

ア 宇宙線や物理部の活動について天音や柳くんが興奮して話をしていたので、話題が変わったことで少しずつ落ち着きを取り戻して、嬉しく感じている。

イ 宇宙線という自分にはわからない話がずっと続いていたので、真宙にもわかる柳くんの中学生の頃のことに話題を変えることができて、ほっとしている。

ウ それまで宇宙線や物理部について話していたのに、突然柳く

んの中学生の頃のことという天音にはわからない話を始めてしまったことを反省している。

エ 思わず陸上部のことを聞いてしまったあとで、柳くんが陸上をやっていたことは聞いてはいけなかったのかもしれないと思い直し、不安になっている。

問3 ③ ちょっと気まずそうに頬をかきながら とありますが、柳くんはなぜ気まずかったのですか。物理部、センスの二つの言葉を使って、十五字以上、二十五字以内で書きなさい。ただし、二つの言葉を使う順序は問いません。（6点）

真宙と天音に、

[15]

[25] から。

問4 ④ 柳くんの答えが衝撃だったからだ。とありますが、このときの真宙の様子について次のようにまとめました。空欄にあてはまる内容を、答え、スポーツの二つの言葉を使って、三十字以上、四十字以内で書きなさい。ただし、二つの言葉を使う順序は問いません。

真宙は、柳くんが

[30]

[40] ことに、衝撃を受けている。

問5 本文の内容や表現について述べた文として適切でないものを、次のア～オの中から二つ選び、その記号を書きなさい。（5点）

ア 「真宙は驚いた」のように作品中の登場人物ではない第三者の客観的な視点に立つ語り手によって物語が展開される一方、「なんでオレが、ショック受けてるんだろう」のように真宙の心情が地の文でも表現されている。

イ 「まるでそこに宇宙線が見えるみたいに空を見上げる」や

（辻村深月 著 『この夏の星を見る』による。一部省略がある。）

「中学までスポーツしかしてこなかったし、これまで興味なかったからこそ、こういうのもいいかなって思って。うちの部、歴代、人工衛星作ってるんだけどさ。」

「ええっ！　人工衛星って個人が作れるものなんですか？」

天音が興奮したようにフェンスに手をかけ、がしゃりと網目がたわむ音がした。柳くんが笑う。

「そう思うでしょ？　アメリカとか海外の学生が作った人工衛星が、かなりの数、軌道に乗ってたりするし、日本の宇宙線クラブのメンバーがいる学校でも、作ってるところはあるはず。」

「羨ましいです。」

天音の言葉に、柳くんがさらに嬉しそうに微笑む。

「オレたちも先輩から受け継いだのを十年計画くらいで完成目指してる感じ。」

「物理って、〇点か百点だって、聞きます。」

天音が尋ねる。

「私はまだ中学生だから物理、習ってないですけど、物理って、得意な人は全問正解できるくらい理解できて、だけど逆に、そういうセンスがない人は、一問もわからなくてまったく太刀打ちできない世界なんだって聞いたことがあります。だから、皆さん、すごい。」

「え、そんなこともないよ。オレ、選択科目で物理、取ってないし。」

③

「え……という声が、これは真宙と天音、両方の口から洩れた。

「ちょっと気まずそうに頬をかきながら、柳くんは「勉強と部活は、またちょっと違う感じだし。」と続ける。

「うちの高校、物理始まるの二年からだから、一年の部を決める段階でもう物理のセンスがあるかどうかなんて、わかってるヤツないと思うよ。ただ、研究とか観測が楽しいからやってるだけで。」

「楽しい……。」

真宙が呟く。さっき聞いたばかりの宇宙線の話も、十年計画で自分の代では完成するかどうかがわからない人工衛星の話も、まだしっかりとその楽しさがイメージできない。途方に暮れたような真宙の呟きを拾って、柳くんが「うん。」と頷いた。

「物理の研究とか観測って、どういうところが楽しいですか？」

天音が聞いた。柳くんが、今度もまた「うーん。」と長く考え込んだ。やがて、答える。

「答えがないことじゃないかな。」

「答えが、ない？」

「うん。答えがないっていうか、正確に言うと、もうすでにある答えに向けて確かめるための実験とか観察をするんじゃなくて、今、自分たちが観測してることが答えそのものになっていくっていうか。まだない答えを探してるって気持ちが強くて、そこが楽しいのかもしれない。」

柳くんが言って、腕時計を見る。仲間の方を振り返り、「そろそろ行くね。」と言った。

「もし興味あるなら、今度、宇宙線クラブのオンライン会議、覗いてみる？」

「え！　いいんですか？」

「うん。画面上で見学するくらいなら、たぶん大丈夫。真宙通じて連絡するね。」

「ありがとうございます！」

「じゃ、また。」

真宙通じて連絡する——というのは、昔のサッカーチーム時代の名簿を見て連絡してくるという意味だろうか。母さんからあれこれ詮索されたら面倒だな……とちょっと思った。だけど、真宙も天音とともに、④トラックを駆けていく柳くんの後ろ姿をただ見送る。たぶん、④柳くんの答えが衝撃だったからだ。

説明してくれる。

「こんな説明だと、顧問や先輩たちから厳密には違うって怒られそうだけど、建物を間に挟むことで、宇宙線が受ける影響について調べてる。高い建物と低い建物だとデータがどう違うかとか、木造とコンクリートだとどうか、とか。」

「へえ……。」

「もっとわかりやすく言うと——どう言ったらいいかな、えーと。」

「なんかすみません。オレ、理解できもしないのに、気軽に聞いちゃって。」

「いや、わかるように説明できないオレが未熟なんだ。ごめん。」

真宙は驚いた。未熟、と自分のことを言う柳くんが、言葉と裏腹にとても大人に思えたのだ。

天音が尋ねる。

「皆さんは、高校の部で活動してるんですか？ 理科部とか。」

「物理部だよ。」

柳くんが答える。真宙は、えっと目を見開いた。柳くんが何かを気負う様子もなく、淡々とした声で続ける。

「主に物理と、あとは宇宙に関することをやるのが、うちの部。」

「柳くん。」

「ん？」

「陸上部は？」

思わず聞いていた。柳くんがびっくりしたように真宙を見つめ返す。

②真宙の中で、体温がすっと下がっていく感覚がする。

「あー。」

柳くんが呟いた。また、平淡な声だった。

「チームのコーチとかに聞いた？ オレがサッカーやめてから、中学で陸上やってたこと。」

「足が速くて、スカウトされたって……。」

「まあ、よく言えば。だけど、中学で入ったサッカーのクラブチームが本当に強くてさ。オレじゃレギュラーになれる見込みがまったくなくなったし、だから、陸上に行ったっていう方が正しいけど。」

自分がショックを受けていることに、真宙は気づいた。目の前の、柳くんの顔を見ながら、視界の一部がチカチカ点滅しているようだ。

小学校時代しか知らないけど、柳くんは、すごくサッカーがうまかった。練習や試合でプレーを見て、あんなふうになりたいと憧れた。

だけど、そんな柳くんが中学じゃ通用しなかったのか。真宙の動揺に気づかない様子で、柳くんが続ける。

「陸上もさ、うちの高校は運動部って、レベル高いんだ。試合に出られる見込みないからって、高校でやめたヤツも結構いる。ただ、もちろん続けるヤツもいるし、そこは人それぞれ。」

「柳くんはどうなの。」

「え？」

「どうして物理部なの？」

陸上でも、柳くんにはなんらかの挫折があったのだろうか。真宙が知る世界の中では一番のスター。柳くんがスポーツの世界から離れてしまうなんて、想像もできなかった。

なんでオレが、ショック受けてるんだろう。柳くんに、オレは、どんなことを期待していたのか。柳くんが高校で文化系の部に所属していることが、どうしてこんなにショックなのかわからない。柳くん、あきらめちゃったのか——。

だけど、柳くんが「あ、オレ？」と自分の顔を指さす。あっけらかんと続けた。

「オレは、楽しいから。」

言葉に詰まった。あまりに柳くんが自然な言い方をしたからだ。

国語

●満点100点 ●時間50分

一 次の文章を読んで、あとの問いに答えなさい。（26点）

　中学一年生の安藤真宙は、サッカー部が部員不足でなくなってしまい、サッカーを続けることができなくなる。他に入りたいと思う部活がひとつもない真宙は、ある日の帰り道、同級生の中井天音から、理科部へ誘われる。天音の話を聞きながら歩いていると、校庭で機械を運ぶ高校生たちの姿が目に入る。その様子を見ていた真宙は、高校生の中に小学校のサッカーチームの先輩、柳数生を見つけ、久しぶりに言葉を交わす。

「あの、すみません！」

天音が、隣で声を上げた。

「皆さん、何をしてるんですか？」

　いきなり大きな声を上げた年下の女子に、柳くんが「へ？」と呟く。すると、答えを待たずに彼女が聞いた。

「ひょっとして、ウチュウセンの観測ですか？」

　今度は真宙が「へ？」と思う番だった。ウチュウセン――。頭の中に飛行船のように細長い機体の「宇宙船」がイメージされる。

「中井、何言ってんの？」と当惑して、思わず空を見上げる。だけど、何も確認できない。驚いたのはその後だ。こっちを見ていた柳くんが「おー！」と嬉しそうに声を張り上げたのだ。

「そうそう。宇宙線クラブ。知ってるの？」

「知ってます。じゃ、あれが検出器ですか？」

「うん。そう、仙台の大学から借りたやつ。」

「すごい！　初めて見ます。結構大きいんですね。」

　盛り上がる二人を眺めながら――だけど、真宙はちんぷんかんぷんだ。水を差すように気が引けたけど、「あのー」と話しかける。

「ウチュウセンクラブって、なんですか。」

「あ、ひょっとして『船』の字、連想した？　宇宙船。だったら、オレと同じだー。」

　柳くんが軽やかな口調で言う。真宙が「はあ。」と呟くと、柳くんが、仲間の方を振り返る。

「『船』じゃなくて、ラインの『線』の字の方で、宇宙線。宇宙に飛び回ってる、粒子のことをそう呼ぶの。光くらいの速さで、地球にもたくさん降り注いでるんだけど、まあ、そういうのがあるんだよね。知ってた？」

「え、知らない。」

　柳くんは「だよなー。」と軽く応じる。

「肉眼じゃ見えないけど、存在してるんだって。で、専用の検出器を使うと、それが検出できて、そこからいろんなデータを取ることができる。仙台にある大学が、その解析に特に熱心に取り組んでて、そこの教授が作ってるのが、宇宙線クラブっていう共同活動。」

　柳くんが、まるでそこに宇宙線が見えるみたいに空を見上げる。

「宇宙線観測って、本当に一度にたくさんデータが取れるから、学校ごとに、みんな、それぞれ違うこと調べて研究してる。」

「柳くんたちはその宇宙線を観測して、なんの研究してるの？」

　今度は真宙が聞いた。

　何気なく聞いただけのつもりだが、柳くんの顔つきが明確に変わった。

「え？　うーん。」

　腕組みをして長く黙り込んだ後で、「えっとね。」と前置きをして

2024年度
埼玉県公立高校 / 学 校 選 択

英 語　　●満点 100点　●時間 50分

■リスニングテストの音声は，当社ホームページで聴くことができます。（当社による録音です。）再生に必要なアクセスコードは「合格のための入試レーダー」（巻頭の黄色の紙）の1ページに掲載しています。

[1]　放送を聞いて答える問題(28点)

　　問題は，No. 1〜No. 7の全部で7題あり，放送はすべて英語で行われます。放送される内容についての質問にそれぞれ答えなさい。No. 1〜No. 6は，質問に対する答えとして最も適切なものを，A〜Dの中から一つずつ選び，その記号を書きなさい。No. 7は，それぞれの質問に英語で答えなさい。放送中メモを取ってもかまいません。各問題について英語は2回ずつ放送されます。

【No. 1〜No. 3】（各2点）

No. 1

　　　A　　　　　　　B　　　　　　　C　　　　　　　D

No. 2

　　　A　　　　　　　B　　　　　　　C　　　　　　　D

No. 3

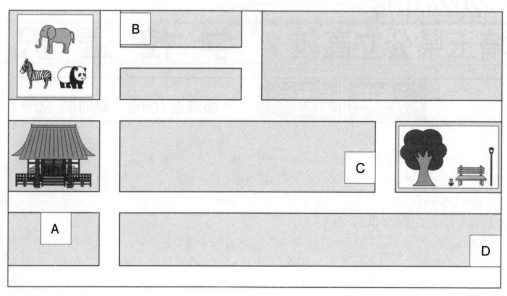

【No. 4, No. 5】（各 2 点）

No. 4

    A Do not eat or drink.   **B** Please stand up.

    C Take off your shoes.   **D** Do not enter.

No. 5

    A OK. It's red.   **B** Do you know what color it is ?

    C Do you have a bigger one ?   **D** What a big T-shirt !

【No. 6】（各 3 点）

(1) Question 1

    A Because the students try to be quiet in English class.

    B Because today is the last day of English class with the students.

    C Because the students have tried to talk to Mr. Jones in English.

    D Because he can still remember his first class.

(2) Question 2

    A She asked Chika to carry the bag.

    B She asked Chika to use English.

    C She asked Chika to talk about Chinese history.

    D She asked Chika to take a picture.

(3) Question 3

    A Mr. Jones uses an example to talk about Kyoto.

    B English will help the students in the future.

    C It's important to talk with people about language.

    D Mr. Jones wants the students to think about his Japanese friend.

【No. 7】（各3点）

(1)	Question 1 : When did Kenta leave Aichi ?
	Answer :　　He left Aichi (　　　　　　　　　).
(2)	Question 2 : What did Emily ask Kenta about his friendship with Shinji ?
	Answer :　　She asked him (　　　　　　　　) have been friends.
(3)	Question 3 : Why is Emily going to Tokyo next Saturday ?
	Answer :　　Because the (　　　　　　　　) to buy are not sold in her city.

※＜放送を聞いて答える問題台本＞は英語の問題の終わりに付けてあります。

2　　次の 1 ～ 4 は，中学生の Kento, Mandy と Jiro の会話です。これらを読んで，問1～問7
　に答えなさい。＊印のついている語句には，本文のあとに〔注〕があります。（28点）

1 〈*The students are trying to decide the topic for their presentation.*〉

Kento : 　We have a presentation in class next week.　What topic do you want to talk about ?

Mandy : 　Hmm, how about the Olympics ?　The next one will be held in ＊Paris this summer.
　　　　　I hope to be there to watch the games.

Jiro : 　　That's nice.　Paris showed the next Olympics' ＊pictograms to the world.

Mandy : 　Sorry.　What are pictograms ?

Jiro : 　　Pictograms are ＊simple pictures that tell people information.　They are used in many
　　　　　public places, such as stations.

Kento : 　Ah, I know.　I have seen pictograms for the Paris Olympics on the Internet.　They
　　　　　look cool.　Some people say the athletes will feel proud of their sports when they see
　　　　　those pictograms.

Jiro : 　　New ones are made for every Olympics.　The designs are different from city to city.

Mandy : 　What were the pictograms in the 2020 Tokyo Olympics like ?

Jiro : 　　Here they are.　They are different from those in Paris, aren't they ?

Kento : 　Yes, they are simple.

Mandy : 　Why did Japanese people make simple pictograms ?

Kento : 　I don't know why.　I'm going to look for some books and websites to answer your
　　　　　question.

　〔注〕　Paris　パリ　　pictogram　ピクトグラム　　simple　簡素な

問1　本文 1 の内容と合うものを，次のア～エの中から一つ選び，その記号を書きなさい。
　（3点）

　ア　Pictograms were created for the first time in the Paris Olympics.

　イ　The students are going to give a presentation on the topic they choose.

　ウ　Tokyo created pictograms that look like those for the Paris Olympics in 2020.

　エ　The students are going to take part in the pictogram contest for the Olympics.

2 〈*The next day, the students are talking about the pictograms for the 1964 Tokyo
　Olympics.*〉

Kento : 　Let me tell you about the 1964 Tokyo Olympics.　Tokyo is the first city that used pictograms for the Olympics.

Mandy : Why were pictograms used in the 1964 Tokyo Olympics?

Kento : In the 1964 Tokyo Olympics, Japanese people needed to communicate with visitors from all over the world, but it was difficult to support visitors in their languages. <u>So, Tokyo (   ) of another way to communicate with everyone.</u> That was the pictogram.

Jiro : I think many visitors from other countries could not understand Japanese.

Kento : Right. For that reason, Tokyo decided to tell people important information through pictograms.

Mandy : I see. Then, do you know who created the pictograms for the 1964 Tokyo Olympics?

Kento : Yes, a group of designers started creating the pictograms. Katsumi Masaru, an *art critic, was one of them. The designers worked in small groups. One team was *working on sports pictograms. Another was working on pictograms for public places. Each group worked hard *based on Mr. Katsumi's idea. He thought the pictograms would *play an important role in big events such as the Olympics.

〔注〕 art critic 美術評論家　　work on ～　～に取り組む　　based on ～　～に基づいて
play an important role　重要な役割を果たす

問2　下線部が「それで，東京は全ての人と意思疎通をするための別の方法について考えなければなりませんでした。」という意味になるように，（　）に適切な3語の英語を書きなさい。
（4点）

3　〈The students continue talking.〉

Jiro : What were the pictograms for public places like?

Kento : Here is an example. Have you ever seen this?

Mandy : Yes, it means a restaurant.

Kento : That's right. This was used in Haneda Airport in 1964. Haneda Airport was an entrance to Japan for visitors from other countries at that time. Before that, there were *notices on the wall, but because most of them were written in Japanese, it was hard for many foreign visitors to understand what the notices *said. So, pictograms were 〔to / for / making / useful / easier　for / the　information / foreign visitors〕 understand.

Jiro : We often see such pictograms at the airports in Japan now.

Kento : There were pictograms in public places before 1964. But each country had different pictograms. Mr. Katsumi and other designers tried to make simpler pictograms that everyone in the world could understand when they started getting ready for the 1964 Tokyo Olympics. Simple pictograms created by Japanese designers many years ago are still used around the world.

〔注〕 notice 掲示　　say ～　～と書いてある

問3　〔　〕内のすべての語句を，本文の流れに合うように，正しい順序に並べかえて書きなさい。
（4点）

4 〈*Kento shows another pictogram.*〉

Kento : Now, many kinds of pictograms are used in public places. Have you seen <u>this pictogram</u> ?

Mandy : Yes, I have seen it in school. It shows a door that is used to leave the building when there is a fire or an earthquake.

Kento : That's right. It was created by Japanese designers and became an *international standard in 1987. There is another example. Have you seen a *magnifying glass icon on websites ?

Jiro : Of course. It means "search."

Kento : Right. It is often difficult to read the *text because of too much information in a limited space on websites. That's why pictograms are used on websites instead of text.

Mandy : One more example. Look, here is a small gift my friend in Australia gave me. You see it on the roads.

Jiro : Oh, it means "Be careful of kangaroos." That's easy. I would like to share it with our classmates. Why don't we talk about the history of pictograms and those found in other countries for the presentation ?

Mandy : That's a good idea. In our presentation, I would like to tell everyone that there are many pictograms around us. Let's make the *slides and write a *script.

〔注〕 international standard 国際基準　　magnifying glass icon　虫眼鏡のアイコン
　　　 text　テキスト（文字だけのデータ）　　slide　スライド　　script　台本

問4　下線部 <u>this pictogram</u> のさすものとして最も適切なものを，次の**ア**～**エ**の中から一つ選び，その記号を書きなさい。（3点）

ア 　　イ 　　ウ 　　エ

問5　本文 4 の内容に関する次の質問に，英語で答えなさい。（4点）

　　Why is it often difficult to read the text on websites ?

問6　本文 1 ～ 4 の内容と合うように，次の(1), (2)の英語に続く最も適切なものを，**ア**～**エ**の中から一つずつ選び，その記号を書きなさい。（各3点）

(1)　In the students' discussion,

ア　Mandy showed the pictogram which means "restaurant."

イ　Kento said that foreign languages helped people find the information they need.

ウ　Jiro said that pictograms with different designs are made for each Olympics.

エ　they learned that Japanese designers tried to become an international standard for pictograms.

(2)　According to the discussion, Kento explained

ア　pictograms for the Paris Olympics were created based on those for the 2020 Tokyo Olympics.

イ pictograms created by Japanese designers spread around the world after the 1964 Tokyo Olympics.

ウ pictograms were created in 1964 for Japanese people who didn't use English.

エ pictograms were created to increase the number of words on websites.

問7 次は, 後日の Kento と Mandy の会話です。自然な会話になるように, ( )に適切な3語以上の英語を書きなさい。(4点)

Kento : The slides you made were very good. The pictogram quiz was also interesting.

Mandy : Thank you. I hope that our classmates will enjoy it. Is there (   ) do for our presentation ?

Kento : Well, I'm writing a script. So, can you check my English ?

Mandy : Sure. I'm happy to help.

3 次は, 高校1年生の Nana が artificial hibernation(人工冬眠)について調べ, 書いた英文です。これを読んで, 問1〜問6に答えなさい。＊印のついている語句には, 本文のあとに〔注〕があります。(34点)

I read some surprising news last week. According to that news, humans will be able to *hibernate in the near future. It said that some researchers have been studying how to *apply artificial hibernation to humans. It also said that by doing more research on hibernation, we may be able to use it in space or in the *medical field. However, not many animals hibernate, and there are still many things that we don't know. What is hibernation ? How can it be applied to humans ? I read some books and articles to answer these questions.

First of all, animals that hibernate are some *poikilotherms and some *mammals, such as bears. Poikilotherms, such as frogs or turtles, hibernate during winter because the outside temperature and their body temperatures are almost the same, so they cannot be active. Mammals, on the other hand, are able to keep almost the same body temperature by producing *heat inside their bodies. Hibernation of mammals is a *mysterious phenomenon. The body temperature drops, and the body stops the *metabolism that produces heat. Then, the body saves energy. Some mammals hibernate, but others do not. Some researchers believe that all mammals had the *ability to hibernate, but maybe they have lost this ability because of the environment they live in. Maybe some mammals learned to survive winter without hibernating.

In 2020, the world was surprised by a study from a Japanese research team. It said that the team put *mice into a condition very similar to hibernation, though mice do not hibernate. The team *stimulated a part of the mouse brain ┌ A ┐ the "*Q neuron." After the Q neurons were stimulated, the mice's *oxygen consumption *decreased and their body temperature dropped, and this hibernation condition continued for more than a day. After that, the mice *spontaneously returned to their original condition without any serious damage. This may be the way to apply artificial hibernation to humans.

Another research team has found a different hibernation *switch. That is "smell." When mice smell a *certain odor, ┌ ① ┐ This condition is similar to hibernation. The team also found that the hibernation switch *elicits the ability to survive in a difficult situation, such as in a low-oxygen environment.　One of the team members who discovered this hibernation switch says, "For example, we can give a certain odor that elicits hibernation to a person in a serious condition.　By doing so, we can use artificial hibernation to help someone in a serious situation survive.　As a result, we may be able to save more 　B　."

If artificial hibernation becomes possible, what situations will it be used in？　Sunagawa Genshiro, one of the members of the Q neuron research team, says, "We would like to start with hibernation for short periods of time and then increase the hibernation time.　We will start with hibernation of only part of the body, and we would like to continue hibernation for a few hours or a few days.　This can be used for medical care.　We are also thinking about '*voluntary hibernation.'　In this hibernation, 　②　 Everyone will be able to put themselves into artificial hibernation when they suddenly become sick.　Each of us will be able to control when to hibernate.　This would help many people."　Before starting this research, Mr. Sunagawa was a doctor.　He took care of sick children at one of the famous children's hospitals in Japan.　He saved many children, but 　③　 He could not forget the children who were not saved. Because of that experience, he started his hibernation research.

If we can hibernate for longer periods of time, this technology will be used in other fields. Mr. Sunagawa said, "In the future, hibernation will be used for space travel.　If you are in hibernation while you travel in space, by saving water and food, it will be possible to travel beyond the stars."　Hibernation may be a technology that gives us more chances for space travel.

I thought that hibernation was a mysterious phenomenon found only in some animals, but recent research in science and technology shows that there is a chance of applying hibernation to humans.　After researching hibernation, I became interested in hibernation in the medical field.　If humans can use artificial hibernation, more people will be saved in the future.　I look forward to future research on hibernation as〔can / help / sick / that / people / or injured / a technology〕.

〔注〕　hibernate　冬眠する　　apply 〜　〜を適用する　　medical field　医療分野
　　　　poikilotherm　変温動物（周囲の温度が変化すると体温も変化する動物）
　　　　mammal　哺乳類　　heat　熱　　mysterious phenomenon　不思議な現象
　　　　metabolism　代謝（生物の体の中で起こる化学反応）　　ability　能力
　　　　mice　［複数の］ネズミ　　stimulate 〜　〜を刺激する　　Q neuron　Q神経
　　　　oxygen consumption　酸素消費　　decrease　低下する　　spontaneously　自発的に
　　　　switch　スイッチ　　certain odor　特定の匂い　　elicit 〜　〜を引き出す
　　　　voluntary　任意の

問１　空欄　A ，　B にあてはまる最も適切なものを，次の中から一つずつ選び，必要に応じて，それぞれ正しい形にかえて書きなさい。（各３点）

produce	call	light	health
like	put	stand	life

問2　空欄 ① ～ ③ にあてはまる最も適切な文を，次の**ア**～**カ**の中から一つずつ選び，その記号を書きなさい。なお，同じ記号を２度以上使うことはありません。（各３点）

ア　he also had a hard time.

イ　the outside temperature drops and they cannot be active.

ウ　some of them asked the government to let this technology be used.

エ　people control when to start hibernation.

オ　a few doctors tried to apply hibernation to humans.

カ　their body temperature drops and metabolism decreases.

問3　下線部 doing so は，どのようなことをさしていますか。日本語で書きなさい。（３点）

問4　本文の内容に関する次の質問に，英語で答えなさい。（４点）

According to Mr. Sunagawa, why will space travel beyond the stars become possible if we use artificial hibernation?

問5　〔　〕内のすべての語句を，本文の流れに合うように，正しい順序に並べかえて書きなさい。（３点）

問6　次の英文は，本文の内容をまとめたものです。次の(1)～(3)に適切な英語を，それぞれ**2語**で書きなさい。（各３点）

Nana read the news about hibernation. She learned what hibernation is and was (1) know that hibernation might be applied to humans. She read books and articles about hibernation. Some people believe all mammals had the ability to hibernate, but most of them lost it. Maybe hibernation is (2) for them now because the environment is not hard. She learned that the research teams found two switches for artificial hibernation. One is the "Q neuron," and the other is "smell." However, it is still (3) the researchers to control when and how to start hibernation. She hopes that hibernation will be applied to humans and this technology will be used in space travel or the medical field.

4　次の英文を読んで，下線部の質問に対するあなたの考えを，その理由が伝わるように，〔記入上の注意〕に従って40語以上50語程度の英語で書きなさい。＊印のついている語句には，本文のあとに〔注〕があります。（10点）

Some people buy things with money. However, these days, many people use ＊cashless payments, such as ＊credit cards or ＊electronic money. Cashless payments include IC cards and ＊prepaid cards. Do you think people should use that way to pay more often?

〔注〕cashless payment　キャッシュレス決済　　credit card　クレジットカード

electronic money　電子マネー　　prepaid card　プリペイドカード

〔記入上の注意〕

①　【記入例】にならって，解答欄の下線＿＿＿の上に１語ずつ書きなさい。

・符号（, . ? ! など）は語数に含めません。

・50語を超える場合は，解答欄の破線＿＿＿で示された行におさまるように書きなさい。

②　英文の数は問いません。

③　【下書き欄】は，必要に応じて使ってかまいません。

【記入例】

Hi!	I'm	Nancy.	I'm	from
Canada.	Where	are	you	from?

is	April	2,	2008.	It
is Ken's birthday, too.				50語

【下書き欄】

40語

50語

　※「チャイム」

　これから「放送を聞いて答える問題」を始めます。
　問題用紙の第1ページ，第2ページを見てください。問題は，No.1〜No.7の全部で7題あり，放送はすべて英語で行われます。放送される内容についての質問にそれぞれ答えなさい。No.1〜No.6は，質問に対する答えとして最も適切なものを，A〜Dの中から一つずつ選び，その記号を書きなさい。No.7は，それぞれの質問に英語で答えなさい。放送中メモを取ってもかまいません。各問題について英語は2回ずつ放送されます。
　では，始めます。

Look at No. 1 to No. 3 on page 1.
Listen to each talk, and choose the best answer for each question.
Let's start.

No. 1

A : Good morning, Tom.　Where is Dad?
B : He is out now.　I think he is running in the park.　He left ten minutes ago.

A : Good for him.   Well, I'm going to watch TV now.   Do you want to watch, too ?
B : No.   I'm going to do my homework in my room, so I can't.

Question :   What is Tom going to do now ?

（会話と質問を繰り返します。）

No. 2

A : Lisa, I can't wait for our field trip tomorrow.
B : But the weather report says it will rain tomorrow.   So we must remember to bring
    a raincoat.
A : I will not forget it.
B : Good, see you tomorrow.

Question :   What does Lisa say they should bring for the field trip ?

（会話と質問を繰り返します。）

No. 3

A : It's time for lunch.   Do you know any good restaurants around here ?
B : Yes.   The restaurant across the street from the temple is famous for traditional
    Japanese food.   There are two popular Italian restaurants around the park.   Also,
    there is a cafe near the zoo.   It has good sandwiches.
A : Well, how about going to the restaurant across the street from the temple ?   I want
    to eat some Japanese food.
B : OK.   Let's go.

Question :   Where are they planning to go ?

（会話と質問を繰り返します。）

Look at No. 4 and No. 5 on page 2.
Listen to each situation, and choose the best answer for each question.
Let's start.

No. 4

John is at an art museum.
He gets hungry and thirsty, but he remembers a sign by the entrance.
He realizes he should not eat or drink here.

Question : What does the sign show ?

（英文と質問を繰り返します。）

No. 5

Julia is looking for a present for her father at a shop.
Next Sunday is his birthday.
She finds a nice blue T-shirt, but it looks too small.

Question : What will Julia say to the staff ?

（英文と質問を繰り返します。）

Look at No. 6.
Listen to Mr. Jones. He's an ALT at a junior high school. Choose the best answer for questions 1, 2 and 3.
Let's start.

Today is our last day of English class. Your English has improved a lot, and I really enjoyed my English classes with all of you. I still remember our first English class two years ago. Most of you were quiet when I asked you something in English. Now, you try to talk to me in English. That makes me happy.

Well, let me tell you how English is useful for communication. This is a story about Chika, my Japanese friend. When she visited a shrine in Kyoto, a tourist asked her to take a picture in Chinese. Chika couldn't speak Chinese, so she talked with her in English. After that, they talked to each other in simple English. Chika thought the English she learned at school is useful for communicating with people from other countries.

Please remember this. It's wonderful to talk with people from different countries. Please keep learning English. It will help you in the future. Thank you.

Question 1 : Why is Mr. Jones happy now ?

Question 2 : What did a tourist ask Chika to do at the shrine in Kyoto ?

Question 3 : Which is true about Mr. Jones' speech ?

（英文と質問を繰り返します。）

Look at No. 7.
Listen to the talk between Kenta and Emily, a student from the U.S., and read the questions. Then write the answer in English for questions 1, 2 and 3.

Let's start.

Emily : Hi, Kenta. You look happy.

Kenta : Hi, Emily. My friend, Shinji, is coming from Aichi to see me next Saturday.

Emily : That's great. Did you live in Aichi?

Kenta : Yes. But, because of my father's job, my family left Aichi two years ago.

Emily : I see. How long have you been friends with him?

Kenta : For five years. When I was ten years old, I joined one of the baseball teams there. Shinji was on the same team.

Emily : Does he still play baseball?

Kenta : Yes, he does. He is a member of the baseball club at his school. We will play baseball together in the park. Do you have any plans for next Saturday, Emily?

Emily : Yes. I'm going to some bookstores in Tokyo. I have been looking for some English books about nature in Japan, but I couldn't find them at the bookstores in this city.

Kenta : I hope you can find the books you want.

Emily : Thanks. Oh, the next class starts in a few minutes. See you, Kenta.

（会話を繰り返します。）

以上で「放送を聞いて答える問題」を終わります。では，ほかの問題を始めてください。

（注意）（1）答えに根号を含む場合は，根号をつけたままで答えなさい。

　　　　（2）答えに円周率を含む場合は，πを用いて答えなさい。

1 　次の各問に答えなさい。（45点）

(1)　$(-6xy^3) \div \left(\dfrac{3}{2}x^2y\right) \times (-5x)^2$　を計算しなさい。（4点）

(2)　$x=\sqrt{2}+1$，$y=\sqrt{2}-1$　のとき，$xy-x-y+1$　の値を求めなさい。（4点）

(3)　2次方程式　$5(x-1)^2+3(x-1)-1=0$　を解きなさい。（4点）

(4)　右の表は，あるクラスの生徒20人が，2学期に借りた本の冊数を，
度数分布表に表したものです。この表から読みとることができる内容
として正しいものを，次の**ア〜エ**の中から一つ選び，その記号を書き
なさい。（4点）

借りた本の冊数(冊)	度数(人)
以上　　未満	
0〜 4	2
4〜 8	3
8〜12	4
12〜16	8
16〜20	3
合計	20

　ア　中央値は8冊以上12冊未満の階級にある。

　イ　8冊以上12冊未満の階級の相対度数は4である。

　ウ　最頻値は8である。

　エ　12冊以上16冊未満の階級の累積相対度数は0.85である。

(5)　下の図のように，直線 l 上に1辺が8cmの正三角形を底辺が4cmずつ重なるようにかい
ていきます。正三角形を x 個かいたとき，かげ（▨）をつけた重なる部分と重ならない部分
の面積の比が2：5になりました。このとき，x の値を求めなさい。（4点）

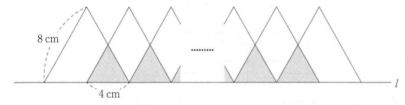

(6)　下の図のような平行四辺形 ABCD があり，辺 AD，CD の中点をそれぞれ E，F とします。
線分 AC と線分 BE との交点を G とするとき，△ABG の面積は△DEF の面積の何倍になるか
求めなさい。（5点）

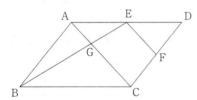

(7)　右の図のように，関数 $y=ax^2$ のグラフと，傾きが $\dfrac{1}{2}$ であ
る一次関数のグラフが，2点A，Bで交わっています。点A
の x 座標が -2，点Bの x 座標が4であるとき，この一次関
数の式を求めなさい。（5点）

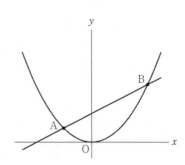

(8) 右の図のような, AB＝AC＝2cm, ∠BAC＝90°の△ABC があり, 頂点Cを通り, 辺BCに垂直な直線 *l* をひきます。このとき, △ABC を, 直線 *l* を軸として1回転させてできる立体の体積を求めなさい。（5点）

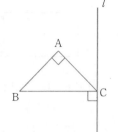

(9) 下の図のように, 円周の長さを10等分する点A〜Jがあります。線分 AE と線分 BH との交点をKとするとき, ∠AKH の大きさ *x* を求めなさい。（5点）

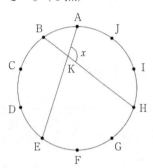

(10) 次は, 先生とSさん, Tさんの会話です。これを読んで, 下の問に答えなさい。

先　生「わたしたちの中学校では, 校庭にある桜の開花日を生徒会の役員が毎年記録しています。次の図は, 1961年から2020年までの記録を, 3月15日を基準日としてその何日後に開花したかを, 期間①から期間④の15年ごとの期間に分け, 箱ひげ図にそれぞれ表したものです。これを見て, 気づいたことを話し合ってみましょう。」

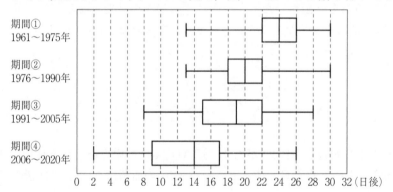

Sさん「4つの箱ひげ図を見ると, 桜の開花日は60年間でだんだん早くなっているようだね。」

Tさん「だけど, 期間①と期間②の箱ひげ図は, 最も早い開花日と最も遅い開花日が同じ位置だよ。それでも, 開花日は早くなっているといえるのかな。」

Sさん「期間①と期間②の箱ひげ図を比べると,

 　　　　　　　　　　　　　　　　Ⅰ

から, 期間①より期間②の方が, 開花日は早くなっているといえると思うよ。」

問　会話中の $\boxed{\text{I}}$ にあてはまる，開花日が早くなっていると考えられる理由を，**第1四分位数，第3四分位数**という**二つの語**を使って説明しなさい。（5点）

2 次の各問に答えなさい。（13点）

(1) 下の図のように，∠ABC＝90°となる3点A，B，Cがあります。このとき，線分ACが対角線となり，AB∥PC，AB：PC＝2：3であるような台形ABCPの頂点Pをコンパスと定規を使って作図しなさい。

　　ただし，作図するためにかいた線は，消さないでおきなさい。（6点）

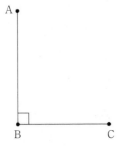

(2) 右の図のように，直角三角形ABCの辺ABを1辺とする正方形ADEBと，辺ACを1辺とする正方形ACFGがあります。線分GBと，辺AC，線分CDとの交点をそれぞれH，Iとするとき，∠CIH＝90°であることを証明しなさい。（7点）

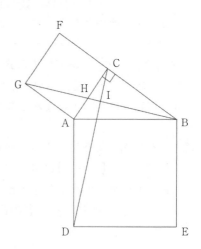

3 次は，ある数学の【問題】について，先生とFさん，Gさんが会話している場面です。これを読んで，あとの各問に答えなさい。（13点）

先　生「次の【問題】について，考えてみましょう。」

【問題】
　右の図のように，x 軸上を点Pが原点Oから点A$(5, 0)$まで動きます。点Pの x 座標を t $(0 \leqq t \leqq 5)$ として，点Pを通り y 軸に平行な直線を l としたとき，直線 l と直線 $y=x$ との交点をQ，直線 l と放物線 $y=\dfrac{1}{3}x^2$ との交点をRとします。

　PQ：RQ＝4：1になるときの点Pの x 座標をすべて求めなさい。

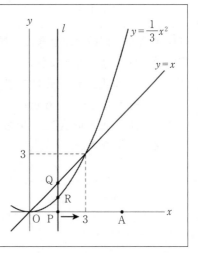

Fさん「線分PQと線分RQの長さの比ではなく，線分PQと線分PRの長さの比を考えればわかりやすいかな。」

Gさん「そうだね。点Qと点Rの x 座標はそれぞれ t なので，点Qの y 座標は $\boxed{\text{ア}}$，

点Rのy座標は ［　イ　］ になるよ。これで，線分 PQ の長さと線分 PR の長さをそれぞれ t で表すことができるね。」

Fさん「そうすると，$t=0$，3 の場合は線分 RQ の長さが 0 だから，除いて考える必要があるね。$0<t<3$ の場合，PQ：RQ＝4：1 という条件にあてはまるのは，PQ：PR＝4：3 かな。」

Gさん「そうだね。でも $3<t≦5$ の場合は，PQ：PR＝4：3 だと，その条件にあてはまらないよ。」

Fさん「なるほど。すると $3<t≦5$ の場合も，線分 PQ と線分 PR の長さの比を正しく表すことができれば，【問題】は解けそうだね。」

先　生「そのとおりです。それでは，【問題】を解いてみましょう。」

(1) ［　ア　］，［　イ　］ にあてはまる式を，t を使って表しなさい。（4点）

(2) 下線部の理由を，点Qと点Rのy座標にふれながら説明しなさい。（5点）

(3) PQ：RQ＝4：1 になるときの点Pのx座標を**すべて**求めなさい。（4点）

4 　右の図のように，正方形 ABCD の頂点Aに点Pがあります。硬貨を投げ，次の【ルール】に従って，点Pを，反時計回りに正方形 ABCD の頂点上を動かす操作を行うとき，あとの各問に答えなさい。

ただし，硬貨の表と裏の出かたは，同様に確からしいものとします。（17点）

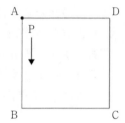

【ルール】
　［1］　1枚の硬貨を投げ，表が出たら頂点2つ分，裏が出たら頂点1つ分，点Pは進んで止まる。
　［2］　［1］をくり返し，点Pが再び頂点Aに止まったとき，操作は終了する。

---

(1) 硬貨を2回投げたときに，操作が終了する確率を求めなさい。（5点）

(2) 次の①，②に答えなさい。

　① 　点Pが正方形 ABCD を**ちょうど1周**したところで，操作が終了する場合の数は何通りあるか求めなさい。（6点）

　② 　点Pが正方形 ABCD を**ちょうど2周**したところで，操作が終了する場合の数は何通りあるか求めなさい。（6点）

5 　図1のような，1辺の長さが6cmの正方形を底面とし，高さが
12cmの透明でふたのない直方体の容器ABCD-EFGHを水で満たし，
水平な床の上に置きました。このとき，次の各問に答えなさい。
　　ただし，容器の厚さは考えないものとします。(12点)

(1)　辺FGを床につけたまま，図2のように，線分AFが床と垂直にな
　るように容器を傾けて，水をこぼしました。
　　このとき，容器に残っている水の体積を求めなさい。(6点)

(2)　辺FGを床につけたまま，図3のように，線分AFが床と45°にな
　るように容器をさらに傾けて，水をこぼしました。点Aから床に垂線
　をひき，床との交点をP，水面と線分APとの交点をQとするとき，
　床から水面までの高さPQを求めなさい。(6点)

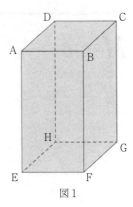

図1

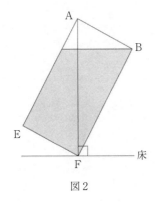

図2

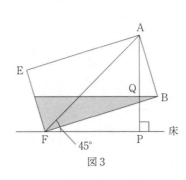

図3

Memo

●2024年度

●誰にもよくわかる

解説と解答

英語解答

1 No.1　D　　No.2　B　　No.3　A
No.4　A　　No.5　C
No.6　(1)…C　(2)…D　(3)…B
No.7　(1)　two years
　　　(2)　play baseball
　　　(3)　nature

2 問1　A test　B Friday　C by
問2　(例) want to study
問3　(例) join Study Time？ We
　　need your help to study
　　English.

3 問1　C　　問2　ア
問3　was a country called
問4　(例) likes to look
問5　ウ

4 問1　(例)なぜ日本の人々は簡素なピクトグラムをつくったのか。
問2　had to think of another way
問3　エ　　問4　イ　　問5　ア
問6　エ
問7　(例) classmates will enjoy

5 問1　between　　問2　イ
問3　①　(例) (I like) playing
　　　sports better.
　　②　(例) Playing sports is a
　　　kind of communication. I
　　　can communicate with
　　　other players through
　　　playing sports.

1 〔放送問題〕

No. 1 ≪全訳≫A：おはよう，トム。お父さんはどこ？／B：外に出てるよ。公園で走ってると思う。10分前に出ていったよ。／A：お父さんにはいいことね。さて，私はこれからテレビを見るの。あなたも見たい？／B：いや，僕は部屋で宿題をするから，見られないよ。
　Q：「トムはこれからどうするか」—D

No. 2 ≪全訳≫A：リサ，僕は明日の遠足が待ちきれないんだ。／B：でも，天気予報では明日は雨だって。だからレインコートを持ってくるのを忘れないようにしないと。／A：忘れないよ。／B：よかった，じゃあまた明日。
　Q：「リサは遠足に何を持ってくるべきだと言っているか」—B

No. 3 ≪全訳≫A：昼食の時間だね。この辺でいいレストランを知ってる？／B：うん。お寺の向かいにあるレストランは伝統的な日本料理で有名なんだ。公園の周りには，人気のイタリアンレストランが2軒ある。あと，動物園の近くにカフェがあるよ。サンドイッチがおいしいんだ。／A：じゃあ，お寺の向かいのレストランに行くのはどう？　日本食が食べたいな。／B：わかった。じゃあ行こう。
　Q：「2人はどこに行くつもりか」—A

No. 4 ≪全訳≫ジョンは美術館にいる。彼はおなかがすき，のども渇いてきたが，入口のそばの看板を思い出す。彼はここで飲食するべきではないと気づく。
　Q：「看板は何を示しているか」—A.「飲食禁止」　ジョンは飲食を禁止する看板の表示を思い出し，それを思いとどまったのである。　sign「看板，標識」　entrance「入口」

No. 5 ≪全訳≫ジュリアはある店で父親へのプレゼントを探している。次の日曜日は彼の誕生日だ。彼女はすてきな青いTシャツを見つけるが，それは小さすぎるようだ。
　Q：「ジュリアはスタッフに何と言うか」—C.「もっと大きいものはありますか」　お店で見つけたTシャツが小さすぎると感じたのだから，スタッフにもっと大きなサイズはないか尋ねると考えられる。　look for 〜「〜を探す」

No. 6 ≪全訳≫**1**今日は英語の授業の最終日だね。みんなの英語はすごくよくなったし，みんなとの

英語の授業は本当に楽しかった。僕は，2年前の最初の英語の授業を今でも覚えているよ。僕が英語で何か尋ねても，君たちのほとんどは黙っていたよね。今では，君たちは英語で僕に話しかけようとしてくれる。僕にはそれがとてもうれしいんだ。**2**じゃあ，英語がどれほどコミュニケーションに役立つのかという話をしよう。これは僕の日本人の友達のチカの話だ。彼女が京都で神社を訪れたとき，ある観光客が中国語で彼女に写真を撮ってくれと頼んできた。チカは中国語が話せなかったから，英語で話した。その後，彼女たちは互いに簡単な英語で会話をした。チカは，学校で習った英語が外国の人とコミュニケーションをとるのに役立つと思ったんだ。**3**このことを覚えておいてほしい。いろいろな国の人々と話すことはすばらしいことだよ。英語の勉強を続けてください。それは将来，君たちの助けとなるから。ありがとう。

　　　＜解説＞(1)「ジョーンズ先生はなぜ今うれしいのか」―Ｃ.「生徒たちが英語でジョーンズ先生に話しかけようとしているから」　第1段落最後の2文参照。最終文の That は，直前の文の内容を指している。　'make＋目的語＋形容詞'「～を…（の状態）にする」　　　(2)「京都の神社で，観光客はチカに何をするよう頼んだか」―Ｄ.「写真を撮る」　第2段落第3文参照。　'ask＋人＋to～'「〈人〉に～するように頼む」　　　(3)「ジョーンズ先生のスピーチについて正しいのはどれか」―Ｂ.「英語は将来，生徒たちを助けるだろう」　第3段落第3，4文参照。

No.7≪全訳≫**1**エミリー（Ｅ）：こんにちは，ケンタ。うれしそうね。**2**ケンタ（Ｋ）：やあ，エミリー。友達のシンジが今度の土曜日に愛知から僕に会いに来るんだ。**3**Ｅ：それはいいわね。あなたは愛知に住んでたの？**4**Ｋ：うん。でも，父さんの仕事で，家族で2年前に愛知を離れたんだ。**5**Ｅ：そうなんだ。あなたは彼とどれくらい友達なの？**6**Ｋ：5年だよ。僕が10歳のとき，そこで野球チームに入ったんだ。シンジも同じチームにいてね。**7**Ｅ：彼は今でも野球をしているの？**8**Ｋ：うん，してるよ。彼は学校で野球部に入ってる。僕たちは公園で一緒に野球をするつもりなんだ。今度の土曜日は何か予定があるの，エミリー？**9**Ｅ：ええ。私は東京の本屋に行くつもり。日本の自然に関する英語の本を探してるんだけど，市内の本屋じゃ見つからなくて。**10**Ｋ：欲しい本が見つかるといいね。**11**Ｅ：ありがとう。あら，あと数分で次の授業が始まっちゃう。またね，ケンタ。

　　　＜解説＞(1)「ケンタはいつ愛知を離れたか」―「彼は2年前に愛知を離れた」　第4段落第2文参照。　leave－<u>left</u>－left「去る，離れる」　　　(2)「ケンタとシンジは何をするつもりか」―「彼らは公園で野球をするつもりだ」　第8段落第3文参照。　　　(3)「エミリーはなぜ今度の土曜日に東京に行く予定なのか」―「日本の自然に関する英語の本を探す予定だから」　第9段落第3文参照。会話では現在完了進行形(have/has been ～ing「ずっと～している」)が用いられている。

2　〔適語(句)補充・条件作文〕

問1＜適語補充＞Ａ.「テスト勉強」≒study for the test「テストのために勉強する」　'help＋人＋(to＋)動詞の原形'「〈人〉が～するのを手伝う」　　　Ｂ.「金曜日」は Friday。曜日の名前は最初の文字を大文字にする。　　　Ｃ.'期限'を表す「～までに」は by で表せる。

問2＜適語句補充＞空所は「勉強したい」に当たる部分。「～したい」は want to ～ などで表せる。なお，subjects と you の間には目的格の関係代名詞 which〔that〕が省略されている。

問3＜条件作文＞≪全訳≫こんにちは，ドイル先生。／これはうちの学校のスタディタイムについてのポスターです。／_(例)<u>スタディタイムに参加してくれませんか？</u>　僕たちは英語を勉強するのに先生の助けが必要なんです。／後でお話にうかがいます。ヨウスケ

　　　＜解説＞1文目の「～に参加する」は join で表せる。Could you ～？は「～してくれませんか」とていねいに依頼する表現。その後，【語群】の語を使って理由を表す文を続ける。【語群】にはhelp「助け，手伝い」の他に hard「一生懸命」や useful「便利な」があるので，If you come, we will study hard.「もし来ていただけたら，僕たちは一生懸命勉強します」，You always give us useful advice.「先生はいつでも僕たちに役立つアドバイスをしてくれます」などとしてもよい。

3 〔長文読解総合─スピーチ〕

　≪全訳≫❶皆さんのほとんどは世界で最も人口が少ない国を知っていると思います。そうです，それはバチカン市国です。では，２番目に人口が少ない国はどうでしょう？　答えはニウエです。2020年のニウエの人口は約1900人でした。今日，僕はニウエについてお話ししたいと思います。

❷ニウエは，ニュージーランドの北東約2400キロメートルの所にあります。それは世界最大のサンゴ礁の島の１つです。そこはニュージーランドの一部でしたが，1974年に自治権を得ました。人口は1963年には約5000人でしたが，1970年に空港が開港すると，人々はニウエを離れました。人口は減り，20年ほど前に2000人を下回りました。

❸ニウエで，人々はバナナなどの果物を栽培しています。しかし，外国に売る果物を栽培するのに十分な農地と水はありません。実際，ニウエにはあまり産業が多くありませんでした。<u>そのため，ニウエはお金を稼ぐ方法を探す必要があり，それを見つけました。</u>ニウエの人々は，自国に多くの自然があり，それが森でのハイキングなどの観光活動に利用できると気づいたのです。

❹僕はニウエという国があることを最近まで知りませんでした。ニウエについて学んだ後，今では地図を見るのが好きです。地図を見ると，自分が知らない国がまだたくさんあることに気づくのです。

　問１＜適所選択＞補う文の最初にある So に着目する。これは「だから，それで」の意味で，その前後は'原因'→'結果'の関係になる。So の後には，ニウエにはお金を稼ぐ方法を探す必要があったという内容が続いているのだから，その前には，ニウエにお金がなかったことを意味する文があると判断できる。　make money「お金を稼ぐ」

　問２＜適語句選択＞文頭の However「しかし」から，前文の「人々は果物を栽培していた」という内容と下線部を含む文が相反する内容になるとわかる。「果物を栽培していたが，農地と水が十分になかった」という文脈である。なお，a few「少しの」は「少し～ある」という肯定的な意味で用いるのが一般的で，後ろには'数えられる名詞'の複数形が続くので，ここでは不適。　'enough＋名詞＋to ～'「～するのに十分な…」

　問３＜整序結合＞直前の there と語群にある was から，there is/are ～「～がある〔いる〕」の過去形の文を考える。there was の後は called を形容詞的用法の過去分詞として使い a country called Niue「ニウエと呼ばれる国，ニウエという国」とまとめる。called Niue が前の名詞の a country を後ろから修飾する形になる。

　問４＜英問英答＞「リョウはニウエについて学んだ後の今では何をするのが好きか」─「彼は地図を見るのが好きだ」　第４段落第２文参照。現在時制の文で，本文では主語がＩだがここでは He になっているので，動詞の like に３単現の s をつけること。

　問５＜内容真偽＞ア．「ニウエは世界で最も人口が少ない国だ」…×　第１段落第１～４文参照。世界で最も人口が少ないのはバチカン市国で，ニウエは２番目に少ない。第２文の the second smallest は'the＋序数＋最上級'「～番目に…な」の形。　イ．「リョウは地図でニウエより小さい島を見つけることに興味がある」…×　第４段落に地図を見るのが好きだとあるが，小さい島を見つけるという記述はない。　ウ．「ニウエの人々は，自分たちには観光活動に使える自然があると気づいた」…○　第３段落最終文の内容に一致する。　エ．「ニウエは1970年に空港を開港し，当時の人口は約1900人だった」…×　第１段落最後から２文目および第２段落最後の２文参照。1963年に約5000人いたニウエの人口は1970年に空港が開港すると減少し，約20年前に2000人を割り込むと，2020年に約1900人となった。

4 〔長文読解総合─会話文〕

　1≪全訳≫❶生徒たちがプレゼンテーションのテーマを決めようとしている。

2ケント(K)：来週，授業でプレゼンテーションがあるよね。どんなテーマについて話したい？

3マンディ(M)：うーん，オリンピックはどう？　次のオリンピックは今年の夏にパリで行われるよね。そこで競技を見てみたいな。

4ジロウ(J)：それはいいね。パリは次のオリンピックのピクトグラムを世界に示したんだ。

5M：ごめん。ピクトグラムって何？

6J：ピクトグラムは，人々に情報を伝える簡素な絵のことさ。駅とか，多くの公共の場所で使われてるよ。

7K：ああ，知ってる。インターネットでパリオリンピックのピクトグラムを見たことがあるよ。かっこいいよね。あのピクトグラムを見たら，選手たちは自分のスポーツに誇りを持つだろうって言う人もいるよ。

8J：新しいものがオリンピックごとにつくられるんだ。デザインは都市によって違うんだよ。

9M：2020年の東京オリンピックのピクトグラムはどんなものだったの？

10J：これだよ。パリのものとは違うでしょ？

11K：うん，それらは簡素だね。

12M：日本人はどうして簡素なピクトグラムをつくったのかな？

13K：理由はわからないな。君の質問に答えるために，本やウェブサイトを探してみるよ。

　　問1＜指示語＞第13段落は直前のマンディの質問にケントが答えている場面で，your question はそのマンディの質問を指している。ケントはマンディからされた質問に即答できなかったので，本やウェブサイトで調べると言ったのである。

2≪全訳≫**1**翌日，生徒たちは1964年の東京オリンピックのピクトグラムについて話している。

2K：1964年の東京オリンピックについて話すね。東京はオリンピックのためにピクトグラムを使った最初の都市なんだ。

3M：1964年の東京オリンピックではどうしてピクトグラムが使われたの？

4K：1964年の東京オリンピックで，日本人は世界中の観光客とコミュニケーションをとる必要があったんだけど，自分たちの言語で観光客をサポートするのは難しかった。だから，東京は全ての人とコミュニケーションをとるための別の方法を考えなければならなかったんだ。それがピクトグラムだったのさ。

5J：外国から来た観光客の多くは日本語がわからなかっただろうね。

6K：そうだね。そういう理由で，東京は人々に重要な情報をピクトグラムで伝えることにしたんだ。

7M：なるほど。じゃあ，誰が1964年の東京オリンピックのピクトグラムをつくったか知ってる？

8K：うん，あるデザイナーのグループがピクトグラムをつくり始めたんだ。美術評論家の勝見勝もその1人だよ。デザイナーたちは小さなグループに分かれて仕事をした。あるチームはスポーツのピクトグラムに取り組んでいた。別のチームは公共の場所を表すピクトグラムに取り組んでいた。それぞれのグループが勝見さんのアイデアに基づいて熱心に働いた。彼はピクトグラムがオリンピックなどの大きなイベントで重要な役割を果たすと考えていたんだ。

　　問2＜整序結合＞直前の「言語で観光客をサポートするのが難しかった。だから」という内容と語群から「東京は別の方法を考えなければならなかった」といった意味の文になると判断できる。had to 〜 は「〜しなければならなかった」（have/has to 〜 の過去形），think of 〜 は「〜について考える」という意味。後に続く to communicate は前の another way を修飾する形容詞的用法の to 不定詞である。

　　問3＜内容一致＞「（　　　）ので，1964年の東京オリンピックでピクトグラムが使われた」—エ.「日本の人々は外国から来る多くの観光客とコミュニケーションをとる必要があった」　第4段落参照。

③《全訳》■生徒たちは話を続ける。

■J：公共の場所を表すピクトグラムはどんなものだったの？

■K：ここに例があるよ。これを見たことがある？

■M：うん，それはレストランを意味しているよね。

■K：そのとおり。これは1964年に羽田空港で使われていたんだ。その当時，羽田空港は外国から来る観光客にとっての日本の玄関口だった。それ以前は壁に掲示があったんだけど，そのほとんどが日本語で書かれていたから，多くの外国人観光客にとっては掲示に何て書いてあるか理解するのが難しかったんだ。そこで，外国人観光客が情報をよりわかりやすくするのにピクトグラムが役立ったのさ。

■J：今は，日本の空港でそういうピクトグラムをよく見かけるよね。

■K：1964年より前から，公共の場所にはピクトグラムがあったんだ。でも，それぞれの国で異なるピクトグラムを使っていた。勝見さんや他のデザイナーたちは，1964年の東京オリンピックの準備を始めたとき，世界の誰もが理解できるようなより簡素なピクトグラムをつくろうとしたんだ。何年も前に日本のデザイナーによってつくられた簡素なピクトグラムは，今でも世界中で使われているよ。

　問4＜内容真偽＞ア．「1964年以前の羽田空港では，外国から来た観光客の多くが掲示を理解していた」…×　第5段落第2～4文参照。掲示のほとんどは日本語で書かれていたので，理解するのが難しかった。　　イ．「1964年以前は，それぞれの国で，公共の場所を表す異なるピクトグラムがつくられていた」…○　第7段落第1，2文の内容に一致する。　　ウ．「勝見さんがつくったピクトグラムは日本語に基づいてデザインされた」…×　第7段落第3文参照。勝見さんたちは，特定の言語に基づいたものではなく，世界中の誰にでもわかるようなピクトグラムをつくった。　　エ．「多くの国が簡素なピクトグラムより独自のピクトグラムを好む」…×　第7段落参照。各国が独自のピクトグラムを用いていたが，日本のデザイナーがより簡素でわかりやすいピクトグラムをつくった結果，それが好まれたため，現在も世界中で使われているのである。

④《全訳》■ケントは別のピクトグラムを見せる。

■K：今，公共の場所ではいろんな種類のピクトグラムが使われているんだ。このピクトグラムを見たことはある？

■M：うん，学校で見たことある。火事や地震のとき，建物から出るために使われるドアを示しているよね。

■K：そのとおり。これは日本のデザイナーによってつくられたもので，1987年に国際基準になったんだ。他の例もあるよ。ウェブサイトにはよくピクトグラムが使われているよね。虫眼鏡のアイコンを見たことはある？

■J：ₐもちろん。「検索」って意味だよね。

■K：そう。ピクトグラムは，限られた場所で人々に重要な情報を伝えるのに使われることが多いんだ。

■M：もう1つ例があるよ。ほら，これはオーストラリアの友達が私にくれたちょっとした贈り物でね。道路沿いで見られるんだ。

■J：あっ，それは「カンガルーに気をつけて」っていう意味だね。簡単だよ。クラスメートとも共有したいな。プレゼンテーションで，ピクトグラムの歴史や他国のピクトグラムについて話すのはどう？

■M：いいアイデアだね。プレゼンテーションで，身の回りにはたくさんのピクトグラムがあることをみんなに伝えたいな。スライドをつくって台本を書こう。

　問5＜要旨把握＞ケントが this pictogram と言って示したものについて，この後マンディが「火事や地震のとき，建物から出るために使われるドア」を示すものだと説明している。

　問6＜適文選択＞ケントは「虫眼鏡のアイコンを見たことはあるか」と問いかけ，ジロウはそのアイコンの意味が「検索」だと知っていたのだから，見たことがあるのだとわかる。これを伝える

表現となるのは，Of course.「もちろん」だけである。

問7＜適語句補充＞≪全訳≫❶K：君のつくったスライド，すごくよかったよ。ピクトグラムクイズもおもしろかった。❷M：ありがとう。(例)クラスメートが楽しんでくれるといいな。❸K：きっとみんな興味を持ってくれるよ。❹M：そうなったらいいね。何か他にプレゼンテーションのためにできることはあるかな？

＜解説＞I hope that ～ は「～だといいな，～ということを願う」といった意味で，話し手の希望や願望を表す。この言葉に対するケントの返答から，マンディは「みんなが興味を持ってくれるといいな」といった内容の希望を口にしたのだと推測できる。「みんな」に当たる語を our「私たちの」で始まる表現にする必要があるが，これは our classmates や our friends などで表せる。これに続く部分には解答例にある enjoy「～を楽しむ」のほか，like「～を好む，気に入る」や become interested in～「～に興味が湧く」なども使える。

5 〔長文読解総合—スピーチ〕

≪全訳≫❶皆さんは昨夜何をしましたか？　私はテレビでラグビーのニュージーランド対オーストラリアの試合を見ました。私はニュージーランド出身なので，ニュージーランドチームの大ファンです。ニュージーランドとオーストラリアは長年のラグビーのライバルです。私が昨夜見た試合はブレディスローカップと呼ばれています。それは1930年頃に始まった国際試合で，多くのラグビーファンの間で特別な意味を持っています。両チームは年に数回対戦します。ブレディスローカップは通常，ニュージーランドかオーストラリアのスタジアムで開催されますが，他の国で開催されることもあります。日本では2度開催されました。

❷皆さんは「ハカ」という言葉を聞いたことがありますか？　それはニュージーランドの伝統的なダンスです。それが尊敬と感謝の表現として踊られるという人もいます。卒業式やスポーツの試合，その他の多くのイベントで目にすることも多いです。ニュージーランドチームが試合前に踊るハカのダンスを見ると，私もわくわくします。このダンスを見ると，もうすぐ試合が始まるんだと感じます。

❸昨夜の試合は手に汗握るものでした。引き分けに終わりましたが，とてもいい試合でした。実は私は地元のラグビーチームのメンバーで，週末にはラグビーをやっています。スポーツは見るのもするのも楽しいです。皆さんはスポーツを見るのとするのと，どちらが好きですか？

問1＜内容一致—適語補充＞「ムーア先生はニュージーランドとオーストラリアの（　　）ラグビーの国際試合を見た」—between「間の」　第1段落第2文参照。'between A and B'「AとBの間の」

問2＜内容真偽＞ア…×　第1段落第2文参照。テレビで観戦した。　　イ…○　第1段落最後の2文の内容に一致する。　　ウ…×　第2段落第4文参照。卒業式などでも見ることができる。エ…×　第1段落第7文参照。年に何度か対戦する。several times a year の a は，「～につき」という意味。

問3＜テーマ作文＞≪全訳≫「こんにちは，皆さん。今日は，私がどのようにスポーツを楽しむかを皆さんにお話しします。①(例)私はスポーツをする方が好きです。②(例)スポーツをすることは一種のコミュニケーションです。私はスポーツをすることを通して他の選手とコミュニケーションをとることができます。ありがとうございました」

＜解説＞1文目は I like ～ better.「私は～の方が好きだ」などの表現を使い，自分がスポーツを見ることとすることのどちらが好きかという自分の意見を述べる。2文目以降は，その理由を具体的に説明すればよい。

数学解答

1 (1) $2x$　(2) -9　(3) $18xy^2$

(4) $x=-4$　(5) $3\sqrt{3}$

(6) $(x-9)(x+8)$　(7) $x=1,\ y=-4$

(8) $x=\dfrac{-7\pm\sqrt{41}}{4}$　(9) $y=2x+4$

(10) $108°$　(11) 3 倍　(12) エ

(13) $\dfrac{1}{6}$　(14) $192\pi\ \text{cm}^3$　(15) 9

(16) （例）期間①より期間②の方が，<u>第1四分位数，第3四分位数ともに基準日に近い</u>

2 (1) （例）

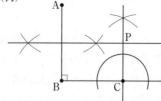

(2) （例）△ACD と △AGB において，

仮定から，

AC＝AG……①，　AD＝AB……②

∠CAD＝∠CAB＋∠BAD

＝∠CAB＋90°，

∠GAB＝∠GAC＋∠CAB

＝90°＋∠CAB から，

∠CAD＝∠GAB……③

①，②，③から，2組の辺とその間の角がそれぞれ等しいので，

△ACD≡△AGB

3 (1) ア… t　イ… $\dfrac{1}{3}t^2$

(2) （例）点Rの y 座標が，点Qの y 座標より大きくなるから。

(3) $\dfrac{9}{4},\ \dfrac{15}{4}$

4 (1) 378cm^3　(2) $\dfrac{24\sqrt{5}}{5}\text{cm}$

---

1 〔独立小問集合題〕

(1)＜式の計算＞与式 $=(5-3)x=2x$

(2)＜数の計算＞与式 $=-8-1=-9$

(3)＜式の計算＞与式 $=\dfrac{6x^2y\times 12y}{4x}=18xy^2$

(4)＜一次方程式＞$5x-6x=-3+7,\ -x=4$　∴$x=-4$

(5)＜数の計算＞与式 $=\sqrt{2^2\times 3}+\sqrt{3}=2\sqrt{3}+\sqrt{3}=3\sqrt{3}$

(6)＜式の計算―因数分解＞和が -1，積が -72 となる2数は，-9 と 8 だから，与式 $=x^2+\{(-9)+8\}x+(-9)\times 8=(x-9)(x+8)$ となる。

(7)＜連立方程式＞$6x-y=10$……①，$4x+3y=-8$……②とする。①×3より，$18x-3y=30$……①′　①′＋②より，$18x+4x=30+(-8),\ 22x=22$　∴$x=1$　これを①に代入して，$6-y=10,\ -y=4$

∴$y=-4$

(8)＜二次方程式＞解の公式より，$x=\dfrac{-7\pm\sqrt{7^2-4\times 2\times 1}}{2\times 2}=\dfrac{-7\pm\sqrt{41}}{4}$ となる。

(9)＜関数―直線の式＞一次関数のグラフの傾きが2だから，その式は $y=2x+b$ とおける。このグラフが点 $(-3,\ -2)$ を通るので，$x=-3,\ y=-2$ を代入して，$-2=2\times(-3)+b,\ -2=-6+b,\ b=4$ となる。よって，一次関数の式は，$y=2x+4$ である。

(10)＜平面図形―角度＞右図1で，円の中心をOとして，点Oと2点B，Eを結ぶ。点A～点Jは，円Oの周を10等分しているので，$\overgroup{\text{BE}}$ の長さは円Oの周の長さの $\dfrac{3}{10}$ であり，∠BOE $=\dfrac{3}{10}\times 360°=108°$ となる。$\overgroup{\text{BE}}$ に対する円周角と中心角の関係より，∠KHE $=\dfrac{1}{2}$∠BOE $=\dfrac{1}{2}\times 108°=54°$ である。また，$\overgroup{\text{AH}}=\overgroup{\text{BE}}$ より，$\overgroup{\text{AH}},\ \overgroup{\text{BE}}$ に対する円周角は等しいから，

図1

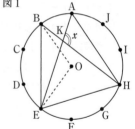

∠KEH＝∠KHE＝54°となる。よって，△KEH で内角と外角の関係より，x＝∠AKH＝∠KEH＋∠KHE＝54°＋54°＝108°となる。

⑾ **＜平面図形―面積比＞**右図2で，点Aと点C，点Bと点Dを結び，図2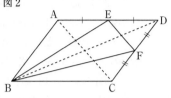
□ABCD＝Sとする。四角形ABCDは平行四辺形だから，△ABD
＝△CDB＝$\frac{1}{2}$□ABCD＝$\frac{1}{2}S$，△DAC＝△BCA＝$\frac{1}{2}$□ABCD＝
$\frac{1}{2}S$となる。点Eが辺 AD の中点より，AE＝ED だから，△ABE，
△EBD は，底辺をそれぞれ AE，ED と見ると高さが等しくなり，△ABE＝△EBD＝$\frac{1}{2}$△ABD＝
$\frac{1}{2}×\frac{1}{2}S＝\frac{1}{4}S$となる。同様にして，点Fが辺 CD の中点より，CF＝FD だから，△CFB＝△FDB
＝$\frac{1}{2}$△CDB＝$\frac{1}{2}×\frac{1}{2}S＝\frac{1}{4}S$となる。また，ED：AD＝FD：CD＝1：2，∠EDF＝∠ADC より，
△DEF∽△DAC である。相似比は ED：AD＝1：2だから，面積比が相似比の2乗より，△DEF：
△DAC＝1^2：2^2＝1：4となる。よって，△DEF＝$\frac{1}{4}$△DAC＝$\frac{1}{4}×\frac{1}{2}S＝\frac{1}{8}S$となり，△EBF＝
□ABCD－△ABE－△CFB－△DEF＝$S－\frac{1}{4}S－\frac{1}{4}S－\frac{1}{8}S＝\frac{3}{8}S$となるので，△EBF：△DEF＝
$\frac{3}{8}S：\frac{1}{8}S＝3：1$である。したがって，△EBF の面積は△DEF の面積の3倍である。

⑿ **＜データの活用―正誤問題＞**ア…誤。度数の合計が20人なので，中央値は，小さい方から10番目の
値と11番目の値の平均値となる。12冊未満が2＋3＋4＝9（人），16冊未満が9＋8＝17（人）より，小
さい方から10番目と11番目は，ともに12冊以上16冊未満の階級に含まれる。これより，10番目の値
と11番目の値の平均値はこの階級にあるので，中央値がある階級は，12冊以上16冊未満の階級であ
る。　　　イ…誤。度数の合計は20人であり，8冊以上12冊未満の階級の度数は4人だから，この階
級の相対度数は，4÷20＝0.20 となる。　　　ウ…誤。最頻値は，度数が最も大きい階級の階級値で
ある。度数が最も大きい階級は，8人の12冊以上16冊未満の階級だから，最頻値は，（12＋16）÷2
＝14（冊）となる。　　　エ…正。アより，16冊未満が17人だから，12冊以上16冊未満の階級の累積度
数は17人である。よって，この階級の累積相対度数は，17÷20＝0.85 となる。

⒀ **＜確率―さいころ＞**大小2つのさいころを1回投げるとき，それぞれ6通りの目の出方があるから，
目の出方は全部で6×6＝36（通り）あり，x，yの組も36通りある。x，yが1，2，3，4，5，
6のいずれかであることより，$10x＋y$は，十の位の数がx，一の位の数がyである2けたの整数
を表すので，これが7の倍数となる場合は，14，21，35，42，56，63となる6通りある。よって，
求める確率は$\frac{6}{36}＝\frac{1}{6}$である。

⒁ **＜空間図形―体積―回転体＞**右図3のように，2点E，Fを定める。図3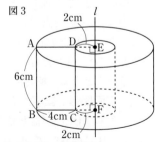
四角形ABCDが長方形であり，DC∥l，DE＝CF＝2，∠DEF＝
∠CFE＝90°だから，四角形DCFE，四角形ABFEも長方形となる。
よって，長方形ABCDを直線lを軸として1回転させてできる立
体は，底面の半径を BF＝BC＋CF＝4＋2＝6，高さを AB＝6とす
る円柱から，底面の半径を CF＝2，高さを DC＝6とする円柱を除
いた立体となる。底面の半径を BF，高さを AB とする円柱の体積
は π×BF^2×AB＝π×6^2×6＝216π，底面の半径を CF，高さを DC とする円柱の体積は π×CF^2×
DC＝π×2^2×6＝24π だから，求める立体の体積は，216π－24π＝192π（cm^3）である。

⒂ **＜一次方程式の応用＞**次ページの図4のように，8点A～Hを定める。△ABC，△DEF が正三角

形より，∠GCE＝∠GEC＝60°だから，△GEC は正
三角形となる。これより，△ABC∽△GEC であり，
相似比は BC：EC＝8：4＝2：1 だから，面積比は
△ABC：△GEC＝2²：1²＝4：1 となる。よって，△GEC
＝S(cm²)とおくと，△ABC＝4△GEC＝4S，〔四角形
ABEG〕＝△ABC－△GEC＝4S－S＝3S と表せる。ま

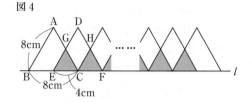

図4

た，△DEF＝△ABC＝4S，△HCF＝△GEC＝S より，〔四角形 DGCH〕＝△DEF－△GEC－△HCF
＝4S－S－S＝2S と表せる。1 辺が 8 cm の正三角形を x 個かいたとき，影をつけた重なる部分は，
△GEC と合同な正三角形が x－1 個である。重ならない部分は，四角形 ABEG と合同な四角形が
左端と右端の 2 個と，四角形 DGCH と合同な四角形が x－2 個である。したがって，重なる部分の
面積は S(x－1)cm²，重ならない部分の面積は 3S×2＋2S(x－2)＝6S＋2Sx－4S＝2Sx＋2S＝2S(x
＋1)cm² となるので，その比は，S(x－1)：2S(x＋1)＝(x－1)：2(x＋1)である。これが 2：5 とな
ることから，(x－1)：2(x＋1)＝2：5 が成り立ち，(x－1)×5＝2(x＋1)×2，5x－5＝4x＋4，x＝9
(個)となる。

⑯＜データの活用―理由＞期間①と期間②の箱ひげ図において，最小値と最大値は同じであるが，箱
の部分は，期間①より期間②の方が小さい方に寄っている。期間①は，第 1 四分位数が22日後，第
3 四分位数が26日後であることから，期間①の約 $\frac{1}{4}$ の年は基準日から22日後まで，約 $\frac{3}{4}$ の年は基
準日から26日後までに開花し，期間②は，第 1 四分位数が18日後，第 3 四分位数が22日後であるこ
とから，期間②の約 $\frac{1}{4}$ の年は基準日から18日後まで，約 $\frac{3}{4}$ の年は基準日から22日後までに開花し
ている。このことから，最も早い開花日と最も遅い開花日が同じ位置でも，期間①より期間②の方
が，開花日が早くなっているといえる。解答参照。

2 〔独立小問集合題〕

(1)＜平面図形―作図＞右図 1 で，四角形
ABCP は，∠ABC＝90°，AB∥PC の台形
だから，PC⊥BC となる。これより，頂点
P は，点 C を通り，BC に垂直な直線上に
ある。また，点 P から辺 AB に垂線 PH を
引くと，四角形 HBCP は長方形となるから，
HB＝PC である。AB：PC＝2：1 だから，

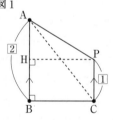

図1

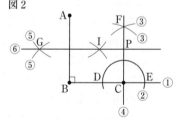

図2

AB：HB＝2：1 となり，点 H は辺 AB の中点である。よって，頂点 P は線分 AB の垂直二等分線
上の点である。作図は，右上図 2 で，①線分 BC を点 C の方に延長する。②点 C を中心とする円の
弧をかき(半直線 BC との 2 つの交点を D，E とする)，③2 点 D，E を中心として半径の等しい円
の弧をかき(交点を F とする)，④2 点 C，F を通る直線を引く。次に，⑤
2 点 A，B を中心として半径の等しい円の弧をかき(2 つの交点を G，I
とする)，⑥2 点 G，I を通る直線を引く。④の直線と⑥の直線の交点が
頂点 P となる。解答参照。

(2)＜平面図形―証明＞右図 3 の△ACD と△AGB において，四角形 ACFG，
四角形 ADEB が正方形より，AC＝AG，AD＝AB である。また，∠GAC
＝∠BAD＝90° であり，∠CAD＝∠CAB＋∠BAD，∠GAB＝∠GAC＋
∠CAB である。これより，∠CAD＝∠GAB がいえる。解答参照。

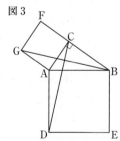

図3

3 〔関数―関数 $y＝ax^2$ と一次関数のグラフ〕

(1)$<y$座標$>$右図1で，点Qは直線$y=x$上にあるので，
x座標がtより，y座標は$y=t$となる。点Rは放物
線$y=\frac{1}{3}x^2$上にあるので，x座標がtより，y座標は
$y=\frac{1}{3}t^2$となる。

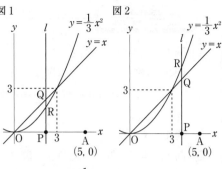

図1　図2

(2)$<$理由$>3<t\leqq5$のとき，右図2のように，点Rのy
座標が点Qのy座標より大きくなる。PQ$<$PRだから，
PQ：PR$=4$：3とはならない。解答参照。

(3)$<x$座標$>$右上図1で，(1)より，点Qのy座標はt，点Rのy座標は$\frac{1}{3}t^2$だから，PQ$=t$，PR$=$
$\frac{1}{3}t^2$と表せる。よって，PQ：PR$=4$：3より，t：$\frac{1}{3}t^2=4$：3が成り立つ。これを解くと，$t\times3=$
$\frac{1}{3}t^2\times4$，$4t^2-9t=0$，$t(4t-9)=0$より，$t=0$，$\frac{9}{4}$となり，$0<t<3$だから，$t=\frac{9}{4}$である。次に，
右上図2で，PQ：RQ$=4$：1より，PQ：PR$=4$：$(4+1)=4$：5となる。PQ：PR$=4$：5，PQ$=t$，
PR$=\frac{1}{3}t^2$より，t：$\frac{1}{3}t^2=4$：5が成り立つ。これを解くと，$t\times5=\frac{1}{3}t^2\times4$，$4t^2-15t=0$，$t(4t-15)$
$=0$より，$t=0$，$\frac{15}{4}$となり，$3<t\leqq5$だから，$t=\frac{15}{4}$である。以上より，求める点Pのx座標は，
$t=\frac{9}{4}$，$\frac{15}{4}$である。

4 〔空間図形—直方体〕

(1)$<$体積$>$右図1で，水で満たした直方体の容器ABCD-
EFGHを，辺FGを床につけたまま傾けているので，水面は
辺BCと重なる。右図2で，水面を表す線分と辺AEの交点
をJとすると，容器に残っている水の体積は，底面を台形
BJEFとし，高さを図1のBC$=6$とする四角柱の体積となる。
図2の△JABと△ABFにおいて，∠JAB$=$∠ABF$=90°$で
ある。また，BJが床に平行，AFが床に垂直であることより，
AF$\perp$BJである。△JIAで，∠AJB$=180°-$∠JIA$-$∠JAI$=180°-90°-$∠JAI$=90°-$∠JAIとなり，
∠BAF$=$∠JAB$-$∠JAI$=90°-$∠JAIだから，∠AJB$=$∠BAFである。よって，△JAB∞△ABF
となるので，JA：AB$=$AB：BFより，JA：$6=6$：12が成り立ち，JA$\times12=6\times6$，JA$=3$となる。

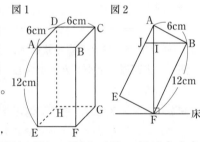

図1　図2

JE$=$AE$-$JA$=12-3=9$となるから，〔台形BJEF〕$=\frac{1}{2}\times($JE$+$BF$)\times$EF$=\frac{1}{2}\times(9+12)\times6=63$と
なり，容器に残っている水の体積は，〔台形BJEF〕$\times$BC$=63\times6=378($cm$^3)$である。

(2)$<$長さ—相似$>$右上図2で，∠BIF$=$∠ABF$=90°$，∠BFI$=$∠AFBより，△BIF∞△ABFである。
これより，FI：FB$=$BF：AFである。∠ABF$=90°$だから，△ABFで三平方の定理より，AF$=$
$\sqrt{AB^2+BF^2}=\sqrt{6^2+12^2}=\sqrt{180}=6\sqrt5$である。よって，FI：12$=12$：$6\sqrt5$が成り立ち，FI$\times6\sqrt5=$
12×12，FI$=\frac{24\sqrt5}{5}($cm$)$である。

＝読者へのメッセージ＝

□①(16)は，箱ひげ図の問題でした。箱ひげ図は，ジョン・テューキー(1915〜2000)の著書で初めて使わ
れたといわれています。1970年代のことですので，数学の歴史の中ではかなり新しいものといえます。

社会解答

1　問1　大西洋　　問2　ア
　　問3　(例)ベトナムは韓国より賃金が安
　　　　く，15～49歳の人口の割合が高い
　　　　から。
　　問4　イ，ウ
2　問1　エ　　問2　紀伊　　問3　イ
　　問4　Q　(例)フェリーと旅客船の輸送
　　　　　　人数が減っている
　　　　R　(例)多くの人が大都市に行く
　　　　　　ようになった〔大都市に人が
　　　　　　吸い寄せられて移動した〕
　　問5　ア
3　問1　ウ　　問2　エ
　　問3　(例)土地を地頭と領家で分け合っ
　　　　た。〔幕府によって裁かれ，土地
　　　　の半分が地頭に与えられた。〕
　　問4　イ　　問5　伊能忠敬
4　問1　(1)…エ

　　(2)　(例)物価が上昇して，人々の
　　　　　生活は苦しくなった
　　問2　ウ　　問3　ア　　問4　マルタ
5　問1　イ　　問2　ア，イ，オ
　　問3　ウ
　　問4　(例)自主財源だけでまかなえない
　　　　分を補って，財政の格差をおさえ
　　　　るため。
　　問5　クーリング・オフ　　問6　ア
　　問7　ウ
6　問1　ウ→イ→ア→エ　　問2　エ
　　問3　P…シリコンバレー　記号…ア
　　問4　記号…エ
　　A　(例)新たな輸出国への広報を
　　　　したり，海外の消費者に動画
　　　　で紹介したりすることで，鹿
　　　　児島県の黒豚肉の輸出量が増
　　　　えている

1　〔世界地理—世界の姿と諸地域〕
　問1＜大西洋＞ポルトガルを含むヨーロッパ州やアフリカ大陸の西には，三大洋の1つである大西洋がある。
　問2＜アンデス地方，ギニア湾岸＞じゃがいもは南アメリカ大陸西部のアンデス地方が原産地であり，アンデス地方では，リャマやアルパカが家畜として飼育されている(カードⅠ…A)。カカオは現在はアフリカ大陸西部のギニア湾岸にあるコートジボワールやガーナが主産地となっており，これらの国は経済をカカオの輸出に頼るモノカルチャー経済となっている(カードⅡ…C)。
　問3＜資料の読み取り＞表中の①を見ると，ベトナムの方が韓国よりも月額賃金が安いことがわかる。また，表中の②を見ると，ベトナムの方が韓国よりも総人口に占める15～49歳の人口の割合が高いことがわかる。つまり，韓国よりもベトナムの方が賃金が安く若い労働力が多いことが，ベトナムへ進出する日本企業の数が増えている理由であると考えられる。
　問4＜資料の読み取り＞2020年において，アメリカ合衆国の1人あたりのGDPは6万ドルを超えており，4万ドル程度の日本よりも高い(イ…○)。2020年において，スイスの1人あたりのGDPは9万ドル近くであり，2万ドルを少し超えた程度のポルトガルの3倍以上である(ウ…○)。なお，1990年において，1人あたりのGDPが2万ドルを超えているのは，アメリカ合衆国，スイス，日本の3か国である(ア…×)。1990年の日本の1人あたりのGDPは2万5千ドル程度であり，2020年の4万ドルの2分の1である2万ドルよりも高い(エ…×)。アメリカ合衆国の1990年と2020年の1人あたりのGDPの差は4万ドル程度であるのに対し，スイスは5万ドル程度であり，スイスの方が差が大きい(オ…×)。
2　〔日本地理—日本の諸地域〕

問1＜日本の気候＞Ⅰは年間を通して降水量が比較的少ないため，瀬戸内の気候に属する高松市（香川県）が当てはまる。Ⅱは夏の降水量が多いため，太平洋側の気候に属する新宮市（和歌山県）が当てはまる。Ⅲは冬の降水量が比較的多いため，日本海側の気候に属する出雲市（島根県）が当てはまる。

問2＜紀伊山地＞近畿地方南部にあり，吉野すぎや尾鷲ひのきなどの品質の高い木材が生産されているのは，紀伊山地である。

問3＜近郊農業と促成栽培＞大都市向けの近郊農業が行われているのは，関東地方の群馬県であり，まとめ2の文中のYには群馬県が当てはまる。残ったZは高知県である。高知県では，なすの促成栽培が行われており，通常は夏に出荷されるなすを，温暖な気候やビニールハウスを生かして秋～春に出荷している。したがって，グラフ1中で秋～春の出荷量が多いWには高知県が当てはまる。

問4＜資料の読み取り＞Q．グラフ2を見ると，徳島県と関西方面を結ぶフェリーと旅客船の輸送人数は，明石海峡大橋が開通して徳島県と本州が道路でつながった1998年に大きく減っていることがわかる。　　　　R．表を見ると，徳島県における年間商品販売額は，1999年以降減少傾向にあるが，これは，1998年に明石海峡大橋が開通して徳島県から自動車で関西方面に行けるようになったことで，徳島県内ではなく関西の大都市で買い物をする人が増えたからだと考えられる。

問5＜地形図の読み取り＞特にことわりのないかぎり地形図上では上が北となる。Aは，地図中の北東にある「徳島駅」と，その南西にある眉山ロープウェイの「山麓駅」との間にある（①…A）。A・B・Dが平地にあるのに対し，Cは等高線の混み合った山に囲まれた地域にある（②…C）。

③〔歴史―古代～近世の日本〕

問1＜奈良時代の文化＞Ⅰの文にある新しく開墾した土地の私有を認めた法は，奈良時代の743年に定められた墾田永年私財法である。奈良時代には，歴史書として『古事記』と『日本書紀』がつくられた（b…○）。興福寺の阿修羅像は，奈良時代の天平文化を代表する仏像である（資料1…○）。なお，aの前方後円墳や資料2の武人埴輪は古墳時代のものである。

問2＜平安時代の政治と社会＞Ⅱの都で浄土信仰が起こったのは平安時代である。平安時代中期には，藤原氏が摂政や関白などの地位を独占して政治を主導する摂関政治が行われた（エ…○）。なお，生類憐みの令が出されたのは江戸時代（ア…×），元寇〔蒙古襲来〕が起きたのは鎌倉時代（イ…×），大化の改新で公地公民の方針が示されたのは飛鳥時代である（ウ…×）。

問3＜下地中分＞Ⅲの草木灰の使用や定期市が始まったのは鎌倉時代である。資料3を見ると，地図の中央部に縦に線が引いてあり，左側に「地頭分」，右側に「領家分」の文字が読み取れることから，土地が地頭と領家で分けられたことがわかる。鎌倉時代，荘園への支配権を拡大していく地頭と荘園の領主との間で年貢や土地をめぐる紛争が起こるようになると，幕府の裁定や話し合いにより土地を折半してお互いの支配権を認める下地中分が行われた。

問4＜室町時代の外交＞Ⅳの土一揆が起こるようになったのは室町時代である。室町幕府の第3代将軍を務めた足利義満は，勘合を用いた朝貢形式による日明貿易を始めた（X…正）。ラクスマンが根室に来航したのは1792年であり，江戸幕府で老中である松平定信が寛政の改革を行っていた時期である（Y…誤）。足利義満が将軍であった1392年には，日本国内ではそれまで南朝と北朝に分かれていた朝廷が統一され，朝鮮半島では李成桂が高麗を滅ぼして朝鮮を建国している（Z…正）。

問5＜伊能忠敬＞Ⅴの寺子屋が開かれていたのは江戸時代である。江戸時代，化政文化の栄えた時期である19世紀初めに，全国を測量し，精度の高い地図を製作したのは，伊能忠敬である。

④〔歴史―近現代の日本と世界〕

問1＜幕末の経済と社会＞(1)江戸時代末の開国直後に行われた欧米との貿易では，日本の主要な輸出

品は生糸であった(エ…○)。　(2)貿易の開始後，品不足や買い占めが起こった影響で，米やしょう油などの生活に必要な品物が値上がりし，人々の生活は苦しくなった。また，金銀の交換比率の違いによる金の国外流出を防ぐため，幕府が小判の価値を下げたことも，物価上昇の一因となった。

問2<条約改正>X．不平等条約の改正を求める世論を高めたのは，1886年に起こったノルマントン号事件である。日本人の多くが犠牲になったノルマントン号事件では，責任を問われたイギリス人船長が非常に軽い処分を受け，領事裁判権を認める不平等条約への批判が高まった。　　Y．欧米列強が日本政府に領事裁判権を認めさせたのは，日本が憲法を持たず，法の運用が近代的でないということが根拠になっていた。しかし，1889年に大日本帝国憲法が制定されたことで，領事裁判権の撤廃の条件が整い，1894年に日英通商航海条約が結ばれたことで，イギリスとの間で領事裁判権が撤廃され，他の国々も撤廃に応じた。なお，日比谷焼き打ち事件は，日露戦争(1904～05年)の講和条約であるポーツマス条約の内容に不満を持つ民衆が起こした暴動事件である。

問3<大正時代～昭和初期>大正時代にあたる1918年には，日本最初の本格的な政党内閣である原敬内閣が成立し，選挙権を持つのに必要な納税額が引き下げられた(ア…○)。なお，自由党が結成されたのは，明治時代の1881年のことである(イ…×)。テレビ放送は，第二次世界大戦後の1953年に開始された(ウ…×)。自動車などの輸出をめぐる日米貿易摩擦は，石油危機後の1970年代後半～1980年代に深刻化した(エ…×)。

問4<マルタ会談>1989年，アメリカ合衆国のブッシュ大統領とソビエト連邦のゴルバチョフ書記長が会談し，冷戦の終結を宣言したのは，地中海のマルタ島沖の船の上である。

5 〔公民―総合〕

問1<生存権，ワーク・ライフ・バランス>Ⅰ．日本国憲法第25条に「健康で文化的な最低限度の生活を営む権利」として規定されているのは，生存権である。なお，勤労の権利は憲法第27条に規定され，生存権などとともに社会権に含まれる。　　Ⅱ．仕事と生活との調和を図ることをワーク・ライフ・バランスという。なお，ダイバーシティは，「多様性」を意味し，性別や年齢，人種，障がいの有無などさまざまな違いを持つ人々が集まっていることをいう。

問2<参政権>選挙権は，公職選挙法の改正により，2016年から満18歳以上の国民に認められている(ア…○)。国会議員の選挙については，外国に住んでいる日本人も投票できる在外選挙制度が設けられている(イ…○)。最高裁判所裁判官は，国民審査の対象となり，国民の投票によって罷免されるかどうかが決定される(オ…○)。なお，都道府県知事に立候補できる被選挙権は，満30歳以上の日本国民に認められている(ウ…×)。憲法改正は，衆議院と参議院の各議院の総議員の3分の2以上の賛成で，国会が発議し，国民に提案する(エ…×)。

問3<日本の司法制度>警察官や検察官による被疑者への取り調べの可視化は，2016年の刑事訴訟法の改正により一部の事件で義務化されている(ウ…○)。なお，日本の裁判は三審制をとっており，第一審に不服な場合は第二審に控訴でき，第二審に不服な場合は第三審に上告できる(ア…×)。被告人は，判決を受けるまでは無罪とみなされる(イ…×)。被害者などが，刑事裁判で被告人や証人に質問することなどを認める被害者参加制度は，2008年から導入されている(エ…×)。

問4<地方財政>地方税のような，地方公共団体が独自に徴収することのできる自主財源は，大阪府のような大都市部に比べると，鳥取県のような過疎地域では集まりにくい。そこで，大都市部と過疎地域との財政格差をおさえるために，地方交付税交付金が国から配分される。

問5<クーリング・オフ>消費者を保護する仕組みの1つとして，訪問販売や電話勧誘などで商品を購入した場合に，一定期間内であれば消費者側から無条件に解約できる制度があり，これをクーリング・オフ制度という。

問6＜大きな政府と小さな政府，貿易政策＞C党の，税負担を重くし，行政や福祉サービスを充実させるという主張は，大きな政府の考え方である。また，輸入品にかかる関税を減らすという主張は，自由貿易の考え方である。なお，A党はウ，B党はエ，D党はイにそれぞれ当てはまる。

問7＜G7広島サミット＞世界の政治や経済を話し合う国際会議として，2023年に日本で開かれたのは，主要国首脳会議〔G7〕である。資料2には，G7に参加するフランス，アメリカ合衆国，イギリス，ドイツ，日本，イタリア，カナダの首脳と，ヨーロッパ連合〔EU〕の代表2名が写っている。また，資料2を見ると，首脳たちの背後に原爆死没者慰霊碑や原爆ドームが見えることから，G7が広島で開かれたことがわかる。

6 〔三分野総合—職場訪問を題材とした問題〕

問1＜年代整序＞年代の古い順に，ウ（天正遣欧使節の派遣—1582～90年），イ（朱印船貿易—江戸時代初期），ア（伊藤博文のヨーロッパ憲法調査—1882～83年），エ（国際連盟の設立—1920年）となる。

問2＜株式会社＞株式会社で，株主が参加して経営の基本方針などを決定する最高機関は，株主総会である。また，株主は，保有する株式数に応じて，利潤の一部を配当として受け取る権利がある。

問3＜シリコンバレー＞アメリカ合衆国の太平洋岸にあるサンフランシスコの南に位置し，多くのICT関連企業が集中する地域は，シリコンバレーと呼ばれる。

問4＜資料の読み取り＞資料を見ると，鹿児島県が，鹿児島県産の食肉の輸出を促進するため，新たな輸出国への広報活動を行ったり，海外の消費者向けに黒豚肉を紹介したりする取り組みを行っていることがわかる。その成果として，鹿児島県における黒豚肉の輸出量は増えていると考えられるので，グラフ2にはエの「鹿児島県における黒豚肉の輸出量の推移」のグラフが当てはまる。

理科解答

1 問1 ア　問2 エ　問3 ウ
問4 イ　問5 季節風〔モンスーン〕
問6 無性生殖　問7 化学
問8 半導体

2 問1 衛星
問2 (例)Kの部分が見えない
問3 N…月食　記号…X

月の位置

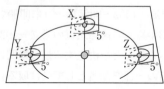

問4 1.3倍　問5 エ

3 問1 ア
問2 Ⅰ…外骨格　Ⅱ…(例)保護する
問3 イ，エ
問4 (例)生息している環境に適する
問5 Ⅲ…B　Ⅳ…S

4 問1 (例)生じた水が加熱部分に流れて，
試験管が割れないようにするため。
問2 37%
問3 結果…C　理由…ウ

問4 $Na_2CO_3 + H_2O + CO_2$
$\longrightarrow 2NaHCO_3$
問5 ア

5 問1

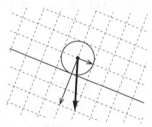

問2 イ　問3 ウ
問4 (1) (例)両コースの点Aにある鉄
球が持っている位置エネルギー
ーの大きさは同じで，コース
は違っても点Fでは，全ての
位置エネルギーが運動エネル
ギーに移り変わり，運動エネ
ルギーの大きさが同じになる
から。
(2) Ⅰ…BC′
Ⅱ…(例)運動エネルギーが大
きくなり，速さが大きく
なる

1 〔小問集合〕
問1<石灰岩>堆積岩のうち，貝やサンゴなどの死がいが堆積してできた，炭酸カルシウムが主成分
である岩石を石灰岩という。石灰岩にうすい塩酸をかけると，二酸化炭素が発生する。なお，チャ
ートは，放散虫などの死がいが堆積してできた，二酸化ケイ素が主成分の堆積岩である。花こう岩
は火成岩のうち，マグマが地下深くで冷え固まってできた深成岩である。また，凝灰岩は，火山灰
や軽石などの火山噴出物が堆積してできた堆積岩である。
問2<葉のつくり>図1の葉の維管束で，葉の表側を通る管Xを道管という。道管によって根から吸
収された水が葉まで運ばれる。よって，水が運ばれる向きはBである。
問3<こまごめピペットの使い方>こまごめピペットは，ウのように，ゴム球の部分を親指と人差し
指ではさんで持ち，残りの3本の指でガラスの部分を持つ。なお，液体が入った状態で，アのよう
にピペットの先を上に向けると，液体がゴム球に流れ込み，ゴム球がいたむおそれがある。
問4<像の見え方>円柱状のコップは，水平方向に曲がっているので，物体から出た光は水平方向に
屈折し，コップの先で光が交差する。このため，コップを通して見える物体の像は，左右が逆にな
って見える。なお，上下方向には屈折しないので，上下は逆にならない。
問5<季節風>季節によって風向が異なる特徴的な風を，季節風(モンスーン)という。
問6<無性生殖>ミカヅキモが分裂してふえたり，ジャガイモが種いもから芽を出してふえたりする
など，受精によらない個体のふえ方を無性生殖という。
問7<火力発電>石油や石炭などの化石燃料が持っているエネルギーを化学エネルギーという。火力
発電では，化学エネルギーをボイラーで熱エネルギーに変換し，タービンを回して熱エネルギーを

運動エネルギーに変換し，さらに，発電機で運動エネルギーを電気エネルギーに変換している。

問8＜半導体＞電流が流れやすい物質を導体，電流がほとんど流れない物質を不導体(絶縁体)といい，その中間の性質を持つ物質を半導体という。

2 〔地球と宇宙〕

問1＜衛星＞惑星の周りを公転する天体を衛星という。月は地球の衛星である。

問2＜仮説＞図3のように，月が自転していないとすると，E～Hのように，地球に向けている面にKの部分がある場合は，地球からKの部分が見えるが，A～Dのように，地球に向けている面にKの部分がない場合は，地球からKの部分は見えない。よって，この仮説は正しくないことがわかる。

問3＜月食＞月が地球の影に入り，月が見えなくなる現象を月食という。月食は，太陽－地球－月の順に一直線上に並んだときに起こるから，月の公転軌道が，太陽と地球を結ぶ直線と交わるXで，太陽－地球－月の順に並ぶように，月の位置をかき入れればよい。解答参照。

問4＜満月の明るさ＞満月が最も大きく見えるときの見かけの直径は，最も小さく見えるときの見かけの直径と比べて14％長いことから，114％なので，1.14倍になる。相似な図形の面積の比は，長さの比の2乗になるから，満月が最も大きく見えるときの面積は最も小さく見えるときの面積の，$1.14^2 = 1.2996$ より，およそ1.3倍である。よって，明るさも1.3倍となる。

問5＜月の大きさと日食＞月が大きく見えるのは，月が地球から近い距離にあるときである。このとき，月と太陽の見かけの大きさは月の方が大きくなるので，太陽が月に完全に隠れる皆既日食が起こる。また，月が小さく見えるのは，月が地球から遠い距離にあるときである。このとき，月と太陽の見かけの大きさは太陽の方が大きくなるので，月が太陽を隠しきれず，太陽の外側が環のように見える金環日食が起こる。

3 〔生物の世界〕

問1＜ルーペの使い方＞観察するものが動かせる場合は，ルーペを目に近づけて固定し，観察するものを前後に動かしてピントを合わせる。なお，観察するものが動かせない場合は，ルーペを目に近づけて固定し，顔を前後に動かしてピントを合わせる。

問2＜節足動物の体のつくり＞バッタとザリガニは節足動物のなかまで，その体は，外骨格という丈夫なつくりで覆われている。外骨格には，からだを支えるほか，内部を保護するはたらきがある。

問3＜両生類と魚類の分類＞カエルとイモリは両生類，フナとメダカは魚類である。両生類は幼生のときは水中で生活し，成体になると陸上(水辺)で生活するが，魚類は一生水中で生活する。また，両生類は幼生のときはえらと皮ふで呼吸し，成体になると肺と皮ふで呼吸するが，魚類は一生えらで呼吸する。よって，基準Eには，イとエが当てはまる。

問4＜進化＞生物は，それぞれの生物が生息する環境に適応するために体のつくりが進化したと考えられる。そのため，同じ哺乳類の前あしでも，クジラのひれ，コウモリの翼など異なるはたらきを持つものに進化した。

問5＜カモノハシの分類＞ノートの基準A～Dでカモノハシを分類すると，カモノハシは卵生であるため，基準Bで，哺乳類には分類されなくなる。よって，基準Bをカモノハシとその他の哺乳類だけに共通する特徴にすればよい。表のP～Tのうち，カモノハシとその他の哺乳類だけに共通する特徴はS「乳の出るしくみがある」である。

4 〔化学変化と原子・分子〕

問1＜実験操作＞炭酸水素ナトリウムを加熱すると，生じた水が，試験管の口付近で水蒸気から液体の水に変化する。試験管の口を下げずに加熱すると，この水が加熱部分に流れ込み，加熱部分との温度差で，試験管が割れるおそれがある。

問2＜化学変化と質量＞質量保存の法則より，炭酸水素ナトリウム2.00gから炭酸ナトリウム1.26gが得られたことから，炭酸水素ナトリウム2.00gのうち，二酸化炭素や水となって失われた質量は，$2.00 - 1.26 = 0.74(g)$である。よって，その割合は，もとの炭酸水素ナトリウムの，$0.74 \div 2.00 \times 100 = 37(\%)$となる。

問3＜化学変化と質量＞表1より，実験前の質量に対する実験後の質量の割合を求めると，先生は，$1.26 \div 2.00 = 0.63$，Aさんは，$1.89 \div 3.00 = 0.63$，Bさんは，$1.30 \div 2.06 = 0.6310\cdots$，Cさんは，$1.26 \div 1.90 = 0.663\cdots$と，Cさんだけ異なる。よって，結果を正しく得られなかったのはCさんである。このように，実験後の質量が正しい値よりも大きくなってしまった原因としては，［5］での加熱が不十分で，水の一部が残ってしまったことが考えられる。なお，Cさんの実験で得られた値を先生の値と比べると，実験前の質量が2.00gより小さいので，実験後の質量も1.26gより小さくなるはずであるが，実験後の質量は先生と同じ1.26gになっている。このことから，Cさんの結果が誤っていると考えてもよい。また，アでは，実際に取り出した炭酸水素ナトリウムの質量は薬包紙の質量の分だけ実験前の質量より少ないため，実験前の質量に対する実験後の質量の割合は，先生が行った実験よりも小さくなる。表1で，実験前の質量はCさんより，先生やAさん，Bさんの方が多いので，イは適切ではない。場面1より，Cさんは［6］の操作を行っているので，エは適切ではない。

問4＜炭酸水素ナトリウムの生成＞炭酸ナトリウム水溶液に二酸化炭素を入れて混ぜ合わせると，炭酸ナトリウム（Na_2CO_3），水（H_2O），二酸化炭素（CO_2）が結びついて炭酸水素ナトリウム（$NaHCO_3$）ができる。これは，炭酸水素ナトリウムの熱分解の逆の化学変化である。なお，化学反応式は，矢印の左側に反応前の物質の化学式，右側に反応後の物質の化学式を書き，矢印の左右で原子の種類と数が等しくなるように化学式の前に係数をつける。

問5＜物質の性質＞表2で，フェノールフタレインの色が赤色を示した炭酸ナトリウム水溶液の方が，炭酸水素ナトリウム水溶液よりもアルカリ性が強い。よって，油がアルカリによって分解されることから，よりアルカリ性が強いセスキ炭酸ソーダの方が洗浄効果が高いことがわかる。pHは中性のとき7で，アルカリ性が強いほど値は大きくなるから，よりアルカリ性が強いセスキ炭酸ソーダのpHはより大きい。また，鍋の焦げに対して重曹の方が洗浄効果があるのは，重曹が比較的水に溶けにくく粒が残るため，研磨剤としての効果が期待できることが要因の1つと考えられる。

5 〔運動とエネルギー〕

問1＜力の分解＞重力の矢印を対角線とし，斜面に垂直な方向と斜面に平行な方向を2辺とする平行四辺形（長方形）をかくと，隣り合う2辺が分力を表す。

問2＜分力＞鉄球が斜面を下っているとき，鉄球には重力が一定の大きさではたらき続けている。よって，重力の分力である斜面に平行な方向の分力の大きさも一定で，変化しない。

問3＜グラフの作成＞図3や図4では，測定値の点が3つしかないため，グラフが直線なのか曲線なのか判断することができない。これを判断するには，鉄球の質量や斜面の傾きは変えずに，鉄球をはなす高さをいろいろ変えて実験を繰り返し，測定値の点を増やせばよい。

問4＜エネルギーの移り変わり＞(1)コース1，2で，最初の点Aでの鉄球の高さは同じだから，鉄球の持つ位置エネルギーの大きさは等しい。また，点Fを基準面とするので，点Fでは全ての位置エネルギーが運動エネルギーに移り変わっている。よって，どちらのコースも，鉄球が点Fの速さ測定器を通過するとき，鉄球が持つ運動エネルギーの大きさが同じになるため，速さも同じになる。(2)コース1とコース2で違っているのは，水平面1区間の高さ，つまり，コース1のDE間とコース2のBC′間の高さである。これらの区間を比較すると，DE間の方が低い位置にあるため，DE間を運動する鉄球の方が，BC′間を運動する鉄球より大きい運動エネルギーを持っている。よって，DE間の方が鉄球の速さが速いため，コース1の鉄球の方が先に速さ測定器を通過する。

国語解答

一 問1 イ　　問2 エ

問3 物理のセンスがあるから物理部に
入ったと思われた(23字)

問4 スポーツの世界を離れて、答えが
ないことが楽しくて物理部で研究
や観測をしている(38字)

問5 ウ，オ

二 問1 (1) はんぷ　(2) かいじゅう
(3) ぬぐ　(4) 就任　(5) 危

問2 ア　　問3 ウ

問4 (1) エ→ア→ウ→イ　(2)…イ
(3) 採れるからです

三 問1 エ

問2 元の所有者などのアイデンティ
ティが付帯することにより，再び商
品化されるときに価値が変わる
(44字)

問3 ア　　問4 イ

問5 元の所有者がモノを媒介として受
け手にはたらきかけているならば，
そのモノはまだ元の所有者に帰属
している(50字)

四 問1 近衛殿に一休の歌をささげる

問2 ア　　問3 きょうじたまいて

問4 エ

五 (省略)

一 〔小説の読解〕出典：辻村深月『この夏の星を見る』。

問1＜文章内容＞「当惑」は，どうしてよいかわからず，対処に困ってしまうこと。天音が「ウチュ
ウセン」と口にしたので，真宙は，「宇宙船」を頭に思い浮かべて，空に宇宙船が飛んでいるのか
を確かめようとして，思わず空を見上げた。

問2＜心情＞真宙は，柳くんが高校では「物理部」で活動していると淡々と話すのを聞いて，思わず
「陸上部は？」ときいた。その質問に柳くんが「びっくりしたように真宙を見つめ」たので，真宙
は，きいてはいけないことをきいたのかと不安になった。

問3＜文章内容＞物理は「〇点か百点の世界」で，「センスがない人」は全く歯が立たない世界だか
ら「すごい」と言う天音に，柳くんは，「そんなこともない」し，物理の授業も取っていないと答
えた。すると，真宙と天音が驚いたので，柳くんは，物理のセンスがあって物理が得意だから物理
部に入ったと，二人に思われたことに気づき，何となく気恥ずかしくなったのである。

問4＜文章内容＞真宙にとって「あんなふうになりたいと憧れた」存在である柳くんは，スポーツの
世界から離れて物理部で活動していた。柳くんは，物理の研究や観測は「答えがないこと」が「楽
しい」ので，物理部で活動していると言った。真宙は，柳くんに対する自分のイメージが変わって
いくことに驚いた。

問5＜表現＞柳くんは，真宙にとってはサッカーチームの憧れの先輩だった。柳くんがスポーツ関係
ではない部活動をしていることを聞いて，真宙は「えっと目を見開いた」のである（ウ…×）。小学
校の頃のサッカーチームの先輩である柳くんが，サッカーが上手だったことを真宙は思い出しては
いるが，具体的な場面は，描かれていない（オ…×）。

二 〔国語の知識〕

問1＜漢字＞(1)「頒布」は，広く分けて配ること。　　(2)「懐柔」は，巧みに手なずけて従わせること。
(3)他の訓読みは「ふ(く)」。　　(4)「就任」は，任務や役職につくこと。　　(5)他の訓読みは「あぶ
(ない)」。音読みは「危険」などの「キ」。

問2＜品詞＞「読まない」と「しない」の「ない」は，打ち消しの助動詞。「頼りない」の「ない」は，
形容詞「頼りない」の一部。「ことはない」と「涼しくない」の「ない」は，形容詞。

問3<熟語の構成>「濁流」は，上の漢字が下の漢字を修飾している熟語。「到達」「災難」「破壊」は，似た意味の漢字を重ねた熟語。

問4(1)<資料>「地産地消とは，どのような意味でしょうか」という問いに対して，地産地消とは「『その地域で生産された食材をその地域で消費すること』という意味です」と答え(…エ)，その「地産地消の現状」について「二点」調べたと述べる(…ア)。そして，二点のうち「まず，地産地消の効果について」調べたと述べ(…ウ)，「次に」二点目として「埼玉県産の農産物を普及させる取り組みについて」調べたと述べる(…イ)。　(2)<資料>スピーチは，聞いている人にわかってもらうことを目的とするので，聞き手の表情や反応を見ながら話す方がよい(イ…×)。　(3)<文の組み立て>「使われるのは」が主語であり，その理由を述べるのだから，述語は「採れるからです」などになる。

三 〔論説文の読解―文化人類学的分野―文化〕出典：小川さやか「手放すことで自己を打ち立てる――タンザニアのインフォーマル経済における所有・贈与・人格」(岸政彦・梶谷懐編著『所有とは何か』所収)。

≪本文の概要≫東アフリカのタンザニア社会の「持たない暮らし」は，資本主義経済社会とは異なる世界観で成り立っている。タンザニアでは，中古品がモノの寿命の限界までリユースやリサイクルされる。誰かが所有したモノが，贈与や転売を通じて別の誰かの所有物になる。これが何度も繰り返されて，モノは社会の中で循環してきた。ここで重要なことは，「私のもの」が「他の誰かのもの」に変化する際，そのモノは，それを一時所有した「私」から切り離された「モノ」になるわけではないことである。多くのモノや財は，個人化と商品化を行き来するが，そのモノにはさまざまな関係性が埋め込まれ，モノにまつわる文化的な履歴ができる。モノは，そのモノに関係する人々のアイデンティティを帯びることもある。人類学では，特に贈り物においては，与えた人の人格の一部が宿っているというヒトとモノの分離不可能な関係を論じてきた。モノを贈与したからといって，元のモノの所有者は所有権を放棄したとはいえず，そのモノは，いまだ元の所有者に帰属しているという見方もできる。だから，「個人」が所有物に排他的な権利を有するという私的所有論の考え方とは異なる考え方が，成り立つ。私的所有と他者への贈与や分配は，対立するものではない。

問1<文章内容>タンザニアでは，「モノ」は「寿命限界までリユースやリサイクル」されてきた。誰かが所有した「モノ」が，贈与や転売によって，「別の誰かの所有物となる」ことが繰り返されていき，社会で循環するのである。

問2<文章内容>例えば，ある万年筆が「文豪に使用されていた」という万年筆の「社会的履歴」によって高価になるように，ある「モノ」の履歴に，誰に所有されたのかなど「元の所有者や関係者のアイデンティティ」が付帯すれば，「再び商品化されるとき」に，その「モノ」の価値が前よりも上がるのである。

問3<文章内容>多くの日本人は，恋人からもらった手編みのマフラーには「マフラーを編んだ恋人の思い，すなわち魂が込められている」ように感じる。贈った人の人格が宿っているマフラーを手放すことは，その人と「決別する」ことにつながると，日本人は思うのである。

問4<文章内容>人類学では，贈り物には「与え手の人格の一部が宿っている」といった「ヒトとモノとの分離不可能な関係」を論じてきた。その考えに立てば，私的に所有された「モノ」に，その持ち主である個人が「排他的な権利」を有し，「モノ」の贈与や分配元の所有者が「所有権を放棄した」ことであるとして，「所有と贈与を対置させる」考え方は，おかしいのである。

問5<文章内容>「モノ」を手放すことになったとしても，その「モノ」を所有していた元の所有者が，「モノを媒介として」受け手にはたらきかけていることを前提とすると，その「モノ」は，い

まだ元の所有者に「帰属している」とも考えられるのである。

四 〔古文の読解―仮名草子〕出典：『一休ばなし』巻之一，五。

≪現代語訳≫農民たちは一休を招き入れ，「この訴状をお書きくださいませ」と頼んだところ，「簡単なことだ，どのようなことか」と，（一休が）おっしゃったので，（農民たちが）「このようなことでございます」と申し上げたところ，（一休は）「長い訴状までいるはずがない。これを持って近衛殿に差し上げよ」と言って歌をよんでお送りになる。／世の中は月（をじゃまするもの）に雲（があり），花（をじゃまするもの）に風（があるように），近衛殿（をじゃまするもの）には左近であるなあ／とよんで，これを（農民たちに）贈りなさったので，村々の農民たちは，「このようなことでは，年貢のお許しを多くくださることは思いもよらない」と申し上げたところ，一休は「ひたすらこの歌だけ捧げよ」とおっしゃってお帰りになったので，農民たちが皆々集まって相談したが，もともと土がついた（農作業する）男たちであるので，一筆も読み書くことはできないので，しかたなく，その歌を捧げたところ，近衛殿はご覧になって，「これはどのような人がしたのか」とおっしゃった。農民たちが申し上げたことには，「たき木（にお住まい）の一休さんの御歌でございます」と申し上げたところ，「その放者でなくては，このようなことをいうような人は今の世にはいない」とおもしろがりなさって，多くの年貢のお許しを下されたということである。

問1＜古文の内容理解＞一休は，農民たちの訴えを聞いて，年貢を免除してほしいのならば長い訴状は必要なく，自分のつくった「世の中は」の歌を近衛殿に捧げればよいと言った。しかし，農民たちは，一休の言葉に納得できなかった。

問2＜古文の内容理解＞一休がひたすらに「世の中の」の歌だけを近衛殿に捧げよと言って帰ってしまったので，農民たちは集まって相談した。「おのおの」は，農民たち，すなわち「百姓共」である。

問3＜歴史的仮名遣い＞歴史的仮名遣いの「eu」は，現代仮名遣いでは「you」になるので，「けう」は「きょう」になる。また，歴史的仮名遣いの語頭以外のハ行は，原則として現代仮名遣いでは「わいうえお」になる。

問4＜和歌の内容理解＞一休は，歌の中で，「月」を見えなくするものが「むら雲」，「花」を散らしてしまうのが「風」であるのと同様に，「近衛殿」が領土を治めるうえで障害となるのが「左近」であるといおうとしたのである。

五 〔作文〕

資料①からは，持続可能な開発目標（SDGs）に関心のある人が60パーセント以上いて，持続可能な開発目標（SDGs）は，県民の関心が高いテーマであることがわかる。また，資料②からは，関心の高い分野の一位が「すべての人に健康と福祉を」，二位が「気候変動に具体的な対策を」で，人々の生活や，地球温暖化や環境問題に関心が高いことがわかる。ここから「持続可能な社会を築くためにわたしたちができること」についてというテーマをとらえ，自分の体験をふまえて考えてみるとよい。自分が毎日の生活で実践していること，何に気をつけたらよいのかを具体的に考えていく。二段落構成という指示に従い，誤字脱字に気をつけて書いていくこと。

英語解答

1　No.1　D　　No.2　B　　No.3　A
　　No.4　A　　No.5　C
　　No.6　(1)…C　(2)…D　(3)…B
　　No.7　(1)　two years ago
　　　　　(2)　how long they
　　　　　(3)　books she wants

2　問1　イ　　問2　(例) had to think
　　問3　useful for making the information easier for foreign visitors to
　　問4　ア
　　問5　(例) Because there is too much information in a limited space.
　　問6　(1)…ウ　(2)…イ
　　問7　(例) anything I can

3　問1　A　called　B　lives
　　問2　①…カ　②…エ　③…ア

問3　(例)特定のにおいを与えること。
問4　(例) Because we can save water and food.
問5　a technology that can help sick or injured people
問6　1　(例) surprised to
　　　2　(例) not necessary
　　　3　(例) hard for

4　(例) Yes, I do. If we use this way to pay, we can pay quickly and don't have to carry much money with us. That saves time for stores, too. Also, we can easily check how much money we have used. This will make us more careful when we use money. (50語)

1　〔放送問題〕

No.1≪全訳≫A：おはよう，トム。お父さんはどこ？／B：外に出てるよ。公園で走ってると思う。10分前に出ていったよ。／A：お父さんにはいいことね。さて，私はこれからテレビを見るの。あなたも見たい？／B：いや，僕は部屋で宿題をするから，見られないよ。
　　Q：「トムはこれからどうするか」―D

No.2≪全訳≫A：リサ，僕は明日の遠足が待ちきれないんだ。／B：でも，天気予報では明日は雨だって。だからレインコートを持ってくるのを忘れないようにしないと。／A：忘れないよ。／B：よかった，じゃあまた明日。
　　Q：「リサは遠足に何を持ってくるべきだと言っているか」―B

No.3≪全訳≫A：昼食の時間だね。この辺でいいレストランを知ってる？／B：うん。お寺の向かいにあるレストランは伝統的な日本料理で有名なんだ。公園の周りには，人気のイタリアンレストランが2軒ある。あと，動物園の近くにカフェがあるよ。サンドイッチがおいしいんだ。／A：じゃあ，お寺の向かいのレストランに行くのはどう？　日本食が食べたいな。／B：わかった。じゃあ行こう。
　　Q：「2人はどこに行くつもりか」―A

No.4≪全訳≫ジョンは美術館にいる。彼はおなかがすき，のども渇いてきたが，入口のそばの看板を思い出す。彼はここで飲食するべきではないと気づく。
　　Q：「看板は何を示しているか」―A．「飲食禁止」　ジョンは飲食を禁止する看板の表示を思い出し，それを思いとどまったのである。　sign「看板，標識」　entrance「入口」

No.5≪全訳≫ジュリアはある店で父親へのプレゼントを探している。次の日曜日は彼の誕生日だ。彼女はすてきな青いTシャツを見つけるが，それは小さすぎるようだ。
　　Q：「ジュリアはスタッフに何と言うか」―C．「もっと大きいものはありますか」　お店で見つけたTシャツが小さすぎると感じたのだから，スタッフにもっと大きなサイズはないか尋ねると考えられる。　look for ～「～を探す」

No.6≪全訳≫■今日は英語の授業の最終日だね。みんなの英語はすごくよくなったし，みんなとの英語の授業は本当に楽しかった。僕は，2年前の最初の英語の授業を今でも覚えているよ。僕が英語

で何か尋ねても，君たちのほとんどは黙っていたよね。今では，君たちは英語で僕に話しかけようとしてくれる。僕にはそれがとてもうれしいんだ。**2**じゃあ，英語がどれほどコミュニケーションに役立つのかという話をしよう。これは僕の日本人の友達のチカの話だ。彼女が京都で神社を訪れたとき，ある観光客が中国語で彼女に写真を撮ってくれと頼んできた。チカは中国語が話せなかったから，英語で話した。その後，彼女たちは互いに簡単な英語で会話をした。チカは，学校で習った英語が外国の人とコミュニケーションをとるのに役立つと思ったんだ。**3**このことを覚えておいてほしい。いろいろな国の人々と話すことはすばらしいことだ。英語の勉強を続けてください。それは将来，君たちの助けとなるから。ありがとう。

　　　<解説>(1)「ジョーンズ先生はなぜ今うれしいのか」―C.「生徒たちが英語でジョーンズ先生に話しかけようとしているから」　第1段落最後の2文参照。最終文の That は，直前の文の内容を指している。　'make＋目的語＋形容詞'「～を…(の状態)にする」　(2)「京都の神社で，観光客はチカに何をするよう頼んだか」―D.「彼女はチカに写真を撮るように頼んだ」　第2段落第3文参照。　'ask＋人＋to ～'「〈人〉に～するように頼む」　(3)「ジョーンズ先生のスピーチについて正しいのはどれか」―B.「英語は将来，生徒たちを助けるだろう」　第3段落第3，4文参照。

No.7《全訳》**1**エミリー(E)：こんにちは，ケンタ。うれしそうね。**2**ケンタ(K)：やあ，エミリー。友達のシンジが今度の土曜日に愛知から僕に会いに来るんだ。**3**E：それはいいわね。あなたは愛知に住んでたの？**4**K：うん。でも，父さんの仕事で，家族で2年前に愛知を離れたんだ。**5**E：そうなんだ。あなたは彼とどれくらい友達なの？**6**K：5年だよ。僕が10歳のとき，そこで野球チームに入ったんだ。シンジも同じチームにいてね。**7**E：彼は今でも野球をしているの？**8**K：うん，してるよ。彼は学校で野球部に入ってる。僕たちは公園で一緒に野球をするつもりなんだ。今度の土曜日は何か予定があるの，エミリー？**9**E：ええ。私は東京の本屋に行くつもり。日本の自然に関する英語の本を探してるんだけど，市内の本屋じゃ見つからなくて。**10**K：欲しい本が見つかるといいね。**11**E：ありがとう。あら，あと数分で次の授業が始まっちゃう。またね，ケンタ。

　　　<解説>(1)「ケンタはいつ愛知を離れたか」―「彼は2年前に愛知を離れた」　第4段落第2文参照。　leave－left－left「去る，離れる」　(2)「エミリーはケンタにシンジとの友情について何を尋ねたか」―「彼女は彼に彼らがどれくらいの間友達かを尋ねた」　第5段落第2文参照。
　　　(3)「エミリーはなぜ今度の土曜日に東京に行く予定なのか」―「彼女が買いたい本が彼女の市では売られていないから」　第9段落第3文参照。「探している本が見つからない」は「買いたい本が売られていない」といえる。

2 〔長文読解総合―会話文〕
1《全訳》**1**生徒たちがプレゼンテーションのテーマを決めようとしている。
2ケント(K)：来週，授業でプレゼンテーションがあるよね。どんなテーマについて話したい？
3マンディ(M)：うーん，オリンピックはどう？　次のオリンピックは今年の夏にパリで行われるよね。そこで競技を見てみたいな。
4ジロウ(J)：それはいいね。パリは次のオリンピックのピクトグラムを世界に示したんだ。
5M：ごめん。ピクトグラムって何？
6J：ピクトグラムは，人々に情報を伝える簡素な絵のことさ。駅とか，多くの公共の場所で使われてるよ。
7K：ああ，知ってる。インターネットでパリオリンピックのピクトグラムを見たことがあるよ。かっこいいよね。あのピクトグラムを見たら，選手たちは自分のスポーツに誇りを持つだろうって言う人もいるよ。
8J：新しいものがオリンピックごとにつくられるんだ。デザインは都市によって違うんだよ。
9M：2020年の東京オリンピックのピクトグラムはどんなものだったの？
10J：これだよ。パリのものとは違うでしょ？

11 K：うん，それらは簡素だね。

12 M：日本人はどうして簡素なピクトグラムをつくったのかな？

13 K：理由はわからないな。君の質問に答えるために，本やウェブサイトを探してみるよ。

　問1＜内容真偽＞ア．「ピクトグラムはパリオリンピックで初めてつくられた」…× 第9，10段落参照。パリオリンピックの前の大会である東京オリンピックでもピクトグラムが使われていた。イ．「生徒たちは彼らが選ぶテーマについてプレゼンテーションを行う予定だ」…○ 第1，2段落参照。来週プレゼンテーションがあり，そのテーマは生徒が決める。　　ウ．「東京は2020年にパリオリンピックのものに似ているピクトグラムをつくった」…× 第9～11段落参照。東京オリンピックのピクトグラムは，パリオリンピックのピクトグラムより簡素である。　　エ．「生徒たちはオリンピックのピクトグラムコンテストに参加する予定だ」…× このような記述はない。

2　≪全訳≫**1**翌日，生徒たちは1964年の東京オリンピックのピクトグラムについて話している。

2 K：1964年の東京オリンピックについて話すね。東京はオリンピックのためにピクトグラムを使った最初の都市なんだ。

3 M：1964年の東京オリンピックではどうしてピクトグラムが使われたの？

4 K：1964年の東京オリンピックで，日本人は世界中の観光客とコミュニケーションをとる必要があったんだけど，自分たちの言語で観光客をサポートするのは難しかった。だから，東京は全ての人とコミュニケーションをとるための別の方法を考えなければならなかったんだ。それがピクトグラムだったのさ。

5 J：外国から来た観光客の多くは日本語がわからなかっただろうね。

6 K：そうだね。そういう理由で，東京は人々に重要な情報をピクトグラムで伝えることにしたんだ。

7 M：なるほど。じゃあ，誰が1964年の東京オリンピックのピクトグラムをつくったか知ってる？

8 K：うん，あるデザイナーのグループがピクトグラムをつくり始めたんだ。美術評論家の勝見勝もその1人だよ。デザイナーたちは小さなグループに分かれて仕事をした。あるチームはスポーツのピクトグラムに取り組んでいた。別のチームは公共の場所を表すピクトグラムに取り組んでいた。それぞれのグループが勝見さんのアイデアに基づいて熱心に働いた。彼はピクトグラムがオリンピックなどの大きなイベントで重要な役割を果たすと考えていたんだ。

　問2＜和文英訳─適語句補充＞「考えなければなりませんでした」に当たる部分を書く。'義務'を表す have/has to ～「～しなければならない」を過去形にして had to と表し，これに think「考える」を原形で続ければよい。　think of ～「～について考える」

3　≪全訳≫**1**生徒たちは話を続ける。

2 J：公共の場所を表すピクトグラムはどんなものだったの？

3 K：ここに例があるよ。これを見たことがある？

4 M：うん，それはレストランを意味しているよね。

5 K：そのとおり。これは1964年に羽田空港で使われていたんだ。その当時，羽田空港は外国から来る観光客にとっての日本の玄関口だった。それ以前は壁に掲示があったんだけど，そのほとんどが日本語で書かれていたから，多くの外国人観光客にとっては掲示に何て書いてあるか理解するのが難しかったんだ。そこで，外国人観光客が情報をよりわかりやすくするのにピクトグラムが役立ったのさ。

6 J：今は，日本の空港でそういうピクトグラムをよく見かけるよね。

7 K：1964年より前から，公共の場所にはピクトグラムがあったんだ。でも，それぞれの国で異なるピクトグラムを使っていた。勝見さんや他のデザイナーたちは，1964年の東京オリンピックの準備を始めたとき，世界の誰もが理解できるようなより簡素なピクトグラムをつくろうとしたんだ。何年も前に日本のデザイナーによってつくられた簡素なピクトグラムは，今でも世界中で使われているよ。

　問3＜整序結合＞この前の内容と語群から「（ピクトグラムが日本語の掲示より）外国人が情報を理解しやすくするのに役立つ」といった意味になると推測できる（文頭の So「だから，そこで」の

前後は'理由'→'結果'の関係になる)。be useful for 〜 で「〜に役立つ」という意味を表せるので，まず were useful for とする。for の後は'make＋目的語＋形容詞'「〜を…(の状態)にする」の形で making the information easier とつなげれば，残りは for foreign visitors to とまとまる(for foreign visitors は to understand の意味上の主語)。

④≪全訳≫**1**ケントは別のピクトグラムを見せる。

2K：今，公共の場所ではいろんな種類のピクトグラムが使われているんだ。このピクトグラムを見たことはある？

3M：うん，学校で見たことある。火事や地震のとき，建物から出るために使われるドアを示しているよね。

4K：そのとおり。これは日本のデザイナーによってつくられたもので，1987年に国際基準になったんだ。他の例もあるよ。ウェブサイトで虫眼鏡のアイコンを見たことはある？

5J：_Aもちろん。「検索」って意味だよね。

6K：そう。ウェブサイト上の限られたスペースにあまりに多くの情報があるせいで，テキストが読みづらいことがよくある。そんなわけで，ピクトグラムはウェブサイト上でテキストの代わりに使われるんだ。

7M：もう１つ例があるよ。ほら，これはオーストラリアの友達が私にくれたちょっとした贈り物でね。道路沿いで見られるんだ。

8J：あっ，それは「カンガルーに気をつけて」っていう意味だね。簡単だ。クラスメートとも共有したいな。プレゼンテーションで，ピクトグラムの歴史や他国のピクトグラムについて話すのはどう？

9M：いいアイデアだね。プレゼンテーションで，身の回りにはたくさんのピクトグラムがあることをみんなに伝えたいな。スライドをつくって台本を書こうよ。

　　問４＜要旨把握＞ケントが this pictogram と言って示したものについて，この後マンディが「火事や地震のとき，建物から出るために使われるドア」を示すものだと説明している。

　　問５＜英問英答＞「ウェブサイト上ではなぜテキストを読むのが難しいことが多いのか」─「限られたスペースにあまりに多くの情報があるから」　第６段落第２文参照。Because で始め，there is 〜「〜がある」の文を続ければよい。

　　問６＜内容一致＞(1)「生徒たちの議論で，(　　)」─ウ．「ジロウは異なるデザインのピクトグラムがそれぞれのオリンピックでつくられていると言った」　①の第８段落参照。　(2)「議論によると，ケントは(　　)と説明した」─イ．「日本のデザイナーによってつくられたピクトグラムは1964年の東京オリンピックの後世界中に広まった」　③の第７段落最後の２文参照。1964年の東京オリンピック以降，世界中に広がった結果，今でも世界中で使われている。　spread－spread－spread「広がる」

　　問７＜適語句補充＞≪全訳≫**1**K：君のつくったスライド，すごくよかったよ。ピクトグラムクイズもおもしろかった。**2**M：ありがとう。クラスメートが楽しんでくれるといいな。プレゼンテーションのために_(例)何か他にできることはあるかな？**3**K：えっと，僕は台本を書いているんだ。だから，僕の英語をチェックしてくれる？**4**M：もちろん。喜んで手伝うよ。

　　＜解説＞直後でケントが「僕の英語をチェックしてくれる？」とマンディに頼んでいることから，マンディは「何かできることはあるか」などと尋ねたと考えられる。疑問文なので Is there anything とし，anything を I can do で後ろから修飾すればよい。I can のところを you want me to などとすることもできる。

③〔長文読解総合─説明文〕

　≪全訳≫**1**私は先週，驚くべきニュースを読んだ。そのニュースによると，人間は近い将来，冬眠することができるようになるそうだ。それによると，人工冬眠を人間に適用する方法を研究している研究者もいるという。また，冬眠についてもっと研究をすることで，宇宙や医療分野で冬眠を利用できるようになるかもしれないそうだ。しかし，冬眠する動物はそれほど多くなく，まだわからないことも

多い。冬眠とは何か。どのようにして人間に適用できるのか。私はこれらの質問に答えるため，いくつかの本と記事を読んだ。

2まず第一に，冬眠する動物は変温動物の一部と，クマなどの哺乳類の一部である。カエルやカメのような変温動物は，冬の間，外気温と体温がほとんど変わらず，活動ができないので，冬眠する。一方で，哺乳類は体内で熱をつくり出すことで，ほぼ同じ体温を保つことができる。哺乳類の冬眠は不思議な現象だ。体温が下がり，体は熱をつくり出す代謝を止める。そして，体はエネルギーを節約する。冬眠する哺乳類もいれば，冬眠しない哺乳類もいる。研究者の中には，全ての哺乳類が冬眠する能力を持っていたが，彼らは生息している環境のせいでこの能力を失ってしまったのかもしれないと考えている人もいる。おそらく，一部の哺乳類は冬眠せずに冬を越せるようになったのだろう。

32020年，ある日本の研究チームの研究に世界が驚いた。ネズミは冬眠しないのだが，研究チームはネズミを冬眠によく似た状態にしたそうだ。研究チームは，「Q神経」と呼ばれるネズミの脳の一部を刺激した。Q神経が刺激されると，ネズミの酸素消費が低下して体温は下がり，この冬眠状態は1日以上続いた。その後，ネズミは深刻なダメージを受けることなく，自発的にもとの状態に戻った。これは人工冬眠を人間に適用する方法かもしれない。

4別の研究チームは異なる冬眠スイッチを発見した。それは「におい」だ。ネズミが特定のにおいをかぐと，①体温が下がって代謝が低下する。この状態は冬眠と似ている。そのチームはまた，冬眠スイッチが，例えば低酸素環境のような困難な状況でも生き延びる能力を引き出すことも発見した。この冬眠スイッチを発見したチームのメンバーの1人は，「例えば，私たちは深刻な状態にある人に冬眠を引き出す特定のにおいを与えることができます。そうすることで，私たちは深刻な状況にある人が生き延びられるように人工冬眠を利用することができるのです。結果として，私たちはより多くの命を救うことができるかもしれません」と言う。

5人工冬眠が可能になったら，それはどのような場面で使われるのだろうか。Q神経研究チームのメンバーの1人である砂川玄志郎は，「まず短期間の冬眠から始め，それから冬眠時間を長くしていきたいと思っています。体の一部だけの冬眠から始めて，数時間あるいは数日間，冬眠を継続したいと思っています。これは医療にも使えます。私たちはまた，『任意の冬眠』についても考えています。この冬眠では，②人々がいつ冬眠を始めるかをコントロールします。突然病気になったとき，誰もが人工冬眠に入れるようになるでしょう。私たちそれぞれがいつ冬眠するかをコントロールできるようになります。これは多くの人の助けとなることでしょう」と言う。この研究を始める前，砂川氏は医師だった。彼は日本の有名な小児病院の1つで病気の子どもたちの世話をしていた。彼は多くの子どもたちを救ったが，③困難な時期も過ごした。彼は救われなかった子どもたちのことが忘れられなかったのだ。その経験から，彼は冬眠の研究を始めた。

6もっと長い期間冬眠できれば，この技術は他の分野にも利用できるだろう。砂川氏は，「将来，冬眠は宇宙旅行に利用されるでしょう。宇宙を旅する間に冬眠していれば，水や食料を節約することで，星の彼方まで旅することが可能になるでしょう」と言う。冬眠は私たちにより多くの宇宙旅行のチャンスを与えてくれる技術かもしれない。

7冬眠は一部の動物にしか見られない不思議な現象だと思っていたが，最近の科学技術の研究によれば，冬眠を人間に適用する可能性があるという。冬眠について調べて，私は医療分野での冬眠に興味を持つようになった。もし人間が人工冬眠を利用できれば，将来，もっと多くの人々が救われるだろう。私は病気やけがをした人を助ける技術として，冬眠に関する今後の研究を楽しみにしている。

問1＜適語選択・語形変化＞A．直後の the "Q neuron" は，a part of the mouse brain の名前だと考えられる。a part of the mouse brain called the "Q neuron" で「『Q神経』と呼ばれるネズミの脳の一部」となる。called 以下が前の名詞 a part of the mouse brain を修飾する過去分詞の形容詞的用法である。　　B．前文に，深刻な状況にある人が生き延びる手助けをするために人工冬眠が使えるとある。その結果救うことができると考えられるのは，より多くの「命」である。more「より多くの」に続くので，複数形の lives にする。　　as a result「結果として」

問2＜適文選択＞①直後で「この状態は冬眠と似ている」とあるので，空所には冬眠と似た状態を表す内容が入る。カの体温が下がり代謝が低下するという内容は，第2段落第5文の冬眠状態を表す内容とほぼ同じ内容である。　②voluntary hibernation「任意の冬眠」を説明する部分であり，2文後にも，冬眠に入る時期をコントロールできるようになるという，同様の説明がある。　③‘逆接’の but に続いているので，その前の「多くの子どもたちを救った」という記述と相反する内容が入る。

問3＜指示語＞下線部を含む文の「そうすることで人工冬眠を使える」という内容から，人工冬眠を促すような動作を探す。前文にある give a certain odor「特定のにおいを与える」がそれに該当する。「どのようなこと」という問いなので，「〜こと」の形で答えることに注意。

問4＜英問英答＞「砂川氏によると，なぜ人工冬眠を利用すると，星の彼方への宇宙旅行が可能になるのか」─「水や食料を節約できるから」　第6段落第3文参照。「水や食料を節約することで，星の彼方まで旅することが可能になる」とある。

問5＜整序結合＞語群を見ると，can help, sick or injured というまとまりができる。また，本文は，hibernation が病人などを救う技術となる可能性があることを述べた内容なので，a technology を先行詞とする主格の関係代名詞として that を使えば，「病気やけがの人を助けられる技術」という内容をつくることができる。直前の as は「〜として」の意味。

問6＜要約文完成─適語句補充＞≪全訳≫ナナは冬眠に関するニュースを読んだ。彼女は冬眠とは何かを学び，冬眠が人間に適用されるかもしれないと知って驚いた。彼女は冬眠に関する本や記事を読んだ。全ての哺乳類は冬眠する能力を持っていたが，そのほとんどがそれを失ったと考えている人もいる。ひょっとすると，環境が厳しくないので，今は彼らにとって冬眠が必要ではないのかもしれない。彼女は，研究チームが人工冬眠のための2つのスイッチを発見したことを知った。1つは「Q神経」で，もう1つは「におい」だ。しかし，研究者にとって，いつどうやって冬眠を始めるかをコントロールするのは，まだ難しい。彼女は，冬眠が人間に適用され，この技術が宇宙旅行や医療分野で利用されることを望んでいる。

＜解説＞1．第1段落参照。冬眠についての驚くべきニュースを読んだということは，冬眠についてのニュースに驚いたということである。　surprising「驚くべき」　be surprised to 〜「〜して驚く」　2．第2段落最後の2文参照。生息する環境のために，冬眠せずに冬を越せるようになったということは，環境が厳しくないので冬眠する必要がなくなったと言い換えられる。　3．第3段落以降の内容より，現時点では人工冬眠の技術はまだ研究段階で確立されていないことがわかる。これは，研究者がいつどうやって冬眠を始めるかをコントロールするのはまだ難しいということである。この文は‘it is 〜 for … to ─’「…が〔…にとって〕─することは〜だ」の形。

④ 〔テーマ作文〕

≪全訳≫お金で物を買う人々もいる。しかし，最近では多くの人がクレジットカードや電子マネーなどのキャッシュレス決済を利用している。キャッシュレス決済には，ICカードやプリペイドカードなどが含まれる。あなたは，人々がもっと頻繁にその支払い方法を利用するべきだと思うか。

＜解説＞Yes か No で質問に答えた後，その後に理由を続ける。Yes であればキャッシュレス決済の利点が，No であれば欠点がその理由となるだろう。解答例の訳は「そう思う。もし私たちがこの支払い方法を利用すれば，すばやく支払うことができ，あまりお金を持ち歩かなくてよい。それにより，店にとっても時間の節約になる。また，自分がどれくらいのお金を使ったかを簡単にチェックすることもできる。これにより，私たちはお金を使うときにもっと注意深くなるだろう」。

数学解答

1 (1) $-100xy^2$　　(2) $2-2\sqrt{2}$

(3) $x=\dfrac{7\pm\sqrt{29}}{10}$　　(4) エ　　(5) 9

(6) $\dfrac{4}{3}$倍　　(7) $y=\dfrac{1}{2}x+2$

(8) $4\sqrt{2}\,\pi\ \text{cm}^3$　　(9) $108°$

(10) （例）期間①より期間②の方が，第1四分位数，第3四分位数ともに基準日に近い

2 (1) （例）

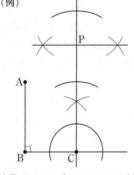

(2) （例）△ACD と △AGB において，
仮定から，
AC＝AG……①，AD＝AB……②
∠CAD＝∠CAB＋∠BAD
＝∠CAB＋90°，

∠GAB＝∠GAC＋∠CAB＝
90°＋∠CAB から，
∠CAD＝∠GAB……③
①，②，③から，2組の辺とその間の角がそれぞれ等しいので，
△ACD≡△AGB……④
△AGH と △ICH において，
④から，∠AGH＝∠ICH……⑤
対頂角だから，
∠GHA＝∠CHI……⑥
⑤，⑥から，2組の角がそれぞれ等しいので，△AGH∽△ICH
したがって，∠GAH＝∠CIH＝90°

3 (1) ア… t　　イ… $\dfrac{1}{3}t^2$

(2) （例）点Rの y 座標が，点Qの y 座標より大きくなるから。

(3) $\dfrac{9}{4}$，$\dfrac{15}{4}$

4 (1) $\dfrac{1}{4}$　　(2) ① 5通り　② 9通り

5 (1) 378cm^3　　(2) $\dfrac{6\sqrt{10}}{5}\text{cm}$

---

1 〔独立小問集合題〕

(1)＜式の計算＞与式 $=-6xy^3\times\dfrac{2}{3x^2y}\times25x^2=-\dfrac{6xy^3\times2\times25x^2}{3x^2y}=-100xy^2$

(2)＜数の計算＞与式 $=(\sqrt{2}+1)(\sqrt{2}-1)-(\sqrt{2}+1)-(\sqrt{2}-1)+1=(2-1)-\sqrt{2}-1-\sqrt{2}+1+1=1-\sqrt{2}$
$-1-\sqrt{2}+1+1=2-2\sqrt{2}$

(3)＜二次方程式＞$5(x^2-2x+1)+3x-3-1=0$，$5x^2-10x+5+3x-3-1=0$，$5x^2-7x+1=0$ となるので，解の公式より，$x=\dfrac{-(-7)\pm\sqrt{(-7)^2-4\times5\times1}}{2\times5}=\dfrac{7\pm\sqrt{29}}{10}$ である。

≪別解≫$x-1=A$ とおくと，$5A^2+3A-1=0$ となるので，$A=\dfrac{-3\pm\sqrt{3^2-4\times5\times(-1)}}{2\times5}=\dfrac{-3\pm\sqrt{29}}{10}$ である。よって，$x-1=\dfrac{-3\pm\sqrt{29}}{10}$ だから，$x=\dfrac{-3\pm\sqrt{29}}{10}+1$ より，$x=\dfrac{7\pm\sqrt{29}}{10}$ である。

(4)＜データの活用—正誤問題＞ア…誤。度数の合計が20人なので，中央値は，小さい方から10番目の値と11番目の値の平均値となる。12冊未満が $2+3+4=9$（人），16冊未満が $9+8=17$（人）より，小さい方から10番目と11番目は，ともに12冊以上16冊未満の階級に含まれる。これより，10番目の値と11番目の値の平均値はこの階級にあるので，中央値がある階級は，12冊以上16冊未満の階級である。　イ…誤。度数の合計は20人であり，8冊以上12冊未満の階級の度数は4人だから，この階級の相対度数は，$4\div20=0.20$ となる。　ウ…誤。最頻値は，度数が最も大きい階級の階級値である。度数が最も大きい階級は，8人の12冊以上16冊未満の階級だから，最頻値は，$(12+16)\div2$

＝14（冊）となる。　　　　エ…正。アより，16冊未満が17人だから，12冊以上16冊未満の階級の累積度数は17人である。よって，この階級の累積相対度数は，$17 \div 20 = 0.85$ となる。

(5)**＜一次方程式の応用＞**右図1のように，8点A〜Hを定める。△ABC，△DEF が正三角形より，∠GCE＝∠GEC＝60°だから，△GEC は正三角形となる。これより，△ABC∽△GEC であり，相似比は BC：EC＝8：4＝2：1だから，面積比は△ABC：△GEC＝2^2：1^2＝4：1となる。よって，△GEC＝S（cm²）とおくと，

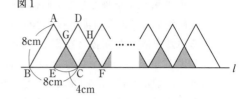

図1

△ABC＝4△GEC＝4S，〔四角形 ABEG〕＝△ABC－△GEC＝4S－S＝3S と表せる。また，△DEF ＝△ABC＝4S，△HCF＝△GEC＝S より，〔四角形 DGCH〕＝△DEF－△GEC－△HCF＝4S－S－S＝2S と表せる。1辺が 8 cm の正三角形を x 個かいたとき，影をつけた重なる部分は，△GEC と合同な正三角形が $x-1$ 個である。重ならない部分は，四角形 ABEG と合同な四角形が左端と右端の 2 個と，四角形 DGCH と合同な四角形が $x-2$ 個である。したがって，重なる部分の面積は $S(x-1)$cm²，重ならない部分の面積は $3S \times 2 + 2S(x-2) = 6S + 2Sx - 4S = 2Sx + 2S = 2S(x+1)$cm² となるので，その比は，$S(x-1)$：$2S(x+1) = (x-1)$：$2(x+1)$ である。これが 2：5 となることから，$(x-1)$：$2(x+1) = 2$：5 が成り立ち，$(x-1) \times 5 = 2(x+1) \times 2$，$5x-5 = 4x+4$，$x = 9$（個）となる。

(6)**＜平面図形―面積比＞**右図2で，▱ABCD＝S とする。四角形 ABCD は平行四辺形だから，△BCA＝△DAC＝$\frac{1}{2}$▱ABCD＝$\frac{1}{2}S$ となる。∠AGE＝∠CGB であり，AD∥BC より，∠GAE＝∠GCB だから，△AGE∽△CGB である。これより，AG：CG＝AE：CB である。点Eが辺 AD の中点より，AE＝$\frac{1}{2}$AD＝$\frac{1}{2}$CB だから，AE：CB＝$\frac{1}{2}$CB：CB＝1：2となり，AG：CG＝1：2である。△ABG，△CBG の底辺をそれぞれ AG，CG と見ると，高さが等しいので，△ABG：△CBG＝AG：CG＝1：2となる。よって，△ABG＝$\frac{1}{1+2}$△BCA＝$\frac{1}{3}$

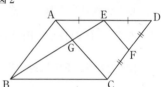

図2

×$\frac{1}{2}S$＝$\frac{1}{6}S$ と表せる。次に，2点E，Fがそれぞれ辺 AD，辺 CD の中点より，ED：AD＝FD：CD＝1：2であり，∠EDF＝∠ADC だから，△DEF∽△DAC である。相似比は ED：AD＝1：2だから，面積比が相似比の2乗より，△DEF：△DAC＝1^2：2^2＝1：4となる。これより，△DEF ＝$\frac{1}{4}$△DAC＝$\frac{1}{4} \times \frac{1}{2}S$＝$\frac{1}{8}S$ となる。したがって，△ABG：△DEF＝$\frac{1}{6}S$：$\frac{1}{8}S$＝4：3となるから，△ABG の面積は△DEF の面積の $\frac{4}{3}$ 倍である。

(7)**＜関数―一次関数の式＞**右図3で，傾きが $\frac{1}{2}$ である一次関数のグラフは，直線 AB である。2点A，Bは関数 $y = ax^2$ のグラフ上にあり，x 座標がそれぞれ－2，4だから，$y = a \times (-2)^2 = 4a$，$y = a \times 4^2 = 16a$ となり，A$(-2, 4a)$，B$(4, 16a)$ となる。これより，直線 AB の傾きは，$\frac{16a-4a}{4-(-2)} = 2a$ と表せる。直線 AB の傾きは $\frac{1}{2}$ なので，$2a = \frac{1}{2}$ が成り立ち，$a = \frac{1}{4}$ である。よって，$4a = 4 \times \frac{1}{4} = 1$ となるので，A$(-2, 1)$ である。直線 AB の式を $y =$ $\frac{1}{2}x + b$ とおくと，点Aを通ることより，$1 = \frac{1}{2} \times (-2) + b$，$b = 2$ となるので，求める一次関数の式は，$y = \frac{1}{2}x + 2$ である。

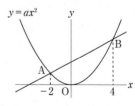

図3

(8)＜空間図形—体積—回転体＞右図4で，辺 BA の延長と直線 *l* の交
点を D として，点 A から直線 *l* に垂線 AE を引く。BC⊥*l* なので，
△ABC を直線 *l* を軸として1回転させてできる立体は，△DBC を
1回転させてできる円錐から，△DAE，△CAE を1回転させてで
きる円錐を除いた立体となる。AB＝AC＝2，∠BAC＝90° より，
△ABC は直角二等辺三角形なので，BC＝$\sqrt{2}$AB＝$\sqrt{2}$×2＝$2\sqrt{2}$ で
ある。∠ABC＝45° より，△DBC も直角二等辺三角形なので，DC
＝BC＝$2\sqrt{2}$ となる。よって，△DBC を1回転させてできる円錐の

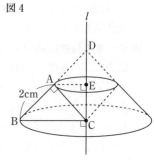
図4

体積は，$\frac{1}{3}×\pi×(2\sqrt{2})^2×2\sqrt{2}＝\frac{16\sqrt{2}}{3}\pi$ となる。また，∠ADE＝45° となり，∠ACB＝45° より，
∠ACE＝∠BCD－∠ACB＝90°－45°＝45° となるから，△DAE，△CAE も直角二等辺三角形である。
AE＝CE＝$\frac{1}{\sqrt{2}}$AC＝$\frac{1}{\sqrt{2}}$×2＝$\sqrt{2}$，DE＝AE＝$\sqrt{2}$ となるから，△DAE，△CAE を1回転させて
できる円錐の体積は，ともに，$\frac{1}{3}×\pi×(\sqrt{2})^2×\sqrt{2}＝\frac{2\sqrt{2}}{3}\pi$ である。以上より，求める立体の体積
は，$\frac{16\sqrt{2}}{3}\pi－\frac{2\sqrt{2}}{3}\pi×2＝4\sqrt{2}\pi$ （cm³）である。

(9)＜平面図形—角度＞右図5で，円の中心を O として，点 O と2点 E，H，
点 A と点 H をそれぞれ結ぶ。点 A～点 J は，円 O の周を10等分している

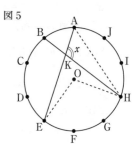
図5

ので，$\overset{\frown}{EH}$ の長さは円 O の周の長さの $\frac{3}{10}$ であり，∠EOH＝$\frac{3}{10}$×360°＝
108° となる。$\overset{\frown}{EH}$ に対する円周角と中心角の関係より，∠KAH＝$\frac{1}{2}$∠EOH
＝$\frac{1}{2}$×108°＝54° である。また，$\overset{\frown}{AB}:\overset{\frown}{EH}$＝1：3 より，∠AHK：∠KAH
＝1：3 であるから，∠AHK＝$\frac{1}{3}$∠KAH＝$\frac{1}{3}$×54°＝18° となる。よって，
△AKH で，*x*＝∠AKH＝180°－∠KAH－∠AHK＝180°－54°－18°＝108° である。

(10)＜データの活用—理由＞期間①と期間②の箱ひげ図において，最小値と最大値は同じであるが，箱
の部分は，期間①より期間②の方が小さい方に寄っている。期間①は，第1四分位数が22日後，第
3四分位数が26日後であることから，期間①の約 $\frac{1}{4}$ の年は基準日から22日後まで，約 $\frac{3}{4}$ の年は基
準日から26日後までに開花し，期間②は，第1四分位数が18日後，第3四分位数が22日後であるこ
とから，期間②の約 $\frac{1}{4}$ の年は基準日から18日後まで，約 $\frac{3}{4}$ の年は基準日から22日後までに開花し
ている。このことから，最も早い開花日と最も遅い開花日が同じ位置でも，期間①より期間②の方
が，開花日が早くなっているといえる。解答参照。

2 〔独立小問集合題〕

(1)＜平面図形—作図＞右図1で，四角形 ABCP は，∠ABC＝90°，AB∥PC の台
形だから，PC⊥BC となる。これより，頂点 P は，点 C を通り，BC に垂直な
直線上にある。また，辺 CP 上に CQ＝AB となる点 Q をとると，CQ：PC＝
AB：PC＝2：3 となり，CQ：PQ＝2：（3－2）＝2：1 となる。さらに，辺 CP
の延長上に QR＝CQ となる点 R をとると，QR：PQ＝CQ：PQ＝2：1 となる
から，頂点 P は線分 QR の中点である。作図は，次ページの図2で，①点 C を
通り直線 BC に垂直な直線を引く。②点 C から①の直線上に線分 AB と長さが
等しい点（点 Q）をとり，さらに，③点 Q から線分 CQ と長さが等しい点（点 R）

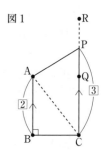
図1

をとる。④線分 QR の垂直二等分線を引く。①の直線と④の直線の交点が頂点Pとなる。解答参照。

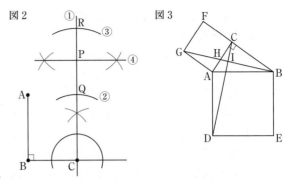

図2　図3

(2)<平面図形—証明>右図3で，四角形 ACFG，四角形 ADEB が正方形より，AC＝AG，AD＝AB であり，∠CAD＝∠CAB＋∠BAD＝∠CAB＋90°，∠GAB＝∠GAC＋∠CAB＝90°＋∠CAB より，∠CAD＝∠GAB となる。よって，△ACD≡△AGB である。これより，∠AGH＝∠ICH である。また，∠GHA＝∠CHI だから，△AGH∽△ICH である。解答参照。

3 〔関数—関数 $y＝ax^2$ と一次関数のグラフ〕

(1)<y 座標>右図1で，点Qは直線 $y＝x$ 上にあるので，x 座標が t より，y 座標は $y＝t$ となる。点Rは放物線 $y＝\frac{1}{3}x^2$ 上にあるので，x 座標が t より，y 座標は $y＝\frac{1}{3}t^2$ となる。

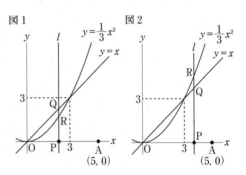

図1　図2

(2)<理由>$3＜t≦5$ のとき，右図2のように，点Rの y 座標が点Qの y 座標より大きくなる。PQ＜PR だから，PQ：PR＝4：3 とはならない。解答参照。

(3)<x 座標>右上図1で，(1)より，点Qの y 座標は t，点Rの y 座標は $\frac{1}{3}t^2$ だから，PQ＝t，PR＝$\frac{1}{3}t^2$ と表せる。よって，PQ：PR＝4：3 より，$t：\frac{1}{3}t^2＝4：3$ が成り立つ。これを解くと，$t×3＝\frac{1}{3}t^2×4$，$4t^2-9t＝0$，$t(4t-9)＝0$ より，$t＝0$，$\frac{9}{4}$ となり，$0＜t＜3$ だから，$t＝\frac{9}{4}$ である。次に，右上図2で，PQ：RQ＝4：1 より，PQ：PR＝4：(4＋1)＝4：5 となる。PQ：PR＝4：5，PQ＝t，PR＝$\frac{1}{3}t^2$ より，$t：\frac{1}{3}t^2＝4：5$ が成り立つ。これを解くと，$t×5＝\frac{1}{3}t^2×4$，$4t^2-15t＝0$，$t(4t-15)＝0$ より，$t＝0$，$\frac{15}{4}$ となり，$3＜t≦5$ だから，$t＝\frac{15}{4}$ である。以上より，求める点Pの x 座標は，$t＝\frac{9}{4}$，$\frac{15}{4}$ である。

4 〔データの活用—場合の数・確率—硬貨〕

(1)<確率>硬貨を2回投げたとき，表，裏の出方は全部で 2×2＝4(通り)ある。点Pは，表が出たら頂点2つ分，裏が出たら頂点1つ分進むので，このとき，点Pは最大で 2＋2＝4(つ分)の頂点を進む。点Pが再び頂点Aに止まって操作が終了するのは，頂点4つ分進むときだから，表→表となる1通りある。よって，求める確率は $\frac{1}{4}$ である。

(2)<場合の数>①点Pが正方形 ABCD をちょうど1周して操作が終了するとき，点Pは頂点4つ分進んでいる。硬貨を1回投げて終了することはない。2回投げて終了するのは，(1)より，表→表となる1通りである。3回投げて終了するのは，表が1回，裏が2回出るときであり，表→裏→裏，裏→表→裏，裏→裏→表となる3通りある。4回投げて終了するのは，裏が4回出るときであり，裏→裏→裏→裏となる1通りある。よって，ちょうど1周して操作が終了する場合は，1＋3＋1＝5(通り)ある。　②点Pが正方形 ABCD をちょうど2周して操作が終了するとき，1周目は頂点Aに止まらないので，頂点Dで止まり，次に頂点2つ分進んで頂点Bに止まる。頂点Aから頂点D

までは，頂点3つ分なので，表が1回，裏が1回出るか，裏が3回出るかのどちらかであり，表→裏，裏→表，裏→裏→裏となる3通りある。それぞれにおいて，頂点Dからは頂点2つ分進むので，表が出る1通りある。頂点Bから頂点Aまでは頂点3つ分なので，頂点Aから頂点Dまでと同様に3通りある。よって，ちょうど2周して操作が終了する場合は，3×1×3＝9(通り)ある。

5 〔空間図形─直方体〕

(1)＜体積＞右図1で，水で満たした直方体の容器 ABCD-EFGH を，辺 FG を床につけたまま傾けているので，水面は辺 BC と重なる。右図2で，水面を表す線分と線分 AF，辺 AE の交点をそれぞれ I，J とする。容器に残っている水の体積は，底面を台形 BJEF とし，高さを図1の BC＝6 とする四角柱の体積となる。図2の△JAB と△ABF において，∠JAB＝∠ABF＝90°である。また，BJ が床に平行，AF が床に垂直であることより，AF⊥BJ である。△JIA で，∠AJB＝180°－∠JIA－∠JAI＝180°－90°－∠JAI＝90°－∠JAI となり，∠BAF＝∠JAB－∠JAI＝90°－∠JAI だから，∠AJB＝∠BAF である。よって，△JAB∽△ABF となるので，JA：AB＝AB：BF より，JA：6＝6：12 が成り立ち，JA×12＝6×6，JA＝3 となる。JE＝12－3＝9 となるから，〔台形 BJEF〕＝$\frac{1}{2}$×(9＋12)×6＝63 となり，容器に残っている水の体積は，〔台形 BJEF〕×BC＝63×6＝378(cm³)である。

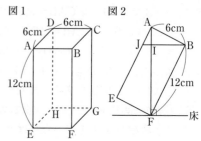

(2)＜長さ＞右図3で，点Bから床に垂線 BK を引き，水面を表す線分と辺 EF の交点をLとする。∠ABF＝90°だから，△ABF で三平方の定理より，AF＝$\sqrt{AB^2＋BF^2}$＝$\sqrt{6^2＋12^2}$＝$\sqrt{180}$＝$6\sqrt{5}$ である。∠AFP＝45°，∠APF＝90°なので，△AFP は直角二等辺三角形であり，AP＝FP＝$\frac{1}{\sqrt{2}}$AF＝$\frac{1}{\sqrt{2}}$×$6\sqrt{5}$＝$3\sqrt{10}$ となる。また，PQ＝x(cm)とすると，AQ＝AP－PQ＝$3\sqrt{10}－x$ と表せる。LB と床は平行なので，四角形 QPKB は長方形となり，BK＝PQ＝x である。さらに，AP⊥LB となるから，∠AQB＝∠FKB＝90°であり，∠ABQ＝∠ABF－∠LBF＝90°－∠LBF，∠FBK＝∠LBK－∠LBF＝90°－∠LBF より，∠ABQ＝∠FBK である。よって，△ABQ∽△FBK となる。相似比は，AB：FB＝6：12＝1：2 だから，BQ：BK＝1：2 より，BQ＝$\frac{1}{2}$BK＝$\frac{1}{2}x$ となり，PK＝BQ＝$\frac{1}{2}x$ となる。AQ：FK＝1：2 より，FK＝2AQ＝2($3\sqrt{10}－x$)＝$6\sqrt{10}－2x$ となる。FP＋PK＝FK だから，$3\sqrt{10}＋\frac{1}{2}x＝6\sqrt{10}－2x$ が成り立つ。これを解いて，$\frac{5}{2}x＝3\sqrt{10}$，$x＝\frac{6\sqrt{10}}{5}$ となるので，PQ＝$\frac{6\sqrt{10}}{5}$(cm)である。

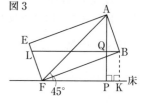

≪別解≫図3で，△FBK は直角三角形だから，三平方の定理より，FK²＋BK²＝FB²である。よって，$(6\sqrt{10}－2x)^2＋x^2＝12^2$ が成り立ち，$360－24\sqrt{10}x＋4x^2＋x^2＝144$，$5x^2－24\sqrt{10}x＋216＝0$ となるので，解の公式より，$x＝\dfrac{－(－24\sqrt{10})±\sqrt{(－24\sqrt{10})^2－4×5×216}}{2×5}＝\dfrac{24\sqrt{10}±\sqrt{1440}}{10}$＝$\dfrac{24\sqrt{10}±12\sqrt{10}}{10}＝\dfrac{12\sqrt{10}±6\sqrt{10}}{5}$ となる。$x＝\dfrac{12\sqrt{10}＋6\sqrt{10}}{5}＝\dfrac{18\sqrt{10}}{5}$，$x＝\dfrac{12\sqrt{10}－6\sqrt{10}}{5}＝\dfrac{6\sqrt{10}}{5}$ であり，PQ＜AP より，$x＜3\sqrt{10}$ だから，$x＝\dfrac{6\sqrt{10}}{5}$ となり，PQ＝$\dfrac{6\sqrt{10}}{5}$(cm)である。

Memo

Memo

2023年度
埼玉県公立高校／学力検査

英語　●満点 100点　●時間 50分

■リスニングテストの音声は，当社ホームページで聴くことができます。（当社による録音です。）再生に必要なアクセスコードは「合格のための入試レーダー」（巻頭の黄色の紙）の1ページに掲載しています。

1 放送を聞いて答える問題(28点)

問題は，No.1 ～ No.7 の全部で7題あり，放送はすべて英語で行われます。放送される内容についての質問にそれぞれ答えなさい。No.1 ～ No.6 は，質問に対する答えとして最も適切なものを，A ～ D の中から一つずつ選び，その記号を書きなさい。No.7 は，それぞれの質問に英語で答えなさい。放送中メモを取ってもかまいません。各問題について英語は2回ずつ放送されます。

【No.1 ～ No.3】（各2点）

Listen to each talk, and choose the best answer for each question.

No.1

A　　　　　B　　　　　C　　　　　D

No.2

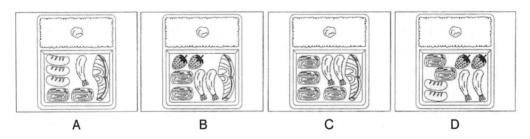

A　　　　　B　　　　　C　　　　　D

No. 3

		A 月	B 火	C 水	D 木
1	8:50〜 9:40	国語	社会	数学	国語
2	9:50〜10:40	数学	体育	理科	理科
3	10:50〜11:40	理科	英語	体育	数学
4	11:50〜12:40	英語	国語	英語	英語
給食 ／ 昼休み					
5	13:40〜14:30	美術	技術・家庭	音楽	総合的な 学習の時間
6	14:40〜15:30		技術・家庭	社会	総合的な 学習の時間

【No. 4，No. 5】（各2点）

　Listen to each situation, and choose the best answer for each question.

No. 4

  A　What time did you go to bed last night ?　　**B**　Where did you play video games ?

  C　You have to watch TV every day.　　**D**　You should get up early every day.

No. 5

  A　Great.　Thank you for the map.　　**B**　No.　I don't need anything.

  C　Hello.　Can I speak to Cathy ?　　**D**　Wait there.　I'll come to you.

【No. 6】（各3点）

　Listen to Ms. Brown.　She's an ALT at a junior high school.　Choose the best answer for questions 1, 2 and 3.

（1）　Question 1

  A　Once a month.

  B　Twice a month.

  C　Three times a month.

  D　Four times a month.

（2）　Question 2

  A　She enjoyed cycling.

  B　She made lunch.

  C　She talked to other families.

  D　She played badminton.

（3）　Question 3

  A　She wanted her students to talk about the park.

  B　She likes to think about the weather.

C She had lunch under the cherry blossoms.

D It's necessary for her to stay home every day.

【No. 7】（各 3 点）

Listen to the talk between Tomoki and Alice, a student from the U.S., and read the questions. Then write the answer in English for questions 1, 2 and 3.

(1) Question 1： When did Tomoki take the pictures in the U.S.？

Answer：   He took them last (   ).

(2) Question 2： Where was Tomoki's friend, David, on the bus？

Answer：   He was standing (   ) Tomoki.

(3) Question 3： Why was Tomoki surprised at the airport？

Answer：   Because he (   ) David there again.

※＜放送を聞いて答える問題台本＞は英語の問題の終わりに付けてあります。

2 吹奏楽部の Mika が〔日本語のメモ〕をもとに，日本に住む友人の Jenny を吹奏楽部のコンサートに誘うメールを英語で作成します。〔日本語のメモ〕と英語のメールを読んで，問 1 〜問 3 に答えなさい。（17点）

〔日本語のメモ〕

彩中学校　吹奏楽部コンサート

日付：5 月 13 日（土）　開演：午後 1 時 30 分　場所：彩中学校体育館

・たくさんの有名な曲を演奏します。

・きっと知っている曲もあり，楽しんで聞いてもらえると思います。

・コンサートに来られますか。友達や家族と来てはどうでしょうか。

From：Mika

To：Jenny

Subject：Sai Junior High School Brass Band Concert

Hello Jenny,

How are you？

We have a brass band concert next weekend.　Here's the information.

Date：Saturday, 　A　 13　　Start：1:30 p.m.　　Place：Sai Junior High School Gym

We're going to play a lot of 　B　 music.　I'm 　C　 that you know some of the music, and you can enjoy listening to it.　Can you come to the concert？　　D　 come with your friends and family, too？

Your friend,
Mika

問1　〔日本語のメモ〕をもとに，空欄 A ～ C にあてはまる適切な1語を，それぞれ英語で書きなさい。なお，省略した形や数字は使わないものとします。(各3点)

問2　〔日本語のメモ〕をもとに，空欄 D に適切な3語以上の英語を書きなさい。(4点)

問3　次は，Mika からの**誘いを断る**，Jenny の返信メールです。あなたが Jenny なら，どのような返信メールを送りますか。空欄 E に2文以上の英文を書きなさい。1文目は I'm sorry, but に続けて，「コンサートに行けない」ということを伝え，2文目以降は，【語群】の中の語を1語のみ使ってその理由を書きなさい。(4点)

From : Jenny
To : Mika
Subject : Re : Sai Junior High School Brass Band Concert

Hi, Mika!　Thank you for your e-mail.

E

I hope I can go to your brass band concert next time.
Your friend,
Jenny

【語群】
・dentist
・family
・homework

3　次は，アイルランド(Ireland)のセント・パトリックス・デー(Saint Patrick's Day)について Ayumi がクラスで発表した英文です。これを読んで，問1～問5に答えなさい。＊印のついている語句には，本文のあとに〔注〕があります。(18点)

When I was an elementary school student, I lived in Ireland.　I had a great time and a lot of experiences.　Today I'll tell you about one of my interesting experiences in Ireland.

There are a lot of national holidays *related to *religion in Ireland.　One is Saint Patrick's Day.　Do you know it?　It is celebrated every year on March 17.　These are the pictures of the day.　In the pictures, people are wearing green clothes and are dancing on the street.　So, the streets become green. ___A___ Why do people wear green clothes on Saint Patrick's Day?

One of the reasons is related to another name for Ireland, *The Emerald Isle. ___B___ This name means that 〔is / the / whole / covered / country〕 in green, because it rains a lot, and is warm and wet in summer.　So, green is the *symbol of Ireland and used on Saint Patrick's Day.

On the day, I wore green clothes and joined the *parade with my family.　It was a wonderful time because I enjoyed traditional *Irish music, clothes, and food. ___C___ The sound of Irish music was interesting.　I wish I (　　　　　) a traditional Irish *instrument.

Today, Saint Patrick's Day is becoming popular.　It is celebrated in other cities and countries.

For example, one of the biggest parades is *held in New York because a lot of Irish people live there.   People are happy to take part in the Saint Patrick's Day parade.

〔注〕 relate to ～　～と関連がある　　religion　宗教　　*The Emerald Isle*　エメラルドの島
　　　 symbol　象徴　　parade　行進　　Irish　アイルランドの
　　　 instrument　楽器　　hold ～　～を開催する

問1　本文中の ▢A▢ ～ ▢C▢ のいずれかに，At first, that looked very strange to me. という1文を補います。どこに補うのが最も適切ですか。▢A▢ ～ ▢C▢ の中から一つ選び，その記号を書きなさい。（3点）

問2　〔　〕内のすべての語を，本文の流れに合うように，正しい順序に並べかえて書きなさい。（4点）

問3　下線部について，（　）にあてはまる最も適切なものを，次のア～エの中から一つ選び，その記号を書きなさい。（3点）

　　ア　could play　　イ　will play　　ウ　are playing　　エ　have played

問4　本文の内容に関する次の質問の答えとなるように，（　）に適切な英語を書きなさい。（4点）

　　Question：　What do people in Ireland wear on Saint Patrick's Day?

　　Answer：　They usually (　　　　　　　　　　　　　　　　　　　　　　).

問5　本文の内容と合うものを，次のア～エの中から一つ選び，その記号を書きなさい。（4点）

　　ア　People in Ireland say that the Saint Patrick's Day parade is only held in Ireland.

　　イ　People in Ireland believe that "*The Emerald Isle*" comes from Saint Patrick's Day.

　　ウ　Ayumi joined the Saint Patrick's Day parade and enjoyed traditional Irish music.

　　エ　Ayumi thinks that Saint Patrick's Day has not become popular around the world yet.

▢4▢　　次の ▢1▢ ～ ▢4▢ は，Mr. Ito と中学2年生の Ken, Emma, Yui の会話です。これらを読んで，問1～問7に答えなさい。＊印のついている語句には，本文のあとに〔注〕があります。（25点）

▢1▢　〈*In the classroom, Mr. Ito tells the students about the field trip.*〉

Mr. Ito：　We are going on a field trip to Keyaki City next month.　There are a lot of places to visit.　On the day of the field trip, we will meet at Keyaki West Park at 9 a.m.　Each group will start there and come back to the park by 3 p.m.　So, you have six hours of group time.

Ken：　　Can we decide where to go?

Mr. Ito：　Yes, but you need to go to one of the four places on the list as a check point, so the teachers can see how you are doing.　Today, I want you to choose which place to visit as a check point in a group *discussion.

Ken：　　Uh, it is hard to choose one.　We need more information.

Mr. Ito：　You can use books or the Internet to get information.

Emma：　 Can we take a taxi?

Mr. Ito：　No.　You can travel on foot, by bus or by train.

Yui：　　 How much money can we take on the trip?

Mr. Ito：　You can bring *up to 3,000 yen for the *fares, *admission tickets, and lunch.

Yui : I see.

Mr. Ito : During the trip, don't forget to take pictures and *take notes about something you did. <u>These</u> will help you with your presentation after the trip. OK, please start your group discussions.

〔注〕 discussion 話し合い　　up to〜　〜まで　　fare　運賃

admission ticket　入場券　　take notes　メモを取る

問 1　下線部 <u>These</u> は，どのようなことをさしていますか。日本語で**二つ**書きなさい。（4点）

2　〈*Ken tells the others his idea.*〉

Emma : Ken, which place are you interested in ?

Ken : I am interested in the Sakuraso Tower because we can walk there from Keyaki West Park. It is the tallest building in the area, so we can enjoy the beautiful view from the *observation deck. If it's sunny, we will see the beautiful mountains. In the tower, we can enjoy a *planetarium show. The show is about thirty minutes long and performed once every ninety minutes. The tower also has a lot of restaurants and shops.

Emma : That sounds exciting !

Ken : I really recommend it.

Yui : How much is a ticket for both the observation deck and the planetarium ?

Ken : Here is the admission ticket price list. We are students, so we can get a 10 percent *discount from the adult price.

Yui : So, the cheapest ticket for us for both *attractions *costs 2,430 yen. Umm . . . It's difficult to do everything we want.

Emma : I agree with you, Yui. Though we get a student discount, it's still expensive. It's better to choose only one thing to do at the tower.

Ken : I see.

Admission Ticket Price List			
	Age	Observation Deck or Planetarium	*Combo (Observation Deck and Planetarium)
Adult	13 years old and over	1,500 yen	2,700 yen
Student	13 - 18 years old	A	2,430 yen
Child	Younger than 13 years old	500 yen	900 yen

➤ If you are a student, please bring your student card.

〔注〕 observation deck　展望デッキ　　planetarium　プラネタリウム　　discount　割引

attraction　アトラクション　　cost　（費用が）かかる　　combo　セット

問 2　本文 2 の内容と合うように，次の英語に続く最も適切なものを，**ア〜エ**の中から一つ選び，その記号を書きなさい。（4点）

At the Sakuraso Tower, the students will

ア have a special lunch in the planetarium restaurant.

イ see the beautiful mountains if the weather is nice.

ウ get a prize if they go up to the observation deck.

エ watch a star show for ninety minutes in the theater.

問3 本文 2 の内容と合うように，Admission Ticket Price List の空欄 A にあてはまるものを，次のア〜エの中から一つ選び，記号を書きなさい。（3点）

ア 1,350 yen　　イ 1,500 yen　　ウ 1,650 yen　　エ 1,800 yen

3 〈Yui shares her idea.〉

Emma : Yui, how about you？

Yui :　　I would like to go to Keyaki Zoo or the Keyaki University Science Museum, because I like animals and plants.　I am especially interested in the science museum.　It's on *campus, and 〔about / to / there / takes / get / it / ten minutes〕by bus from Keyaki West Park.　The museum shows the history of *agriculture and traditional Japanese food.　And there is a restaurant which *serves the traditional food.

Ken :　　Sounds good.　I want to try the traditional Japanese food there.

Emma : I am interested in the traditional buildings on campus, too.　We can go into them on a *guided campus tour.

Yui :　　That's great！　Do we need to buy tickets for the tour？

Emma : If you want to join it, yes.　Just walking around the campus is free.

Ken :　　Then, what about Keyaki Zoo？　I went there when I was younger.　It is so large that we can spend all day there.

Yui :　　The admission ticket is 600 yen, if you buy it online.　However, the zoo is far from the park.

〔注〕 campus （大学の）キャンパス，敷地　　agriculture　農業
serve 〜　〜を出す　　guided　ガイド付きの

問4 〔 〕内のすべての語句を，本文の流れに合うように，正しい順序に並べかえて書きなさい。（4点）

問5 本文 3 の内容と合うものを，次のア〜エの中から一つ選び，その記号を書きなさい。（3点）

ア Yui went to Keyaki Zoo and spent all day there.

イ Students have to buy tickets to walk around the campus.

ウ Emma is interested in the large animals at Keyaki Zoo.

エ Students need tickets if they join a guided campus tour.

4 〈Ken asks Emma to share her idea.〉

Ken :　　Emma, which place do you want to go to？

Emma : I like traditional Japanese *crafts, so I want to go to the Shirakobato Craft Center.　It has a lot of traditional crafts such as *Hina dolls.　You can join a *craft making workshop and make your own *folding fan with traditional Japanese paper.　The workshop starts at 10 a.m. and 2 p.m.　It takes about two hours.

Yui :　　How much does it cost for the workshop？

Emma : It costs about 1,000 yen, *including the materials. It's not cheap, but this experience will be a good memory.

Ken : The fan can be a gift for my family.

Emma : | B | My mother will be happy to have one.

Yui : That's nice. Is it near Keyaki West Park?

Emma : No, we have to take a bus.

Ken : Now, we have shared our ideas. Let's decide where to go on our field trip.

〔注〕 craft 工芸　*Hina* dolls ひな人形　craft making workshop 工芸教室
folding fan 扇子　including the materials 材料を含めて

問6　空欄 B にあてはまる最も適切なものを，次のア～エの中から一つ選び，その記号を書きなさい。（3点）

ア　It's not true.　　イ　I'm coming.　　ウ　You can't believe it.　　エ　I think so, too.

問7　次は，field trip の後の Emma と Yui の会話です。自然な会話になるように，（　）に適切な3語以上の英語を書きなさい。（4点）

Emma : Are you ready for the presentation? I've started making videos on the computer.

Yui : I've started writing the speech for the presentation. I need more pictures to make our presentation better.

Emma : Oh, I remember Ken took a lot during the trip.

Yui : Thank you. I will ask (　　　　　　　　　　) his pictures to us.

5　次は，あなたが通う学校の英語の授業で，ALT の Mr. Jones が行ったスピーチです。これを読んで，問1～問3に答えなさい。＊印のついている語句には，本文のあとに〔注〕があります。（12点）

Hi, everyone. I am going to talk about my hobby. I like to watch movies. When I watch a movie, I can relax and enjoy the story. Last week, I watched a movie *based on a man's life. It was about the professional basketball player, Michael Carter. His team won *championships three times. He also joined the Olympics on a national team and got a gold *medal. His life *seemed to be going well, until one day everything changed. During a game, he broke his leg. A doctor said to him, "You should stop playing basketball because your leg can't *handle it." He was so *disappointed because he could not continue playing basketball. But he never gave up his work *related to basketball. A few years later, he became a *coach and made his team stronger. I thought that it would be difficult for an *ordinary person to *overcome this situation, but Carter did.

I learned about this story through the movie, but there is an original book which this movie is based on. I finished reading the book yesterday and enjoyed it, too. Now, I have a question for you. If you want to enjoy a story, which do you like better, reading the book or watching the movie?

〔注〕 based on ～　～をもとにしている　championship 選手権　medal メダル
seem to ～　～にみえる　handle ～　～に対応する　disappointed がっかりした
relate to ～　～と関連がある　coach コーチ　ordinary 一般の

overcome 〜　〜に打ち勝つ

問1　本文の内容に合うように，次の英文の（　）にあてはまる最も適切な1語を，本文中から抜き出して書きなさい。（3点）

Though he was in a (　　　) situation, Michael Carter did not give up his work related to basketball.

問2　本文の内容と合うものを，次のア〜エの中から一つ選び，その記号を書きなさい。（3点）

ア　Carter は，けがから復帰した後，選手として優勝した。

イ　Carter は，けがをした後，選手としてオリンピックに出場した。

ウ　Carter は，けがをする前に，選手としてオリンピックで金メダルを獲得した。

エ　Carter は，けがをしたが，選手としての競技生活を引退しなかった。

問3　下線部について，あなたは本と映画のどちらで物語を楽しむのが好きかについて英語の授業でスピーチをします。〔条件〕に従い，　A　に3文以上の英文を書いて，**スピーチ原稿**を完成させなさい。（6点）

スピーチ原稿

Hi, everyone.　Today, I'm going to tell you about my favorite way to enjoy stories.
A
Thank you.

〔条件〕　①　1文目は，あなたは本と映画のどちらで物語を楽しむのが好きか，I like に続けて，解答欄の①に書きなさい。
　　　　②　2文目以降は，その理由が伝わるように，2文以上で解答欄の②に書きなさい。

<**放送を聞いて答える問題台本**>

※「チャイム」

これから「放送を聞いて答える問題」を始めます。

問題用紙の第1ページ，第2ページを見てください。問題は，No. 1〜No. 7の全部で7題あり，放送はすべて英語で行われます。放送される内容についての質問にそれぞれ答えなさい。No. 1〜No. 6は，質問に対する答えとして最も適切なものを，**A〜D**の中から一つずつ選び，その記号を書きなさい。No. 7は，それぞれの質問に英語で答えなさい。放送中メモを取ってもかまいません。各問題について英語は2回ずつ放送されます。

では，始めます。

Look at No. 1 to No. 3 on page 1.

Listen to each talk, and choose the best answer for each question.

Let's start.

No. 1

A : Nancy, look at this picture. It's me. My friend took it when we were watching a
soccer game in the stadium.
B : Oh, you look very excited, Yuji.
A : Yes. I really enjoyed watching my favorite soccer player.
B : That's great.

Question : Which picture are they talking about ?

（会話と質問を繰り返します。）

No. 2

A : Your lunch looks good, Erika. The sausages look delicious.
B : Thank you, Tony. Yours looks good, too. It has strawberries, but I don't have
any.
A : Actually, I bought them at the supermarket yesterday. They are so sweet.
B : That's nice. I like strawberries, so I'll buy some later.

Question : Which is Erika's lunch ?

（会話と質問を繰り返します。）

No. 3

A : Today, we had English class just before lunch, and we sang an English song. It
was fun.
B : Yes. But for me, math class was more interesting.
A : Oh, really ? For me, science class right after math class was also interesting.
B : I know you like science, but you like music the most, right ? You enjoyed music
class in the afternoon.

Question : What day are they talking about ?

（会話と質問を繰り返します。）

Look at No. 4 and No. 5 on page 2.
Listen to each situation, and choose the best answer for each question.
Let's start.

No. 4

Kenta talks to Jane at school in the morning.

She tells him that she studied for the test until late last night.

She also tells him she's really sleepy because of that.

Question : What will Kenta say to Jane ?

（英文と質問を繰り返します。）

No. 5

Cathy is on her way to Tom's house, but she cannot find his house.

She calls Tom and tells him what she can see around her.

Then she asks him to tell her how to get to his house.

Question : What will Tom say to Cathy ?

（英文と質問を繰り返します。）

Look at No. 6.

Listen to Ms. Brown. She's an ALT at a junior high school. Choose the best answer for questions 1, 2 and 3.

Let's start.

Hello, everyone. Before starting English class, let's talk about last weekend. Did you have a good weekend ? I had a good weekend, so let me tell you about it. Last Sunday, I went to Kobaton Park with my family because the weather was nice. We go there twice a month. It's one of the largest parks in my town. There are many things you can enjoy.

First, I played badminton with my children. The park has a large space to play sports. After that, we had lunch under the cherry blossoms. They were beautiful, and the sandwiches my children made were so good ! After lunch, we enjoyed cycling around the park. Spending time at the park on weekends helps me relax.

OK, now, I want you to make pairs and talk about last weekend in English. I'll give you a few minutes. If you have any questions, please ask me. Are you ready ?

Question 1 : How many times does Ms. Brown's family go to Kobaton Park in a month ?

Question 2 : What did Ms. Brown do first in the park ?

Question 3 : Which is true about Ms. Brown's story ?

（英文と質問を繰り返します。）

Look at No. 7.

Listen to the talk between Tomoki and Alice, a student from the U.S., and read the questions.   Then write the answer in English for questions 1, 2 and 3.

Let's start.

Tomoki : Alice, look at these pictures.   I took them when I traveled to the U.S. last summer.

Alice :   Wow.   You took so many.   Wait, who is this man, Tomoki ?

Tomoki : He's my American friend, David.   When I was on the bus in San Francisco, he was standing next to me and said with a smile, *Konnichiwa.*   Then, we started talking to each other in English until I got off the bus.

Alice :   Did you enjoy talking with him ?

Tomoki : Yes.   We talked about our hobbies and hometowns.

Alice :   That's good.

Tomoki : Actually, I have an interesting story.

Alice :   Oh, what is it ?

Tomoki : The next day, I went to the airport in San Francisco to go back to Japan, and I saw him there !   I was really surprised to see him again.   He said, "When you get a chance to visit the U.S. again, you can come and see me."   Then he gave me his e-mail address.

Alice :   Wow !

Tomoki : I've kept in touch with him since then.   I send him an e-mail once a week.

Alice :   You had a wonderful experience in the U.S.   *Konnichiwa* created a friendship between you and him !

（会話を繰り返します。）

以上で「放送を聞いて答える問題」を終わります。では，ほかの問題を始めてください。

（注意）　(1)　答えに根号を含む場合は，根号をつけたままで答えなさい。

　　　　　(2)　答えに円周率を含む場合は，π を用いて答えなさい。

1　次の各問に答えなさい。（65点）

(1)　$7x-3x$　を計算しなさい。（4点）

(2)　$4\times(-7)+20$　を計算しなさい。（4点）

(3)　$30xy^2 \div 5x \div 3y$　を計算しなさい。（4点）

(4)　方程式　$1.3x+0.6=0.5x+3$　を解きなさい。（4点）

(5)　$\dfrac{8}{\sqrt{2}}-3\sqrt{2}$　を計算しなさい。（4点）

(6)　$x^2-11x+30$　を因数分解しなさい。（4点）

(7)　連立方程式 $\begin{cases} 3x+5y=2 \\ -2x+9y=11 \end{cases}$ を解きなさい。（4点）

(8)　2次方程式　$3x^2-5x-1=0$　を解きなさい。（4点）

(9)　次のア～エの調査は，全数調査と標本調査のどちらでおこなわれますか。標本調査でおこなわれるものを**二つ**選び，その記号を書きなさい。（4点）

　ア　ある河川の水質調査

　イ　ある学校でおこなう健康診断

　ウ　テレビ番組の視聴率調査

　エ　日本の人口を調べる国勢調査

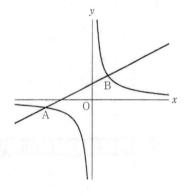

⑽　右の図において，曲線は関数　$y=\dfrac{6}{x}$　のグラフで，曲線

上の2点A，Bの x 座標はそれぞれ -6，2です。

　2点A，Bを通る直線の式を求めなさい。（4点）

⑾　関数　$y=2x^2$　について，x の変域が　$a\leqq x\leqq1$　のとき，y の変域は　$0\leqq y\leqq18$　となりました。このとき，a の値を求めなさい。（4点）

⑿　右の図のような，$AD=5$cm，$BC=8$cm，$AD/\!/BC$ である台形 ABCD があります。辺 AB の中点を E とし，E から辺 BC に平行な直線をひき，辺 CD との交点を F とするとき，線分 EF の長さを求めなさい。（4点）

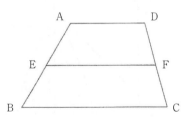

⒀　100円硬貨1枚と，50円硬貨2枚を同時に投げるとき，表が出た硬貨の合計金額が100円以上になる確率を求めなさい。

　　　ただし，硬貨の表と裏の出かたは，同様に確からしいものとします。（4点）

⒁　半径7cmの球を，中心から4cmの距離にある平面で切ったとき，切り口の円の面積を求めなさい。
（4点）

⒂　次のア〜エは，関数　$y=ax^2$　のグラフと，一次関数　$y=bx+c$　のグラフをコンピュータソフトを用いて表示したものです。ア〜エのうち，a，b，cがすべて同符号であるものを一つ選び，その記号を書きなさい。（4点）

ア
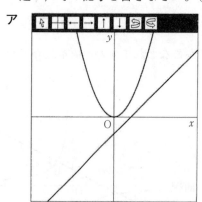

イ
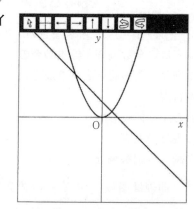

ウ
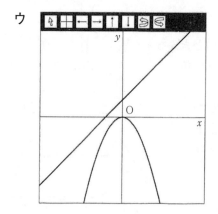

エ
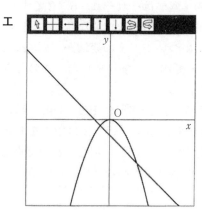

⑯　次は，ある数学の【問題】について，AさんとBさんが会話している場面です。これを読んで，下の問に答えなさい。

【問題】

　右の図は，18人の生徒の通学時間をヒストグラムに表したものです。このヒストグラムでは，通学時間が10分以上20分未満の生徒の人数は2人であることを表しています。

　ア〜ウの箱ひげ図の中から，このヒストグラムに対応するものを一つ選びなさい。

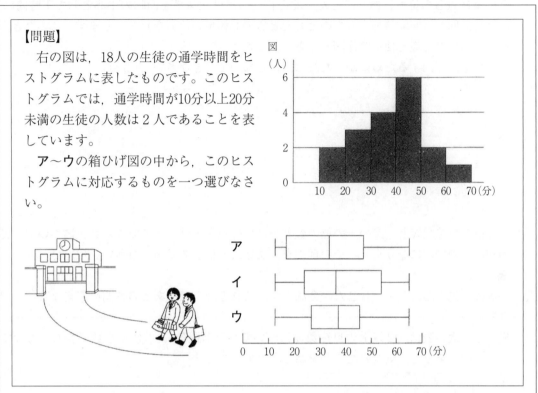

Aさん「ヒストグラムから読みとることができる第1四分位数は，20分以上30分未満の階級に含まれているけれど，アの第1四分位数は10分以上20分未満で，異なっているから，アは対応していないね。」

Bさん「同じように，

　　　　　　　　　　　　　　　Ｉ

　　　から，イも対応していないよ。」

Aさん「ということは，ヒストグラムに対応しているものはウだね。」

問　会話中の　Ｉ　にあてはまる，イが対応していない理由を，ヒストグラムの階級にふれながら説明しなさい。（5点）

2 次の各問に答えなさい。(11点)

(1) 下の図の点Aは，北の夜空にみえる，ある星の位置を表しています。4時間後に観察すると，その星は点Bの位置にありました。北の夜空の星は北極星を回転の中心として1時間に15°だけ反時計回りに回転移動するものとしたときの北極星の位置を点Pとします。このとき，点Pをコンパスと定規を使って作図しなさい。

ただし，作図するためにかいた線は，消さないでおきなさい。(5点)

B
●

A
●

(2) 2桁の自然数Xと，Xの十の位の数と一の位の数を入れかえてできる数Yについて，XとYの和は11の倍数になります。その理由を，文字式を使って説明しなさい。(6点)

3 次は，先生とAさん，Bさんの会話です。これを読んで，あとの各問に答えなさい。(8点)

先　生「次の表は，2以上の自然数nについて，その逆数$\frac{1}{n}$の値を小数で表したものです。これをみて，気づいたことを話し合ってみましょう。」

n	$\frac{1}{n}$の値
2	0.5
3	0.33333333333333…
4	0.25
5	0.2
6	0.16666666666666…
7	0.14285714285714…
8	0.125
9	0.11111111111111…
10	0.1

Aさん「nの値によって，割り切れずに限りなく続く無限小数になるときと，割り切れて終わりのある有限小数になるときがあるね。」

Bさん「なにか法則はあるのかな。」

Aさん「この表では，nが偶数のときは，有限小数になることが多いね。」

Bさん「だけど，この表の中の偶数でも，$n=$ | **ア** | のときは無限小数になっているよ。」

Aさん「それでは，nが奇数のときは，無限小数になるのかな。」

Bさん「nが5のときは，有限小数になっているね。nが**2桁の奇数**のときは，$\frac{1}{n}$は無限小数になるんじゃないかな。」

Aさん「それにも, $n=$ イ という反例があるよ。」

Bさん「有限小数になるのは, 2, 4, 5, 8, 10, 16, 20, イ , 32, …」

Aさん「それぞれ素因数分解してみると, なにか法則がみつかりそうだね。」

先　生「いいところに気づきましたね。他にも, 有理数を小数で表すと, 有限小数か循環小数になることを学習しましたね。」

Bさん「循環小数とは, 同じ数字が繰り返しあらわれる無限小数のことですね。」

Aさん「その性質を利用すれば, 循環小数の小数第50位の数なども求めることができますね。」

(1) ア , イ にあてはまる数を求めなさい。（4点）

(2) $\dfrac{1}{7}$ の値を小数で表したときの小数第50位の数を求めなさい。（4点）

4 　右の図のような, 1辺の長さが4cmの正方形を底面とし, 高さが6cmの直方体 ABCD-EFGH があり, 辺 AE 上に AI＝4cm となる点 I をとります。

　点Pが頂点Bを出発して毎秒1cmの速さで辺BF上を頂点Fまで動くとき, 次の各問に答えなさい。（16点）

(1) IP＋PG の長さが最も短くなるのは, 点Pが頂点Bを出発してから何秒後か求めなさい。（4点）

(2) 頂点Bを出発した後の点Pについて, △APC は二等辺三角形になることを証明しなさい。（6点）

(3) 頂点Bを出発してから4秒後の点Pについて, 3点I, P, Cを通る平面で直方体を切ったときにできる2つの立体のうち, 体積が大きい方の立体の**表面積**を求めなさい。（6点）

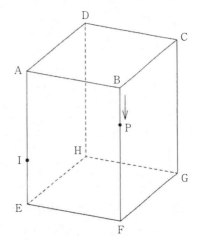

1　Sさんは，次の**地図**に示した国や地域について調べました。**地図**をみて，問1～問4に答えなさい。（14点）

地図

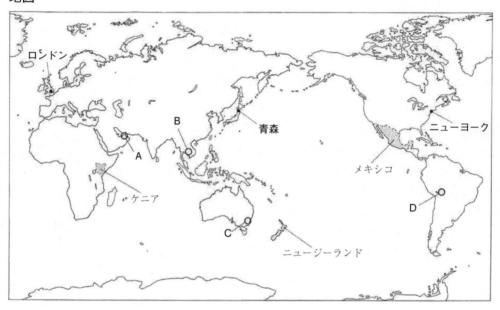

問1　六大陸のうち，**地図**中のケニアがある大陸の名称を書きなさい。（3点）

問2　Sさんは，**地図**中の**A～D**のいずれかの地域にみられる人々の生活の様子について調べ，次の**カードⅠ**と**カードⅡ**をつくりました。**カードⅠ**，**カードⅡ**と**地図**中の**A～D**の地域の組み合わせとして最も適切なものを，下の**ア～エ**の中から一つ選び，その記号を書きなさい。（3点）

カードⅠ

　石油で得た資金で，砂漠の中に近代都市が建設され，高層ビルなどが建ち並んでいます。豊かな生活を送る人々が増え，観光開発に力を入れています。

カードⅡ

　海洋からしめった風がふきこむ雨季と，大陸から乾燥した風がふきこむ乾季がみられ，雨季になると，水上集落の家のすぐ下まで，湖の水位が上がります。

ア　カードⅠ－A　カードⅡ－B　　イ　カードⅠ－A　カードⅡ－D
　ウ　カードⅠ－C　カードⅡ－B　　エ　カードⅠ－C　カードⅡ－D

問3　Sさんは，**地図**中に示した**ロンドン**，**青森**，**ニューヨーク**の三つの都市の気温と降水量に
　　ついて調べ，次の**グラフ1**をつくり，下のようにまとめました。**まとめ**の中の　X　にあては
　　まることばと，　Y　にあてはまる語をそれぞれ書きなさい。（5点）

グラフ1

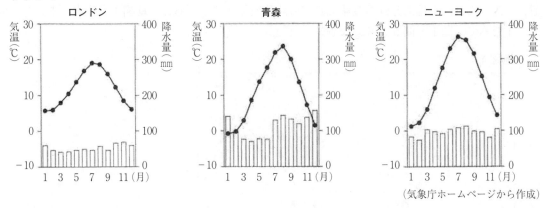

（気象庁ホームページから作成）

まとめ

> 　**ロンドン**は，**青森**と**ニューヨーク**より高緯度に位置しています。しかし，**グラフ1**から，
> 三つの都市の冬の気温を比べると，　　X　　ことが読みとれます。これは，**ロンド**
> **ン**が暖流の　Y　海流などの影響を受けるためです。

問4　Sさんは，日本が**地図**中のメキシコとニュージーランドから，かぼちゃを輸入している
　　ことに興味をもち調べたところ，次の**グラフ2**をみつけました。**グラフ2**から読みとれる内容
　　を述べた文として正しいものを，下の**ア～オ**の中から**すべて**選び，その記号を書きなさい。
　　（3点）

グラフ2　東京都中央卸売市場におけるかぼちゃの月別入荷量（2020年）

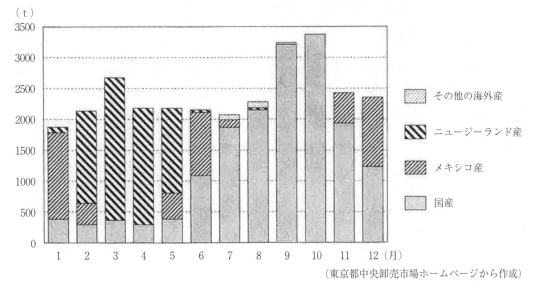

（東京都中央卸売市場ホームページから作成）

ア　1月から12月のうち，メキシコ産の入荷量が，国産の入荷量より多い月はない。

イ　2月から5月は，ニュージーランド産の入荷量が，国産の入荷量より多い。

ウ　11月の入荷量のうち，メキシコ産の入荷量の割合は，10%以下である。

エ　10月の国産の入荷量は，12月の国産の入荷量の2倍以上である。

オ　国産の年間入荷量は，10000 t を超えている。

2　　Nさんは，地理的分野の授業で日本の諸地域を学習したあと，**地図1**を作成しました。**地図1**をみて，問1〜問5に答えなさい。（16点）

地図1

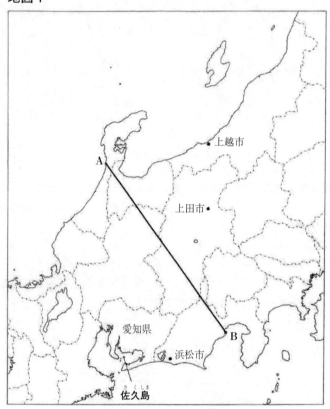

問1　次の**資料1**は，**地図1**中のA━━Bに沿って，断面図を模式的にかいたものです。**資料1**中の [L] 山脈は，日本アルプスとよばれる三つの山脈の一つにあたります。[L] にあてはまる語を書きなさい。（3点）

資料1

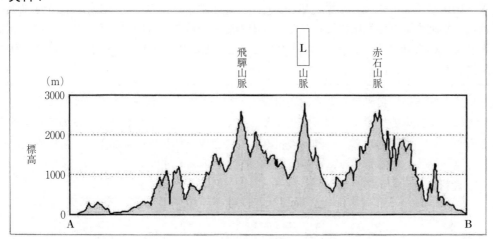

問2　Nさんは，地図1中の上越市，上田市，浜松市の三つの都市の1月と7月の平均気温と降水量を調べ，次の表1をつくりました。表1中のⅠ～Ⅲにあてはまる都市の組み合わせとして正しいものを，下のア～カの中から一つ選び，その記号を書きなさい。（3点）

表1

	平均気温		降水量	
	1月	7月	1月	7月
Ⅰ	6.3℃	26.3℃	59.2mm	209.3mm
Ⅱ	2.5℃	25.0℃	429.6mm	206.8mm
Ⅲ	−0.5℃	23.9℃	29.3mm	135.6mm

（気象庁ホームページから作成）

ア　Ⅰ－上越市　Ⅱ－上田市　Ⅲ－浜松市　　　イ　Ⅰ－上越市　Ⅱ－浜松市　Ⅲ－上田市
ウ　Ⅰ－上田市　Ⅱ－上田市　Ⅲ－浜松市　　　エ　Ⅰ－上田市　Ⅱ－浜松市　Ⅲ－上田市
オ　Ⅰ－浜松市　Ⅱ－上越市　Ⅲ－上田市　　　カ　Ⅰ－浜松市　Ⅱ－上田市　Ⅲ－上越市

問3　次の表2は，中部地方各県の，2019年における人口と農業産出額について，各県を人口の多い順に並べたものです。表2中のX～Zには石川県，山梨県，愛知県のいずれかがあてはまり，aとbには米と果実のいずれかがあてはまります。Yとaの組み合わせとして正しいものを，下のア～カの中から一つ選び，その記号を書きなさい。（3点）

表2

	人口（千人）	農業産出額（億円）	a	b	野菜
X	7552	2949	190	298	1010
静岡県	3644	1979	234	198	607
新潟県	2223	2494	86	1501	317
長野県	2049	2556	743	473	818
岐阜県	1987	1066	55	229	323
Y	1138	551	34	299	97
富山県	1044	654	24	452	56
Z	811	914	595	61	110
福井県	768	468	9	309	81

（データでみる県勢 2022年版などから作成）

ア　Y－石川県　a－米　　　イ　Y－石川県　a－果実　　　ウ　Y－山梨県　a－米

　　エ　Y－山梨県　a－果実　　オ　Y－愛知県　a－米　　　　カ　Y－愛知県　a－果実

問4　次は，**地図1**中の愛知県に関連して，日本の産業の特色について学習する授業における，先生とNさんの会話です。会話文中の　**P**　にあてはまることばと，　**Q**　にあてはまる語をそれぞれ書きなさい。（5点）

> 先　生：愛知県は，自動車などの輸送用機械工業がさかんであることを学習しました。では，自動車の生産は，どのようなところで，どのように行われているのでしょうか。
>
> Nさん：はい。**資料2**から，自動車の組み立てに必要な部品は，部品工場から組み立て工場へ納入されるしくみになっていることが読みとれます。
>
> 　**資料2**　自動車の生産の流れ
>
>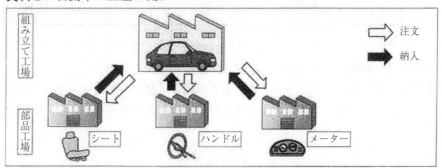
>
> 先　生：そのとおりです。自動車の生産は，組み立て工場と部品工場との協力で成り立っています。これらをふまえると，**地図2**から，どのようなことが読みとれますか。
>
> Nさん：はい。組み立て工場へ効率よく部品を納入するため，　**P**　ことが読みとれます。
>
> 　**地図2**　愛知県における主な自動車関連工場の分布（2021年）
>
>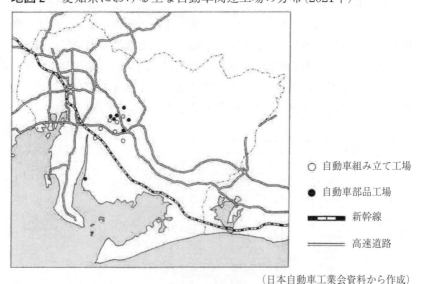
>
> ○　自動車組み立て工場
> ●　自動車部品工場
> ━　新幹線
> ＝　高速道路
>
> （日本自動車工業会資料から作成）
>
> 先　生：そうですね。さらに，完成した自動車を日本各地や世界の国々へ運びやすくするため，**地図2**から，組み立て工場がどのようなところにあるか，読みとれますか。

Nさん：はい。組み立て工場は，主に　Q　沿いや一部海沿いにあることが読みとれます。

先　生：そのとおりです。

問5　次の**資料3**は，**地図1**中の**佐久島**を上空から撮影したものです。また，**地図3**は，佐久島を示した2万5千分の1の地形図です。**資料3**を撮影した方向として最も適切なものを，**地図3**中の**ア〜エ**の中から一つ選び，その記号を書きなさい。（2点）

資料3

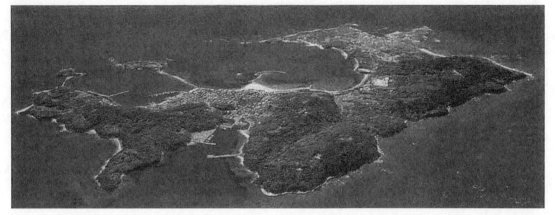

(Google Earthから作成)

地図3

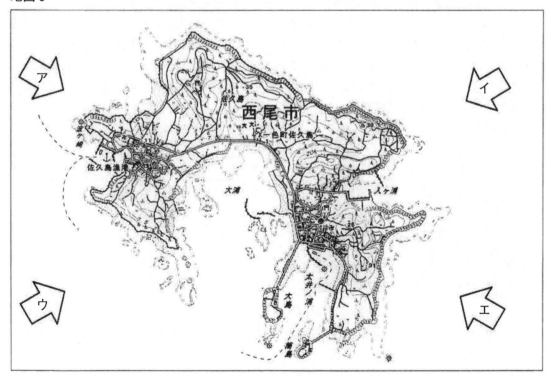

(国土地理院2万5千分の1地形図「佐久島」令和3年発行一部改変)

3 次のⅠ～Ⅴは，Mさんが，五つの異なる時代の資料を調べ，それらの資料の一部を，わかりやすくなおしてまとめたものです。これをみて，問1～問5に答えなさい。(16点)

Ⅰ	一に曰く，和をもって貴しとなし，さからうことなきを宗とせよ。 二に曰く，あつく三宝を敬え。三宝とは仏・法・僧なり。 三に曰く，詔をうけたまわりては必ずつつしめ。
Ⅱ	私が送らせた記録をみましたところ，唐の国力の衰退しているようすが詳しく書かれていました。これから遣唐使にどのような危険が生じるかしれません。どうか遣唐使の派遣の可否を審議し決定するようお願いします。
Ⅲ	日本はときどき中国に使いを送ってきたが，私(フビライ)の時代になってからは一人の使いもよこさない。今後は友好を結ぼうではないか。武力を使いたくはないのでよく考えてほしい。
Ⅳ	諸国の百姓が刀やわきざし，弓，やり，鉄砲，そのほかの武具などを持つことは，かたく禁止する。
Ⅴ	一　学問と武道にひたすら精を出すようにしなさい。 一　諸国の城は，修理する場合であっても，必ず幕府に申し出ること。まして新しい城を造ることは厳しく禁止する。

問1　Mさんは，文化に興味をもち調べたところ，次のa，bの文と**資料1**，**資料2**をみつけました。Ⅰの時代の文化について述べた文と，その時代の代表的な文化財の組み合わせとして正しいものを，**表**中の**ア～エ**の中から一つ選び，その記号を書きなさい。(3点)

a　地方には国ごとに国分寺と国分尼寺が建てられた。東大寺の正倉院に納められた美術工芸品には，シルクロードを通って伝わった，インドや西アジアの文化の影響もみられる。

b　法隆寺の仏像などに代表される，日本で最初の仏教文化が栄えた。これらの仏像などは，主に渡来人の子孫らによってつくられ，中国の南北朝時代の文化の影響も受けている。

資料1　　　　　　**資料2**　　　　　**表**

鳥毛立女屏風

広隆寺の弥勒菩薩像

	文化	代表的な 文化財
ア	a	資料1
イ	a	資料2
ウ	b	資料1
エ	b	資料2

問2　Ⅱの時代の資料は，遣唐使に任命された人物が，天皇に提案をした書状の一部です。この書状を出した人物名を書きなさい。(3点)

問3　Ⅲの時代における元寇のあとのできごとを述べた文として正しいものを，次の**ア～エ**の中から一つ選び，その記号を書きなさい。(2点)

ア　幕府は，御家人が手放した土地を返させる徳政令を出した。

イ　執権の北条泰時が，御成敗式目（貞永式目）を定めた。

ウ　朝廷の勢力を回復しようとする後鳥羽上皇が兵を挙げ，承久の乱が起こった。

エ　天皇と上皇の対立や政治の実権をめぐる対立から，保元の乱と平治の乱が起こった。

問4　**Ⅳ**の時代に起こった世界のできごとを述べた文として，その正誤の組み合わせが正しいものを，下の**ア～エ**の中から一つ選び，その記号を書きなさい。（3点）

> **X**　マルコ・ポーロが「世界の記述」（「東方見聞録」）の中で，日本を「黄金の国ジパング」と紹介した。
>
> **Y**　李舜臣は，日本による朝鮮侵略に対して，水軍を率いて反撃した。
>
> **Z**　アメリカ合衆国で奴隷制度などをめぐる対立から，南北戦争が起こった。

ア　X　正　Y　正　Z　誤　　イ　X　正　Y　誤　Z　誤

ウ　X　誤　Y　正　Z　誤　　エ　X　誤　Y　正　Z　正

問5　**M**さんは，**Ⅴ**の時代の大名の統制について調べ，**資料3**と**資料4**をみつけました。**資料3**中の下線部の制度の名称を書きなさい。また，この制度によって藩の財政が苦しくなった理由を，**資料4**から読みとれることにふれて書きなさい。（5点）

資料3　幕府による大名の統制

> <u>大名に対して，定期的に領地と江戸とを往復する</u>よう命じた。江戸での滞在時は，江戸城を守る役割を命じ，妻や子を江戸に住まわせた。

資料4　佐賀藩（鍋島氏）の予算の内訳（1655年）

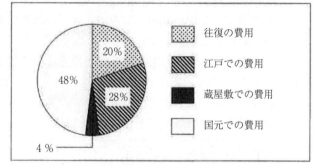

往復の費用
江戸での費用
蔵屋敷での費用
国元での費用

20%
28%
48%
4%

（注）　国元とは，大名の領地のことである。

（『日本の歴史15　大名と百姓』から作成）

4 次の年表をみて，問1～問5に答えなさい。（17点）

西暦(年)	で　き　ご　と
1874	・民撰議院設立の建白書が提出される………………………………………
1889	・大日本帝国憲法が発布される……………………………………………
1919	・ベルサイユ条約が結ばれる………………………………………………
1939	・第二次世界大戦が始まる…………………………………………………
1951	・サンフランシスコ平和条約が結ばれる…………………………………
1978	・日中平和友好条約が結ばれる……………………………………………
1997	・京都議定書が採択される…………………………………………………

年表右側の区分：A（1874〜1889），B（1889〜1919），C（1919〜1939），D（1951〜1997），E（1978〜1997）

問1　次は，年表中**A**の時期のできごとについてまとめたものです。**まとめ1**の中の □P□ にあてはまる人物名と，その人物が反乱を起こした場所の**地図**中の位置の組み合わせとして正しいものを，下の**ア～カ**の中から一つ選び，その記号を書きなさい。（3点）

まとめ1

　　国民が政治に参加する権利の確立を目指す自由民権運動と重なりながら展開したのが，政府の改革に不満をもっていた士族の反乱でした。
　　士族たちは，西日本を中心に各地で反乱を起こしました。なかでも，1877年に □ P □ を中心とした士族ら約4万人が起こした西南戦争は最も大規模なものでしたが，政府軍によって鎮圧されました。

地図

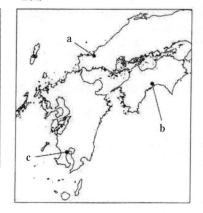

ア　P―板垣退助　　位置― a
イ　P―西郷隆盛　　位置― a
ウ　P―板垣退助　　位置― b
エ　P―西郷隆盛　　位置― b
オ　P―板垣退助　　位置― c
カ　P―西郷隆盛　　位置― c

問2　年表中**B**の時期における日本の政治や経済の様子を述べた文として正しいものを，次の**ア～エ**の中から一つ選び，その記号を書きなさい。（3点）

ア　満25歳以上の男子に選挙権を与える普通選挙法が成立した。

イ　国家総動員法が制定され，政府は議会の承認なしに，労働力や物資を動員できるようになった。

ウ　欧米の習慣を取り入れる欧化政策を進め，鹿鳴館が建てられた。

エ　鉄鋼の需要が高まり，清から得た賠償金などを用いて官営の八幡製鉄所が設立された。

問3　次の**グラフ**は，年表中**C**の時期における日本の財政支出に占める軍事費の割合の推移を示したものです。**グラフ**中の X の時期の日本の財政支出に占める軍事費の割合が，他の時期と比べてどのようになっているかについて，**資料**からわかることにふれながら，「**国際協調**」と

いう語を用いて書きなさい。（5点）

グラフ

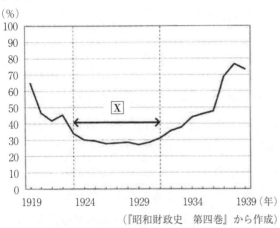

（『昭和財政史　第四巻』から作成）

資料　1922年にワシントン会議で結ばれた条約の主な内容

> 基準の重量三万五千トンを超える主力艦は，いずれの締約国も取得したり，建造したりすることはできない。

問4　次のア～エは，年表中Dの時期に起こったできごとを報じた新聞記事の見出しと写真の一部です。年代の**古い順**に並べかえ，その順に記号で書きなさい。（3点）

ア

イ

ウ

エ

問5　次は，年表中Eの時期における日本の社会や経済についてまとめたものです。**まとめ2**の中の　Q　にあてはまる語を書きなさい。（3点）

まとめ2

> 1980年代後半，企業などが，株価や地価の上昇によって発生する差額で利益を得る投機を行ったことで，株価や地価が異常に高くなる「　Q　経済」とよばれる不健全な経済の状況になりました。この「　Q　経済」は，1990年代の初めに崩壊しました。

5 　Kさんのクラスでは，公民的分野の学習のまとめとして，自分の興味のある分野からテーマを選び，調べることになりました。次の**表1**は，Kさんが興味をもった分野とテーマについてまとめたものです。**表1**をみて，問1〜問7に答えなさい。（23点）

表1

分野	テーマ
人権と共生社会	・①共生社会では，どのような取り組みが必要なのだろうか。
国の政治のしくみ	・②国会と内閣の関係はどのようなものなのだろうか。
③裁判員制度と司法制度改革	・裁判員にはどのような役割と責任があるのだろうか。
市場経済のしくみと金融	・④為替相場とはどのようなものなのだろうか。
労働の意義と⑤労働者の権利	・労働者の権利はどのように守られているのだろうか。
社会保障のしくみ	・⑥社会保障制度はどのようなものなのだろうか。
⑦さまざまな国際問題	・問題の解決に向けて，どのような取り組みが必要なのだろうか。

問1　下線部①に関連して，Kさんは，共生社会の実現について調べ，次のようにまとめました。**まとめ1**の中の $\boxed{\text{I}}$ と $\boxed{\text{II}}$ にあてはまる語の組み合わせとして正しいものを，下の**ア〜エ**の中から一つ選び，その記号を書きなさい。（3点）

まとめ1

> 　障がいがあっても教育や就職の面で不自由なく生活できるといったインクルージョンの実現が求められています。例えば，**資料1**のように，公共の交通機関や建物では，障がいのある人々も利用しやすいように，段差をなくすといった $\boxed{\text{I}}$ が進められています。
> 　また，**資料2**は，片側のハンドルを円形でなくすることで，どのような握り方にも対応した「はさみ」です。このように，製品やサービスを，言語や性別，障がいの有無などにかかわらず，だれもが利用しやすいように工夫した，$\boxed{\text{II}}$ が広がってきています。
>
> **資料1**
>
>
>
> **資料2**
>
>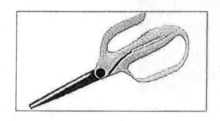

　ア　Ⅰ−グローバル化　　Ⅱ−ユニバーサルデザイン
　イ　Ⅰ−グローバル化　　Ⅱ−インフォームド・コンセント
　ウ　Ⅰ−バリアフリー化　Ⅱ−ユニバーサルデザイン
　エ　Ⅰ−バリアフリー化　Ⅱ−インフォームド・コンセント

問2　下線部②に関連して，衆議院で内閣不信任の決議が可決された場合，内閣はどのようなことを選択しなければならないかを，具体的に説明しなさい。（5点）

問3　下線部③について述べた文として正しいものを，次の**ア〜オ**の中から**すべて**選び，その記

号を書きなさい。（3点）

ア　裁判員制度の対象になるのは，殺人や強盗致死などの重大な犯罪についての刑事裁判である。

イ　一つの事件の裁判は，3人の裁判員と6人の裁判官が協力して行う。

ウ　裁判員は，満18歳以上の立候補した国民の中から，試験によって選ばれる。

エ　裁判員が参加するのは地方裁判所で行われる第一審だけで，第二審からは参加しない。

オ　裁判員は，公判に出席して，被告人や証人の話を聞いたり，証拠を調べたりし，有罪か無罪かの判断は，裁判官だけで行う。

問4　次は，下線部④について学習する授業における，先生とKさんの会話です。会話文中の P と Q にあてはまる語の組み合わせとして正しいものを，下のア～エの中から一つ選び，その記号を書きなさい。（3点）

先　生：外国と貿易したり，海外旅行をしたりするときには，為替相場を考えることになります。為替相場は，外国通貨の1単位が日本円のいくらにあたるかで示されます。これらについて，**資料3**からどのようなことがわかりますか。

資料3

年月	2016年1月	2016年8月
為替相場	1ドル＝120円	1ドル＝100円
アメリカ製スニーカー（一足80ドル）	80ドル＝9600円	80ドル＝ Q

Kさん：はい。**資料3**から，2016年の1月に1ドルが120円だった為替相場は，同じ年の8月には1ドルが100円になっていることがわかります。この場合，円をもっている人からみれば，120円を出さなければ交換できなかった1ドルを100円で交換できるようになり，円の価値が上がりドルの価値が下がったことを意味します。このように，外国通貨に対して円の価値が上がることを P といいます。

先　生：そのとおりです。**資料3**から，例えば，1ドルが120円のとき，一足80ドルのアメリカ製スニーカーを輸入したときの支払額は，日本円で一足9600円です。その後，為替相場の変動によって，1ドルが100円になると，同じアメリカ製スニーカーを輸入したときの支払額は，日本円で一足いくらですか。

Kさん：はい。 Q です。

先　生：そのとおりです。為替相場の変動は，私たちの生活にも影響をおよぼすということですね。

ア　P－円高　Q－11200円

イ　P－円高　Q－8000円

ウ　P－円安　Q－11200円

エ　P－円安　Q－8000円

問5　下線部⑤に関連して，Kさんは，労働者の権利を守る法律について調べ，ある法律の主な内容を次のようにまとめました。この法律の名称を書きなさい。（3点）

> ・労働条件は，労働者と使用者が，対等の立場において決定すべきものとする。
>
> ・男女は同一の賃金とする。
>
> ・労働時間は原則として，週40時間，1日8時間以内とする。
>
> ・労働者には，少なくとも週1日の休日が与えられるものとする。

問6　下線部⑥に関連して，**K**さんは，日本の社会保障制度の四つの柱について調べ，次の**表2**をつくりました。**表2**中の　X　～　Z　にあてはまる語の組み合わせとして正しいものを，下の**ア～カ**の中から一つ選び，その記号を書きなさい。（3点）

表2

四つの柱	社会保障の内容
社会福祉	高齢者や子どもなど，社会の中で弱い立場になりやすい人々を支援する。
X	人々が毎月保険料を負担し合い，病気や高齢の人々に給付する。
Y	生活環境の改善や感染症の予防などで，人々の健康や安全な生活を守る。
Z	最低限の生活ができない人々に対して，生活費や教育費などを支給する。

ア　**X**－公衆衛生　**Y**－社会保険　**Z**－公的扶助

イ　**X**－公衆衛生　**Y**－公的扶助　**Z**－社会保険

ウ　**X**－社会保険　**Y**－公衆衛生　**Z**－公的扶助

エ　**X**－社会保険　**Y**－公的扶助　**Z**－公衆衛生

オ　**X**－公的扶助　**Y**－公衆衛生　**Z**－社会保険

カ　**X**－公的扶助　**Y**－社会保険　**Z**－公衆衛生

問7　下線部⑦に関連して，**K**さんは，国際問題の解決に向けた取り組みについて調べ，次のようにまとめました。**まとめ2**の中の　R　にあてはまる語を書きなさい。（3点）

まとめ2

　　現在の国際社会では，世界各地で，暮らしていた場所から周辺国などへとにげこむ，　R　が増えています。その要因は，地域紛争や貧困のほか，自然災害など，さまざまです。こうした状況から，「国連　R　高等弁務官事務所（UNHCR）」では，食料や水などを援助しており，また，自力で生活を立て直したり，住み慣れた場所にもどったりするための支援も行っています。**資料4**は，日本人初の国連　R　高等弁務官として活躍した，緒方貞子さんの活動の様子です。

資料4

6 Fさんは，3年間の社会科学習のまとめとして，持続可能な開発目標(SDGs)をもとに日本のさまざまな課題などについて調べ，次の**カードⅠ～カードⅣ**をつくりました。これらに関する問1～問4に答えなさい。(14点)

カードⅠ

ゴール4
質の高い教育を
みんなに

　江戸時代には，武士から庶民まで教育の広がりがみられました。だれもが公平に，良い教育を受けられるように，学びの機会を広めていくことが必要です。

カードⅡ

ゴール7
エネルギーをみんなに
そしてクリーンに

　電力などのエネルギーは，私たちの生活に欠かせないものです。日本では，省エネルギーの技術の開発とともに，新たなエネルギー資源の開発も求められています。

カードⅢ

ゴール13
気候変動に
具体的な対策を

　日本の年平均気温は，変動を繰り返しながら上昇しています。自然環境の変化で，集中豪雨や局地的な大雨が，いたるところで起こっています。

カードⅣ

ゴール11
住み続けられる
まちづくりを

　大都市の過密を解消するために建設された大規模な宅地であるニュータウンは，住民の高齢化や住宅の老朽化が急速に進んでいます。

問1　**カードⅠ**に関連して，次の**ア～エ**は，日本の教育に関するできごとについて述べたものです。年代の**古い順**に並べかえ，その順に記号で書きなさい。(3点)

ア　教育勅語が出されて，忠君愛国の道徳が示され，教育の柱とされるとともに，国民の精神的なよりどころとされた。

イ　西洋の学問をオランダ語で研究する蘭学が発達し，蘭学を教える緒方洪庵の適塾が開かれ，全国から弟子が集まった。

ウ　民主主義の教育の基本を示す教育基本法が制定され，9年間の義務教育などの学校制度が始まった。

エ　学制が公布され，欧米の学校教育制度を取り入れて，満6歳になった男女は，すべて小学校に通うように定められた。

問2　**カードⅡ**に関連して，Fさんは，化石燃料による発電と太陽光や風力を利用した発電の特徴について調べ，次の**表**をつくりました。**表**中の**X～Z**にあてはまる文①～③の組み合わせとして最も適切なものを，下の**ア～カ**の中から一つ選び，その記号を書きなさい。(3点)

表

	化石燃料による発電	太陽光や風力を利用した発電
利点	需要量に合わせて発電量を調節しやすい。	X
課題	Y	Z

①
埋蔵する地域の分布にかたよりがあり，採掘できる年数も限られる。

②
電力の供給が自然条件の影響を受けやすい。

③
発電時に二酸化炭素を排出しない。

ア　X—①　Y—②　Z—③　　　イ　X—①　Y—③　Z—②

ウ　X—②　Y—①　Z—③　　　エ　X—②　Y—③　Z—①

オ　X—③　Y—①　Z—②　　　カ　X—③　Y—②　Z—①

問3　カードⅢに関連して，Fさんは，都市化が進んだ地域の気候について調べ，次のようにまとめました。**まとめ**の中の　P　にあてはまる語を書きなさい。（3点）

まとめ

　　地面がアスファルトで固められ，高層ビルや商業施設が集中する，東京や大阪など大都市の中心部では，周辺部と比べて気温が高くなる　P　現象がみられます。

　　大阪市では，**資料1**のように市役所の屋上を緑化するなど，　P　現象を緩和するための取り組みをしています。

資料1

問4　**カードⅣ**に関連して，Fさんは，大阪府にある千里ニュータウンの取り組みについて調べ，**レポート**にまとめました。**グラフ2**の　a　にあてはまる，取り組みの成果を示す最も適切なものを，あとの**ア〜エ**の中から一つ選び，その記号を書きなさい。また，　A　にあてはまることばを書きなさい。なお，　A　には，**資料2**と**グラフ2**から読みとれる，取り組みの内容とFさんが考えるその取り組みの成果があてはまります。（5点）

レポート

≪探究課題≫
　住み続けられるまちづくりを実現するため，私たちはどのようなことができるか。

≪課題設定理由≫
　1960年代から宅地開発が行われている，千里ニュータウンの課題とその解決に向けた取り組みが，私たちの地域を発展させるための行動の参考になると考えたからです。

≪探究内容≫

1　千里ニュータウンの現状と主な課題
　グラフ1から，1975年に約13万人であった人口は，2005年，約9万人に減少しましたが，2015年に10万人近くにまで回復していることが読みとれます。ただし，住民の高齢化は地域の課題の一つとなっています。

2　千里ニュータウンの主な取り組みとその成果

(1)　人口減少に対して，古い住宅の建てかえを進めていることが，新たな世帯を増やしていると考えられます。

(2)　高齢者の世帯の増加に対して，福祉施設を整備したり，共通の趣味で集う場をつくったりすることが，高齢者に暮らしやすい環境になっていると考えられます。

(3)　**資料2**と**グラフ2**から，子育て世代や子どもに対して，┌─────┐と考えられ│　　**A**　　│ます。└─────┘

　グラフ2

┌─────────────────┐
│　　　　　　　　　　　　　　　　　│
│　　　　　　　a　　　　　　　　　│
│　　　　　　　　　　　　　　　　　│
└─────────────────┘

グラフ1

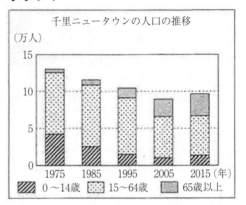

千里ニュータウンの人口の推移
（万人）
0〜14歳　　15〜64歳　　65歳以上

資料2　子育て世代や子どもへの主な取り組み

2010年から住宅地に設けられた地域交流ルーム

2017年から開催されている水遊びイベント

（注）　**レポート**は一部である。

（千里ニュータウン情報館ホームページなどから作成）

ア

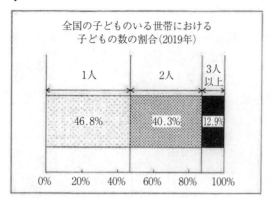

全国の子どものいる世帯における
子どもの数の割合(2019年)

1人	2人	3人以上
46.8%	40.3%	12.9%

イ

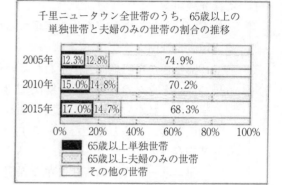

千里ニュータウン全世帯のうち，65歳以上の
単独世帯と夫婦のみの世帯の割合の推移

	65歳以上単独世帯	65歳以上夫婦のみの世帯	その他の世帯
2005年	12.3%	12.8%	74.9%
2010年	15.0%	14.8%	70.2%
2015年	17.0%	14.7%	68.3%

ウ

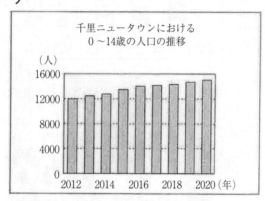

千里ニュータウンにおける
0～14歳の人口の推移

エ

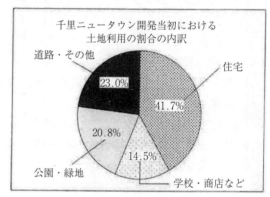

千里ニュータウン開発当初における
土地利用の割合の内訳

道路・その他 23.0%
住宅 41.7%
学校・商店など 14.5%
公園・緑地 20.8%

(「千里ニュータウンの資料集」などから作成)

1 次の各問に答えなさい。(24点)

問1 海岸の埋め立て地や河川沿いなどの砂地において、地震による揺れで**図1**のような被害をもたらす、地面が急にやわらかくなる現象を何といいますか。下の**ア～エ**の中から一つ選び、その記号を書きなさい。（3点）

図1

ア 津波 **イ** 土石流
ウ 液状化 **エ** 高潮

問2 次の**ア～エ**の細胞のつくりのうち、植物の細胞と動物の細胞に共通して見られるつくりを二つ選び、その記号を書きなさい。（3点）

ア 核 **イ** 葉緑体
ウ 細胞膜 **エ** 細胞壁

問3 硫酸銅水溶液、硫酸亜鉛水溶液の入った試験管を3本ずつ用意し、それぞれの水溶液に、銅、亜鉛、マグネシウムの金属片を**図2**のように入れました。**表1**はしばらくおいたあとに観察した結果をまとめたものです。この結果から、銅、亜鉛、マグネシウムを**イオンになりやすい順**に並べたものを、下の**ア～エ**の中から一つ選び、その記号を書きなさい。（3点）

図2

表1

		水溶液	
		硫酸銅水溶液	硫酸亜鉛水溶液
金属片	銅	変化がなかった。	変化がなかった。
	亜鉛	金属表面に赤色の物質が付着した。	変化がなかった。
	マグネシウム	金属表面に赤色の物質が付着した。	金属表面に銀色の物質が付着した。

ア 銅＞亜鉛＞マグネシウム

イ 銅＞マグネシウム＞亜鉛

ウ マグネシウム＞銅＞亜鉛

エ マグネシウム＞亜鉛＞銅

問4　図3のように，一定の速さで糸を引いて物体を0.2mもち上げます。物体に20Nの重力がはたらいているとき，糸を引く力の大きさと，糸を引く距離の組み合わせとして最も適切なものを，次のア～エの中から一つ選び，その記号を書きなさい。ただし，糸と滑車の質量，糸と滑車の間の摩擦は考えないものとします。（3点）

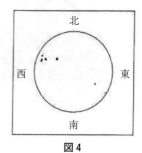

図3

	糸を引く力の大きさ〔N〕	糸を引く距離〔m〕
ア	10	0.2
イ	10	0.4
ウ	20	0.2
エ	20	0.4

問5　図4は，天体望遠鏡に太陽投影板と遮光板をとりつけて太陽の像を投影したときに，まわりより暗く見える部分を記録用紙にスケッチしたものです。この部分の名称を書きなさい。（3点）

問6　図5のバッタやカニのように，外骨格をもち，からだに多くの節がある動物をまとめて何といいますか。その名称を書きなさい。（3点）

図4

図5　　　　　　　　　　　　　　　　図6

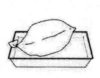

問7　ポリエチレンの袋に液体のエタノール4.0gを入れ，空気を抜いて密閉したものに，図6のように熱湯をかけると，エタノールはすべて気体となり，袋の体積は2.5Lになりました。このときのエタノールの気体の密度は何g/cm³か，求めなさい。（3点）

問8　放射性物質が，放射線を出す能力のことを何といいますか。その名称を書きなさい。（3点）

2 ＹさんとＮさんは，理科の授業で風に関して学習しました。問1〜問5に答えなさい。
（19点）

授業

> 先　生：**図1**と**図2**は異なる日の天気図です。**図1**と**図2**を比べて，どのようなことがわか
> りますか。

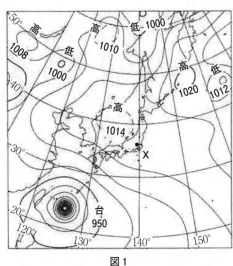

図1

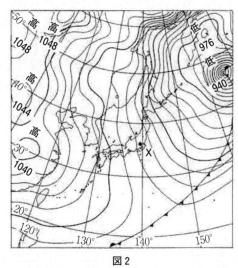

図2

> Ｙさん：地点**X**における風の強さを**図1**と**図2**で比べると，**図2**の方が等圧線の間隔が
> 　　　　　**P**　　ことから，**図2**の方が風が　　**Q**　　と考えられます。
>
> 先　生：そうですね。では，他にどのようなことがわかりますか。
>
> Ｎさん：**図1**では日本列島の南の海上に台風がみられます。**図2**でも東の海上に発達した低
> 気圧がみられますが，位置から考えると，これは台風が温帯低気圧に変化したものだ
> と思います。夏から秋にかけて多くの台風がやってくるので，**図1**と**図2**はどちらも
> 夏か秋の天気図ではないでしょうか。
>
> 先　生：**図1**のものは台風ですが，**図2**のものは台風が温帯低気圧に変化したものではあり
> ません。実は，**図1**と**図2**はそれぞれ異なる季節の典型的な天気図です。もう一度，
> 全体的な気圧配置に着目し，季節について考えてみましょう。
>
> Ｎさん：**図1**は，太平洋高気圧が日本列島の広範囲をおおっているので夏の天気図だと考え
> られ，**図2**は，西高東低の気圧配置がみられるので，　　**R**　　の天気図だと考えら
> れます。
>
> 先　生：そうですね。

問1　授業の**P**，**Q**にあてはまる語の組み合わせとして最も適切なものを，次の**ア〜エ**
の中から一つ選び，その記号を書きなさい。（3点）

　ア　**P**…せまい　**Q**…弱い　　**イ**　**P**…広い　**Q**…弱い
　ウ　**P**…せまい　**Q**…強い　　**エ**　**P**…広い　**Q**…強い

問2　授業の**R**にあてはまる季節を書きなさい。（3点）

　Ｎさんは，海陸風に興味をもち，水を海，砂を陸に見立てて実験を行いました。

実験

課題

海岸地域の風の向きは、どのように決まるのだろうか。

【方法】

［１］ 同じ体積の水と砂をそれぞれ容器**A**と容器**B**に入れ、これらを水そう内に置き、室温でしばらく放置した。

［２］ **図３**のように、水そう内に線香と温度計を固定し、透明なアクリル板をかぶせた装置を作った。

［３］ 装置全体に日光を当て、３分ごとに18分間、水と砂の表面温度を測定した。

［４］ 測定終了後、アクリル板を開けて線香に火をつけてすぐに閉め、水そう内の煙の動きを観察した。

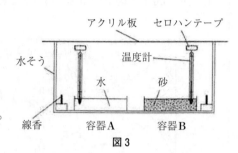

図３

【結果】

○ 水と砂の表面温度の変化

時間〔分〕	0	3	6	9	12	15	18
水の表面温度〔℃〕	29.0	31.0	32.8	34.5	36.3	38.2	39.9
砂の表面温度〔℃〕	29.0	33.0	37.0	41.0	44.0	47.8	50.5

○ 水そう内の線香の煙は、**図４**のように動いていた。

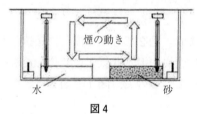

図４

【考察】

○ 水と砂のあたたまり方について、この【結果】から ☐ **S** ☐ ことがわかる。

問３ 【考察】の ☐ **S** ☐ にあてはまることばとして最も適切なものを、次の**ア〜エ**の中から一つ選び、その記号を書きなさい。（３点）

ア 砂の方が水よりもあたたまりやすい

イ 水の方が砂よりもあたたまりやすい

ウ 水と砂であたたまりやすさに差がない

エ どちらがあたたまりやすいか判断できない

問４ **実験**から、よく晴れた日の昼における海岸地域の地表付近の風の向きは、右の**ア**、**イ**のどちらであると考えられますか。その記号を書きなさい。また、そのような風の向きになるしくみを、**気温**、**上昇気流**という語を使って説明しなさい。（５点）

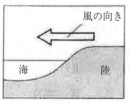

ア

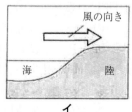

イ

Yさんは，旅行で飛行機に乗った際に気づいたことについて，Nさんと会話しました。

会話

Yさん：旅行で東京から福岡に行ったときに飛行機に乗ったけど，行きと帰りで飛行機の所
要時間に差があったよ。調べてみると，**表1**のとおりだったよ。

表1

	行き 東京国際空港(羽田空港)から 福岡空港	帰り 福岡空港から 東京国際空港(羽田空港)
所要時間	115分	95分

Nさん：**表1**から，所要時間は帰りの方が行きよりも
短いことがわかるね。**図5**のように，中緯度地
域の上空では，偏西風という，地球を1周して
移動する大気の動きがあるね。帰りの所要時間
が短くなるのは，飛行機が偏西風の影響を受け
るからではないかな。

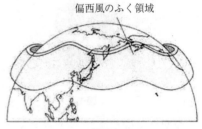

偏西風のふく領域

図5

Yさん：その仮説が正しいかどうか考えてみよう。

問5　Yさんは，下線部の仮説について，数値データを集めて**表2**と**表3**にまとめ，下のように
考察しました。□Ⅰ□～□Ⅲ□にあてはまる語句の組み合わせとして最も適切なものを，**ア～カ**
の中から一つ選び，その記号を書きなさい。また，□T□には，帰りの飛行機が偏西風からど
のような影響を受けながら飛んでいるのか書きなさい。ただし，飛行機は，行きと帰りで同じ
距離を飛ぶものとします。（5点）

表2

	高度
偏西風のふく領域	5.5〜14km
飛行機の飛ぶ高さ	10km

表3

		緯度	経度
偏西風のふく領域		北緯30〜60°	—
飛行機の発着場所	東京国際空港 (羽田空港)	北緯36°	東経140°
	福岡空港	北緯34°	東経130°

　　　□　Ⅰ　□の数値データから，飛行機は偏西風のふく領域を飛ぶと判断でき，飛行
機は偏西風の影響を受けると考えられる。
　　　さらに，□　Ⅱ　□の数値データと偏西風のふく向きから，帰りの飛行機の飛ぶ向きが
偏西風のふく向きと□　Ⅲ　□向きになり，帰りの飛行機は□　　T　　□飛んでいると
判断できるため，帰りの所要時間が短くなると考えられる。

ア　Ⅰ…高度と緯度　Ⅱ…経度　Ⅲ…同じ

イ　Ⅰ…高度と緯度　Ⅱ…経度　Ⅲ…逆

ウ　Ⅰ…高度と経度　Ⅱ…緯度　Ⅲ…同じ

エ　Ⅰ…高度と経度　Ⅱ…緯度　Ⅲ…逆

オ　Ⅰ…緯度と経度　Ⅱ…高度　Ⅲ…同じ

カ　Ⅰ…緯度と経度　Ⅱ…高度　Ⅲ…逆

3 Wさんは，エンドウについて学習し，ノートにまとめました。問1～問4に答えなさい。
（19点）

ノート1

観察

　エンドウについて，**図1**は開花後の花のようす，**図2**は開花後の花の縦断面，**図3**は種子のつくりを模式的に表したものである。

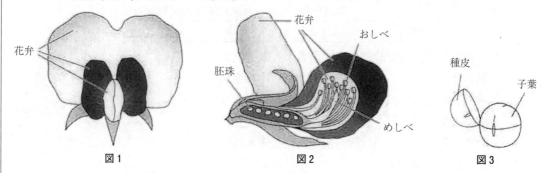

図1　　　　　図2　　　　　図3

わかったこと

○ ①エンドウは，自然の状態では外から花粉が入らず，自家受粉を行う。

○ 胚珠は発達して種子となる。エンドウの種子の種皮はうすく，中の子葉の色が透けてみえる。

○ ②エンドウの子葉の色には，黄色と緑色の2種類がある。

問1　エンドウの花弁のつき方による分類と，そこに分類される代表的な植物の組み合わせとして最も適切なものを，次の**ア～エ**の中から一つ選び，その記号を書きなさい。（4点）

	分類	代表的な植物
ア	合弁花類	アブラナ，サクラ
イ	合弁花類	アサガオ，ツツジ
ウ	離弁花類	アブラナ，サクラ
エ	離弁花類	アサガオ，ツツジ

問2　下線部①の理由を，**図1**と**図2**を参考にし，エンドウの花のつくりにふれながら，**開花後**という語を使って書きなさい。（4点）

問3　下線部②について，エンドウの子葉の色には，黄色と緑色のいずれかの形質しか現れません。この黄色と緑色のように，同時に現れない2つの形質のことを何といいますか。その名称を書きなさい。（3点）

　Wさんは，先生からもらった子葉の色が異なる2種類のエンドウの種子を，1つずつ育てたときのようすについて，ノートにまとめました。

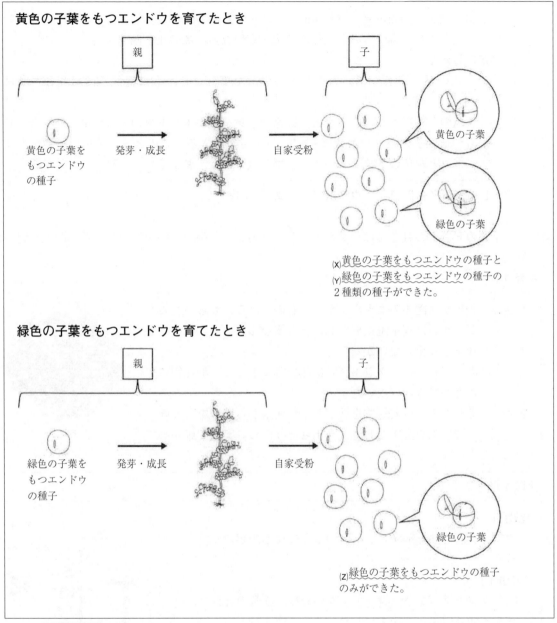

ノート2

黄色の子葉をもつエンドウを育てたとき

| 親 | | 子 |

黄色の子葉を
もつエンドウ
の種子

発芽・成長

自家受粉

黄色の子葉

緑色の子葉

(X)黄色の子葉をもつエンドウの種子と
(Y)緑色の子葉をもつエンドウの種子の
2種類の種子ができた。

緑色の子葉をもつエンドウを育てたとき

| 親 | | 子 |

緑色の子葉を
もつエンドウ
の種子

発芽・成長

自家受粉

緑色の子葉

(Z)緑色の子葉をもつエンドウの種子
のみができた。

問4 ノート2 について，次の(1)，(2)に答えなさい。ただし，エンドウの子葉の色を決める遺伝子のうち，顕性形質の遺伝子を**A**，潜性形質の遺伝子を**a**で表すものとします。

(1) 波線部(**X**)，(**Y**)，(**Z**)のエンドウのうち，遺伝子の組み合わせが特定できないものを一つ選び，その記号を書きなさい。また，そのエンドウがもつ可能性のある遺伝子の組み合わせを，**A**，**a**を使って**二つ**書きなさい。（4点）

(2) **W**さんは，(1)で答えた遺伝子の組み合わせが特定できないエンドウを**P**として，**P**の遺伝子の組み合わせを特定するための方法について調べ，次のようにまとめました。 Ⅰ ， Ⅱ にあてはまる遺伝子の組み合わせを，**A**，**a**を使って書きなさい。また， M にあてはまる比として最も適切なものを，下の**ア**〜**エ**の中から一つ選び，その記号を書きなさい。（4点）

方法

　Pに「遺伝子の組み合わせが**aa**のエンドウ」をかけ合わせて生じたエンドウについて，黄色の子葉をもつものと緑色の子葉をもつものの数の比を確認する。

特定のしかた

○　黄色の子葉をもつエンドウのみが生じた場合，Pがもつ遺伝子の組み合わせは　　**I**　　と特定できる。

○　黄色の子葉をもつエンドウと，緑色の子葉をもつエンドウの両方が生じた場合，Pがもつ遺伝子の組み合わせは　　**II**　　と特定できる。このとき，黄色の子葉をもつエンドウと緑色の子葉をもつエンドウの数の比は，およそ　　**M**　　となる。

　ア　1：1　　**イ**　2：1　　**ウ**　3：1　　**エ**　4：1

4　科学部のFさんとHさんは，クジャク石から銅をとり出す実験を行いました。問1～問4に答えなさい。(19点)

会話1

Fさん：先生から**図1**のようなクジャク石のかけらをもらったんだ。クジャク石は銅を主成分とした化合物なんだって。この石から銅をとり出せないかな。

Hさん：調べてみると，クジャク石は熱分解によって，酸化銅にすることができるみたいだよ。

Fさん：それなら，炭素粉末を使って①酸化銅から酸素をとり除くことで，銅を金属としてとり出せそうだね。実験で確かめてみよう。

図1

実験1

課題1

　クジャク石を熱分解すると，どのように反応が起こるだろうか。

【方法1】

[1]　クジャク石をハンマーでくだいた後，鉄製の乳鉢で細かくすりつぶして粉末にした。

[2]　粉末にしたクジャク石10.00gを試験管に入れ，**図2**の装置でじゅうぶんに加熱した。

[3]　試験管の口に生じた液体を調べた後，液体を加熱によって完全に蒸発させた。

[4]　残った粉末の質量を測定した。

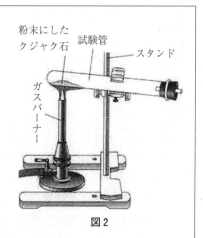

図2

【結果1】

○　試験管の口に生じた液体は，②水であることがわかった。

○　試験管内からとり出された黒い粉末(**試料A**とする)は7.29gであった。

問1　下線部①のように，酸化物から酸素がとり除かれる化学変化を何といいますか。その名称を書きなさい。（3点）

問2　下線部②について，試験管の口に生じた液体が水であることを確かめる方法を，次のようにまとめました。□□□にあてはまることばを書きなさい。（4点）

> 試験管の口に生じた液体に□□□□□□ことを確認すれば水であることが確かめられる。

会話2

> Fさん：[実験1]でとり出された**試料A**は純粋な酸化銅なのかな。
> Hさん：いや，ほぼ純粋な酸化銅だろうけど，クジャク石は天然のものだから多少の不純物は混じっていると考えるべきだろうね。
> Fさん：そうすると，炭素粉末と反応させるだけでは純粋な銅は得られないね。不純物の割合をできるだけ低くするには，**試料A**をどれくらいの炭素粉末と反応させればいいんだろう。
> Hさん：炭素粉末を加え過ぎても，反応しなかった分が不純物になってしまって，銅の割合が低くなるよね。**試料A**をもっと準備して，加える炭素粉末の質量をかえて実験してみよう。

実験2

課題2

　試料Aからできるだけ不純物の割合の低い銅を得るには，どれくらいの炭素粉末と反応させるのが適切なのだろうか。

【方法2】

［1］　**試料A**2.50gと純粋な炭素粉末0.06gをはかりとり，よく混ぜ合わせた。

［2］　［1］の混合物をすべて試験管**P**に入れ，**図3**の装置で，気体が発生しなくなるまでじゅうぶんに加熱した。

［3］　試験管**Q**からガラス管の先を抜いて加熱をやめ，ゴム管をピンチコックでとめた。

［4］　試験管**P**が冷めた後，残った粉末（**試料B**とする）の質量を測定した。

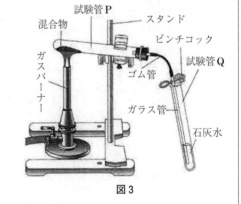

図3

［5］　**試料A**の質量は2.50gのまま，炭素粉末の質量を0.12g，0.18g，0.24g，0.30gにかえ，［1］〜［4］と同じ操作を行った。

【結果2】

○　発生した気体は，石灰水を白くにごらせたことから，二酸化炭素であることがわかった。

問3　次は，[実験2]における酸化銅と炭素の反応を，原子・分子のモデルを使って表し，それをもとに化学反応式で表したものです。銅原子を◎，酸素原子を○，炭素原子を●として〔　〕にあてはまるモデルをかき，それをもとに化学反応式を完成させなさい。（4点）

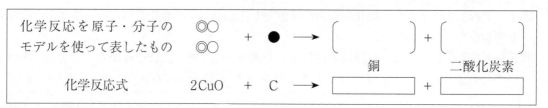

化学反応を原子・分子の モデルを使って表したもの	◎◎ ◎◎	+	●	→	[　　　]	+	[　　　]
					銅		二酸化炭素
化学反応式	2CuO	+	C	→	[　　　]	+	[　　　]

実験2の続き

○　加えた炭素粉末の質量に対して，試験管**P**に残った**試料B**の質量は次のようになった。

試料A〔g〕	2.50	2.50	2.50	2.50	2.50
炭素粉末〔g〕	0.06	0.12	0.18	0.24	0.30
試料B〔g〕	2.34	2.18	2.02	2.08	2.14

問4　実験2　について，次の(1)，(2)に答えなさい。ただし，炭素粉末と酸化銅の少なくとも一方は，完全に反応したものとします。なお，炭素粉末は**試料A**中の酸化銅としか反応しないものとし，**試料A**中の不純物は加熱しても反応しないものとします。

(1)　実験2の続き　について，加えた炭素粉末の質量と発生した二酸化炭素の質量の関係を表したグラフとして最も適切なものを，次の**ア～エ**の中から一つ選び，その記号を書きなさい。（4点）

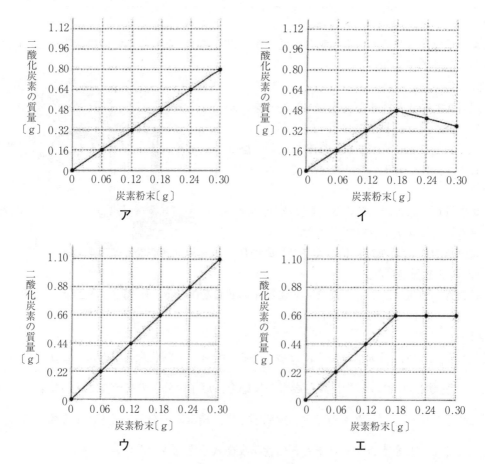

(2) **試料A** 2.50 g から得られる**試料B**の銅の割合をできるだけ高くするには，何 g の炭素粉末と反応させるのが最も適切か，書きなさい。また，そのとき得られる**試料B**に含まれる銅の質量は何 g か，求めなさい。ただし，酸化銅は銅と酸素が 4：1 の質量比で結びついたものとします。（4点）

5 演劇部の**K**さんと**M**さんは，四方八方に広がる光を一方向に集める**図1**のようなスポットライトを，部活動で使用するために自作できないかと考え，試行錯誤しています。問1〜問5に答えなさい。（19点）

図1

会話1

スポットライトを作るには，**図2**のように電球にかさをつけるだけではだめかな。

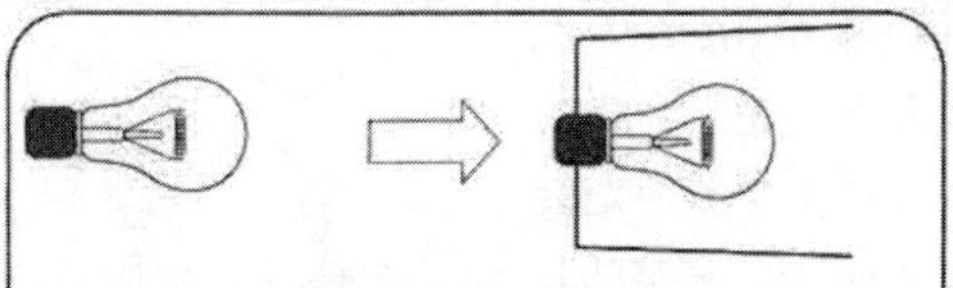

図2　電球にかさをつけるイメージ

Kさん

Mさん

かさだけだと，電球から出た光の一部しか有効に使えないのではないかな。懐中電灯には電球のまわりが鏡のようになっているものもあるよ。

そうか，光が鏡で　**A**　する性質を使って光を一方向に集めるんだね。

問1　**会話1**の**A**にあてはまる語を書きなさい。（3点）

問2　**K**さんは，電球のまわりを鏡でおおい，スクリーンを照らす実験を行いました。**図3**は，その断面のようすを横から見た模式図です。矢印の向きに出た光はどのように進みますか。スクリーンまでの光の道すじを，定規を用いて作図しなさい。（4点）

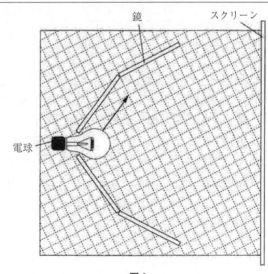

鏡　スクリーン

電球

図3

スポットライトを作るなら，凸レンズでも光を一方向に集められるのではないかな。

Kさん

なるほどね。光源に対する凸レンズの位置を変えて，光の進み方がどのように変わるのか，いろいろと試してみよう。

Mさん

実験

課題

光源に対する凸レンズの位置によって，光の進み方はどのように変わるのだろうか。

【方法】

［1］　直径が6cmで焦点距離が10cmの凸レンズを準備し，図4のように光学台の上に光源，凸レンズ，スクリーンを置いた装置を組み立て，光源のフィラメントが凸レンズの軸（光軸）上になるように調整した。

［2］　光源を固定したまま凸レンズの位置を変え，スクリーンにうつる光のようすを，スクリーンを凸レンズから10cmずつ遠ざけて調べた。

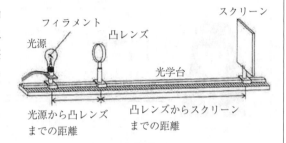

図4

【結果】

		凸レンズからスクリーンまでの距離					
		10cm	20cm	30cm	40cm	50cm	60cm
光源から凸レンズまでの距離	10cm	像はできず，いずれの距離でも明るい光が直径約6cmの円としてうつった。					
	20cm	像はできず，明るい光が直径約3cmの円としてうつった。	上下左右が逆向きのフィラメントの実像ができた。	像はできず，遠ざけるほど光が広がり，暗くなった。			

問3　【結果】の下線部について，このときできた像の大きさはもとの光源の大きさの何倍ですか。最も適切なものを，次のア～エの中から一つ選び，その記号を書きなさい。（4点）

ア　0.5倍　　イ　1倍　　ウ　1.5倍　　エ　2倍

問4　実験について，光源から凸レンズまでの距離が10cmのとき，スクリーンを凸レンズから遠ざけても，明るい光が同じ大きさの円としてうつる理由を，平行という語を使って説明しなさい。ただし，光源から出た光は凸レンズの軸（光軸）上の1点から出たものとします。（4点）

小型のスポットライトなら小さなレンズで作れそうだけど，大型化しようとするとレンズも厚くなってしまうね。

それならフレネルレンズを使うと解決できるのではないかな。フレネルレンズは，**図5**のような凸レンズの曲面の色のついた部分だけを組み合わせて，板状に並べたうすいレンズだよ。

三角柱のガラスをモデルにして考えてみるよ。

Kさん

Mさん

図5

問5　Kさんはフレネルレンズを理解するために，三角柱のガラスを机に並べ，光源装置から光を当てる実験を行いました。**図6**は，そのようすを上から見た模式図です。Kさんは，1点から出た光源装置の光を**図6**の6か所の に置いた三角柱のガラスに当てると，それぞれの光がたがいに平行になるように進むことを確認しました。このときの三角柱のガラスの並べ方として最も適切なものを，次の**ア〜エ**の中から一つ選び，その記号を書きなさい。（4点）

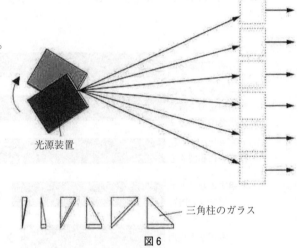

光源装置

三角柱のガラス

図6

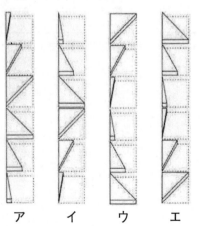

ア　　イ　　ウ　　エ

資料

① インターネットの使い方について，何か家庭でルールを決めていますか

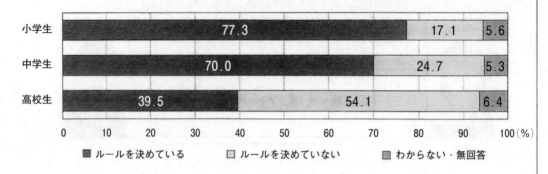

② あなたの家庭で決めている「インターネットの使い方のルール」にあてはまるもの

※複数回答

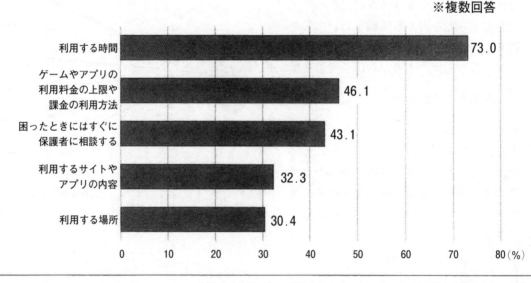

内閣府　令和３年度「青少年のインターネット利用環境実態調査」より作成

切なものを、次の**ア～エ**の中から一つ選び、その記号を書きなさい。（3点）

ア　よき者　　イ　白鷺（しらさぎ）　　ウ　絵描き　　エ　亭主

問2　②羽づかひがかやうでは　とありますが、この部分を「現代仮名遣い」に直し、**すべてひらがなで**書きなさい。（3点）

問3　③第一の出来物（できもの）　は、「もっともすぐれた点」という意味ですが、ここでは何を指していますか。次の空欄にあてはまる内容を十五字以内で書きなさい。（3点）

問4　次は、この文章を読んだあとの先生とAさんの会話です。空欄　Ⅰ　にあてはまる内容を本文中から二十字以内で探し、そのはじめの五字を書き抜きなさい。（3点）

> Aさん「先生、この文章を図書館で調べたところ、『自慢するは下手芸といふ事』という題がついていることがわかりました。」
>
> 先生「この文章は、前半では自慢する人の未熟さを述べ、後半ではそれを笑い話で説明しています。後半の登場人物が、『をのれが疵をかくさん』としている様子は、どこに表現されているかわかりますか。」
>
> Aさん「本当の白鷺を見ても、『　Ⅰ　』と負け惜しみを言っているところです。」
>
> 先生「そのとおりです。」

五　次のページの資料は、内閣府が行ったインターネットの利用についての調査結果のうち、「インターネットを利用している」と答えた満十歳から満十七歳の回答をまとめたものです。

国語の授業で、この資料から読み取ったことをもとに「インターネットの適切な利用」について、一人一人が自分の考えを文章にまとめることにしました。次の（注意）に従って、あなたの考えを書きなさい。（12点）

（注意）

(1) **二段落構成**とし、第一段落では、あなたが資料から読み取った内容を、第二段落では、第一段落の内容に関連させて、自分の体験（見たこと聞いたことなども含む）をふまえてあなたの考えを書くこと。

(2) 文章は、十一行以上、十三行以内で書くこと。

(3) 原稿用紙の正しい使い方に従って、文字、仮名遣いも正確に書くこと。

(4) 題名・氏名は書かないで、一行目から本文を書くこと。

「私の消しゴムも、ホワイトハウスも、同じ白という色を持っている」という、当たり前に思われた事実が、

[30] [40] という問題。

問4 ④ 何かが存在するという事態を捉えるためには、そのもの以外のものに目を向ける必要がある。 とありますが、その理由として最も適切なものを、次の**ア〜エ**の中から一つ選び、その記号を書きなさい。（4点）

ア そのものの在り方が定められることで、初めて輪郭を持つことが可能となるので、現に存在する同じ在り方をしている他のものを参考にして在り方を定める必要があるから。

イ そのものは単独では存在することができず、そのものの在り方が定まり存在できるようになるためには、そのものから隔てられ区別された他のものが必要不可欠であるから。

ウ そのものの輪郭の持ち方が、そのものが単独で存在できるかできないかを決めることになるので、他のものがどのような輪郭を持っているのか比較することが求められるから。

エ そのものは単独で存在することができるが、他のものとどのような関係で空間に存在しているかを見ないと、そのものが存在する場所を正しく認識することができないから。

問5 本文で述べられた「ものの存在の仕方」について、次のようにまとめました。空欄 I 、 II にあてはまる内容を、それぞれ十五字以上、十五字以内で書きなさい。（7点）

個物は Ｉ ことで存在するのに対し、普遍者は Ⅱ ことで存在する。

四 次の文章を読んで、あとの問いに答えなさい。（------ の左側は口語訳です。）（12点）

今はむかし、物ごと自慢くさきは未練のゆへなり。我より手上の者ども、広き天下にいかほどもあるなり。諸芸ばかりに限らず、侍道にも武辺・口上以下、さらに自慢はならぬものを、今の世は、貴賤上下それぞれに自慢して、声高に荒言はきちらし、わがままをする者多し。その癖に、をのれが疵をかくさんとて、よき者を誹り笑ふ事あり。ある者、座敷をたてて絵を描かする。白鷺の一色を①望む。絵描き、「心得たり。」とて※焼筆をあつる。亭主のいはく、「いづれも良ささうなれども、此白鷺の飛びあがりたる、②羽づかひがかやうでは飛ばれまい。」といふ。絵描きのいはく、「いやいや此飛びやうが③第一の出来物ぢや。」といふうちに、本の白鷺が四五羽うちつれて飛ぶ。亭主これを見て、「あれ見給へ。あのやうに描きたいものぢや。」といへば、絵描きこれを見て、「いやいやあの羽づかひではあつてこそ、それがしが描いたやうには、得飛ぶまい。」といふた。

（『浮世物語』による。）

（注） ※焼筆……細長い木の端を焼きこがして作った筆。

問1 ① 望む とありますが、これは誰が望んだのですか。最も適

ここで「白い直方体の消しゴム」の存在を可能にしている区別は、輪郭による空間的な区別ではない。そうではなくて、「消しゴム」や「鉛筆」、「修正液」、あるいは「白」や「黒」といった性質に関わる、概念的な区別である。概念的に区別されることで、「白い直方体の消しゴム」は存在する。

重要なのは、何かが存在するということと、そのものが他のものから概念的に区別されているということとが、切り離せないということだ。前に見た輪郭による空間的な区別だけでなく、概念的な区別もまた、何かが存在するということを成立させている。

空間的な区別は、輪郭で区切ることによって、個物を存在させている。これに対して、概念的な区別は、輪郭を持たない普遍者をも存在させていると考えることができる。

例として、「白い」という性質を取り上げる。白という色は、黒や赤といった白以外の色から区別されている。「白い」という性質は存在させていると考えられる。

色以外の性質についても考えよう。「直方体である」という性質は、「球である」「三角錐である」といった性質から区別されることによって存在している。このことによって「白い」という性質から区別されることによって存在している。

このように、多くの個物や普遍者について、存在するということは、他と区別されているということと不可分である。

(川瀬和也 著『ヘーゲル哲学に学ぶ 考え抜く力』による。一部省略がある。)

(注)
※ホワイトハウス……アメリカ合衆国の大統領官邸。白色の外観からこのように呼ばれる。
※ヘーゲル……ドイツの哲学者。(一七七〇～一八三一)

問1 ①これに対して、個別者は一つしかない。とありますが、その説明として最も適切なものを、次のア～エの中から一つ選び、その記号を書きなさい。(4点)

ア 消しゴムが担っているさまざまな性質は、相互の組み合わせによって変化するため、完全に同じ性質は存在しないということ。

イ 消しゴムが持つさまざまな特徴を、特定の性質として認識するのは個人であり、人によって認識には差があるということ。

ウ ある特定の消しゴムのように、さまざまな性質を担っている個別的で具体的なものは、一つしか存在しないということ。

エ 消しゴムなどの特定の個物が担うことのできる性質は一つしかないため、普遍的なものにはなることができないということ。

問2 ②「白い」という性質が存在すると言えるかどうかについては、判断することは難しいかもしれない。とありますが、その理由として最も適切なものを、次のア～エの中から一つ選び、その記号を書きなさい。(4点)

ア 私たちは白い消しゴムを見たことがあるが、そもそもその消しゴムが本当に存在すると言えるのかという問題について、明確な答えをもっていないから。

イ 私たちは「白い」という性質を持つ消しゴムを見たことがあるが、その消しゴムが本当に「白い」かどうかを客観的に判断する手段をもっていないから。

ウ 私たちが見ている消しゴムが「白い」という性質を持っていたとしても、同じ性質のものは世界中に存在するため、すべてを比較することができないから。

エ 私たちは消しゴムのように「白い」という性質を持つものを見たことがあっても、消しゴムの持つ「白い」という性質自体を実際に見たことはないから。

問3 ③この問題 とありますが、この「問題」を説明した次の空欄にあてはまる内容を、存在、説明の二つの言葉を使って、三十字以上、四十字以内で書きなさい。ただし、二つの言葉を使う順

のもの、「白い」という性質そのものを見たことがある人など一人もいない。私たちが見ているのは白い消しゴムであって、白さそのものではないのだ。

また、「白さ」が存在するとしたとき、それがどの場所にあるかもわからない。例えば私の消しゴムは私の家にあり、ホワイトハウスはアメリカのワシントンDCにある。私の家と、ホワイトハウスの両方に、そしてその他の白いものがある全ての場所に、同じ「白さ」が存在するのだろうか。このように考えると、「白い」という性質、普遍者が存在すると考えると、かなり具合の悪いことだ、と感じられてくる。

しかし、「白さ」が存在しないと考えると都合が悪くなる場面もある。例えば、私の消しゴムとホワイトハウスはどちらも「白い」という性質を共有していると考えられる。だからこそどちらも白いと言われる。ここで、「白い」という性質が存在しないとしたらどうなるだろうか。私の消しゴムとホワイトハウスが共通して持つものなど何もない、ということになるだろう。それではなぜ、何も共通するところのない私の消しゴムとホワイトハウスがどちらも「白い」と呼ばれることになるのだろうか。「私の消しゴムも、ホワイトハウスも、同じ白という色を持っている」という、当たり前に思われた事実が、説明不可能になってしまわないだろうか。

③この問題を回避するには、「白さ」そのもの、すなわち「白い」という性質がもし存在するなら、「私の消しゴムとホワイトハウスはどちらも〈白い〉という性質を共有している」という文を、文字通りの事実として認めることができるようになる。

※ヘーゲルも、「本当は何が存在するのか」や、「そもそも何かが存在するとはどういうことなのか」という存在論の問いを、哲学の最も重要な課題だと考えていた。ヘーゲルはこの問いに、「他のも

のと区別されているときである」という独特の答えを提示している。ヘーゲルは「そこにある」ものを考えるにあたって、そこにあるものが輪郭を持っているということを重視する。

再び消しゴムについて考えてみよう。机の上に載っている消しゴムには輪郭がある。輪郭によって、消しゴムは消しゴムでないものと区別される。消しゴムの輪郭は、消しゴムが載っている机と消しゴムを区別される。また、消しゴムの周りの何もない空間と消しゴムを隔てる。こうして輪郭によって周囲の何もない空間と区別されることで、消しゴムというものの存在の在り方が定まる。そしてこれによって、消しゴムは現に、そこに存在することができている。

ここで重要なのは、何かが存在しているときには必ず、そのものは他のものと区別されている、ということである。現に存在するものは、輪郭を持つ。輪郭を持つということは、周囲と隔てられているということである。周囲と隔てられているということはつまり、周囲のものや空間と区別されているということだ。④何かが存在す

るという事態を捉えるためには、そのもの以外の、他のものに目を向ける必要がある。それ以外の、他のものが存在している。

何かの在り方を定め、それによってそのものを存在させるような区別は、空間的なものばかりではない。空間的でない区別も、ものを存在させている。

例えば、消しゴムは鉛筆ではない。机でもない。修正液でもなければ、輪ゴムでもない。また、白い消しゴムは、黒い消しゴムではない。直方体の消しゴムは、丸い消しゴムではない。このように、それが何であるのか、そしてどのような特徴を持つのかということに関しても、存在するものは、他のものと区別されている。この区別がなければ、「白い直方体の消しゴム」が存在するとは言えないだろう。

B店長「そうですね。中学生のみなさんには、ぜひ色々な職業に興味をもって、調べたり体験したりしてほしいと思います。」

～インタビューが続く～

Aさん「わかりました。学校でも伝えたいと思います。」

(1) Aさんは、このインタビューにおいてどのような工夫をしていますか。最も適切なものを、次の**ア～エ**の中から一つ選び、その記号を書きなさい。（2点）

ア 相手の緊張を緩和しこちらへの親しみをもってもらうため、敬語を使用せずに話す。

イ 相手の話題が質問の内容からそれてしまったときは、それを伝えて流れを修正する。

ウ 相手の回答を受けて、より詳しく聞きたい質問に対しさらに踏み込んだ質問をする。

エ 相手の話が一部聞き取れなかったときは、内容を復唱し正しいかどうかを確認する。

(2) ぶらぶらと歩く とありますが、同様の意味をもつ二字の熟語を、 インタビューの様子 から探し、書き抜きなさい。（3点）

(3) 【メモ】の内容には、 インタビューの様子 からは得ることのできない情報が入っています。Aさんは B店長にどのような質問をして、その情報を得たと考えられますか。質問文を考えて書きなさい。（3点）

三 次の文章を読んで、あとの問いに答えなさい。（26点）

　私はいま、白い直方体の真新しい消しゴムを持っている。この消しゴムは、「白い」、「直方体である」、「新しい」といった特徴を持っている。これらの特徴のことを、哲学では専ら「性質」と呼ぶ。例えば、「白い」という性質が普遍者であるのは、これが消しゴム以外の全ての白いものに、「普遍的に」当てはまるからである。砂糖も、塩も、※ホワイトハウスも、豆腐も、あなたが小学一年生のときに通った教室も、全て「直方体である」という性質を共有している。

　この「性質」こそが「普遍者」とも呼ばれてきたものだ。例えば、「白い」という性質が普遍者のようなものを「個物」ないし「個別者」と言う。「白い」という性質が普遍者だと言われるのは、これが消しゴム以外の全ての白いものに、「普遍的に」当てはまるからである。砂糖も、塩も、※ホワイトハウスも、豆腐も、あなたが小学一年生のときに通った教室も、全て「直方体である」という性質を共有している。「直方体である」についても同様に、あなたが小学一年生のときに通った教室は一つしかない。このような意味で、「白い」のような性質は普遍者（あるいは単に「普遍」）、特定の消しゴムのようなものは個別者（あるいは「個物」）と呼ばれる。

　①これに対して、個別者は一つしかない。白いものはたくさんあるのに対し、いま私が持っている白い消しゴムは一つしかない。ホワイトハウスも一つしかない。直方体であるものはたくさんあるが、あなたが小学一年生のときに通った教室は一つしかない。このような意味で、「白い」のような性質は普遍者（あるいは単に「普遍」）、特定の消しゴムのようなものは個別者（あるいは「個物」）と呼ばれる。

　右のような仕方で普遍者と個別者を分けることは自然なことのように思える。しかしここから、西洋哲学史上最大の問題の一つが生まれてくる。それは、普遍者は本当に存在すると言えるのか、また、もし存在するとしたらどのような仕方で存在するのか、という問題だ。

　私が持つ白い消しゴムは、明らかに存在する。しかし、この消しゴムが持つ白さ、すなわち②「白い」という性質が存在すると言えるかどうかについては、判断することは難しいかもしれない。私たちは白い消しゴムや白い家を見たことがある。しかし、「白さ」そ

【メモ】

Aさん「色々なお店を回りながら、ぶらぶらと歩くだけでも楽しそうですね。」

B店長「そのとおりです。その場合は、地元の高校生がデザインした、商店街オリジナルの地図をおすすめしています。一枚どうぞ。」

Aさん「ありがとうございます。手書きのイラストやコメントがたくさん入っていて、とても見やすい地図ですね。これはどこで手に入れることができるのでしょうか。」

B店長「商店街の中にある案内所で散策用に配っていますよ。」

Aさん「わかりました。次に、商店街の今後の課題について教えてください。」

B店長「課題としては、商店街全体での一体感が少し足りないことでしょうか。また、一部のお店では、技術を受け継ぐ若い世代の人がいないという問題があるようです。」

Aさん「それは、今後社会へと出ていく私たちにも関係のある問題ですね。」

● 商店街の名物

➡ 時計塔（大正時代の建築物）

● 通りの中心にあるパン店

➡ 50年以上売れ続けているあんパン

➡ 常に焼きたてを提供

● 人形店・呉服店（伝統）

● スポーツ用品店や洋菓子店（若い人に人気）

商店街オリジナルの地図 ➡ 地元の高校生がデザイン

● 課題①

商店街全体の一体感が不足 ➡ 商店街のお祭りを企画中

● 課題②

一部のお店で、技術を継承する人がいない

色々な職業について、調べたり体験したりしてほしい

☆ 私たちにも無関係ではないので、何かできることはないか、スピーチのまとめとして考えておく。

ウ 「パユを聴いた。」から「ニコレを、ツェラーを、高木綾子を、有田正広を」までの部分では、具体的な人物名を列挙し、「私」が様々な演奏を聴いたことが表現されている。

エ 「したたかさは、彼女の演奏ともつながっている気がする。」という表現によって、「私」に対抗心を向ける玲ちゃんに、「私」が見下した態度で接していることを印象づけている。

オ 本文は、作品中の登場人物である「私」が語り手となって展開しており、「無邪気に言うことができない。」のように、会話文以外でも「私」の思いや考えが表現されている。

二 次の各問いに答えなさい。(24点)

問1 次の──部の漢字には読みがなをつけ、かたかなは漢字に改めなさい。(各2点)

(1) 友人に本当の気持ちを吐露する。

(2) 資料の利用を許諾する。

(3) 兄は仕事で外国に赴くことになった。

(4) 小銭をサイフに入れる。

(5) あの人は細かい点にまで目がトドく。

問2 次の──線部の述語に対する主語を、一文節で書き抜きなさい。(3点)

夏休み期間中は大会こそ行われないものの、練習試合などは数多く予定されているため、電車に乗る機会も普段よりは多いだろう。

問3 次のア〜エの俳句について、表現されている季節が他の三つと異なるものを一つ選び、その記号を書きなさい。(3点)

ア 夏草や兵どもが夢の跡

イ 荒海や佐渡によこたふ天河

問4 中学生のAさんは、授業で「地元の商店街を紹介する」スピーチをするため、商店街の方にインタビューを行いました。次の【インタビューの様子】と、Aさんが書いた【メモ】を読んで、あとの問いに答えなさい。

ウ 五月雨をあつめて早し最上川

エ 閑かさや岩にしみ入る蟬の声

【インタビューの様子】

Aさん「本日はありがとうございます。さっそくですが、この商店街の名物といえば何ですか。」

B店長「はい。この商店街の名物といえば、何といっても築百年をこえる時計塔です。大正時代の建築物であり、商店街の象徴です。遠方からわざわざ見にいらっしゃる方もいます。」

Aさん「なるほど。では次に、商店街にあるお店や商品についてのお話を聞かせてください。」

B店長「そうですね。この商店街は長い歴史があるため、伝統のあるお店がたくさんありますよ。特に通りの中心にあるパン店のあんパンは、五十年以上売れ続けている人気商品です。」

Aさん「それはすごいですね。わたしも以前食べましたが、すごくおいしかったです。何か特別な工夫があるのでしょうか。」

B店長「一度にたくさん作らずに、少ない数を一日に何度も焼き上げることで、常に焼きたてを提供できるようにしているそうです。お店といえば他にも、人形店や呉服店など伝統的な品物を扱っている店舗や、若い人たちに人気のスポーツ用品店や洋菓子店など、商店街ならではの様々な専門店がありますよ。」

※ パユ……フルート奏者。以下、「ランパル」「ゴールウェイ」「ニコレ」「ツェラー」「高木綾子（たかぎあやこ）」「有田正広（ありたまさひろ）」も同じ。

問1　①動悸（どうき）が、高鳴る。　とありますが、このときの「私」の心情を説明した文として最も適切なものを、次のア～エの中から一つ選び、その記号を書きなさい。（4点）

ア　玲（れい）ちゃんが吹くクラリネットの音からは、どんな音を出したいのか、どんな音楽を表現したいのかが伝わってくるので、より高いレベルの演奏ができるのではと、期待している。

イ　音大を目指している高校一年生の玲ちゃんが、ぶれない意思が伝わってくるような力強いのに柔らかさもある美しい音でクラリネットを吹いているのを見て、心が乱されている。

ウ　玲ちゃんが吹くクラリネットの分厚く美しい音色に、細田（ほそだ）さんたちが惹（ひ）かれている様子を見て、玲ちゃんが新たなメンバーとして受け入れられていることをうれしく感じている。

エ　ずしんと腹に響くような芯のある音でクラリネットを吹く玲ちゃんがまだ高校一年生だと知り、自分も早く目標に向かって進んでいかなければならないと、あせりを感じている。

問2　②演奏の途中で、私は気づいた。　とありますが、「私」はどのようなことに気づいたのですか。　次の空欄にあてはまる内容を、三十五字以上、四十五字以内で書きなさい。（6点）

玲ちゃんが、［45］［35］ということ。

問3　③私は内心を隠しながら、呟（つぶや）いた。　とありますが、「私」が隠した内心とはどのようなものですか。　最も適切なものを、次のア～エの中から一つ選び、その記号を書きなさい。（4点）

ア　フルートをまともに演奏できずに思い悩んでいる「私」にと

って、音大受験を〈当然〉と考えている玲ちゃんの質問には、まだきちんと答えることができないという心情。

イ　音大受験を目指す「私」にとって、志望校にくわえ、目標とする奏者まで明確にすることを〈当然〉とする玲ちゃんの考え方は、レベルが高くてついていけないという心情。

ウ　まだ音大受験をするかどうかで悩む「私」にとって、高校一年生の時点で志望校を決めて練習することを〈当然〉とする玲ちゃんの姿勢は、立派で尊敬に値するという心情。

エ　音大受験のためにすべてを捨てた「私」にとって、部活とレッスンの両立を〈当然〉とする玲ちゃんの音楽への関わり方は、負担が重いので止めた方がいいという心情。

問4　④リッププレートに当てた唇が、小刻みに震えている。　とありますが、このとき「私」の唇が、小刻みに震えた理由を次のようにまとめました。　空欄にあてはまる内容を、コンクール、個性の二つの言葉を使って、三十字以上、四十字以内で書きなさい。ただし、二つの言葉を使う順序は問いません。（7点）

玲ちゃんの演奏を聞いて、［40］［30］から。

問5　本文の内容や表現について述べた文として適切でないものを、次のア～オの中から二つ選び、その記号を書きなさい。（5点）

ア　「小柄な体格とは対照的に、ずしんと腹に響くような芯のある音を出す。」のように対句を用いて表現することで、比較された双方がより印象的に伝わるようになっている。

イ　「水が流れるような繊細さ」や、「精密機械のように正確にテンポをキープして」という比喩表現によって、演奏されている曲や演奏している状況がイメージしやすくなっている。

に大きな器量を持っている。

「陽菜先輩は来年、どこを受験するんですか？」

それ以外の選択肢は、彼女の中には存在していないようだった。彼女が引いている〈当然〉のラインが、高い。

「やっぱり、藝大かな。」

「あー、やっぱそうですよね。③私は内心を隠しながら、呟いた。「陽菜先輩なら受かると思いますよ。」

先輩って、フルートだと誰が好きなんですか？」

「うーん色々好きな人がいて……どうしたの、ずいぶん聞くね。」

「こんな話ができる人がいなくて。私、メイエ命なんですよ。」

確かに、玲ちゃんの柔らかく芯の強い音色は、フランスの名手、ポール・メイエを思いだす。

「メイエ様みたいなクラリネットを吹くのが夢なんです。ちょっとお茶買ってきます！　と言って、玲ちゃんは出ていく。

音楽室がしんと静まり返った。

④静寂の中、私は膝に置いたフルートを手に取り、構えた。

リッププレートに当てた唇が、小刻みに震えている。

無理やりそのまま、音を出す。フルートから出る音はみっともなく震えたまま、発したそばから床のほうに落ちてしまう。私は、フルートを膝の上に戻した。カチカチと、歯が鳴った。

コンクールのことが、否応なく頭の中で※リフレインする。玲ちゃんの、才気溢れるクラリネットが、あの日のことを呼び覚ます。

私は、忘れていた。私が抱えている問題が、何ひとつ解決していないことを。

あのコンクールのあと――私は、必死に〈個性〉を探した。

※パユを聴いた。ランパルを聴いた。ゴールウェイを聴いた。ニコレを、ツェラーを、高木綾子を、有田正広を、ジャズのフルートから古楽の演奏まで、フルートを聴き続けた。そのどれもが素晴らしかった。それぞ

れに違った個性があって、優劣がつけられなかった。私は玲ちゃんのように、メイエ様が一番と、無邪気に言うことができない。

――私には、嫌いなものがない。

ブラスバンド部の同級生は、プロの演奏に対しても嫌いだとか下手くそだとか、平気で言っていた。自分のことを棚に上げたそういう態度が私はすごく嫌だったけれど、もしかしたら、おかしいのは私のほうなのかもしれない。

嫌いなものがない。それは、好きなものがないことと同じではないか。

自分の音楽が、ないこと。

「陽菜せんぱーい。」

玲ちゃんを先頭に、休憩所にいたメンバーが帰ってくる。

「陽菜、玲の高校に教えにきてくれるんだって？　忙しいところ、悪いな。」

「え、ちょっと待ってください。私、そんなこと……。」

「陽菜先輩、きてくれないんですか？」

玲ちゃんが悪戯っぽく首をかしげる。可愛らしいけれど、こういうところは金森さんの娘だ。したたかさは、彼女の演奏ともつながっている気がする。強い音楽。強い個性。

「判ったよ。来年くらいに落ち着いたら、声かけて。」

「わーい。約束ですよ。」

嬉しそうに微笑んでくる彼女に向かって、私は無理やり笑顔を作った。

（逸木　裕　著『風を彩る怪物』による。一部省略がある。）

(注)
※パッセージ……楽曲の一節。
※アンサンブル……小人数の合奏。
※ソリスト……独奏者。独奏（ソロ）をする人。
※リフレイン……繰り返すこと。

「オーケー。いつでもいいよ。」

細田さんの準備ができたところで、私は楽器を構え、ブレスを取って合図を出した。

オーボエのソロがはじまる。

細田さんは、器用な奏者ではない。ゆったりとしたメロディーを歌い込ませると絶品なのだけれど、この曲のように技巧的なパッセージを吹かせるとかなり雲行きが怪しくなる。

でも、今日の細田さんは、安定していた。難しい楽譜に苦戦してはいるものの、音楽の流れを滞らせずにすいすいと前に進んでいく。

こんなに細密な演奏ができたんだと、私は少し驚いた。

いや。

──玲ちゃんがいるからだ。

② 演奏の途中で、私は気づいた。冒頭から、オーボエとクラリネットの掛け合いが延々と続く。玲ちゃんは精密機械のように正確にテンポをキープして、※アンサンブルの土台をしっかりと支えている。対話相手が安定しているから、細田さんも安心して吹けているのだ。

いまアンサンブルの中心にあるのは、金森玲という安定した船だった。

クラリネットのソロ。

それまで裏方に隠れていた玲ちゃんの音が、一瞬で※ソリストの音になった。音色が一気に艶やかさを増し、フレーズを見事に歌い上げる。

次は、私のソロだ。私は息を肺の深いところまで吸い込み、長いフレーズに備えた。

──あ。

「……おっ？　ちょっと止めよう。」

亜季姉が言葉を挟み、演奏が止まった。せっかくいい流れで進ん

でいた音楽は、宙に消えてしまう。私は背もたれに身体を預けた。

「ごめんなさい。拍を間違えて、入れませんでした。」

「まあ、そういうこともあるよ。あたしもミスりまくっちゃってごめんなさい。もう一回冒頭からやりましょう。」

「すみません。次はちゃんとやります。」

私は謝って、もう一度フルートを構える。

唇が、震えた。

私は、ショックを受けた。もう、震えがくることは、ないと思っていたのに──。

すべての感情を押し殺して、私はブレスを取った。

休憩時間。なんとなく休憩所に行く気が起きず、フルートの席に座り続けていた私に、玲ちゃんが話しかけてきた。

「すっごい吹きやすかったです。どんどんリードしてくれるし、音も色々持ってるし……ほんと、勉強になりました。」

「いや、こちらこそ、だよ。玲ちゃんはいま、高一だっけ？」

「そうです。パパとママと東京に住んでて、吹部やりながら、レッスン通ってます。パパは仕事忙しいみたいで、山梨にひとりで住んでるんです。」

「そうなんだ。私も実家は東京なんだ。」

「パパから聞いてます。陽菜先輩、うちに指導きてくださいよ。」

──高一、か。

そのころの私は、どんな演奏をしていたっけ。

音大受験のために、中学までやっていたブラスバンドをやめて、個人レッスン一本に絞ったころだった。楽しむためのフルートはもうやらないと、高校のブラスの誘いを蹴ったときに決意した。

でも、玲ちゃんは部活も真剣にやっているようだ。その上であれだけの演奏をして、しかも音大も目指している。私よりも、明らか

一　次の文章を読んで、あとの問いに答えなさい。（26点）

「私」（陽菜）は音楽大学（音大）受験前に出場したコンクールで結果が出ず、打ちのめされる。思い悩むうちにまともに演奏できなくなった「私」は、姉の亜季（亜季姉）が住む奥瀬見を訪れ、オルガン製作をする工房に通うようになる。「私」はオルガン製作を通じて音楽と向き合い、亜季が金森さん、細田さん、祐子さんと組む〈奥瀬見クインテット〉に参加するようになる。

〈奥瀬見クインテット〉は、秋にコンサートをやることになった。演奏会が終わったら、奥瀬見を去るつもりだ。

最近はフルートを吹いても唇が震えたりはしない。そろそろ私も、自分の目標に向かって進む番だ。

「あれ？」

音楽室に近づいたところで、私は違和感を覚えた。中から、クラリネットの音が二種類聴こえてくる。しかも、片方の音は、やけに艶がある。

「よっ、亜季、陽菜。」

クラリネットの席に座る金森さんの横に、眼鏡をかけた背の低い女の子がいた。

「娘の玲だ。見学したいっていうから、つれてきた。」

「あっ、金森玲です。よろしくお願いします！」

冒頭から延々とソロが続く。単に指が動けばいいのではなく、速い慌てたように立ち上がり、ぺこりとお辞儀をする。幼い顔をしていて、私よりも年下のようだ。

「玲は高一でな、音大を目指してるんだ。陽菜の話をしたら、一緒に演奏したいって言いだして聞かなくてな。まあ悪いが、面倒見てやってくれ。」

──音大。

どうりで、艶やかな音が聴こえてきたわけだ。

「よろしくお願いします、陽菜さん。色々教えてください。」

「あ、うん、そんな、教えることなんかないと思うけど……。」

「すごく上手だってパパから聞きました。朝からメッチャ緊張してましたけど、頑張ります！」

玲ちゃんは人懐っこい笑顔を見せると、座って音出しをはじめる。

──上手い。

小柄な体格とは対照的に、ずしんと腹に響くような芯のある音を出す。力強いのに柔らかさもある、分厚い音色。細田さんも祐子さんも、玲ちゃんの美音に耳を惹かれている。

①動悸が、高鳴る。

基礎練習を吹いているだけだが、音と音とが滑らかにつながり、きちんと作曲された音楽を聴いている気分になる。彼女の中に、生きた音楽が鳴っているからだ。どんな音を出したいのか、どんな音楽を表現したいのか、玲ちゃんの音からはぶれない意思が伝わってくる。

「じゃあ、最初は『クープランの墓』からやりましょっか。」

音出しが終わったところで、亜季姉が言った。

一曲目、プレリュード。

隣に座る細田さんが、両手の指を動かしてかちゃかちゃとキーを動かしている。プレリュードはオーボエの難曲として有名な曲で、パッセージの中で水が流れるような繊細さも表現しなければならない。

Memo

2023年度

埼玉県公立高校／学校選択

英語　●満点 100点　●時間 50分

■リスニングテストの音声は，当社ホームページで聴くことができます。（当社による録音です。）再生に必要なアクセスコードは「合格のための入試レーダー」（巻頭の黄色の紙）の1ページに掲載しています。

1　放送を聞いて答える問題（28点）

　　問題は，No.1〜No.7の全部で7題あり，放送はすべて英語で行われます。放送される内容についての質問にそれぞれ答えなさい。No.1〜No.6は，質問に対する答えとして最も適切なものを，A〜Dの中から一つずつ選び，その記号を書きなさい。No.7は，それぞれの質問に英語で答えなさい。放送中メモを取ってもかまいません。各問題について英語は2回ずつ放送されます。

【No.1〜No.3】（各2点）

No.1

A　　　　　B　　　　　C　　　　　D

No.2

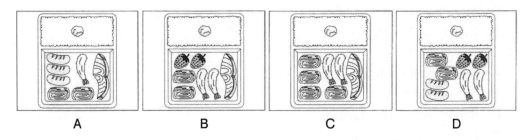

A　　　　　B　　　　　C　　　　　D

No. 3

		A 月	B 火	C 水	D 木
1	8:50～ 9:40	国語	社会	数学	国語
2	9:50～10:40	数学	体育	理科	理科
3	10:50～11:40	理科	英語	体育	数学
4	11:50～12:40	英語	国語	英語	英語
		給食 ／ 昼休み			
5	13:40～14:30	美術	技術・家庭	音楽	総合的な 学習の時間
6	14:40～15:30			社会	

【No. 4，No. 5】（各 2 点）

No. 4

  A What time did you go to bed last night ?   **B** Where did you play video games ?

  C You have to watch TV every day.   **D** You should get up early every day.

No. 5

  A Great. Thank you for the map.   **B** No. I don't need anything.

  C Hello. Can I speak to Cathy ?   **D** Wait there. I'll come to you.

【No. 6】（各 3 点）

(1) Question 1

  A Once a month.

  B Twice a month.

  C More than twice a month.

  D Every four months.

(2) Question 2

  A She enjoyed cycling.

  B She had lunch.

  C She talked to other families.

  D She played badminton.

(3) Question 3

  A She wants her students to talk about their experiences at the park.

  B It's important for her to think about the weather every day.

  C She is telling the students how her family spent time at the park last Sunday.

  D The best way to spend time with her family is to be at home.

【No. 7】（各3点）

(1)	Question 1：	What did Alice ask Tomoki when he showed the pictures to her？
	Answer：	She（　　　　　　　　　　）the man in the pictures was.
(2)	Question 2：	How long did Tomoki and his friend, David, talk on the bus？
	Answer：	They kept talking until Tomoki（　　　　　　　　）the bus.
(3)	Question 3：	Why did Alice feel that Tomoki's experience in the U.S. was wonderful？
	Answer：	Because she felt the word *Konnichiwa* created a（　　　　　　　　）Tomoki and David.

※＜放送を聞いて答える問題台本＞は英語の問題の終わりに付けてあります。

2　次の 1 ～ 4 は，Mr. Ito と中学2年生の Ken, Emma, Yui の会話です。これらを読んで，問1～問7に答えなさい。＊印のついている語句には，本文のあとに〔注〕があります。(28点)

1 〈*In the classroom, Mr. Ito tells the students about the field trip.*〉

Mr. Ito： We are going on a field trip to Keyaki City next month.　There are a lot of places to visit.　On the day of the field trip, we will meet at Keyaki West Park at 9 a.m.　Each group will start there and come back to the park by 3 p.m.　So, you have six hours of group time.

Ken： Can we decide where to go？

Mr. Ito： Yes, but you need to go to one of the four places on the list as a check point, so the teachers can see how you are doing.　Today, I 〔to / to / you / place / want / visit / choose / which〕 as a check point in a group ＊discussion.

Ken： Uh, it is hard to choose one.　We need more information.

Mr. Ito： You can use books or the Internet to get information.

Emma： Can we take a taxi？

Mr. Ito： No.　You can travel on foot, by bus or by train.

Yui： How much money can we take on the trip？

Mr. Ito： You can bring ＊up to 3,000 yen for the ＊fares, ＊admission tickets, and lunch.

Yui： I see.

Mr. Ito： During the trip, don't forget to take pictures and take notes about something you did.　These will help you with your presentation after the trip.　OK, please start your group discussions.

　〔注〕　discussion　話し合い　　up to～　～まで　　fare　運賃　　admission ticket　入場券

問1　〔　〕内のすべての語を，本文の流れに合うように，正しい順序に並べかえて書きなさい。（4点）

問2　本文 1 の内容と合うものを，次の**ア**～**エ**の中から一つ選び，その記号を書きなさい。（3点）

　ア　Students have to come to the same park twice on the day of their trip.

　イ　Students have to study about the places on the list as their homework.

ウ　Students will decide what to buy at Keyaki West Park in the discussion.

エ　Students will use a one-day bus ticket Mr. Ito gives them in the classroom.

2　〈*Ken tells the others his idea.*〉

Emma：Ken, which place are you interested in?

Ken：　I am interested in the Sakuraso Tower because we can walk there from Keyaki West
Park.　It is the tallest building in the area, so we can enjoy the beautiful view from the
*observation deck.　If it's sunny, we will see the beautiful mountains.　In the tower, we
can enjoy a *planetarium show.　The show is about thirty minutes long and performed
once every ninety minutes.　The tower also has a lot of restaurants and shops.

Emma：That sounds exciting!

Ken：　I really recommend it.

Yui：　How much is a ticket for both the observation deck and the planetarium?

Ken：　Here is the admission ticket price list.

Yui：　So, the cheapest ticket for us for both *attractions costs 　A　 yen.　Umm… It's
difficult to do (　　　　　　　　　).

Emma：I agree with you, Yui.　Though we get a student discount, it's still expensive.　It's
better to choose only one thing to do at the tower.

Ken：　I see.

Admission Ticket Price List

	Age	Observation Deck or Planetarium	*Combo (Observation Deck and Planetarium)
Adult	13 years old and over	1,500 yen	2,700 yen
Child	6 - 12 years old	800 yen	1,300 yen
	Younger than 6 years old	500 yen	700 yen

➤　If you are over 60 years old, you can get a 200 yen discount.

➤　If you are a student, you can get a 10 percent discount.

〔注〕　observation deck　展望デッキ　　planetarium　プラネタリウム

attraction　アトラクション　　combo　セット

問3　本文 2 の内容と合うように，空欄 A にあてはまる最も適切なものを，次のア〜エの
中から一つ選び，その記号を書きなさい。（3点）

ア　1,500　　イ　2,430　　ウ　2,700　　エ　2,970

問4　下線部が「私たちが望むことをすべてすることは難しい。」という意味になるように，
（　）に適切な3語の英語を書きなさい。（4点）

3　〈*Yui shares her idea.*〉

Emma：Yui, how about you?

Yui：　I would like to go to Keyaki Zoo or the Keyaki University Science Museum, because
I like animals and plants.　I am especially interested in the science museum.　It's on

*campus, and it takes about ten minutes to get there by bus from Keyaki West Park. The museum shows the history of *agriculture and traditional Japanese food. And there is a restaurant which serves the traditional food. Also, I want to walk around the campus because I have never been to a university campus.

Ken : Sounds good. I want to try the traditional Japanese food there.

Emma : I am interested in the traditional buildings on campus, too. We can go into them on a *guided campus tour.

Yui : That's great! Do we need to buy tickets for the tour?

Emma : If you want to join it, yes. Just walking around the campus is free.

Ken : Then, what about Keyaki Zoo? I went there when I was younger. It is so large that we can spend all day there.

Yui : The admission ticket is 600 yen, if you buy it online. However, the zoo is far from the park.

〔注〕 campus （大学の）キャンパス, 敷地　　agriculture　農業
　　　 guided　ガイド付きの

問5　本文 3 の内容に関する次の質問に, 英語で答えなさい。（4点）

　　Why does Yui want to walk around the campus?

4 〈*Ken asks Emma to share her idea.*〉

Ken : Emma, which place do you want to go to?

Emma : I like traditional Japanese *crafts, so I want to go to the Shirakobato Craft Center. It has a lot of traditional crafts such as *Hina* dolls. You can join a *craft making workshop and make your own *folding fan with traditional Japanese paper. The workshop starts at 10 a.m. and 2 p.m. It takes about two hours.

Yui : How much does it cost for the workshop?

Emma : It costs about 1,000 yen, *including the materials. It's not cheap, but this experience will be a good memory.

Ken : The fan can be a gift for my family.

Emma : I think so, too. My mother will be happy to have one.

Yui : That's nice. Is it near Keyaki West Park?

Emma : No, we have to take a bus.

Ken : Now, we have shared our ideas. Let's decide where to go on our field trip.

〔注〕 craft　工芸　　craft making workshop　工芸教室
　　　 folding fan　扇子　　including the materials　材料を含めて

問6　本文 1 ～ 4 の内容と合うように, 次の(1), (2)の英語に続く最も適切なものを, ア～エ の中から一つずつ選び, その記号を書きなさい。（各3点）

(1) According to the students' discussion,

　ア　Keyaki Zoo shows the history of animals and plants.

　イ　students have to take a bus to go to the Shirakobato Craft Center.

　ウ　Yui is worried that she cannot finish making her craft in two hours.

　エ　Ken does not agree with Emma's idea because a folding fan is expensive.

(2)　In the discussion, Emma is worried that

　　ア　Keyaki Zoo is too far from Keyaki West Park, though the ticket is cheap.

　　イ　students have to wait for two hours if they miss the craft making workshop.

　　ウ　students get a discount for visiting both the observation deck and the planetarium.

　　エ　the combo ticket price for the Sakuraso Tower is still high, even with the student discount.

問7　次は，後日の Mr. Ito と Emma の会話です。自然な会話になるように，（　）に適切な3語以上の英語を書きなさい。（4点）

Mr. Ito :　Have you decided where to go as a check point yet ?

Emma :　Yes, we have.　We are going to visit the Shirakobato Craft Center.

Mr. Ito :　Good.　（　　　　　　　　　　　　　　） place to the other students in your group ?

Emma :　I did.　Everyone agreed with my idea.

3　次は，高校1年生の Mayumi が書いた英文です。これを読んで，問1〜問6に答えなさい。
＊印のついている語句には，本文のあとに〔注〕があります。（34点）

How do you *deal with rainy days ?　I use an umbrella.　*Whenever I use an umbrella, I wonder why the shape of umbrellas never changes.　I wish there were an umbrella that I didn't have to hold with my hands.　But there are no umbrellas like that.　Umbrellas still keep the same shape.　When I use an umbrella, I open it and hold it.　When did people start using umbrellas ?　How do people in other countries deal with rainy days ?　Why hasn't the shape of the umbrella changed ?　I researched the history and culture of umbrellas to answer my questions.

Early umbrellas looked like a *canopy with a stick and could not close (**Picture 1**).　It *seems that they were used to 　**A**　 the *authority of the owner, such as a king.

Picture 1

The earliest *evidence of umbrellas in Japan is from the Kofun period.　However, it is hard to find where Japanese umbrellas were born.　Some say umbrellas came from other countries.　Others say umbrellas were made in Japan a long time ago.

After reading some articles and books, I learned that people began to use umbrellas after the middle of the Edo period.　Japanese umbrellas were made from bamboo *shafts and bones covered with oil paper.　They were very expensive, so only rich people could buy them.　They could open and close but were heavy and easily 　**B**　.　So, until the Edo period, most people used *mino* and *sugegasa* on rainy days (**Picture 2**).　After the way of making Japanese umbrellas spread, they became easier

Picture 2

and cheaper to make.　Umbrella culture was found in *Kabuki* and *Ukiyo-e*, so it spread to many people.　Japanese umbrella makers thought their umbrellas would be popular, but the *introduction of Western umbrellas to Japan changed the situation.

Many Japanese people first saw Western umbrellas when *Commodore Perry came to Japan by ship. Some staff who came with him to Japan used them. After the Meiji period, Western umbrellas were brought to and sold in Japan. They became popular because of their light weight and cool design, and soon they spread around Japan.

In the twentieth century, some makers in Japan kept making Japanese umbrellas, and others started making Western umbrellas. However, some makers tried hard to create their own umbrellas. Around 1950, some makers created folding umbrellas, *based on the ones developed in Germany. About 10 years later, an umbrella maker invented the *vinyl umbrella. It was first seen by people around the world at the 1964 Tokyo Olympics. It became popular in Japan and overseas. Maybe the *transparency and good visibility made it popular. In this way,

| ① |

By the way, how do people in other countries deal with rainy days? In some countries, the rainy and dry seasons are *distinct. In the rainy season, it rains suddenly and stops after a short time. For this reason, many people say, "We don't use umbrellas because

| ② |"

How about Japan? Of course, it rains a lot in Japan, and Japan has a rainy season. But, I found an interesting news article on the Internet. It said each person has an *average of 3.3 umbrellas in Japan and the average for other countries is 2.4 umbrellas. This means that Japanese people *tend to use umbrellas more often when it rains. However, in New Zealand, people don't use umbrellas very often when it rains, though | ③ | What is the reason for this difference? I *compared the *humidity of the two countries and found that Japan has higher humidity. In my opinion, because of the high humidity, it takes longer to dry off if they get wet, so Japanese people use umbrellas more often than people in other countries. It seems that the way of thinking about umbrellas depends on the weather of the country which you live in.

Before reading the articles and books about umbrellas, I didn't think that the shape of umbrellas has changed. However, when I researched the history of umbrellas, I learned that they have actually changed shape. Early umbrellas were a canopy with a stick. But now, umbrellas can open and close, and there are folding umbrellas, too. Umbrellas will continue to change shape in the future. Sometimes 〔I / in / be / like / will / what / imagine / umbrellas〕 the future. For example, there may be umbrellas that fly above our heads and *provide a barrier. When I was thinking about future umbrellas, I *noticed something interesting. The umbrella I imagined might be a *sugegasa* with a different shape. We may get a hint for creating a new umbrella by learning about its history.

〔注〕 deal with 〜 〜に対処する   whenever 〜 〜するときはいつでも
canopy with a stick 棒のついた天蓋   seem 〜 〜のようである
authority of the owner 所有者の権威   evidence 形跡
shaft and bone 軸と骨   introduction 伝来
Commodore Perry ペリー提督   based on 〜 〜をもとに
vinyl ビニール   transparency and good visibility 透明で良好な視界
distinct はっきりしている   average 平均

tend to 〜　〜する傾向にある　　compare 〜　〜を比べる
humidity　湿度　　provide a barrier　バリアを張る
notice 〜　〜に気づく

問1　本文の内容に関する次の質問に，英語で答えなさい。（4点）
　　Why did Western umbrellas become popular in Japan after the Meiji period?

問2　Mayumi は，自身の意見として，日本人が，他国の人々と比べて傘を使う頻度が高いのはなぜだと述べていますか。日本語で書きなさい。（3点）

問3　空欄　A ，　B にあてはまる最も適切なものを，次の中から一つずつ選び，必要に応じて，それぞれ正しい形にかえて書きなさい。（各3点）

break	surprise	show	sell
worry	buy	learn	know

問4　空欄　①　〜　③　にあてはまる最も適切な文を，次の**ア〜カ**の中から一つずつ選び，その記号を書きなさい。なお，同じ記号を2度以上使うことはありません。（各3点）
ア　many umbrella makers stopped making new umbrellas.
イ　it is sold at a higher price.
ウ　some types of umbrellas were made by Japanese makers.
エ　it rains as much as in Japan.
オ　everyone uses an umbrella when it rains.
カ　it will soon stop raining.

問5　〔　〕内のすべての語を，本文の流れに合うように，正しい順序に並べかえて書きなさい。（3点）

問6　次の英文は，本文の内容をまとめたものです。次の（1）〜（3）に適切な英語を，それぞれ**2語**で書きなさい。（各3点）

　　Mayumi wondered why umbrellas have not changed their shape.　She researched the history and culture of umbrellas.　She learned that people in Japan started (　1　) after the middle of the Edo period.　After the Meiji period, some Japanese makers tried hard to make their own umbrellas.　She also learned that Japanese people have (　2　) from people in other countries about using umbrellas.　After she finished her research, she found that umbrellas have actually changed shape.　She sometimes imagined future umbrellas.　She noticed that the umbrella she imagined could be *sugegasa* with a different shape.　She thought learning the history of umbrellas would (　3　) a hint for creating a new umbrella.

4　次の英文を読んで，あなたの考えを，〔条件〕と〔記入上の注意〕に従って40語以上50語程度の英語で書きなさい。＊印のついている語句には，本文のあとに〔注〕があります。（10点）

　　It is important to consider what kind of place you want to live in.　Some people ＊prefer living near the sea because they think the sea is better than mountains.　Of course, other people like areas near mountains better than those near the sea.　There are many things you have to think about when you decide where to live.　<u>Which do you prefer, living near the sea or mountains?</u>

〔注〕 prefer 〜　〜を好む

〔条件〕 下線部の質問に対するあなたの考えを，その理由が伝わるように書きなさい。

〔記入上の注意〕

① 【記入例】にならって，解答欄の下線＿＿＿の上に1語ずつ書きなさい。

・符号（，．？！など）は語数に含めません。

・50語を超える場合は，解答欄の破線＿＿＿で示された行におさまるように書きなさい。

② 英文の数は問いません。

③ 【下書き欄】は，必要に応じて使ってかまいません。

【記入例】

Hi!	I'm	Nancy.	I'm	from
Canada.	Where	are	you	from?

is	April	2,	2007.	It
is Ken's birthday, too.				50語

【下書き欄】

40語

50語

＜放送を聞いて答える問題台本＞

※「チャイム」

これから「放送を聞いて答える問題」を始めます。

問題用紙の第1ページ，第2ページを見てください。問題は，No.1〜No.7の全部で7題あり，放送はすべて英語で行われます。放送される内容についての質問にそれぞれ答えなさい。No.1〜No.6は，質問に対する答えとして最も適切なものを，A〜Dの中から一つずつ選び，その記号を書きなさい。No.7は，それぞれの質問に英語で答えなさい。放送中メモを取ってもかまいません。各問題について英語は2回ずつ放送されます。

では，始めます。

Look at No. 1 to No. 3 on page 1.

Listen to each talk, and choose the best answer for each question.

Let's start.

No. 1

A : Nancy, look at this picture. It's me. My friend took it when we were watching a soccer game in the stadium.

B : Oh, you look very excited, Yuji.

A : Yes. I really enjoyed watching my favorite soccer player.

B : That's great.

Question : Which picture are they talking about?

（会話と質問を繰り返します。）

No. 2

A : Your lunch looks good, Erika. The sausages look delicious.

B : Thank you, Tony. Yours looks good, too. It has strawberries, but I don't have any.

A : Actually, I bought them at the supermarket yesterday. They are so sweet.

B : That's nice. I like strawberries, so I'll buy some later.

Question : Which is Erika's lunch?

（会話と質問を繰り返します。）

No. 3

A : Today, we had English class just before lunch, and we sang an English song. It was fun.

B : Yes. But for me, math class was more interesting.

A : Oh, really? For me, science class right after math class was also interesting.

B : I know you like science, but you like music the most, right? You enjoyed music class in the afternoon.

Question : What day are they talking about?

（会話と質問を繰り返します。）

Look at No. 4 and No. 5 on page 2.

Listen to each situation, and choose the best answer for each question.

Let's start.

No. 4

Kenta talks to Jane at school in the morning.

She tells him that she studied for the test until late last night.

She also tells him she's really sleepy because of that.

Question : What will Kenta say to Jane ?

（英文と質問を繰り返します。）

No. 5

Cathy is on her way to Tom's house, but she cannot find his house.

She calls Tom and tells him what she can see around her.

Then she asks him to tell her how to get to his house.

Question : What will Tom say to Cathy ?

（英文と質問を繰り返します。）

Look at No. 6.

Listen to Ms. Brown. She's an ALT at a junior high school. Choose the best answer for questions 1, 2 and 3.

Let's start.

Hello, everyone. Before starting English class, let's talk about last weekend. Did you have a good weekend ? I had a good weekend, so let me tell you about it. Last Sunday, I went to Kobaton Park with my family because the weather was nice. We go there twice a month. It's one of the largest parks in my town. There are many things you can enjoy.

First, I played badminton with my children. The park has a large space to play sports. After that, we had lunch under the cherry blossoms. They were beautiful, and the sandwiches my children made were so good ! After lunch, we enjoyed cycling around the park. Spending time at the park on weekends helps me relax.

OK, now, I want you to make pairs and talk about last weekend in English. I'll give you a few minutes. If you have any questions, please ask me. Are you ready ?

Question 1 :　How many times does Ms. Brown's family go to Kobaton Park in a month ?

Question 2 :　What did Ms. Brown do first in the park ?

Question 3 :　Which is true about Ms. Brown's story ?

（英文と質問を繰り返します。）

Look at No. 7.

Listen to the talk between Tomoki and Alice, a student from the U.S., and read the questions.　Then write the answer in English for questions 1, 2 and 3.

Let's start.

Tomoki :　Alice, look at these pictures.　I took them when I traveled to the U.S. last summer.

Alice :　　Wow.　You took so many.　Wait, who is this man, Tomoki ?

Tomoki :　He's my American friend, David.　When I was on the bus in San Francisco, he was standing next to me and said with a smile, "*Konnichiwa.*"　Then, we started talking to each other in English until I got off the bus.

Alice :　　Did you enjoy talking with him ?

Tomoki :　Yes.　We talked about our hobbies and hometowns.

Alice :　　That's good.

Tomoki :　Actually, I have an interesting story.

Alice :　　Oh, what is it ?

Tomoki :　The next day, I went to the airport in San Francisco to go back to Japan, and I saw him there !　I was really surprised to see him again.　He said, "When you get a chance to visit the U.S. again, you can come and see me."　Then he gave me his e-mail address.

Alice :　　Wow !

Tomoki :　I've kept in touch with him since then.　I send him an e-mail once a week.

Alice :　　You had a wonderful experience in the U.S.　"*Konnichiwa*" created a friendship between you and him !

（会話を繰り返します。）

　　以上で「放送を聞いて答える問題」を終わります。では，ほかの問題を始めてください。

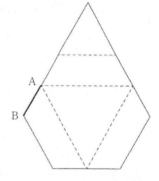

数学 ●満点 100点 ●時間 50分

（注意）　（1）　答えに根号を含む場合は，根号をつけたままで答えなさい。

　　　　　（2）　答えに円周率を含む場合は，π を用いて答えなさい。

1　次の各問に答えなさい。（44点）

(1)　$10xy^2 \times \left(-\dfrac{2}{3}xy\right)^2 \div (-5y^2)$　を計算しなさい。（4点）

(2)　$x=3+\sqrt{7}$，$y=3-\sqrt{7}$　のとき，x^3y-xy^3　の値を求めなさい。（4点）

(3)　2次方程式　$(5x-2)^2-2(5x-2)-3=0$　を解きなさい。（4点）

(4)　次の**ア**〜**エ**の調査は，全数調査と標本調査のどちらでおこなわれますか。標本調査でおこなわれるものを**二つ**選び，その記号を書きなさい。（4点）

　ア　ある河川の水質調査

　イ　ある学校でおこなう健康診断

　ウ　テレビ番組の視聴率調査

　エ　日本の人口を調べる国勢調査

(5)　100円硬貨1枚と，50円硬貨2枚を同時に投げるとき，表が出た硬貨の合計金額が100円以上になる確率を求めなさい。

　　ただし，硬貨の表と裏の出かたは，同様に確からしいものとします。（4点）

(6)　半径7cmの球を，中心から4cmの距離にある平面で切ったとき，切り口の円の面積を求めなさい。（4点）

(7)　右の図はある立体の展開図で，これを組み立ててつくった立体は，3つの合同な台形と2つの相似な正三角形が面になります。

　　この立体をVとするとき，立体Vの頂点と辺の数をそれぞれ求めなさい。また，立体Vの辺のうち，辺ABとねじれの位置になる辺の数を求めなさい。（4点）

(8)　ある3桁の自然数Xがあり，各位の数の和は15です。また，Xの百の位の数と一の位の数を入れかえてつくった数をYとすると，XからYを引いた値は396でした。十の位の数が7のとき，Xを求めなさい。（5点）

(9)　関数　$y=2x^2$　について，xの変域が　$a \leqq x \leqq a+4$　のとき，yの変域は　$0 \leqq y \leqq 18$　となりました。このとき，aの値を**すべて**求めなさい。（5点）

(10)　次の図は，18人の生徒の通学時間をヒストグラムに表したものです。このヒストグラムでは，通学時間が10分以上20分未満の生徒の人数は2人であることを表しています。

　　下の箱ひげ図は，このヒストグラムに**対応するものではない**と判断できます。その理由を，ヒストグラムの階級にふれながら説明しなさい。（6点）

図

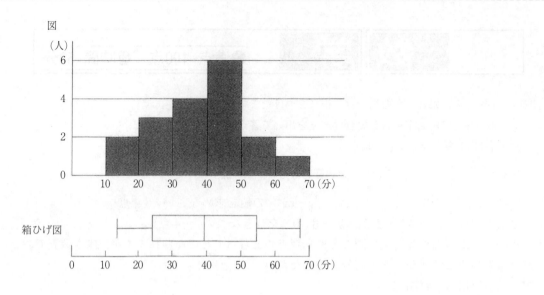

箱ひげ図

2 次の各問に答えなさい。(13点)

(1) 下の図の点Aは，北の夜空にみえる，ある星の位置を表しています。2時間後に観察すると，その星は点Bの位置にありました。北の夜空の星は北極星を回転の中心として1時間に15°だけ反時計回りに回転移動するものとしたときの北極星の位置を点Pとします。このとき，点Pをコンパスと定規を使って作図しなさい。

　ただし，作図するためにかいた線は，消さないでおきなさい。(6点)

B

A

(2) 下の図のように，平行四辺形 ABCD の辺 AB，BC，CD，DA 上に4点E，F，G，Hをそれぞれとり，線分 EG と BH，DF との交点をそれぞれ I，J とします。

　AE＝BF＝CG＝DH のとき，△BEI≡△DGJ であることを証明しなさい。(7点)

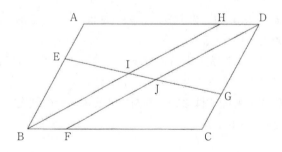

3 次は，先生とAさん，Bさんの会話です。これを読んで，あとの各問に答えなさい。（9点）

先　生「次の表は，2以上の自然数nについて，その逆数$\frac{1}{n}$の値を小数で表したものです。これをみて，気づいたことを話し合ってみましょう。」

n	$\frac{1}{n}$の値
2	0.5
3	0.33333333333333…
4	0.25
5	0.2
6	0.16666666666666…
7	0.14285714285714…
8	0.125
9	0.11111111111111…
10	0.1

Aさん「nの値によって，割り切れずに限りなく続く無限小数になるときと，割り切れて終わりのある有限小数になるときがあるね。」

Bさん「なにか法則はあるのかな。」

Aさん「この表では，nが偶数のときは，有限小数になることが多いね。」

Bさん「だけど，この表の中の偶数でも，$n=$ ［ ア ］ のときは無限小数になっているよ。」

Aさん「それでは，nが奇数のときは，無限小数になるのかな。」

Bさん「nが5のときは，有限小数になっているね。nが**2桁の奇数**のときは，$\frac{1}{n}$は無限小数になるんじゃないかな。」

Aさん「それにも，$n=$ ［ イ ］ という反例があるよ。」

Bさん「有限小数になるのは，2，4，5，8，10，16，20，［ イ ］，32，…」

Aさん「それぞれ素因数分解してみると，なにか法則がみつかりそうだね。」

先　生「いいところに気づきましたね。他にも，有理数を小数で表すと，有限小数か循環小数になることを学習しましたね。」

Bさん「循環小数とは，同じ数字が繰り返しあらわれる無限小数のことですね。」

Aさん「その性質を利用すれば，循環小数の小数第30位の数なども求めることができますね。」

(1) ［ ア ］，［ イ ］ にあてはまる数を求めなさい。（4点）

(2) $\frac{1}{7}$の値を小数で表したときの小数第30位の数を求めなさい。また，小数第1位から小数第30位までの各位の数の和を求めなさい。（5点）

4 次の図は，コンピュータソフトを使って，座標平面上に関数 $y=ax^2$ のグラフと，一次関数 $y=bx+c$ のグラフを表示したものです。a，b，c の数値を変化させたときの様子について，下の各問に答えなさい。（17点）

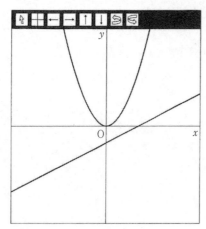

(1) グラフが右の図1のようになるとき，a，b，c の大小関係を，不等号を使って表しなさい。（5点）

(2) 次の図2は，a，b，c がすべて正のときの，関数 $y=ax^2$ と $y=-ax^2$ のグラフと，一次関数 $y=bx+c$ と $y=-bx-c$ のグラフを表示したものです。

図2のように，$y=ax^2$ と $y=bx+c$ とのグラフの交点をP，Qとし，$y=-ax^2$ と $y=-bx-c$ とのグラフの交点をS，Rとすると，四角形PQRSは台形になります。このとき，下の①，②に答えなさい。

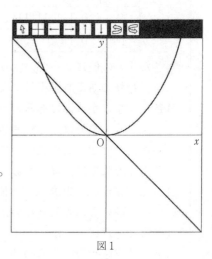

図1

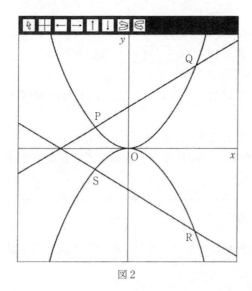

図2

① a，b の値を変えないまま，c の値を大きくすると，台形PQRS の面積はどのように変化するか，次の**ア**～**ウ**の中から一つ選び，その記号を書きなさい。また，その理由を説明しなさい。（6点）

ア 大きくなる　　イ 一定である　　ウ 小さくなる

② 点P，Qの x 座標がそれぞれ -1 ，2で，直線QSの傾きが1のとき， a ， b ， c の値を求めなさい。また，そのときの台形PQRSを x 軸を軸として1回転させてできる立体の体積を求めなさい。

　　ただし，座標軸の単位の長さを1cmとします。（6点）

5 右の図のような，1辺の長さが4cmの正方形を底面とし，高さが6cmの直方体 ABCD-EFGH があり，辺AE上に，AI＝4cmとなる点Iをとります。

　　点Pは頂点Bを出発して毎秒1cmの速さで辺BF上を頂点Fまで，点Qは頂点Dを出発して毎秒1cmの速さで辺DH上を頂点Hまで動きます。

　　点P，Qがそれぞれ頂点B，Dを同時に出発するとき，次の各問に答えなさい。（17点）

(1) IP＋PGの長さが最も短くなるのは，点Pが頂点Bを出発してから何秒後か求めなさい。（4点）

(2) 点P，Qが頂点B，Dを同時に出発してから2秒後の3点I，P，Qを通る平面で，直方体を切ります。このときにできる2つの立体のうち，頂点Aを含む立体の体積を，途中の説明も書いて求めなさい。（7点）

(3) 右の図のように，底面EFGHに接するように半径2cmの球を直方体の内部に置きます。

　　点P，Qが頂点B，Dを同時に出発してから x 秒後の△IPQは，球とちょうど1点で接しました。このときの x の値を求めなさい。（6点）

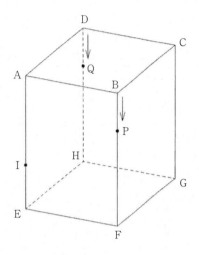

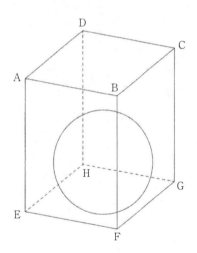

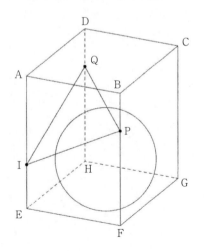

Memo

誰にもよくわかる 解説と解答　2023年度

埼玉県　正答率

左段は正答，右段は一部正答。
（小数点第2位以下四捨五入）

〈学力検査〉

英語

大問	問	小問	正答	一部正答
1	No.1		31.0%	0.0%
	No.2		46.9%	0.0%
	No.3		92.7%	0.0%
	No.4		81.5%	0.0%
	No.5		49.2%	0.0%
	No.6	(1)	85.5%	0.0%
		(2)	67.7%	0.0%
		(3)	63.4%	0.0%
	No.7	(1)	72.3%	5.0%
		(2)	11.6%	7.3%
		(3)	13.9%	0.7%
2	問1	A	85.1%	1.7%
		B	63.7%	1.7%
		C	13.9%	3.3%
	問2		14.5%	2.0%
	問3		13.2%	49.2%
3	問1		39.3%	0.0%
	問2		2.3%	0.7%
	問3		65.7%	0.0%
	問4		21.1%	14.9%
	問5		58.7%	0.0%
4	問1		26.7%	40.3%
	問2		58.1%	0.0%
	問3		78.9%	0.0%
	問4		6.9%	0.7%
	問5		42.2%	0.0%
	問6		75.2%	0.0%
	問7		9.2%	3.0%
5	問1		9.6%	0.0%
	問2		54.5%	0.0%
	問3		8.9%	72.6%

社会

大問	問	正答	一部正答
1	問1	90.4%	0.2%
	問2	54.7%	0.0%
	問3	37.7%	37.7%
	問4	75.9%	2.5%
2	問1	67.7%	1.7%
	問2	56.9%	0.0%
	問3	62.6%	0.0%
	問4	53.4%	31.0%
	問5	87.7%	0.0%
3	問1	68.0%	0.0%
	問2	37.2%	1.5%
	問3	42.6%	0.0%
	問4	45.3%	0.0%
	問5	40.6%	44.6%
4	問1	64.0%	0.0%
	問2	48.5%	0.0%
	問3	43.1%	39.2%
	問4	31.8%	0.0%
	問5	81.5%	0.0%
5	問1	91.4%	0.0%
	問2	38.4%	35.5%
	問3	44.1%	3.9%
	問4	74.4%	0.0%
	問5	63.8%	0.2%
	問6	74.1%	0.0%
	問7	66.0%	0.0%
6	問1	38.4%	0.2%
	問2	88.2%	0.0%
	問3	74.1%	0.0%
	問4	20.9%	46.6%

数学

大問	小問	正答	一部正答
1	(1)	97.7%	0.0%
	(2)	94.4%	0.0%
	(3)	91.7%	0.0%
	(4)	82.8%	0.0%
	(5)	85.1%	0.0%
	(6)	91.4%	0.0%
	(7)	86.8%	1.0%
	(8)	78.9%	0.0%
	(9)	76.2%	8.9%
	(10)	49.8%	0.0%
	(11)	42.6%	0.0%
	(12)	56.8%	0.0%
	(13)	44.6%	0.0%
	(14)	8.3%	0.0%
	(15)	57.1%	0.0%
	(16)	45.5%	9.9%
2	(1)	34.7%	21.1%
	(2)	21.5%	13.9%
3	(1)	40.6%	22.4%
	(2)	52.1%	0.0%
4	(1)	29.4%	0.0%
	(2)	7.6%	18.2%
	(3)	5.0%	0.0%

理科

大問	問	小問	正答	一部正答
1	問1		95.6%	0.0%
	問2		74.9%	3.0%
	問3		84.0%	0.0%
	問4		71.4%	0.0%
	問5		93.3%	0.0%
	問6		78.3%	0.0%
	問7		15.5%	0.2%
	問8		77.8%	0.0%
2	問1		92.1%	0.0%
	問2		82.5%	0.0%
	問3		94.8%	0.0%
	問4		31.8%	45.1%
	問5		45.1%	31.3%
3	問1		38.7%	0.0%
	問2		42.4%	10.8%
	問3		59.1%	0.2%
	問4	(1)	37.9%	27.6%
		(2)	25.4%	40.6%
4	問1		76.6%	0.7%
	問2		31.8%	20.4%
	問3		57.9%	22.9%
	問4	(1)	48.5%	0.0%
		(2)	5.4%	14.3%
5	問1		85.7%	0.5%
	問2		58.4%	3.7%
	問3		51.2%	0.0%
	問4		8.1%	14.5%
	問5		24.4%	0.0%

国語

大問	問	小問	正答	一部正答
一	問1		55.4%	0.0%
	問2		35.2%	55.9%
	問3		57.4%	0.0%
	問4		26.8%	50.5%
	問5		43.3%	17.7%
二	問1	(1)	49.3%	0.0%
		(2)	62.8%	0.0%
		(3)	61.6%	0.0%
		(4)	64.3%	0.0%
		(5)	87.4%	0.0%
	問2		37.4%	0.7%
	問3		29.8%	0.0%
	問4	(1)	94.6%	0.0%
		(2)	76.8%	0.0%
		(3)	65.0%	4.2%
三	問1		68.2%	0.0%
	問2		76.1%	0.0%
	問3		29.8%	39.2%
	問4		59.1%	0.0%
	問5		16.7%	39.9%
四	問1		56.7%	0.0%
	問2		36.7%	3.2%
	問3		21.2%	14.5%
	問4		35.2%	0.2%
五			16.7%	77.6%

〈学校選択〉

英語

大問	問	小問	正答	一部正答
1	No.1		57.1%	0.0%
	No.2		88.4%	0.0%
	No.3		98.0%	0.0%
	No.4		91.1%	0.0%
	No.5		85.8%	0.0%
	No.6	(1)	97.4%	0.0%
		(2)	97.7%	0.0%
		(3)	90.4%	0.0%
	No.7	(1)	27.7%	12.9%
		(2)	23.1%	4.3%
		(3)	30.0%	12.2%
2	問1		30.0%	0.3%
	問2		68.6%	0.0%
	問3		45.5%	0.0%
	問4		28.4%	25.4%
	問5		67.3%	24.1%
	問6	(1)	81.8%	0.0%
		(2)	60.4%	0.0%
	問7		3.0%	10.2%
3	問1		19.8%	48.5%
	問2		35.6%	19.1%
	問3	A	66.7%	7.3%
		B	38.9%	11.9%
	問4	①	44.9%	0.0%
		②	82.5%	0.0%
		③	60.7%	0.0%
	問5		26.4%	1.3%
	問6	(1)	38.9%	11.6%
		(2)	1.0%	1.3%
		(3)	19.1%	3.0%
4			22.8%	70.6%

数学

大問	小問		正答	一部正答
1	(1)		75.2%	0.0%
	(2)		75.2%	0.0%
	(3)		84.8%	0.3%
	(4)		92.1%	0.0%
	(5)		83.8%	0.0%
	(6)		36.6%	0.0%
	(7)		48.2%	20.1%
	(8)		73.3%	0.0%
	(9)		44.9%	2.3%
	(10)		38.6%	9.2%
2	(1)		26.4%	35.0%
	(2)		23.4%	66.0%
3	(1)		72.9%	16.8%
	(2)		52.1%	11.9%
4	(1)		84.8%	0.0%
	(2)	①	15.5%	46.2%
		②	3.6%	7.3%
5	(1)		53.1%	0.0%
	(2)		4.6%	8.6%
	(3)		0.3%	0.0%

英語解答

1 No.1　B　No.2　A　No.3　C
No.4　A　No.5　D
No.6　(1)…B　(2)…D　(3)…C
No.7　(1)　summer　(2)　next to
　　　(3)　saw

2 問1　A　May　B　famous
　　　C　sure
問2　(例) Why don't you
問3　(例) I can't go to the concert.
　　　I have to go to the dentist.

3 問1　A
問2　the whole country is covered
問3　ア
問4　(例) wear green clothes
問5　ウ

4 問1　(例)遠足中に写真を撮ること，遠足中にしたことについてメモを取ること。
問2　イ　問3　ア
問4　it takes about ten minutes to get there
問5　エ　問6　エ
問7　(例) him to give

5 問1　difficult　問2　ウ
問3　①　(例) I like reading books to enjoy stories.
　　　②　(例) I imagine the characters' feelings when I read books. This helps me understand the story.

1 〔放送問題〕
No.1《全訳》A：ナンシー，この写真を見てよ。これが僕。僕たちがスタジアムでサッカーの試合を見ていたときに，友達が撮ったんだ。／B：まあ，あなたはとても興奮しているみたいね，ユウジ。／A：うん。お気に入りのサッカー選手を見てとても楽しんだよ。／B：それはよかったわね。
　Q：「彼らが話しているのはどの写真か」―B
No.2《全訳》A：君のお弁当はおいしそうだね，エリカ。ソーセージがとてもおいしそうだ。／B：ありがとう，トニー。あなたのもおいしそうよ。あなたのにはいちごが入っているけど，私のにはないわ。／A：実は，昨日スーパーで買ったんだ。とても甘いよ。／B：それはいいわね。私はいちごが好きだから，後で買うわ。
　Q：「エリカのお弁当はどれか」―A
No.3《全訳》A：今日はお昼前に英語の授業があって，英語の歌を歌ったね。楽しかった。／B：うん。でも，私には数学の授業の方がおもしろかったな。／A：えっ，本当？　僕には，数学の授業のすぐ後の理科の授業もおもしろかったよ。／B：あなたが理科を好きなのは知っているけど，音楽が一番好きよね？　午後の音楽の授業を楽しんでいたもの。
　Q：「彼らは何曜日について話しているか」―C
No.4《全訳》ケンタは朝，学校でジェーンに話しかける。彼女は彼に，昨夜遅くまでテスト勉強をしたと言う。彼女は彼に，そのせいで本当に眠いとも言う。
　Q：「ケンタはジェーンに何と言うか」―A.「昨夜は何時に寝たの？」　ケンタは寝不足になるに至った昨夜のジェーンの様子や事情を話題にすると考えられる。　because of ～「～のせいで，～のために」
No.5《全訳》キャシーはトムの家に行く途中だが，彼の家が見つからない。彼女はトムに電話し，自分の周りに何が見えるのかを伝える。それから彼女は彼に，彼の家への行き方を教えてくれるように頼む。
　Q：「トムはキャシーに何と言うか」―D.「そこで待ってて。君の所に行くよ」　トムは彼女が家

に来る手助けとなるような発言をすると考えられる。 'on ～'s way to …'「…へ行く途中で」
'ask＋人＋to＋動詞の原形'「〈人〉に～するよう頼む」

No.6《全訳》❶皆さん，こんにちは。英語の授業を始める前に，先週末の話をしましょう。皆さんは良い週末を過ごしましたか？　私は良い週末を過ごしたので，それについて話させてください。この前の日曜日，天気が良かったので，家族とコバトン公園に行きました。私たちは月に2回そこに行きます。それは私の町で最も大きい公園の1つです。楽しめることがたくさんあります。❷最初に，子どもたちとバドミントンをしました。公園にはスポーツをするための広いスペースがあります。その後，桜の花の下で昼食をとりました。それらは美しく，子どもたちがつくってくれたサンドイッチはとてもおいしかったです！　昼食後は公園の周りをサイクリングして楽しみました。週末にその公園で過ごすと，私はリラックスできます。❸さあ，それでは，ペアを組んで先週末のことを英語で話してほしいと思います。2，3分あげましょう。何か質問があれば，私にきいてください。準備はできましたか？

　　＜解説＞(1)「ブラウン先生の家族は月に何回コバトン公園に行くか」—B.「月に2回」　第1段落最後から3文目参照。a〔an〕には「～につき」という意味がある。　　(2)「ブラウン先生は公園で最初に何をしたか」—D.「彼女はバドミントンをした」　第2段落第1文参照。　　(3)「ブラウン先生の話について正しいのはどれか」—C.「彼女は桜の花の下で昼食をとった」　第2段落第3文参照。

No.7《全訳》❶トモキ（T）：アリス，この写真を見てよ。この前の夏にアメリカに旅行に行ったときに撮ったんだ。❷アリス（A）：わあ。すごくたくさん撮ったのね。待って，この男の人は誰，トモキ？❸T：彼は僕のアメリカ人の友人，デイビッドだよ。僕がサンフランシスコでバスに乗っていたとき，彼が僕の隣に立っていて，笑顔で「こんにちは」って言ってくれた。それから，僕がバスを降りるまでお互いに英語で話したんだ。❹A：彼と話して楽しかった？❺T：うん。僕たちは趣味や故郷について話したんだ。❻A：それはいいわね。❼T：実は，おもしろい話があるんだ。❽A：あら，それは何？❾T：次の日，日本に帰るためにサンフランシスコの空港に行ったら，そこで彼に会ったんだ！　彼にまた会えて本当に驚いたよ。彼は「またアメリカを訪れる機会があったら，僕に会いに来てよ」と言ってくれた。それから，彼は僕にメールアドレスをくれたんだ。❿A：まあ！⓫T：そのとき以来，僕は彼と連絡を取り合っているんだ。僕は彼に週に1回メールを送ってるよ。⓬A：あなたはアメリカですばらしい経験をしたのね。「こんにちは」があなたと彼の間に友情を築いたのね！

　　＜解説＞(1)「トモキはいつアメリカでその写真を撮ったか」—「彼はこの前の夏にそれらを撮った」第1段落第2文参照。　　(2)「トモキの友達のデイビッドはバスでどこにいたか」—「彼はトモキの隣に立っていた」　第3段落第2文参照。　next to ～「～の隣に」　　(3)「トモキはなぜ空港で驚いたのか」—「そこで再びデイビッドに会ったから」　第9段落第1，2文参照。see には「～に会う」という意味がある。　see−<u>saw</u>−seen

2 〔適語(句)補充・条件作文〕

問1＜適語補充＞A.「5月」は May。月の名前は最初の文字を大文字にする。　　B.「有名な」は famous。　　C.「きっと～だと思う」は be sure that ～ で表せる。この that は「～ということ」を意味している。

問2＜適語句補充＞「～してはどうですか」は 'Why don't you＋動詞の原形...?' で表せる。なお，How〔What〕about ～ing？でもほぼ同じ意味を表せる。

問3＜条件作文＞＜全訳＞こんにちは，ミカ！　メールありがとう。／_(例)<u>ごめんなさい，コンサートには行けないの。歯医者さんに行かなくちゃいけないのよ。</u>／この次はあなたの吹奏楽部のコンサートに行けたらいいな。／友人のジェニーより

<解説>「コンサートに行けない」は，can't〔cannot〕～「～できない」と go to the concert「コンサートに行く」を組み合わせて表せる。その後，【語群】の語を使い，理由を表す文を続ける。【語群】には dentist「歯医者」の他に family「家族」や homework「宿題」があるので，I'm going to visit Kyoto with my family on that day. や，I have a lot of homework to do. などとしてもよい。

3 〔長文読解総合—スピーチ〕

≪全訳≫❶私は小学生のとき，アイルランドに住んでいました。私はとてもすばらしい時間を過ごし，たくさんの経験をしました。今日は，アイルランドでの興味深い経験の1つについて皆さんにお話しします。

❷アイルランドには，宗教と関連がある祝日がたくさんあります。1つはセント・パトリックス・デーです。皆さんはご存じですか？ それは毎年3月17日に祝われます。これらはその日の写真です。写真では，人々が緑色の服を着て通りで踊っています。だから，通りが緑になります。<u>最初，それは私にはとても奇妙に見えました。</u>どうしてセント・パトリックス・デーには緑色の服を着るのでしょう？

❸理由の1つは，「エメラルドの島」というアイルランドの別名と関連があります。この名前は，国全体が緑に覆われていることを意味しています，というのも，雨がたくさん降り，夏は温暖で湿度が高いからです。だから緑色はアイルランドの象徴で，セント・パトリックス・デーに使われているのです。

❹当日，私は緑色の服を着て，家族とパレードに参加しました。それはすばらしい時間で，なぜなら伝統的なアイルランドの音楽や服，食べ物を楽しめたからです。アイルランドの音楽の響きは興味深いものでした。私は伝統的なアイルランドの楽器を演奏できたらいいのにと思います。

❺今日，セント・パトリックス・デーの人気が高まっています。それは他の都市や国でも祝われています。例えば，最大のパレードの1つはニューヨークで開催されていて，なぜならそこには多くのアイルランド人が住んでいるからです。人々は喜んでセント・パトリックス・デーのパレードに参加しています。

問1＜適所選択＞補う文は「最初，それは私にはとても奇妙に見えた」という意味なので，前には that「それ」が指す，何か奇妙に見えるものがあると推測できる。アユミにとっては，人々が緑色の服を着て通りで踊り，通りが緑になる様子が奇妙に見えたのである。 at first「最初は」'look＋形容詞'「～のように見える」

問2＜整序結合＞This name means that に続く形であることに着目する。'mean that＋主語＋動詞...'の形で「～ということを意味する」という意味になる(この that は「～ということ」という意味の接続詞)。'主語'を the whole country「国全体」とし，'動詞'は'be動詞＋過去分詞'の受け身形で is covered とする。 be covered (in〔with〕～)「～に覆われている」

問3＜適語句選択＞'I wish＋主語＋(助)動詞の過去形...'の形で，「(今)～だったらなあ」という，'現在実現困難な願望'を表せる(仮定法)。could は can の過去形である。

問4＜英問英答＞「アイルランドの人々はセント・パトリックス・デーに何を着るか」—「彼らはたいてい緑色の服を着る」 第2段落第6文参照。

問5＜内容真偽＞ア．「アイルランドの人々は，セント・パトリックス・デーのパレードはアイルランドだけで開催されていると言っている」…× 第5段落第2文参照。他の都市や国でも開催されている。 イ．「アイルランドの人々は，『エメラルドの島』という名前はセント・パトリックス・デーに由来すると信じている」…× 第3段落第1，2文参照。「エメラルドの島」という名前は，アイルランドが緑で覆われていることに由来する。 ウ．「アユミはセント・パトリックス・デーのパレードに参加し，アイルランドの伝統的な音楽を楽しんだ」…○ 第4段落第1，2文の内容に一致する。 エ．「アユミは，セント・パトリックス・デーはまだ世界中で人気にはなっていないと思っている」…× 第5段落第1，2文参照。各地でセント・パトリックス・デー

の人気が高まっていると言っている。

④〔長文読解総合―会話文〕

①≪全訳≫❶教室で，イトウ先生が遠足について生徒たちに話している。

❷イトウ先生（Ｉ）：私たちは来月，けやき市に遠足に行く予定です。訪れるべき場所がたくさんあります。遠足当日は，午前９時にけやき西公園に集合します。各グループはそこを出発し，午後３時までに公園に戻ります。ですから，皆さんにはグループの時間が６時間あります。

❸ケン（Ｋ）：自分たちでどこに行くか決められるんですか？

❹Ｉ：はい，でも皆さんはチェックポイントとしてリスト中の４か所のうちの１つに行く必要があり，それによって先生たちは皆さんがどうしているかを確認できます。今日は，グループの話し合いで，チェックポイントとしてどの場所を訪れるか選んでほしいと思っています。

❺Ｋ：うーん，１つを選ぶのは難しいです。僕たちにはもっと情報が必要です。

❻Ｉ：情報を得るために本やインターネットを使ってもかまいませんよ。

❼エマ（Ｅ）：タクシーに乗ってもいいんですか？

❽Ｉ：いいえ。皆さんは，徒歩，バス，あるいは電車で移動できます。

❾ユイ（Ｙ）：遠足にはどれくらいお金を持っていってもいいんですか？

❿Ｉ：運賃，入場券，昼食のために3000円まで持ってくることができます。

⓫Ｙ：わかりました。

⓬Ｉ：遠足中は写真を撮り，皆さんがしたことについてメモを取るのを忘れないでください。これらは，皆さんの遠足後の発表に役立ちます。それでは，グループの話し合いを始めてください。

　　問１＜指示語＞遠足後の発表に役立つという These「これら」が指すものは，直前の文で挙げられている。１つは to take pictures「写真を撮ること」で，もう１つは(to) take notes about something you did「したことについてメモを取ること」である。something you did は，目的格の関係代名詞が省略された‘名詞＋主語＋動詞’の形。

②≪全訳≫❶ケンは他の人に自分の考えを伝える。

❷Ｅ：ケン，あなたはどの場所に興味があるの？

❸Ｋ：さくらそうタワーに興味があるな，けやき西公園から歩いて行けるから。それはこの地域で最も高い建物だから，展望デッキから美しい眺めを楽しむことができる。晴れていれば，きれいな山々が見えるよ。タワーではプラネタリウムのショーを楽しむことができる。ショーは30分くらいで，90分ごとに１回上演されるんだ。タワーにはたくさんのレストランやお店もあるよ。

❹Ｅ：それは楽しそうね！

❺Ｋ：本当にお勧めだよ。

❻Ｙ：展望デッキとプラネタリウム両方のチケットはいくら？

❼Ｋ：これが入場券の料金表だよ。僕たちは学生だから，大人料金から10パーセントの割引が受けられる。

❽Ｙ：それじゃあ，両方のアトラクションの一番安いチケットは2430円かかるのね。うーん…。やりたいことを全部やるのは難しいわね。

❾Ｅ：私も同意見よ，ユイ。学生割引があるとはいえ，それでも高いわね。タワーですることは１つだけ選んだ方がいいわね。

❿Ｋ：そうだね。

入場券料金表				
	年齢	展望デッキまたはプラネタリウム	セット (展望デッキとプラネタリウム)	
大人	13歳以上	1500円	2700円	
学生	13〜18歳	A1350円	2430円	
子ども	13歳未満	500円	900円	

≫学生の場合は，学生証をご持参ください。

問2＜内容一致＞「さくらそうタワーで，生徒たちは（　　　）」―イ．「天気が良ければ美しい山々を見る」　第3段落第3文参照。

問3＜要旨把握＞第7段落第2文から，学生は大人料金から10パーセントの割引を受けられることがわかる。「展望デッキまたはプラネタリウム」の大人料金は1500円で，その10パーセント引きは1350円となる。

③≪全訳≫❶ユイは自分の考えを話す。

❷Ｅ：ユイ，あなたはどう？

❸Ｙ：私は動物や植物が好きだから，けやき動物園かけやき大学科学博物館に行きたいわ。私は特に科学博物館に興味があるの。それはキャンパス内にあって，けやき西公園からそこに行くのにバスで10分くらいかかるわ。博物館は農業と伝統的な日本食の歴史を展示しているの。それから，伝統的な料理を出すレストランがあるわ。

❹Ｋ：よさそうだね。僕はそこで伝統的な日本食を食べてみたいな。

❺Ｅ：私はキャンパスの伝統的な建物にも興味があるわ。ガイドつきのキャンパスツアーで中に入れるのよ。

❻Ｙ：それはすごくいいわね！　ツアーのためにチケットを買う必要はあるの？

❼Ｅ：参加したいのであれば，買う必要があるわ。キャンパスを歩いて回るだけなら無料よ。

❽Ｋ：じゃあ，けやき動物園は？　僕は小さいときにそこに行ったよ。とても広いから，一日中そこで過ごせる。

❾Ｙ：入場券はインターネットで買うと600円か。でも，動物園は公園から遠いわよね。

問4＜整序結合＞'it takes＋時間＋to 〜'「〜するのに〈時間〉かかる」の形にする。ここでは，get が「到着する」という意味で使われている。

問5＜内容真偽＞ア．「ユイはけやき動物園に行き，そこで一日中過ごした」…×　第8段落参照。ケンには当てはまるが，ユイが動物園に行って一日中過ごしたことがあるかどうかは読み取れない。　　イ．「生徒たちはキャンパスを歩いて回るためにチケットを購入しなければならない」…×　第7段落第2文参照。キャンパスを歩いて回るだけなら無料である。　　ウ．「エマはけやき動物園にいる大きな動物に興味がある」…×　このような記述はない。　　エ．「ガイドつきキャンパスツアーに参加する場合，生徒たちはチケットがいる」…○　第5〜7段落の内容に一致する。

④≪全訳≫❶ケンはエマに自分の考えを話すように頼む。

❷Ｋ：エマ，君はどの場所に行きたい？

❸Ｅ：私は日本の伝統工芸が好きだから，しらこばと工芸センターに行きたいな。ひな人形みたいな伝統工芸品がたくさんある。工芸教室に参加して，伝統的な和紙で自分の扇子をつくることができるのよ。教室は午前10時と午後2時から。だいたい2時間よ。

❹Ｙ：教室にはお金はいくらかかるの？

❺Ｅ：材料を含めて1000円くらい。安くはないけど，この経験はいい思い出になるわ。

❻Ｋ：扇子は家族へのお土産になるかもね。

7 E：_B私もそう思う。お母さんは扇子をもらったら喜ぶだろうな。

8 Y：それはいいわね。けやき西公園の近くなの？

9 E：ううん，バスに乗らないといけないの。

10 K：さて，僕たちは考えを共有したね。遠足の行き先を決めよう。

　　問6＜適文選択＞空欄の直前の第6段落で，ケンは扇子が家族へのお土産になると言っている。空欄の直後ではエマが，母親は扇子をもらったら喜ぶと言っている。ここから，エマはケンの発言に同意したのだとわかる。

　　問7＜適語句補充＞＜全訳＞**1** E：発表の準備はできた？　私はコンピューターで動画をつくり始めたわ。**2** Y：私は発表のためのスピーチを書き始めたわ。私たちの発表をより良くするためにももっと写真が必要ね。**3** E：あっ，遠足中にケンがたくさん撮っていたのを思い出したわ。**4** Y：ありがとう。私たちに写真を_{（例）}くれるよう彼に頼むわ。

　　　＜解説＞もっと写真が必要だと言うユイに，エマはケンが遠足中に写真をたくさん撮っていたと伝えている。ここから，ユイはケンに写真をくれるようにと頼むと推測できる。'ask＋人＋to＋動詞の原形'で「〈人〉に～するよう頼む」を表せる。

5 〔長文読解総合─スピーチ〕

　≪全訳≫**1**皆さん，こんにちは。これから私の趣味の話をします。私は映画を見るのが好きです。映画を見ると，私はリラックスして，物語を楽しむことができます。先週，ある男性の人生をもとにしている映画を見ました。プロバスケットボール選手のマイケル・カーターに関するものでした。彼のチームは選手権で3度優勝しました。彼は国の代表チームでオリンピックにも参加し，金メダルを獲得しました。彼の人生は順調に進んでいるように見えましたが，ある日全てが変わりました。ある試合中に，彼は脚を骨折したのです。医者は彼に「あなたの脚では対応できないので，バスケットボールをやめるべきだ」と言いました。彼はバスケットボールのプレーを続けることができなかったので，とてもがっかりしました。しかし，彼はバスケットボールと関連がある仕事を決して諦めませんでした。数年後，彼はコーチになり，チームを強くしました。私は一般の人がこの状況に打ち勝つのは難しいだろうと思いましたが，カーターは打ち勝ったのです。

2私は映画を通してこの話を知りましたが，この映画にはもとにしている原作本があります。私は昨日その本を読み終え，それも楽しみました。さて，皆さんに質問があります。あなたが物語を楽しみたい場合，本を読むのと映画を見るのとでは，どちらが好きですか。

　　問1＜内容一致─適語補充＞「（　　　）状況にあったが，マイケル・カーターはバスケットボールと関連がある彼の仕事を諦めなかった」─difficult「困難な」　第1段落第9～13文参照。プロバスケットボール選手のカーターは試合中に脚を骨折し，バスケットボールができなくなった。これは彼にとって困難な状況だったといえる。difficult は第1段落最終文にある。

　　問2＜内容真偽＞第1段落第8～10文参照。オリンピックに出て金メダルを獲得したが，その後，試合中に脚をけがした。

　　問3＜テーマ作文＞＜全訳＞「こんにちは，皆さん。今日は，私が物語を楽しむお気に入りの方法についてお話しします。_{①（例）}私は物語を楽しむために本を読むのが好きです。_{②（例）}本を読むとき，私は登場人物の気持ちを想像します。こうすることは，私が物語を理解する手助けをしてくれます。ありがとうございました」

　　　＜解説＞1文目は like ～ing〔to ～〕「～するのが好きだ」などの表現を使い，物語を楽しむのに映画と読書のどちらがよいかという自分の意見を述べる。2文目以降は，その理由を具体的に説明すればよい。

数学解答

1 (1) $4x$　(2) -8　(3) $2y$

(4) $x=3$　(5) $\sqrt{2}$

(6) $(x-5)(x-6)$　(7) $x=-1,\ y=1$

(8) $x=\dfrac{5\pm\sqrt{37}}{6}$　(9) ア，ウ

(10) $y=\dfrac{1}{2}x+2$　(11) -3

(12) $\dfrac{13}{2}$ cm　(13) $\dfrac{5}{8}$　(14) 33π cm²

(15) エ

(16) （例）ヒストグラムから読み取ること
ができる第3四分位数は，40分以上
50分未満の階級に含まれているが，
イの第3四分位数は50分以上60分未
満で，異なっている

2 (1) （例）

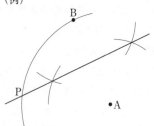

(2) （例）Xの十の位の数をa，一の位の
数をbとすると，$X=10a+b$，$Y=$
$10b+a$と表されるので，
$X+Y=(10a+b)+(10b+a)$
$\quad\ =11a+11b=11(a+b)$
a，bは整数なので，$a+b$も整数。
したがって，$X+Y$は11の倍数にな
る。

3 (1) ア…6　イ…25　(2) 4

4 (1) 5秒後

(2) （例）△ABPと△CBPにおいて，
BPは共通……①
仮定から，AB＝CB……②，
∠ABP＝∠CBP……③
①，②，③から，2組の辺とその間
の角がそれぞれ等しいので，
△ABP≡△CBP
したがって，PA＝PCなので，△APC
は二等辺三角形になる。

(3) $80+16\sqrt{2}$ cm²

---

1 〔独立小問集合題〕

(1)＜式の計算＞与式＝$(7-3)x=4x$

(2)＜数の計算＞与式＝$-28+20=-8$

(3)＜式の計算＞与式＝$\dfrac{30xy^2}{5x\times 3y}=2y$

(4)＜一次方程式＞両辺を10倍して，$13x+6=5x+30$，$13x-5x=30-6$，$8x=24$　∴$x=3$

(5)＜数の計算＞与式＝$\dfrac{8\times\sqrt{2}}{\sqrt{2}\times\sqrt{2}}-3\sqrt{2}=\dfrac{8\sqrt{2}}{2}-3\sqrt{2}=4\sqrt{2}-3\sqrt{2}=\sqrt{2}$

(6)＜式の計算―因数分解＞和が-11，積が30となる2数は，-5と-6だから，与式＝$x^2+\{(-5)+(-6)\}x+(-5)\times(-6)=(x-5)(x-6)$となる。

(7)＜連立方程式＞$3x+5y=2$……①，$-2x+9y=11$……②とする。①×2より，$6x+10y=4$……①′　②×3より，$-6x+27y=33$……②′　①′＋②′より，$10y+27y=4+33$，$37y=37$　∴$y=1$　これを①に代入して，$3x+5\times1=2$，$3x+5=2$，$3x=-3$　∴$x=-1$

(8)＜二次方程式＞解の公式より，$x=\dfrac{-(-5)\pm\sqrt{(-5)^2-4\times3\times(-1)}}{2\times3}=\dfrac{5\pm\sqrt{37}}{6}$となる。

(9)＜標本調査＞ア．河川を流れる水の一部を調査するので，標本調査である。　イ．生徒全員に行うので，全数調査である。　ウ．視聴者の一部に対して行うので，標本調査である。　エ．日本国民全員に対して行うので，全数調査である。　以上より，標本調査は，ア，ウである。

(10)＜関数―直線の式＞次ページの図1で，2点A，Bは関数$y=\dfrac{6}{x}$のグラフ上にあり，x座標がそ

れぞれ-6, 2だから，点Aのy座標は$y=\dfrac{6}{-6}=-1$，点Bのy座

標は$y=\dfrac{6}{2}=3$となり，A$(-6, -1)$，B$(2, 3)$である。これより，

直線ABの傾きは$\dfrac{3-(-1)}{2-(-6)}=\dfrac{1}{2}$となるので，その式は$y=\dfrac{1}{2}x+b$

とおける。点Bを通るから，$x=2$，$y=3$を代入して，$3=\dfrac{1}{2}\times 2+b$,

$b=2$となり，直線ABの式は$y=\dfrac{1}{2}x+2$である。

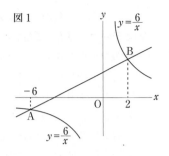
図1

(11)**＜関数—aの値＞**関数$y=2x^2$は，xの絶対値が大きくなるとyの値が大きくなる関数である。x
の変域が$a\leqq x\leqq 1$のときのyの変域が$0\leqq y\leqq 18$だから，xの絶対値が最小の値のときyの値は最
小の$y=0$，xの絶対値が最大の値のときyの値は最大の$y=18$である。$y=0$となるのは，$x=0$の
ときだから，xの変域には$x=0$が含まれ，$a\leqq 0$である。また，$y=18$となるのは，$18=2x^2$より，
$x^2=9$，$x=\pm 3$のときである。xの変域が$a\leqq x\leqq 1$と表されていることより，$x=3$は適さない。よ
って，$x=-3$であり，これがxの変域で絶対値が最大の値となるので，xの変域は$-3\leqq x\leqq 1$であ
り，$a=-3$である。

(12)**＜平面図形—長さ＞**右図2で，2点A，Cを結び，線分ACと線分
EFの交点をGとする。$\angle EAG=\angle BAC$であり，EF∥BCより，
$\angle AEG=\angle ABC$だから，2組の角がそれぞれ等しく，△AEG∽
△ABCである。点Eが辺ABの中点だから，EG：BC＝AE：AB
$=1：2$となり，EG$=\dfrac{1}{2}$BC$=\dfrac{1}{2}\times 8=4$となる。同様にして，$\angle GCF$
$=\angle ACD$，$\angle CGF=\angle CAD$より，△GCF∽△ACDである。AD∥

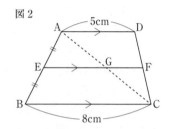
図2

EF∥BC，AE＝EBより，DF＝FCとなるから，GF：AD＝FC：DC＝1：2となり，GF$=\dfrac{1}{2}$AD$=$

$\dfrac{1}{2}\times 5=\dfrac{5}{2}$となる。よって，EF＝EG＋GF$=4+\dfrac{5}{2}=\dfrac{13}{2}$(cm)となる。

(13)**＜確率—硬貨＞**2枚の50円硬貨を50円$_A$，50円$_B$とする。100円硬貨が1枚，50円硬貨が2枚なので，
硬貨は全部で$1+2=3$(枚)ある。この3枚の硬貨を同時に投げるとき，それぞれ，表，裏の2通り
の出方があるから，表，裏の出方は全部で$2\times 2\times 2=8$(通り)ある。このうち，表が出た硬貨の合
計金額が100円以上になるのは，(100円，50円$_A$，50円$_B$)＝(表，表，表)，(表，表，裏)，(表，裏，表)，
(表，裏，裏)，(裏，表，表)となる5通りある。よって，求める確率は$\dfrac{5}{8}$である。

(14)**＜空間図形—面積＞**右図3で，球の中心をO，切り口の円の中心を
Pとすると，線分OPは切り口の円を含む平面に垂直になる。球の
中心Oから4cmの距離にある平面で切ったので，OP＝4である。
切り口の円の周上の点をAとすると，$\angle OPA=90^\circ$となり，球Oの
半径が7cmより，OA＝7である。よって，△OAPで三平方の定
理より，PA^2＝OA^2－OP^2＝$7^2-4^2=33$となるので，切り口の円の
面積は，$\pi\times$PA$^2=\pi\times 33=33\pi$(cm^2)である。

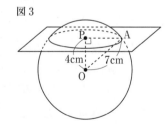
図3

(15)**＜関数—a，b，cの符号＞**関数$y=ax^2$のグラフは，$a>0$のとき上に開く放物線，$a<0$のとき下
に開く放物線となるから，アとイは$a>0$，ウとエは$a<0$である。次に，一次関数$y=bx+c$のグ
ラフは，$b>0$のとき右上がりの直線，$b<0$のとき右下がりの直線となるから，アとウは$b>0$，イ
とエは$b<0$である。また，$c>0$のときy軸と正の部分で，$c<0$のときy軸と負の部分で交わるか
ら，アとエは$c<0$，イとウは$c>0$である。以上より，a，b，cが全て同符号であるものは，a，

b，cが全て負のエである。

(16)**＜データの活用—理由＞** 18人の生徒の通学時間なので，第1四分位数は，小さい方の9人の通学時間の中央値であり，小さい方から5番目の通学時間となる。第3四分位数は，大きい方の9人の通学時間の中央値であり，大きい方から5番目の通学時間となる。20分未満が2人，30分未満が2＋3＝5(人)より，小さい方から5番目は20分以上30分未満なので，第1四分位数は20分以上30分未満の階級に含まれる。また，50分以上が2＋1＝3(人)，40分以上が6＋3＝9(人)より，大きい方から5番目は40分以上50分未満だから，第3四分位数は40分以上50分未満の階級に含まれる。イの箱ひげ図の第3四分位数は50分以上60分未満となっている。解答参照。

2 〔独立小問集合題〕

(1)**＜平面図形—作図＞** 北の夜空の星は，北極星を中心として反時計回りに1時間で15°回転移動するので，右図1で，点Aにあった星が4時間後に点Bの位置にあるとき，北極星の位置Pは，PA＝PB，∠APB＝15°×4＝60°を満たす点となる。PA＝PBより，点Pは線分ABの垂直二等分線上にある。また，△PABは正三角形となるから，PA＝ABである。よって，作図は，①2点A，Bを中心として半径の等しい円の弧をかき(2つの交点をC，Dとする)，②2点C，Dを通る直線を引き，③点Aを中心とする半径ABの円の弧をかく。②の直線と③の円の弧の交点で線分ABの左側にある点が点Pとなる。解答参照。

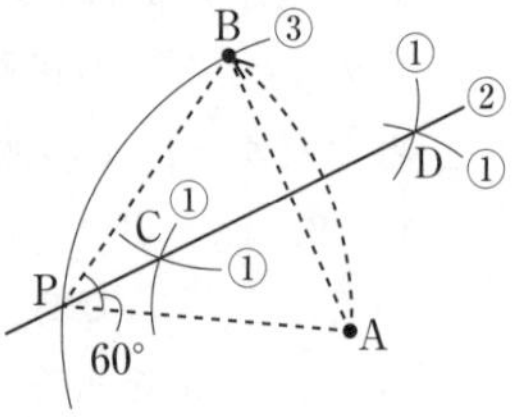

≪別解≫右図2で，△PABが正三角形であるから，PA＝PB＝ABである。よって，作図は，①2点A，Bを中心とする半径ABの円の弧をかく。2つの円の弧の交点で線分ABの左側にある点がPとなる。

図1

図2

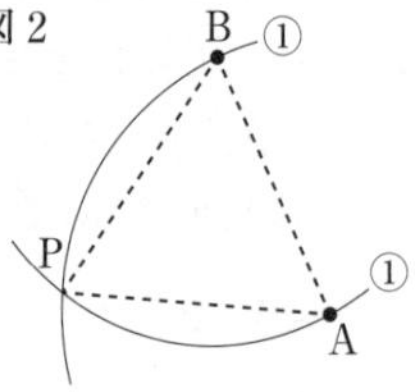

(2)**＜文字式の利用—説明＞** 2けたの自然数Xの十の位の数をa，一の位の数をbとすると，自然数Xは，$10a+b$と表せる。自然数Yは，Xの十の位の数と一の位の数を入れかえた数だから，十の位の数がb，一の位の数がaとなり，$10b+a$と表せる。$X+Y$が11の倍数になることを示すので，$X+Y$をa，bを用いて表し，11×〔整数〕の形を導く。解答参照。

3 〔数と式—数の性質〕

(1)**＜nの値＞** nが偶数のときの$\frac{1}{n}$の値は，$n=2$のとき$\frac{1}{n}=\frac{1}{2}=0.5$，$n=4$のとき$\frac{1}{4}=0.25$，$n=8$のとき$\frac{1}{8}=0.125$，$n=10$のとき$\frac{1}{10}=0.1$で，有限小数になっているが，$n=6$のときは，$\frac{1}{6}=0.16666666666666\cdots$となり，無限小数になっている。また，$n=5$のとき$\frac{1}{5}=0.2$で有限小数になっているので，$n=5^2=25$のときを考えると，$\frac{1}{25}=1\div25=0.04$となり，有限小数となる。$\frac{1}{n}$の値が有限小数になる$n$の値は，2，4，5，8，10，16，20，25，32，……である。なお，これらの値は，素因数分解すると，2，2^2，5，2^3，2×5，2^4，$2^2\times5$，5^2，2^5，……となり，素因数が，2のみ，5のみ，2と5の両方でつくられている数のいずれかである。

(2)**＜小数第50位の数＞** $\frac{1}{7}$は$n=7$のときなので，$\frac{1}{7}=0.14285714285714\cdots$である。小数点以下は，小数第1位から，1，4，2，8，5，7の6個の数がこの順に繰り返し現れるので，小数第50位まででは，50÷6＝8あまり2より，1，4，2，8，5，7の6個の数が8回繰り返され，その後，1，4の2個の数が並ぶ。よって，小数第50位の数は4である。

4 〔空間図形—直方体〕

(1)**＜時間＞** 次ページの図1で，線分IP，PGを含む2つの面，面AEFB，面BFGCを次ページの図2のように展開する。IP＋PGの長さが最も短くなるとき，3点I，P，Gは一直線上に並ぶ。この

とき，∠IEG＝∠PFG＝90°，∠IGE＝∠PGF より，△IEG∽△PFG とな
るから，IE：PF＝EG：FG である。IE＝AE－AI＝6－4＝2，EG＝EF
＋FG＝4＋4＝8 だから，2：PF＝8：4 が成り立ち，PF×8＝2×4，PF
＝1 となる。これより，BP＝BF－PF＝6－1＝5 である。図1で，点P
は辺 BF 上を頂点Bから頂点Fまで毎秒1cmの速さで動くから，IP＋
PG の長さが最も短くなるのは，点Pが頂点Bを出発してから，5÷1＝
5（秒）後である。

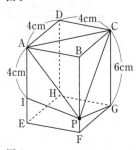

図1

(2)**＜証明＞** 右図1で，△ABP と△CBP が合同であることを示せれば，PA
＝PC となり，△APC は二等辺三角形であると証明できる。BP は共通
であり，AB＝CB＝4，∠ABP＝∠CBP＝90° である。解答参照。

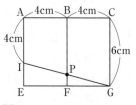

図2

(3)**＜表面積＞** 4秒後，点Pが動いた長さは 1×4＝4 だから，右下図3で，
BP＝4 である。AI＝BP＝AB＝4 より，四角形 AIPB は正方形となるか
ら，AB∥IP である。AB∥DC だから，IP∥DC となり，3点I，P，
Cを通る平面は頂点Dを通る。よって，体積が大きい方の立体は，8点
I，P，C，D，E，F，G，Hを頂点とする立体である。〔長方形
CGHD〕＝CG×CD＝6×4＝24，〔正方形 EFGH〕＝4×4＝16 であり，IP∥
EF となることより，四角形 IEFP は長方形だから，〔長方形 IEFP〕＝
IE×EF＝2×4＝8 である。四角形 IEHD，四角形 PFGC は合同な台形
だから，〔台形 PFGC〕＝〔台形 IEHD〕＝$\frac{1}{2}$×(IE＋DH)×EH＝$\frac{1}{2}$×(2＋

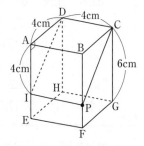

図3

6)×4＝16 となる。また，切り口の四角形 IPCD は長方形であり，AD
＝AI＝4 より，△AID は直角二等辺三角形だから，ID＝$\sqrt{2}$AI＝$\sqrt{2}$×4
＝4$\sqrt{2}$ である。これより，〔長方形 IPCD〕＝ID×CD＝4$\sqrt{2}$×4＝16$\sqrt{2}$
である。以上より，求める立体の表面積は，〔長方形 CGHD〕＋〔正方形 EFGH〕＋〔長方形 IEFP〕＋
〔台形 IEHD〕＋〔台形 PFGC〕＋〔長方形 IPCD〕＝24＋16＋8＋16×2＋16$\sqrt{2}$＝80＋16$\sqrt{2}$（cm²）となる。

＝読者へのメッセージ＝

　①⑿では，点Aと点Cを結ぶ線分を引きました。このように，問題を解くために新たにかき加える線
を「補助線」といいます。図形の問題では，補助線を引くことで問題を解決できることが多くあります。

社会解答

1 問1 アフリカ　問2 ア
　問3 X　(例)ロンドンの冬の気温は,
　　　　　青森とニューヨークより高い
　　　Y…北大西洋
　問4 イ, エ, オ

2 問1 木曽　問2 オ　問3 イ
　問4 P　(例)自動車組み立て工場の近
　　　　　くに自動車部品工場がある
　　　Q…高速道路
　問5 イ

3 問1 エ　問2 菅原道真
　問3 ア　問4 ウ
　問5 制度…参勤交代
　　　理由　(例)往復の費用や江戸での
　　　　　　費用に多くの出費をしいら
　　　　　　れたから。

4 問1 カ　問2 エ
　問3 (例)国際協調の高まりの中, 軍備

が制限され, 日本の財政支出に占
める軍事費の割合は低くなってい
る。
　問4 ウ→ア→イ→エ　問5 バブル

5 問1 ウ
　問2 (例)内閣は10日以内に衆議院の解
　　　　散を行うか, 総辞職するかを選択
　　　　しなければならない。
　問3 ア, エ　問4 イ
　問5 労働基準法　問6 ウ
　問7 難民

6 問1 イ→エ→ア→ウ　問2 オ
　問3 ヒートアイランド
　問4 記号…ウ
　　　A　(例)交流の場をつくったり,
　　　　　イベントを催したりすること
　　　　　が, 0〜14歳の人口を増やし
　　　　　ている

1 〔世界地理―世界の姿と諸地域〕
　問1 <アフリカ大陸>ケニアは, アフリカ大陸の東部に位置する。六大陸にはこのほか, ユーラシア大陸, 北アメリカ大陸, 南アメリカ大陸, オーストラリア大陸, 南極大陸がある。
　問2 <世界の気候と生活>カードⅠ. 石油がとれること, 砂漠があることなどから, アラビア半島のペルシャ湾岸に位置するAである。この地域にあるアラブ首長国連邦では, 石油で得た資金によって砂漠にドバイのような近代都市が建設された。石油資源には限りがあることから, 近年は観光開発や再生可能エネルギーの活用などにも力が入れられている。　カードⅡ. 雨季と乾季がある気候などから, 東南アジアに位置するBである。季節風の影響を受けるこの地域は, 熱帯のサバナ気候に属する。この地域にあるカンボジアのトンレサップ湖は, 雨季と乾季で水位が大きく変化するため, 水上集落の住居は高床になっており, 雨季には家のすぐ下まで水位が上がる。
　問3 <ヨーロッパ西部の気候>X. 3つの都市の冬の気温を比べると, 最も気温の低い1〜2月頃には, 青森とニューヨークは0度前後まで下がっているのに対し, ロンドンは5度前後と他の2つの都市よりも高めであることがわかる。　Y. ロンドンを含むヨーロッパ西部は, 温帯の西岸海洋性気候に属し, 高緯度のわりに冬でも比較的温暖である。これは, ヨーロッパの西側を暖流の北大西洋海流が流れ, その上空を吹く偏西風によって暖かい空気が大陸に向かって運ばれるためである。
　問4 <資料の読み取り>2月から5月は, ニュージーランド産の入荷量が国産の入荷量を大きく上回っている(イ…○)。10月の国産の入荷量は3000tを上回り, 12月の国産の入荷量は1500tを下回っていることから, 10月の国産の入荷量は12月の2倍以上である(エ…○)。各月の国産の入荷量のおよその数を合計すると, 10000tを超える(オ…○)。なお, 1月, 2月, 5月はメキシコ産の入荷量が国産の入荷量より多い(ア…×)。11月の全体の入荷量はおよそ2400t, メキシコ産の入荷量はおよ

そ500tであり，メキシコ産の入荷量の割合は，500÷2400×100＝20.8…より約21％である（ウ…×）。

2 〔日本地理—中部地方，地形図〕

問1＜木曽山脈＞中部地方には，飛驒山脈（北アルプス），木曽山脈（中央アルプス），赤石山脈（南アルプス）がそれぞれ南北に連なっており，これらはまとめて日本アルプスと呼ばれる。

問2＜中部地方の気候＞表1中のⅠは，夏（7月）の降水量が多いことから，太平洋側の気候に属する浜松市が当てはまる。Ⅱは，冬（1月）の降水量が多いことから，日本海側の気候に属する上越市が当てはまる。Ⅲは，夏と冬の平均気温の差が大きく，年間を通して降水量が少ないことから，内陸〔中央高地〕の気候に属する上田市が当てはまる。

問3＜都道府県の統計＞まずXは，人口が9県中で最も多く，野菜の産出額も多いことから，人口の多い名古屋市があり，野菜の栽培も盛んな愛知県である。次に各県のaとbの産出額を見ると，りんごなどの果実の生産が盛んな長野県ではbよりもaが多く，米の生産が盛んな新潟県や富山県ではaよりもbが多いことから，aが果実，bが米と判断できる。YとZについて，Yはa（果実）よりもb（米）の産出額が多いことから新潟や富山県と同じ北陸に位置する石川県，Zはb（米）よりもa（果実）の産出額が多いことからぶどうやももなどの生産が盛んな山梨県となる。

問4＜愛知県の自動車工業に関する資料の読み取り＞P．地図2を見ると，自動車組み立て工場と自動車部品工場は近い場所に集中して分布していることがわかる。自動車の部品は，組み立て工場からの注文に応じて部品工場から納入される仕組み（資料2）になっており，必要な部品を必要なタイミングで効率よく納入するため，このような立地になっている。　Q．地図2中の自動車組み立て工場は，高速道路沿いに多く分布している。組み立て工場で生産された自動車は，高速道路を使って日本各地に運ばれるほか，名古屋港などから世界各地へ輸出される。

問5＜地形図と写真の読み取り＞資料3の写真を見ると，ふ頭のある湾が手前のやや左にある。これは，地図3中の「入ヶ浦」に当たる。また，島の奥に見える大きな湾は，地図3中の「大浦」であり，その左側に「大島」が確認できる。このような風景が見られる方向は，地図3中のイである。

3 〔歴史—古代～近世の日本と世界〕

問1＜飛鳥時代の文化＞Ⅰは，飛鳥時代に聖徳太子が定めた十七条の憲法の一部である。飛鳥時代には，日本で最初の仏教文化である飛鳥文化が栄え，法隆寺の釈迦三尊像や広隆寺の弥勒菩薩像（資料2）などがつくられた。なお，aは奈良時代に栄えた天平文化についての説明であり，資料1も天平文化の頃に描かれた作品である。

問2＜菅原道真＞菅原道真は，平安時代の894年に遣唐使に任命されたが，唐（中国）の衰退や往復の航海の危険を理由に，派遣の停止を提案した。これにより，以後遣唐使は派遣されなくなった。

問3＜元寇の後の出来事＞鎌倉時代の13世紀後半，元（中国）の皇帝フビライ＝ハンは，Ⅲの手紙を日本に送り服属を求めてきた。しかし，鎌倉幕府の第8代執権北条時宗はこれを無視したため，元の大軍が2度にわたって日本に攻め寄せる元寇〔蒙古襲来〕が起こった。この頃には，分割相続の繰り返しによって御家人の領地は細分化され，領地から十分な収入を得られず生活に困る御家人が増えていた。そのため，幕府は13世紀末に徳政令〔永仁の徳政令〕を出し，御家人が手放した土地をただで取り戻させることなどを命じた。なお，イとウは13世紀前半の出来事，エは平安時代の12世紀半ばの出来事である。

問4＜16世紀の世界＞Ⅳは，安土桃山時代の16世紀に豊臣秀吉が出した刀狩令の一部である。豊臣秀吉が朝鮮侵略を行った際，李舜臣は亀甲船と呼ばれる水軍の船を率いて反撃した（Y…正）。なお，マルコ＝ポーロが元などを訪れ『世界の記述』〔『東方見聞録』〕を著したのは13世紀，アメリカ南北戦争が起こったのは19世紀である（X…誤，Z…誤）。

問5<参勤交代と藩の財政>Ⅴは，江戸幕府が大名を統制するために出した武家諸法度の一部である。第3代将軍の徳川家光は，大名に対して1年おきに領地と江戸を往復することを義務づける参勤交代の制度を定め，武家諸法度に盛り込んだ。資料4の予算の内訳のうち，「往復の費用」とは参勤交代で領地と江戸を行き来する際にかかる費用であり，「江戸での費用」とは大名やその妻子，家臣などが江戸で暮らす際にかかる費用である。つまり，藩の予算の50％近くを参勤交代に関わる費用が占めており，これらが藩の財政を圧迫していたことがわかる。

④ 〔歴史―近代～現代の日本と世界〕

問1<西南戦争>1870年代には，明治政府による改革で武士の特権を奪われたことに不満を持つ「不平士族」の反乱が西日本の各地で起こった。1877年の西南戦争は最も大規模な士族の反乱であり，西郷隆盛を中心とする鹿児島の士族らによって起こされた。西南戦争は政府軍によって鎮圧され，以後は言論によって政府を批判する自由民権運動が盛んになっていった。なお，板垣退助は，1874年に民撰議院設立の建白書を提出し，後に自由党を結成した人物である。

問2<1889～1919年の出来事>官営の八幡製鉄所は，日清戦争（1894～95年）で得た賠償金の一部を使って北九州に建設され，1901年に操業を開始した。なお，普通選挙法が成立したのは1925年，国家総動員法が制定されたのは日中戦争中の1938年である。また，不平等条約の改正交渉を進めるための欧化政策の一環として鹿鳴館が建てられたのは1880年代前半である。

問3<1920年代の軍事費>グラフ中のⅩの時期は，他の時期に比べて日本の財政支出に占める軍事費の割合が低くなっている。また，資料で示されているのは，第一次世界大戦後の1921～22年に開かれたワシントン会議において，日本やアメリカ，イギリスなどとの間で結ばれた，各国の主力艦の保有量を制限することを取り決めた条約である。この条約に見られるように，1920年代は国際協調の高まりによる軍備の縮小が進んだ時期であり，日本の財政支出に占める軍事費の割合の低下もその影響によるものである。

問4<年代整序>年代の古い順に，ウ（日本の国際連合加盟―1956年），ア（東京オリンピックの開催―1964年），イ（沖縄返還―1972年），エ（PKO協力法成立―1992年）となる。

問5<バブル経済>1980年代後半，投機（価格の上昇による差額で利益を得るため，株式や土地を短期間で売買すること）が盛んになったことで，株価や地価が適正な価値を超えて異常に高くなった。これによる好景気をバブル経済という。その後，1990年代初めに株価が急落し，次いで地価も下がり，バブル経済は崩壊した。

⑤ 〔公民―総合〕

問1<共生社会>Ⅰ．バリアフリーは，障がいのある人や高齢者などが社会の中で不自由なく活動できるように，その妨げとなるような障壁（バリア）をなくそうという考え方である。公共の交通機関や建物を中心に，段差の解消やエレベーターの設置，音声案内の整備といったバリアフリー化が進められている。なお，グローバル化は，人や物，お金，情報などの国境を越えた移動が盛んになり，世界の一体化が進むことである。　Ⅱ．言語や性別，年齢，障がいの有無などにかかわらず，誰にとっても利用しやすいように製品やサービスをデザインしようとする考え方や，その考えに基づいたデザインをユニバーサルデザインという。なお，インフォームド・コンセントは，医療の場での患者の自己決定権を尊重するため，医師が病気や治療方針などについて十分に説明して患者の同意を得ることである。

問2<内閣不信任の決議>日本国憲法第69条において，衆議院で内閣不信任の決議が可決された場合，内閣は10日以内に衆議院を解散するか，総辞職しなければならないと定められている。

問3<裁判員制度>裁判員が参加するのは，殺人や強盗致死などの重大な犯罪についての刑事裁判の

第一審である（ア…○，エ…○）。なお，1つの事件の裁判には，原則として6人の裁判員と3人の裁判官が参加する（イ…×）。裁判員は，満18歳以上の国民の中からくじなどによって選ばれる（ウ…×）。裁判員は裁判官とともに，被告人が有罪か無罪かを判断し，有罪の場合には刑罰の内容を決定する（オ…×）。

問4＜為替相場＞P．1ドル＝120円から1ドル＝100円になった場合のように，外国通貨に対して円の価値が上がることを円高という。反対に，外国通貨に対して円の価値が下がることを円安という。
Q．1ドル＝100円のとき，1足80ドルのスニーカーを輸入した場合の支払額は，100×80＝8000より，日本円で1足8000円となる。

問5＜労働基準法＞労働基準法は，労働条件の最低基準を定めた法律である。男女同一賃金とすること，労働時間を週40時間以内，1日8時間以内とすること，少なくとも週1日を休日とすることなどを定めている。

問6＜社会保障制度＞日本の社会保障制度は，社会保険，公的扶助，社会福祉，公衆衛生の4つの柱で構成されている。社会保険は，毎月保険料を支払い，病気や高齢になったときに給付を受ける仕組みである。公的扶助は，生活に困っている世帯に生活費や教育費などを支給し，最低限の生活を保障する仕組みである。社会福祉は，高齢者や子ども，障がいのある人など，社会的に弱い立場にある人々を支援する仕組みである。公衆衛生は，人々の健康や安全な生活を守るため，生活環境の改善や感染症予防などを行うものである。

問7＜難民＞迫害や紛争などを避けるため，暮らしていた場所を離れて国外に逃れた人々を難民という。国連難民高等弁務官事務所〔UNHCR〕は，難民の保護や支援を行う国際連合の機関である。緒方貞子は，1990年代に日本人初の国連難民高等弁務官として活動した。

6 〔三分野総合―SDGsを題材とする問題〕

問1＜年代整序＞年代の古い順に，イ（適塾が開かれる―19世紀前半），エ（学制の公布―1872年），ア（教育勅語の発布―1890年），ウ（教育基本法の制定―1947年）となる。

問2＜発電の種類と特徴＞「化石燃料による発電」とは，石炭や石油などの化石燃料を燃やして行う火力発電である。火力発電には，需要量に合わせて発電量を調節しやすく，安定的な電力供給が可能であるという利点がある。一方で，化石燃料を燃やす際に二酸化炭素を排出したり，化石燃料の埋蔵地域の分布に偏りがあり，採掘できる年数も限られたりするという課題がある（Y…①）。太陽光や風力などの再生可能エネルギーを利用した発電には，資源が枯渇することがなく，発電時に二酸化炭素を排出しないという利点がある（X…③）。一方で，電力の供給が天候などの自然条件の影響を受けやすいという課題がある（Z…②）。

問3＜ヒートアイランド現象＞ヒートアイランド現象は，大都市の中心部の気温が周辺部よりも高くなる現象である。大都市の中心部は，地面がアスファルトで固められていて熱を吸収しやすく，エアコンや自動車などからの排熱も多いことなどから，気温が上昇しやすいと考えられている。ヒートアイランド現象を緩和するため，ビルの屋上に植物を植えて緑化するといった取り組みが行われている。

問4＜資料の読み取り＞資料2では，千里ニュータウンで行われている子育て世代や子どもに対する取り組みとして，地域交流ルームや水遊びイベントを挙げている。aには，そうした取り組みの成果を示す資料が当てはまるので，千里ニュータウンの0〜14歳の人口の推移を示したウのグラフとなる。ウのグラフでは，近年の千里ニュータウンにおける0〜14歳の人口が増加傾向にあることを読み取ることができ，資料2のような取り組みの成果として子どもの数が増加していると考えられる。

理科解答

1 問1　ウ　　問2　アとウ　　問3　エ
問4　イ　　問5　黒点
問6　節足動物　　問7　0.0016g/cm³
問8　放射能

2 問1　ウ　　問2　冬　　問3　ア
問4　記号…イ
　　しくみ…(例)陸上の気温が海上の
　　　　　気温より高くなり、陸上
　　　　　で上昇気流が生じ、海か
　　　　　ら陸に向かって風が吹く。
問5　記号…ア
　　T…(例)偏西風に押されながら
　　　〔追い風を受けながら／偏西
　　　風にのって〕

3 問1　ウ
問2　(例)エンドウは開花後も、おしべ
　　とめしべが一緒に花弁に包まれて
　　いるから。
問3　対立形質
問4　(1)　記号…(X)
　　　　　遺伝子…AAとAa
　　(2)　I…AA　II…Aa　M…ア

4 問1　還元

問2　(例)塩化コバルト紙をつけ、青色
　　から赤色〔桃色〕に変化する
問3
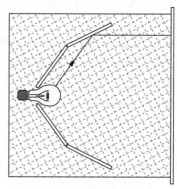
$$2CuO + C \rightarrow \boxed{2Cu}_{銅} + \boxed{CO_2}_{二酸化炭素}$$
問4　(1)　エ
　　(2)　炭素…0.18g　銅…1.92g

5 問1　反射
問2
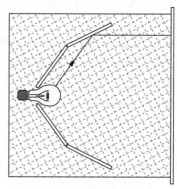
問3　イ
問4　(例)焦点から出た光は、凸レンズ
　　を通った後、凸レンズの軸〔光軸〕
　　に平行に進むから。
問5　エ

---

1 〔小問集合〕

問1＜地震＞図1のように、地震の揺れによって、水を取り込んでいた土や砂の粒子が地面の中でばらばらになると、粒子が下に沈むことで水や水を多く含んだ土砂が地表に吹き出す。このような地面が急にやわらかくなる現象を液状化(現象)という。なお、津波は、海底で発生した地震や海底火山の噴火などにより海底が上下することに伴い、その上にある海水も上下することで発生する波である。土石流は、大雨などにより崩れた山や谷の大量の土砂が水と混じって川や山の斜面を流れ下りる現象、高潮は、台風や発達した低気圧により海面が異常に上昇する現象である。

問2＜細胞のつくり＞ア～エのうち、植物の細胞と動物の細胞に共通するつくりは、核と細胞膜である。なお、葉緑体や細胞壁は、植物の細胞だけに見られるつくりである。

問3＜イオン化傾向＞表1より、硫酸銅水溶液に亜鉛片を入れたとき、亜鉛片の表面に付着した赤色の物質は銅である。これは、硫酸銅水溶液中の銅イオンが銅原子になって亜鉛片に付着したためで、このとき、亜鉛片からは亜鉛原子が亜鉛イオンとなって水溶液中に溶け出している。よって、亜鉛は銅よりイオンになりやすいことがわかる。また、硫酸亜鉛水溶液にマグネシウム片を入れたとき、マグネシウム片の表面に付着した銀色の物質は亜鉛である。このとき、水溶液中の亜鉛イオンが亜鉛原子になってマグネシウム片に付着し、マグネシウム片からマグネシウム原子がマグネシウムイオンとなって水溶液中に溶け出しているから、マグネシウムは亜鉛よりイオンになりやすいことがわかる。以上より、イオンになりやすいものから順に、マグネシウム、亜鉛、銅となる。

問4<動滑車を使った仕事>物体を直接持ち上げる場合と比べて，動滑車を使うと，加える力は半分になるが，糸を引く距離は2倍になる。よって，図3で，20Nの物体を0.2m持ち上げるとき，糸を引く力の大きさは$20 \times \frac{1}{2} = 10$(N)，糸を引く距離は$0.2 \times 2 = 0.4$(m)になる。

問5<黒点>太陽の表面で，周りより暗く見える部分を黒点という。黒点が暗く見えるのは，周りに比べ，温度が低いためである。なお，太陽の表面温度は約6000度で，黒点は4000〜4500度ほどである。

問6<節足動物>図5のバッタなどの昆虫類，カニなどの甲殻類などのように，外骨格を持ち，からだやあしに多くの節がある動物のなかまを，節足動物という。

問7<密度>密度は，〔密度(g/cm³)〕=〔質量(g)〕÷〔体積(cm³)〕で求められる。また，1.0Lは1000cm³なので，2.5Lは，$2.5 \times 1000 = 2500$(cm³)である。よって，エタノールの気体の密度は，$4.0 \div 2500 = 0.0016$(g/cm³)となる。

問8<放射能>放射線を出す物質を放射性物質といい，放射性物質が放射線を出す能力を放射能という。放射能の強さの単位はベクレル(Bq)である。

2 〔気象と天気の変化〕

問1<等圧線と風>図1と図2で，地点X付近の等圧線の間隔を比べると，図2の方がせまい。等圧線の間隔がせまいほど，風は強くなるので，図2の方が風が強いと考えられる。

問2<冬の気圧配置>西高東低の気圧配置が見られる天気図が，冬の典型的な天気図である。

問3<水と砂の性質>結果より，同じように日光を当てたとき，18分後の表面温度は砂の方が水より高くなっている。これより，砂の方が水よりもあたたまりやすいことがわかる。

問4<海風と陸風>よく晴れた日の昼は，陸の方が海よりあたたまりやすいため，陸上の温度が海上より高くなる。すると，陸上で上昇気流が生じるため，地表付近では海から陸へ向かって空気が流れ込む。このように，海から陸に向かって吹く風を海風という。

問5<偏西風>Ⅰ…表2より飛行機の飛ぶ高度，表3より飛行機の発着場所の緯度は，どちらも偏西風の吹く領域に入っている。これより，飛行機は偏西風の吹く領域を飛ぶと判断できる。　　Ⅱ，Ⅲ…福岡から東京へ向かう帰りの飛行機の飛ぶ向きは，表3の東京の経度と福岡の経度から，偏西風の吹く向きと同じ西→東となっていることがわかる。　　Ｔ…帰りの飛行機の所要時間が短いのは，飛行機が偏西風に押されながら飛んでいるためである。

3 〔生物の世界・生命・自然界のつながり〕

問1<植物の分類>エンドウの花弁は1枚1枚離れているので，エンドウは離弁花類に分類される。離弁花類の代表的な植物は，アブラナやサクラである。なお，花弁が根もとでくっついているアサガオやツツジは，合弁花類に分類される。

問2<エンドウの花のつくり>図1，図2より，エンドウのおしべとめしべは，開花後も花弁で包まれていることがわかる。これより，外から他の花の花粉が入ることがない。

問3<対立形質>エンドウの子葉の色の黄色と緑色のように，同時に現れない2つの形質を対立形質という。

問4<遺伝の規則性>(1)黄色の子葉を持つエンドウ(親)を自家受粉させたとき，黄色の子葉を持つ種子(X)と緑色の子葉を持つ種子(Y)ができたことから，子葉の色について，親と同じ黄色が顕性形質，親と異なる緑色が潜性形質であることがわかる。よって，子葉の色を黄色にする遺伝子がA，緑色にする遺伝子がaだから，遺伝子の組み合わせは，黄色の子葉を持つ親がAa，子の黄色の子葉を持つ(X)はAAまたはAa，緑色の子葉を持つ(Y)はaaとなる。なお，潜性形質を示す子葉が緑色の種子の遺伝子の組み合わせは全てaaなので，(Z)の遺伝子の組み合わせはaaである。　　(2)Pの遺伝子の組み合わせは，AAまたはAaである。AAをaaとかけ合わせると，子の遺伝子の組み合わせは全て

Aaとなるから，黄色の子葉を持つエンドウのみが生じる。よって，Ⅰにはaaが当てはまる。一方，Aaをaaとかけ合わせると，子は遺伝子の組み合わせがAaとaaのものが同じ割合で生じるから，黄色の子葉と緑色の子葉を持つエンドウの数の比は1：1となる。よって，ⅡにはAaが当てはまり，Mには1：1が当てはまる。

④ 〔化学変化と原子・分子〕

問1 <還元>酸化物から酸素が取り除かれる化学変化を還元という。

問2 <水の確認>液体が水であることは，塩化コバルト紙を用いて確認することができる。青色の塩化コバルト紙に水をつけると，塩化コバルト紙は赤色（桃色）に変化する。

問3 <酸化銅と炭素の反応>酸化銅（CuO）と炭素（C）を混ぜ合わせて加熱すると，酸化銅は還元されて銅（Cu）になり，炭素は酸化されて二酸化炭素（CO_2）になる。化学反応式は，矢印の左側に反応前の物質の化学式，右側に反応後の物質の化学式を書き，矢印の左右で原子の種類と数が等しくなるように化学式の前に係数をつける。よって，この反応をモデルを使って表すと，矢印の右側に銅原子（◎）が2個と二酸化炭素分子（○●○）1個となる。

問4 <化学変化と物質の質量>(1)質量保存の法則より，加熱後に減少した分の質量が，発生した二酸化炭素の質量である。よって，結果2より，発生した二酸化炭素の質量を求めると，炭素粉末が0.06gのとき，2.50＋0.06－2.34＝0.22（g），炭素粉末が0.12gのとき，2.50＋0.12－2.18＝0.44（g），炭素粉末が0.18gのとき，2.50＋0.18－2.02＝0.66（g），炭素粉末が0.24gのとき，2.50＋0.24－2.08＝0.66（g），炭素粉末が0.30gのとき，2.50＋0.30－2.14＝0.66（g）となる。よって，最も適切なグラフはエである。　(2)(1)のグラフより，炭素粉末が0.18gのとき，炭素粉末と試料Aに含まれる酸化銅は完全に反応したことがわかる。よって，このとき，試料Bの銅の割合は最も高くなる。表より，炭素粉末が0.18gのとき，試料Aと試料Bの質量の差は，2.50－2.02＝0.48（g）で，これは取り除かれた酸素の質量である。したがって，酸化銅は銅と酸素が4：1の質量比で結びついたものだから，0.48gの酸素と結びついていた銅の質量（試料Bに含まれる銅の質量）は，0.48×4＝1.92（g）となる。

⑤ 〔身近な物理現象〕

問1 <光の反射>光が鏡に当たってはね返ることを，光の反射という。

問2 <光の反射>鏡に当たった光は，右図のように，入射角と反射角が等しくなるように反射する。

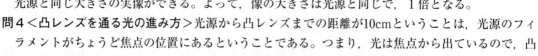

問3 <実像の大きさ>光源を凸レンズの焦点距離の2倍（20cm）の位置に置くと，凸レンズの反対側の焦点距離の2倍（20cm）の位置に，光源と同じ大きさの実像ができる。よって，像の大きさは光源と同じで，1倍となる。

問4 <凸レンズを通る光の進み方>光源から凸レンズまでの距離が10cmということは，光源のフィラメントがちょうど焦点の位置にあるということである。つまり，光は焦点から出ているので，凸レンズで屈折した光は，全て凸レンズの軸（光軸）に平行に進む。

問5 <フレネルレンズ>会話3より，フレネルレンズは図5の色のついた部分だけを組み合わせて板状に並べたレンズである。よって，図5を参考に，図6の三角柱のガラスを並べると，エのようになる。

国語解答

一
問1　イ
問2　アンサンブルの土台を支えているから，細田さんが音楽の流れを滞らせずに安心して吹けている
（43字）
問3　ア
問4　コンクールのことが呼び覚まされ，自分には個性や自分の音楽がないことを思い出した（39字）
問5　ア，エ

二
問1　(1)　とろ　(2)　きょだく
　　(3)　おもむ　(4)　財布　(5)　届
問2　機会も　　問3　イ
問4　(1)…ウ　(2)　散策
　　(3)　商店街の一体感を強める方策

は何かありますか。

三
問1　ウ　　問2　エ
問3　白いという性質が存在しないとしたら，共有するものがなくなり，説明不可能になる（38字）
問4　イ
問5　Ⅰ　輪郭により空間的に区別される
　　Ⅱ　他の性質と概念的に区別される

四
問1　エ
問2　はづかいがかようでは
問3　絵描きの描いた白さぎの飛び方
問4　それがしが

五　（省略）

一〔小説の読解〕出典；逸木裕『風を彩る怪物』。

問1＜心情＞「最近はフルートを吹いても唇が震え」ず，次の目標に向かっていた「私」だったが，玲ちゃんが吹くクラリネットの「力強いのに柔らかさもある，分厚い音色」にどきどきして，自分の自信のなさに気づき，心が揺れてしまったのである。

問2＜文章内容＞細田さんは，決して「器用な奏者」ではないが，玲ちゃんが「正確にテンポをキープして，アンサンブルの土台をしっかりと支えている」ので，今日は安定していたのである。

問3＜心情＞玲ちゃんは，部活に真剣に取り組み，クラリネットの演奏技術も高く，音大を目指すというしっかりとした目標を持っている。それに比べて「私」は，自分の演奏に迷いがあり，自信も持てない状態で，玲ちゃんのようにまっすぐな目標を持っている人にはその迷いを正直に言えなかったのである。

問4＜心情＞「私」は，コンクールの後，自分のフルートの音に個性を探そうとしたが，嫌いな音楽がないということは好きな音楽がないということであり，自分の音楽といえるものはないのではないかと思っていた。「メイエ様命」と言う玲ちゃんの，ポール・メイエを思わせる音色を聴いた後，「私」は，自分の抱えている，自分の音楽といえるものがない，という問題が解決していないことを思い出したのである。

問5＜表現＞「対句」は，表現形式や意味を対応させた二つ以上の語句や文を並べる表現技法。「小柄な体格」と「ずしんと腹に響くような芯のある音」は対句とはいえない（ア…×）。玲ちゃんは「私」に対抗心を持っているわけではなく，「私」は玲ちゃんの個性や，玲ちゃんが自分の音楽というものを持っていることを評価している（エ…×）。

二〔国語の知識〕

問1＜漢字＞(1)「吐露」は，思っていることを隠さないで全部話すこと。　(2)「許諾」は，要求をよろしいと聞き入れること。　(3)音読みは「赴任」などの「フ」。　(4)「財布」は，金銭を入れるための袋のこと。　(5)「目が届く」は，注意が十分に行き渡る，という意味。

問2＜文の組み立て＞「多い」のは，電車に乗る「機会」である。文節で抜き出すときは「機会も」となる。

問3＜俳句の技法＞「夏草」「五月雨」「蟬」は，夏の季語。「天河」は，秋の季語。

問4(1)＜資料＞B店長から商店街のあんパンが人気商品であると聞いたAさんは，「わたしも以前食べましたが，すごくおいしかったです」と受けて，「何か特別な工夫があるのでしょうか」とさらに質問している。　(2)＜語句＞「散策」は，特に目的もなくぶらぶらと歩くこと。　(3)＜資料＞B店長は「商店街全体での一体感が少し足りないことでしょうか」と，商店街の課題を指摘している。Aさんの「メモ」には「商店街のお祭りを企画中」とあり，課題解決の一つの方法を示している。したがって，Aさんは，商店街の一体感を強めるために何か考えていることはあるか，などという質問をしたと思われる。

三　〔論説文の読解─哲学的分野─哲学〕出典；川瀬和也『ヘーゲル哲学に学ぶ　考え抜く力』。

≪本文の概要≫哲学では，ある特徴のことを「性質」と呼び，「普遍者」とも呼ぶ。例えば「白い」という性質は「普遍者」である。この性質を担う消しゴムのようなものを「個物」ないし「個別者」という。「個別者」は，具体的な一つのものである。西洋哲学上の問題の一つが，「普遍者」は本当に存在するといえるのか，もし存在するならどのような仕方で存在するのかということである。ヘーゲルは，この存在に関する問いに対して他のものと区別されているときに何かが存在するという答えを提示している。ヘーゲルは「そこにある」ものを考えるときに，そこにあるものが輪郭を持っていることを重視する。重要なのは，何かが存在しているときには必ず他のものと区別されているということである。輪郭を持つということは，周囲と隔てられていることであり，周囲のものや空間と区別されていることである。何かが存在するということを考えるためには，そのもの以外に目を向ける必要がある。それ以外の他のものと区別されることで，そのものは存在している。この区別は，空間的なものだけではない。概念的な区別によって，輪郭を持たない「普遍者」の存在を確認できる。多くの「個物」や「普遍者」が存在するということは，他と区別されているということと不可分である。

問1＜文章内容＞「白い」という性質そのものは「普遍者」で「白いものはたくさんある」が，白いという性質を担うもので「いま私が持っている白い消しゴムは一つしか」なく，「個別者」なのである。

問2＜文章内容＞私たちは，白い消しゴムや白い家といった形を持つ個別のものを見たことはある。しかし，「『白さ』そのもの」や「『白い』という性質そのもの」を見たことがある人は，いないのである。

問3＜指示語＞「白い」という性質がどこにあるのかはわからないが，だからといって存在しないと考えると，「私の消しゴム」と「ホワイトハウス」が共通して持つものは何もないということになる。そうなると，「私の消しゴム」と「ホワイトハウス」が，「同じ白という色を持っている」という当たり前の事実が説明できなくなってしまうので，「『白さ』そのものが存在する」と考えた方がよいのである。

問4＜文章内容＞何かが存在しているときには，「必ず，そのものは他のものと区別」されている。何かのあり方を定め，それを存在させるためには，それ以外の他のものと区別されることが必要なのである。

問5＜文章内容＞Ⅰ．現実に存在する「個物」は，「輪郭で区切ることによって」周囲と隔てられ，他のものと区別されて存在しているといえる。　　Ⅱ．「普遍者」は，輪郭による空間的な区別ではなく，「消しゴム」や「白」といった「性質に関わる，概念的な区別」がなされることで，その存在が確認されるのである。

四 〔古文の読解—仮名草子〕出典；浅井了意『浮世物語』巻第三ノ十二。

≪現代語訳≫今となっては昔の話だが，どんなことでもやたらに自慢したがるのは未熟のせいである。どんな物でも上手の人は，少しも自慢はしないものである。自分より技量が優れている者たちは，広い天下にどれほどもいるものである。諸芸ばかりではなく，侍の道でも武芸・弁舌をはじめとして，全く自慢してはいけないのに，今の世は，身分が高い人も低い人もそれぞれに自慢して，声高に偉そうなことを言い散らし，自分の思うままにする者も多い。そのくせ，自分の欠点を隠そうとして，身分教養の高い者を非難し笑うことがある。ある者が，座敷をつくってふすまに絵を描かせる。白鷺だけを描くことを望む。絵描きは，「わかりました」と言って焼筆で下絵を描いた。亭主が言うことには，「どれもよさそうではあるが，この白鷺が飛び上がっている，この羽づかいがこのようでは，飛ぶことはできまい」と言う。絵描きの言うことには，「いやいやこの飛び方が最も優れた点である」と言ううちに，本当の白鷺が四羽五羽一緒に飛ぶ。亭主はこれを見て，「あれをごらんなさい。あのように描きたいものだ」と言うと，絵描きはこれを見て，「いやいやあの羽づかいであったら，私が描いたようには飛ぶことはできまい」と言った。

問1＜古文の内容理解＞座敷をつくってふすまに白鷺だけを描くことを望んだのは，その座敷をつくった「ある者」すなわち「亭主」である。

問2＜歴史的仮名遣い＞歴史的仮名遣いの語中・語尾のハ行は，現代仮名遣いでは原則として「わいうえお」となる。よって，「羽づかひ」は「はづかい」となる。また，歴史的仮名遣いで母音が重なる「au」は，現代仮名遣いでは「ou」となる。よって，「かやう」は「かよう」となる。

問3＜古文の内容理解＞亭主が，絵描きの描いた白鷺の羽づかいでは白鷺は空を飛べないだろうと言ったことに対して，絵描きは，自分の描いた白鷺の飛び方が「第一の出来物」と言ったのである。

問4＜古文の内容理解＞亭主は，白鷺が本当に飛んでいる様子を見て，あのように描きたいと言ったが，絵描きは，本物の白鷺の羽づかいでは「それがしが描いたやうには，得飛ぶまい」と負け惜しみを言ったのである。

五 〔作文〕

資料①からは，小学生と中学生では，インターネットを使うときに，家庭でルールを決めている割合が高いことがわかる。高校生になると，ルールを決めていないという回答が半数を上回る。また，資料②からは，「インターネットの使い方のルール」で，利用する時間を決めている割合が高いことがわかる。利用料金や保護者との相談のルールも半数近くにのぼっている。それに比べると，利用するサイトやアプリについては自由度が高いことが読み取れる。ここから「インターネットの適切な利用」についてというテーマをとらえ，自分の体験をふまえて考えてみるとよい。自分がインターネットを利用するときに何に気をつけたらよいのかを具体的に考えていく。二段落構成という指示に従い，字数を守って，誤字脱字に気をつけて書いていくこと。

英語解答

1 No.1　B　　No.2　A　　No.3　C

No.4　A　　No.5　D

No.6　(1)…B　(2)…D　(3)…C

No.7　(1)　asked him who

　　　(2)　got off

　　　(3)　friendship between

2 問1　want you to choose which

　　　place to visit

　問2　ア　　問3　イ

　問4　(例) everything we want

　問5　(例) Because she has never

　　　been to a university campus.

　問6　(1)…イ　(2)…エ

　問7　(例) Who suggested the

3 問1　(例) Because they were light

　　　and cool.

　問2　(例)日本は湿度が高く，ぬれると

乾くのに時間がかかるから。

問3　**A** show　**B** broken

問4　①…ウ　②…カ　③…エ

問5　I imagine what umbrellas will

　　be like in

問6　1　(例) using them

　　　2　(例) different ideas

　　　3　(例) give us

4 (例) I want to live near mountains.
I can feel the changing seasons, and
there is clean air and water in a
quiet environment. In summer, I
can enjoy swimming in the river,
and in winter, I can enjoy skiing. I
want to relax in nature and eat
fresh fruits. (49語)

---

1 〔放送問題〕

No.1≪全訳≫A：ナンシー，この写真を見てよ。これが僕。僕たちがスタジアムでサッカーの試合を見ていたときに，友達が撮ったんだ。／B：まあ，あなたはとても興奮しているみたいね，ユウジ。／A：うん。お気に入りのサッカー選手を見てとても楽しんだよ。／B：それはよかったわね。

　Q：「彼らが話しているのはどの写真か」―B

No.2≪全訳≫A：君のお弁当はおいしそうだね，エリカ。ソーセージがとてもおいしそうだ。／B：ありがとう，トニー。あなたのもおいしそうよ。あなたのにはいちごが入っているけど，私のにはないわ。／A：実は，昨日スーパーで買ったんだ。とても甘いよ。／B：それはいいわね。私はいちごが好きだから，後で買うわ。

　Q：「エリカのお弁当はどれか」―A

No.3≪全訳≫A：今日はお昼前に英語の授業があって，英語の歌を歌ったね。楽しかった。／B：うん。でも，私には数学の授業の方がおもしろかったな。／A：えっ，本当？　僕には，数学の授業のすぐ後の理科の授業もおもしろかったよ。／B：あなたが理科を好きなのは知っているけど，音楽が一番好きよね？　午後の音楽の授業を楽しんでいたもの。

　Q：「彼らは何曜日について話しているか」―C

No.4≪全訳≫ケンタは朝，学校でジェーンに話しかける。彼女は彼に，昨夜遅くまでテスト勉強をしたと言う。彼女は彼に，そのせいで本当に眠いとも言う。

　Q：「ケンタはジェーンに何と言うか」―A.「昨夜は何時に寝たの？」　ケンタは寝不足になるに至った昨夜のジェーンの様子や事情を話題にすると考えられる。　because of ～「～のせいで，～のために」

No.5≪全訳≫キャシーはトムの家に行く途中だが，彼の家が見つからない。彼女はトムに電話し，

自分の周りに何が見えるのかを伝える。それから彼女は彼に，彼の家への行き方を教えてくれるように頼む。

　　Ｑ．「トムはキャシーに何と言うか」―Ｄ．「そこで待ってて。君の所に行くよ」　トムは彼女が家に来る手助けとなるような発言をすると考えられる。　'on ～'s way to …'「…へ行く途中で」'ask＋人＋to＋動詞の原形'「〈人〉に～するよう頼む」

No.6≪全訳≫■1皆さん，こんにちは。英語の授業を始める前に，先週末の話をしましょう。皆さんは良い週末を過ごしましたか？　私は良い週末を過ごしたので，それについて話させてください。この前の日曜日，天気が良かったので，家族とコバトン公園に行きました。私たちは月に２回そこに行きます。それは私の町で最も大きい公園の１つです。楽しめることがたくさんあります。■2最初に，子どもたちとバドミントンをしました。公園にはスポーツをするための広いスペースがあります。その後，桜の花の下で昼食をとりました。それらは美しく，子どもたちがつくってくれたサンドイッチはとてもおいしかったです！　昼食後は公園の周りをサイクリングして楽しみました。週末にその公園で過ごすと，私はリラックスできます。■3さあ，それでは，ペアを組んで先週末のことを英語で話してほしいと思います。２，３分あげましょう。何か質問があれば，私にきいてください。準備はできましたか？

　　＜解説＞(1)「ブラウン先生の家族は月に何回コバトン公園に行くか」―Ｂ．「月に２回」　第１段落最後から３文目参照。a〔an〕には「～につき」という意味がある。　(2)「ブラウン先生は公園で最初に何をしたか」―Ｄ．「彼女はバドミントンをした」　第２段落第１文参照。　(3)「ブラウン先生の話について正しいのはどれか」―Ｃ．「彼女は彼女の家族がこの前の土曜日に公園でどのように過ごしたかを生徒に話している」　Ｃはブラウン先生の話をまとめた内容になっている。

No.7≪全訳≫■1トモキ（Ｔ）：アリス，この写真を見てよ。この前の夏にアメリカに旅行に行ったときに撮ったんだ。■2アリス（Ａ）：わあ。すごくたくさん撮ったのね。待って，この男の人は誰，トモキ？■3Ｔ：彼は僕のアメリカ人の友人，デイビッドだよ。僕がサンフランシスコでバスに乗っていたとき，彼が僕の隣に立っていて，笑顔で「こんにちは」って言ってくれた。それから，僕がバスを降りるまでお互いに英語で話したんだ。■4Ａ：彼と話して楽しかった？■5Ｔ：うん。僕たちは趣味や故郷について話したんだ。■6Ａ：それはいいわね。■7Ｔ：実は，おもしろい話があるんだ。■8Ａ：あら，それは何？■9Ｔ：次の日，日本に帰るためにサンフランシスコの空港に行ったら，そこで彼に会ったんだ！　彼にまた会えて本当に驚いたよ。彼は「またアメリカを訪れる機会があったら，僕に会いに来てよ」と言ってくれた。それから，彼は僕にメールアドレスをくれたんだ。■10Ａ：まあ！■11Ｔ：そのとき以来，僕は彼と連絡を取り合っているんだ。僕は彼に週に１回メールを送ってるよ。■12Ａ：あなたはアメリカですばらしい経験をしたのね。「こんにちは」があなたと彼の間に友情を築いたのね！

　　＜解説＞(1)「トモキが写真を見せたとき，アリスはトモキに何を尋ねたか」―「彼女は彼に，写真の男性は誰なのか尋ねた」　第２段落最終文参照。　(2)「トモキと友達のデイビッドはバスでどのくらい話したか」―「彼らはトモキがバスを降りるまで話し続けた」　第３段落最終文参照。get off ～「（バス・電車などから）降りる」　(3)「アリスはなぜトモキのアメリカでの経験がすばらしいと感じたのか」―「『こんにちは』という言葉がトモキとデイビッドの友情を築いたと感じたから」　最終段落最終文参照。　friendship「友情」　'between A and B'「AとBの間で〔の〕」

2 〔長文読解総合―会話文〕

　1 ≪全訳≫■1教室で，イトウ先生が遠足について生徒たちに話している。

　■2イトウ先生（Ｉ）：私たちは来月，けやき市に遠足に行く予定です。訪れるべき場所がたくさんあり

ます。遠足当日は，午前9時にけやき西公園に集合します。各グループはそこを出発し，午後3時までに公園に戻ります。ですから，皆さんにはグループの時間が6時間あります。

❸ケン（K）：自分たちでどこに行くか決められるんですか？

❹I：はい，でも皆さんはチェックポイントとしてリスト中の4か所のうちの1つに行く必要があり，それによって先生たちは皆さんがどうしているかを確認できます。今日は，グループの話し合いで，チェックポイントとしてどの場所を訪れるか選んでほしいと思っています。

❺K：うーん，1つを選ぶのは難しいです。僕たちにはもっと情報が必要です。

❻I：情報を得るために本やインターネットを使ってもかまいませんよ。

❼エマ（E）：タクシーに乗ってもいいんですか？

❽I：いいえ。皆さんは，徒歩，バス，あるいは電車で移動できます。

❾ユイ（Y）：遠足にはどれくらいお金を持っていってもいいんですか？

❿I：運賃，入場券，昼食のために3000円まで持ってくることができます。

⓫Y：わかりました。

⓬I：遠足中は写真を撮り，皆さんがしたことについてメモを取るのを忘れないでください。これらは，皆さんの遠足後の発表に役立ちます。それでは，グループの話し合いを始めてください。

問1＜整序結合＞前後の内容と語群から，「あなたたちにどの場所を訪れるか選んでほしい」という文になると推測できる。「あなたたちに選んでほしい」は'want＋人＋to＋動詞の原形'「〈人〉に～してほしい」，「どの場所を訪れるか」は，'which＋名詞＋to不定詞'「どの…を～するべきか，～したらよいか」の形にまとめる。whichの後に名詞placeが入ることに注意。

問2＜内容真偽＞ア．「生徒たちは，遠足の日に同じ公園に2回来なければならない」…○　第2段落第3，4文に一致する。　イ．「生徒たちは宿題として，リストにある場所について勉強しなければならない」…×　第6段落でイトウ先生は，遠足で訪れる場所についての情報を得るために本やインターネットを使ってもよいと言っているが，それが宿題だという記述はない。ウ．「生徒たちは話し合いで，けやき西公園で何を買うか決める」…×　けやき西公園で買えるものについての記述はない。　エ．「生徒たちはイトウ先生が教室で渡してくれたバスの1日乗車券を使う」…×　バスの1日乗車券についての記述はない。

②≪全訳≫❶ケンは他の人に自分の考えを伝える。

❷E：ケン，あなたはどの場所に興味があるの？

❸K：さくらそうタワーに興味があるな，けやき西公園から歩いて行けるから。それはこの地域で最も高い建物だから，展望デッキから美しい眺めを楽しむことができる。晴れていれば，きれいな山々が見えるよ。タワーではプラネタリウムのショーを楽しむことができる。ショーは30分くらいで，90分ごとに1回上演されるんだ。タワーにはたくさんのレストランやお店もあるよ。

❹E：それは楽しそうね！

❺K：本当にお勧めだよ。

❻Y：展望デッキとプラネタリウム両方のチケットはいくら？

❼K：これが入場券の料金表だよ。

❽Y：それじゃあ，両方のアトラクションの一番安いチケットは2430円かかるのね。うーん…。やりたいことを全部やるのは難しいわね。

❾E：私も同意見よ，ユイ。学生割引があるとはいえ，それでも高いわね。タワーですることは1つだけ選んだ方がいいわね。

❿K：そうだね。

入場券料金表			
	年齢	展望デッキまたはプラネタリウム	セット （展望デッキとプラネタリウム）
大人	13歳以上	1500円	2700円
子ども	6〜12歳	800円	1300円
	6歳未満	500円	700円

≫60歳以上の場合，200円の割引を受けられます。
≫学生の場合，10パーセントの割引を受けられます。

問3＜要旨把握＞料金表をもとに，両方のアトラクション，つまり展望デッキとプラネタリウム両方に行ったとき，一番安いチケット代がいくらになるか計算する。その料金に当たる Combo「セット」の欄によると，中学2年生で13歳以上なので，Adult「大人」の料金の2700円となるが，料金表の下の注意書きによると，学生は10パーセントの割引が受けられる。2700円から10パーセント割り引くと，2430円になる。

問4＜和文英訳—適語句補充＞「することは難しい」の部分はすでに書かれているので，「私たちが望むことをすべて」の部分を書くことになる。「私たちが望むこと」は「こと」という名詞を「私たちが望む」という‘主語＋動詞’が修飾する形になっており，これは‘名詞＋主語＋動詞…’の形（目的格の関係代名詞が省略されている）で表せる。「私たちが望む」を we want とし，「こと」を表す英語の後に置くことになるが，「3語の英語」という条件があり，「すべて」という意味を含める必要があるので，「全てのこと」を意味する everything を用いる。

③≪全訳≫■1ユイは自分の考えを話す。

■2E：ユイ，あなたはどう？

■3Y：私は動物や植物が好きだから，けやき動物園かけやき大学科学博物館に行きたいわ。私は特に科学博物館に興味があるの。それはキャンパス内にあって，けやき西公園からそこに行くのにバスで10分くらいかかるわ。博物館は農業と伝統的な日本食の歴史を展示しているの。それから，伝統的な料理を出すレストランがあるわ。あと，私は大学のキャンパスに行ったことがないから，キャンパスを歩いて回りたいの。

■4K：よさそうだね。僕はそこで伝統的な日本食を食べてみたいな。

■5E：私はキャンパスの伝統的な建物にも興味があるわ。ガイドつきのキャンパスツアーで中に入れるのよ。

■6Y：それはすごくいいわね！　ツアーのためにチケットを買う必要はあるの？

■7E：参加したいのであれば，買う必要があるわ。キャンパスを歩いて回るだけなら無料よ。

■8K：じゃあ，けやき動物園は？　僕は小さいときにそこに行ったよ。とても広いから，一日中そこで過ごせる。

■9Y：入場券はインターネットで買うと600円か。でも，動物園は公園から遠いわよね。

問5＜英問英答＞「なぜユイはキャンパスを歩いて回りたいのか」—「彼女は大学のキャンパスに一度も行ったことがないから」　第3段落最終文参照。　have/has never been to 〜「〜に行ったことがない」

④≪全訳≫■1ケンはエマに自分の考えを話すように頼む。

■2K：エマ，君はどの場所に行きたい？

■3E：私は日本の伝統工芸が好きだから，しらこばと工芸センターに行きたいな。ひな人形みたいな伝統工芸品がたくさんあるの。工芸教室に参加して，伝統的な和紙で自分の扇子をつくることができるのよ。教室は午前10時と午後2時から。だいたい2時間よ。

■4Y：教室にはお金はいくらかかるの？

5 E：材料を含めて1000円くらい。安くはないけど，この経験はいい思い出になるわ。

6 K：扇子は家族へのお土産になるかもね。

7 E：_B私もそう思う。お母さんは扇子をもらったら喜ぶだろうな。

8 Y：それはいいわね。けやき西公園の近くなの？

9 E：ううん，バスに乗らないといけないの。

10 K：さて，僕たちは考えを共有したね。遠足の行き先を決めよう。

問6＜内容一致＞(1)「生徒たちの話し合いによると，（　　　）」─イ．「生徒たちは，しらこばと工芸センターに行くのにバスに乗らなければならない」　**4**の第9段落参照。　(2)「話し合いで，エマが心配しているのは（　　　）」─エ．「さくらそうタワーのセットの入場券の値段が，学生割引があったとしても高いことだ」　**2**の第9段落第2文参照。

問7＜適語句補充＞≪全訳≫**1**イトウ先生（I）：チェックポイントとしてどこに行くかもう決めましたか？**2**エマ（E）：はい，決めました。しらこばと工芸センターに行くつもりです。**3** I：いいですね。あなたのグループの他の生徒に_(例)その場所を提案したのは誰ですか。**4** E：私です。皆，私の考えに賛成してくれました。

＜解説＞この問いかけに対してエマが I did.「私です〔私がしました〕」と答えているので，イトウ先生は「誰が～したのか」と尋ねたと推測できる。**4**の会話で，エマは他の生徒にしらこばと工芸センターに行くという自身の考えを伝えているので，suggest「～を提案する」を用いて Who suggested「誰が提案したのか」などとする。place は前に出ている the Shirakobato Craft Center を受けるので，前に the あるいは that が必要となる。

3 〔長文読解総合─説明文〕

≪全訳≫**1**皆さんは雨の日にどう対処しますか。私は傘を使います。傘を使うときはいつでも，傘の形が決して変わらないのはなぜなんだろうと思います。私は，手で持たなくてもいい傘があったらいいのにと思っています。でも，そんな傘はありません。傘は依然として同じ形のままです。傘を使うときは，傘を開いて持ちます。人々はいつ傘を使い始めたのでしょうか。他の国の人々は雨の日にどのように対処しているのでしょうか。傘の形が変わっていないのはなぜでしょうか。私の疑問への答えを出すため，私は傘の歴史と文化を調べました。

2初期の傘は，棒のついた天蓋のように見え，閉じることができませんでした（図1）。傘は，例えば王様のような，所有者の権威を示すために使われたようです。

3日本で最も古い傘の形跡は，古墳時代のものです。しかし，和傘がどこで生まれたかを突きとめることは困難です。傘は他の国からきたと言う人がいます。傘はずっと昔に日本でつくられたと言う人もいます。

4いくつかの記事や本を読み，人々が江戸時代中期以降に傘を使い始めたとわかりました。和傘は，油紙で覆われた竹の軸と骨でできていました。とても高価だったので，裕福な人しか傘を買うことができませんでした。開いたり閉じたりすることはできましたが，重くて簡単に壊れました。そのため，江戸時代まで，雨の日はほとんどの人は蓑と菅笠を使っていました（図2）。和傘のつくり方が広まると，傘は手軽に安くつくられるようになりました。傘の文化は歌舞伎や浮世絵に見られたので，多くの人に広まりました。和傘の製造業者は自分たちの傘が人気になるだろうと思っていましたが，洋傘の日本への伝来が状況を変えました。

5多くの日本人は，ペリー提督が船で日本に来たときに初めて洋傘を見ました。彼に同行した隊員の中に，それを使っている人がいたのです。明治時代以降，洋傘が日本に持ち込まれ，販売されました。その軽さとかっこいいデザインから人気となり，すぐに日本中に広まりました。

6 20世紀になって，日本の製造業者の中には和傘をつくり続けるものもいれば，洋傘をつくり始めるものもいました。しかし，独自の傘をつくろうと努力する製造業者もいました。1950年頃，ドイツで開発されたものをもとにして，折り畳み傘をつくる製造業者もありました。約10年後，ある傘の製造業者がビニール傘を発明しました。それは，1964年の東京オリンピックで初めて世界中の人々の目にするところとなりました。それは日本や海外で人気が出ました。透明で良好な視界が人気を集めたのかもしれません。このように，①数種類の傘は日本の製造業者によってつくられました。

7 ところで，他の国の人々は雨の日にどのように対処しているのでしょうか。一部の国々では，雨季と乾季がはっきりしています。雨季には，雨は突然降り，短時間でやみます。このため，「②雨はすぐにやむだろうから傘は使わない」と言う人が多くいます。

8 日本はどうでしょうか。もちろん，日本では雨がたくさん降りますし，日本には梅雨もあります。しかし，私はインターネットで興味深いニュース記事を見つけました。日本では1人当たり平均3.3本の傘を持っていて，海外では平均2.4本だと書いてありました。これは，日本人が，雨が降ったときにより頻繁に傘を使う傾向にあることを意味しています。しかし，ニュージーランドでは，③日本と同じくらい雨が降るにもかかわらず，雨が降ってもあまり傘を使いません。この違いの理由は何でしょうか。私は両国の湿度を比較し，日本の方が湿度が高いとわかりました。私の意見では，湿度が高いせいで，ぬれると乾くのに時間がかかるため，日本人は他の国の人々より傘をよく使うのだと思います。傘に対する考え方は，住んでいる国の天気次第のようです。

9 傘に関する記事や本を読む前は，傘の形が変わってきているとは思っていませんでした。しかし，傘の歴史を調べてみると，実際には形が変わっていることがわかりました。初期の傘は，棒のついた天蓋でした。でも今では，傘は開いたり閉じたりできますし，折り畳み傘もあります。傘は将来も形を変えていくでしょう。私は，傘は将来どんなふうになるんだろうと想像することがあります。例えば，頭上を飛び，バリアを張る傘が出てくるかもしれません。未来の傘について考えていたとき，私はおもしろいことに気づきました。私が想像した傘は，形の異なる菅笠かもしれません。その歴史を知ることによって，新しい傘をつくるヒントが得られるかもしれません。

問1＜英問英答＞「洋傘はなぜ明治時代以降に日本で人気が出たのか」―「それらは軽くてかっこいいからだ」　第5段落最終文参照。their light weight and cool design という名詞のまとまりを，they were light and cool という文の形にして答えるとよい。

問2＜文脈把握＞第8段落最後から2文目参照。In my opinion「私の意見では」に続けて，マユミの意見が述べられている。'it takes＋時間＋to不定詞'「～するのに〈時間が〉かかる」という表現の'時間'の部分が，longer「より長い（時間）」になっている。　dry off「乾く」

問3＜適語選択・語形変化＞A. the authority of the owner「所有者の権威」を目的語にとる動詞として，show「～を示す」が適切。「示すために使われた」という意味になると考えられるので，'to＋動詞の原形'の to不定詞として用いる（「目的」を表す副詞的用法）。　　B.「～だが，重くて簡単に　B　」という和傘の欠点が挙げられている部分。欠点なので，「簡単に壊れる」という内容になると考えられる。ここでは，They were に続く形として break「壊れる」を過去分詞のbroken にし，受け身形（'be動詞＋過去分詞'）をつくる。

問4＜適文選択＞①第6段落では，日本で折り畳み傘やビニール傘といった独自の傘がつくられたことが説明されている。ウはそのまとめとなっている。　　②直前の文に「雨季には，雨は突然降り，短時間でやむ」とあり，これが傘を使わないことの理由だと考えられる。カはその内容の言い換えになっている。　　③空欄の直前に'逆接'の though「～だけれども」があるので，「人々はあまり傘をささない」と対照的な内容が入る。

問5＜整序結合＞2文後に I was thinking about future umbrellas とあることなどから，「私は，傘は将来どうなるんだろうと想像する」といった内容になると考えられる。I imagine と始め，'what＋be動詞＋主語＋like？'「～はどんな感じだろう」を使って間接疑問（'疑問詞＋主語＋動詞…'）の語順で what umbrellas will be like と並べる。最後は in the future「将来」とまとめる。

問6＜要約文完成―適語補充＞＜全訳＞マユミはなぜ傘の形が変わらないのか疑問に思った。彼女は傘の歴史と文化を調べた。彼女は日本の人々が江戸時代中期以降に傘を使い始めたと知った。明治時代以降，日本の製造業者の中には独自の傘をつくろうとするものもいた。彼女はまた，日本人が傘を使うことについて，他の国の人々とは異なる考えを持っていることも学んだ。彼女は調査を終えて，実際には傘が形を変えていることがわかった。彼女はときどき未来の傘を想像した。彼女は，自分が想像した傘が形の異なる菅笠かもしれないと気づいた。彼女は，傘の歴史を学ぶことが私たちに新しい傘をつくるヒントを与えてくれるだろうと思った。

　＜解説＞1．第4段落第1文に「人々が江戸時代中期以降に傘を使い始めた」とある。start は to 不定詞と動名詞（～ing）のどちらも目的語にとれるが，ここでは動名詞を使い，目的語に umbrellas を指す them を続けて2語とする。　　2．マユミは第7，8段落で，日本人ほど傘を使わない国の事例を紹介している。また，第8段落最終文で「傘に対する考え方は，住んでいる国の天気次第のようです」と述べている。これは言い換えれば，「日本人は傘の使用について他の国の人々と異なる考えを持っている」ということ。　　3．最終段落最終文参照。「傘の歴史を学ぶことによって，私たちはヒントが得られるかもしれない」という内容は，「傘の歴史を学ぶことが，私たちにヒントを与えてくれるだろう」と書き換えることができる。

[4] 〔テーマ作文〕

　≪全訳≫どんなところに住みたいかを考えることは重要だ。山よりも海の方が良いと思うので，海の近くに住むのを好む人がいる。もちろん，海に近い場所より山に近い場所が好きな人もいる。あなたが住む場所を決めるとき，考えなければならないことはたくさんある。あなたは海の近くに住むのと山の近くに住むのとでは，どちらが好きだろうか。

　＜解説＞まず，自分が海と山のどちらの近くに住むのを好むかを述べ，その後に理由を続ける。海，あるいは山の近くでしか見られないものやできない体験などが，その理由となるだろう。解答例の訳は「私は山の近くに住みたい。季節の変化を感じることができるし，静かな環境にきれいな空気や水があるからだ。夏には川で水泳を楽しむことができるし，冬にはスキーを楽しめる。私は自然の中でリラックスし，新鮮な果物を食べたい」。

数学解答

1 (1) $-\dfrac{8}{9}x^3y^2$　(2) $24\sqrt{7}$

(3) $x=\dfrac{1}{5}$, 1　(4) ア，ウ　(5) $\dfrac{5}{8}$

(6) 33π cm²

(7) **頂点…6個　辺…9本**
ねじれの位置…2本

(8) 672　(9) -1, -3

(10) （例）ヒストグラムから読み取ること
ができる第3四分位数は，40分以上
50分未満の階級に含まれていて，箱
ひげ図の第3四分位数とは異なって
いる。

2 (1) （例）

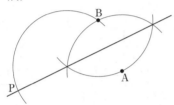

(2) （例）四角形 DHBF において，
仮定から，HD∥BF，HD＝BF
1組の対辺が平行でその長さが等し
いので，四角形 DHBF は平行四辺
形になる。
△BEI と△DGJ において，
仮定から，AB＝CD，AE＝CG なの

で，BE＝DG……①
AB∥DC から，錯角なので，
∠BEI＝∠DGJ……②
BH∥FD から，同位角，対頂角なの
で，∠EIB＝∠EJF＝∠GJD……③
②，③から，∠EBI＝∠GDJ……④
①，②，④から，1組の辺とその両
端の角がそれぞれ等しいので，
△BEI≡△DGJ

3 (1) ア…6　イ…25

(2) 小数第30位の数…7　和…135

4 (1) $b<c<a$

(2)

① **記号…ア**
説明…（例）c の値を大きくすると，
辺 PS と辺 QR はそれぞれ長くなり，
辺 PS と辺 QR の距離も大きくなる。
台形の上底，下底，高さのそれぞれ
が大きくなるので，面積も大きくな
る。

② $a=\dfrac{3}{5}$, $b=\dfrac{3}{5}$, $c=\dfrac{6}{5}$

体積…$\dfrac{189}{25}\pi$ cm³

5 (1) 5秒後　(2) 32cm³

(3) $4-2\sqrt{2}$

1〔独立小問集合題〕

(1)＜式の計算＞与式 $=10xy^2\times\dfrac{4}{9}x^2y^2\times\left(-\dfrac{1}{5y^2}\right)=-\dfrac{10xy^2\times4x^2y^2\times1}{9\times5y^2}=-\dfrac{8}{9}x^3y^2$

(2)＜数の計算＞与式 $=xy(x^2-y^2)=xy(x+y)(x-y)$ として，$x=3+\sqrt{7}$，$y=3-\sqrt{7}$ を代入すると，与式
$=(3+\sqrt{7})(3-\sqrt{7})\times\{(3+\sqrt{7})+(3-\sqrt{7})\}\times\{(3+\sqrt{7})-(3-\sqrt{7})\}=(9-7)\times6\times(3+\sqrt{7}-3+\sqrt{7})$
$=2\times6\times2\sqrt{7}=24\sqrt{7}$ となる。

(3)＜二次方程式＞$5x-2=A$ とおくと，$A^2-2A-3=0$，$(A+1)(A-3)=0$ より，$A=-1$，3となる
から，$5x-2=-1$，3である。$5x-2=-1$ より，$5x=1$，$x=\dfrac{1}{5}$ となり，$5x-2=3$ より，$5x=5$，
$x=1$ となる。
≪別解≫$25x^2-20x+4-10x+4-3=0$，$25x^2-30x+5=0$，$5x^2-6x+1=0$ として，解の公式を
用いると，$x=\dfrac{-(-6)\pm\sqrt{(-6)^2-4\times5\times1}}{2\times5}=\dfrac{6\pm\sqrt{16}}{10}=\dfrac{6\pm4}{10}$ となる。よって，$x=\dfrac{6-4}{10}=\dfrac{1}{5}$，
$x=\dfrac{6+4}{10}=1$ である。

(4)**<標本調査>**ア．河川を流れる水の一部を調査するので，標本調査である。　　イ．生徒全員に行うので，全数調査である。　　ウ．視聴者の一部に対して行うので，標本調査である。　　エ．日本国民全員に対して行うので，全数調査である。　　　以上より，標本調査は，ア，ウである。

(5)**<確率─硬貨>**2枚の50円硬貨を50円$_A$，50円$_B$とする。100円硬貨が1枚，50円硬貨が2枚なので，硬貨は全部で$1+2=3$(枚)ある。この3枚の硬貨を同時に投げるとき，それぞれ，表，裏の2通りの出方があるから，表，裏の出方は全部で$2×2×2=8$(通り)ある。このうち，表が出た硬貨の合計金額が100円以上になるのは，(100円，50円$_A$，50円$_B$)＝(表，表，表)，(表，表，裏)，(表，裏，表)，(表，裏，裏)，(裏，表，表)となる5通りある。よって，求める確率は$\dfrac{5}{8}$である。

(6)**<空間図形─面積>**右図1で，球の中心をO，切り口の円の中心をPとすると，線分OPは切り口の円を含む平面に垂直になる。球の中心Oから4cmの距離にある平面で切ったので，OP＝4である。切り口の円の周上の点をAとすると，∠OPA＝90°となり，球Oの半径が7cmより，OA＝7である。よって，△OAPで三平方の定理より，$PA^2＝OA^2−OP^2＝7^2−4^2＝33$となるので，切り口の円の面積は，$π×PA^2＝π×33＝33π$(cm^2)である。

図1

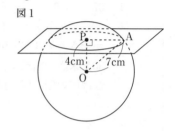

(7)**<空間図形─頂点と辺の数>**右図2のように，8点C〜Jを定めると，この展開図を組み立ててできる立体Vは，点Bと点J，点Cと点Eと点I，点Fと点Hがそれぞれ重なり，右図3のような立体BFC−AGDができる。よって，立体Vの頂点の数は点B，点F，点C，点A，点G，点Dの6個，辺の数は辺BF，辺FC，辺BC，辺AB，辺GF，辺DC，辺AG，辺GD，辺ADの9本ある。このうち，辺BF，辺BC，辺GF，辺DC，辺AG，辺ADは，

図2　　　　　　　　　図3

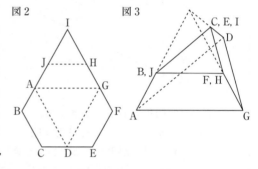

辺ABを含む面ABFG，面ABCDのどちらかの面上にあるので，辺ABとねじれの位置にある辺ではない。辺FC，辺GDは，辺ABと平行でなく交わらないので，ねじれの位置にある辺である。したがって，辺ABとねじれの位置にある辺の数は2本である。

(8)**<連立方程式の応用>**3けたの自然数Xの百の位の数をx，一の位の数をyとする。十の位の数は7だから，各位の数の和が15であることより，$x+7+y=15$が成り立ち，$x+y=8$……①となる。また，$X=100x+70+y$と表せ，Xの百の位の数と一の位の数を入れかえた自然数Yは，百の位の数がy，一の位の数がxとなるから，$Y=100y+70+x$と表せる。XからYをひいた値が396より，$(100x+70+y)−(100y+70+x)=396$が成り立ち，$99x−99y=396$，$x−y=4$……②となる。①，②の連立方程式を解くと，①＋②より，$x+x=8+4$，$2x=12$，$x=6$となり，これを①に代入して，$6+y=8$，$y=2$となる。よって，Xの百の位の数は6，一の位の数は2だから，$X=672$である。

(9)**<関数─aの値>**関数$y=2x^2$は，xの絶対値が大きくなるとyの値が大きくなる関数である。xの変域が$a≦x≦a+4$のときのyの変域が$0≦y≦18$だから，xの絶対値が最小のときyの値は最小の$y=0$，xの絶対値が最大のときyの値は最大の$y=18$である。$y=0$になるのは，$x=0$のときだから，xの変域には$x=0$が含まれ，$a≦0$，$a+4≧0$である。また，$y=18$となるのは，$18=2x^2$より，$x^2=9$，$x=±3$のときである。よって，$x=3$，$x=−3$のどちらかがxの変域で絶対値が最大となる値である。xの絶対値が最大になるのが$x=3$とすると，$a+4=3$であり，これより，$a=−1$だから，xの変域は$−1≦x≦3$となる。xの絶対値が最大になるのは，$x=3$のときだから，適する。xの絶対値が最大になるのが$x=−3$とすると，$a=−3$であり，$a+4=−3+4=1$より，xの変域は$−3≦$

$x \le 1$ となる。x の絶対値が最大になるのは，$x=-3$ のときだから，適する。以上より，$a=-1$，-3 である。

(10)＜データの活用—理由＞ヒストグラムより，通学時間の最小値は10分以上20分未満，最大値は60分以上70分未満の階級に含まれるから，箱ひげ図の最小値，最大値は適している。18人の生徒の通学時間なので，中央値(第2四分位数)は，小さい方から9番目と10番目の平均となる。ヒストグラムより，30分未満が $2+3=5$(人)，40分未満が $5+4=9$(人)，50分未満が $9+6=15$(人)だから，9番目は30分以上40分未満，10番目は40分以上50分未満の階級に含まれる。9番目，10番目の値はわからないので，中央値は求められないが，$(30+40) \div 2 = 35$，$(40+50) \div 2 = 45$ より，中央値は35分以上45分未満である。箱ひげ図の中央値は適している。また，第1四分位数は小さい方の9人の中央値だから，小さい方から5番目の値であり，第3四分位数は大きい方の9人の中央値だから，小さい方から $9+5=14$(番目)の値である。20分未満が2人，30分未満が5人より，小さい方から5番目は20分以上30分未満であり，箱ひげ図の第1四分位数は適している。40分未満が9人，50分未満が15人より，小さい方から14番目は40分以上50分未満であるが，箱ひげ図の第3四分位数は50分と60分の間である。箱ひげ図がヒストグラムに対応していないと判断できるのは，第3四分位数が異なるからである。解答参照。

② 〔独立小問集合題〕

(1)＜平面図形—作図＞北の夜空の星は，北極星を中心として反時計回りに1時間で15°回転移動するので，右図1で，点Aにあった星が2時間後に点Bの位置にあるとき，北極星の位置Pは，PA＝PB，∠APB＝15°×2＝30°を満たす点となる。3点P，A，Bを通る円を考え，その円の中心をQとすると，$\overset{\frown}{AB}$ に対する円周角と中心角の関係より，∠AQB＝2∠APB＝2×30°＝60°となり，QA＝QBだから，△QABは正三角形となる。よって，点Pは，線分 AB の垂直二等分線上にあり，QP＝QBとなる点，点Qは，QA＝QB＝ABとなる点である。したがって，作図は，右図2で，①2点A，Bを中心として半径 AB の円の弧をかき(2つの交点のうち，左側にあるのがQである。右側の交点をCとする)，②2点Q，Cを通る直線を引き，③点Qを中心とする半径 QB の円の弧をかく。②の直線と③の円の弧の交点で，Qに対して点Cと反対側にある点が点Pとなる。解答参照。

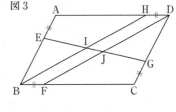

(2)＜平面図形—証明＞右図3の△BEI と△DGJ で，四角形 ABCD が平行四辺形より，AB＝CD であり，AE＝CG だから，AB－AE＝CD－CG であり，BE＝DG となる。また，AB∥DC だから，∠BEI＝∠DGJ である。さらに，HD∥BF，HD＝BF より，四角形 DHBF は平行四辺形だから，BH∥FD である。これより，∠EIB＝∠EJF であり，対頂角より，∠EJF＝∠GJD だから，∠EIB＝∠GJD となる。△BEI，△DGJ において，残りの角も等しくなるので，∠EBI＝∠GDJ である。解答参照。

③ 〔数と式—数の性質〕

(1)＜ n の値＞n が偶数のときの $\frac{1}{n}$ の値は，$n=2$ のとき $\frac{1}{n}=\frac{1}{2}=0.5$，$n=4$ のとき $\frac{1}{4}=0.25$，$n=8$ のとき $\frac{1}{8}=0.125$，$n=10$ のとき $\frac{1}{10}=0.1$ で，有限小数になっているが，$n=6$ のときは，$\frac{1}{6}=$

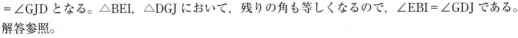

0.16666666666666…となり，無限小数になっている。また，$n=5$ のとき $\frac{1}{5}=0.2$ で有限小数になっているので，$n=5^2=25$ のときを考えると，$\frac{1}{25}=1\div25=0.04$ となり，有限小数となる。$\frac{1}{n}$ の値が有限小数になる n の値は，2，4，5，8，10，16，20，25，32，……である。なお，これらの値は，素因数分解すると，2，2^2，5，2^3，2×5，2^4，$2^2\times5$，5^2，2^5，……となり，素因数が，2のみ，5のみ，2と5の両方でつくられている数のいずれかである。

(2)<小数第30位の数，数の和>$\frac{1}{7}$ は $n=7$ のときなので，$\frac{1}{7}=0.14285714285714…$である。小数点以下は，小数第1位から，1，4，2，8，5，7の6個の数がこの順に繰り返し現れているので，小数第30位までは，$30\div6=5$ より，1，4，2，8，5，7の6個の数がちょうど5回繰り返される。よって，小数第30位の数は，繰り返される6個の数の最後の数で，7となる。また，繰り返される6個の数の和は $1+4+2+8+5+7=27$ だから，小数第1位から小数第30位までの数の和は，$27\times5=135$ である。

4 〔関数―関数 $y=ax^2$ と一次関数のグラフ〕

(1)<比例定数，傾き，切片の大小関係>右図1で，関数 $y=ax^2$ のグラフは，上に開く放物線だから，$a>0$ である。また，一次関数 $y=bx+c$ のグラフは，右下がりの直線となっているので，傾きが負より，$b<0$ であり，原点を通っているので，切片が0より，$c=0$ である。以上より，$b<c<a$ である。

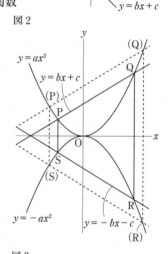

図1

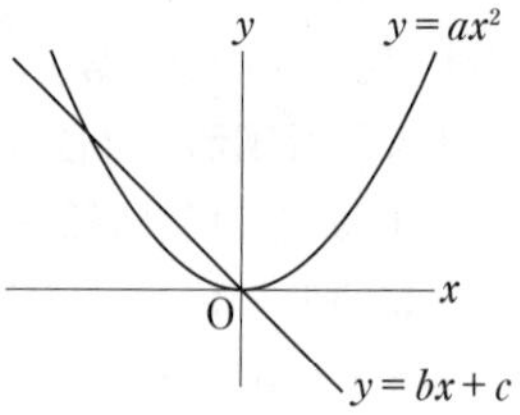

(2)<面積の変化，理由，a，b，c の値，体積>①右下図2で，一次関数 $y=bx+c$ のグラフは直線PQである。c の値を大きくすると，傾きが変わらず切片が大きくなるので，直線PQは y 軸の正の方向に動く。また，一次関数 $y=-bx-c$ のグラフは直線SRである。c の値を大きくすると，傾きが変わらず切片が小さくなるので，直線SRは y 軸の負の方向に動く。よって，点P，点Sの x 座標は小さくなり，点Q，点Rの x 座標は大きくなるので，辺PS，辺QRの長さは長くなる。さらに，辺PSと辺QRの距離は大きくなる。したがって，四角形PQRSの面積は大きくなる。説明は解答参照。②右下図3で，2点P，Qは関数 $y=ax^2$ のグラフ上にあるから，x 座標がそれぞれ -1，2のとき，$y=a\times(-1)^2=a$，$y=a\times2^2=4a$ より，P$(-1,\ a)$，Q$(2,\ 4a)$ と表せる。また，関数 $y=ax^2$ のグラフと関数 $y=-ax^2$ のグラフは x 軸について対称である。さらに，一次関数 $y=bx+c$，$y=-bx-c$ のグラフの交点の座標は，$bx+c=-bx-c$ より，$2bx=-2c$，$x=-\frac{c}{b}$ となり，$y=b\times\left(-\frac{c}{b}\right)+c$，$y=0$ となるから，点 $\left(-\frac{c}{b},\ 0\right)$ である。よって，この2つの一次関数のグラフは x 軸上で交わり，切片がそれぞれ c，$-c$ より，一次関数 $y=bx+c$，$y=-bx-c$ のグラフも x 軸について対称である。これより，点Pと点Sも x 軸について対称となり，P$(-1,\ a)$ より，S$(-1,\ -a)$ と表せる。2点Q，Sの座標より，直線QSの傾きは $\frac{4a-(-a)}{2-(-1)}=\frac{5}{3}a$ となるから，傾きが1のとき，$\frac{5}{3}a=1$ が成り立ち，

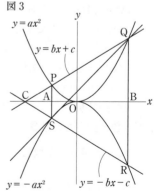

図2

図3

$a=\dfrac{3}{5}$ となる。$\mathrm{P}\left(-1,\ \dfrac{3}{5}\right)$ となり，$4a=4\times\dfrac{3}{5}=\dfrac{12}{5}$ より，$\mathrm{Q}\left(2,\ \dfrac{12}{5}\right)$ となる。したがって，一次

関数 $y=bx+c$ のグラフは2点P，Qを通るので，傾きは，$\left(\dfrac{12}{5}-\dfrac{3}{5}\right)\div\{2-(-1)\}=\dfrac{9}{5}\div3=\dfrac{3}{5}$ より，

$b=\dfrac{3}{5}$ となる。一次関数 $y=\dfrac{3}{5}x+c$ のグラフは点Pを通るので，$\dfrac{3}{5}=\dfrac{3}{5}\times(-1)+c$ より，$c=\dfrac{6}{5}$ と

なる。次に，PS，QR と x 軸の交点をそれぞれA，B，一次関数 $y=bx+c$，$y=-bx-c$ のグラフ
の交点をCとする。点Pと点Sが x 軸について対称であるのと同様，点Qと点Rも x 軸について対
称だから，台形PQRS は x 軸について線対称な図形である。よって，台形PQRS を x 軸を軸とし
て1回転させてできる立体は，台形PQBA を x 軸を軸として1回転させてできる立体となる。こ
の立体の体積は，底面の半径をQB，高さをCB とする円錐の体積から，底面の半径をPA，高さを
CA とする円錐の体積をひいて求められる。2点P，Qの y 座標より，$\mathrm{PA}=\dfrac{3}{5}$，$\mathrm{QB}=\dfrac{12}{5}$ である。

また，点Cの x 座標は $-\dfrac{c}{b}=-c\div b=-\dfrac{6}{5}\div\dfrac{3}{5}=-2$ だから，$\mathrm{CA}=-1-(-2)=1$，$\mathrm{CB}=2-(-2)$

$=4$ となる。したがって，台形PQRS を x 軸を軸として1回転させてできる立体の体積は，$\dfrac{1}{3}\times\pi$

$\times\left(\dfrac{12}{5}\right)^2\times4-\dfrac{1}{3}\times\pi\times\left(\dfrac{3}{5}\right)^2\times1=\dfrac{192}{25}\pi-\dfrac{3}{25}\pi=\dfrac{189}{25}\pi$（cm³）である。

5 〔空間図形—直方体〕

⑴ ＜時間＞右図1で，線分IP，PG を含む2つ
の面，面AEFB，面BFGC を右図2のように
展開する。IP＋PG の長さが最も短くなる
とき，3点I，P，Gは一直線上に並ぶ。こ
のとき，∠IEG＝∠PFG＝90°，∠IGE＝∠PGF
より，△IEG∽△PFG となるから，IE：PF＝
EG：FG である。IE＝AE－AI＝6－4＝2，EG

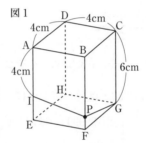

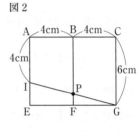

＝EF＋FG＝4＋4＝8だから，2：PF＝8：4が成り立ち，PF×8＝2×4，PF＝1となる。これより，
BP＝BF－PF＝6－1＝5である。図1で，点Pは辺BF 上を頂点Bから頂点Fまで毎秒1cm の速
さで動くから，IP＋PG の長さが最も短くなるのは，点Pが頂点Bを出発してから，5÷1＝5（秒）
後である。

⑵ ＜体積＞右図3で，2点P，Qは毎秒1cm の速さで動くので，2
秒後，1×2＝2（cm）動き，BP＝DQ＝2である。点Cと点Pを結び，
点Qから辺AE に垂線QJ を引く。〔面BFGC〕∥〔面AEHD〕であり，
CB∥DA，DA∥QJ より，CB∥QJ である。また，AJ＝DQ＝2とな
るから，JI＝AI－AJ＝4－2＝2となり，BP＝JI である。QJ＝DA＝4
より，CB＝QJ であり，∠CBP＝∠QJI＝90°だから，△CBP≡△QJI
となる。以上より，CP∥QI となるから，3点I，P，Qを通る平
面は頂点Cを通る。よって，直方体ABCD-EFGH を3点I，P，

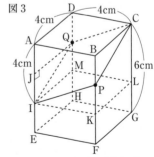

Qを通る平面で切ったとき，頂点Aを含む立体は，7点A，B，C，D，I，P，Qを頂点とする
立体である。点I を通り面ABCD に平行な平面と辺BF，辺CG，辺DH の交点をそれぞれK，L，
Mとすると，3点I，P，Qを通る平面は直方体ABCD-IKLM を2等分するので，頂点Aを含む
立体の体積は，直方体ABCD-IKLM の体積の $\dfrac{1}{2}$ となる。したがって，求める立体の体積は，$\dfrac{1}{2}$〔直

方体ABCD-IKLM〕$=\dfrac{1}{2}\times(4\times4\times4)=32$（cm³）である。なお，直方体ABCD-IKLM は，AB＝AD

＝AI＝4 より，立方体である。

(3)＜**時間**＞右図4で，球の中心をO，正方形 ABCD の対角線 AC，BD の交点をR，正方形 EFGH の対角線 EG，FH の交点をSとし，2点R，Sを結ぶ。球Oの半径が2cm より，直径は2×2＝4であり，直方体 ABCD-EFGH の底面の正方形 EFGH は1辺が4cm だから，球Oは，4つの側面と接し，面 EFGH と点Sで接する。OS⊥〔面 EFGH〕となるので，点Oは線分 RS 上の点となる。また，BP＝DQ だから，図形の対称性より，球Oと△IPQ の接点は，4点A，E，G，Cを通る平面上にある。よって，PQ と RS の交点をTとすると，球Oと△IPQ の接点は線分 IT 上の点である。その接点をUとする。OS＝IE＝2 より，四角形 OSEI は長方形となるから，IO＝ES，IO⊥RS である。△EFG が直角二等辺三角形より，EG＝$\sqrt{2}$EF＝$\sqrt{2}$×4＝4$\sqrt{2}$ となるので，

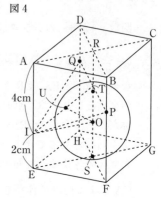

図4

IO＝ES＝$\frac{1}{2}$EG＝$\frac{1}{2}$×4$\sqrt{2}$＝2$\sqrt{2}$ となる。OU＝2，∠OUI＝90° だから，△OUI で三平方の定理より，IU＝$\sqrt{IO^2 - OU^2}$＝$\sqrt{(2\sqrt{2})^2 - 2^2}$＝$\sqrt{4}$＝2 となる。OU＝IU となるので，△OUI は直角二等辺三角形であり，∠OIT＝45° となる。これより，△OIT も直角二等辺三角形だから，TO＝IO＝2$\sqrt{2}$ である。したがって，RO＝AI＝4 より，BP＝RT＝RO－TO＝4－2$\sqrt{2}$ となるので，x＝（4－2$\sqrt{2}$）÷1＝4－2$\sqrt{2}$（秒）後である。

＝読者へのメッセージ＝

③で，$\frac{1}{3}$＝0.333333… です。$\frac{1}{3}$，0.333333… をそれぞれ3倍してみると，$\frac{1}{3}$×3＝1，0.333333…×3＝0.999999… となり，$\frac{1}{3}$ と 0.333333… は同じ値なのに，3倍した値は異なる値となってしまいました。不思議ですね。もしかしたら，1と0.999999… は同じ値なのかもしれません。興味がありましたら，調べてみてください。

2022年度
埼玉県公立高校／学力検査

英語 ●満点 100点 ●時間 50分

■リスニングテストの音声は，当社ホームページで聴くことができます。（当社による録音です。）再生に必要なアクセスコードは「合格のための入試レーダー」（巻頭の黄色の紙）の1ページに掲載しています。

1 放送を聞いて答える問題(28点)

問題は，No.1～No.7の全部で7題あり，放送はすべて英語で行われます。放送される内容についての質問にそれぞれ答えなさい。No.1～No.6は，質問に対する答えとして最も適切なものを，A～Dの中から一つずつ選び，その記号を書きなさい。No.7は，それぞれの質問に英語で答えなさい。放送中メモを取ってもかまいません。各問題について英語は2回ずつ放送されます。

【No.1～No.3】（各2点）

Listen to each talk, and choose the best answer for each question.

No.1

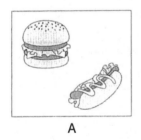
A

B

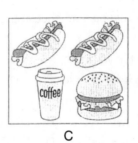
C

D

No.2

A

B

C

D

No. 3

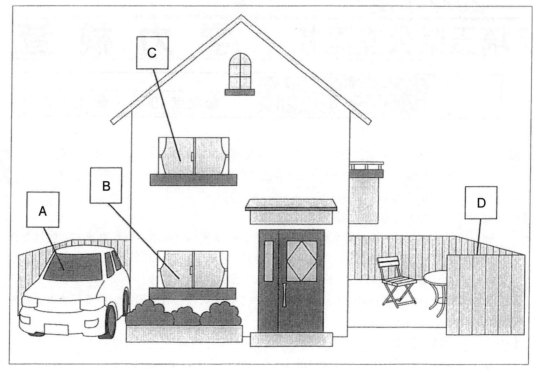

【No. 4，No. 5】（各2点）

Listen to each situation, and choose the best answer for each question.

No. 4

   A Thank you for your help.   **B** How about tomorrow afternoon ?

   C Can you do it by yourself ?   **D** Sorry, I'm busy all day.

No. 5

   A I've lost my key.   **B** I'll look for it tomorrow.

   C Mine is a little small.   **D** Let's take it to the police station.

【No. 6】（各3点）

Listen to the tour guide on the bus, and choose the best answer for questions 1, 2 and 3.

(1) Question 1

   A The chocolate cake.   **B** The ice cream cake.

   C The fruit cake.   **D** The cheese cake.

(2) Question 2

   A At eleven fifty a.m.   **B** At noon.

   C At one twenty-five p.m.   **D** At one thirty p.m.

(3) Question 3

   A Chinese food is more popular than Japanese food at the restaurant.

   B People on the bus don't have to get off the bus to order lunch.

   C The restaurant is a great place to eat many different foods from all over the world.

   D There are some famous shops in the restaurant.

【No.7】（各3点）

Listen to the talk between Kayo and John, a student from the U.S., and read the questions. Then write the answer in English for questions 1, 2 and 3.

(1) Question 1 : How long has John studied Japanese ?

Answer :　He has studied it for (　　　　　　　　) years.

(2) Question 2 : Why does Kayo listen to the English program on the radio ?

Answer :　Because she wants to (　　　　　　　　) for her job in the future.

(3) Question 3 : Why did John ask Kayo to help him with his math homework ?

Answer :　Because she is (　　　　　　　　) math.

※＜放送を聞いて答える問題台本＞は英語の問題の終わりに付けてあります。

2　フリーマーケット(flea market)の案内を英語で作成します。〔日本語のメモ〕をもとに，空欄 A ～ C にあてはまる適切な1語を，それぞれ英語で書きなさい。また，空欄 D には適切な3語以上の英語を書きなさい。なお，空欄 A ～ C には省略した形や数字は使わないものとします。(13点)

〔日本語のメモ〕

けやき街フリーマーケット

けやき街フリーマーケットに来て楽しんでください！
たくさんの種類の中古の本，CD，DVDや食器などがあります。
何かいいものをみつける絶好の機会です。

1　日時：6月18日(土)　午前9時～午後5時
2　会場：けやき街ファミリー公園
　　　　　けやき駅からバスで10分
買い物のためのバッグを持ってきてください。

Keyaki Town Flea Market

Come and [A] the Keyaki Town Flea Market !
There will be many [B] of used books, CDs,
DVDs and dishes.
It's a great chance to find something nice.

1　Time and Date : From 9 a.m. to 5 p.m. on Saturday, [C] 18
2　Place　　　　　 : Keyaki Town Family Park

Please 　　D　　 for shopping.

（A，B，C各3点，D4点）

3 次は，中学生の Daisuke が書いた英文です。これを読んで，問1～問5に答えなさい。＊印のついている語句には，本文のあとに〔注〕があります。(18点)

I am a junior high school student and I love music. But I couldn't play *instruments well until *recently. One day, I had a chance to try a guitar in music class at school. One of my friends, Aki, and I *made a pair and we practiced with one guitar. Aki played the guitar well because she learned the guitar when she was an elementary school student. 　　A　　 Then, our music teacher, Mr. Kishi, gave me some *advice for playing the guitar.

After coming back home, I said to my mother, "I practiced the guitar but I couldn't play it well yet." "Oh, I see. Do you want to try my guitar? <u>I (　　　　) the guitar I played when I was young,</u>" my mother said. I didn't know that my mother could play the guitar, so I was surprised to hear that. She smiled and brought the guitar from her room and gave it to me. 　　B　　 "Can I play this?" I asked. "Of course!" said my mother. *Thanks to my mother's help and Mr. Kishi's advice, I started to get better.

At the next music class, I did my best to play the guitar, but I made some mistakes. Mr. Kishi and the other students were surprised because I improved a lot since last time. Now, I have a new goal. 　　C　　 I am going to play the guitar with Aki at the school festival. We 〔been / have / the / practicing〕 guitar together every day after school.

〔注〕 instrument……楽器　　　recently……最近　　　make a pair……ペアをつくる
advice……助言　　　thanks to ～……～のおかげで

問1　本文中の A ～ C のいずれかに，But it was very difficult for me to play it well. という1文を補います。どこに補うのが最も適切ですか。 A ～ C の中から一つ選び，その記号を書きなさい。(3点)

問2　下線部について，（　）にあてはまる最も適切なものを，次のア～エの中から一つ選び，その記号を書きなさい。(3点)

　ア　always break　　イ　often forget　　ウ　still have　　エ　should make

問3　〔　〕内のすべての語を，本文の流れに合うように，正しい順序に並べかえて書きなさい。(4点)

問4　本文の内容に関する次の質問の答えとなるように，（　）に適切な英語を書きなさい。(4点)

Question： Why was Daisuke surprised when he was talking with his mother?

Answer： Because he heard that she could (　　　　　　　　　　　　　　　　　　　).

問5　本文の内容と合うものを，次のア～エの中から一つ選び，その記号を書きなさい。(4点)

　ア　Daisuke couldn't play any instruments because he didn't like music.

　イ　Daisuke used the guitar that his mother brought from her room to practice.

　ウ　Aki couldn't play the guitar well because Daisuke brought the school guitar to his house.

エ　Aki played the guitar well because Mr. Kishi taught her how to play it.

4　次の 1 ～ 4 は，書道部の Naoto, Kimmy と Ayako の会話です。これらを読んで，問 1 ～ 問 8 に答えなさい。＊印のついている語句には，本文のあとに〔注〕があります。(29点)

1　〈*One day after school, Naoto, Kimmy and Ayako are talking.*〉

Naoto :　Our ALT, Mr. Smith is going back to Australia.　He often comes to this calligraphy club.　All the members in our club like him very much.

Kimmy :　He is very nice to us.　He gives us good ＊advice.

Ayako :　He helps us a lot.　He loves the calligraphy ＊works we make, too.　Hey, I have an idea.　How about giving him a present ?

Naoto :　That's a good idea !　What should we get for him ?

Kimmy :　Let's write messages for him on *shikishi*.　I think he'll be glad to read our messages.

Ayako :　｜　　**A**　　｜　It's a popular present and easy to make.　Should we make something else for him ?

Naoto :　We should give him *shikishi* and one more thing, but I cannot think of any good ideas ＊right now.

Kimmy :　I ＊wonder what he would like.

Ayako :　Let's tell the other members of our club about our ideas.　I think they will help us choose a good present.

〔注〕　advice……助言　　work……作品
right now……今すぐに　　wonder ～……～だろうかと思う

問 1　空欄 ｜ **A** ｜ にあてはまる最も適切なものを，次のア～エの中から一つ選び，その記号を書きなさい。(3点)

ア　I don't believe it.　　　イ　That sounds good.
ウ　Don't worry about it.　　エ　I'll give it to you.

問 2　本文 1 で，Ayako は，自分たちの考えを他の部員たちに伝えようとするのはなぜだと述べていますか。日本語で書きなさい。(4点)

2　〈*The next day, they start a ＊discussion after talking with the club members.*〉

Naoto :　So, everyone in our club wants to give Mr. Smith a present, right ?

Ayako :　Yes, we talked about plans for a present during the club meeting yesterday, but we couldn't decide what to give him as a present with the *shikishi*.

Kimmy :　Then, we need to think of a good plan.

Naoto :　After we talked in the club meeting, one of the club members gave me Mr. Smith's ＊self-introduction sheet.　Mr. Smith gave it to all the students in his first English class. I think it'll help.　Let's look for ideas on the sheet.　It's better to give 〔is / he / him / interested / something〕 in.

Ayako :　Oh, I remember I was given this sheet when I was a first-year student.　That's a good idea.

Naoto :　＊Based on this sheet, how about giving him flowers, too ?　I'm sure he'll like them.

Kimmy :　I don't think that's a good idea.　I think there are rules for taking flowers or plants out of the country.

Naoto : Oh, you mean that he cannot take flowers from Japan to Australia?

Kimmy : I'm not sure, but if the flowers we give him cannot be taken from Japan to Australia, he may have trouble.

Ayako : If we give him things that are too large or heavy, it'll be hard for him to carry them to Australia, so we shouldn't choose things like that.

Naoto : You're right. What should we give him instead?

Self-Introduction Sheet	
Timothy Smith	
出身地	Australia
一番好きなもの	Japanese pop songs
趣味	B
やってみたいこと	Calligraphy and *kendo*

〔注〕 discussion……話し合い　self-introduction……自己紹介　based on 〜……〜に基づけば

問3　〔　〕内のすべての語を，本文の流れに合うように，正しい順序に並べかえて書きなさい。（4点）

問4　本文 2 の内容と合うように，Self-Introduction Sheet の空欄 B にあてはまる最も適切なものを，次の**ア**〜**エ**の中から一つ選び，その記号を書きなさい。（3点）

ア Collecting pens　**イ** Cooking　**ウ** Traveling　**エ** Taking care of flowers

問5　本文 2 の内容と合うように，次の英語に続く最も適切なものを，**ア**〜**エ**の中から一つ選び，その記号を書きなさい。（3点）

　Naoto said that

ア flowers were good as a present, but Kimmy didn't agree with that idea.

イ something that was too large or heavy was not bad as a present.

ウ he needed Mr. Smith's self-introduction sheet, so he asked Ayako to find it at her house.

エ the self-introduction sheet was easy to read, so Ayako thought it was very useful to study English.

3 ⟨*They continue their discussion.*⟩

Ayako : How about singing some songs for him? Do you know any good Japanese pop songs, Kimmy?

Kimmy : Yes, I do. I'll think of some Japanese pop songs we can sing for him.

Naoto : Thanks. I'm sure he'll like listening to Japanese pop songs because he wrote so on his self-introduction sheet.

Kimmy : Well, I can play the piano, so I will play the piano for the songs. I think we can use the music classroom at school if we ask our music teacher, Ms. Fukuda. If we choose to sing songs for him, I'll ask her.

Naoto : Great. Well, how about collecting pictures of us and making a photo *album for him?

Kimmy :　That's also a good idea.　We'll have to find a lot of pictures.　Oh, I have another idea, too.

　〔注〕　album……アルバム

問6　本文 3 の内容と合うものを，次の**ア**〜**エ**の中から一つ選び，その記号を書きなさい。（4点）

　ア　Naoto thinks it is difficult to take good pictures.
　イ　Ayako has a lot of pictures she collected with Mr. Smith.
　ウ　Mr. Smith has never listened to Japanese pop songs.
　エ　Kimmy will play the piano if they sing songs for Mr. Smith.

4 　〈*They try to reach a *conclusion.*〉

Kimmy :　We can also make some calligraphy works as a present.　What do you think ?

Naoto :　Good idea.　I wonder what words we should write for the works.

Kimmy :　So, we have *come up with three ideas for presents.　Singing songs for him, a photo album, and calligraphy works.　How about giving him the *shikishi* and all three of these presents ?

Naoto :　We don't have enough time to *prepare all of them.　We should give him the *shikishi* and one more present.　Let's choose one of the three.

Ayako :　OK.　I think we should ｜　　　**C**　　　｜

Kimmy :　I agree with you.　I hope Mr. Smith will like our presents.

Naoto :　I hope so, too.　Let's tell the other club members about our plan.　I'm sure they'll like it.

　〔注〕　conclusion……結論　　come up with 〜……〜を思いつく
　　　　prepare 〜……〜を準備する

問7　空欄 C について，あなたなら，本文 4 の3つのプレゼントの案の中からどのプレゼントを選びますか。会話が自然な流れになるように，I think we should に続けて，あなたが選んだプレゼントについて2文以上の英文を書きなさい。1文目は選んだプレゼントを1つあげて，2文目以降はその理由が伝わるように書きなさい。（4点）

問8　次は，後日の Naoto と Kimmy の会話です。自然な会話になるように，（　）に適切な4語以上の英語を書きなさい。（4点）

Naoto :　Finally, we are ready.　Let's give him our presents.

Kimmy :　I hope he will like them.　(　　　　　　　　　　　) them to him ?

Naoto :　How about this Friday afternoon ?　I think he will be at school.

Kimmy :　OK.　I can't wait !

5 　　次は，アメリカに住む，あなたの友人である Danny から届いたメールです。これを読んで，問1〜問3に答えなさい。＊印のついている語句には，本文のあとに〔注〕があります。(12点)

Hi, how are you doing ?

Last month, I watched an old movie on TV with my mother.　She said that the old movie was her favorite.　She watched it many times when she was young.　It was a *science fiction movie, and in the movie, a scientist makes many things, like a time machine.　With a time machine, you can go to the future and see what happens.　I really loved the movie.　That night, my little brother went to bed early, so my mother recorded the movie for him.　The next day, she showed him the movie, too.　After he finished watching the movie, he said, "I want to go to the future, too!"　My brother and I like the movie as much as our mother likes it.　We have watched it many times since then.　If I traveled to the future, I could see what my life is like. *As for my future, I'd like to be a doctor.　I hope my dream will come true.　How about you? What is your dream for the future?

〔注〕　science fiction movie……SF 映画　　as for ～……～について言えば

問1　本文の内容に合うように，次の英文の（　）にあてはまる最も適切な1語を，本文中から抜き出して書きなさい。（3点）

　　　After Danny and his brother watched the old movie, it became their (　　　) movie.

問2　本文の内容と合うものを，次のア～エの中から一つ選び，その記号を書きなさい。（3点）

　ア　Danny は，このメールを書くまでに何度もその映画を見た。

　イ　Danny の母は科学者なので，タイムマシンを作りたいと考えている。

　ウ　Danny は先月初めて，Danny の弟にその映画を見せてもらった。

　エ　Danny は，弟と一緒に見るまで，その映画を見たことがなかった。

問3　下線部について，あなたの将来の夢について，〔条件〕に従い，Danny に伝わるように，
　　　A　に3文以上の英文を書いて，メールを完成させなさい。（6点）

　メール

Hi, Danny.　How are you?　Thank you for your interesting e-mail.
A
See you!

〔条件〕　①　1文目は，あなたの将来の夢はどのようなものかを，My dream に続けて，解答欄の①に書きなさい。
　　　　②　2文目以降は，①について具体的に，2文以上で解答欄の②に書きなさい。

<放送を聞いて答える問題台本>

※「チャイム」

これから「放送を聞いて答える問題」を始めます。 　問題用紙の第1ページ，第2ページを見てください。問題は，No.1～No.7の全部で7題あり，放送はすべて英語で行われます。放送される内容についての質問にそれぞれ答えなさい。No.1 ～ No.6は，質問に対する答えとして最も適切なものを，A～Dの中から一つずつ選び，その記号を書きなさい。No.7は，それぞれの質問に英語で答えなさい。放送中メモを取ってもかまいません。各問題について英語は2回ずつ放送されます。 　では，始めます。

Look at No. 1 to No. 3 on page 1.

Listen to each talk, and choose the best answer for each question.

Let's start.

No. 1

A : Can I have one hamburger, two hot dogs and a cup of coffee, please ?

B : Sorry, but we don't have hot dogs.

A : Really ? OK, then I'll have one more hamburger, please.

B : Sure. That'll be six hundred yen.

Question : What will the man have ?

（会話と質問を繰り返します。）

No. 2

A : Look at the bird in this picture. It is really cute. I'm glad we came to see it. Is there anything you like, Mike ?

B : Well, there are a lot of nice pictures. My favorite is the picture of a train and a mountain. It's wonderful.

A : Oh, I haven't seen it yet. Where is it ?

B : I saw it over there.

Question : Where are they talking ?

（会話と質問を繰り返します。）

No. 3

A : Mom, do you know where Dad is ? I can't find him. He isn't on the second floor.

B : He went to the post office to send letters.

A : Oh, really ? I want to carry some chairs to the garden, but they are too heavy. I need his help.

B : Oh, look. Your father just came back, Michael. See ? He has just stopped his car.

Question : Where is Michael's father ?

（会話と質問を繰り返します。）

Look at No. 4 and No. 5 on page 2.

Listen to each situation, and choose the best answer for each question.

Let's start.

No. 4

Robert asks Ken to play soccer together tomorrow.

Ken has to help his mother at home tomorrow morning.

But Ken is free in the afternoon, so he wants to play then.

Question : What will Ken say to Robert ?

（英文と質問を繰り返します。）

No. 5

Mika is taking a walk with her father.

She has found a key on the way, but they don't know whose key it is.

Her father tells her what to do.

Question : What will Mika's father say to Mika ?

（英文と質問を繰り返します。）

Look at No. 6.

Listen to the tour guide on the bus, and choose the best answer for questions 1, 2 and 3.

Let's start.

It's eleven fifty-five, so it's almost lunch time. We will arrive at the Saitama Restaurant soon. Let me tell you about the restaurant.

The Japanese food at the restaurant is really popular, but if you want to have food from other countries, Saitama Restaurant is a great place. You can eat many different foods from all over the world.

The cakes are really delicious, too. Most people order the chocolate cake at the restaurant. You can also have fruit cake and ice cream. I'm sure you will like everything.

We've just arrived at the restaurant. It's twelve o'clock now. Our bus will stay here for an hour and thirty minutes. When you finish having lunch, you'll have some free time. You can go shopping if you want to, and near the restaurant, there is a famous shop that sells cheese cake. It is very popular. Please come back here by one twenty-five p.m. Thank you and have fun, everyone.

Question 1 :　What is the most popular cake at the Saitama Restaurant ?

Question 2 :　What time will the bus leave the restaurant ?

Question 3 :　Which is true about the Saitama Restaurant ?

（英文と質問を繰り返します。）

Look at No. 7.

Listen to the talk between Kayo and John, a student from the U.S., and read the questions.　Then write the answer in English for questions 1, 2 and 3.

Let's start.

John :　Good morning, Kayo.　Sorry, I'm a little late.

Kayo :　That's OK.　What were you doing ?

John :　I was reading a Japanese newspaper.　I read a Japanese newspaper every morning because it's a good way to learn Japanese.　This morning, I found some difficult *kanji*, so I asked my host father how to read them.

Kayo :　I see.　How long have you studied Japanese ?

John :　I've studied it for three years.　It's still difficult for me to read and write *kanji*. What do you usually do in the morning, Kayo ?

Kayo :　I usually listen to an English program on the radio in the morning.　I want to use English for my job in the future, so I listen to it every day from Monday to Friday.

John :　That's nice.

Kayo :　I think it's great to use your free time in the morning to learn something you like.

John :　I agree.　By the way, are you free after school ?

Kayo :　Yes.　What's up ?

John :　I have math homework, but I can't answer some questions.　I need your help because you're good at math.

Kayo :　OK.　Actually I haven't finished it yet.　Let's do it together.

John :　Thank you.

（会話を繰り返します。）

以上で「放送を聞いて答える問題」を終わります。では，ほかの問題を始めてください。

数 学

●満点 100点 ●時間 50分

（注意）（1）答えに根号を含む場合は，根号をつけたままで答えなさい。

（2）答えに円周率を含む場合は，π を用いて答えなさい。

1 次の各問に答えなさい。（65点）

(1) $7x-9x$ を計算しなさい。（4点）

(2) $5\times(-3)-(-2)$ を計算しなさい。（4点）

(3) $12x^2y\div 3x\times 2y$ を計算しなさい。（4点）

(4) 方程式 $7x-2=x+1$ を解きなさい。（4点）

(5) $\dfrac{12}{\sqrt{6}}-3\sqrt{6}$ を計算しなさい。（4点）

(6) x^2-x-20 を因数分解しなさい。（4点）

(7) 連立方程式 $\begin{cases} 4x-3y=10 \\ 3x+2y=-1 \end{cases}$ を解きなさい。（4点）

(8) 2次方程式 $2x^2-3x-3=0$ を解きなさい。（4点）

(9) 右の図において，点Oは円の中心で，3点A，B，Cは円O
の円周上の点です。このとき，$\angle x$ の大きさを求めなさい。（4
点）

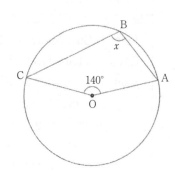

(10) 右の図において，直線は一次関数 $y=ax+b$ のグラフで，

曲線は関数 $y=\dfrac{c}{x}$ のグラフです。

座標軸とグラフが，右の図のように交わっているとき，a，
b，c の正負の組み合わせとして正しいものを，次の**ア～ク**
の中から一つ選び，その記号を書きなさい。（4点）

ア $a>0,\ b>0,\ c>0$

イ $a>0,\ b>0,\ c<0$

ウ $a>0,\ b<0,\ c>0$

エ $a>0,\ b<0,\ c<0$

オ $a<0,\ b>0,\ c>0$

カ $a<0,\ b>0,\ c<0$

キ $a<0,\ b<0,\ c>0$

ク $a<0,\ b<0,\ c<0$

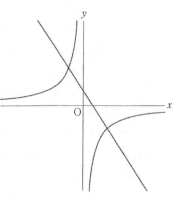

(11) 右の図は，母線の長さが8cm，底面の円の半径が3cmの円錐
の展開図です。図のおうぎ形OABの中心角の大きさを求めなさ
い。（4点）

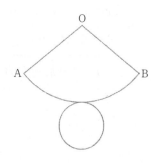

(12) $\sqrt{\dfrac{540}{n}}$ の値が整数となるような自然数 n は，全部で何通りあ
るか求めなさい。（4点）

⒀ 右の図で，AB，CD，EF は平行です。AB＝2cm，CD＝3cm のとき，EF の長さを求めなさい。（4点）

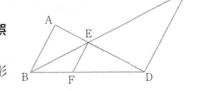

⒁ 次の**ア〜エ**の中から，箱ひげ図について述べた文として**誤っているもの**を一つ選び，その記号を書きなさい。（4点）

ア データの中に離れた値がある場合，四分位範囲はその影響を受けにくい。

イ 四分位範囲は第3四分位数から第1四分位数をひいた値である。

ウ 箱の中央は必ず平均値を表している。

エ 第2四分位数と中央値は必ず等しい。

⒂ ある養殖池にいる魚の総数を，次の方法で調査しました。このとき，この養殖池にいる魚の総数を推定し，小数第1位を四捨五入して求めなさい。（4点）

> 【1】 網で捕獲すると魚が22匹とれ，その全部に印をつけてから養殖池にもどした。
> 【2】 数日後に網で捕獲すると魚が23匹とれ，その中に印のついた魚が3匹いた。

⒃ ある店では同じ味のアイスクリームをS，M，Lの3種類のサイズで販売しており，価格は次の表のとおりです。これらのアイスクリームをすべて円柱とみなして考えると，SサイズとMサイズは相似な立体で，相似比は3：4です。また，MサイズとLサイズの底面の半径の比は4：5で，Lサイズの高さはMサイズの2倍です。このとき，最も割安なサイズを求め，その理由を数や式を用いて説明しなさい。（5点）

サイズ	S	M	L
価格（円）	160	320	960

2 次の各問に答えなさい。（10点）

⑴ 右の図は，OA を半径とする中心角180°のおうぎ形です。$\widehat{AB}$ 上に点Cをとるとき，AO：AC＝1：$\sqrt{2}$ となる点Cをコンパスと定規を使って作図しなさい。

ただし，作図するためにかいた線は，消さないでおきなさい。（5点）

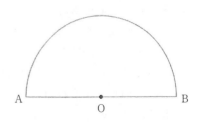

⑵ 下の図において，曲線は関数 $y＝ax^2（a＞0）$ のグラフで，曲線上に x 座標が−3，3である2点A，Bをとります。また，曲線上に x 座標が3より大きい点Cをとり，Cと y 座標が等しい y 軸上の点をDとします。

点Dの y 座標が8のとき，四角形 ABCD が平行四辺形になりました。このとき，a の値と

平行四辺形 ABCD の面積を求めなさい。
　　ただし，座標軸の単位の長さを 1 cm とします。（5 点）

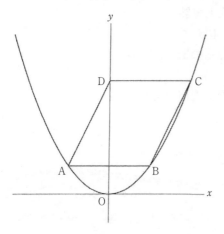

　　次の文と会話を読んで，あとの各問に答えなさい。（14点）

先　生「次の**設定**を使って，確率の問題をつくってみましょう。」

設定
　　座標平面上に2点 A$(2,\ 1)$，B$(4,\ 5)$があります。
1から6までの目が出る1つのさいころを2回投げ，
1回目に出た目の数を s，2回目に出た目の数を t
とするとき，座標が$(s,\ t)$である点を P とします。
　　ただし，さいころはどの目が出ることも同様に確
からしいものとし，座標軸の単位の長さを 1 cm と
します。

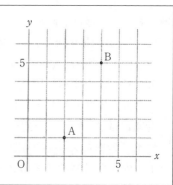

【E さんがつくった問題】
　　3点 A，B，P を結んでできる図形が**三角形になる場合のうち**，△ABP の面
積が $4\ \mathrm{cm}^2$ 以上になる確率を求めなさい。

R さん「この問題は，**三角形になる場合のうち**，としているから，注意が必要だね。」

K さん「点 P が<u>直線 AB</u> 上にあるときは，3点 A，B，P を結んでできる図形が三角形にな
　　　　らないからね。」

R さん「この問題だと，点 P が線分 AB と重なるときは，三角形にならないね。」

K さん「三角形にならない点 P は　ア　個あるから，三角形になる場合は全部で　イ
　　　　通りになるね。」

R さん「そのうち，△ABP の面積が $4\ \mathrm{cm}^2$ 以上になる点 P の個数がわかれば，確率を求め
　　　　ることができそうだね。」

（1）下線部について，直線 AB の式を求めなさい。（4 点）
（2）　ア　，　イ　にあてはまる数を求めなさい。（4 点）

(3) 【Eさんがつくった問題】について，△ABPの面積が4cm²以
上になる確率を，途中の説明も書いて求めなさい。その際，解答
用紙の図を用いて説明してもよいものとします。（6点）

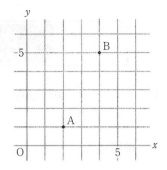

4 下の図のように，点Oを中心とする円Oの円周上に2点A，Bをとり，A，Bを通る円Oの
接線をそれぞれ*l*，*m*とします。
直線*l*と*m*とが点Pで交わるとき，次の各問に答えなさい。（11点）

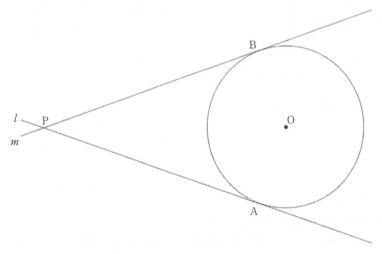

(1) PA＝PBであることを証明しなさい。（6点）

(2) 下の図のように，直線*l*，*m*に接し，円Oに点Qで接する円の中心をRとします。また，点
Qを通る円Oと円Rの共通の接線を*n*とし，*l*と*n*との交点をCとします。
円Oの半径が5cm，円Rの半径が3cmであるとき，線分PCの長さを求めなさい。（5点）

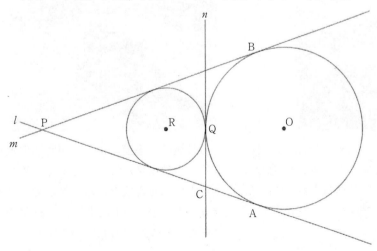

社会

●満点 100点　●時間 50分

1　Sさんは，次の**地図**に示した国や地域について調べました。**地図**をみて，問1〜問4に答えなさい。(14点)

地図

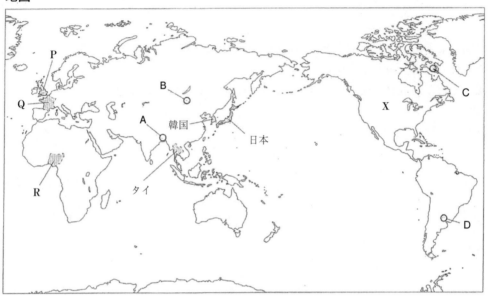

問1　六大陸のうち，**地図**中の**X**の大陸の名称を書きなさい。(3点)

問2　Sさんは，**地図**中の**A〜D**のいずれかの地域にみられる人々の生活の様子について調べ，次の**カードⅠ**と**カードⅡ**をつくりました。**カードⅠ**，**カードⅡ**と**地図**中の**A〜D**の地域の組み合わせとして最も適切なものを，下の**ア〜エ**の中から一つ選び，その記号を書きなさい。(3点)

カードⅠ

　この地域は，雨が少ないため，乾燥した土地で，水や草を求めて家畜とともに移動する遊牧を行っています。住居は，移動しやすい折りたたみ式で，アンテナを利用してテレビをみることができます。

カードⅡ

　この地域は，季節による日照時間の差が大きく，夏は太陽が沈んでも暗くならない白夜とよばれる現象をみることができます。犬ぞりでの移動が中心でしたが，近年では，スノーモービルが使われています。

ア　カードⅠ－A　カードⅡ－C　　イ　カードⅠ－A　カードⅡ－D
ウ　カードⅠ－B　カードⅡ－C　　エ　カードⅠ－B　カードⅡ－D

問3　Sさんは，**地図**中に示したタイと韓国の，1980年と2018年における輸出総額と輸出総額に
　　占める輸出品の割合（上位5品目）について調べ，次の**表1**をつくりました。**表1**から読みとれ
　　る内容を述べた文として正しいものを，下の**ア～オ**の中から**すべて**選び，その記号を書きなさ
　　い。（3点）

表1

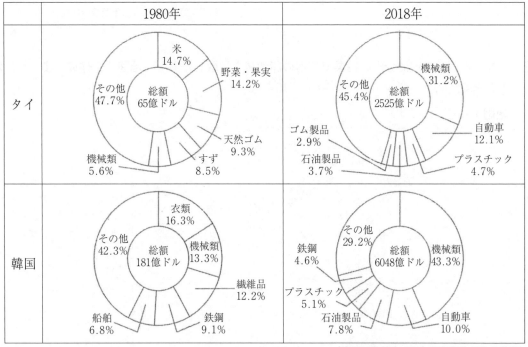

（世界国勢図会 2020/21年版などから作成）

ア　1980年のタイにおいて，輸出品上位5品目はすべて農産物であり，輸出総額に占める米と
　　　野菜・果実の割合の合計は，30％を超えている。

イ　1980年の韓国において，輸出品上位5品目はすべて軽工業製品であり，輸出総額に占める
　　　衣類と繊維品の割合の合計は，30％を超えている。

ウ　2018年のタイにおいて，機械類の輸出額は，輸出品上位5品目のうち，機械類を除く輸出
　　　品上位4品目の輸出額の合計より多い。

エ　2018年のタイの自動車の輸出額は，2018年の韓国の自動車の輸出額より多い。

オ　2018年の韓国の輸出総額は，1980年の韓国の輸出総額の30倍以上である。

問4　Sさんは，**地図**中に示した**P**，**Q**，**R**及び日本の4か国の，2017年における穀物の輸出入
　　量と穀物の自給率について調べ，次の**表2**と**グラフ**をつくりました。**地図**，**表2**及び**グラフ**の
　　中の**Q**にあたる国の名称を書きなさい。また，**表2**と**グラフ**から読みとれる，**P**，**R**及び日本
　　の3か国に共通する特色と比較した**Q**の国の特色を書きなさい。（5点）

表2　4か国の穀物の輸出入量

	輸出量（千 t）	輸入量（千 t）
P	3250	6519
Q	28735	4811
R	19	5607
日本	316	23982

グラフ　4か国の穀物の自給率

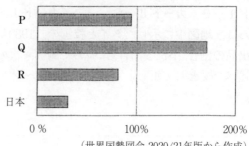

（世界国勢図会 2020/21年版から作成）

2　　Nさんは，地理的分野の授業で日本の諸地域を学習したあと，**地図1**を作成しました。**地図1**をみて，問1〜問4に答えなさい。（15点）

地図1

問1　Nさんは，**地図1**中の釧路市，秋田市，仙台市の三つの都市の気温と降水量を調べ，次のⅠ〜Ⅲのグラフをつくりました。Ⅰ〜Ⅲのグラフと都市の組み合わせとして正しいものを，下の**ア〜カ**の中から一つ選び，その記号を書きなさい。（3点）

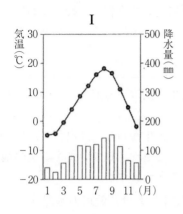
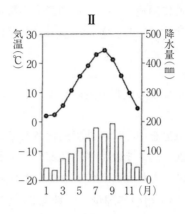
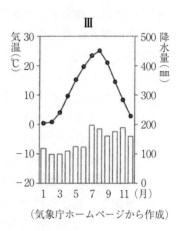

（気象庁ホームページから作成）

ア Ｉ－釧路市　Ⅱ－秋田市　Ⅲ－仙台市　**イ** Ｉ－釧路市　Ⅱ－仙台市　Ⅲ－秋田市
ウ Ｉ－秋田市　Ⅱ－釧路市　Ⅲ－仙台市　**エ** Ｉ－秋田市　Ⅱ－仙台市　Ⅲ－釧路市
オ Ｉ－仙台市　Ⅱ－釧路市　Ⅲ－秋田市　**カ** Ｉ－仙台市　Ⅱ－秋田市　Ⅲ－釧路市

問2　Ｎさんは，東北地方について調べ，次のようにまとめました。**まとめ**を読み，下の(1)と(2)の問いに答えなさい。

まとめ

> 　東北地方は本州の北部に位置し，中央に　Ｐ　山脈がはしり，日本海側に出羽山地などが，太平洋側に北上高地などがあります。
> 　山地からは大きな川が流れ出し，下流には平野などが広がり，山地の間には盆地などがみられます。東北地方では，これらの平野や盆地に人口が集中し，おもに平野で稲作が，盆地で果樹栽培がそれぞれさかんです。また，三陸海岸の沖合いは，たくさんの魚が集まる豊かな漁場となっています。

(1)　**地図1**と**まとめ**の中の　Ｐ　にあてはまる語を書きなさい。（2点）

(2)　**まとめ**の中の下線部に関連して，次の**表**は，東北地方の各県の，2018年における人口，農業産出額，漁業生産量について，各県を人口の多い順に並べたものです。**表**中の**Ｘ～Ｚ**には岩手県，宮城県，秋田県のいずれかがあてはまり，**ａ**と**ｂ**には米と果実のいずれかがあてはまります。**Ｘ**と**ａ**の組み合わせとして正しいものを，下の**ア～カ**の中から一つ選び，その記号を書きなさい。（2点）

表

	人口（千人）	農業産出額（億円）	a	b	漁業生産量（t）
X	2316	1939	26	818	266530
福島県	1864	2113	255	798	51398
青森県	1263	3222	828	553	179515
Y	1241	2727	126	582	127794
山形県	1090	2480	709	835	4308
Z	981	1843	72	1036	6709

（データでみる県勢 2021年版などから作成）

ア Ｘ－岩手県　ａ－米　　**イ** Ｘ－岩手県　ａ－果実　　**ウ** Ｘ－宮城県　ａ－米
エ Ｘ－宮城県　ａ－果実　　**オ** Ｘ－秋田県　ａ－米　　**カ** Ｘ－秋田県　ａ－果実

問3　次は，**地図1**中の北海道に関連して，日本の産業の特色について学習する授業における，先生とNさんの会話です。会話文中の **Q** と **R** にあてはまることばをそれぞれ書きなさい。（5点）

N さん：北海道では，牧草などの飼料を生産しながら，乳牛を飼育する酪農がさかんであることを学習しました。

先　生：そうですね。北海道を中心に各地で飼育されている乳牛からしぼり出された生乳は，乳製品などの加工用，または牛乳などの飲用として処理されています。次の**地図2**と**地図3**からは，それぞれどのようなことが読みとれますか。

地図2　2018年における加工用の処理量と全国に占める都道府県別の割合（上位6道県）

地図3　2018年における飲用の処理量と全国に占める都道府県別の割合（上位6道県）

（農林水産省ホームページから作成）

N さん：はい。**地図2**から，加工用の処理量は，北海道の割合がとても高いことが読みとれます。乳製品などは，おもに北海道の工場で生産されているということですね。

先　生：そのとおりです。では，**地図3**からは，どのようなことが読みとれますか。

N さん：はい。**地図3**から，飲用の処理量も，加工用の処理量ほどではないですが，北海道の割合が最も高いことが読みとれます。さらに，北海道を除く上位5県の位置に着目すると，それらの県は　**Q**　という共通した特色が読みとれます。

先　生：よく読みとれました。では，そのような共通した特色となる理由を説明できますか。

N さん：はい。牛乳などの飲用は，乳製品などの加工用に比べて，　**R**　ため，工場で処理して出荷されてからできるだけ早く消費者に届けられる必要があります。よって，牛乳などは，おもに　**Q**　ところの工場で生産されている傾向があると考えられます。

先　生：そのとおりです。このように日本の産業は，各地との結びつきで成り立っていることがわかりますね。

問4 次の**地図4**は，**地図1**中の北海道の一部を示した2万5千分の1の地形図です。**地図4**から読みとれる内容を述べた文として下線部が正しいものを，下の**ア〜オ**の中から**すべて**選び，その記号を書きなさい。（3点）

地図4

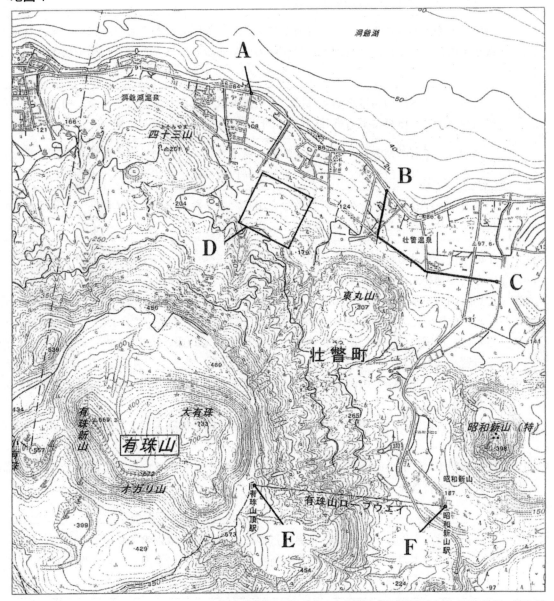

（国土地理院2万5千分の1地形図「洞爺湖温泉」平成27年発行一部改変）

ア A地点からB地点まで最短の道のりで移動する途中，<u>進行方向左側に洞爺湖がある</u>。

イ B地点からみると，有珠山は，<u>およそ南東の方向にある</u>。

ウ B地点からC地点までの道のりは，地図上で約5cmであり，実際の道のりは<u>約1250mである</u>。

エ Dの範囲内には，<u>広葉樹林がみられる</u>。

オ E地点の有珠山頂駅の標高とF地点の昭和新山駅の標高の差は，<u>300m以上である</u>。

3 次のI～Vは，Mさんが，五つの異なる時代の仏教に関することについて調べ，まとめたものです。これをみて，問1～問5に答えなさい。(16点)

I	仏教や儒教の考え方を取り入れた十七条の憲法が定められ，天皇を中心とする政治にはげむよう，役人の心構えが示された。
II	中国の僧である鑑真は，何度も航海に失敗し，失明しながらも日本に渡って，仏教の教えを広めた。また，行基は一般の人々の間で布教し，人々とともに橋や用水路をつくった。
III	日蓮は，法華経の題目を唱えれば，人も国も救われると説いた。また，中国に渡った栄西や道元は，座禅による厳しい修行で自ら悟りを開こうとする禅宗を日本に伝えた。
IV	禅僧は，幕府の使者として中国・朝鮮に派遣され，政治や外交で重要な役割を果たした。また，足利義政が建てた銀閣の東求堂同仁斎には，書院造が取り入れられた。
V	幕府は，キリスト教を禁じる禁教令を出した。また，宗門改で仏教徒であることを寺に証明させ，葬式も寺で行われるようになった。

問1　Ⅰの時代における日本と中国との関係について述べた文として正しいものを，次のア～エの中から一つ選び，その記号を書きなさい。(2点)

ア 邪馬台国の卑弥呼は，倭の30ほどの小さな国々を従え，魏の都に使者を送り，魏の皇帝から「親魏倭王」という称号と金印を授けられた。

イ 日本は，小国に分かれた中国を統一した宋とは正式な国交を結ばなかったが，民間の商人による貿易は行われた。

ウ 南北朝を統一した隋との国交を開き，進んだ文化を取り入れようとして，小野妹子らが使者として派遣された。

エ 日本から唐にたびたび使者などが送られるなか，阿倍仲麻呂は，日本に帰国せず，唐で一生を終えた。

問2　次の**資料1**は，Ⅱの時代に出された詔の一部をわかりやすくなおしたものです。この詔を出した人物名を書きなさい。(3点)

資料1

> …わたしは，人々とともに仏の世界に近づこうと思い，金銅の大仏をつくることを決心した。…もし一本の草や一にぎりの土を持って大仏づくりに協力したいと願う者がいたら，そのまま認めよう。…

問3　Ⅲの時代において，承久の乱の直後のできごとについて述べた文として，その正誤の組み合わせが正しいものを，下のア～エの中から一つ選び，その記号を書きなさい。(3点)

> **X** 有力な御家人どうしの争いが激しくなるなか，北条政子の父である北条時政が，幕府の実権をにぎった。
>
> **Y** 管領とよばれる将軍の補佐役には有力な守護が任命され，鎌倉府の長官には将軍の一族が就いた。

> **Z** 上皇に味方した貴族や武士の領地は没収され，新たに東日本の御家人がその土地の地頭に任命された。

ア　X　正　Y　正　Z　誤　　イ　X　正　Y　誤　Z　正

ウ　X　誤　Y　正　Z　誤　　エ　X　誤　Y　誤　Z　正

問4　Ⅳの時代の日明貿易では，勘合が使用されました。この勘合は，どちらの国がどちらの国に対して与え，どのような役割を果たしていたかを書きなさい。(5点)

問5　Mさんは，文化に興味をもち調べたところ，次のa，bの文と**資料2**，**資料3**をみつけました。Ⅴの時代の文化について述べた文と，その時代の代表的な文化財の組み合わせとして正しいものを，**表**中の**ア〜エ**の中から一つ選び，その記号を書きなさい。(3点)

a　上方を中心に，町人たちをにない手とする文化が栄えた。俳諧では，松尾芭蕉が自己の内面を表現する新しい作風を生み出し，「おくのほそ道」を執筆した。

b　民衆の経済的な成長とともに民衆にも文化が広がった。能が各地の農村の祭りでも楽しまれるようになったり，お伽草子とよばれる絵入りの物語がつくられたりした。

資料2

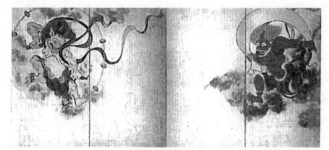

俵屋宗達がえがいた風神雷神図屏風

資料3

雪舟の水墨画

表

	文化	代表的な文化財
ア	a	資料2
イ	a	資料3
ウ	b	資料2
エ	b	資料3

4 次の年表をみて，問1〜問5に答えなさい。（17点）

西暦(年)	で き ご と
1868	・五箇条の御誓文が定められる‥‥‥‥‥‥‥‥‥‥‥‥‥‥‥ **A**
1871	・日清修好条規が結ばれる‥‥‥‥‥‥‥‥‥‥‥‥‥‥‥‥ **B**
1914	・第一次世界大戦が始まる‥‥‥‥‥‥‥‥‥‥‥‥‥‥‥‥
1915	・日本が中国に二十一か条の要求を出す‥‥‥‥‥‥‥‥‥‥ **C**
1919	・ベルサイユ条約が結ばれる‥‥‥‥‥‥‥‥‥‥‥‥‥‥‥
1939	・第二次世界大戦が始まる‥‥‥‥‥‥‥‥‥‥‥‥‥‥‥‥ **D**
1956	・日本が国際連合に加盟する‥‥‥‥‥‥‥‥‥‥‥‥‥‥‥
1990	・東西ドイツが統一される‥‥‥‥‥‥‥‥‥‥‥‥‥‥‥‥ **E**
2004	・自衛隊がイラクに派遣される‥‥‥‥‥‥‥‥‥‥‥‥‥‥

問1　次の**資料1**は，年表中**A**のできごとのあとに行われた改革の詔の一部をわかりやすくなお
したものです。**資料1**の改革の名称を書きなさい。また，**資料1**の改革において中央集権国家
を確立するために行われたことを，「**県令**」という語を用いて書きなさい。（5点）

資料1

> …私は，以前に版と籍を返させることを許可し，新たに藩の政治を行う知藩事に元の藩
> 主を任命してそれぞれの職を勤めさせた。ところが，数百年にわたる古いしきたりのため，
> なかには名のみでその成果のあがらない者がいる。…よって今，さらに藩を廃止して県を
> 置く。…

問2　次の**ア〜エ**は，年表中**B**の時期のできごとについて述べた文です。年代の**古い順**に並べか
え，その順に記号で書きなさい。（3点）

ア　旅順や大連の租借権を日本がゆずり受けることなどを定めた，ポーツマス条約が結ばれた。

イ　遼東半島や台湾などを日本がゆずり受け賠償金が日本に支払われることなどを定めた，下
関条約が結ばれた。

ウ　朝鮮では，東学を信仰する農民たちが腐敗した政治の改革などを求める甲午農民戦争が起
こった。

エ　満州では，鉄道を中心に，炭鉱の開発や沿線での都市の建設などを進めようと，半官半民
の南満州鉄道株式会社が設立された。

問3　年表中**C**の時期における日本の社会や経済の様子を述べた文として正しいものを，次の**ア**
〜エの中から一つ選び，その記号を書きなさい。（3点）

ア　金融恐慌が起こり，中小銀行が不良債権を抱えて経営に行きづまり，預金を引き出そうと
する人々が銀行に殺到し，取り付けさわぎが起こった。

イ　アメリカなどへの工業製品の輸出が大幅に増えたり，重化学工業が急成長したりするなど，
日本経済は好況になった。

ウ　軍需品の生産が優先され，生活必需品の供給が減り，米，砂糖，マッチ，衣料品などが配
給制や切符制になった。

エ 産業を育てることで経済の資本主義化をはかる殖産興業政策が進められ，富岡製糸場などの官営模範工場がつくられた。

問4 次は，年表中**D**の時期のできごとについてまとめたものです。**まとめ1**の中の$\boxed{P}$にあてはまる都市名を書きなさい。（3点）

まとめ1

朝鮮戦争が始まると，アメリカは東アジアでの日本の役割を重んじ，日本との講和を急ぎました。1951年9月，$\boxed{P}$で講和会議が開かれ，吉田茂内閣はアメリカなど48か国と平和条約を結びました。

1952年4月28日，$\boxed{P}$平和条約が発効し，日本は独立を回復しました。**資料2**は，$\boxed{P}$平和条約の調印の様子です。

資料2

問5 次は，年表中**E**の時期における地域紛争についてまとめたものです。**まとめ2**の中の$\boxed{X}$にあてはまる語として最も適切なものを，下の**ア〜エ**の中から一つ選び，その記号を書きなさい。また，$\boxed{Y}$にあてはまる語を書きなさい。（3点）

まとめ2

中東では，石油資源をねらうイラクが，クウェートに侵攻したのをきっかけに，1991年，$\boxed{X}$が起こりました。イラクを制裁する国連決議に基づいて，多国籍軍が派遣され，イラクをクウェートから撤退させました。

国連は，主に紛争の平和的な解決を目的とする$\boxed{Y}$を世界各地で展開してきました。日本は，1992年に，国際平和協力法（$\boxed{Y}$協力法）に基づいて，カンボジアにおいて初めて自衛隊が参加しました。

ア ベトナム戦争　　**イ** 第四次中東戦争　　**ウ** 湾岸戦争　　**エ** イラク戦争

5 Kさんのクラスでは，公民的分野の学習のまとめとして，自分の興味のある分野からテーマを選び，調べることになりました。次の**表1**は，Kさんが興味をもった分野とテーマについてまとめたものです。**表1**をみて，問1〜問6に答えなさい。(23点)

表1

分野	テーマ
国民としての責任と義務	・私たちの①人権が制約されるのは，どのような場合だろうか。
②国会の地位としくみ	・国会の地位としくみはどのようになっているのだろうか。
③選挙制度とその課題	・選挙はどのようなしくみで行われているのだろうか。
④価格の働き	・価格はどのような働きをしているのだろうか。
私たちの生活と財政	・⑤税金にはどのような種類があるのだろうか。
⑥国際連合のしくみと役割	・国際連合は，どのような役割を果たしているのだろうか。

問1　下線部①に関連して，Kさんは，人権が制約される場合について調べ，次のようにまとめました。**まとめ1**の中の □P□ にあてはまる語を書きなさい。(3点)

まとめ1

> 　他人の人権を侵害するような場合や，社会全体の利益を優先する必要がある場合には，例外的に人権の制約を認めることがあります。人々が社会の中でともに生きていく時に必要となるこうした制約のことを，日本国憲法では，「　P　」による制約といい，第12条において，国民は自由及び権利を「濫用してはならないのであつて，常に　P　のためにこれを利用する責任を負ふ」と定められています。

問2　下線部②に関連して，日本の国会に関して述べた文として最も適切なものを，次の**ア〜エ**の中から一つ選び，その記号を書きなさい。(3点)

ア 国会議員には，国会が開かれている間は原則として逮捕されない不逮捕特権や，国会で行った演説や採決などについて法的な責任を問われない免責特権が認められている。

イ 特別会(特別国会)は，内閣が必要と認めたとき，またはいずれかの議院の総議員の4分の1以上の要求があった場合に召集される。

ウ 条約の承認について，衆議院と参議院の議決が一致せず，両院協議会でも意見が一致しない場合は，衆議院で出席議員の3分の2以上の賛成で再び可決されれば承認される。

エ 裁判官としての務めを果たさなかったり，ふさわしくない行いをしたりした裁判官を辞めさせるかどうかを判断する裁判官弾劾裁判所は，衆議院議員のみで組織される。

問3　下線部③に関連して，Kさんは，選挙制度について調べ，小選挙区制と比例代表制の特徴を次のようにまとめました。**まとめ2**をもとに小選挙区制と比例代表制を分類し，**図1**中の**A〜D**のいずれかに位置付けたときの組み合わせとして最も適切なものを，**ア〜エ**の中から一つ選び，その記号を書きなさい。(3点)

まとめ2

【小選挙区制】
・いずれかの政党が単独で議会の過半数の議席を得やすくなる。
・死票が多くなる傾向がある。
【比例代表制】
・得票の少ない政党も議席を得やすくなる。
・死票が少なくなる傾向がある。

図1　座標軸による選挙制度の分類

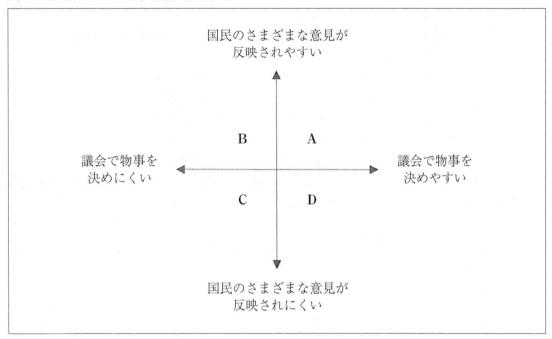

ア　小選挙区制―A　比例代表制―C　　　イ　小選挙区制―B　比例代表制―D
ウ　小選挙区制―C　比例代表制―A　　　エ　小選挙区制―D　比例代表制―B

問4　下線部④に関連した学習において，次の**資料1**はある市場について，**資料2**は市場における需要・供給と価格との関係について，それぞれまとめたものです。**資料1**が示す市場について，**資料2**をみて，下の(1)と(2)の問いに答えなさい。なお，**図2**は必要に応じて利用してもかまいません。

資料1

　ある地域で，もも1個の価格と買いたい量，売りたい量との関係についてアンケート調査を行いました。次はその結果です。

買いたい量について

価格(円)	100	200	300	400
買いたい量(個)	80	50	30	20

売りたい量について

価格(円)	100	200	300	400
売りたい量(個)	20	50	70	80

資料2

縦軸が価格，横軸が数量を示すグラフにおいて，需要量と価格の関係を表す線を需要曲線，供給量と価格の関係を表す線を供給曲線といいます。

需要曲線と供給曲線の交点では需要量と供給量が一致します。このときの価格を，均衡価格といいます。

図2

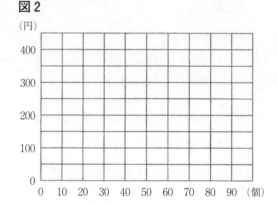

(1) もも1個の価格が300円のときの需要量と供給量の関係についての説明として最も適切なものを，次のア～エの中から一つ選び，その記号を書きなさい。（3点）

ア 需要量が30個であり供給量が70個なので，ももは40個売れ残る。

イ 需要量が30個であり供給量が70個なので，ももは売り切れる。

ウ 需要量が70個であり供給量が30個なので，ももは40個売れ残る。

エ 需要量が70個であり供給量が30個なので，ももは売り切れる。

(2) ももの評判があがり，需要が増えたとします。このときの需要曲線と供給曲線の交点が位置する領域として最も適切なものを，次の図3中のア～エの中から一つ選び，その記号を書きなさい。ただし，供給には変化がないものとします。（3点）

図3

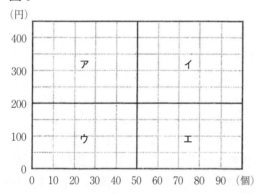

問5 下線部⑤に関連して，Kさんは，税金の公平性について調べ，次のようにまとめました。まとめ3の中の Q にあてはまる，所得税における累進課税の課税方法の特徴を書きなさい。（5点）

まとめ3

税金は，国民が公正に分担して納める必要があります。消費税は，所得に関係なく，すべての国民が，同じ金額の商品の購入に対して同じ金額を負担しなければなりません。それに対して，所得税は， Q という特徴がある累進課税の課税方法が採られています。

このように，税制は，複数の税金をうまく組み合わせることで，全体としての公平性が保たれています。

問6 下線部⑥に関連して，Kさんは，国際連合の主な機関について調べ，次の**表2**をつくりました。**表2**中の R にあてはまる語を書きなさい。（3点）

表2

名称	説明
総会	すべての加盟国で構成され，毎年9月から開かれます。決定にはすべての加盟国が加わり，各国が1票を持っています。
安全保障理事会	常任理事国5か国と非常任理事国10か国とで構成され，世界の平和と安全を維持するため，強い権限が与えられています。
R	国どうしの争いを国際法に基づいて解決するための機関です。裁判を開始するには，争っている当事国の合意が必要となります。
事務局	国連事務総長が代表を務め，各国の利害をはなれて中立的な立場から，国連のさまざまな機関が決定した計画や政策を実施します。

6 Fさんは3年間の社会科学習のまとめとして，熊本県熊本市について調べ，次の**カードⅠ～カードⅣ**をつくりました。これらに関する問1～問5に答えなさい。（15点）

カードⅠ

　熊本市は，九州のほぼ中央に位置しており，東に阿蘇山，西に有明海（ありあけかい）をのぞみ，南部には平野が広がっています。

カードⅡ

　肥後国（ひごのくに）にあった鹿子木荘（かのこぎのしょう）は，中世の著名な荘園の一つであり，その場所は，現在の熊本市の北部にあたります。

カードⅢ

　熊本市は，納税者が自治体を選んで寄付する「ふるさと納税」を活用して，熊本地震で被害を受けた熊本城の復旧・復元を進めています。

カードⅣ

　熊本市では水が浸透しやすい性質の土地に水田を開いたので，大量の水が地下に浸透し，地下水が豊富になりました。

問1 **カードⅠ**に関連して，次の**資料1**は，熊本市を上空から撮影したものです。また，**地図1**は，熊本市の一部を示した2万5千分の1の地形図です。**資料1**を撮影した方向として最も適切なものを，**地図1**中の**ア～エ**の中から一つ選び，その記号を書きなさい。（2点）

資料1

(Google Earth Webから作成)

地図1

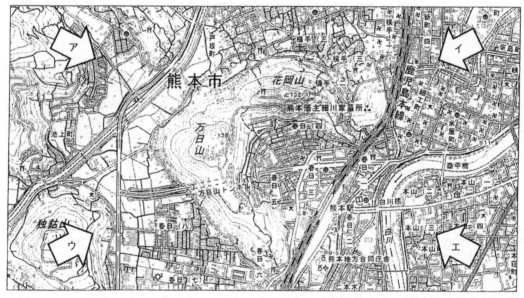

(国土地理院2万5千分の1地形図「熊本」平成30年発行一部改変)

問2　**カードⅡ**に関連して，次の**ア～エ**は日本の土地制度に関して述べた文です。年代の**古い順**に並べかえ，その順に記号で書きなさい。（3点）

ア　全国の土地の面積を調査して，地価を定め，地券を発行して，土地の所有権を認めた。

イ　新たに開墾した土地であれば，開墾した者が永久に所有することを認める墾田永年私財法が定められた。

ウ　武士の社会で行われていた慣習に基づいて，20年以上継続してその土地を実際に支配していれば，その者の土地の所有を認める法律が初めて定められた。

エ　荘園の領主である公家や寺社などがもっていた複雑な土地の権利が否定され，直接耕作する農民に土地の所有権が認められた。

問3　**カードⅢ**に関連して，**F**さんは地方財政について調べ，次のようにまとめました。**まとめ1**の中の　**P**　と　**Q**　にあてはまる語を，それぞれ書きなさい。（3点）

まとめ1

地方公共団体の収入には，自主財源と依存財源があります。依存財源には，地方公共団体の間の財政の格差をおさえるために国から配分される P や，教育や道路の整備といった特定の仕事の費用を国が一部負担する Q ，地方公共団体の借金である地方債などがあります。**グラフ1**は，2018年度当初計画における地方公共団体の歳入の内訳です。

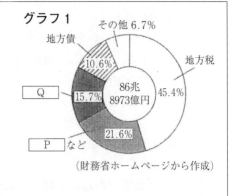

グラフ1

その他 6.7%
地方債
10.6%
Q 15.7%
P など 21.6%
86兆8973億円
地方税 45.4%

（財務省ホームページから作成）

問4　**カードⅣ**の中の下線部に関連して，Fさんは水力発電について調べ，**地図2**と**グラフ2**をみつけました。**地図2**中の W と X 及び，**グラフ2**中の Y と Z には，それぞれ水力と火力のいずれかがあてはまります。**地図2**と**グラフ2**中の水力にあたる組み合わせとして正しいものを，**ア**～**エ**の中から一つ選び，その記号を書きなさい。（2点）

地図2　日本の主な発電所の分布（2017年度）

● W 発電所
○ X 発電所

（2018年版 電気事業便覧から作成）

グラフ2　日本の発電電力量の内訳（2017年度）

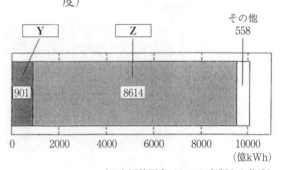

Y　Z　その他 558
901　8614

0　2000　4000　6000　8000　10000
（億kWh）

（日本国勢図会 2020/21年版から作成）

ア　WとY　　**イ**　WとZ
ウ　XとY　　**エ**　XとZ

問5　Fさんは，熊本市の「日本一の地下水都市」の取り組みについて調べ，まとめました。次の**まとめ2**は，その一部です。**まとめ2**の中の A には，地下水の量を守るための取り組みとその効果についての説明があてはまり， a には，地下水の量を守るための取り組みの効果を示すグラフがあてはまります。**まとめ2**の a のグラフとして最も適切なものを，あとの**ア**～**エ**の中から一つ選び，その記号を書きなさい。また，**まとめ2**の A にあてはまる適切なことばを書きなさい。（5点）

まとめ2

≪探究課題≫

持続可能な社会を実現するために私たちはどのように行動すべきか。

～熊本市の「日本一の地下水都市」の取り組み～

≪課題設定理由≫

熊本市は，約74万人の市民の水道水源をすべて地下水でまかなっています。これを継続していくための取り組みは，持続可能な社会を実現するための私たちの行動の参考になると考えたからです。

≪探究内容≫

1 「日本一の地下水都市」の現状と課題

地下水位の低下や水質の悪化がみられており，市民の生活用の水使用量に必要な地下水を確保する必要があります。

2 地下水保全の取り組み

(1) 地下水の量を守るための2つの取り組みとそれぞれの効果

① 収穫後の田畑に水をはることなどによって，地下水かん養量が増えています。

② **資料2**と**グラフ3**から，| A | ということが読みとれます。

資料2

市民に取り組みを促す運動　　　　　　市民に示された取り組みの例

グラフ3

a

(2) 地下水の質を守るための取り組み

地下水質の監視，地下水の汚染防止対策などを行うことで，汚染物質を地下に浸透させないようにしています。

(注) 地下水かん養量…雨水などが土中にしみこみ，地下水として蓄えられる量のこと。

ア

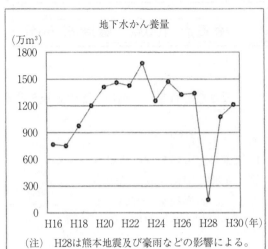

地下水かん養量

（注）　H28は熊本地震及び豪雨などの影響による。

イ

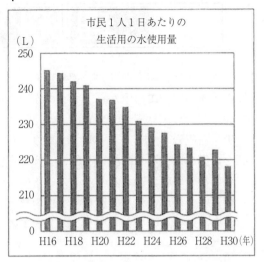

市民1人1日あたりの
生活用の水使用量

ウ

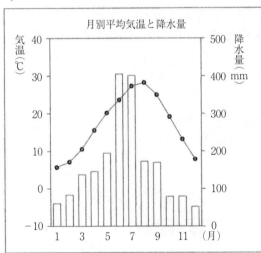

月別平均気温と降水量

エ

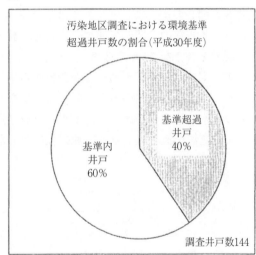

汚染地区調査における環境基準
超過井戸数の割合（平成30年度）

調査井戸数144

（熊本市ホームページなどから作成）

理 科

●満点 100点 ●時間 50分

1 次の各問に答えなさい。(24点)

問1 次の**ア～エ**の中から，マグマが冷え固まってできた岩石を一つ選び，その記号を書きなさい。(3点)

ア 石灰岩 **イ** チャート **ウ** 花こう岩 **エ** 砂岩

問2 **図1**はカエルの精子と卵のようすを模式的に表したものです。放出された精子が卵に達すると，そのうちの1つの精子が卵の中に入り，精子の核と卵の核が合体して新しい1個の核となります。この過程を何といいますか。最も適切なものを，次の**ア～エ**の中から一つ選び，その記号を書きなさい。(3点)

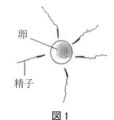

図1

ア 受精 **イ** 受粉
ウ 減数分裂 **エ** 体細胞分裂

問3 **図2**のように，ダニエル電池を使用した回路で光電池用モーターを作動させました。このダニエル電池に関して述べた文として**誤っているもの**を，次の**ア～エ**の中から一つ選び，その記号を書きなさい。(3点)

ア 電子は，導線を通って亜鉛板から銅板へ流れる。
イ 銅よりも亜鉛の方が，陽イオンになりやすい。
ウ 水溶液中のイオンは，セロハンを通過することができる。
エ 電流を流し続けると，亜鉛板は重くなり，銅板は軽くなる。

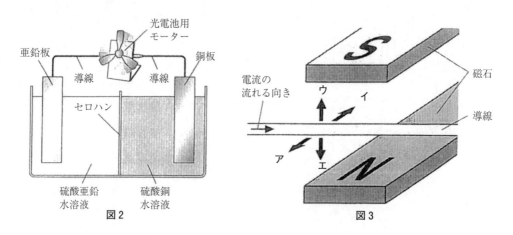

問4 **図3**は，磁石のN極とS極の間にある導線に電流を流したときのようすを模式的に表したものです。このとき，導線にはたらく力の向きとして正しいものを，**図3**の**ア～エ**の中から一つ選び，その記号を書きなさい。(3点)

問5 **図4**は，暖気が寒気の上にはい上がって進んでいくようすを模式的に表した図で，線**A－B**は前線を表しています。線**A－B**の前線を，破線 ------------ を利用して，天気図に使う記号で表しなさい。(3点)

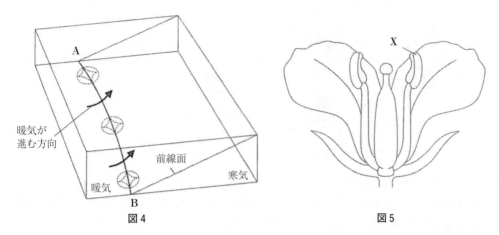

図4

図5

問6　図5は，アブラナの花の断面を模式的に表したもので，Xはおしべの先端の小さな袋です。このXの名称を書きなさい。（3点）

問7　図6のように，水素が入った試験管のゴム栓をはずし，すぐに火のついたマッチを試験管の口に近づけると，音を立てて水素が燃え，試験管の内側がくもりました。この化学変化を化学反応式で表しなさい。（3点）

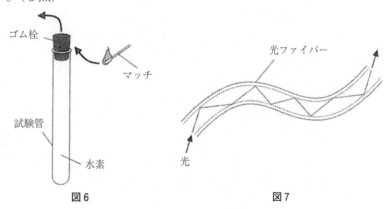

図6

図7

問8　図7は，光ファイバーの中を光が通っているようすを模式的に表したものです。光ファイバーは，図7のように曲がっていても光が外に出ることはなく，光を届けることができます。光ファイバーでは，光のどのような現象を利用して光を届けることができますか。この現象の名称を書きなさい。（3点）

2　WさんとSさんは，暦と天体の運行の関係について調べました。問1〜問5に答えなさい。（19点）

理科の授業場面1

先　生：現在の日本で使われている暦は太陽暦といい，天体の運行をもとに決められています。暦について調べてみましょう。

Wさん：暦のもととなる1年は，季節をもとに決められたんじゃないかな。

Sさん：調べてみると，図1のように地球が太陽のまわりを1周するのにかかる時間をもとに1年が決められたんだね。現在の太陽暦のもととなった暦では，①春分の日を基準としたみたいだよ。

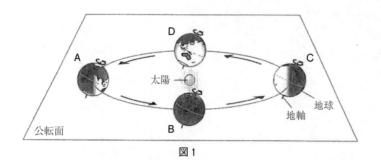

図1

Wさん：1日はどうやって定義したんだろう。

Sさん：図2に表される太陽の日周運動で，②太陽が南中する時刻から，次に太陽が南中する時刻までの時間をもとに1日を定義しているね。

Wさん：では，時刻はどうやって決めたんだろう。

Sさん：日時計を使っていたみたいだね。いろいろな日時計が作られていて，図3のように身近な材料で作れる日時計もあるようだよ。

Wさん：この日時計は，半透明な板に円周を24等分した文字盤をかいて，竹串を文字盤と垂直になるよう，円の中心にさしたものなんだね。どうやって使うんだろう。

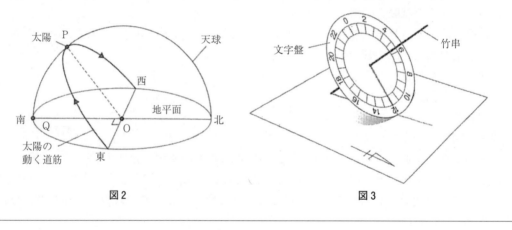

図2   図3

問1　下線部①について，北半球における春分にあたる地球の位置を示したものは，図1のA〜Dのどれですか。最も適切なものを一つ選び，その記号を書きなさい。（3点）

問2　図2について，観測者の位置をO，天球上の太陽の位置をP，地平面上の真南の位置をQとしたとき，下線部②における角度∠QOPのことを何といいますか。その名称を書きなさい。（3点）

問3　WさんとSさんは図3の日時計の設置のしかたに関して，次のようにまとめました。　I　，　II　にあてはまる数値や語句を書きなさい。（各3点）

　　埼玉県の北緯36°の地点で図3の日時計を使う場合，図4のように地平面と文字盤のなす角度が　　I　　°となるように傾け，竹串を真北に向けて，平らなところに設置する。これは，図5のように，空に向けた竹串が　　II　　を指すようにするためであり，こうすることで文字盤を天球まで拡張したときの円周は，春分の日と秋分の日の太陽の通り道と同じになる。

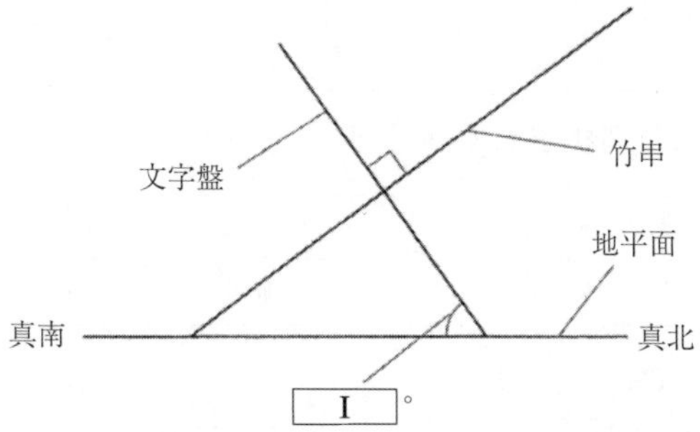

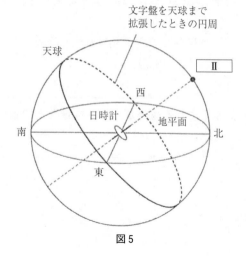

図4 （左側）

文字盤 竹串 地平面 真南 真北 I °

図5 （右側）

文字盤を天球まで拡張したときの円周
天球 西 II 日時計 地平面 南 北 東

理科の授業場面2

Wさん：1日を，太陽が南中する時刻で定義するかわりに，月が南中する時刻で定義すると，太陽で定義したときと同じ時間の長さになるのかな。

Sさん：月を毎日同じ時刻に観測すると，月は前日より　L　へ移動して見えるね。このことから，日ごとに月が南中する時刻は　M　ことがわかるので，同じ時間の長さにはならないね。

問4　会話文中の　L　にあてはまる方位を，東または西で書きなさい。また，　M　にあてはまる，観測してわかることを書きなさい。（3点）

理科の授業場面3

Wさん：太陽暦の他に，月の満ち欠けを基準とした太陰暦という暦もあるんだね。

Sさん：図6のように月が満ち欠けする周期を新月から次の新月までとすると，その周期は平均29.53日のようだね。地球の公転周期は365.24日だから，月が満ち欠けする周期12回分を太陰暦の1年と考えると，地球の公転周期とは一致しないね。

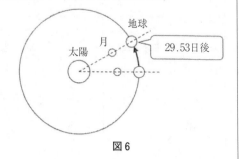

地球 月 太陽 29.53日後

図6

Wさん：でも太陽暦の場合も，1年が365日であるのに対して，地球の公転周期とは0.24日という差があるから，1年ごとにその差が大きくなってしまうよね。

Sさん：そうだね。だから4年に1度，2月に29日を入れることで周期の差を修正しているよね。

Wさん：では太陰暦でも，1月から12月のどこかに，月が満ち欠けする周期1回分を「13番目の月」として入れれば，差は修正できるね。例えば　N　年に1度「13番目の月」を入れれば，　N　年間における地球の公転周期と太陰暦の差は，年平均1日程度に抑えられるね。

問5 会話文中の N にあてはまる整数を書きなさい。(4点)

3 YさんとNさんは,ヒトの消化と呼吸のしくみに関してノートにまとめました。問1〜問6に答えなさい。(19点)

ノート1

食物にふくまれる成分が,ブドウ糖などの養分へと消化されるようす

	食物にふくまれる成分		
	デンプン	タンパク質	脂肪
消化される前のようす			
だ液と混合されたあとのようす			
胃液と混合されたあとのようす			
胆汁と混合されたあとのようす			
すい液と混合されたあとのようす			
小腸の壁の消化酵素と混合されたあとのようす	ブドウ糖	アミノ酸	脂肪酸 モノグリセリド

問1 ノート1 からわかることとして最も適切なものを,次のア〜エの中から一つ選び,その記号を書きなさい。(3点)
ア デンプンは,だ液と胃液と小腸の壁の消化酵素によって分解される。
イ タンパク質は,胃液とすい液と小腸の壁の消化酵素によって分解される。
ウ 脂肪は,だ液とすい液と小腸の壁の消化酵素によって分解される。
エ 胆汁は,デンプンとタンパク質を分解する。

問2　小腸における養分の吸収について，次のようにまとめました。 Ⅰ にあてはまる語を書きなさい。（3点）

> 小腸の内側の壁には多数の柔毛がある。これにより，小腸の内側の Ⅰ が大きくなるため，養分を効率よく吸収できる。

ＹさんとＮさんが話し合いをしている場面1

Ｙさん：吸収された養分はどのように全身に運ばれるのかな。

Ｎさん：①吸収された養分は血液によって全身に運ばれるよ。**図1**は血液の循環のようすを模式的に表したものだよ。血液は養分のほかに酸素や二酸化炭素も運ぶね。

Ｙさん：酸素の運搬には赤血球が関係すると習ったよ。

Ｎさん：赤血球にはヘモグロビンという物質がふくまれているんだ。ヘモグロビンは，酸素が Ⅱ ところで酸素と結びつき，酸素が Ⅲ ところで酸素をはなすという性質をもつよ。

Ｙさん：ヘモグロビンと酸素の結びつきやすさに影響をあたえる要因は，ほかにもあるのかな。

Ｎさん：調べてみると，血液の pH が変化すると，ヘモグロビンと酸素の結びつきやすさが変わるみたいだよ。

Ｙさん：二酸化炭素は水に溶け，その水溶液は酸性を示すと習ったね。

Ｎさん：全身の細胞から排出された二酸化炭素は血液にとりこまれるよ。二酸化炭素が多く溶けている血液では pH が Ⅳ なり，ヘモグロビンが酸素をはなしやすくなるみたいだね。

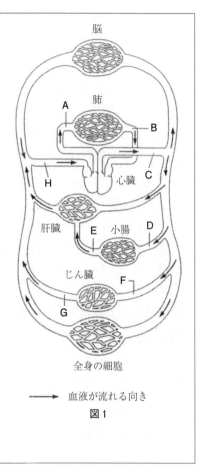

図1

問3　下線部①について，**図1**のＡ～Ｈの中から，吸収されたブドウ糖を最も多くふくむ血液が流れている場所を一つ選び，その記号を書きなさい。（3点）

問4　会話文中の Ⅱ ～ Ⅳ にあてはまる語の組み合わせとして最も適切なものを，次のア～エの中から一つ選び，その記号を書きなさい。（3点）

ア　Ⅱ…少ない　Ⅲ…多い　　Ⅳ…小さく
イ　Ⅱ…少ない　Ⅲ…多い　　Ⅳ…大きく
ウ　Ⅱ…多い　　Ⅲ…少ない　Ⅳ…小さく
エ　Ⅱ…多い　　Ⅲ…少ない　Ⅳ…大きく

ＹさんとＮさんは，養分と酸素が細胞でどのように利用されるのかについて興味をもち，調べました。

調べてわかったこと

○ 養分と酸素は全身の細胞にとりこまれ，細胞呼吸（細胞による呼吸）に利用される。**図2**は，ブドウ糖を利用した細胞呼吸のしくみを模式的に表したものである。

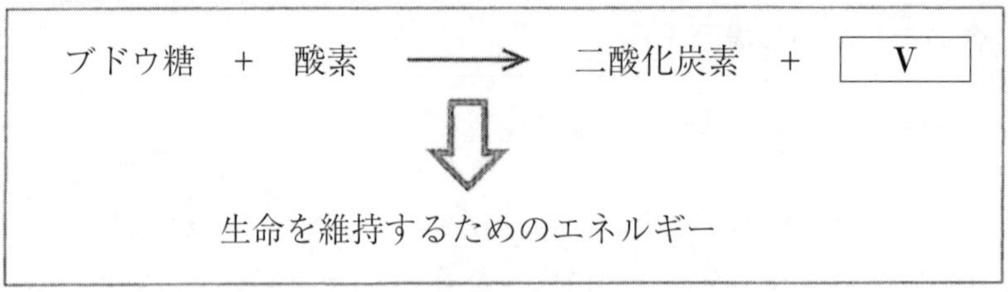

> ブドウ糖　＋　酸素　　━━━━▶　　二酸化炭素　＋　| V |
>
> ⬇
>
> 生命を維持するためのエネルギー

図2

○ 養分はからだをつくる材料としても利用される。

○ ブドウ糖の一部は，肝臓で | VI | という物質に変えられて，一時的にたくわえられる。

問5　ノート2の| V |，| VI |にあてはまる物質の組み合わせとして正しいものを，次の**ア**～**エ**の中から一つ選び，その記号を書きなさい。（3点）

ア　V…水　　　　　　VI…グリコーゲン

イ　V…水　　　　　　VI…尿素

ウ　V…アンモニア　　VI…グリコーゲン

エ　V…アンモニア　　VI…尿素

YさんとNさんが話し合いをしている場面2

Nさん：養分や酸素は，生命を維持するために利用されることがわかったね。

Yさん：まだわからないことがあるんだ。②血管内の血液にふくまれる養分やヘモグロビンからはなれた酸素は，どのように全身の細胞に届けられるのかな。

問6　下線部②の養分や酸素は，どのように血液中から全身の細胞に届けられますか。**血しょう，毛細血管，組織液**という語を使って説明しなさい。（4点）

4　Kさんは，気体の水への溶けやすさに興味をもち，アンモニア，二酸化炭素，酸素を用いて，それらの違いを比較する実験を行い，レポートにまとめました。問1～問4に答えなさい。（19点）

レポート1

課題1

気体の種類によって，気体の水への溶けやすさはどのくらい違うのだろうか。

【実験1】

[1]　500mLの乾いたペットボトルを3本用意し，それぞれペットボトルA，B，Cとした。

［2］ **図1**のように，ゴム管をつないだ大型注射器に水を
50mL入れてピンチコックで閉じ，ゴム管の一端を，ゴム
栓を通したガラス管につないだ。この器具を3つ用意した。

［3］ ペットボトルAに①アンモニアを，ペットボトルBに
②二酸化炭素を，ペットボトルCに③酸素を集め，それぞ
れ**図1**の器具で栓をした。

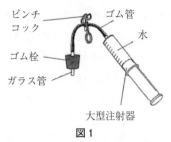

図1

［4］ ピンチコックを開いてペットボトルA，B，C内に水
を注入し，ピンチコックを閉じて中の気体と水を混合して，ペットボトルの変化を調べた。

【結果1】

ペットボトルA	ペットボトルB	ペットボトルC
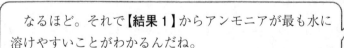 アンモニア 水	二酸化炭素 水	酸素 水
大きく変形した	少しつぶれた	水を入れた分だけ膨らんだ

Kさんが Mさんに説明している場面1

> ペットボトルがつぶれるのは，気体の水への溶けやす
> さとどう関係しているのかな。

> ペットボトルがつぶれるのは，密閉したペットボトル
> 内で気体が水に溶けると，　　　Ⅰ　　　ためだね。

Kさん

> なるほど。それで**【結果1】**からアンモニアが最も水に
> 溶けやすいことがわかるんだね。

Mさん

問1 下線部①について，Kさんはアンモニアを図2の装置で集めました。このとき，アンモニアがじゅうぶんにたまったことを確認する方法として最も適切なものを，次のア〜エの中から一つ選び，その記号を書きなさい。（3点）

ア 火のついた線香をペットボトルの口に近づけて，燃え方が激しくなるかを見る。

イ 乾いた塩化コバルト紙をペットボトルの口に近づけて，色が変化するかを見る。

ウ 水でぬらした赤色リトマス紙をペットボトルの口に近づけて，色が変化するかを見る。

エ 水でぬらした青色リトマス紙をペットボトルの口に近づけて，色が変化するかを見る。

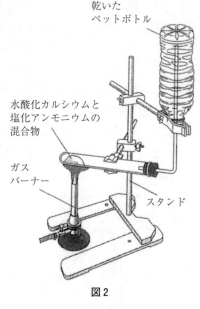

図2

問2 下線部②，③について，Kさんは二酸化炭素および酸素を，それぞれ図3のように下方置換法で集めました。次の(1), (2)に答えなさい。

(1) 二酸化炭素および酸素を，それぞれ発生させるために必要な薬品の組み合わせとして正しいものを，次のア〜エの中から一つずつ選び，その記号を書きなさい。（4点）

ア 亜鉛 と うすい塩酸

イ 石灰石 と うすい塩酸

ウ 硫化鉄 と うすい塩酸

エ 二酸化マンガン と うすい過酸化水素水

(2) 二酸化炭素と酸素を集めるときは，一般的に水上置換法を使います。しかしKさんは，【実験1】ではこれらを水上置換法で集めることが適していないと考え，その理由を次のようにまとめました。 X にあてはまることばを， 課題1 に着目して書きなさい。（4点）

図3

> 水上置換法を使うことでペットボトル内が水でぬれると， X ため，実験結果に影響が出るおそれがある。

問3 会話文中の I にあてはまることばを，気体の粒子の数にふれながら，**大気圧**という語を使って書きなさい。（4点）

Kさんは，温度が気体の水への溶けやすさにあたえる影響を調べるため，二酸化炭素を用いて実験を行いました。

レポート2

課題2

温度が変わると，二酸化炭素の水への溶けやすさはどのように変化するのだろうか。

【実験2】

［1］ 500mLのペットボトルを3本用意し，それぞれペットボトルD，E，Fとした。

［2］ 二酸化炭素の温度と水の温度を一致させるため，5℃の水が入った水そうの中にペッ

トボトルDを固定して二酸化炭素を満たし，5℃の水を50mL入れた図1の器具で栓をした。

［3］ ペットボトルDに水を注入して混合し，そのまま5分置いてペットボトルの変化を調べた。

［4］ ［2］，［3］と同様の操作を，ペットボトルEでは水そう内の水温と注射器内の水温を25℃に，ペットボトルFではそれぞれの水温を45℃にかえて行った。

【結果2】

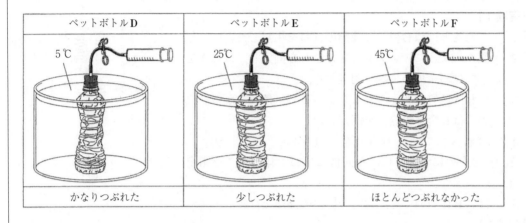

ペットボトルD	ペットボトルE	ペットボトルF
5℃	25℃	45℃
かなりつぶれた	少しつぶれた	ほとんどつぶれなかった

KさんがMさんに説明している場面2

Kさん：【結果2】から，二酸化炭素は水温が高いほど水に　Ⅱ　なることがわかるよ。

Mさん：最近、海水温が上昇しているときくね。そうだとすると，【結果2】から考えて，大気中の二酸化炭素が海水に溶けこむ量も変化するのかな。

Kさん：もし海水温が上昇していくと，大気中の二酸化炭素が海水に溶けこむ量は　Ⅲ　していき，大気中の二酸化炭素の量は　Ⅲ　しにくくなると予想されるね。

問4　会話文中の　Ⅱ　，　Ⅲ　にあてはまる語の組み合わせとして正しいものを，次のア〜エの中から一つ選び，その記号を書きなさい。ただし，二酸化炭素は，水にも海水にも同じだけ溶けこむものとします。（4点）

ア　Ⅱ…溶けやすく　Ⅲ…減少

イ　Ⅱ…溶けにくく　Ⅲ…減少

ウ　Ⅱ…溶けやすく　Ⅲ…増加

エ　Ⅱ…溶けにくく　Ⅲ…増加

5 Tさんは，ばねを用いて物体を支える力を測定する実験を行い，レポートにまとめました。問１〜問５に答えなさい。ただし，質量100ｇの物体にはたらく重力の大きさを１Ｎとし，実験で用いるばね，糸，フックの質量，および糸とフックの間にはたらく摩擦は考えないものとします。（19点）

レポート１

課題１
ばね全体の長さとばねにはたらく力の大きさには，どのような関係があるのだろうか。

【実験１】

［１］ ばねＡとばねＢの，２種類のばねを用意した。

［２］ 図１のようにスタンドにものさしを固定し，ばねＡをつるしてばね全体の長さを測定した。

［３］ ばねＡに質量20ｇのおもりをつるし，ばねＡがのびたときの，ばね全体の長さを測定した。

［４］ ばねＡにつるすおもりを，質量40ｇ，60ｇ，80ｇ，100ｇのものにかえ，［３］と同様にばね全体の長さを測定した。

［５］ ばねＢについても，［２］〜［４］の操作を行った。

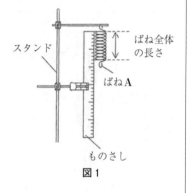

図１

【結果１】

おもりの質量〔ｇ〕	0	20	40	60	80	100
ばねＡの全体の長さ〔cm〕	8.0	10.0	12.0	14.0	16.0	18.0
ばねＢの全体の長さ〔cm〕	4.0	8.0	12.0	16.0	20.0	24.0

問１ 【結果１】をもとに，おもりの質量に対するばねＡののびを求め，その値を●で表し，おもりの質量とばねＡののびの関係を表すグラフをかきなさい。ただし，グラフは定規を用いて実線でかくものとします。（３点）

問２ 【結果１】からわかることとして正しいものを，次のア〜オの中から二つ選び，その記号を書きなさい。（４点）

ア ばねＡもばねＢも，おもりの質量を２倍にするとばねののびは２倍になっている。

イ ばねＡもばねＢも，おもりの質量とばね全体の長さは比例の関係になっている。

ウ ばねＡとばねＢに40ｇのおもりをつるしたとき，ばねＡののびとばねＢののびは等しくなっている。

エ ばねＡとばねＢに同じ質量のおもりをつるしたとき，ばねＡとばねＢのばね全体の長さの差は，つるしたおもりの質量にかかわらず常に一定になっている。

オ ばねＡとばねＢに同じ質量のおもりをつるしたとき，ばねＡののびとばねＢののびを比較すると，ばねＢののびは，ばねＡののびの２倍になっている。

Tさんは，図２のような「斜張橋」では，塔から斜めに張られたケーブルが橋げたを支えていることを知りました。そこで，斜張橋に見立てた実験装置をつくり，ケーブルにはたらく力を，ばねを用いて測る実験を行いました。

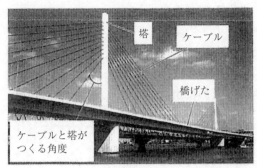

図2

レポート2

課題2

　斜張橋において，ケーブルと塔がつくる角度を変化させると，ケーブルにはたらく力はどのように変化するのだろうか。

【実験2】

［1］　【実験1】で用いたばねA，ケーブルに見立てた糸，橋げたに見立てたフック付きの金属板，塔に見立てた2台のスタンドを用意した。

［2］　2台のスタンドを垂直に立て，図3のように，ばねAの一方をスタンドのPの位置にかけ，もう一方に糸をつけて，この糸をPと同じ高さのQの位置にかけたのち，フック付きの金属板を水平になるように糸にかけた。

［3］　フックが糸にかかっている位置をOとするとき，OP間の距離とOQ間の距離を等しくしたまま，糸とスタンドがつくる角度を60°になるようにして，ばねAの全体の長さを測定した。

［4］　［3］と同様の操作を，糸とスタンドがつくる角度を45°に変えて行った。

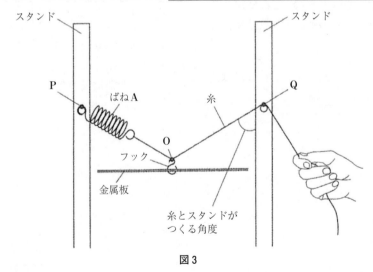

図3

【結果2】

糸とスタンドがつくる角度〔°〕	60	45
ばねAの全体の長さ〔cm〕	18.0	15.1

問3　下線部について，糸が金属板を支える力のうち，P側の糸にはたらく力を力Ⅰ，Q側の糸にはたらく力を力Ⅱとし，力Ⅰと力Ⅱの合力を力Ⅲとします。力Ⅰを**図4**のように矢印で表したとき，力Ⅱと力Ⅲを，矢印を使ってそれぞれ作図しなさい。ただし，矢印は定規を用いてかくものとし，作図するためにかいた線は，消さないでおきなさい。なお，必要に応じてコンパスを用いてもかまいません。（4点）

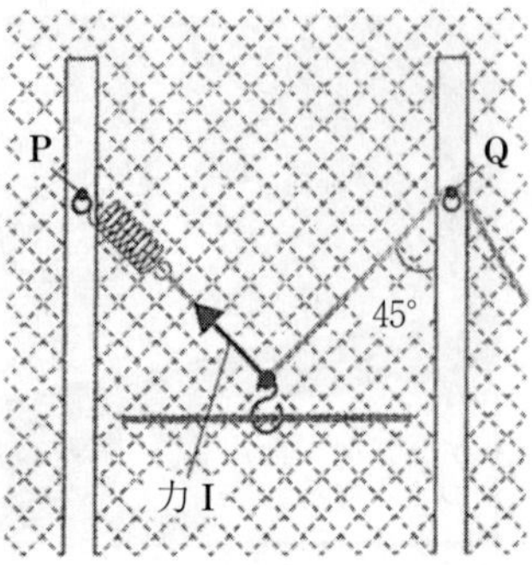

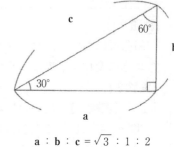

図4

問4　**【実験2】**の〔3〕において，**図5**のように糸とスタンドがつくる角度を30°に変えると，ばねA全体の長さは何cmになると考えられますか。最も適切なものを，**図6**を参考にして次の**ア～エ**の中から一つ選び，その記号を書きなさい。ただし，√3＝1.73とします。（4点）

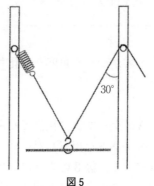

図5

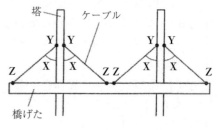

a : b : c ＝ √3 : 1 : 2

図6

　ア　10.9cm
　イ　12.2cm
　ウ　13.0cm
　エ　13.8cm

問5　**図7**は，斜張橋を模式的に表したものです。Tさんは，この斜張橋について，ケーブルにはたらく力をさらに小さくするにはどのようにすればよいかを考え，次のようにまとめました。〔L〕にあてはまる角度の変化を書きなさい。また，〔M〕にあてはまる方法を，**図7**中のYやZを使って書きなさい。ただし，ケーブルの数と塔の数は変えないものとします。（4点）

塔　ケーブル

Y Y　Y Y
X X　X X
Z Z Z　Z Z Z

橋げた

X：ケーブルと塔がつくる角度
Y：ケーブルと塔をつなぐ部分
Z：ケーブルと橋げたをつなぐ部分

図7

┌─────────────────────────────┐
│　ケーブルにはたらく力をさらに小さくするには，　│
│　Xが　〔L〕　なるように　〔M〕　。　│
└─────────────────────────────┘

資料

① 下線部分の言い方をほかの人が使うのが気になりますか。

「すぐ帰る」を
「そっこう帰る」と言う。

「そっくり全部わかる」を
「まるっとわかる」と言う。

② 年代別の「気になる」を選択した人の割合

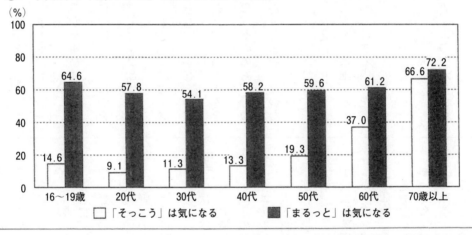

文化庁　令和2年度「国語に関する世論調査」より作成

むかし、天智天皇と申すみかどの、野にいでて鷹狩せさせ給ひけるに、御鷹、風にながれてうせにけり。むかしは、野をまもる者ありけるに、召して、「御鷹うせにたり、①たしかにもとめよ。」とありければ、かしこまりて、「御鷹は、かの岡の松のほつゑに、南にむきて、しか侍る。」と申しければ、おどろかせ給ひにけり。

「そもそもなんぢ、地にむかひて、かうべを地につけて、②ほかを見る事なし。」いかにして、③こずゑにゐたる鷹のあり所を知る。」と問はせ給ひければ、野守のおきな「民は、公主におもてをまじふる事なし。しばのうへにたまれる水を、かがみとして、かしらの雪をもさとり、おもてのしわをもかぞふるものなれば、その水を、かがみとはいふなり。」と申しければ、そののち、野の中にたまれりける水を、野守のかがみとはいふ、とぞいひつへたる。

『俊頼髄脳』による。

問1　①たしかにもとめよ。　とありますが、天智天皇は誰にどのようなことを命じたのですか。空欄　I　にあてはまる内容を書きなさい。（3点）

I　ことを命じた。

問2　②ほかを見る事なし。　の主語を、次のア～エの中から一つ選び、その記号を書きなさい。（3点）

ア　作者　　イ　天智天皇　　ウ　御鷹　　エ　野をまもる者

問3　③こずゑにゐたる　とありますが、この部分を「現代仮名遣

い」に直し、ひらがなで書きなさい。（3点）

問4　本文の内容について述べた文として最も適切なものを、次のア～エの中から一つ選び、その記号を書きなさい。（3点）

ア　天智天皇は、御鷹が風に流されたのは、野守のおきなが管理を怠っているせいだと考えた。

イ　天智天皇は、野守のおきなが自らの顔を見ないで話し続けたことに、強い怒りを感じた。

ウ　野守のおきなは、水たまりに映しだされた様子から、御鷹が止まっている場所を知った。

エ　野守のおきなは、職務を忠実に果たしたため、「野守のかがみ」と呼ばれるようになった。

五　次のページの資料は、文化庁が行った「国語に関する世論調査」の結果をまとめたものです。

国語の授業で、この資料から読み取ったことをもとに「コミュニケーションを図るときに気をつけること」について、一人一人が自分の考えを文章にまとめることにしました。次の（注意）に従って、あなたの考えを書きなさい。（12点）

（注意）

(1) 二段落構成とし、第一段落では、あなたが資料から読み取った内容を、第二段落では、第一段落の内容に関連させて、自分の体験（見たこと聞いたことなども含む）をふまえてあなたの考えを書くこと。

(2) 文章は、十一行以上、十三行以内で書くこと。

(3) 原稿用紙の正しい使い方に従って、文字、仮名遣いも正確に書くこと。

(4) 題名・氏名は書かないで、一行目から本文を書くこと。

在するということ。

エ　何の特別な事情もないときには正しいことであっても、現代社会は人それぞれに異なる事情を抱えているため全員が納得することはないということ。

問2　②答えるのが難しいことと、正解がないことは違います。とありますが、その説明として最も適切なものを、次のア～エの中から一つ選び、その記号を書きなさい。（5点）

ア　事情が複雑になればなるほど正解を出すことが難しくなるのは感じ方の問題であり、正解がないというのは倫理学における揺るぎない事実であるということ。

イ　事情が複雑になればなるほど正解を出すことが難しくなるのは明らかな事実であり、正解がないというのはそれを考える倫理学者の能力の問題だということ。

ウ　事情が複雑になればなるほど正解を出すことが難しくなるが、それはあくまで倫理の問題には正解がないという前提によって生じるものだということ。

エ　事情が複雑になればなるほど正解を出すことが難しくなるが、正解がないということと正解があることとは別の問題であり関連しないということ。

問3　③そのように主張するのです。とありますが、この主張の内容を説明した次の文の空欄　Ⅰ　・　Ⅱ　にあてはまる内容を、それぞれ十五字以上、二十字以内で書きなさい。（6点）

物理法則が　Ⅰ　ものであるのに対し、倫理のルールは　Ⅱ　ものという違いがある。

問4　④存在論なんてどうでもいい、と考える人々もいます。とありますが、ここで「人々」が存在論をどうでもいいと考える理由として最も適切なものを、次のア～エの中から一つ選び、その記号を書きなさい。（4点）

ア　倫理の正解が国会で定められた法律に則（のっと）って裁定されたものであり、必ず従わなければならないものである以上、倫理の正解が適切かどうかを考えることに意味はないから。

イ　倫理の正解が「実在する」ものか「構成されたものとして『ある』」ものかに関わらず、従わねばならないものとしてある以上、倫理の存在論を考えることに意味はないから。

ウ　倫理の正解が「実在する」ものか「実在しない」ものかに関わらず、この世界には予（あらかじ）め の正解がどこにも存在しない以上、倫理の正解を存在論に求めることに意味はないから。

エ　倫理の正解が人それぞれの生き方や生きる意味から導き出されるものであり、人々が必ず従うべきものとはなりえない以上、何が正解なのかを考えることに意味はないから。

問5　⑤倫理の存在論というものが、論じるに足る重要な問題であるとまじめに考える人たちはそうは思っていません。とありますが、倫理の存在論はなぜ重要な問題だといえるのですか。次の空欄にあてはまる内容を、**人工物、時代**の二つの言葉を使って、四十字以上、五十字以内で書きなさい。ただし、二つの言葉を使う順序は問いません。（7点）

倫理の存在論において、倫理の正解が、 〔40〕〔50〕 と考えられるから。

四　次の文章を読んで、あとの問いに答えなさい。（……の左側は口語訳です。）（12点）

在するわけではないと考える人々は、③そのように主張するのです。

とはいえ、倫理の問題でも正解が「存在しない」からといって、何をしてもいい、とはならない、と倫理に正解は「存在しない」と考える人たちも主張します。むしろ、彼らの多くは、正解が存在すると考える人々と同等以上に、倫理の問題について真剣に考えています。というのも、正解が存在するならば、個人は悩むことなく単純にその正解に従えばいいからです。

他方、最初から定まった正解がないとしたら、私たちは自分たち自身で、自分たちの生き方を決めなければいけません。他に頼りにできるものはないのです。予めの正解がどこにもない世界で、どうやって隣人と接し、何を指針とし、何に生きる意味を見出すかについて考え、自分たちなりの答えを作り出すことこそ、倫理学の課題であると、彼らは考えてきました。

こういった問題は倫理の存在論と呼ばれていて、そこでは以下のように両者は言い換えられています。ここまで正解が「存在する」と言ってきたものは「実在する」、正解が「ある」と言ってきたものは「構成されたものとして『ある』」。このような区別をした上で、実在論者と反実在論者は激しい論争を繰り広げています。

もちろん、「実在する」と「ある」の区別なんてしゃらくさい、天然ものであれ、人工物であれ、あるものはあるのだから、④存在論なんてどうでもいい、と考える人々もいます。確かに、それは一理あります。法学においても、法律とは不変の法を具現化したものだと考える立場と、人々が一から作り上げたものだと考える立場の間の対立がありますが、裁判の場面では何はともあれ国会で定められた法律に則って裁定は下されます。

しかし、⑤倫理の存在論というものが、論じるに足る重要な問題

であるとまじめに考える人たちはそうは思っていません。それは法律のように立法の手続きや執行者の権威、違反したときの処分が明確なものと違って、仮に倫理の正解が誰かが作った人工物だとすれば、いったい誰が作ったのか、そしてその誰かが作ったものになぜこの私が従わねばならないのか、従わない人をどう扱えばいいのか、という問題が生じるからです。

物理法則のような、世界の側に時間を通じて不変に存在するものについては、逆らうことはできません。気に入らないから、私は万有引力の法則には従わないよ、というわけにはいきませんし、2＋3を勝手に4にすることもできません。

他方で、誰かが作ったものについては、気に入らない場合、それに従わずに、変更を加えたり、新しいものを作ったりしたって構わないはずです。時代遅れになった洋服は処分して新しい洋服を買うように、昔の人が作った倫理も現代という時代にあっていないなら、作り直した方がいいかもしれません。

（佐藤岳詩 著 『倫理の問題』とは何か メタ倫理学から考える』による。一部省略がある。）

問1 ①途端に事態は複雑になります。とありますが、この説明として最も適切なものを、次の**ア～エ**の中から一つ選び、その記号を書きなさい。（4点）

ア 何の特別な事情もないときには正しくないことでも、特別な事情が絡むと必ずしも正しくないとは言い切れない場合があるということ。

イ 何の特別な事情もないときには正しくないことでも、様々な事情を絡めていくなかで人々に正しいことだと誤解させることは可能であるということ。

ウ 何の特別な事情もないときには正しいことであっても、特別な事情を理由としてそれらに反対したり抵抗したりする人が存

皆さんは、どちらに賛成でしょうか。しばしば聞かれるのが、

（一）の倫理の問題に正解などないという意見です。確かに、倫理の問題は簡単には答えられないものが多いようです。より多くの人を助けるために、少数の人を犠牲にしてもよいかという問題一つをとってみても、答えは人によって分かれるでしょう。しかし、倫理学の世界では、実は（一）はあまり人気がありません。というのも、倫理の問題には、明らかに、答えられるものもあるからです。

もちろん特別な事情というのが絡んでくると、① 途端に事態は複雑になります。たとえば、刑罰という観点から見るなら、先ほど挙げたものはいずれも許容される余地があります。日本では身体刑こそ廃止されていますが、財産刑（罰金などで財産を奪う）、自由刑（懲役などで自由を奪う）、生命刑（死刑によって生命を奪う）が採用されています。どんな事情があればどの程度の刑に相当するのか、ということを決めるのは、非常に難しいです。

しかし、② 答えるのが難しいことと、正解がないことは違います。数式が長く複雑になれば計算は難しくなるのと同じで、事情が複雑になればなるほど正解を出すことは難しくなります。計算に入れねばならない事象が増えれば増えるほど、証明の完成は遠のきます。しかし、だからといって、そのために答えがなくなるわけではありません。

多くの倫理学者たちも、同じように考えています。確かに、人々がどれだけ知恵を絞っても、なお答えが分からない問題もたくさんあります。それでも複雑に絡まりあった事情を一本一本、丁寧に選り分けていくことで、少しでも正解に近づくために、倫理の研究は行われています。

もちろん、それでも納得がいかないという人がいるかもしれません。実際、先ほど言ったこととはまったく逆のことを言うように見えるかもしれませんが、正解など存在してない、と考える倫理学者たちも多いのです。

ポイントは「存在している」というところにあります。たとえば、算数や物理の問題については、正解は最初から決まっています。誰一人、人間がいなくても、リンゴは重力にひかれて落下するでしょうし、2＋3は5だろうと考えることは自然です。その意味で、算数や物理といった形式科学にかかわる問題の正解は最初から存在している、と考えることができます。

他方で、倫理の問題の正答はそうではない、とは考えられないでしょうか。

たとえば、万学の祖と称されるアリストテレスも次のように述べています。『美しいこと』や『正しいこと』には多くの相違やゆらぎがあると思われており、そのためそうした美しいことや正しいことは、ただ単に人々の定めた決まりごとでしかなく、本来は存在しないものだと思われている。『善いこと』にもこうした種類のゆらぎがある。」

つまり、数学や物理の法則は、誰かが作ったものではなく、最初からあるもので、世界がどれだけ変わっても、これからもあり続けるものです。その意味で、それらの法則は世界に「存在」しています。他方、倫理のルールは違う、と言われることがあります。それによれば、倫理のルールは誰かが作った決まりごとであり、社会や文化が変われば、いつかは変わってしまうかもしれないものに過ぎません。それは確かに、今の私たちの行動を左右するという意味で「ある」と認められるものかもしれませんが、だからといって物理法則のように「存在する」ものとは違う。倫理の問題には正解が存

【黒板】

りますか。」

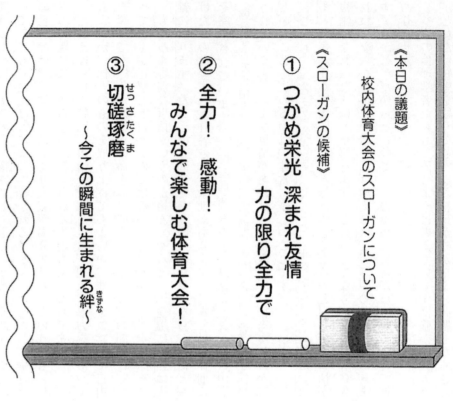

《本日の議題》
校内体育大会のスローガンについて

《スローガンの候補》

① つかめ栄光　深まれ友情
　力の限り全力で

② 全力！　感動！
　みんなで楽しむ体育大会！

③ 切磋琢磨（せっさたくま）
　～今この瞬間に生まれる絆（きずな）～

(1) 空欄　Ⅰ　にあてはまる言葉を、[話し合いの様子]の中から探し、四字で書き抜きなさい。（3点）

(2) 『楽しむ』という言葉が、『楽をしたい』や『好きなことだけが

んばる』といった意味にとらえられてしまわないように、意図を補足する副題をつけ加えてはどうでしょうか。とありますが、このFさんの発言についての説明として最も適切なものを、次のア～エの中から一つ選び、その記号を書きなさい。（2点）

ア　他の人の発言と自分の発言の問題点を示して、賛成するか反対するかの確認をしている。

イ　他の人の発言を引用して、話し合い全体の振り返りと今後検討すべきことを述べている。

ウ　直前の発言内容の一部を具体的に言い換えた上で、自分の考えを提案として示している。

エ　直前の発言内容を一部否定しながら、新たな意見を出し合うよう全体に呼びかけている。

(3) Aさんはこの話し合いのあと、「切磋琢磨（せっさたくま）」という言葉に興味をもち調べたところ、「切磋」と「琢磨」という似た意味の二字熟語を組み合わせてできた四字熟語であることがわかりました。「切磋琢磨」と同じ構成である四字熟語を、次のア～エの中から一つ選び、その記号を書きなさい。（3点）

ア　異口同音　　イ　和洋折衷
ウ　春夏秋冬　　エ　威風堂々

三　次の文章を読んで、あとの問いに答えなさい。（26点）

　さて、まずは倫理の問題に答えはあるか、という問いにはどのような答えがありそうでしょうか。もっとも素朴に考えられるのは次の二つの可能性です。

（一）倫理の問題に、正解はない
（二）倫理の問題に、正解はある

二

次の各問いに答えなさい。(24点)

問1 次の――部の漢字には読みがなをつけ、かたかなは漢字に改めなさい。(各2点)

(1) 資源が潤沢にある。

(2) 新しい作品を披露する。

(3) 遠い故郷に焦がれる。

(4) 家と学校を歩いてオウフクする。

(5) 重要な記事に大きく紙面をサく。

問2 次の文を単語に分けたとき、最も多く使われている品詞の名称を書きなさい。(3点)

あきらめずに練習を続けようと思いました。

問3 次の文中の――部と――部とが反対の意味になるように、あとのア～オの漢字を組み合わせてそれぞれ二字の熟語を作ります。このとき、ア～オの漢字を一つ選び、その記号を書きなさい。ただし、同じ漢字は一度しか用いないものとします。(3点)

□□に用いない漢字を一つ選び、その記号を書きなさい。

あまり深く考えずに判断してしまうといった □□ な行動をやめ、□□ に構えて物事にじっくりと取り組むことが、今後の課題です。

ア 重 イ 審 ウ 率 エ 慎 オ 軽

問4 次は、中学生のAさんたちが行っている話し合いの一部です。校内体育大会のスローガンについての話し合いを読んで、あとの問いに答えなさい。

話し合いの様子

Aさん「では、提案された三つの候補について、必要があれば修正しつつ、最終的に一つを選びたいと思います。まずはそれぞれの候補について、よい点や改善点などを自由に発言

してください。」

Bさん「①の『つかめ栄光 深まれ友情 力の限り全力で』がよいと思います。理由は、他のクラスと勝ち負けを争って優勝を目指すということと、練習や本番を通じて友情を深め団結を強めるという、二種類の目標が入っているからです。それぞれの視点から取り組むことで、より充実した体育大会にできると思います。」

Cさん「私は③の『切磋琢磨～今この瞬間に生まれる絆～』を推薦します。互いに励まし合い競争し合うことで共に向上する、という『切磋琢磨』の意味と、副題を合わせて考えると、各クラス内だけでなく、競い合う他のクラスや他学年とも励まし合い、絆を生み出すという目標になるため、学校行事のスローガンとしてふさわしいと思うからです。」

Dさん「私は②の『全力! 感動! みんなで楽しむ体育大会!』がよいと思いました。『楽しむ』という言葉から、最終的な □ Ｉ □ のみにとらわれることなく全力を尽くし、最高の思い出を作る、という意志が感じられるからです。」

Eさん「Dさんの意見に賛成です。ただ、『楽しむ』という言葉を使用した意図を示さないと、スローガンを見た人たちに意味を誤解されてしまうかもしれないので、気をつけた方がよいと思います。」

Fさん「そうですね。『楽しむ』が、『楽をしたい』や『好きなことだけがんばる』といった意味にとらえられてしまわないように、意図を補足する副題をつけ加えてはどうでしょうか。」

Aさん「なるほど。それでは②については、副題の追加も含めて、他に何か意見はあ引き続き検討していきたいと思います。

ウ 『進化の記録』を読みながら環境に適応できず滅びた者のことを思い、ウォレスのことを自分自身に重ね合わせて自分の将来や社会に希望がもてなくなっている。

エ 『進化の記録』を読みながら環境に適応できず滅びた者のことを思い、どうしたらウォレスのように人から受けた裏切りを許すことができるのかを考えている。

問2 ② 名も残さぬ人々のことを想った。 とありますが、このときの浩弥の心情はどのようなものですか。 次の空欄にあてはまる内容を十五字以上、二十五字以内で書きなさい。 （6点）

名も残さぬ人々に対しても、

□□□□□□□□□□□□□□15
□□□□□□□□□□25

かもしれない、という心情。

問3 ③ 俺も涙があふれて止まらなかった。 とありますが、その理由として最も適切なものを、次のア〜エの中から一つ選び、その記号を書きなさい。 （4点）

ア 征太郎が作品を出版してくれる出版社と巡りあった喜びにくわえ、浩弥以外にも征太郎の才能を認めてくれる人がいたことに驚きを感じたから。

イ 征太郎の作家デビューが決まったことに感動するとともに、征太郎が浩弥の言葉を心の支えにして小説を書き続けてきたことをうれしく思ったから。

ウ 征太郎が作家になる夢をかなえたうれしさにくわえ、水道局の仕事を続けながら今後も小説を書き続けると約束してくれたことを心強く思ったから。

エ 浩弥の言葉が征太郎を支えてきたことを知った驚きとあわせ、作家になれるわけないと言っていた人たちを見返してくれたことをうれしく思ったから。

問4 ④ 今からでも、遅くないよな。 とありますが、このときの浩弥の心情の変化を次のようにまとめました。 次の空欄にあてはまる内容を、**可能性、人生**の二つの言葉を使って、四十五字以上、五十五字以内で書きなさい。 ただし、二つの言葉を使う順序は問いません。 （7点）

今までは、世間や社会が悪いと思うと同時に、

□□□□55
□□□□□□□45

という心情に変化した。

問5 本文の表現について述べた文として**適切でない**ものを、次のア〜オの中から二つ選び、その記号を書きなさい。 （5点）

ア 浩弥が語り手となって展開する場面と小町さんが語り手となって展開する場面の双方があり、同じ出来事でも複数の見方ができることが示されている。

イ 浩弥の話を中心にしつつ、そこに征太郎の小説家デビューに関する話、ダーウィンとウォレスの進化論をめぐる話を重ね合わせて展開されている。

ウ 「す、すげぇ！ よかったじゃん！」や「ほんとにすげぇ」とくだけた表現を用いることで、浩弥の感情がわかりやすく率直に表現されている。

エ 「でも高校のとき、浩弥だけは言ってくれたんだ。征太郎の小説は面白いから書き続けろって。」のように倒置を用いることで、文章を印象づけている。

オ 「どういう意味だろうと考えてしまうような、でも理屈じゃなくすごくわかるような。」と連用形で文を切ることで、物語がテンポ良く展開している。

固く信じられていた。

サンショウウオは火から生まれたと、極楽鳥は本当に極楽から来た使いだと。みんな真剣にそう思っていた。

だからダーウィンは発表することを躊躇したのだ。まさに、環境に適応しない考えを持つ自分自身が淘汰されることを恐れて。

でも、今や進化論はあたりまえになっている。ありえないって思われてたことが、常識になっている。ダーウィンもウォレスも、当時の研究者たちはみんな、自分を信じて、学び続けて発表し続けて……。

自分を取り巻く環境のほうを変えたんだ。

右手に載った飛行機を眺める。

百六十年前の人たちに、こんな乗り物があるって話しても誰も信じないだろう。

鉄が飛ぶはずないって。そんなものは空想の世界の話だって。

俺も思っていた。

俺に絵の才能なんてあるわけない、普通に就職なんてできるはずない。

でもそのことが、どれだけの可能性を狭めてきたんだろう?

そして左手には、土の中に保管されていた高校生の俺。四つ折りにされた紙の端をつまみ、俺はようやく、タイムカプセルを開く。

そこに書かれた文字を見て、俺はハッとした。

「人の心に残るイラストを描く」

たしかに俺の字で、そう書いてあった。

そうだったっけ……ああ、そうだったかもしれない。

どこかでねじまがって、勘違いが刷り込まれていた。「歴史に名を残す」って書いてたと思い込んでいた。壮大な夢を抱いていたのに打ち砕かれたって。俺を認めてくれない世間や、ブラックな企業がはびこる社会が悪いって。被害者ぶって。でも俺の根っこの、最初の願いは、こういうことだったじゃないか。

丸めようとしていた俺の絵を、救ってくれたのぞみちゃんの手を思い出す。俺の絵を、好きだって言ってくれた声も。俺はそれを、素直に受け取っていなかった。お世辞だと思っていた。自分のことも人のことも信じてなかったからだ。

十八歳の俺。ごめんな。

④今からでも、遅くないよな。歴史に名が刻まれるなんて、うんと後のことよりも……それよりも何よりも、誰かの人生の中で心に残るような絵が一枚でも描けたら。

それは俺の、れっきとした居場所になるんじゃないか。

（注）
※ウォレス……アルフレッド・ラッセル・ウォレス。イギリスの博物学者。（一八二三～一九一三）

（青山美智子 著『お探し物は図書室まで』による。一部省略がある。）

※タイムカプセル……ここでは、浩弥が高校卒業時に埋め、最近の同窓会で掘り出されたもの。

問1 ①俺は開いたままの本の上につっぷした。 とありますが、このときの浩弥の心情として最も適切なものを、次のア～エの中から一つ選び、その記号を書きなさい。（4点）

ア 『進化の記録』を読んで自然淘汰を恐ろしく思いながら、自分がダーウィンのように相手を蹴落とす側になるためにはどうしたらいいか、策を巡らせている。

イ 『進化の記録』を読んで自然淘汰を恐ろしく思いながら、ダーウィンのことを自分自身に重ね合わせて多少卑怯なことをしてでも生き残ろうと決意している。

「それに、ウォレスだって立派に有名人だよ。世界地図には、生物分布を表すウォレス線なんてものも記されてる。彼の功績はちゃんと認められてると思うよ。その背後には、どれだけたくさんの名も残さぬ偉大な人々がいただろうね。」

俺は本に目を落とし、ウォレスのそばにいたであろう②名も残さぬ人々のことを想った。

コミュニティハウスを出たところで、スマホが鳴った。

征太郎(せいたろう)からの電話だった。友達からの電話なんてほぼかかってきたことがなくて、俺は立ち止まり、緊張気味に出た。

「浩弥、僕……僕……。」

スマホの向こうで征太郎が泣きじゃくっている。俺はうろたえた。

「どうしたんだよ、おい、征太郎。」

「……作家デビュー、決まった。」

「は?」

「実は、年末にメイプル書房の編集さんからメールがあったんだ。僕、秋の文学フリマで小説の冊子を出していて、それを読んでくれた崎谷(さきたに)さんって人から。何度か会って打ち合わせして、少し手を入れる方向で、今日、企画が通ったって。」

「す、すげえ! よかったじゃん!」

震えた。

すげえ、ほんとにすげえ。夢かなえちゃったよ、征太郎。

「浩弥に、一番に言いたかったんだ。」

「え。」

「僕が作家になれるわけないって、きっとみんな思ってた。でも高校のとき、浩弥だけは言ってくれたんだ。きっとみんな思ってた。征太郎の小説は面白いか

ら書き続けろって。浩弥は忘れちゃったかもしれないけど、僕にとってはそのひとことが原動力で、最強に信じられるお守りだったんだ。」

征太郎は大泣きしていたけど、③俺も涙があふれて止まらなかった。俺の……俺の小さなひとことを、そこまで大事にしてくれてたなんて。

でも、征太郎が書き続けて発表し続けてこられたのは、そのせいだけじゃない。きっと、征太郎の中に自分を信じる気持ちがあったからだ。

「じゃあ、もう水道局員じゃなくて作家だな。」

鼻水をすすりながら俺が言うと、征太郎は「ううん。」と笑った。

「水道局の仕事があったから、小説を書き続けることができたんだ。これからも辞めないよ。」

俺はその言葉を、頭の中で繰り返した。どういう意味だろうと考えてしまうような、でも理屈じゃなくてすごくわかるような。

「今度、お祝いしような。」と言って、俺は電話を切った。

俺は気持ちを落ち着かせながら、ジャンパーの両ポケットに手を突っ込んだ。

左に※タイムカプセルの紙、右に小町さんがくれたぬいぐるみ。どちらも入れたままになっていた。俺はふたつとも取り出し、それぞれの手に載せた。

飛行機。誰もが知ってる文明の利器。大勢の客や荷物を乗せて空を飛んでいても、今、驚く人はいない。

たった百六十年前――。

それまでヨーロッパでは、生物はすべて神が最初からその形に創ったもので、これまでもこれからも姿を変えることなんかないって

国語

●満点100点　●時間50分

一　次の文章を読んで、あとの問いに答えなさい。（26点）

高校卒業後、就職もアルバイトもなかなかうまくいかない「俺」(浩弥)は、近所のコミュニティハウスにある図書室で、司書の小町さんや司書見習いののぞみちゃんと知り合う。そして、小町さんから飛行機をかたどった自作のぬいぐるみをもらい、『進化の記録』という本を読むようすすめられる。

図書室に入ると、小町さんがどどんとぬいぐるみを作っている。やっぱりざくざくとぬいぐるみを作っている。

俺は閲覧テーブルに座って、『進化の記録』を開いた。

こうしていると、昨晩乱れた心が少し落ち着いた。俺にはさして関心のない様子で、だけど拒絶もせず、すぐそばで手を動かし続けている小町さんの存在がありがたかった。いつでも本を読みにくればいいと言ってくれたことが。

でも、それもいっときのことだ。一生ここで本を読んでいることはやっぱりできないだろう。小学生は時期がくれば卒業するけど、俺の節目は自動的にはやってこない。終わりも始まりも、誰も決めてくれない。

自然淘汰。環境に適応できない者は滅びる。

それなら、適応できないってわかっていながら、好ましくない変異なんて思われながら、苦しい思いをしながらなんで生きていかなくちゃいけないんだ。

俺自身にたいしたい力がなくたって、世渡りできる器用さがちょっとでもあればうまくやっていけるのに。たとえ多少卑怯なことをし

てでも。

そんなふうに思いながらも、そうやって蹴落とされた側の痛みばかりがリアルに迫ってくる。光を当てられなかった※ウォレスは、本当にダーウィンを「よき友人」なんて思っていたんだろうか。

俺は開いたままの本の上につっぷした。

小町さんが抑揚のない声で「どうした。」とつぶやく。

「……ダーウィンって、ひどい奴じゃないですか。ウォレスが不憫だ。先に発表しようとしたのはウォレスなのに、ダーウィンばっかりもてはやされて。俺、この本を読むまでウォレスなんて名前も知らなかった。」

しばらく沈黙が続いた。俺はつっぷしたままで、小町さんは何も言わずにおそらく針を刺していた。

少しして、小町さんが口を開いた。

「伝記や歴史書なんかを読むときに、気をつけなくちゃいけないのは。」

俺は顔を上げる。小町さんは俺と目を合わせ、ゆっくりと続けた。

「それもひとつの説である、ということを念頭に置くのを忘れちゃだめだ。実際のところは本人にしかわからない。誰があああ言ったとかこうしたとか、人伝えでいろんな解釈がある。リアルタイムのインターネットでさえ誤解は生じるのに、こんな昔のこと、どこまで正確かなんてわからない。」

こきん、と小町さんは首を横に倒す。

「でも、少なくとも浩弥くんはその本を読んでウォレスを知ったよね。そしてウォレスについて、いろんなことを考えている。それってじゅうぶんに、この世界にウォレスの生きる場所を作ったということじゃない？」

俺がウォレスの生きる場所を？

誰かが誰かを想う。それが居場所を作るということ……？

Memo

2022年度
埼玉県公立高校 / 学校選択

英語　●満点 100点　●時間 50分

■リスニングテストの音声は，当社ホームページで聴くことができます。（当社による録音です。）再生に必要なアクセスコードは「合格のための入試レーダー」（巻頭の黄色の紙）の1ページに掲載しています。

1 放送を聞いて答える問題(28点)

問題は，No.1～No.7の全部で7題あり，放送はすべて英語で行われます。放送される内容についての質問にそれぞれ答えなさい。No.1～No.6は，質問に対する答えとして最も適切なものを，A～Dの中から一つずつ選び，その記号を書きなさい。No.7は，それぞれの質問に英語で答えなさい。放送中メモを取ってもかまいません。各問題について英語は2回ずつ放送されます。

【No.1～No.3】（各2点）

No.1

　　　　A　　　　　　　　　B　　　　　　　　　C　　　　　　　　　D

No.2

　　　　A　　　　　　　　　B　　　　　　　　　C　　　　　　　　　D

No. 3

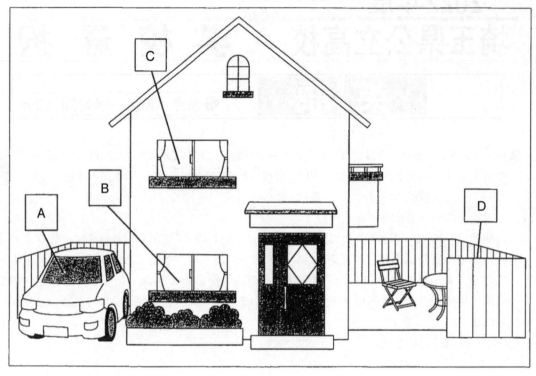

【No. 4，No. 5】（各 2 点）

No. 4

    A Thank you for your help.   **B** How about tomorrow afternoon?

    C Can you do it by yourself?   **D** Sorry, I'm busy all day.

No. 5

    A I've lost my key.   **B** I'll look for it tomorrow.

    C Mine is a little small.   **D** Let's take it to the police station.

【No. 6】（各 3 点）

(1) Question 1

    A The chocolate cake.

    B The ice cream cake.

    C The fruit cake.

    D The cheese cake.

(2) Question 2

    A At eleven fifty-five a.m.

    B At noon.

    C At one twenty-five p.m.

    D At one thirty p.m.

(3) Question 3

    A Chinese food is more popular than Japanese food at the restaurant.

    B People on the bus don't have to get off the bus to order lunch.

C The restaurant is a great place to eat many different foods from all over the world.

D There are some famous shops in the restaurant.

【No. 7】（各3点）

(1) Question 1： Why does John read a Japanese newspaper every morning?

Answer： To (　　　　　　　　).

(2) Question 2： How many days a week does Kayo listen to the English program on the radio?

Answer： She listens to the program (　　　　　　　　) week.

(3) Question 3： Why did John ask Kayo to help him with his math homework?

Answer： Because she is (　　　　　　) math.

※＜放送を聞いて答える問題台本＞は英語の問題の終わりに付けてあります。

2　　次の 1 〜 4 は，書道部の Naoto, Kimmy と Ayako の会話です。これらを読んで，問1〜問7に答えなさい。＊印のついている語句には，本文のあとに〔注〕があります。（28点）

1 ⟨*One day after school, Naoto, Kimmy and Ayako are talking.*⟩

Naoto： Our ALT, Mr. Smith is going back to Australia. He often comes to this calligraphy club. All the members in our club like him very much.

Kimmy： He is very nice to us. He gives us good advice.

Ayako： He helps us a lot. He loves the calligraphy ＊works we make, too. Hey, I have an idea. How about giving him a present?

Naoto： That's a good idea! What should we get for him?

Kimmy： Let's write messages for him on *shikishi*. I think he'll be glad to read our messages.

Ayako： That sounds good. It's a popular present and easy to make. Should we (　　　　　　) him?

Naoto： We should give him *shikishi* and one more thing, but I cannot think of any good ideas right now.

Kimmy： I ＊wonder what he would like.

Ayako： Let's tell the other members of our club about our ideas. I think 〔him / us / everyone / present for / help / will / choose / a good〕.

〔注〕 work……作品　　wonder 〜……〜だろうかと思う

問1　下線部が「彼に他の何かを作るべきでしょうか。」という意味になるように，（　）に適切な4語の英語を書きなさい。（3点）

問2　〔　〕内のすべての語句を，本文の流れに合うように，正しい順序に並べかえて書きなさい。（4点）

2 ⟨*The next day, they start a ＊discussion after talking with the club members.*⟩

Naoto： So, everyone in our club wants to give Mr. Smith a present, right?

Ayako： Yes, we talked about plans for a present during the club meeting yesterday, but we couldn't decide what to give him as a present with the *shikishi*.

Kimmy： Then, we need to think of a good plan.

Naoto : After we talked in the club meeting, one of the club members gave me Mr. Smith's *self-introduction sheet. Mr. Smith gave it to all the students in his first English class. I think it'll help. Let's look for ideas on the sheet. It's better to give him something he is interested in.

Ayako : That's a good idea. Oh, look at this. His advice really helped me.

Kimmy : Yes, your English is much better now!

Naoto : *Based on this sheet, how about giving him flowers, too? I'm sure he'll like them.

Kimmy : I don't think that's a good idea. I think there are rules for taking flowers or plants out of the country.

Naoto : Oh, you mean that he cannot take flowers from Japan to Australia?

Kimmy : I'm not sure, but if the flowers we give him cannot be taken from Japan to Australia, he may have trouble.

Ayako : If we give him things that are too large or heavy, it'll be hard for him to carry them to Australia, so we shouldn't choose things like that.

Naoto : You're right. What should we give him instead?

Self-Introduction Sheet

Hello, everyone! My name is Timothy Smith. I am from Australia. My hobby is taking care of flowers.

I like Japanese pop songs. My favorite Japanese foods are *sushi* and *takoyaki*. But I do not like the hot weather in Japan very much. Someday, I want to try calligraphy and *kendo*.

Today, I will give you some advice about learning English. I think you should ┌─── A ───┐

Keep trying! Thank you.

〔注〕 discussion……話し合い   self-introduction……自己紹介
   based on 〜……〜に基づけば

問3 下線部 His advice really helped me. について，Self-Introduction Sheet の空欄 A には，Mr. Smith から生徒へのアドバイスが入ります。あなたならどのようなアドバイスを書きますか。本文 2 の内容と合うように，I think you should に続けて，2文以上の英文を書きなさい。1文目はアドバイスを1つあげて，2文目以降はその理由が伝わるように書きなさい。(4点)

3 〈*They continue their discussion.*〉

Ayako : How about singing some songs for him? Do you know any good Japanese pop songs, Kimmy?

Kimmy : Yes, I do. I'll think of some Japanese pop songs we can sing for him.

Naoto : Thanks. I'm sure he'll like listening to Japanese pop songs because he wrote so on his self-introduction sheet.

Kimmy : Well, I can play the piano, so I will play the piano for the songs. I think we can use the music classroom at school if we ask our music teacher, Ms. Fukuda. If we choose to sing songs for him, I'll ask her.

Naoto : Great. Well, how about collecting pictures of us and making a photo album for him ?

Kimmy : That's also a good idea. We'll have to find a lot of pictures. If we make a photo album, I can borrow a camera from my homeroom teacher, Mr. Kishi, to take new pictures. Oh, I have another idea, too.

問4 本文 3 の内容と合うものを，次の**ア**〜**エ**の中から一つ選び，その記号を書きなさい。
（3点）

ア Kimmy thinks it is difficult to take a good photo Mr. Smith will like.

イ Naoto will ask Mr. Kishi to take pictures because he doesn't have enough pictures for the album.

ウ Ayako wants to practice singing songs, so she told Kimmy to play the piano for practice.

エ Kimmy will ask their music teacher to let them use the music classroom if they need.

4 〈*They try to reach a* *conclusion.*〉

Kimmy : We can also make some calligraphy works as a present. What do you think ?

Naoto : Good idea. I wonder what words we should write for the works.

Kimmy : So, we have *come up with three ideas for presents. Singing songs for him, a photo album, and calligraphy works. How about giving him the *shikishi* and all three of these presents ?

Naoto : We don't have enough time to prepare all of them. We should give him the *shikishi* and one more present. Let's choose one of the three.

Ayako : OK. I think a photo album is the best idea because he can look at it and remember his time in Japan.

Kimmy : I agree with you. OK, I'll go to see Mr. Kishi later. I hope Mr. Smith will like our presents.

Naoto : I hope so, too. Let's tell the other club members about our plan. I'm sure they'll like it.

〔注〕 conclusion……結論　　come up with 〜……〜を思いつく

問5 本文 1 〜 4 の内容に関する次の質問に，英語で答えなさい。（4点）

Why will Kimmy go to see her homeroom teacher, Mr. Kishi, after choosing the present for Mr. Smith ?

問6 本文 1 〜 4 の内容と合うように，次の(1), (2)の英語に続く最も適切なものを，**ア**〜**エ** の中から一つずつ選び，その記号を書きなさい。（各3点）

(1) Naoto thinks the presents should be *shikishi* and one of the other three ideas because

　　ア he cannot think of any good ideas right now.

　　イ it would take too much time to prepare all three presents for Mr. Smith.

　　ウ he has to tell all the club members about his idea.

　　エ choosing only one of the four presents is enough for Mr. Smith.

(2) During the discussion,

　　ア Naoto came up with the idea of flowers as a present, but Kimmy didn't agree with his idea.

　イ　Kimmy thought Mr. Smith could make good calligraphy works based on the information written on his self-introduction sheet.

　ウ　Naoto brought Mr. Smith's self-introduction sheet, so Mr. Smith could remember Japan.

　エ　Ayako said calligraphy works from all the club members would be a good present.

問7　次は，後日の Kimmy と Naoto の会話です。自然な会話になるように，（　）に適切な4語以上の英語を書きなさい。（4点）

Kimmy :　I started taking pictures to make the photo album for Mr. Smith.　Here are some of them.　What do you think?

Naoto :　　Oh, these are good pictures, but we need more.

Kimmy :　Hey, don't you have (　　　　　　　　　　　) at the school festival two years ago? I'm sure Mr. Smith was with us at that time.　Didn't Mr. Kishi let you use a camera then?

Naoto :　　Oh, I remember!　After the school festival, Mr. Kishi gave me some of them.　I'll look for them at home.

3　次は，高校1年生の Tsuneo が書いた英文です。これを読んで，問1〜問6に答えなさい。
＊印のついている語句には，本文のあとに〔注〕があります。（34点）

　When I was an elementary school student, we had to use pencils made of wood.　Some of my friends wanted to use *mechanical pencils, but we didn't use them at our elementary school. Why are pencils the first *writing tools used by elementary school students?　The pencils I used at school were given to me by my mother, and when the pencils became short, I asked her to buy me new ones again.　After we entered junior high school, almost all of my friends started using mechanical pencils.　I always used pencils made of wood in elementary school, but after that, I only used mechanical pencils.　One day, I found an article about pencils while I was reading the newspaper.　It said that about 1,400,000,000 pencils were made every year in the 1960s in Japan, but in 2019, only 180,000,000 pencils were made.　That is about 13% of the amount of pencils made every year in the 1960s.　One of the reasons is the *decline in the number of children.　I became interested in pencils, so I decided to research them on the Internet.

　In 1564, in *Borrowdale, England, a black material was discovered in the ground.　This material was *graphite.　People found it was useful for writing.　But, if you hold graphite, your hands get dirty. 　[①] 　These were the first pencils.　After that, pencils spread across Europe, and soon became popular.　After about two hundred years, people couldn't find any more graphite in Borrowdale because there was no graphite left there.　People in England couldn't find better graphite than that in Borrowdale. 　[②] 　After trying many ways to make pencils, they *mixed graphite and *sulfur.　But this graphite mixed with sulfur was not as good as the graphite in Borrowdale.　But in Germany, people knew a better way to mix graphite and sulfur.　People in France bought pencils made in England, but in the eighteenth century, people in France couldn't get pencils from England because of the wars between France and England. People say that *Napoleon Bonaparte asked a scientist to make better pencils because they needed to make their own pencils in France. The scientist mixed graphite and *clay, and the graphite mixed with clay was *heated to around 1,100℃ to make the *lead. Then, the scientist was finally able to make the best lead. It was almost the same as the lead used today. ③ The company put six pieces of lead between two boards, and then cut them into six pencils. This is almost the same *process used to make many pencils at once today.

How about pencils in Japan? People say that Tokugawa Ieyasu was the first Japanese person to use a pencil. In Shizuoka Prefecture, a [he / protecting / shrine / has / that / been / the pencil] used since 1617. In *the Meiji period, Japanese people tried to learn many new things from the U.S. and Europe. Young people had more chances to learn than before. In 1873, about twenty Japanese engineers were sent to Europe to learn new technologies. After they came back to Japan, some of them taught a man how to make pencils. People say that this man, Koike Uhachiro, made the first pencils in Japan. These pencils made in Japan were A in an *exposition in Ueno, Tokyo in 1877. After this, pencils became more popular in Japan and many people started using them. About forty pencil companies were made in those days, and some of them still make pencils today.

There are several *merits of pencils. Do you know how long you can write with just one pencil? I read an article on the Internet. It said you can draw a line about 50 km long! I thought this was amazing! You can write with a pencil longer than many other writing tools. A pencil can be used in many different environments, too. For example, if you use a *ball-point pen in a very cold place like the top of a mountain in winter, writing will probably be very difficult. In Japan, pencils are the first writing tools elementary school students use to learn how to write because pencils are hard to break. If there B no pencils, it would be much more difficult for children in Japan to practice writing.

Now I know a lot more about pencils. Pencils have a very interesting history. It was very surprising to learn about. How about other writing tools around us? They may have their own surprising history. I want to know more about them.

〔注〕 mechanical pencil……シャープペンシル　　writing tool……筆記用具
　　　decline in ～……～の減少　　Borrowdale……ボローデール(地名)
　　　graphite……黒鉛　　mix ～……～を混ぜる
　　　sulfur……硫黄　　Napoleon Bonaparte……ナポレオン・ボナパルト
　　　clay……粘土　　heat ～……～を熱する
　　　lead……(鉛筆の)芯　　process……過程
　　　the Meiji period……明治時代　　exposition……博覧会
　　　merit……長所　　ball-point pen……ボールペン

問１　本文の内容に関する次の質問に，英語で答えなさい。（4点）

　　　Why are pencils the first writing tools used by elementary school students in Japan?

問２　空欄 ① ～ ③ にあてはまる最も適切な文を，次のア～カの中から一つずつ選び，その

記号を書きなさい。なお，同じ記号を2度以上使うことはありません。(各3点)

ア　Before they found new graphite, they were making new pencils in the same way for two hundred years.

イ　After that, those people finally brought pencils to England.

ウ　Then, in the nineteenth century, a pencil company in the U.S. found a new way to make pencils.

エ　Then, those scientists sold the new ones to a pencil company in the U.S. to make more money.

オ　So, they had to find another way to make pencils.

カ　So, they put the graphite between two pieces of wood.

問3　〔　〕内のすべての語句を，本文の流れに合うように，正しい順序に並べかえて書きなさい。(3点)

問4　空欄　A　，　B　にあてはまる最も適切なものを，次の中から一つずつ選び，それぞれ正しい形にかえて書きなさい。(各3点)

ask	be	give	go
have	show	turn	write

問5　下線部 I thought this was amazing! の this は何をさしていますか。日本語で書きなさい。(3点)

問6　次の英文は，本文の内容をまとめたものです。次の(1)～(3)に適切な英語を，それぞれ2語で書きなさい。(各3点)

　Tsuneo used pencils in elementary school, but he stopped (　1　) in junior high school. One day, he became interested in pencils because of an article in the newspaper. After researching them, he learned a lot of things about pencils. For example, he learned when and where the first pencils were made, and he learned how people (　2　) better and how pencils were introduced to Japan. He also learned many other things about pencils, for example, how long you can write with just one pencil. Tsuneo was (　3　) learn about the interesting history of pencils. He wants to know more about the history of other writing tools, too.

4　次の英文を読んで，あなたの考えを，〔条件〕と〔記入上の注意〕に従って40語以上50語程度の英語で書きなさい。＊印のついている語には，本文のあとに〔注〕があります。(10点)

Making a speech or presentation is effective to *deepen your understanding. When you make a speech or presentation, you may *discover some things that you want to learn more about. To learn more, you will need to do research. For example, you can do this in many ways at school. The school library and the *tablet computers can also help you. How will you use things, such as the library or computers for your research?

〔注〕　deepen ～……～を深める　　discover ～……～を発見する
　　　　tablet……タブレット型の

〔条件〕　下線部の質問に対するあなたの考えを，その理由が伝わるように書きなさい。

〔記入上の注意〕

① 【記入例】にならって，解答欄の下線＿＿の上に1語ずつ書きなさい。

・符号（，．？！など）は語数に含めません。

・50語を超える場合は，解答欄の破線＿＿で示された行におさまるように書きなさい。

② 英文の数は問いません。

③ 【下書き欄】は，必要に応じて使ってかまいません。

【記入例】

Hi!	I'm	Nancy.	I'm	from
America.	Where	are	you	from?

is	April	2,	2006.	It
is Ken's birthday, too.				50語

【下書き欄】

（下書き欄　40語　50語）

＜放送を聞いて答える問題台本＞

※「チャイム」

　　これから「放送を聞いて答える問題」を始めます。

　　問題用紙の第1ページ，第2ページを見てください。問題は，No.1～No.7の全部で7題あり，放送はすべて英語で行われます。放送される内容についての質問にそれぞれ答えなさい。No.1～No.6は，質問に対する答えとして最も適切なものを，A～Dの中から一つずつ選び，その記号を書きなさい。No.7は，それぞれの質問に英語で答えなさい。放送中メモを取ってもかまいません。各問題について英語は2回ずつ放送されます。

　　では，始めます。

Look at No. 1 to No. 3 on page 1.

Listen to each talk, and choose the best answer for each question.

Let's start.

No. 1

A : Can I have one hamburger, two hot dogs and a cup of coffee, please ?
B : Sorry, but we don't have hot dogs.
A : Really ?   OK, then I'll have one more hamburger, please.
B : Sure.   That'll be six hundred yen.

Question :   What will the man have ?

（会話と質問を繰り返します。）

No. 2

A : Look at the bird in this picture.   It is really cute.   I'm glad we came to see it.   Is there anything you like, Mike ?
B : Well, there are a lot of nice pictures.   My favorite is the picture of a train and a mountain.   It's wonderful.
A : Oh, I haven't seen it yet.   Where is it ?
B : I saw it over there.

Question :   Where are they talking ?

（会話と質問を繰り返します。）

No. 3

A : Mom, do you know where Dad is ?   I can't find him.   He isn't on the second floor.
B : He went to the post office to send letters.
A : Oh, really ?   I want to carry some chairs to the garden, but they are too heavy.   I need his help.
B : Oh, look.   Your father just came back, Michael.   See ?   He has just stopped his car.

Question :   Where is Michael's father ?

（会話と質問を繰り返します。）

Look at No. 4 and No. 5 on page 2.

Listen to each situation, and choose the best answer for each question.

Let's start.

No. 4

Robert asks Ken to play soccer together tomorrow.

Ken has to help his mother at home tomorrow morning.

But Ken is free in the afternoon, so he wants to play then.

Question : What will Ken say to Robert ?

（英文と質問を繰り返します。）

No. 5

Mika is taking a walk with her father.

She has found a key on the way, but they don't know whose key it is.

Her father tells her what to do.

Question : What will Mika's father say to Mika ?

（英文と質問を繰り返します。）

Look at No. 6.

Listen to the tour guide on the bus, and choose the best answer for questions 1, 2 and 3.

Let's start.

It's eleven fifty-five, so it's almost lunch time. We will arrive at the Saitama Restaurant soon. Let me tell you about the restaurant.

The Japanese food at the restaurant is really popular, but if you want to have food from other countries, Saitama Restaurant is a great place. You can eat many different foods from all over the world.

The cakes are really delicious, too. Most people order the chocolate cake at the restaurant. You can also have fruit cake and ice cream. I'm sure you will like everything.

We've just arrived at the restaurant. It's twelve o'clock now. Our bus will stay here for an hour and thirty minutes. When you finish having lunch, you'll have some free time. You can go shopping if you want to, and near the restaurant, there is a famous shop that sells cheese cake. It is very popular. Please come back here by one twenty-five p.m. Thank you and have fun, everyone.

Question 1 : What is the most popular cake at the Saitama Restaurant ?

Question 2 : What time will the bus leave the restaurant ?

Question 3 : Which is true about the Saitama Restaurant ?

（英文と質問を繰り返します。）

Look at No. 7.

Listen to the talk between Kayo and John, a student from the U.S., and read the questions. Then write the answer in English for questions 1, 2 and 3.

Let's start.

John : Good morning, Kayo. Sorry, I'm a little late.

Kayo : That's OK. What were you doing ?

John : I was reading a Japanese newspaper. I read a Japanese newspaper every morning because it's a good way to learn Japanese. This morning, I found some difficult *kanji*, so I asked my host father how to read them.

Kayo : I see. How long have you studied Japanese ?

John : I've studied it for three years. It's still difficult for me to read and write *kanji*. What do you usually do in the morning, Kayo ?

Kayo : I usually listen to an English program on the radio in the morning. I want to use English for my job in the future, so I listen to it every day from Monday to Friday.

John : That's nice.

Kayo : I think it's great to use your free time in the morning to learn something you like.

John : I agree. By the way, are you free after school ?

Kayo : Yes. What's up ?

John : I have math homework, but I can't answer some questions. I need your help because you're good at math.

Kayo : OK. Actually I haven't finished it yet. Let's do it together.

John : Thank you.

（会話を繰り返します。）

　以上で「放送を聞いて答える問題」を終わります。では，ほかの問題を始めてください。

数 学

●満点 100点　●時間 50分

(注意)　(1)　答えに根号を含む場合は，根号をつけたままで答えなさい。
　　　　(2)　答えに円周率を含む場合は，πを用いて答えなさい。

1 　次の各問に答えなさい。(43点)

(1)　$6xy^2 \div \left(-\dfrac{3}{5}xy\right) \div (-2x)^3$　を計算しなさい。(4点)

(2)　$\sqrt{11}$ の整数部分を a，小数部分を b とするとき，a^2-b^2-6b　の値を求めなさい。(4点)

(3)　2次方程式　$2(x+3)^2-3(x+3)-3=0$　を解きなさい。(4点)

(4)　$\sqrt{\dfrac{540}{n}}$　の値が整数となるような自然数 n は，全部で何通りあるか求めなさい。(4点)

(5)　右の図で，AB，CD，EF は平行です。AB＝2cm，CD＝3cm のとき，EF の長さを求めなさい。(4点)

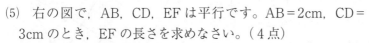
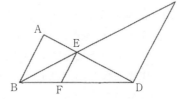

(6)　次の**ア〜エ**の中から，箱ひげ図について述べた文として**誤っているもの**を一つ選び，その記号を書きなさい。(4点)

　ア　データの中に離れた値がある場合，四分位範囲はその影響を受けにくい。

　イ　四分位範囲は第3四分位数から第1四分位数をひいた値である。

　ウ　箱の中央は必ず平均値を表している。

　エ　第2四分位数と中央値は必ず等しい。

(7)　ある養殖池にいる魚の総数を，次の方法で調査しました。このとき，この養殖池にいる魚の総数を推定し，小数第1位を四捨五入して求めなさい。(4点)

> 【1】　網で捕獲すると魚が22匹とれ，その全部に印をつけてから養殖池にもどした。
> 【2】　数日後に網で捕獲すると魚が23匹とれ，その中に印のついた魚が3匹いた。

(8)　Aさんは，午後1時ちょうどに家を出発して1500m離れた公園に向かいました。はじめは毎分50mの速さで歩いていましたが，途中から毎分90mの速さで走ったところ，午後1時24分ちょうどに公園に着きました。このとき，Aさんが走り始めた時刻を求めなさい。(5点)

(9)　右の図において，曲線①は関数 $y=ax^2$ のグラフで，曲線②は関数 $y=\dfrac{b}{x}$ のグラフ，直線 l は一次関数 $y=cx+d$ のグラフです。

　　曲線①，②と直線 l が，x 座標が -1 である点Pで右の図のように交わっているとき，a，b，c，d の大小関係を**小さい順**に不等号を使って表しなさい。(5点)

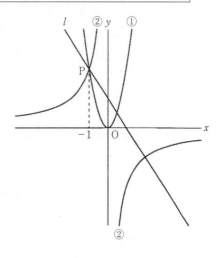

(10) ある店では同じ味のアイスクリームをS，M，Lの3種類のサイズで販売しており，価格は右の表のとおりです。これらのアイスクリームをすべて円柱とみなして考えると，SサイズとMサイズは相似な立体で，相似比は3：4です。また，MサイズとLサイズの底面の半径の比は4：5で，Lサイズの高さはMサイズの2倍です。このとき，最も割安なサイズを求め，その理由を数や式を用いて説明しなさい。（5点）

サイズ	S	M	L
価格（円）	160	320	960

2 次の各問に答えなさい。（12点）

(1) 右の図の線分AB上に点Cをとるとき，AC：AB＝1：$\sqrt{2}$ となる点Cをコンパスと定規を使って作図しなさい。

ただし，作図するためにかいた線は，消さないでおきなさい。（6点）

A ——————————————————— B

(2) 右の図において，曲線は関数 $y＝ax^2$（$a＞0$）のグラフで，曲線上に x 座標が -3，3 である2点A，Bをとります。また，曲線上に x 座標が3より大きい点Cをとり，Cと y 座標が等しい y 軸上の点をDとします。

線分ACと線分BDとの交点をEとすると，AE＝ECで，AC⊥BDとなりました。このとき，a の値を求めなさい。（6点）

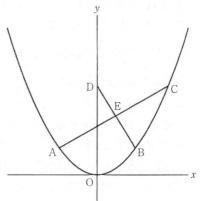

3 次の文と会話を読んで，あとの各問に答えなさい。（17点）

先　生「次の設定を使って，確率の問題をつくってみましょう。」

設定

座標平面上に2点A(2，1)，B(4，5)があります。1から6までの目が出る1つのさいころを2回投げ，1回目に出た目の数を s，2回目に出た目の数を t とするとき，座標が$(s，t)$である点をPとします。

ただし，さいころはどの目が出ることも同様に確からしいものとし，座標軸の単位の長さを1cmとします。

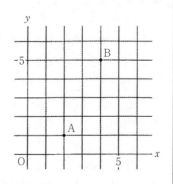

【Hさんがつくった問題】
∠APB＝90°になる確率を求めなさい。

【Eさんがつくった問題】
3点A，B，Pを結んでできる図形が**三角形になる場合のうち**，△ABPの面積が4cm²以上になる確率を求めなさい。

Rさん「【Hさんがつくった問題】について，∠APB＝90°になる点Pは何個かみつかるけど，これで全部なのかな。」

Kさん「円の性質を利用すると，もれなくみつけることができそうだよ。」

Rさん「【Eさんがつくった問題】は，【Hさんがつくった問題】と違って，**三角形になる場合のうち**，としているから注意が必要だね。」

Kさん「点Pの位置によっては，3点A，B，Pを結んでできる図形が三角形にならないこともあるからね。」

Rさん「点Pが直線 ア 上にあるときは三角形にならないから，三角形になる場合は全部で イ 通りになるね。」

Kさん「そのうち，△ABPの面積が4cm²以上になる点Pの個数がわかれば，確率を求めることができそうだね。」

(1) 【Hさんがつくった問題】について，∠APB＝90°になる確率を求めなさい。（5点）

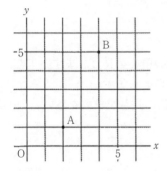

(2) ア にあてはまる直線の式を求めなさい。また， イ にあてはまる数を求めなさい。（6点）

(3) 【Eさんがつくった問題】について，△ABPの面積が4cm²以上になる確率を，途中の説明も書いて求めなさい。その際，解答用紙の図を用いて説明してもよいものとします。（6点）

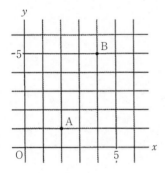

4 　下の図のように，点Oを中心とする円Oの円周上に2点A，Bをとり，A，Bを通る円Oの接線をそれぞれ l，m とします。

　　直線 l と m とが点Pで交わるとき，次の各問に答えなさい。（11点）

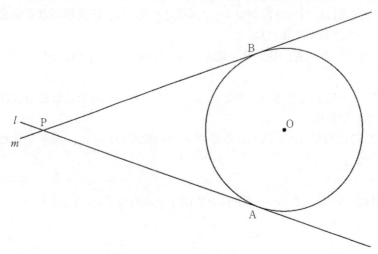

(1)　PA＝PB であることを証明しなさい。（6点）

(2)　下の図のように，直線 l，m に接し，円Oに点Qで接する円の中心をRとします。また，点Qを通る円Oと円Rの共通の接線を n とし，l と n との交点をCとします。

　　円Oの半径が5 cm，円Rの半径が3 cm であるとき，線分PCの長さを求めなさい。（5点）

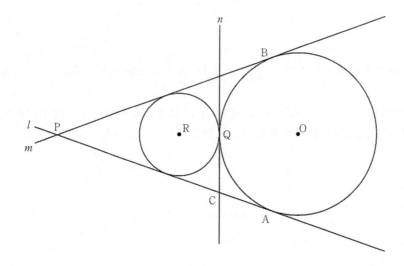

5 次の文を読んで，あとの各問に答えなさい。（17点）

Tさんは，カットされた状態で販売されているスイカを見たときに，そのひとつひとつは平面で切られた多面体であることに気づきました。

球から多面体を切り出したときの立体の体積について興味をもったTさんは，次のように考えました。

下の図1は中心O，半径 r cm の球を，Oを通る平面で切った半球で，切り口の円の円周上に∠AOB＝90°となるように2点A，Bをとります。また，∠AOC＝∠BOC＝90°となる半球の表面上の点をCとし，半球を点A，O，Cを通る平面と点B，O，Cを通る平面の2つの平面で切ります。

図2は，半球をこの2つの平面で切ったあとにできる立体のうち，点A，B，Cを含むもので，この立体をVとします。

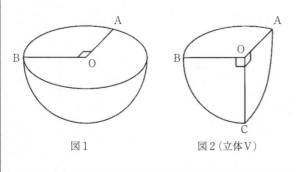

図1　　　　図2（立体V）

(1) 立体Vの体積を求めなさい。（4点）

(2) 図2において，おうぎ形OBCの $\overset{\frown}{BC}$ の長さを二等分する点Dを，図3のようにとります。このとき，5つの点A，B，C，D，Oを頂点とする四角錐の体積を，途中の説明も書いて求めなさい。（7点）

(3) 図2において，おうぎ形OBCの $\overset{\frown}{BC}$ 上に∠COE＝30°となる点Eをとり，点Eと線分OAを通る平面で立体Vを切ると，点Cを含む立体は図4のようになりました。

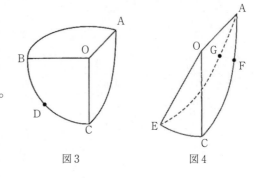

図3　　　　図4

図4のように，おうぎ形OACの $\overset{\frown}{AC}$ を1：2に分ける点をF，おうぎ形OAEの $\overset{\frown}{AE}$ を1：2に分ける点をGとするとき，6つの点A，C，E，F，G，Oを頂点とする五面体の体積を求めなさい。（6点）

Memo

誰にもよくわかる 解説と解答 2022年度

埼玉県　正答率

左段は正答，右段は一部正答。
（小数点第2位以下四捨五入）

〈学力検査〉

英語

大問	小問		正答	一部正答
1	No.1		89.1%	0.0%
	No.2		81.5%	0.0%
	No.3		75.9%	0.0%
	No.4		57.1%	0.0%
	No.5		39.6%	0.0%
	No.6	(1)	73.3%	0.0%
		(2)	30.7%	0.0%
		(3)	51.2%	0.0%
	No.7	(1)	72.6%	1.7%
		(2)	15.8%	5.6%
		(3)	41.6%	5.0%
2	A		71.6%	1.3%
	B		20.5%	23.4%
	C		72.9%	4.3%
	D		24.8%	21.8%
3	問1		55.4%	0.0%
	問2		60.4%	0.0%
	問3		61.4%	2.3%
	問4		56.8%	6.9%
	問5		68.3%	0.0%
4	問1		70.3%	0.0%
	問2		31.4%	20.8%
	問3		28.1%	2.0%
	問4		77.9%	0.0%
	問5		51.8%	0.0%
	問6		62.0%	0.0%
	問7		8.3%	44.9%
	問8		8.6%	14.2%
5	問1		23.8%	0.3%
	問2		50.8%	0.0%
	問3		7.6%	68.0%

数学

大問	小問	正答	一部正答
1	(1)	96.7%	0.0%
	(2)	81.8%	0.0%
	(3)	80.9%	0.0%
	(4)	76.2%	0.0%
	(5)	81.5%	0.0%
	(6)	84.5%	0.0%
	(7)	82.2%	2.0%
	(8)	70.6%	0.0%
	(9)	60.4%	0.0%
	(10)	50.5%	0.0%
	(11)	36.6%	0.0%
	(12)	14.2%	0.0%
	(13)	21.1%	0.0%
	(14)	53.1%	0.0%
	(15)	40.9%	0.0%
	(16)	4.0%	17.2%
2	(1)	36.6%	8.3%
	(2)	21.8%	12.2%
3	(1)	49.2%	0.0%
	(2)	31.4%	11.2%
	(3)	0.7%	3.6%
4	(1)	13.2%	30.0%
	(2)	0.3%	0.0%

国語

大問	小問		正答	一部正答
一	問1		64.7%	0.0%
	問2		49.8%	28.7%
	問3		89.7%	0.0%
	問4		36.0%	41.7%
	問5		48.3%	16.7%
二	問1	(1)	78.2%	0.0%
		(2)	97.8%	0.0%
		(3)	83.1%	0.0%
		(4)	64.7%	0.0%
		(5)	15.2%	0.0%
	問2		13.2%	0.2%
	問3		84.8%	0.0%
	問4	(1)	69.1%	0.0%
		(2)	76.0%	0.0%
		(3)	71.8%	0.0%
三	問1		81.9%	0.0%
	問2		52.0%	0.0%
	問3		24.3%	52.9%
	問4		47.8%	0.0%
	問5		33.3%	31.6%
四	問1		24.8%	25.5%
	問2		43.4%	0.0%
	問3		78.9%	1.0%
	問4		68.1%	0.0%
五			8.8%	81.4%

社会

大問	小問		正答	一部正答
1	問1		89.2%	0.2%
	問2		52.2%	0.0%
	問3		50.5%	6.4%
	問4		25.2%	45.6%
2	問1		72.3%	0.0%
	問2	(1)	67.6%	0.0%
		(2)	53.7%	0.0%
	問3		38.0%	40.7%
	問4		63.7%	5.6%
3	問1		75.2%	0.0%
	問2		42.4%	0.5%
	問3		28.7%	0.0%
	問4		21.3%	42.2%
	問5		38.5%	0.0%
4	問1		9.6%	60.5%
	問2		28.9%	0.2%
	問3		39.2%	0.0%
	問4		66.4%	0.0%
	問5		8.8%	28.2%
5	問1		50.2%	0.7%
	問2		34.6%	0.0%
	問3		58.6%	0.0%
	問4	(1)	77.5%	0.0%
		(2)	69.4%	0.0%
	問5		46.3%	19.4%
	問6		12.0%	0.5%
6	問1		87.7%	0.2%
	問2		16.7%	0.5%
	問3		47.8%	8.6%
	問4		55.9%	0.5%
	問5		36.0%	43.9%

理科

大問	小問		正答	一部正答
1	問1		76.7%	0.0%
	問2		96.6%	0.0%
	問3		58.8%	0.0%
	問4		48.5%	0.0%
	問5		45.3%	0.0%
	問6		54.9%	0.0%
	問7		46.1%	1.7%
	問8		36.8%	2.5%
2	問1		68.1%	0.0%
	問2		87.0%	0.0%
	問3	I	24.5%	0.0%
		II	26.7%	1.0%
	問4		11.5%	35.0%
	問5		15.9%	0.0%
3	問1		83.8%	0.0%
	問2		75.7%	1.0%
	問3		58.6%	0.0%
	問4		55.1%	0.0%
	問5		44.9%	0.0%
	問6		23.3%	16.9%
4	問1		59.8%	0.0%
	問2	(1)	70.6%	11.5%
		(2)	52.5%	2.0%
	問3		16.9%	23.3%
	問4		65.7%	0.0%
5	問1		64.0%	10.0%
	問2		29.7%	22.3%
	問3		49.8%	8.3%
	問4		17.4%	0.0%
	問5		30.4%	19.9%

〈学校選択〉

英語

大問	小問		正答	一部正答
1	No.1		99.3%	0.0%
	No.2		98.7%	0.0%
	No.3		99.0%	0.0%
	No.4		93.4%	0.0%
	No.5		83.8%	0.0%
	No.6	(1)	98.0%	0.0%
		(2)	62.4%	0.0%
		(3)	96.7%	0.0%
	No.7	(1)	72.3%	4.3%
		(2)	18.5%	12.9%
		(3)	89.1%	2.0%
2	問1		26.1%	33.0%
	問2		69.6%	2.3%
	問3		26.4%	50.8%
	問4		89.4%	0.0%
	問5		31.0%	27.4%
	問6	(1)	59.7%	0.0%
		(2)	61.4%	0.0%
	問7		18.2%	25.4%
3	問1		27.7%	11.2%
	問2	①	71.0%	0.0%
		②	57.1%	0.0%
		③	33.0%	0.0%
	問3		21.8%	0.7%
	問4	A	74.9%	2.0%
		B	35.6%	1.3%
	問5		46.2%	27.1%
	問6	(1)	30.4%	13.5%
		(2)	7.6%	6.3%
		(3)	15.8%	5.3%
4			8.3%	72.9%

数学

大問	小問	正答	一部正答
1	(1)	78.5%	0.3%
	(2)	53.8%	0.0%
	(3)	78.9%	0.0%
	(4)	35.0%	0.0%
	(5)	88.8%	0.0%
	(6)	87.5%	0.0%
	(7)	82.5%	0.3%
	(8)	70.6%	0.0%
	(9)	37.3%	0.0%
	(10)	8.6%	32.7%
2	(1)	30.0%	25.4%
	(2)	6.9%	0.0%
3	(1)	47.5%	0.0%
	(2)	43.6%	30.7%
	(3)	0.7%	9.6%
4	(1)	63.4%	29.4%
	(2)	6.9%	0.0%
5	(1)	42.2%	0.3%
	(2)	4.0%	4.0%
	(3)	0.3%	0.0%

英語解答

1 No. 1 B　No. 2 C　No. 3 A
No. 4 B　No. 5 D
No. 6 (1)…A　(2)…D　(3)…C
No. 7 (1) three　(2) use English
　　　　(3) good at

2 A enjoy　B kinds　C June
D （例）bring a bag

3 問1 A　問2 ウ
問3 have been practicing the
問4 （例）play the guitar
問5 イ

4 問1 イ
問2 （例）Ayakoたちがよいプレゼントを選ぶのを，彼らは助けるだろ

うと思うから。
問3 him something he is interested
問4 エ　問5 ア　問6 エ
問7 （例）give him calligraphy works. I want him to remember his time with us.
問8 （例）When should we give

5 問1 favorite　問2 ア
問3 ① （例）My dream is to travel around the world.
② （例）I want to meet a lot of people. I will learn about many other cultures during my travels.

1 〔放送問題〕

No. 1 ≪全訳≫A：ハンバーガーを1つとホットドッグを2つ，あとコーヒーを1杯いただけますか？／B：申し訳ありませんが，ホットドッグはございません。／A：そうなんですか？　わかりました，じゃあハンバーガーをもう1つください。／B：かしこまりました。合計で600円になります。
　Q：「男性が手にするのは何か」─B

No. 2 ≪全訳≫A：この写真の鳥を見て。本当にかわいいわね。見に来られてうれしいわ。気に入るものはあった，マイク？／B：うーん，いい写真がたくさんあるね。僕が一番気に入ってるのは列車と山の写真だよ。すばらしいね。／A：まあ，その写真はまだ見てないわ。どこにあるの？／B：あそこで見たよ。
　Q：「彼らはどこで話しているか」─C

No. 3 ≪全訳≫A：お母さん，お父さんはどこ？　見つからないんだ。2階にはいないよ。／B：手紙を出しに郵便局に行ったわよ。／A：えっ，ほんとに？　庭に椅子をいくつか運びたいんだけど，重すぎるんだ。お父さんの助けがいるよ。／B：あっ，ほら。お父さんがちょうど帰ってきたわよ，マイケル。見える？　ちょうど車を止めたところよ。
　Q：「マイケルの父はどこにいるか」─A

No. 4 ≪全訳≫ロバートは，明日一緒にサッカーをしようとケンに頼む。ケンは明朝，家で母の手伝いをしなくてはならない。しかしケンは午後は暇なので，そのときにしたいと思っている。
　Q：「ケンはロバートに何と言うか」─B.「明日の午後はどうだい？」　How about ～「～はどうですか」と，何かを提案するときの表現。

No. 5 ≪全訳≫ミカは父と散歩をしている。彼女は道で鍵を見つけたのだが，2人はそれが誰の鍵かわからない。父は彼女にどうするべきかを伝える。
　Q：「父はミカに何と言うか」─D.「交番に持っていこう」　鍵を見つけたが持ち主がわからないというのだから，交番に届けるよう言うと考えられる。 'take ～ to …'「～を…に持っていく〔連れていく〕」

No. 6 ≪全訳≫■11時55分ですから，そろそろ昼食の時間になります。まもなく埼玉レストランに到着いたします。レストランについて皆様にご説明いたします。■このレストランの和食は本当に人気

がありますが，他の国の料理を召し上がりたい場合でも，埼玉レストランはすばらしい所です。世界中のさまざまな食べ物をお召し上がりいただけます。❸ケーキも大変おいしいです。レストランでは，ほとんどの人がチョコレートケーキを注文なさいます。フルーツケーキやアイスクリームもございます。きっとどれも気に入られることと思います。❹ちょうどレストランに着きました。今，12時ちょうどです。バスはここに1時間半停車します。昼食がお済みになりましたら，自由時間となります。ご希望でしたらお買い物にも行っていただけますし，レストランの近くにはチーズケーキを販売している有名な店もございます。その店は非常に人気があります。午後1時25分までにお戻りください。皆様，ありがとうございました，どうぞお楽しみください。

<解説>(1)「埼玉レストランで最も人気のあるケーキは何か」—A.「チョコレートケーキ」　第3段落第2文参照。この most は「ほとんどの」という意味。　(2)「バスは何時にレストランを出発するか」—D.「午後1時半」　第4段落第2，3文参照。12時に着いて，1時間半停車する。(3)「埼玉レストランについて正しいものはどれか」—C.「このレストランは世界中のさまざまな料理を食べるのにとても良い所だ」　第2段落参照。

No.7≪全訳≫❶ジョン(J)：おはよう，カヨ。ごめん，少し遅れちゃった。❷カヨ(K)：大丈夫よ。何をしてたの？❸J：日本語の新聞を読んでいたんだ。日本語を学ぶのにいい方法だから，毎朝日本語の新聞を読んでいるのさ。今朝は，いくつか難しい漢字があったから，ホストファザーに読み方をきいたんだ。❹K：そうなのね。どのくらい日本語を勉強してるの？❺J：3年間勉強してるよ。漢字の読み書きは僕にはまだ難しいね。君はふだん，朝は何をしてるんだい，カヨ？❻K：私はふだん，ラジオで英語の番組を聴いているわ。将来は仕事で英語を使いたいから，月曜日から金曜日まで毎日それを聴いてるの。❼J：それはいいね。❽K：好きなことを学ぶのに朝の自由な時間を使うってすごくいいことだと思うわ。❾J：僕もそう思うよ。ところで，放課後は時間ある？❿K：ええ。どうしたの？⓫J：数学の宿題があるんだけど，何問か解けないんだ。君は数学が得意だから，君の助けがいるんだ。⓬K：いいわ。実際，私もまだ終わってないしね。一緒にやりましょう。⓭J：ありがとう。

<解説>(1)「ジョンはどのくらい日本語を勉強しているか」—「彼は3年間それを勉強している」第4段落第2文〜第5段落第1文参照。　how long 〜「(長さや期間が)どのくらい〜」　(2)「なぜカヨはラジオで英語の番組を聴いているのか」—「彼女は将来仕事で英語を使いたいと思っているからだ」　第6段落参照。　(3)「ジョンはどうしてカヨに数学の宿題を手伝ってくれるよう頼んだのか」—「彼女は数学が得意だからだ」　第11段落第2文参照。

2〔適語(句)補充〕

A．「楽しむ」は enjoy。　　B．「種類」は kind。ここでは，前に many があるので複数形の kinds にする。　　C．「6月」は June。　　D．「持ってくる」は bring，「バッグ」は a bag や your bag で表せる。

3〔長文読解総合—エッセー〕

≪全訳≫❶僕は中学生で，音楽が大好きだ。でも，最近まで楽器をうまく弾けなかった。ある日，学校の音楽の授業でギターを弾く機会があった。友達のアキとペアになり，1本のギターで練習した。アキは小学生のときにギターを習っていたので，うまく弾けた。A でも，僕にとってそれをうまく弾くことはとても難しかった。すると，音楽のキシ先生がギター演奏のためのアドバイスをいくつかくれた。❷帰宅後，母に「ギターを練習したんだけど，まだうまく弾けなかったよ」と言った。母は「あら，そうなの。私のギターを弾いてみる？　私が若い頃に弾いていたギターがまだあるのよ」と言った。僕は母がギターを弾けることを知らなかったので，それを聞いて驚いた。母は笑顔になり，部屋からギターを持ってきて僕に渡してくれた。「これ，弾いてもいいの？」と僕は尋ねた。「もちろんよ！」と母は言った。母の協力とキシ先生のアドバイスのおかげで，僕はだんだんうまくなっていった。

3 次の音楽の授業で，僕はベストを尽くしてギターを弾いたが，何度か間違えてしまった。キシ先生も他の生徒も，僕が前回よりかなり上達していたので驚いていた。今，僕には新しい目標がある。文化祭でアキと一緒にギターを弾くつもりだ。僕たちは毎日放課後，一緒にギターの練習をしている。

問1 <適所選択> '逆接' の But「でも」に続けて「僕にとってそれをうまく弾くことはとても難しかった」と続くので，この前には他の誰かがそれ（ギター）をうまく弾けるという内容があると判断できる。空所Aの直前には，アキが上手にギターを弾けるという記述がある。 'It is ～ for … to ─'「…にとって─することは～だ」

問2 <適語句選択> 下線部の I played when I was young はその前の the guitar を修飾するまとまりで，「私が若い頃に弾いていたギター」という意味になる。また，母親がこの後，部屋からギターを持ってきてダイスケに渡していることから，そのギターをまだ持っていると伝えたことがわかる。

問3 <整序結合> have/has been ～ing の形の現在完了進行形にする。これは「ずっと～している」という意味を表す。the は guitar の前に置く。

問4 <英問英答>「母親と話しているとき，ダイスケはなぜ驚いたのか」─「なぜなら彼女がギターを弾けると聞いたからだ」 第2段落第5文参照。I was surprised to hear that「僕はそれを聞いて驚いた」の that「それ」は，直前にある that my mother could play the guitar「母がギターを弾けること」を指している。

問5 <内容真偽> ア.「ダイスケは音楽が嫌いなので楽器は弾けない」…× 第1段落第1文参照。イ.「ダイスケは，母親が部屋から持ってきたギターを練習に使った」…○ 第2段落後半に一致する。 ウ.「アキはダイスケが学校のギターを家に持って帰ったため，うまく弾けなかった」…× このような記述はない。 エ.「アキがギターをうまく弾けるようになったのは，キシ先生が弾き方を教えたからだ」…× 第1段落第5文参照。

4 〔長文読解総合─会話文〕

1 ≪全訳≫ **1** ある日の放課後，ナオト，キミー，アヤコが話している。

2 ナオト（N）：うちのALTのスミス先生がオーストラリアに帰っちゃうんだね。先生はよくこの書道部に顔を出してくれる。部員はみんな先生のことが大好きだよね。

3 キミー（K）：先生は私たちにとても親切にしてくれるわ。いい助言もくれるし。

4 アヤコ（A）：先生は私たちをいろいろと助けてくれるよね。私たちがつくる書道作品もすごく気に入ってくれてる。ねえ，いいこと思いついた。先生にプレゼントをあげない？

5 N：それはいい考えだね！ 先生のために何を手に入れたらいいかな？

6 K：色紙に先生へのメッセージを書きましょう。私たちのメッセージを読んだら，喜んでくれると思うわ。

7 A：<u>それはいいね。</u>人気のあるプレゼントだし，簡単につくれる。他に何かつくった方がいいかな？

8 N：色紙ともう1つ何かつくった方がいいと思うけど，今すぐいいアイデアは思いつかないな。

9 K：何がいいかしらね。

10 A：他の部員にも私たちが考えていることを伝えよう。いいプレゼントを選ぶのを手伝ってくれると思うよ。

問1 <適文選択> 色紙にメッセージを書いて渡そうというキミーの提案に対し，アヤコは空所の後で「人気のあるプレゼントだし，簡単につくれる」と言っている。ここから，アヤコはキミーの提案に賛同したのだとわかる。That は，直前のキミーの提案の内容を指している。'sound＋形容詞'「～のように聞こえる〔思える〕」の形。

問2 <文脈把握> 第10段落参照。第2文でアヤコは，他の部員にも自分たちの考えを伝えようと言

った理由を説明している。 'help＋目的語＋動詞の原形'「～が…するのを助ける」

2≪全訳≫❶翌日，部員たちと話した後，彼らは話し合いを始める。

❷N：つまり，うちの部活のみんなはスミス先生にプレゼントをしたいんだよね？

❸A：そう，昨日の部活のミーティングでもプレゼントの計画について話したけど，色紙と一緒に何をプレゼントするかは決められなかった。

❹K：じゃあ，いい計画を考える必要があるわね。

❺N：部活のミーティングで話した後，部員の1人が僕にスミス先生の自己紹介シートをくれたよ。スミス先生はそれを最初の英語の授業で生徒全員に配ったんだ。それが役に立つと思う。そのシートをもとにアイデアを探してみようよ。先生が興味のあるものをあげた方がいいからね。

❻A：あっ，1年生のときにこのシートをもらったのを覚えてるわ。それはいいアイデアね。

❼N：このシートに基づいて，花も贈ったらどうかな？ きっと喜んでくれるよ。

❽K：いい考えとは思わないわ。花や植物を国外に持ち出すのにはルールがあったと思うの。

❾N：ああ，日本からオーストラリアに花を持っていってはいけないってこと？

❿K：よくわからないけど，もし私たちが渡した花が日本からオーストラリアに持っていけないものだったら，先生は困ってしまうかもしれないわ。

⓫A：あまり大きなものや重いものを贈ると，オーストラリアまで持っていくのが大変だから，そういうものは選ばない方がいいと思う。

⓬N：そうだね。じゃあ，代わりに何をあげたらいいかな？

自己紹介シート／ティモシー・スミス／出身地：オーストラリア／一番好きなもの：日本のポップス／趣味：_B花の世話／やってみたいこと：書道と剣道

 問3＜整序結合＞'give＋人＋物'「〈人〉に〈物〉を与える」の形で，'人'には him，'物'には something を当てはめる。また，be interested in ～「～に興味がある」の形を用いて he is interested in とまとめ，something を修飾するまとまりとしてその後に置く（目的格の関係代名詞が省略されている）。

 問4＜適語(句)選択＞自己紹介シートを見たナオトが，第7段落で花を贈ることを提案していることから，花に関わる内容が入るとわかる。 take care of ～「～の世話をする」

 問5＜内容一致＞「ナオトは，プレゼントには花がいいと言ったが，キミーはその意見に賛成しなかった」 第7，8段落参照。

3≪全訳≫❶彼らは話し合いを続ける。

❷A：先生に何か歌を歌ったらどうかな？ 何かいい日本のポップスを知ってる，キミー？

❸K：ええ，知ってるわ。先生のために歌える日本のポップソングを考えておくわ。

❹N：ありがとう。先生は日本のポップスを聴くのが好きなのは間違いないよ，自己紹介シートにそう書いてあるからね。

❺K：えっと，私はピアノが弾けるから，曲をピアノで弾くことにするわ。音楽のフクダ先生にお願いすれば，学校の音楽室が使えると思う。もし，歌を歌うということになったら，フクダ先生にお願いしてみましょう。

❻N：いいね。それから，僕らの写真を集めてアルバムをつくったらどうかな？

❼K：それもいい考えね。たくさん写真を探さないと。あっ，もう1つアイデアがあるの。

 問6＜内容真偽＞ア．「ナオトは良い写真を撮るのは難しいと思っている」…× 良い写真を撮ることについての記述はない。 イ．「アヤコはスミス先生と一緒に集めた写真をたくさん持っている」…× このような発言はない。 ウ．「スミス先生は日本のポップスを聴いたことがない」…× 第4段落参照。スミス先生は自己紹介シートに，日本のポップスが好きだと書いている。 エ．「スミス先生のために歌を歌うことになった場合，キミーがピアノを弾くだろう」

…○　第5段落第1文に一致する。

④《全訳》❶彼らは結論にたどり着こうとしている。

❷K：書道作品をプレゼントすることもできるわね。どう思う？

❸N：いい考えだね。作品にどんな言葉を書けばいいかなあ。

❹K：これで，プレゼントのアイデアを3つ思いついたわ。歌を歌うことと，アルバム，書道作品。色紙とこの3つ全部をプレゼントしたらどうかしら？

❺N：全部を用意する時間はないよ。色紙ともう1つのプレゼントにしておこう。3つの中から1つ選ぼうよ。

❻A：そうだね。(例)書道作品をあげたらいいと思う。私たちと過ごした時間を覚えていてほしいから。

❼K：私もそう思うわ。スミス先生が私たちのプレゼントを気に入ってくれるといいな。

❽N：僕もそう願うよ。他の部員にもこの計画を伝えよう。きっと気に入ってくれるよ。

　　問7＜条件作文＞第4段落第2文でキミーが挙げた，歌を歌うこと，アルバム，書道作品の3つの中から1つを選び，1文目には何を選んだかを，2文目にはそれを選んだ理由を書く。

　　問8＜適語句補充＞《全訳》❶N：ついに準備が整ったね。先生にプレゼントを渡そう。❷K：気に入ってもらえるといいんだけど。先生に(例)いつ渡したらいいかな？❸N：今週の金曜日の午後はどうかな？　先生は学校にいると思うよ。❹K：わかったわ。待ちきれない！

　　　＜解説＞この後，ナオトが「今週の金曜日の午後」と答えていることから，キミーは when「いつ渡すべきか」を尋ねたのだと考えられる。後ろに them があるので 'give＋物＋to＋人'「〈人〉に〈物〉を与える」の形を用いる(通例，'物' が代名詞のとき，'give＋人＋物' の形は使えない)。

⑤〔長文読解総合―Eメール〕

《全訳》❶やあ，元気かい？

❷先月，母と一緒にテレビで古い映画を見たんだ。母はその古い映画がお気に入りだと言ってね。若い頃，何度も見たんだって。それはSF映画で，映画の中では，科学者がタイムマシンのようなものをたくさんつくるんだ。タイムマシンがあれば，未来に行って，何が起こるか見ることができる。僕はその映画がとても気に入ったよ。その夜，弟は早く寝ちゃったから，母は弟のために映画を録画したんだ。次の日，母は弟にも映画を見せた。弟は見終わった後，「僕も未来に行きたい！」って言ってたよ。僕たち兄弟も，母と同じくらいこの映画を気に入ったのさ。それ以来，何度も見てるよ。もし僕が未来に行くようなことがあれば，自分の人生がどうなっているのかがわかるかもしれない。僕の将来について言えば，僕は医者になりたいんだ。夢がかなうといいな。君はどうかな？　君の将来の夢は何？

　　問1＜内容一致＞「ダニーと彼の弟が古い映画を見た後，それは彼らのお気に入りの映画になった」第2段落最後から7文目に「母と同じくらいこの映画を気に入った」とある。この映画は母の「お気に入り」である(第2段落第2文)。　favorite「お気に入りの(もの)」

　　問2＜内容真偽＞ア…○　第2段落最後から6文目に一致する。　イ…×　このような記述はない。ウ・エ…×　第2段落第1文および第8文参照。ダニーは母親と一緒にその映画を見，弟はその次の日に見た。

　　問3＜テーマ作文＞自分の将来の夢について1文目で述べ，その具体的な説明を2文目以降で加えていく。My dream is で始め，その後に「～する〔なる〕こと」を表す名詞的用法の to不定詞や動名詞(～ing)を続ける形で書くとよい。解答例の訳は「僕の夢は世界中を旅することなんだ。僕はたくさんの人に会ってみたい。旅行中，たくさんの他の文化について学ぶつもりだ」。

数学解答

1 (1) $-2x$　(2) -13　(3) $8xy^2$

(4) $x=\dfrac{1}{2}$　(5) $-\sqrt{6}$

(6) $(x+4)(x-5)$　(7) $x=1,\ y=-2$

(8) $x=\dfrac{3\pm\sqrt{33}}{4}$　(9) $110°$　(10) カ

(11) $135°$　(12) 4 通り　(13) $\dfrac{6}{5}$ cm

(14) ウ　(15) およそ169匹

(16) Lサイズ

2 (1) （例）

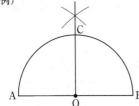

(2) $a=\dfrac{2}{9}$　面積…36cm²

3 (1) $y=2x-3$　(2) ア…3　イ…33

(3) $\dfrac{5}{11}$

4 (1) （例）△APO と △BPO において，
　PO は共通……①
　円の半径なので，OA＝OB……②
　A，B は接点なので，
　∠PAO＝∠PBO＝90°……③
　①，②，③から，直角三角形で，斜辺と他の1辺がそれぞれ等しいので，
　△APO≡△BPO
　したがって，PA＝PB

(2) $4\sqrt{15}$ cm

---

1 〔独立小問集合題〕

(1)＜式の計算＞与式＝$(7-9)x=-2x$

(2)＜数の計算＞与式＝$-15+2=-13$

(3)＜式の計算＞与式＝$\dfrac{12x^2y\times 2y}{3x}=8xy^2$

(4)＜一次方程式＞$7x-x=1+2,\ 6x=3$　∴$x=\dfrac{1}{2}$

(5)＜数の計算＞与式＝$\dfrac{12\times\sqrt{6}}{\sqrt{6}\times\sqrt{6}}-3\sqrt{6}=\dfrac{12\sqrt{6}}{6}-3\sqrt{6}=2\sqrt{6}-3\sqrt{6}=-\sqrt{6}$

(6)＜式の計算—因数分解＞和が-1，積が-20 となる2数は4と-5だから，与式＝$(x+4)(x-5)$となる。

(7)＜連立方程式＞$4x-3y=10$……①，$3x+2y=-1$……②とする。①×2より，$8x-6y=20$……①′　②×3より，$9x+6y=-3$……②′　①′＋②′より，$8x+9x=20+(-3)$，$17x=17$　∴$x=1$　これを②に代入して，$3\times1+2y=-1$，$2y=-4$　∴$y=-2$

(8)＜二次方程式＞解の公式より，$x=\dfrac{-(-3)\pm\sqrt{(-3)^2-4\times2\times(-3)}}{2\times2}=\dfrac{3\pm\sqrt{33}}{4}$ である。

(9)＜平面図形—角度＞右図1で，点Bを含まない $\overset{\frown}{\mathrm{AC}}$ に対する中心角が $360°-140°=220°$ だから，点Bを含まない $\overset{\frown}{\mathrm{AC}}$ に対する円周角と中心角の関係より，$\angle x=\dfrac{1}{2}\times220°=110°$ である。

図1　図2

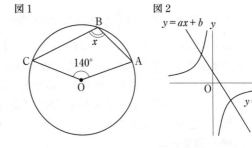

(10)＜関数—a，b，cの符号＞右図2で，一次関数 $y=ax+b$ のグラフは右下がりの直線だから，傾きは負であり，$a<0$ となる。y軸と正の部分で交わっているから，切片は正であり，$b>0$ となる。また，関数 $y=\dfrac{c}{x}$ のグラフは，$x<0$，$y>0$ の部分と$x>0$，$y<0$ の部分にあるので，比例定数は負であり，$c<0$ となる。以上より，$a<0$，

$b>0$, $c<0$ である。

(11) **<空間図形—角度>** 円錐の展開図だから, 側面のおうぎ形 OAB の $\overset{\frown}{AB}$ の長さは, 底面の円の周の長さと等しい。よって, $\overset{\frown}{AB}=2\pi\times3=6\pi$ である。おうぎ形 OAB の中心角を a とすると, $2\pi\times8\times\dfrac{a}{360°}=6\pi$ が成り立つ。これより, $\dfrac{a}{360°}=\dfrac{3}{8}$, $a=135°$ となる。

(12) **<数の性質>** $\sqrt{\dfrac{540}{n}}=\sqrt{\dfrac{2^2\times3^3\times5}{n}}$ より, $\sqrt{\dfrac{540}{n}}$ の値が整数になるとき, $\dfrac{2^2\times3^3\times5}{n}$ は整数を 2 乗した数になる。n が自然数だから, 考えられる $\dfrac{540}{n}$ の値は, 1, 2^2, 3^2, $2^2\times3^2$ である。$\dfrac{540}{n}=1$ のとき, $n=540$ である。$\dfrac{540}{n}=2^2$ のとき, $\dfrac{2^2\times3^3\times5}{n}=2^2$ より, $n=3^3\times5$, $n=135$ である。$\dfrac{540}{n}=3^2$ のとき, $\dfrac{2^2\times3^3\times5}{n}=3^2$ より, $n=2^2\times3\times5$, $n=60$ である。$\dfrac{540}{n}=2^2\times3^2$ のとき, $\dfrac{2^2\times3^3\times5}{n}=2^2\times3^2$ より, $n=3\times5$, $n=15$ である。以上より, 自然数 n は, $n=15$, 60, 135, 540 の 4 通りある。

(13) **<平面図形—長さ—相似>** 右図 3 で, $\angle AEB=\angle DEC$ であり, AB∥CD より $\angle BAE=\angle CDE$ だから, 2 組の角がそれぞれ等しくなり, $\triangle ABE\backsim\triangle DCE$ である。これより, BE:CE=AB:DC=2:3 となる。また, $\angle EBF=\angle CBD$ であり, EF∥CD より $\angle BEF=\angle BCD$ だから, 2 組の角がそれぞれ等しくなり, $\triangle BEF\backsim\triangle BCD$ である。よって, EF:CD=BE:BC=2:(2+3)=2:5 となるから, $EF=\dfrac{2}{5}CD=\dfrac{2}{5}\times3=\dfrac{6}{5}$(cm)である。

図 3
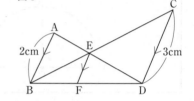

(14) **<データの活用—箱ひげ図>** ア…正。離れた値は, 第 1 四分位数より小さいか, 第 3 四分位数より大きくなることがほとんどだから, 四分位範囲は, 離れた値があっても影響は受けにくい。　　イ…正。　　ウ…誤。箱の中央が平均値になるとはかぎらない。　　エ…正。

(15) **<標本調査—母集団の数>** 数日後に捕獲した魚のうちの印のついた魚と捕獲した魚の数の比と, 養殖池の中にいる印のついた魚と総数の比が等しいと考える。養殖池にいる魚の総数を x 匹とすると, 数日後に捕獲した魚のうちの印のついた魚は 3 匹, 捕獲した魚は 23 匹, 養殖池にいる印のついた魚は 22 匹だから, $3:23=22:x$ が成り立つ。これを解くと, $3\times x=23\times22$, $x=168.6\cdots$ となるので, 養殖池にいる魚の総数は, 小数第 1 位を四捨五入して, およそ 169 匹と推定できる。

(16) **<数量の計算>** S サイズと M サイズは相似な立体で, 相似比は 3:4 だから, 体積の比は $3^3:4^3=27:64$ となり, $64\div27=2.3\cdots$ より, M サイズの体積は S サイズの体積の 2 倍より大きい。また, 価格の比は 160:320=1:2 だから, 価格は 2 倍である。価格が 2 倍であるのに対して, 体積は 2 倍より大きいので, M サイズの方が割安である。次に, M サイズと L サイズの底面の半径の比が 4:5, 高さは L サイズが M サイズの 2 倍なので, M サイズの底面の半径を r, 高さを h とすると, L サイズの底面の半径は $\dfrac{5}{4}r$, 高さは $2h$ と表せ, M サイズと L サイズの体積の比は $\pi r^2 h:\pi\times\left(\dfrac{5}{4}r\right)^2\times2h=8:25$ となる。$25\div8=3.1\cdots$ より, L サイズの体積は M サイズの体積の 3 倍より大きい。また, 価格の比は 320:960=1:3 だから, 価格は 3 倍である。価格が 3 倍であるのに対して, 体積は 3 倍より大きいので, L サイズの方が割安である。以上より, 最も割安なのは L サイズである。

図 1
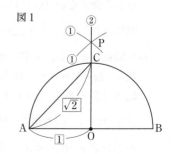

②〔独立小問集合題〕

(1) **<平面図形—作図>** 右図 1 で, AO:AC=1:$\sqrt{2}$ だから, 点 O と点 C を結ぶと, AO=CO より, $\triangle OAC$ の 3 辺の比は AO:CO:

AC＝1：1：$\sqrt{2}$ となる。よって，△OACは直角二等辺三角形だから，∠AOC＝90°である。これより，点Cは，点Oを通り線分ABに垂直な直線と $\overset{\frown}{AB}$ の交点である。点Oは線分ABの中点だから，作図は，

①2点A，Bを中心とする半径の等しい円の弧をかき（交点をPとする），

②2点O，Pを通る直線を引く。②の直線と $\overset{\frown}{AB}$ の交点がCとなる。解答参照。

(2)**＜関数―比例定数，面積＞**右図2で，2点A，Bは関数 $y=ax^2$ のグラフ上にあり，x 座標がそれぞれ－3，3だから，2点A，Bは y 軸について対称である。これより，ABは x 軸に平行であり，AB＝3－(－3)＝6である。四角形ABCDは平行四辺形だから，DCも x 軸と平行になり，DC＝AB＝6となる。よって，点Cの x 座標は6である。また，点Cの y 座標は点Dの y 座標と等しいから，点Cの y 座標は8であり，C(6，8)となる。点Cは関数 $y=ax^2$ のグラフ上にあるので，$x=6$，$y=8$ を代入して，$8=a\times6^2$ より，$a=\dfrac{2}{9}$ となる。点Bは関数 $y=\dfrac{2}{9}x^2$ のグラ

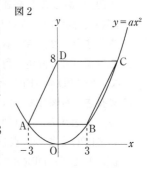

図2

フ上の点となるから，点Bの y 座標は $y=\dfrac{2}{9}\times3^2=2$ より，B(3，2)である。▱ABCDは，底辺をAB＝6と見ると，高さは2点B，Dの y 座標より8－2＝6となるから，▱ABCD＝6×6＝36（cm²）となる。

3〔データの活用―場合の数・確率―さいころ〕

(1)**＜直線の式＞**A(2，1)，B(4，5)より，直線ABの傾きは $\dfrac{5-1}{4-2}=2$ だから，その式は $y=2x+b$ とおける。点Aを通るので，$x=2$，$y=1$ を代入して，$1=2\times2+b$，$b=-3$ となり，直線ABの式は $y=2x-3$ である。

(2)**＜点の個数，場合の数＞**右図で，3点A，B，Pを結んでできる図形が三角形にならない場合は，点Pが線分ABと重なるときなので，A(2，1)，B(4，5)に一致するときと，点(3，3)に一致するときである。よって，3点A，B，Pを結んで三角形にならない点Pは3個ある。さいころを2回投げるとき，2回とも6通りの目の出方があるから，目の出方は全部で，6×6＝36（通り）ある。したがって，P(s，t)も36通りあるから，3点A，B，Pを結んだ図形が三角形になる場合は，36－3＝33（通り）である。

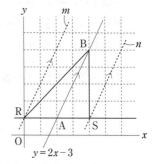

(3)**＜確率＞**右上図で，点Aを通り x 軸に平行な直線上に，△ABR＝△ABS＝4となる2点R，Sを，点Rは点Aより左に，点Sは点Aより右にとる。△ABRはARを底辺と見ると，2点A，Bの y 座標より，高さは5－1＝4だから，面積について，$\dfrac{1}{2}\times AR\times4=4$ が成り立ち，AR＝2となる。これより，点Rの x 座標は2－2＝0だから，R(0，1)となる。点Rを通り直線ABに平行な直線を m とすると，点Pが直線 m 上にあるとき，△ABP＝△ABR＝4となるから，△ABPの面積が4cm² 以上になる点Pは，直線 m 上か直線 m よりも上側にある。(1)より直線ABの傾きが2だから，直線 m の傾きも2であり，切片は1だから，直線 m の式は $y=2x+1$ である。直線 $y=2x+1$ は，点(1，3)，点(2，5)を通るので，△ABPの面積が4cm² 以上となる点Pは，(1，3)，(1，4)，(1，5)，(1，6)，(2，5)，(2，6)の6通りある。同様にして，AS＝2となるので，S(4，1)である。点Sを通り直線ABに平行な直線を n とすると，△ABPの面積が4cm² 以上となる点Pは，直線 n 上か直線 n よりも下側にある。直線 n の式は $y=2x-7$ であり，この直線は，点(4，1)，点(5，3)，点(6，5)を通るので，点Pは，(4，1)，(5，1)，(5，2)，(5，3)，(6，1)，(6，2)，(6，3)，(6，4)，(6，5)

の9通りある。以上より，△ABP の面積が 4 cm² 以上となる点Pは 6+9=15（通り）ある。(2)より，3点A，B，Pを結んで三角形ができるのは33通りだから，求める確率は $\dfrac{15}{33}=\dfrac{5}{11}$ である。

4 〔平面図形—円と直線〕

(1)<証明>右図1で，点Oと3点A，B，Pをそれぞれ結ぶ。PA =PB であることを証明するには，△APO≡△BPO であることがいえればよい。PO は共通で，円Oの半径より，OA＝OB である。また，2点A，Bは接点なので，∠PAO＝∠PBO＝90°である。よって，直角三角形で，斜辺と他の1辺がそれぞれ等しいので，△APO≡△BPO となる。解答参照。

図1

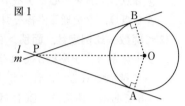

(2)<長さ>右図2で，円Rと2直線 l，m の接点をそれぞれ D，E とする。(1)より，△APO≡△BPO だから，∠APO ＝∠BPO となり，点Oは∠APBの二等分線上にある。同様にして，△DPR≡△EPR だから，∠DPR＝∠EPR となり，点Rも∠APBの二等分線上にある。これより，3点 P，R，Oは一直線上にある。∠PDR＝∠PAO＝90°，∠DPR＝∠APO より，△DPR∽△APO だから，PR：PO ＝RD：OA である。PR＝x(cm)とすると，PO＝PR+RQ+OQ＝x+3+5＝x+8 となるので，x：(x+8)＝3：5 が成り立ち，x×5＝(x+8)×3，$5x=3x+24$，$2x=24$，$x=12$ となる。よって，△DPR で三平方の定理より，PD＝$\sqrt{PR^2-RD^2}=\sqrt{12^2-3^2}=\sqrt{135}=3\sqrt{15}$ である。また，∠PDR＝∠PAO ＝90° より，RD∥OA なので，PD：DA＝PR：RO＝12：8＝3：2 となり，DA＝$\dfrac{2}{3}$PD＝$\dfrac{2}{3}×3\sqrt{15}$ ＝$2\sqrt{15}$ である。次に，点Pは円Oの2本の接線 l，m の交点で，(1)より PA＝PB となるので，同様にして，点Cは円Rの2本の接線 l，n の交点だから，CD＝CQ となる。さらに，円Oの2本の接線 l，n の交点でもあるから，CA＝CQ となる。これより，CD＝CA だから，CD＝$\dfrac{1}{2}$DA＝$\dfrac{1}{2}×2\sqrt{15}=\sqrt{15}$ となる。したがって，PC＝PD+CD＝$3\sqrt{15}+\sqrt{15}=4\sqrt{15}$（cm）となる。

図2

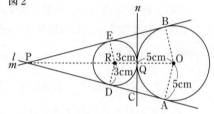

社会解答

1 問1　北アメリカ　　問2　ウ

問3　ウ，オ

問4　Q…フランス

　　　特色　(例)穀物の輸出量が輸入量
　　　　　　より多く，穀物の自給率が
　　　　　　100％を超えている。

2 問1　イ　　問2　(1)…奥羽　(2)…エ

問3　Q　(例)大消費地に近い
　　　R　(例)新鮮さが求められる

問4　ア，ウ，オ

3 問1　ウ　　問2　聖武天皇

問3　エ

問4　(例)明が日本に対して与え，正式
　　　な貿易船であることを証明する役
　　　割を果たしていた。

問5　ア

4 問1　名称…廃藩置県
　　　行われたこと　(例)中央から各県
　　　　　　　　　　に県令が派遣され

た。

問2　ウ→イ→ア→エ　　問3　イ

問4　サンフランシスコ

問5　記号…ウ
　　　Y…PKO〔国連平和維持活動〕

5 問1　公共の福祉　　問2　ア

問3　エ　　問4　(1)…ア　(2)…イ

問5　(例)所得が高いほど，所得に対す
　　　る税金の割合を高くする

問6　国際司法裁判所

6 問1　エ　　問2　イ→ウ→エ→ア

問3　P…地方交付税交付金
　　　Q…国庫支出金

問4　ウ

問5　記号…イ
　　　A　(例)節水によって，市民1人
　　　　　1日あたりの生活用の水使用
　　　　　量が減っている

1 〔世界地理—世界の諸地域〕

問1＜北アメリカ大陸＞世界には，ユーラシア大陸，アフリカ大陸，北アメリカ大陸(X)，南アメリカ大陸，オーストラリア大陸，南極大陸の六大陸がある。

問2＜世界の気候と生活＞カードⅠ．アジアの内陸部に位置し，乾燥した気候のモンゴルでは，水や牧草を求めて移動しながら羊などの家畜を飼育する遊牧が盛んに行われてきた。伝統的な住居は，羊毛のフェルトなどでつくられたゲルと呼ばれるテントで，折りたたみ式で移動に適したつくりになっている。　　　カードⅡ．カナダ北部には，先住民であるイヌイットの人々が暮らしている。かつては犬ぞりで移動しながら狩猟や漁業を行っていたが，現在は定住化が進み，移動にはスノーモービルなどが用いられている。緯度の高いこの地域では，夏に太陽が完全に沈まず，夜でも暗くならない白夜と呼ばれる現象が見られる。

問3＜資料の読み取り＞2018年のタイにおいて，機械類の輸出額の割合は31.2％，機械類を除く上位4品目の輸出額の割合の合計は23.4％で，機械類の輸出額の方が多い(ウ…○)。6048億÷181億＝33.4…より，2018年の韓国の輸出総額は1980年のおよそ33倍となる(オ…○)。なお，1980年のタイの輸出品上位5品目のうち，すずは鉱産資源，機械類は工業製品である。また，米と野菜・果実の割合の合計は28.9％である(ア…×)。1980年の韓国の輸出品上位5品目のうち，機械類，鉄鋼，船舶は重工業製品である。また，衣類と繊維品の割合の合計は28.5％である(イ…×)。2018年のタイの自動車の輸出額は2525億×0.121＝305.525億より約306億ドル，2018年の韓国の自動車の輸出額は6048億×0.1＝604.8億より約605億ドルで，韓国の方が多い(エ…×)。

問4＜フランスと各国の穀物自給率＞地図中のPはイギリス，Qはフランス，Rはナイジェリアである。表2を見ると，フランスは穀物の輸出量が輸入量よりも多いのに対して，その他の3か国は輸出量よりも輸入量が多いことがわかる。また，自給率は，国内で消費される総量のうち国内で生産

された割合のことで，グラフにある各国の穀物自給率を見ると，フランスは100％を超え，その他の３か国は100％未満であることが読み取れる。

2 〔日本地理―東北地方，北海道地方，地形図〕

問1 <日本の気候> 釧路市は北海道の気候，秋田市は日本海側の気候，仙台市は太平洋側の気候に属する。したがって，年間を通して気温が低いⅠは釧路市，夏の降水量が多いⅡは仙台市，冬の降水量が多いⅢは秋田市の気候を示したグラフとなる。

問2 <東北地方の自然と統計>(1)奥羽山脈は，東北地方の中央部を南北に走る。奥羽山脈の西側には秋田県と山形県，東側には岩手県と宮城県がある。　　(2)人口が最も多いⅩは，東北地方唯一の政令指定都市である仙台市がある宮城県である。ⅤとⅤⅩのうち，漁業生産量が多いⅤは三陸海岸に多くの漁港がある岩手県で，Ⅴが秋田県となる。次に各県のａとｂに注目すると，りんごの生産が盛んな青森県やさくらんぼなどの生産が盛んな山形県でａの生産額が比較的多いのに対し，ｂは秋田県の生産額が特に多く，青森県以外の５県ではａよりもｂの生産額が多い。したがって，ａは果実，ｂは東北地方全体で生産が盛んな米である。

問3 <生乳の生産と加工> Q．地図3中で，北海道を除く上位5県は多い順に，神奈川県，茨城県，愛知県，兵庫県，千葉県である。これらはいずれも東京・大阪・名古屋大都市圏内にあり，大消費地に近いという共通した特色を持つ。　　R．生乳を飲用に処理した牛乳は，保存がきかず，新鮮さが求められるため，大消費地から近い地域で生産するのに適している。一方，大消費地から遠い北海道で生産された生乳の多くは，飲用よりも保存がきくバターやチーズなどの乳製品に加工されている（地図2）。なお，保冷技術や輸送網の発達した現在は，北海道で生産された生乳が飲用に用いられる割合も増えてきている。

問4 <地形図の読み取り> A地点からB地点に向かって移動する場合，洞爺湖は進行方向左側となる（ア…○）。縮尺が2万5千分の1，地形図上の長さが5cmであることから，実際の距離は，5cm×25000＝125000cm＝1250mとなる（ウ…○）。2万5千分の1の地形図では，等高線（主曲線）は10mごとに引かれている。付近の等高線や標高点から，E地点の標高はおよそ540m，F地点の標高はおよそ180～190mとわかるので，その差は300m以上ある（オ…○）。なお，特にことわりのないかぎり地形図上では上が北を表すので，B地点から見た有珠山の方位は南西となる（イ…×）。Dの範囲内に見られるのは，広葉樹林（ ⌒Q ）ではなく針葉樹林（ ∧ ）である（エ…×）。

3 〔歴史―古代～近世の日本と東アジア〕

問1 <飛鳥時代の日本と中国との関係> Ⅰは飛鳥時代である。6世紀末に推古天皇の摂政となって政治を行った聖徳太子は，この時期に南北朝を統一した隋との間に国交を開き，小野妹子らを遣隋使として派遣した。Ⅰの文中の十七条の憲法も聖徳太子が定めたものである。なお，アは弥生時代，イは平安時代～鎌倉時代，エは奈良時代の様子である。

問2 <聖武天皇> Ⅱは奈良時代である。資料1は，8世紀半ばに聖武天皇が出した「大仏造立の詔」の一部で，文中の「わたし」は聖武天皇を指す。聖武天皇は，仏教の力によって国を守ろうと考え，国ごとに国分寺・国分尼寺を建てさせるとともに，都には東大寺を建て，そこに大仏をつくらせた。

問3 <承久の乱直後の出来事> Ⅲは鎌倉時代である。承久の乱（1221年）は，後鳥羽上皇が鎌倉幕府の打倒を目指して起こした戦いである。これに勝利した幕府は，京都に六波羅探題を置いて朝廷を監視するとともに，上皇側についた貴族や西日本の武士の領地を没収し，東日本の御家人をその土地の地頭に任命した。なお，Ⅹは承久の乱よりも前の出来事，Ⅴは室町時代の様子について述べた文である。

問4 <勘合> Ⅳは室町時代である。日明貿易は，第3代将軍を務めた足利義満によって15世紀初めに開始された。この貿易では，正式な貿易船であることを示すため，勘合と呼ばれる証明書が用いられた。勘合は明が発行して日本に与え，貿易の際には日本の貿易船が持つ勘合と明にある原簿の照

合が行われた。
問5＜江戸時代の文化＞Ⅴは江戸時代である。17世紀末〜18世紀初めには，上方の町人をにない手と
する元禄文化が栄え，俳諧の新しい作風を生み出した松尾芭蕉などが活動した。また，江戸時代の
初め頃には，俵屋宗達が「風神雷神図屏風」などの装飾画を描いた。なお，ｂと資料3は室町時代
の文化に関するものである。

4 〔歴史─近代〜現代の日本と世界〕
問1＜廃藩置県＞1871年，藩を廃止して県を置く廃藩置県が行われ，新しく任命された県令が中央か
ら各県に派遣された。これにより，政府が全国を直接統治する中央集権国家の体制が整えられた。
なお，資料1中に「以前に版と籍を返させることを許し…」とある部分は，廃藩置県の前に行わ
れた版籍奉還（1869年）を指す。
問2＜年代整序＞年代の古い順に，ウ（1894年），イ（1895年），ア（1905年），エ（1906年）となる。
問3＜第一次世界大戦中の日本＞第一次世界大戦（1914〜18年）中，日本はアメリカなどへの工業製品
の輸出を大きく伸ばし，また戦場となったヨーロッパ諸国からの輸入が止まったことなどから国内
で重化学工業が急成長し，大戦景気と呼ばれる好景気となった。なお，アの金融恐慌が起こったの
は1927年，ウの配給制や切符制が導入されたのは1940年前後，エの富岡製糸場がつくられたのは明
治時代初期の1872年である。
問4＜サンフランシスコ平和条約＞1951年，アメリカのサンフランシスコで日本と連合国の講和会議
が開かれた。内閣総理大臣であった吉田茂が首席全権としてこの会議に出席し，日本はアメリカな
ど48か国との間でサンフランシスコ平和条約を結んだ。この条約により，日本は独立を回復した。
問5＜湾岸戦争とPKO＞記号．中東では，1990年にイラクがクウェートに侵攻し，国際連合による
撤退要求にも応じなかったため，翌1991年，アメリカ軍を中心とする多国籍軍がイラクを攻撃し，
クウェートから撤退させた。これを湾岸戦争という。なお，ベトナム戦争（1965年頃〜75年）は冷戦
下で南北に分断されたベトナムの統一を求める人々がアメリカなどと戦った戦争，第四次中東戦争
（1973年）はパレスチナ地方をめぐる対立からイスラエルとアラブ諸国の間で起こった戦争，イラク
戦争（2003年）はアメリカを中心とする有志連合軍が大量破壊兵器に関する疑惑を理由にイラクを攻
撃した戦争である。　　　　Ｙ．PKOは国際連合の平和維持活動のことで，紛争が起こった地域の停
戦監視などを行っている。日本では，湾岸戦争の際に国際貢献のあり方が議論となり，1992年に国
際平和協力法〔PKO協力法〕が成立した。この法律に基づいて，カンボジアのPKOに初めて自衛隊
が参加し，その後もさまざまな地域のPKOに自衛隊が派遣されるようになった。

5 〔公民─総合〕
問1＜公共の福祉＞公共の福祉とは，社会全体の利益といった意味を持つ言葉である。基本的人権は
日本国憲法で保障されているが，人権の行使によって他人の人権が侵害されたり社会全体に不利益
が及んだりするような場合には，公共の福祉の観点から例外的に人権が制約を受けることがある。
また，国民は自由や権利を濫用することなく，常に公共の福祉のために利用する責任を負っている
（日本国憲法第12条）。
問2＜国会＞特別会〔特別国会〕は，衆議院解散後の総選挙の日から30日以内に召集される国会で，内
閣が必要と認めたときまたはいずれかの議院の総議員の4分の1以上の要求があった場合に召集さ
れる国会は臨時会〔臨時国会〕である（イ…×）。条約の承認について，衆議院と参議院の議決が一致
せず，両院協議会でも意見が一致しない場合と，参議院が衆議院の議決を受け取った後，国会休会
中の期間を除く30日以内に議決しなかった場合には，衆議院の議決が国会の議決となる（ウ…×）。
国会が設置する弾劾裁判所は，衆議院と参議院から選ばれた7人ずつ（計14人）の議員によって構成
される（エ…×）。
問3＜小選挙区制と比例代表制＞小選挙区制は，1つの選挙区から1人の議員を選出する選挙制度で

ある。大政党の候補者が当選しやすいことから、いずれかの政党が単独で過半数の議席を得やすくなり、議会で物事を決めやすい。一方で、死票（落選者に投票された票）が多く出るため、国民の多様な意見が選挙結果に反映されにくくなる。比例代表制は、政党の得票数に応じて議席を配分する選挙制度である。小政党でも議席を得やすく、死票が少ないことから、国民の多様な意見が選挙結果に反映されやすい。一方で、多くの政党が議会に分立することで、議会で物事を決めにくくなる。

問4＜需要と供給＞(1)需要量は買い手が買いたい量、供給量は売り手が売りたい量である。資料1から、価格が300円のとき、需要量は30個、供給量は70個である。この場合、供給量の方が40個多いので、その分だけももが余る（売れ残る）ことになる。　　　(2)ももの評判が上がって需要が増えたということは、同じ価格であってもこれまでより多くのももが売れるということである。この変化を図3上に表すと、破線で示したように需要曲線が右に移動し、需要曲線と供給曲線の交点（需要量と供給量が一致したときの価格＝均衡価格）はイの領域に位置するようになる。

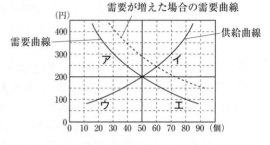

問5＜累進課税＞累進課税は、所得が多いほど税率（所得に対する税金の割合）が高くなる仕組みで、所得税などで導入されている。累進課税には、所得の格差を緩和するはたらきがある。一方、所得に関係なく全ての国民が同じ商品やサービスの購入に対して同じ金額を負担する消費税では、所得が少ない人ほど実質的な税負担の割合が高くなる。

問6＜国際司法裁判所＞国際司法裁判所は、国際連合の主要な機関の1つで、加盟国間の紛争を国際法に基づく裁判によって解決する。裁判を始めるには、争っている当事国の合意が必要となる。

6 〔三分野総合―熊本市を題材とする問題〕

問1＜地形図と写真の読み取り＞資料1の写真を見ると、手前に湾曲した川があること、その奥を線路が左右に横切っていること、その後ろに特徴的な形の山があることなどがわかる。このような風景が見られるのは、地図1中のエである。なお、アやウの場合、山の手前に川や線路が見えず、イの場合、線路は右手手前から左手奥に向かって延びる。

問2＜年代整序＞年代の古い順に、イ（奈良時代―墾田永年私財法）、ウ（鎌倉時代―御成敗式目）、エ（安土桃山時代―太閤検地）、ア（明治時代―地租改正）となる。

問3＜地方交付税交付金と国庫支出金＞地方公共団体の財源のうち、地方公共団体が独自に集める地方税などを自主財源といい、それ以外の財源を依存財源という。依存財源のうち、地方公共団体間の財政格差を抑えるために国から配分されるものを地方交付税交付金といい、自主財源の多い地方公共団体には少なく、自主財源の少ない地方公共団体には多く配分される。また、教育や道路整備など特定の仕事にかかる費用の一部を国が負担するものを国庫支出金という。依存財源にはこれらのほか、地方公共団体の借金である地方債などがある。

問4＜水力発電と火力発電＞水力発電所は、ダムの建設に適した大きな河川の上流にあたる山間部に多く立地する。火力発電所は、燃料の輸入に便利な臨海部や、電力消費量の多い工業地帯・大都市の近くに多く立地する。また、水力発電は日本の発電電力量の1割程度を占め、火力発電は日本の発電電力量の8割以上を占める。したがって、XとYが水力、WとZが火力となる。

問5＜資料の読み取り＞資料2は、市民一人ひとりが節水に取り組むことを促す内容となっている。したがって、その取り組みの効果を示す資料として当てはまるのは、市民1人1日あたりの生活用の水使用量の変化を表したイのグラフとなる。イのグラフから、市民1人1日あたりの生活用の水使用量が減少傾向にあることがわかる。

理科解答

1 問1 ウ　問2 ア　問3 エ
問4 ア　問5 右下図1
問6 やく
問7 $2H_2 + O_2 \longrightarrow 2H_2O$
問8 全反射

2 問1 D　問2 南中高度
問3 I…54　II…天の北極〔北極星〕
問4 L…東　M…(例)遅くなっていく
問5 3

3 問1 イ　問2 (例)表面積
問3 E　問4 ウ　問5 ア
問6 (例)血液中の養分や酸素は, 血しょうに溶けた状態で毛細血管からしみ出て, 組織液を通して全身の細胞に届けられる。

4 問1 ウ
問2 (1) 二酸化炭素…イ　酸素…エ
(2) (例)乾いたペットボトルを使って集めたアンモニアと条件がそろわなくなる〔その水に気体が溶ける／ペットボトルに入る水の量が増える〕
問3 (例)気体として存在している粒子の数が減少することで, 大気圧よりペットボトル内の気体の圧力が小さくなる
問4 イ

5 問1 下図2　問2 アとオ
問3 下図3　問4 エ
問5 L…小さく
M…(例)Yを高くする〔Zを塔に近づける〕

図1

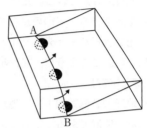

図2

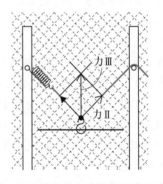

おもりの質量〔g〕

図3

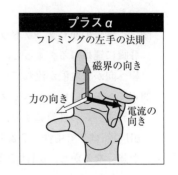

---

1 〔小問集合〕

問1＜火成岩＞ア～エの中で, マグマが冷え固まってできた火成岩は, 花こう岩である。なお, 石灰岩, チャート, 砂岩は, いずれも堆積岩である。

問2＜受精＞図1のように, 生殖細胞である精子と卵の核どうしが合体することを, 受精という。受精によって, 受精卵ができる。

問3＜ダニエル電池＞電流を流し続けると, 亜鉛は亜鉛イオンになって水溶液中に溶け出すので, 亜鉛板は軽くなる。また, 銅板の表面には水溶液中の銅イオンが銅となって付着するので, 銅板は重くなる。

問4＜電流が磁界から受ける力＞右プラスαのように, 導線が受ける力の向きは, 電流の向き, 磁石の磁界の向きによって決まり, どち

プラスα
フレミングの左手の法則
磁界の向き
力の向き
電流の向き

らの向きとも垂直な方向になる。図3で，磁石による磁界の向きはN極→S極だから，導線にはたらく力の向きはアである。

問5＜前線のつくり＞図4のように，暖気が寒気の上にはい上がって進んでいく前線は，温暖前線である。温暖前線は，前線が進む向きに，半円形の記号をつけて表す。

問6＜花のつくり＞図5のXのおしべの先端にある小さな袋の部分をやくといい，やくには花粉が入っている。

問7＜水素の燃焼＞図6のように，水素(H_2)に火を近づけると，水素が空気中の酸素(O_2)と結びつき，水(H_2O)ができる。化学反応式は，矢印の左側に反応前の物質の化学式，右側に反応後の物質の化学式を書き，矢印の左右で原子の種類と数が等しくなるように化学式の前に係数をつける。

問8＜光ファイバー＞光ファイバーでは，図7のように光が境界面で全て反射するため，外に出ることはない。このように，光が境界面で全て反射することを全反射という。

2 〔地球と宇宙〕

問1＜地球の公転＞図1で，地球の北半球が太陽の方に傾いているAが，北半球における夏至にあたる地球の位置である。よって，春分にあたる地球の位置は，その3か月前のDである。

問2＜南中高度＞図2の∠QOPを南中高度といい，太陽が南中したときの地平面からの高度を表している。

問3＜日時計の設置のしかた＞図5より，竹串が指す方向は地軸の延長線上，つまり，天の北極(北極星)の方向である。天の北極の高度は，観測地の北緯に等しいから，北緯36°の地点での天の北極の高度は36°である。このとき，図3の日時計は，地平面と竹串のなす角度が36°になるように設置すればよいので，図4の地平面と文字盤のなす角度は，180°−90°−36°＝54°となる。

問4＜月の見え方＞同じ時刻に見える月の位置は，日がたつにつれて西から東へ移動する。よって，南中した月を，次の日の同じ時刻に観察すると，月は東へ移動して見えるため，月は観察後に南中することになる。つまり，月が南中する時刻はしだいに遅くなる。

問5＜太陰暦の計算＞月の満ち欠けの周期は29.53日だから，周期12回分は，29.53×12＝354.36(日)となり，太陽暦との差は，365.24−354.36＝10.88(日)となる。よって，1年で10.88日，2年で21.76日，3年で32.64日，……と差が大きくなるため，月の満ち欠けの周期1回分(29.53日)を3年に1回入れれば，年平均の差を1日程度に抑えることができる。

3 〔生物の体のつくりとはたらき〕

問1＜消化＞ノート1より，タンパク質は，胃液とすい液，小腸の壁の消化酵素によって分解される。よって，適切なのはイである。なお，デンプンは，だ液とすい液，小腸の壁の消化酵素によって分解され，脂肪は，胆汁とすい液により分解される。また，胆汁は脂肪の分解を助ける。

問2＜小腸のつくり＞小腸の内側の壁に多数の柔毛があることで，小腸の内側の壁の表面積が大きくなる。その結果，内側の壁が養分と接する面積が大きくなるので，養分を効率よく吸収することができる。

問3＜養分のゆくえ＞ブドウ糖が血液中に吸収されるのは小腸であり，吸収されたブドウ糖は最初に肝臓に運ばれる。よって，図1で，ブドウ糖を最も多く含む血液が流れている場所は，小腸から肝臓へ向かう血液が流れているEである。

問4＜ヘモグロビン＞ヘモグロビンは，酸素が多い所では酸素と結びつき，酸素が少ない所では酸素を放す。この性質により，酸素が多い所から酸素が少ない所へ，酸素を運ぶことができる。また，pHの値は7で中性，7より小さいほど酸性が強くなる。二酸化炭素が多く溶けるほど血液の酸性が強くなるから，pHは7より小さくなる。

問5＜細胞呼吸，養分のゆくえ＞細胞呼吸とは，ブドウ糖などの養分を，酸素を使って分解し，生命を維持するためのエネルギーを取り出すはたらきであり，このとき，二酸化炭素と水ができる。また，小腸で吸収され肝臓に運ばれたブドウ糖は，一部がグリコーゲンという物質に変えられて，肝臓に一時的に蓄えられる。

問6＜血液と細胞の物質のやりとり＞血液の液体成分である血しょうは，毛細血管の壁からしみ出して，細胞の周りを満たす組織液となる。この組織液を通して，細胞と血液の間で，養分や酸素のほか，二酸化炭素や不要な物質などがやりとりされる。

④〔物質のすがた〕

問1＜アンモニアの性質＞アンモニアは水に非常によく溶け，その水溶液はアルカリ性を示す。よって，アンモニアがたまっていれば，ペットボトルの口に水でぬらした赤色リトマス紙を近づけたとき，アンモニアが水に溶けてリトマス紙が青色に変化する。

問2＜気体の発生＞(1)二酸化炭素は，石灰石にうすい塩酸を加えると発生する。また，酸素は，二酸化マンガンにうすい過酸化水素水(オキシドール)を加えると発生する。　(2)【実験1】は，アンモニア，二酸化炭素，酸素の水への溶けやすさを比べる実験である。図2のように，アンモニアを乾いたペットボトルに集めているので，これと条件をそろえるため，図3のように，二酸化炭素と酸素も乾いたペットボトルに集めている。

問3＜圧力＞気体が水に溶けると，気体として存在している粒子の数が減り，気体の体積が小さくなる。このとき，ペットボトル内の気体による圧力が，ペットボトルの外側の大気圧より小さくなり，外から内へ力がはたらいてペットボトルがつぶれる。

問4＜二酸化炭素の溶けやすさ＞【結果2】より，5℃で二酸化炭素がよく溶け，45℃で二酸化炭素がほとんど溶けないことがわかる。よって，二酸化炭素は水温が高いほど水に溶けにくくなるから，海水温が上昇すると二酸化炭素が溶ける量は減少し，大気中の二酸化炭素の量は減少しにくくなる。

⑤〔身近な物理現象，運動とエネルギー〕

問1＜グラフ作成＞【結果1】より，ばねAののびは，おもりの質量が20gのとき，10.0－8.0＝2.0(cm)であり，40gのとき，12.0－8.0＝4.0(cm)，60gのとき，14.0－8.0＝6.0(cm)，80gのとき，16.0－8.0＝8.0(cm)，100gのとき，18.0－8.0＝10.0(cm)である。これらの点(・)をとり，グラフをかけばよい。なお，グラフは原点を通る直線になる。

問2＜結果の読み取り＞ア…正しい。ばねののびはおもりの質量に比例するので，おもりの質量が2倍になれば，ばねののびも2倍になる。　オ…正しい。おもりの質量が20gのとき，ばねAののびは2.0cm，ばねBののびは4.0cmである。このように，ばねBののびは，ばねAののびの2倍になっている。　イ…誤り。おもりの質量と比例するのは，ばねののびである。　ウ…誤り。40gのおもりをつるしたとき，ばね全体の長さは等しいが，ばねののびは等しくない。　エ…誤り。同じ質量のおもりをつるしたとき，ばね全体の長さの差に規則性はない。

問3＜力の合成＞力Ⅰと力Ⅱの大きさは等しいので，力Ⅱの矢印の長さは力Ⅰと同じになる。また，力Ⅰと力Ⅱの矢印を2辺とする平行四辺形(この場合は正方形)をかくと，その対角線が力Ⅲの矢印となる。解答参照。

問4＜力の分解＞図3で，糸とスタンドがつくる角度が60°のとき，ばねAの全体の長さは18.0cmになっているから，【結果1】より，P側の糸にはたらく力の大きさは質量100gのおもりにはたらく重力の大きさに等しく1.0Nである。このとき，Q側の糸にはたらく力の大きさも1.0Nになり，糸とスタンドがつくる角度が60°よ

図1

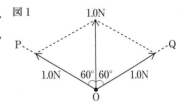

り，前ページの図1のように，合力と糸がつくる角度は60°となるから，P側の糸にはたらく力と合力がつくる三角形は正三角形になる。よって，合力の大きさも1.0Nになるから，金属板を上向きに支える力の大きさは1.0Nである。次に，図5のように糸とスタンドがつくる角度が30°のとき，右図2のように，金属板を上向きに支える力の大きさは1.0Nで，糸と金属板を上向きに支える力がつくる角度は30°になる。ここで，P側の糸にはたらく力の矢印の先端から金属板を上向きに支える力の矢印に垂線を引くと，図6のような3辺の比が$\sqrt{3}:1:2$の直角三角形ができ，cの2に当たる部分がP側の糸にはたらく力で，aの$\sqrt{3}$に当たる部分が金属板を上向きに支える力1.0Nの半分の0.5Nになる。よって，P側の糸にはたらく力の大きさをxNとすると，$2:\sqrt{3}=x:0.5$が成り立ち，$\sqrt{3}=1.73$とするから，$2:1.73=x:0.5$より，$1.73\times x=2\times0.5$，$x=0.5780\cdots$となり，約0.578Nである。0.578Nは質量57.8gのおもりにはたらく重力の大きさと等しいから，問1より，このときのばねAののびは5.78cmで，全体の長さは5.78＋8.0＝13.78となり，約13.8cmである。

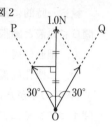

図2

問5＜ケーブルにはたらく力＞【結果2】と問4より，糸とスタンドがつくる角度が小さくなるほど，ばねAの全体の長さが短くなり，糸にはたらく力が小さくなることがわかる。よって，図7では，∠Xが小さくなるほど，ケーブルにはたらく力が小さくなると考えられる。∠Xを小さくするには，Zはそのままで Y を高くしたり，Y はそのままで Z を塔に近づけたりすればよい。

国語解答

一 問1　ウ

問2　自分が想うことによって，この世界に居場所をつくる（24字）

問3　イ

問4　自分に才能がないと思い<u>可能性</u>を狭めていたが，今からでも誰かの<u>人生</u>の中で心に残るような絵が描けるのではないか（53字）

問5　ア，オ

問3　Ⅰ　最初から存在してこれからもあり続ける

Ⅱ　誰かがつくった変わってしまうかもしれない

問4　イ

問5　誰かがつくった<u>人工</u>物であり不変のものではないとしたら，<u>時代</u>に合わせてつくり直した方がいいかもしれない（50字）

二 問1　(1)　じゅんたく　(2)　ひろう
　　　(3)　こ　(4)　往復　(5)　割

問2　助動詞　　問3　イ

問4　(1)　勝ち負け　(2)…ウ　(3)…エ

三 問1　ア　　問2　エ

四 問1　野をまもる者に鷹を捜す

問2　エ　　問3　こずえにいたる

問4　ウ

五　（省略）

一 〔小説の読解〕出典；青山美智子『お探し物は図書室まで』。

問1＜心情＞浩弥は，『進化の記録』を読みながら，「環境に適応できない者は滅びる」のなら，自分もその適応できない者の一人なのではないかと思った。また，光を当てられなかったウォレスに対し，自分と同じ「蹴落とされた側の痛み」を感じ，浩弥は，未来に希望が何もないように思ったのである。

問2＜心情＞小町さんは，浩弥がウォレスのことを考えることが，「この世界にウォレスの生きる場所を作った」といえると言った。この世界には名も残さない人々はたくさんいて，「誰かが誰かを想う」ことによってその人々の居場所がつくれるのだと，浩弥は考えたのである。

問3＜心情＞浩弥は，征太郎の作家デビューが決まったことはもちろん，自分が征太郎にかけた言葉を征太郎が「大事にして」くれて，自分の言葉が征太郎を励ましていたことが，うれしかったのである。

問4＜心情＞征太郎が小説を書き続けてきたのは，征太郎の中に「自分を信じる気持ちがあったからだ」と，浩弥は思った。浩弥は，今まで自分のことを信じられずにいたこと，自分の可能性を自分で閉ざしていたことに気づいた。そして，タイムカプセルを開いて，高校生の自分は「人の心に残るイラストを描く」ことが夢であったと気づき，浩弥は，今からでもその夢を実現しようとするのは「遅くないよな」と思ったのである。

問5＜表現＞浩弥は図書室にいて，浩弥の会話や小町さんの会話は描かれているが，浩弥の視点から話が展開している（ア…×）。征太郎の作家デビューの話やダーウィンとウォレスの話を織り交ぜながら，自分を信じて続けていくことや，今まで自分の可能性を狭めていたことに，浩弥が気づく様子が描かれている（イ…○）。「ほんとにすげえ」など若者の日常的な言葉を用いることで，浩弥の心からの思いがありのままに表されている（ウ…○）。通常の語順は「征太郎の小説は面白いから書き続けろって，浩弥だけは言ってくれたんだ」となるので，倒置法が用いられている（エ…○）。「考えてしまうような」「わかるような」の「ような」は，「ようだ」の連体形である（オ…×）。

二 〔国語の知識〕

問1＜漢字＞⑴「潤沢」は，物質が豊かで十分にゆとりのあること。　⑵「披露」は，広く人々に知らせること。　⑶音読みは「焦燥」などの「ショウ」。　⑷「往復」は，行ったり戻ったりすること。　⑸他の訓読みは「わ（る）」「わ（れる）」「わり」。音読みは「分割」などの「カツ」。

問2＜ことばの単位＞単語に分けると，「あきらめ（動詞）／ず（助動詞）／に（助詞）／練習（名詞）／を（助詞）／続け（動詞）／よう（助動詞）／と（助詞）／思い（動詞）／まし（助動詞）／た（助動詞）」となる。

問3＜語句＞「あまり深く考えずに判断してしまう」というのは「軽率」な行動であり，その反対語は，軽々しく行動や判断をしない，という意味の「慎重」である。

問4⑴＜資料＞「楽しむ体育大会」という表現から，「つかめ栄光」というように「勝ち負け」を争って優勝を目指すだけではなく，みんなで楽しい時間を過ごそうということだと，Ｄさんは思ったのである。　⑵＜資料＞直前のＥさんの発言は，②のスローガンに賛成だが，「『楽しむ』という言葉を使用した意図を示さない」と，「楽しむ」の意味を「誤解」されるかもしれないというものである。Ｆさんは，Ｅさんの発言をふまえて，「楽しむ」が「『楽をしたい』や『好きなことだけがんばる』といった意味に」取られるかもしれないと，具体的に指摘し，「意図を補足する副題」をつけることを，新たに提案している。　⑶＜熟語の構成＞「威風堂々」は，威厳のある様子を表す「威風」と，威厳があり立派な様子を表す「堂々」の似た意味の二字熟語を組み合わせた熟語。「異口同音」と「和洋折衷」は，主語＋述語となっている熟語。「春夏秋冬」は，それぞれの四字が対等に並んでいる熟語。

三 〔論説文の読解―哲学的分野―哲学〕出典；佐藤岳詩『「倫理の問題」とは何か　メタ倫理学から考える』。

≪本文の概要≫倫理の問題に答えがあるかという問いに対し，倫理の問題に正解はないという考え方もあるが，明らかに正解を答えられるものもある。特別な事情が絡んでくると，事態は複雑になり，答えることが難しくなる。しかし，答えるのが難しいことと正解がないことは違う。倫理の研究は，複雑に絡まり合った事情を一つ一つていねいにより分けていく中で，少しでも正解に近づこうとすることである。倫理学者の中には，倫理の問題に正解は存在しないと答える人もいる。倫理のルールは，誰かがつくった決まりごとであり，社会や文化が変われば変わる可能性もあるからである。とはいえ，倫理の問題に正解がなければ，私たちは，自分たちが何を指針として生きていけばいいのかを考えなければならないので，自分たちの答えをつくり出すことが倫理学の課題だともいえる。倫理の存在論といわれる問題は，正解が「実在する」か，誰かがつくったもので正解が「構成されたものとして『ある』」と考えるかということであるが，誰かがつくったものだとすると，現代に合った倫理につくり直した方がいいかもしれない。

問1＜文章内容＞何の特別な事情もないときには明らかに正しくないと思われることでも，何か特別な事情が絡んでくると，正しくないと思っていたことにも「許容される余地」が出てきて，行動に移されることがある。そのため，例えば刑罰を決めるときには，「どんな事情があればどの程度の刑」が許容されるのかを考えるのは，非常に難しいのである。

問2＜文章内容＞事情が複雑になると，「計算に入れねばならない事象」が増え，どのような行動を取るのが正しいのか，答えを出すことは難しくなるが，答えがなくなるわけではない。答えが出しにくいことと正解がないということは，全く別のことなのである。

問3＜文章内容＞Ⅰ．物理法則というのは，「誰かが作ったものでは」なく，最初から「存在している」ものであり，世界が変わっても「これからもあり続ける」ものである。　Ⅱ．倫理のルールは，「誰かが作った決まりごと」であり，「社会や文化が変われば」変わる可能性があるものである。

問4＜文章内容＞倫理の問題で，正解が「実在する」と考えるか，正解は誰かがつくったもので「構

成されたものとして『ある』」と考えるかの立場の違いがある。しかし，例えば，法律について不変の法の具現化とする立場と人々がつくり上げたとする立場があっても，法律に従って裁判の判決が下されるように，倫理の存在論でどちらの立場をとっても，従わなければならないものは確かにある。「あるものはある」のだから，存在論を考えることに意味などないと考える人もいるのである。

問5＜文章内容＞倫理の正解が「誰かが作った人工物」であれば，誰がつくったのか，そのつくられたものに自分がなぜ従わなければならないのか，従わない人をどうすればよいのかという問題がある。誰かがつくったものであれば，時代に合わせて変更したり，新しくつくり直したりする必要性があるかもしれないのである。

四 〔古文の読解―評論〕出典；源俊頼『俊頼髄脳』。

≪現代語訳≫昔，天智天皇と申し上げる帝が，野に出て鷹を使った狩りをなさったときに，(帝の)鷹が，風に流されていなくなってしまった。昔は，野を守る者がいたので，(帝が)お呼びになって，「鷹がいなくなった，(鷹を)しっかりと捜せ」とおっしゃったので，恐縮して，「御鷹は，あの岡の松の上の枝に，南に向いて，止まっております」と申し上げたので，(帝は)驚きなさった。(帝が野を守る者に)「そもそもお前は，地面に向かって，頭を地面につけて，他を見ることはない。どのようにして，木の梢にいる鷹の居場所がわかったのか」とお尋ねになると，野守のおきなは「民とは，君主に顔を見せることがない。芝の上にたまっている水を，鏡として，白髪も知り，顔のしわをも数えるものであるので，その鏡をうかがい見て，御鷹の木の枝に止まっていることを知った」と申し上げたので，その後，野の中にたまっている水を，野守の鏡というのであると言い伝えている。

問1＜古文の内容理解＞天智天皇は，鷹がいなくなったので，「野をまもる者」に，いなくなった鷹を捜すように命じたのである。

問2＜古文の内容理解＞天智天皇は，「野をまもる者」が鷹の居場所を言い当てたことに驚き，「野をまもる者」に，お前は頭を地面につけて，他を見ることはないのに，どのようにして鷹の居場所がわかったのかときいた。

問3＜歴史的仮名遣い＞歴史的仮名遣いの「ゐ」「ゑ」は，現代仮名遣いでは「い」「え」と書く。

問4＜古文の内容理解＞天智天皇の鷹が風に流されていなくなったので，天皇は「野をまもる者」に鷹を捜すように命じたところ，「野をまもる者」は，水たまりを鏡のようにして，鷹が松の木の枝に止まっていることを見つけたのである。

五 〔作文〕

資料①からは，ある言葉の使い方への違和感が，言葉によって違うものだということがわかる。また，資料②からは，ある言葉の使い方への違和感は，年代によって違いはあるが，年代が上にあがるほど「気になる」割合が増えることを押さえたい。「コミュニケーションを図るときに気をつけること」というテーマをとらえ，自分の体験をふまえて考えてみるとよい。自分が人と話すときに何を大切にしているのか，言葉の使い方をどう考えているか，具体的に考えていく。二段落構成や，第一段落には読み取った内容を，第二段落には自分の体験をふまえた考えをという指示に従い，字数を守って，誤字脱字に気をつけて書いていくこと。

英語解答

1　No. 1　B　　No. 2　C　　No. 3　A
　　No. 4　B　　No. 5　D
　　No. 6　(1)…A　(2)…D　(3)…C
　　No. 7　(1)　learn Japanese
　　　　　(2)　five days a
　　　　　(3)　good at

2　問1　(例) make something else for
　　問2　everyone will help us choose
　　　　a good present for him
　　問3　(例) talk to people in English.
　　　　By doing this, your English
　　　　will get better.
　　問4　エ
　　問5　(例) Because she wants to
　　　　borrow a camera.
　　問6　(1)…イ　(2)…ア
　　問7　(例) the pictures you took

3　問1　(例) Because pencils are hard
　　　　to break.

問2　①…カ　②…オ　③…ウ
問3　shrine has been protecting the
　　pencil that he
問4　A　shown　B　were
問5　(例) 1本の鉛筆で約50キロメート
　　ルの線がかけること。
問6　1　(例) using them
　　　2　(例) made pencils
　　　3　(例) surprised to

4　(例) First, I will collect information
　on the Internet.　There is a lot of
　information on the Internet, and
　some of it may be wrong.　Next, I
　will read books from the school
　library to make sure that the
　information is not wrong.　Then, I
　can learn more about difficult topics.
　　　　　　　　　　　　　　　(50語)

1　〔放送問題〕

No. 1≪全訳≫A：ハンバーガーを1つとホットドッグを2つ，あとコーヒーを1杯いただけますか？／B：申し訳ありませんが，ホットドッグはございません。／A：そうなんですか？　わかりました，じゃあハンバーガーをもう1つください。／B：かしこまりました。合計で600円になります。
　Q：「男性が手にするのは何か」―B

No. 2≪全訳≫A：この写真の鳥を見て。本当にかわいいわね。見に来られてうれしいわ。気に入るものはあった，マイク？／B：うーん，いい写真がたくさんあるね。僕が一番気に入ってるのは列車と山の写真だよ。すばらしいね。／A：まあ，その写真はまだ見てないわ。どこにあるの？／B：あそこで見たよ。
　Q：「彼らはどこで話しているか」―C

No. 3≪全訳≫A：お母さん，お父さんはどこ？　見つからないんだ。2階にはいないよ。／B：手紙を出しに郵便局に行ったわよ。／A：えっ，ほんとに？　庭に椅子をいくつか運びたいんだけど，重すぎるんだ。お父さんの助けがいるよ。／B：あっ，ほら。お父さんがちょうど帰ってきたわよ，マイケル。見える？　ちょうど車を止めたところよ。
　Q：「マイケルの父はどこにいるか」―A

No. 4≪全訳≫ロバートは，明日一緒にサッカーをしようとケンに頼む。ケンは明朝，家で母の手伝いをしなくてはならない。しかしケンは午後は暇なので，そのときにしたいと思っている。
　Q：「ケンはロバートに何と言うか」―B．「明日の午後はどうだい？」　How about ～「～はどうですか」と，何かを提案するときの表現。

No.5 ≪全訳≫ミカは父と散歩をしている。彼女は道で鍵を見つけたのだが，２人はそれが誰の鍵かわからない。父は彼女にどうするべきかを伝える。

Ｑ：「父はミカに何と言うか」―Ｄ．「交番に持っていこう」　鍵を見つけたが持ち主がわからないというのだから，交番に届けるよう言うと考えられる。　'take ～ to …'「～を…に持っていく〔連れていく〕」

No.6 ≪全訳≫■11時55分ですから，そろそろ昼食の時間になります。まもなく埼玉レストランに到着いたします。レストランについて皆様にご説明いたします。■このレストランの和食は本当に人気がありますが，他の国の料理を召し上がりたい場合でも，埼玉レストランはすばらしい所です。世界中のさまざまな食べ物をお召し上がりいただけます。■ケーキも大変おいしいです。レストランでは，ほとんどの人がチョコレートケーキを注文なさいます。フルーツケーキやアイスクリームもございます。きっとどれも気に入られることと思います。■ちょうどレストランに着きました。今，12時ちょうどです。バスはここに１時間半停車します。昼食がお済みになりましたら，自由時間となります。ご希望でしたらお買い物にも行っていただけますし，レストランの近くにはチーズケーキを販売している有名な店もございます。その店は非常に人気があります。午後１時25分までにお戻りください。皆様，ありがとうございました，どうぞお楽しみください。

＜解説＞(1)「埼玉レストランで最も人気のあるケーキは何か」―Ａ．「チョコレートケーキ」　第３段落第２文参照。この most は「ほとんどの」という意味。　(2)「バスは何時にレストランを出発するか」―Ｄ．「午後１時半」　第４段落第２，３文参照。12時に着いて，１時間半停車する。　(3)「埼玉レストランについて正しいものはどれか」―Ｃ．「このレストランは世界中のさまざまな料理を食べるのにとても良い所だ」　第２段落参照。

No.7 ≪全訳≫■ジョン（Ｊ）：おはよう，カヨ。ごめん，少し遅れちゃった。■カヨ（Ｋ）：大丈夫よ。何をしてたの？■Ｊ：日本語の新聞を読んでいたんだ。日本語を学ぶのにいい方法だから，毎朝日本語の新聞を読んでいるのさ。今朝は，いくつか難しい漢字があったから，ホストファザーに読み方をきいたんだ。■Ｋ：そうなのね。どのくらい日本語を勉強してるの？■Ｊ：３年間勉強してるよ。漢字の読み書きは僕にはまだ難しいね。君はふだん，朝は何をしてるんだい，カヨ？■Ｋ：私はふだん，ラジオで英語の番組を聴いているわ。将来は仕事で英語を使いたいから，月曜日から金曜日まで毎日それを聴いてるの。■Ｊ：それはいいね。■Ｋ：好きなことを学ぶのに朝の自由な時間を使うってすごくいいことだと思うわ。■Ｊ：僕もそう思うよ。ところで，放課後は時間ある？■Ｋ：ええ。どうしたの？■Ｊ：数学の宿題があるんだけど，何問か解けないんだ。君は数学が得意だから，君の助けがいるんだ。■Ｋ：いいわ。実際，私もまだ終わってないしね。一緒にやりましょう。■Ｊ：ありがとう。

＜解説＞(1)「ジョンはなぜ毎朝日本語の新聞を読んでいるのか」―「日本語を学ぶため」　第３段落第２文参照。　(2)「カヨは週に何日ラジオで英語の番組を聴いているか」―「彼女は週に５日その番組を聴いている」　第６段落第２文参照。How many days a week の a は，「～につき」という'単位'を表している。　(3)「ジョンはどうしてカヨに数学の宿題を手伝ってくれるよう頼んだのか」―「彼女は数学が得意だからだ」　第11段落第２文参照。

[2]〔長文読解総合―会話文〕

■≪全訳≫■ある日の放課後，ナオト，キミー，アヤコが話している。

■ナオト（Ｎ）：うちのALTのスミス先生がオーストラリアに帰っちゃうんだね。先生はよくこの書道部に顔を出してくれる。部員はみんな先生のことが大好きだよね。

■キミー（Ｋ）：先生は私たちにとても親切にしてくれるわ。いい助言もくれるし。

④アヤコ（Ａ）：先生は私たちをいろいろと助けてくれるよね。私たちがつくる書道作品もすごく気に入ってくれてる。ねえ，いいこと思いついた。先生にプレゼントをあげない？

⑤Ｎ：それはいい考えだね！　先生のために何を手に入れたらいいかな？

⑥Ｋ：色紙に先生へのメッセージを書きましょう。私たちのメッセージを読んだら，喜んでくれると思うわ。

⑦Ａ：それはいいね。人気のあるプレゼントだし，簡単につくれる。他に何かつくった方がいいかな？

⑧Ｎ：色紙ともう１つ何かつくった方がいいと思うけど，今すぐいいアイデアは思いつかないな。

⑨Ｋ：何がいいかしらね。

⑩Ａ：他の部員にも私たちが考えていることを伝えよう。みんな，私たちが先生へのいいプレゼントを選ぶのを手伝ってくれると思うよ。

　　問１＜和文英訳—適語句補充＞「他の何か」は something else と表せる。else「他の」は some-，any-，no- などで始まる語や疑問詞などを後ろから修飾する。「〈人〉に〈物〉をつくる」は後ろに him があるので‘make＋人＋物’ではなく‘make＋物＋for＋人’の形で表す。

　　問２＜整序結合＞I think に続く内容として，‘主語＋動詞…’の形の文をつくる（接続詞の that が省略されている）。‘主語＋動詞’は everyone will help とし，これに‘help＋目的語＋動詞の原形’「～が…するのを助ける〔手伝う〕」を組み合わせて help us choose とする。choose の目的語は a good present for him「彼（＝先生）へのいいプレゼント」とまとめる。

②≪全訳≫❶翌日，部員たちと話した後，彼らは話し合いを始める。

❷Ｎ：つまり，うちの部活のみんなはスミス先生にプレゼントをしたいんだよね？

❸Ａ：そう，昨日の部活のミーティングでもプレゼントの計画について話したけど，色紙と一緒に何をプレゼントするかは決められなかった。

❹Ｋ：じゃあ，いい計画を考える必要があるわね。

❺Ｎ：部活のミーティングで話した後，部員の１人が僕にスミス先生の自己紹介シートをくれたよ。スミス先生はそれを最初の英語の授業で生徒全員に配ったんだ。それが役に立つと思う。そのシートをもとにアイデアを探してみようよ。先生が興味のあるものをあげた方がいいからね。

❻Ａ：それはいい考えね。あっ，これ見てよ。先生のアドバイス，本当に役に立ったんだ。

❼Ｋ：ええ，今のあなたの英語はずっと良くなってるわ！

❽Ｎ：このシートに基づいて，花も贈ったらどうかな？　きっと喜んでくれるよ。

❾Ｋ：いい考えとは思わないわ。花や植物を国外に持ち出すのにはルールがあったと思うの。

❿Ｎ：ああ，日本からオーストラリアに花を持っていってはいけないってこと？

⓫Ｋ：よくわからないけど，もし私たちが渡した花が日本からオーストラリアに持っていけないものだったら，先生は困ってしまうかもしれないわ。

⓬Ａ：あまり大きなものや重いものを贈ると，オーストラリアまで持っていくのが大変だから，そういうものは選ばない方がいいと思う。

⓭Ｎ：そうだね。じゃあ，代わりに何をあげたらいいかな？

自己紹介シート／こんにちは，皆さん！　私の名前はティモシー・スミスです。オーストラリアから来ました。趣味は花の手入れです。／私は日本のポップソングが好きです。好きな和食はおすしとたこ焼きです。でも，日本の暑い気候はあまり好きではありません。いつか，書道と剣道をやってみたいです。／今日は，英語学習についてアドバイスをしましょう。（例）英語で人と話すようにすればいいと思います。そうすれば，あなたの英語はもっとうまくなりますよ。／挑戦を続けてください！

ありがとうございました。

　問3＜条件作文＞英語の上達に必要と思われることを考えて書けばよい。should に続けるので，
　　動詞の原形から始める。

③≪全訳≫❶彼らは話し合いを続ける。

❷A：先生に何か歌を歌ったらどうかな？　何かいい日本のポップスを知ってる，キミー？

❸K：ええ，知ってるわ。先生のために歌える日本のポップソングを考えておくわね。

❹N：ありがとう。先生は日本のポップスを聴くのが好きなのは間違いないよ，自己紹介シートにそ
う書いてあるからね。

❺K：えっと，私はピアノが弾けるから，曲をピアノで弾くことにするわ。音楽のフクダ先生にお願
いすれば，学校の音楽室が使えると思う。もし，歌を歌うということになったら，フクダ先生にお願
いしてみましょう。

❻N：いいね。それから，僕らの写真を集めてアルバムをつくったらどうかな？

❼K：それもいい考えね，たくさん写真を探さないと。写真のアルバムをつくるなら担任のキシ先生
からカメラを借りて新しい写真を撮れるわ。あっ，もう1つアイデアがあるの。

　問4＜内容真偽＞ア．「キミーはスミス先生が気に入るような良い写真を撮るのは難しいと考えて
　　いる」…×　良い写真を撮ることについての記述はない。　　イ．「アルバムに使う写真が足り
　　ないので，ナオトはキシ先生に写真を撮ってくれるよう頼むつもりだ」…×　第7段落参照。た
　　くさんの写真が必要と考えているのはキミーである。また，キシ先生からカメラを借りることは
　　できるが，写真を撮ってくれるようお願いするという記述はない。　　ウ．「アヤコは歌を練習
　　したいので，練習のためにキミーにピアノを弾いてくれるように言った」…×　第5段落参照。
　　ピアノの演奏はキミー自身が申し出ている。　　エ．「キミーは音楽の先生に，必要なら音楽室
　　を使わせてもらえるように頼むつもりだ」…○　第5段落第2文に一致する。

④≪全訳≫❶彼らは結論にたどり着こうとしている。

❷K：書道作品をプレゼントすることもできるわね。どう思う？

❸N：いい考えだね。作品にどんな言葉を書けばいいかなあ。

❹K：これで，プレゼントのアイデアを3つ思いついたわね。歌を歌うことと，アルバム，書道作品。
色紙とこの3つ全部をプレゼントしたらどうかしら？

❺N：全部を用意する時間はないよ。色紙ともう1つのプレゼントにしておこう。3つの中から1つ
選ぼうよ。

❻A：そうだね。私は，先生がそれを見て日本にいたときのことを思い出せるから，アルバムが一番
いい考えだと思うな。

❼K：私もそう思うわ。じゃあ，後でキシ先生に会ってくるわね。スミス先生が私たちのプレゼント
を気に入ってくれるといいな。

❽N：僕もそう願うよ。他の部員にもこの計画を伝えよう。きっと気に入ってくれるよ。

　問5＜英問英答＞「スミス先生へのプレゼントを選んだ後，キミーが担任のキシ先生に会いに行く
　　のはなぜか」—「カメラを借りたいから」　第6，7段落から，プレゼントとしてアルバムを選
　　ぶことがわかる。③の第7段落でキミーは，プレゼントがアルバムになったら，担任のキシ先生
　　にカメラを借りられると言っている。

　問6＜内容一致＞(1)「ナオトは，（　　）ので，プレゼントは色紙と他の3つのアイデアのうちの1
　　つでいいと考えている」—イ．「スミス先生に3つのプレゼント全部を用意するには時間がかか
　　りすぎる」　④の第5段落参照。　　(2)「話し合いの中で，（　　）」—ア．「ナオトは花をプレゼ

ントすることを思いついたが，キミーは彼のアイデアに賛成しなかった」　②の第8，9段落参照。

問7＜適語句補充＞≪全訳≫❶K：スミス先生へのアルバムをつくるために写真を撮り始めたの。ここに何枚かあるわ。どうかしら？❷N：ああ，これはいい写真だけど，もっと必要だね。❸K：ねえ，2年前の学園祭で_(例)あなたが撮った写真はない？　たしかあのときはスミス先生が一緒にいたと思うの。キシ先生がカメラを使わせてくれなかったっけ？❹N：ああ，思い出した！　学園祭の後，キシ先生から何枚かもらったよ。家で探してみる。

　　＜解説＞第3段落でキミーが「カメラ」と言っていることと，第4段落でナオトが「何枚かもらった」と言っていることなどから，写真について話しているのだとわかる。「写真」と空欄の後の「2年前の学園祭で」をつなげるため，「(あなたが)撮った」を補い，「2年前の学園祭で(あなたが)撮った写真」というまとまりをつくればよい。「あなたが撮った写真」は the pictures you took や the pictures taken by you などと表せる。

③〔長文読解総合─エッセー〕

≪全訳≫❶僕が小学生の頃は，木でできた鉛筆を使わなければならなかった。シャープペンシルを使いたいという友人もいたが，僕たちの小学校では使わなかった。小学生によって最初に使われる筆記用具が鉛筆なのはなぜなのだろうか。僕が学校で使っていた鉛筆は母からもらったもので，鉛筆が短くなると，また母に頼んで新しい鉛筆を買ってもらった。中学生になると，ほとんどの友人がシャープペンシルを使うようになった。僕は小学生の頃はいつも木でできた鉛筆を使っていたが，それ以降はシャープペンシルしか使わなくなった。ある日，新聞を読んでいたら，鉛筆についての記事が載っていた。それによると，1960年代に日本では毎年約14億本の鉛筆がつくられていたが，2019年には1億8000万本しかつくられていないそうだ。これは，1960年代に毎年つくられていた鉛筆の数の約13％だ。その理由の1つは，子どもの数の減少だ。僕は鉛筆に興味を持ち，インターネットで調べてみることにした。

❷1564年，イギリスのボローデールで，地中から黒い物質が発見された。この物質は黒鉛だった。人々は，それが文字を書くのに便利であることを知った。しかし，黒鉛を持つと手が汚れてしまう。_①そこで，黒鉛を2枚の木片で挟んだ。これが最初の鉛筆だ。その後，鉛筆はヨーロッパ各地に広まり，やがて一般にも普及した。およそ200年後にはボローデールにもう黒鉛が残っていなかったので，人々は黒鉛を見つけられなくなった。イギリスの人たちは，ボローデールの黒鉛より良い黒鉛を見つけることができなかった。_②そこで，鉛筆をつくる別の方法を考えなければならなくなった。鉛筆をつくる方法をいろいろ試した後，黒鉛と硫黄を混ぜるようにした。しかし，この硫黄混じりの黒鉛は，ボローデール産の黒鉛ほど良いものではなかった。しかし，ドイツでは，黒鉛と硫黄を混ぜる良い方法が知られていた。フランスの人々はイギリス製の鉛筆を買っていたが，18世紀にフランスとイギリスの戦争が起こったので，フランスの人々はイギリスから鉛筆を手に入れることができなくなった。ナポレオン・ボナパルトは，フランスで自分たちの鉛筆をつくる必要があったため，ある科学者にもっと良い鉛筆をつくるよう頼んだと言われている。科学者は黒鉛と粘土を混ぜ，黒鉛と粘土を混ぜたものを約1100℃に熱して芯をつくった。そして，その科学者はついに最高の芯をつくることができた。それは，現在使われている芯とほぼ同じものだった。_③その後，19世紀には，アメリカの鉛筆会社が新しい鉛筆の製法を発見した。その会社は，2枚の板の間に6本の芯を挟み，それから6本の鉛筆に切り分けた。これは現在，一度にたくさんの鉛筆をつくるために使われている方法とほぼ同じだ。

❸日本の鉛筆はどうだったのか。初めて鉛筆を使った日本人は徳川家康だそうだ。静岡県には，彼が使った鉛筆を1617年から守っている神社がある。明治時代，日本人はアメリカやヨーロッパから多くの新しいことを学ぼうとした。若い人が学ぶ機会も以前より多くなった。1873年には，20人ほどの日本人技

術者がヨーロッパに派遣され，新しい技術を学んだ。帰国後，そのうちの何人かがある男に鉛筆のつくり方を教えた。この男が小池卯八郎で，日本で初めて鉛筆をつくったといわれている。この日本製の鉛筆は，1877年に東京の上野で開かれた博覧会で展示された。その後，日本では鉛筆が普及していき，多くの人が鉛筆を使うようになった。当時は約40社の鉛筆メーカーがあり，そのうちの数社は現在も鉛筆を製造している。

4 鉛筆にはいくつかの長所がある。1本の鉛筆でどれだけの長さが書けるかご存じだろうか。僕はインターネットである記事を読んだ。それによると，約50キロメートルもの線が書けるそうだ！　僕は「これはすごい！」と思った。鉛筆は他の筆記用具よりも長く書くことができる。また，鉛筆はさまざまな環境で使うことができる。例えば，冬の山の頂上のようなすごく寒い場所でボールペンを使ったら，おそらく書くのが相当難しくなる。日本で鉛筆が，小学生が書き方を習うために使う最初の筆記用具となっているのは，鉛筆が壊れにくいからだ。もし鉛筆がなければ，日本の子どもは字を書く練習をするのがもっともっと大変になるだろう。

5 さて，鉛筆についてたくさんのことがわかった。鉛筆にはとても興味深い歴史がある。それについて学ぶと驚くことが多い。僕たちの身の回りの他の筆記用具はどうだろうか。もしかしたら，その道具にも驚くような歴史があるかもしれない。僕はそれらについてもっと知りたいと思っている。

問1＜英問英答＞「なぜ日本では，小学生が最初に使う筆記用具が鉛筆なのか」―「鉛筆は壊れにくいからだ」　第4段落最後から2文目参照。

問2＜適文選択＞①空欄の前後は，ものを書くのに黒鉛を使いたいが手が汚れてしまうので，これを2枚の木片で挟み，こうして最初の鉛筆ができたという流れになっている。　②空欄の前には，それまで使っていたボローデール産の黒鉛が使えなくなったとある。後には，鉛筆をつくるためにいろいろな方法を試したとある。ここから，それまでの材料が使えなくなったために別の方法を見つけなくてはならなくなり，いろいろな方法を試したのだとわかる。　③空欄後の The company より，a pencil company を含むウかエになるとわかる。空欄前で説明されている科学者は1人で，lead「芯」が‘数えられない名詞’として使われているので those scientists, new ones とあるエは入らない。

問3＜整序結合＞a の後には，名詞の shrine「神社」を置く。これを主語とし，動詞のまとまりとして have/has been 〜ing の形の現在完了進行形で has been protecting と並べた後，protecting の後ろに目的語の the pencil を続ける。that は関係代名詞として使い，that he used とまとめてその前の the pencil を修飾するようにする。

問4＜適語選択・語形変化＞A．主語が These pencils made in Japan で，直後には in an exposition in Ueno とあることから，「展示された」という意味になるとわかる。　show － showed － <u>shown</u>　B．主節に助動詞の過去形の would が使われていることに着目し，「もし〜なら，…だろう」という‘現在の事実と反対の事柄’を表す仮定法過去の文であることを読み取る。仮定法過去は‘If＋主語＋動詞の過去形…，主語＋助動詞の過去形＋動詞の原形…’という形。ここは「もし鉛筆がなければ」という意味になるので‘there＋be動詞 〜’の構文である。

問5＜指示語＞amazing は「驚くべき，すごい」といった意味。ツネオがすごいと思ったという this「これ」の内容は直前の you can draw a line about 50 km long !「約50キロメートルもの線が書ける（こと）」を指しているが，これは第4段落第2文の問いかけに対する答えとなっているので，ここにある「1本の鉛筆で」を補い，どうすごいのかが正確に伝わるようにする。

問6＜要約文完成＞《全訳》ツネオは小学生の頃は鉛筆を使っていたが，中学生になると使わなくなった。ある日，新聞記事から鉛筆に興味を持った。調べてみて，彼は鉛筆についていろいろなことを

知った。例えば，最初の鉛筆がいつどこでつくられたのか，人々が鉛筆をどのように改良したのか，鉛筆がどのように日本に伝わってきたのかといったことだ。彼はまた，例えば1本の鉛筆でどれくらい長く書けるのかなど，鉛筆に関するさまざまなことを知った。ツネオは鉛筆の歴史のおもしろさを知って驚いた。彼は他の筆記用具の歴史ももっと知りたいと思っている。

　　＜解説＞1．第1段落中盤の内容に当たる。ツネオは中学生になるとシャープペンシルしか使わなくなり，鉛筆を使わなくなった。前に pencils とあるので，using の目的語は them とする。stop ～ing「～するのをやめる」　　2．第2段落中盤の内容に当たる。ナポレオンが科学者に make better pencils「もっと良い鉛筆をつくる」依頼をしたとあるように，ここでは鉛筆が改良されてきた経緯が説明されている。これを要約文では 'make＋目的語＋形容詞'「～を…（の状態）にする」の形を使って表す。　　3．第5段落第3文の It was very surprising to learn about. の内容に当たる。surprising は「(物事が)驚くべき」といった意味で，Tsuneo を主語にした文で書き換えると，'be動詞＋surprised'「(人が)驚く」という受け身形になる。この後は，'感情の原因' を表す副詞的用法の to不定詞を続けて to learn とする。

4〔テーマ作文〕

　≪**全訳**≫理解を深めるには，スピーチやプレゼンテーションが効果的だ。スピーチやプレゼンテーションをすると，もっと知りたいと思うことが出てくるかもしれない。もっと詳しく知るためには，調べることが必要だ。例えば，学校ではいろいろな方法で調べものができる。学校の図書館やタブレット端末も役に立つ。あなたは調べものをするために，図書館やコンピュータといったものをどのように用いるのだろうか。

　＜解説＞自分が調べものをするときにどのような過程で行うかを考え，それを述べればよい。その際，例として挙げられている図書館やコンピュータをどのように，あるいはどんな目的で使うかも記述する。解答例の訳は「まず，私はインターネットで情報を集める。インターネット上には多くの情報があり，間違っているものもある。次に，学校の図書館の本を読み，その情報が誤りでないことを確認する。そうすれば，難しい話題についてより多くのことを知ることができる」。

数学解答

1 (1) $\dfrac{5y}{4x^3}$　　(2)　7

(3)　$x = \dfrac{-9 \pm \sqrt{33}}{4}$　　(4)　4通り

(5)　$\dfrac{6}{5}$cm　　(6)　ウ

(7)　およそ169匹

(8)　午後1時16分30秒

(9)　$b < c < d < a$　　(10)　Lサイズ

2 (1)　(例)

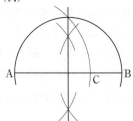

(2)　$\dfrac{\sqrt{3}}{9}$

3 (1)　$\dfrac{1}{6}$　　(2)　ア…$y = 2x - 3$　イ…33

(3)　$\dfrac{5}{11}$

4 (1)　(例)△APOと△BPOにおいて，
POは共通……①
円の半径なので，OA = OB……②
A，Bは接点なので，
∠PAO = ∠PBO = 90°……③
①，②，③から，直角三角形で，斜辺と他の1辺がそれぞれ等しいので，
△APO ≡ △BPO
したがって，PA = PB

(2)　$4\sqrt{15}$cm

5 (1)　$\dfrac{1}{6} \pi r^3$cm³　　(2)　$\dfrac{\sqrt{2}}{6} r^3$cm³

(3)　$\dfrac{1 + 3\sqrt{3}}{48} r^3$cm³

---

1 〔独立小問集合題〕

(1)<式の計算>与式 $= 6xy^2 \div \left(-\dfrac{3}{5}xy\right) \div (-8x^3) = 6xy^2 \times \left(-\dfrac{5}{3xy}\right) \times \left(-\dfrac{1}{8x^3}\right) = \dfrac{6xy^2 \times 5 \times 1}{3xy \times 8x^3} = \dfrac{5y}{4x^3}$

(2)<数の計算>$\sqrt{9} < \sqrt{11} < \sqrt{16}$ より，$3 < \sqrt{11} < 4$ だから，$\sqrt{11}$ の整数部分 a は $a = 3$ となり，小数部分が b より，$a + b = \sqrt{11}$ だから，$3 + b = \sqrt{11}$ となり，$b = \sqrt{11} - 3$ となる。与式 $= a^2 - b(b + 6)$ として，a，b の値を代入すると，与式 $= 3^2 - (\sqrt{11} - 3)(\sqrt{11} - 3 + 6) = 9 - (\sqrt{11} - 3)(\sqrt{11} + 3) = 9 - (11 - 9) = 9 - 2 = 7$ となる。

(3)<二次方程式>$2(x^2 + 6x + 9) - 3x - 9 - 3 = 0$，$2x^2 + 12x + 18 - 3x - 9 - 3 = 0$，$2x^2 + 9x + 6 = 0$ として，解の公式を用いると，$x = \dfrac{-9 \pm \sqrt{9^2 - 4 \times 2 \times 6}}{2 \times 2} = \dfrac{-9 \pm \sqrt{33}}{4}$ となる。

(4)<数の性質>$\sqrt{\dfrac{540}{n}} = \sqrt{\dfrac{2^2 \times 3^3 \times 5}{n}}$ より，$\sqrt{\dfrac{540}{n}}$ の値が整数になるとき，$\dfrac{2^2 \times 3^3 \times 5}{n}$ は整数を2乗した数になる。n が自然数だから，考えられる $\dfrac{540}{n}$ の値は，1，2^2，3^2，$2^2 \times 3^2$ である。$\dfrac{540}{n} = 1$ のとき，$n = 540$ である。$\dfrac{540}{n} = 2^2$ のとき，$\dfrac{2^2 \times 3^3 \times 5}{n} = 2^2$ より，$n = 3^3 \times 5$，$n = 135$ である。$\dfrac{540}{n} = 3^2$ のとき，$\dfrac{2^2 \times 3^3 \times 5}{n} = 3^2$ より，$n = 2^2 \times 3 \times 5$，$n = 60$ である。$\dfrac{540}{n} = 2^2 \times 3^2$ のとき，$\dfrac{2^2 \times 3^3 \times 5}{n} = 2^2 \times 3^2$ より，$n = 3 \times 5$，$n = 15$ である。以上より，自然数 n は，$n = 15$，60，135，540 の4通りある。

(5)<平面図形―長さ―相似>右図1で，∠AEB = ∠DEC であり，AB∥CD より∠BAE = ∠CDE だから，2組の角がそれぞれ等しくなり，△ABE∽△DCE である。これより，BE : CE = AB : DC = 2 : 3 となる。また，∠EBF = ∠CBD であり，EF∥CD より∠BEF = ∠BCD だから，2組の角がそれぞれ等しくなり，△BEF∽△BCD

図1

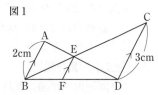

である。よって，EF：CD＝BE：BC＝2：（2＋3）＝2：5となるから，EF＝$\frac{2}{5}$CD＝$\frac{2}{5}$×3＝$\frac{6}{5}$（cm）である。

(6)＜データの活用―箱ひげ図＞ア…正。離れた値は，第1四分位数より小さいか，第3四分位数より大きくなることがほとんどだから，四分位範囲は，離れた値があっても影響は受けにくい。　イ…正。　ウ…誤。箱の中央が平均値になるとはかぎらない。　エ…正。

(7)＜標本調査―母集団の数＞数日後に捕獲した魚のうちの印のついた魚と捕獲した魚の数の比と，養殖池の中にいる印のついた魚と総数の比が等しいと考える。養殖池にいる魚の総数をx匹とすると，数日後に捕獲した魚のうちの印のついた魚は3匹，捕獲した魚は23匹，養殖池にいる印のついた魚は22匹だから，3：23＝22：xが成り立つ。これを解くと，3×x＝23×22，x＝168.6…となるので，養殖池にいる魚の総数は，小数第1位を四捨五入して，およそ169匹と推定できる。

(8)＜一次方程式の応用＞Aさんが午後1時x分に走り始めたとする。午後1時に家を出発したので，毎分50mで歩いた時間はx分，午後1時x分に走り始め午後1時24分ちょうどに公園に着いたので，毎分90mで走った時間は24−x分である。公園までは1500m離れているので，家から公園までの道のりについて，50x＋90（24−x）＝1500が成り立つ。これを解くと，50x＋2160−90x＝1500，−40x＝−660，x＝$\frac{33}{2}$となる。$\frac{33}{2}$＝16＋$\frac{1}{2}$，60×$\frac{1}{2}$＝30より，$\frac{33}{2}$分は16分30秒であるから，走り始めたのは午後1時16分30秒である。

(9)＜関数―a，b，c，dの大小関係＞右図2で，関数$y=cx+d$のグラフとy軸の交点をQとする。関数$y=ax^2$のグラフは上に開く放物線だから，$a>0$である。関数$y=\frac{b}{x}$のグラフは，$x<0$，$y>0$の部分と$x>0$，$y<0$の部分にあるので，$b<0$である。関数$y=cx$＋dのグラフは，右下がりの直線だから，$c<0$であり，点Qのy座標が正より，切片は正だから，$d>0$である。次に，点Pは関数$y=ax^2$のグラフ上にありx座標が−1だから，$y=a×(-1)^2=a$より，P（−1，a）と表せる。Q（0，d）であり，点Qのy座標は点Pのy座標より小さいので，$d<a$となる。また，点Pは関数$y=\frac{b}{x}$のグラフ上にありx座標が−1だから，

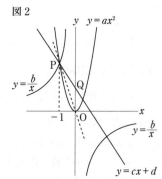

図2

$y=\frac{b}{-1}=-b$となり，P（−1，$-b$）である。これより，2点O，Pを通る直線の傾きは$\frac{0-(-b)}{0-(-1)}$＝bである。直線PQの傾きはcであり，図2より，直線OPの傾きは直線PQの傾きより小さいので，$b<c$となる。以上より，$b<c<d<a$である。

(10)＜数量の計算＞SサイズとMサイズは相似な立体で，相似比は3：4だから，体積の比は3^3：4^3＝27：64となる。64÷27＝2.3…より，Mサイズの体積はSサイズの体積の2倍より大きい。また，価格の比は160：320＝1：2だから，価格は2倍である。価格が2倍であるのに対して，体積は2倍より大きいので，Mサイズの方が割安である。次に，MサイズとLサイズの底面の半径の比が4：5，高さはLサイズがMサイズの2倍なので，Mサイズの底面の半径をr，高さをhとすると，Lサイズの底面の半径$\frac{5}{4}r$，高さは2hと表せ，MサイズとLサイズの体積の比はπr^2h：$\pi×\left(\frac{5}{4}r\right)^2$×2$h$＝8：25となる。25÷8＝3.1…より，Lサイズの体積はMサイズの体積の3倍より大きい。また，価格の比は320：960＝1：3だから，価格は3倍である。価格が3倍であるのに対して，体積は3倍より大きいので，Lサイズの方が割安である。以上より，最も割安なのはLサイズである。

2 〔独立小問集合題〕

(1)＜平面図形―作図＞直角二等辺三角形の3辺の比が1：1：$\sqrt{2}$なので，線分ABを斜辺とする直角

二等辺三角形を考える。右図1で，線分ABを斜辺とする直角二等辺三角形のA，B以外の頂点をPとする。AP：AB＝1：$\sqrt{2}$，AC：AB＝1：$\sqrt{2}$より，AP＝ACとなるから，点Cは，線分AB上で，AP＝ACとなる点である。線分ABの中点をOとし，点Pと点Oを結ぶと，PO⊥ABとなり，∠PAO＝∠PBO＝45°より，△AOP，△BOPは合同な直角二等辺三角形になるから，OP＝OA＝OBである。よって，点Pは線分ABの垂直二等分線上にあり，点Oを中心とする半径がOAの円の周上の点である。作図は，右図2で，

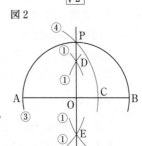

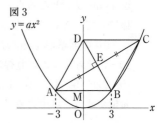

①2点A，Bを中心として半径の等しい円の弧をかき（2つの交点をD，Eとする），

②2点D，Eを通る直線を引く。②の直線と線分ABの交点がOである。

③点Oを中心として半径がOAの円の弧をかく。②の直線と③の円の弧の交点がPである。

④点Aを中心として半径がAPの円の弧をかく。④の円の弧と線分ABの交点がCとなる。解答参照。

(2)**＜関数―比例定数＞**右図3で，4点A，B，C，Dを結ぶ。2点A，Bは関数$y＝ax^2$のグラフ上にあり，x座標がそれぞれ−3，3だから，2点A，Bはy軸について対称であり，ABはx軸に平行である。2点C，Dはy座標が等しいので，DCもx軸に平行である。よって，AB∥DCだから，∠EAB＝∠ECDとなり，AE＝CE，∠AEB＝∠CED＝90°より，△ABE≡△CDEである。これより，BE＝DEとなり，四角形ABCDは，対角線がそれぞれの中点で垂直に交わるので，ひし形である。したがって，AD＝AB＝3−（−3）＝6となる。ABとy軸の交点をMとすると，AM＝3なので，AM：AD＝3：6＝1：2となる。∠AMD＝90°だから，△ADMは3辺の比が1：2：$\sqrt{3}$の直角三角形であり，DM＝$\sqrt{3}$AM＝$\sqrt{3}×3＝3\sqrt{3}$となる。また，点Aのy座標は$y＝a×（−3）^2＝9a$である。DC＝AB＝6より，点Cのx座標は6であり，点Cも関数$y＝ax^2$のグラフ上にあるので，点Cのy座標は$y＝a×6^2＝36a$である。2点C，Aのy座標より，DM＝36a−9a＝27aとなるので，$27a＝3\sqrt{3}$が成り立ち，$a＝\dfrac{\sqrt{3}}{9}$である。

3 〔データの活用―場合の数・確率―さいころ〕

(1)**＜確率＞**さいころを2回投げるとき，2回とも6通りの目の出方があるから，目の出方は全部で6×6＝36（通り）あり，P(s，t)も36通りある。また，右図1で，∠APB＝90°になるとき，点Pは線分ABを直径とする円の周上の点となる。線分ABの中点をQとすると，A(2，1)，B(4，5)より，点Qのx座標は$\dfrac{2＋4}{2}＝3$，y座標は$\dfrac{1＋5}{2}＝3$となるから，Q(3，3)である。よって，∠APB＝90°となる点Pは，Q(3，3)を中心とする半径QAの円の周上の点となる。このようなP(s，t)は，2点(2，1)，(4，5)を除くと，(1，2)，(1，4)，(2，5)，(4，1)，(5，2)，(5，4)の6通りあるので，求める確率は$\dfrac{6}{36}＝\dfrac{1}{6}$である。

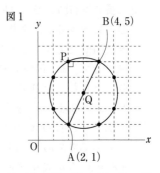

(2)**＜直線の式，場合の数＞**次ページの図2で，点Pが直線AB上にあると，3点A，B，Pを結んでできる図形は三角形にならない。A(2，1)，B(4，5)より，直線ABの傾きは$\dfrac{5−1}{4−2}＝2$だから，直

線 AB の式は $y = 2x + b$ とおける。点 A を通ることから，$1 = 2 \times 2 + b$，$b = -3$ となるので，直線 AB の式は $y = 2x - 3$ である。よって，点 P が直線 $y = 2x - 3$ 上にあるときは三角形にならない。36 通りの P(s, t) のうち，直線 AB 上にあるのは，前ページの図 1 の 3 点 A，Q，B と一致する $(2, 1)$，$(3, 3)$，$(4, 5)$ の 3 通りだから，三角形になる場合は $36 - 3 = 33$（通り）となる。

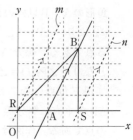
図 2

(3)<確率>右図 2 で，点 A を通り x 軸に平行な直線上に，$\triangle ABR = \triangle ABS = 4$ となる 2 点 R，S を，点 R は点 A より左に，点 S は点 A より右にとる。$\triangle ABR$ は AR を底辺と見ると，2 点 A，B の y 座標より，高さは $5 - 1 = 4$ だから，面積について，$\frac{1}{2} \times AR \times 4 = 4$ が成り立ち，$AR = 2$ となる。これより，点 R の x 座標は $2 - 2 = 0$ だから，R$(0, 1)$ となる。点 R を通り直線 AB に平行な直線を m とすると，点 P が直線 m 上にあるとき，$\triangle ABP = \triangle ABR = 4$ となるから，$\triangle ABP$ の面積が $4\,\text{cm}^2$ 以上になる点 P は，直線 m 上か直線 m よりも上側にある。直線 AB の傾きが 2 より，直線 m の傾きも 2 であり，切片は 1 だから，直線 m の式は $y = 2x + 1$ である。直線 $y = 2x + 1$ は，点 $(1, 3)$，点 $(2, 5)$ を通るので，$\triangle ABP$ の面積が $4\,\text{cm}^2$ 以上となる点 P は，$(1, 3)$，$(1, 4)$，$(1, 5)$，$(1, 6)$，$(2, 5)$，$(2, 6)$ の 6 通りある。同様にして，$AS = 2$ となるので，S$(4, 1)$ である。点 S を通り直線 AB に平行な直線を n とすると，$\triangle ABP$ の面積が $4\,\text{cm}^2$ 以上となる点 P は，直線 n 上か直線 n よりも下側にある。直線 n の式は $y = 2x - 7$ であり，この直線は，点 $(4, 1)$，点 $(5, 3)$，点 $(6, 5)$ を通るので，点 P は，$(4, 1)$，$(5, 1)$，$(5, 2)$，$(5, 3)$，$(6, 1)$，$(6, 2)$，$(6, 3)$，$(6, 4)$，$(6, 5)$ の 9 通りある。以上より，$\triangle ABP$ の面積が $4\,\text{cm}^2$ 以上となる点 P は $6 + 9 = 15$（通り）ある。(2)より，3 点 A，B，P を結んで三角形ができるのは 33 通りだから，求める確率は $\frac{15}{33} = \frac{5}{11}$ である。

4 〔平面図形—円と直線〕

(1)<証明>右図 1 で，点 O と 3 点 A，B，P をそれぞれ結ぶ。PA = PB であることを証明するには，$\triangle APO \equiv \triangle BPO$ であることがいえればよい。PO は共通で，円 O の半径より，OA = OB である。また，2 点 A，B は接点なので，$\angle PAO = \angle PBO = 90°$ である。よって，直角三角形で，斜辺と他の 1 辺がそれぞれ等しいので，$\triangle APO \equiv \triangle BPO$ となる。解答参照。

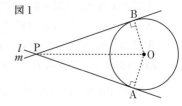
図 1

(2)<長さ>右図 2 で，円 R と 2 直線 l，m の接点をそれぞれ D，E とする。(1)より，$\triangle APO \equiv \triangle BPO$ だから，$\angle APO = \angle BPO$ となり，点 O は $\angle APB$ の二等分線上にある。同様にして，$\triangle DPR \equiv \triangle EPR$ だから，$\angle DPR = \angle EPR$ となり，点 R も $\angle APB$ の二等分線上にある。これより，3 点 P，R，O は一直線上にある。$\angle PDR = \angle PAO = 90°$，$\angle DPR = \angle APO$ より，$\triangle DPR \circ \triangle APO$ だから，PR : PO = RD : OA である。PR = x(cm) とすると，PO = PR + RQ + OQ = $x + 3 + 5 = x + 8$ となるので，$x : (x + 8) = 3 : 5$ が成り立ち，$x \times 5 = (x + 8) \times 3$，$5x = 3x + 24$，$2x = 24$，$x = 12$ となる。よって，$\triangle DPR$ で三平方の定理より，PD $= \sqrt{PR^2 - RD^2} = \sqrt{12^2 - 3^2} = \sqrt{135} = 3\sqrt{15}$ である。また，$\angle PDR = \angle PAO = 90°$ より，RD // OA なので，PD : DA = PR : RO = 12 : 8 = 3 : 2 となり，DA $= \frac{2}{3}$PD $= \frac{2}{3} \times 3\sqrt{15} = 2\sqrt{15}$ である。次に，点 P は円 O の 2 本の接線 l，m の交点で，(1)より PA = PB となるので，同様にして，点 C は円 R の 2 本の接線 l，n の交点だから，CD = CQ となる。さらに，円 O の 2 本

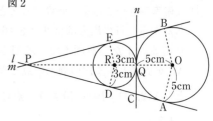
図 2

の接線 l，n の交点でもあるから，CA＝CQ となる。これより，CD＝CA だから，CD＝$\frac{1}{2}$DA＝$\frac{1}{2}×2\sqrt{15}＝\sqrt{15}$ となる。したがって，PC＝PD＋CD＝$3\sqrt{15}＋\sqrt{15}＝4\sqrt{15}$（cm）となる。

5 〔空間図形―球〕

(1)**＜体積＞** 右図1で，∠AOC＝∠BOC＝90° より，OC は3点O，A，B を含む面に垂直であるから，360°÷90°＝4 より，立体Vは，半径 r cm の半球を4等分した立体である。半径 r cm の半球の体積は $\frac{4}{3}\pi r^3×\frac{1}{2}＝\frac{2}{3}\pi r^3$ だから，立体Vの体積は，$\frac{2}{3}\pi r^3÷4＝\frac{1}{6}\pi r^3$（cm³）である。

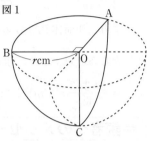

図1

(2)**＜体積＞** 右下図2で，∠AOB＝∠AOC＝90° より，OA は4点B，C，D，O を含む面に垂直だから，5点A，B，C，D，O を頂点とする四角錐は，底面が四角形 OBDC，高さが OA＝r である。点D は $\overset{\frown}{BC}$ の長さを2等分しているから，2点O，D を結ぶと，△OBD≡△OCD となり，∠BOD＝∠COD＝$\frac{1}{2}$∠BOC＝$\frac{1}{2}×90°＝$45° である。これより，点D から OC に垂線 DH を引くと，△ODH は直角二等辺三角形となり，DH＝$\frac{1}{\sqrt{2}}$OD＝$\frac{1}{\sqrt{2}}×r＝\frac{\sqrt{2}}{2}r$ となる。よって，△OCD＝$\frac{1}{2}×$OC×DH＝$\frac{1}{2}×r×\frac{\sqrt{2}}{2}r＝\frac{\sqrt{2}}{4}r^2$ より，〔四角形 OBDC〕＝2△OCD＝$2×\frac{\sqrt{2}}{4}r^2＝\frac{\sqrt{2}}{2}r^2$ と表せる。したがって，四角錐 A-OBDC の体積は，$\frac{1}{3}$×〔四角形 OBDC〕×OA＝$\frac{1}{3}×\frac{\sqrt{2}}{2}r^2×r＝\frac{\sqrt{2}}{6}r^3$（cm³）である。

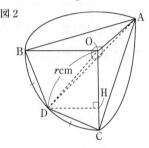

図2

(3)**＜体積＞** 右図3で，$\overset{\frown}{AF}:\overset{\frown}{FC}＝\overset{\frown}{AG}:\overset{\frown}{GE}＝$1:2 だから，FG∥CE となり，4点C，E，F，G は同一平面上にある。OA と CF，OA と EG もそれぞれ同一平面上にあるので，OA，CF，EG の延長は1点で交わる。その交点を右図4のようにPとすると，6点A，C，E，F，G，O を頂点とする五面体は，三角錐 P-OCE から四面体 PAFG を除いたものとなる。図3で，∠AOF＝$\frac{1}{1+2}$∠AOC＝$\frac{1}{3}×90°＝$30°，∠COF＝∠AOC－∠AOF＝90°－30°＝60° である。OC＝OF だから，△OCF は正三角形であり，∠OCF＝60° となるので，図4で，△OCP は3辺の比が 1:2:$\sqrt{3}$ の直角三角形である。これより，PO＝$\sqrt{3}$OC＝$\sqrt{3}r$ である。点E から OC に垂線 EI を引くと，∠COE＝30° より，△OEI は3辺の比が 1:2:$\sqrt{3}$ の直角三角形だから，EI＝$\frac{1}{2}$OE＝$\frac{1}{2}r$ となり，△OCE＝$\frac{1}{2}×$OC×EI＝$\frac{1}{2}×r×\frac{1}{2}r＝\frac{1}{4}r^2$ である。よって，PO⊥〔面 OCE〕より，三角錐 P-OCE の体積は，$\frac{1}{3}$×△OCE×PO＝$\frac{1}{3}×\frac{1}{4}r^2×\sqrt{3}r＝\frac{\sqrt{3}}{12}r^3$ となる。次に，∠OPF＝∠POF＝30° より，△OPF は二等辺三角形だから，PF＝OF であり，△OCF が正三角形より，OF＝FC なので，PF＝FC である。同様に，PG＝GE である。2点F，G はそれぞれ線分 PC，PE の中点なので，線分 PO の中点を J とすると，三角錐 P-JFG と三角錐 P-OCE は相似となる。相似比は PF:PC＝1:2 だから，△JFG と△OCE の相似比も 1:2 であり，△JFG:△OCE＝$1^2:2^2$

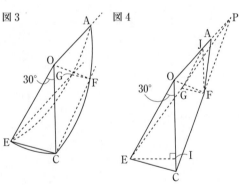

図3　　図4

$=1:4$ である。これより，$\triangle \mathrm{JFG}=\dfrac{1}{4}\triangle \mathrm{OCE}=\dfrac{1}{4}\times\dfrac{1}{4}r^2=\dfrac{1}{16}r^2$ となる。$\mathrm{PJ}=\mathrm{JO}=\dfrac{1}{2}\mathrm{PO}=\dfrac{1}{2}\times$

$\sqrt{3}r=\dfrac{\sqrt{3}}{2}r$，$\mathrm{AJ}=\mathrm{OA}-\mathrm{JO}=r-\dfrac{\sqrt{3}}{2}r=\dfrac{2-\sqrt{3}}{2}r$ となるので，〔三角錐 P-JFG〕$=\dfrac{1}{3}\times\triangle \mathrm{JFG}\times \mathrm{PJ}=$

$\dfrac{1}{3}\times\dfrac{1}{16}r^2\times\dfrac{\sqrt{3}}{2}r=\dfrac{\sqrt{3}}{96}r^3$，〔三角錐 A-JFG〕$=\dfrac{1}{3}\times\triangle \mathrm{JFG}\times \mathrm{AJ}=\dfrac{1}{3}\times\dfrac{1}{16}r^2\times\dfrac{2-\sqrt{3}}{2}r=\dfrac{2-\sqrt{3}}{96}r^3$

より，四面体 PAFG の体積は，〔三角錐 P-JFG〕$-$〔三角錐 A-JFG〕$=\dfrac{\sqrt{3}}{96}r^3-\dfrac{2-\sqrt{3}}{96}r^3=\dfrac{\sqrt{3}-1}{48}r^3$

となる。以上より，求める立体の体積は，〔三角錐 P-OCE〕$-$〔四面体 PAFG〕$=\dfrac{\sqrt{3}}{12}r^3-\dfrac{\sqrt{3}-1}{48}r^3$

$=\dfrac{1+3\sqrt{3}}{48}r^3(\mathrm{cm}^3)$ となる。

＝読者へのメッセージ＝

$\boxed{1}$(9)で，関数 $y=ax^2$ のグラフは放物線，関数 $y=\dfrac{b}{x}$ のグラフは双曲線です。放物線や双曲線は，円錐を平面で切断したときにも現れる曲線です。高校で学習します。

Memo

Memo

2021年度
埼玉県公立高校／学力検査

英語　●満点 100点　●時間 50分

新型コロナウイルス感染症対策のため、学校が臨時休校したことを受けて、出題範囲に配慮がありました。

■リスニングテストの音声は，当社ホームページで聴くことができます。（当社による録音です。）再生に必要なアクセスコードは「合格のための入試レーダー」（巻頭の黄色の紙）の1ページに掲載しています。

1 　放送を聞いて答える問題（28点）

　問題は，No.1〜No.7の全部で7題あり，放送はすべて英語で行われます。放送される内容についての質問にそれぞれ答えなさい。No.1〜No.6は，質問に対する答えとして最も適切なものを，A〜Dの中から1つずつ選び，その記号を書きなさい。No.7は，それぞれの質問に英語で答えなさい。放送中メモを取ってもかまいません。各問題について英語は2回ずつ放送されます。

【No.1〜No.3】（各2点）

Listen to each talk, and choose the best answer for each question.

No.1

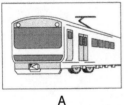   

　　　A　　　　　　　　B　　　　　　　　C　　　　　　　　D

No.2

  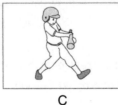 

　　　A　　　　　　　　B　　　　　　　　C　　　　　　　　D

No. 3

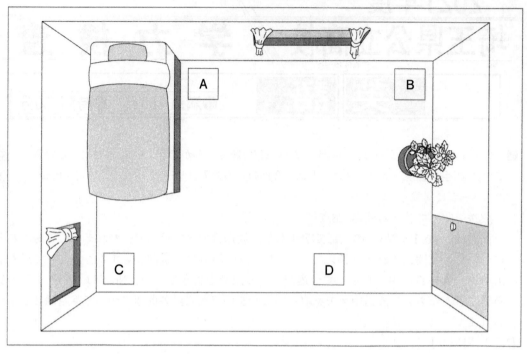

【No. 4, No. 5】（各2点）

Listen to each situation, and choose the best answer for each question.

No. 4

    A Here you are.   **B** Thanks.

    C You, too.   **D** Give me some water, please.

No. 5

    A Sorry, I don't know.   **B** You should go alone.

    C I will go with you.   **D** Will you change trains at the station?

【No. 6】（各3点）

Listen to the talk about a new candy shop, Sweet Saitama, and choose the best answer for questions 1, 2 and 3.

(1) Question 1

    A On the shopping street near Keyaki Station.   **B** In the soccer stadium.

    C In the building of Keyaki Station.   **D** On the way to a flower shop.

(2) Question 2

    A One day.   **B** Two days.

    C Three days.   **D** Four days.

(3) Question 3

    A The new candy shop sells flowers from other countries.

    B The new candy shop opens at seven a.m.

    C The special ice cream is the most popular at the new candy shop.

    D The new candy shop is closed on Mondays and Tuesdays.

【No.7】（各3点）

　Listen to the talk between Miho and Mr. Ford, an ALT from London, and read the questions. Then write the answer in English for questions 1, 2 and 3.

(1)　Question 1 :　When is Mr. Ford happy ?
　　　Answer :　　He is happy when students (　　　　　　　　　) him in English.
(2)　Question 2 :　Where does Mr. Ford often go to enjoy bird watching in Japan ?
　　　Answer :　　He goes to the (　　　　　　　　　) near his house.
(3)　Question 3 :　What did Mr. Ford want to be when he was a junior high school student ?
　　　Answer :　　He wanted to be (　　　　　　　　　).

※<**放送を聞いて答える問題台本**>は英語の問題の終わりに付けてあります。

2　　Akio が中学校の ALT の Ms. Green への手紙を英語で作成します。〔日本語のメモ〕をもとに，空欄 A ～ D にあてはまる適切な1語を，それぞれ英語で書きなさい。なお，空欄 A ～ D には省略した形や数字は使わないものとします。(12点)

〔日本語のメモ〕

　グリーン先生へ

　お元気ですか。
　私は，高校生活を楽しんでいます。
　私は，科学部に入りました。
　部員は15人です。兄も部員です。
　7月には，たくさんの星を観察する計画をしています。
　とてもわくわくしています。
　お元気で。

　　　　　　　　　　　　　　　　　　　　　　　　　　　　　　　　　明夫

Dear Ms. Green,

　How are you ?
　I'm having a great time in high school.　I'm in the [　A　] club now.　There are fifteen members.　My [　B　] is a member, too.　In [　C　], we are planning to look at many [　D　].　I'm really excited.
　Please take care.

　　　　　　　　　　　　　　　　　　　　　　　　　　　　　　　Sincerely,
　　　　　　　　　　　　　　　　　　　　　　　　　　　　　　　Akio

（各3点）

3 次は，中学生の Toshiya が書いた英文です。これを読んで，問1～問5に答えなさい。＊印のついている語句には，本文のあとに〔注〕があります。(18点)

My younger sister started to go to elementary school last year.　One day in spring, she asked me to show her how to ride a bike.　I started 〔I / a bike / was / when / riding〕 in elementary school, too.　　A　　At that time, my father helped me *patiently.　I practiced hard. I remember my father looked very happy when I rode a bike for the first time.

The next day, I brought out a small, old bike from the *garage because I wanted my sister to practice with it.　　B　　It was my first bike, and I practiced with it when I was younger.　I cleaned it up.　I was glad that we could (　　　　) it.

That weekend, we began to practice with the bike.　When my sister tried to ride the bike for the first time, she couldn't *balance herself well.　I told her to hold the *handlebars with both hands and I held the back of the bike for her.　　C　　So, I tried to help her patiently like my father.

A week later, she could finally ride the bike *all by herself!　She was really happy and I was happy for her.　Now, we're going to buy her a new bike next week.

〔注〕　patiently……忍耐強く　　garage……車庫　　balance ～……～のバランスをとる
　　　　handlebar……ハンドル　　all by herself……ひとりで

問1　〔　〕内のすべての語句を，本文の流れに合うように，正しい順序に並べかえて書きなさい。（4点）

問2　本文中の　A　～　C　のいずれかに，My sister practiced hard, too. という1文を補います。どこに補うのが最も適切ですか。　A　～　C　の中から1つ選び，その記号を書きなさい。（3点）

問3　下線部について，（　）にあてはまる最も適切なものを，次のア～エの中から1つ選び，その記号を書きなさい。（3点）
ア　even break　　イ　never drive　　ウ　wait for　　エ　still use

問4　本文の内容に関する次の質問の答えとなるように，（　）に適切な英語を書きなさい。（4点）
Question :　Why did Toshiya bring out his small, old bike from the garage ?
Answer :　　Because he wanted his (　　　　　　　　　　　　　　　　　).

問5　本文の内容と合うものを，次のア～エの中から1つ選び，その記号を書きなさい。（4点）
ア　Toshiya's sister decided to ride a bike because he told her to do so.
イ　When Toshiya was learning to ride a bike, his father helped him.
ウ　It was hard for Toshiya's sister to balance herself, but he just watched her.
エ　Toshiya and his sister bought a new bike last week.

4 次の 1 ～ 4 は，Haruka，イギリス(the UK)に住む Phil と ALT の Mr. Belle の会話と発表です。これらを読んで，問1～問8に答えなさい。＊印のついている語句には，本文のあとに〔注〕があります。(30点)

1 〈*Haruka in Japan is *making a video call with Phil in the UK on her *tablet computer.〉
Phil :　　Hi, Haruka.　What are you doing today ?

Haruka : Hi, Phil. It's raining today, so I'm reading a book. How [A] in your town ?

Phil : It's sunny today. Haruka, I learned something interesting about Japan. It was about the entrance of houses.

Haruka : What did you learn ?

Phil : I'll show you. Just a minute. I'm going to the entrance of my house. Please look at the *front door. I am opening it, and then closing it. Is anything different ?

Haruka : There are no *shoe boxes.

Phil : Well, you're right, but that is not the point.

Haruka : Oh, I see ! Your door opens to the *inside of the house. The front door of my house opens to the *outside.

Phil : That's right. My father has been to many countries before. So, I asked him about it. He said that many front doors in other countries usually open to the inside.

Haruka : Really ? I think many front doors in Japan open to the outside. But why do they open to the outside ?

〔注〕 make a video call……ビデオ通話をする　　tablet……タブレット型の

front door……玄関のドア　　shoe……靴　　inside……内側　　outside……外側

問1　空欄 [A] にあてはまる最も適切なものを，次の**ア**～**エ**の中から1つ選び，その記号を書きなさい。（3点）

ア　is the weather　　**イ**　do you like it

ウ　long have you lived　　**エ**　much is this book

問2　本文 [1] の内容と合うように，次の英語に続く最も適切なものを，**ア**～**エ**の中から1つ選び，その記号を書きなさい。（4点）

　　Phil wants Haruka

ア　to call him more often on her tablet computer on rainy days.

イ　to know that he doesn't have a shoe box.

ウ　to learn that the front door of his house opens to the inside.

エ　to look at his shoes because his father bought them abroad.

[2]　〈*At school, Haruka is talking with her ALT, Mr. Belle.*〉

Haruka : Mr. Belle, why do front doors in Japan open to the outside of the house ?

Mr. Belle : There may be a few *reasons. One of them is shoes.

Haruka : Shoes ?

Mr. Belle : You don't wear shoes in the house, so you put your shoes at the entrance.

Haruka : Oh, I see ! If the front door opens to the outside of the house, the door will not hit the shoes. So, front doors opening to the outside are good for houses in Japan.

Mr. Belle : That's right.

Haruka : That's interesting. Do you have any other examples like that ?

Mr. Belle : Well, many people in Japan *clean their whole houses at the end of the year. But people in some countries do it in spring.

Haruka : Why do they do it in spring ?

Mr. Belle : Why don't you find out and give a speech about it in English class next week ?

Haruka : That sounds interesting. Thank you.

〔注〕 reason……理由　　clean their whole houses……大掃除をする

問3　本文2で，Harukaは，外側に開く玄関のドアが日本の家に適しているのはなぜだと述べていますか。日本語で書きなさい。（4点）

3 〈Haruka is giving a speech to her classmates in English class.〉

When do you clean your whole house ? Most of you will do it in December. But people in some countries do it in spring. Why do they do it then ?

In the *past, many houses in some *northern countries had *fireplaces. Winter in these countries is very cold. So, people 〔wood / their houses / burned / make / to〕 warm. After the cold winter, there was a lot of *soot from the fireplace in their houses. So, they needed to clean their houses in spring. This is called "spring cleaning." Now, many people in those countries have other *heating systems in their houses, so they don't need to use fireplaces in winter. They don't need to clean their houses in spring, but they still have this *custom.

Different people have different ways of living. I think this is an important thing for you to remember to understand other cultures.

〔注〕 past……過去　　northern……北の

　　　fireplace……暖炉　　soot……すす

　　　heating system……暖房装置　　custom……習慣

問4　〔　〕内のすべての語句を，本文の流れに合うように，正しい順序に並べかえて書きなさい。（4点）

問5　本文3の内容と合うものを，次のア〜エの中から1つ選び，その記号を書きなさい。（4点）

ア　December is the best month to clean the whole house for everyone in the world.

イ　"Spring cleaning" meant that people didn't have to clean their houses before winter.

ウ　Many people in some northern countries don't use fireplaces now, but the custom of "spring cleaning" still continues.

エ　People live in many different places, but their ways of living are not so different.

4 〈At school, Haruka is talking with Mr. Belle.〉

Haruka : It's very interesting to learn about other cultures.

Mr. Belle : Why don't you study abroad in the future ?

Haruka : *Actually, I often think about it.

Mr. Belle : What country do you want to go to ?

Haruka : I'm interested in a few countries, but I haven't decided yet. A few days ago, I was looking for some *information about studying abroad. I found a very interesting graph. Among *Europe, *Asia, and North America, which *area has the most Japanese students studying abroad, Mr. Belle ?

Mr. Belle : It's North America, right ?

Haruka : North America has a lot of Japanese students, but it doesn't have the most.

Mr. Belle : Then what about Europe ?

Haruka : 　Well, North America has more students from Japan than Europe has. Actually, foreign countries in Asia have the most Japanese students.

Mr. Belle : 　Oh, really ?　I didn't know.

Haruka : 　I will study a lot and think about my reasons for studying abroad, and then I will choose a country.

Mr. Belle : 　Good idea.　Try your best.

Haruka : 　These days, I often call my friend in the UK.　He told me a lot about his culture. But the best way to learn about foreign cultures is to visit foreign countries.

〔注〕　actually……実は　　information……情報

　　　　Europe……ヨーロッパ　　Asia……アジア

　　　　area……地域

問6　次は, 本文 4 で述べられているグラフです。本文の内容と合うように, 空欄 ① ～ ③ にあてはまるものを, 下の**ア**～**ウ**の中から1つずつ選び, その記号を書きなさい。なお, 同じ記号を2度以上使うことはありません。(3点)

グラフ　地域別日本人留学生の人数

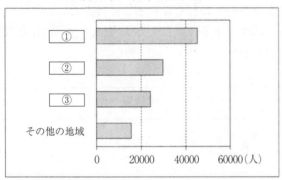

　ア　ヨーロッパ　　**イ**　北アメリカ　　**ウ**　アジア

問7　下線部について, あなたの考えを2文以上の英語で書きなさい。1文目は, 賛成か反対かを書きなさい。2文目以降は, その理由が伝わるように書きなさい。(4点)

問8　次は, 後日の Haruka と Phil のビデオ通話での会話です。自然な会話になるように, (　　) に適切な3語以上の英語を書きなさい。(4点)

Haruka : 　I gave a speech in English class a few days ago.

Phil : 　　(　　　　　　　　　　　　　) about ?

Haruka : 　It was about "spring cleaning."

Phil : 　　Oh, that's good.　I like cleaning in spring.

5　次は, オーストラリアに住む, あなたの友人である Emily から届いたメールです。これを読んで, 問1～問3に答えなさい。(12点)

Hi !　How are you ?

Last week, I was looking at some photos.　My father took them when he went to Osaka to see his old friend.　In one of them, he was standing in front of a large castle.　In another photo, he was eating Japanese food.　I was very interested in his trip there, so I asked him about it.

He said he stayed in Osaka for five days in August two years ago. It was his first time in Japan. The castle in the photo is Osaka Castle. My father went there with his friend, and he was very glad to see the castle. His friend showed him around the castle, and took him to a beautiful shrine. Then, they ate *takoyaki* and *okonomiyaki* at a famous restaurant in Osaka. When my father and I were looking at the photos, he said, "I'll take you to Osaka next time."

I want to go to many countries all over the world. Japan is one of them. Are you interested in any cities or countries abroad? Where do you want to go in the future?

問1　本文の内容に合うように，次の英文の（　）にあてはまる最も適切な1語を，本文中から抜き出して書きなさい。（3点）

　　Emily wanted to know more about her father's (　　) to Osaka.

問2　本文の内容と合うものを，次のア〜エの中から1つ選び，その記号を書きなさい。（3点）

ア　Emily と彼女の父は，2年前に一緒に大阪へ行った。

イ　Emily の父は，5日間大阪に滞在した。

ウ　Emily の父は，一人で大阪城周辺を散策した。

エ　Emily は，彼女の父にたこ焼きとお好み焼きをつくった。

問3　下線部について，あなたは，将来あなたが海外に行くならどこに行きたいかについて，Emily に英語でメールを書きます。〔条件〕に従い，Emily に伝わるように，A に3文以上の英文を書いて，メールを完成させなさい。（6点）

メール

Hi, Emily. How are you doing?

A

Talk to you soon!

〔条件〕　①　1文目は，どこに行きたいかということを，I would like to に続けて，解答欄の①に書きなさい。

　　　　②　2文目以降は，①について具体的にそこでどのようなことをしたいかを，2文以上で解答欄の②に書きなさい。

<放送を聞いて答える問題台本>

※「チャイム」

　これから「放送を聞いて答える問題」を始めます。

　問題用紙の第1ページ，第2ページを見てください。問題は，No.1〜No.7の全部で7題あり，放送はすべて英語で行われます。放送される内容についての質問にそれぞれ答えなさい。No.1〜No.6は，質問に対する答えとして最も適切なものを，A〜Dの中から1つずつ選び，その記号を書きなさい。No.7は，それぞれの質問に英語で答えなさい。放送中メモを取ってもかまいません。各問題について英語は2回ずつ放送されます。

　では，始めます。

Look at No. 1 to No. 3 on page 1.

Listen to each talk, and choose the best answer for each question.

Let's start.

No. 1

A : Hi, Bill. I went to the car museum and saw many cars last week.

B : Oh, really ? I love cars, Mary. I want to go there, too. How can I get there ?

A : You can take a bus from the station. But I went there by bike.

B : OK. Thanks.

Question : How did Mary go to the museum ?

（会話と質問を繰り返します。）

No. 2

A : I saw Kevin yesterday when I was walking on the way to a hamburger shop. He was practicing soccer.

B : He is good at baseball, too, right ?

A : Yes, he is. Look, Kevin is over there.

B : Oh, he is walking with his dog today.

Question : What was Kevin doing yesterday ?

（会話と質問を繰り返します。）

No. 3

A : Judy, where do you want to put your new desk ?

B : I want to put it in the corner by the window.

A : Oh, you want to put it by the bed ?

B : No. There by the plant.

Question : Where does Judy want to put her desk ?

（会話と質問を繰り返します。）

Look at No. 4 and No. 5 on page 2.

Listen to each situation, and choose the best answer for each question.

Let's start.

Peter has just come home by bike.

He is really thirsty and asks his mother to give him something to drink.

She gives him some water.

Question : What will Peter's mother say to him ?

（英文と質問を繰り返します。）

Emi is walking on the street.

A woman asks her the way to the station.

Emi is also going there, so Emi has decided to take the woman to the station.

Question : What will Emi say to the woman ?

（英文と質問を繰り返します。）

Look at No. 6.

Listen to the talk about a new candy shop, Sweet Saitama, and choose the best answer for questions 1, 2 and 3.

Let's start.

A new candy shop, Sweet Saitama, just opened yesterday on the shopping street near Keyaki Station. It is on the way to the soccer stadium.

The shop sells things like candy, chocolate, and ice cream from many countries. The flowers made from candy are especially popular. The people working at the shop had training. They can make them by hand. You can see their work through the window of the shop from eleven a.m. to three p.m.

They started a special opening event yesterday, so a lot of people are at the shop today. If you buy something at the shop, you can get a piece of chocolate as a present. This event finishes tomorrow.

The shop is open from Wednesday to Sunday, from ten a.m. to seven p.m. Visit Sweet Saitama for a sweet time.

Question 1 : Where is the new candy shop ?

Question 2 : How many days is the special opening event for ?

（英文と質問を繰り返します。）

Look at No. 7.

Listen to the talk between Miho and Mr. Ford, an ALT from London, and read the questions. Then write the answer in English for questions 1, 2 and 3.

Let's start.

Miho :　　Excuse me, Mr. Ford. May I ask you some questions for the school newspaper ? I'm going to write about you.

Mr. Ford : Of course, Miho.

Miho :　　Thanks. Do you enjoy teaching English here ?

Mr. Ford : Yes. I'm happy when students talk to me in English.

Miho :　　I also enjoy talking with you in English. What do you like to do on weekends ?

Mr. Ford : I really like bird watching. When I was in London, many birds flew into my garden, and I enjoyed watching them.

Miho :　　Do you enjoy bird watching in Japan ?

Mr. Ford : Yes. I often go bird watching at the lake near my house. There are many kinds of birds. I always take a lot of pictures of them there. It's very interesting.

Miho :　　That sounds fun. By the way, what did you want to be when you were a junior high school student ?

Mr. Ford : Well, I wanted to be a doctor, then. But when I was a high school student, I had a wonderful teacher, so I wanted to be a teacher like him.

Miho :　　Oh, really ? Thank you very much. I'll be able to write a good story.

（会話を繰り返します。）

以上で「放送を聞いて答える問題」を終わります。では，ほかの問題を始めてください。

（注意）　答えに根号を含む場合は，根号をつけたままで答えなさい。

1　次の各問に答えなさい。(65点)

(1)　$4x-9x$　を計算しなさい。(4 点)

(2)　$-3+(-4)\times5$　を計算しなさい。(4 点)

(3)　$4xy\div8x\times6y$　を計算しなさい。(4 点)

(4)　方程式　$3x+2=5x-6$　を解きなさい。(4 点)

(5)　$2\sqrt{3}-\dfrac{15}{\sqrt{3}}$　を計算しなさい。(4 点)

(6)　$x^2+7x-18$　を因数分解しなさい。(4 点)

(7)　連立方程式　$\begin{cases}5x-4y=9\\2x-3y=5\end{cases}$　を解きなさい。(4 点)

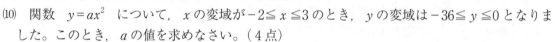

(8)　2 次方程式　$2x^2-5x+1=0$　を解きなさい。(4 点)

(9)　右の図で，$\angle x$ の大きさを求めなさい。(4 点)

(10)　関数　$y=ax^2$　について，x の変域が $-2\leqq x\leqq3$ のとき，y の変域は $-36\leqq y\leqq0$ となりました。このとき，a の値を求めなさい。(4 点)

(11)　半径が 2 cm の球の体積と表面積を求めなさい。ただし，円周率は π とします。(各 2 点)

(12)　次の**ア〜エ**は立方体の展開図です。これらをそれぞれ組み立てて立方体をつくったとき，面 A と面 B が平行になるものを，**ア〜エ**の中から 1 つ選び，その記号を書きなさい。(4 点)

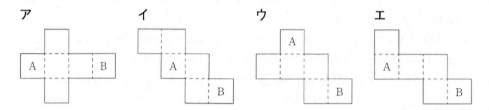

ア　　　　イ　　　　ウ　　　　エ

(13)　地球の直径は約12700km です。有効数字が 1，2，7 であるとして，この距離を整数部分が 1 けたの数と，10の何乗かの積の形で表すと次のようになります。　ア　と　イ　にあてはまる数を書きなさい。(4 点)

　ア　$\times 10^{\boxed{イ}}$ km

(14)　1 から 6 までの目が出る 1 つのさいころを投げます。このときの目の出方について述べた文として正しいものを，次の**ア〜エ**の中から 1 つ選び，その記号を書きなさい。

　　ただし，さいころはどの目が出ることも同様に確からしいものとします。(4 点)

ア　さいころを 6 回投げるとき，そのうち 1 回はかならず 6 の目が出る。

イ　さいころを 3 回投げて 3 回とも 1 の目が出たあとに，このさいころをもう一度投げるとき，1 の目が出る確率は $\dfrac{1}{6}$ より小さくなる。

ウ　さいころを 2 回投げるとき，偶数の目と奇数の目は 1 回ずつ出る。

エ　さいころを1回投げるとき，3以下の目が出る確率と4以上の目が出る確率は同じである。

⒂　右の表は，あるクラスの生徒40人の休日の学習時間を度数分布表に表したものです。このクラスの休日の学習時間の中央値（メジアン）が含まれる階級の相対度数を求めなさい。（4点）

学習時間(時間)		度数(人)
以上 ～ 未満		
0 ～ 2		2
2 ～ 4		4
4 ～ 6		12
6 ～ 8		14
8 ～ 10		8
合計		40

⒃　Aさんは，同じ大きさの3本の筒を図1のように並べてひもで束ねようとしましたが，ひもの長さが足りませんでした。そこで，図2のように並べかえたところ，ひもで束ねることができました。必要なひもの長さの違いに興味をもったAさんは，筒を並べてその周りにひもを巻いたものを上からみた様子を，下のア，イのように模式的に表しました。

円の半径を2cm，円周率をπとするとき，アとイのひもの長さの差を，途中の説明も書いて求めなさい。その際，解答用紙の図を用いて説明してもよいものとします。

ただし，必要なひもの長さは1周だけ巻いたときの最も短い長さとし，ひもの太さや結び目については考えないものとします。（5点）

図1　　　　　　　　　　　　　図2

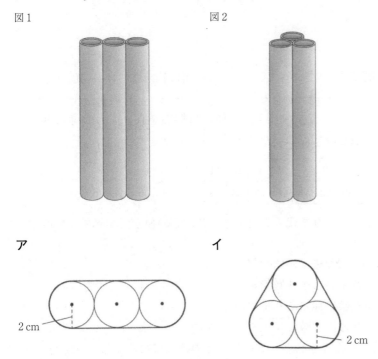

2　　次の各問に答えなさい。（10点）

⑴　右の図のように，直線 l と直線 l 上にない2点A，Bがあります。直線 l 上にあり，2点A，Bから等しい距離にある点Pを，コンパスと定規を使って作図しなさい。

ただし，作図するためにかいた線は，消さないでおきなさい。（5点）

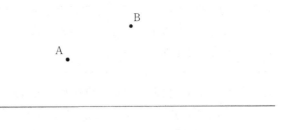

(2) 下の図で，曲線は関数 $y=2x^2$ のグラフです。曲線上に x 座標が -3，2 である 2 点A，Bをとり，この 2 点を通る直線 l をひきます。直線 l と x 軸との交点をCとするとき，$\triangle$AOC の面積を求めなさい。

ただし，座標軸の単位の長さを $1\,\mathrm{cm}$ とします。（5点）

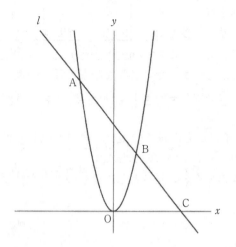

3　次は，先生とAさんの会話です。これを読んで，下の各問に答えなさい。（10点）

> 先　生「次の表は，式 $3x+5$ について，x に 1 から順に自然数を代入したときの $3x+5$ の値を表したものです。表をみて気づいたことはありますか。」
>
> | x | 1 | 2 | 3 | 4 | 5 | 6 | 7 | 8 | 9 | 10 | 11 | … |
> |---|---|---|---|---|---|---|---|---|---|---|---|---|
> | $3x+5$ | 8 | 11 | 14 | 17 | 20 | 23 | 26 | 29 | 32 | 35 | 38 | … |
>
> Aさん「表をみると，x に 1，5，9 を代入したときの $3x+5$ の値が，すべて 4 の倍数になっています。」
> 先　生「1，5，9 の共通点はありますか。」
> Aさん「1 も 5 も 9 も，4 で割ると 1 余る数です。」
> 先　生「4 で割ると 1 余る自然数は他にありますか。」
> Aさん「あります。1，5，9 の次の数は ア です。」
> 先　生「x に ア を代入したときの $3x+5$ の値は 4 の倍数になるでしょうか。」
> Aさん「 ア を代入したときの $3x+5$ の値は イ なので，これも 4 の倍数になっています。」
> 先　生「そうですね。これらのことから，どのような予想ができますか。」
> Aさん「<u>$3x+5$ の x に，4 で割ると 1 余る自然数を代入すると，$3x+5$ の値は 4 の倍数になる</u>と予想できます。」

(1) ア と イ にあてはまる自然数を書きなさい。（4点）

(2) 下線部の予想が正しいことを，次のように証明しました。 ① にあてはまる式を書きなさい。また， ② に証明の続きを書いて，証明を完成させなさい。（6点）

（証明）

n を 0 以上の整数とすると，4で割ると1余る自然数は | ① | と表される。

②

したがって，$3x+5$ の x に，4で割ると1余る自然数を代入すると，$3x+5$ の値は4の倍数になる。

---

4 下の図1のように，△ABC の辺 AB 上に，∠ABC＝∠ACD となる点Dをとります。また，∠BCD の二等分線と辺 AB との交点をEとします。AD＝4cm，AC＝6cm であるとき，次の各問に答えなさい。（15点）

(1) △ABC と△ACD が相似であることを証明しなさい。（5点）

(2) 線分 BE の長さを求めなさい。（5点）

(3) 下の図2のように，∠BAC の二等分線と辺 BC との交点をF，線分 AF と線分 EC との交点をGとします。

△ABC の面積が18cm² であるとき，△GFC の面積を求めなさい。（5点）

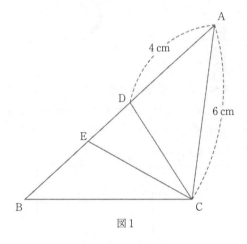

図1

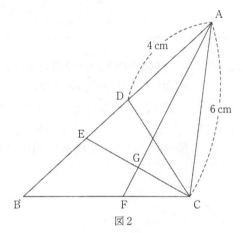

図2

1　Mさんは，フランス，オーストラリア，アメリカ合衆国，チリ及び日本の5か国について調べました。次の**地図**をみて，問1～問4に答えなさい。(15点)

地図

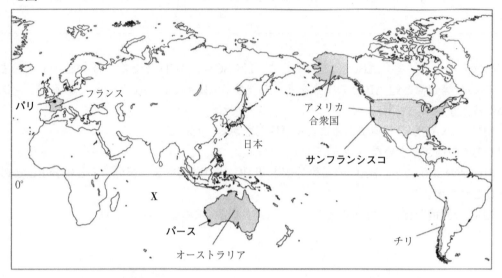

問1　三大洋のうち，**地図**中の**X**の海洋の名称を書きなさい。(3点)

問2　Mさんは，**地図**中のチリの輸出の変化について調べ，次の**グラフ**と**表1**をつくりました。また，これらから読みとれることを，あとのようにまとめました。**まとめ**の中の　**P**　にあてはまる州の名称と　**Q**　にあてはまる輸出品を，それぞれ書きなさい。(4点)

グラフ　チリの輸出総額に占める輸出相手国の割合(上位5か国)

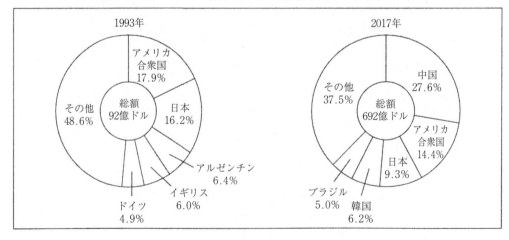

表1　チリの輸出総額に占める輸出品の割合（上位3品目）

1993年		2017年	
銅	37.7%	銅	50.5%
野菜・果実	10.7%	野菜・果実	9.1%
魚介類	7.9%	魚介類	8.1%

（注）　銅は，銅と銅鉱の合計である。

（世界国勢図会 2019/20年版などから作成）

まとめ

　グラフをみると，チリの2017年の輸出総額は1993年と比べて増加しており，おもな輸出相手国やその地域も変化していることがわかります。チリの輸出相手国の上位5か国に着目すると，1993年には1か国だった　**P**　州の国が，2017年には3か国となっています。**表1**をみると，チリの輸出総額に占める割合が最も高い輸出品は，1993年と2017年ともに　**Q**　であることがわかります。

問3　**M**さんは，**地図**中に示した，**パリ，パース，サンフランシスコ**の三つの都市の気温と降水量を調べ，次の**ア～ウ**のグラフをつくりました。このうち，地中海性気候に属する**サンフランシスコ**の気温と降水量を示すものを，**ア～ウ**の中から一つ選び，その記号を書きなさい。また，そう判断した理由を，選んだグラフから読みとれる特色のうち，6月から9月の気温，気温と降水量の関係の二点に着目して説明しなさい。（5点）

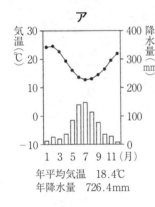

ア
年平均気温　18.4℃
年降水量　726.4mm

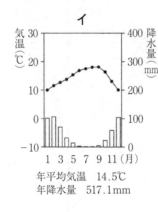

イ
年平均気温　14.5℃
年降水量　517.1mm

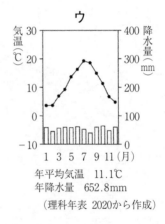

ウ
年平均気温　11.1℃
年降水量　652.8mm

（理科年表 2020から作成）

問4　次の**表2**は，**地図**中に示した5か国の，2016年における人口，国土面積，農地面積，穀物生産量を示したものです。**表2**から読みとれる内容を述べた文として正しいものを，下の**ア～オ**の中から**すべて**選び，その記号を書きなさい。（3点）

表2

	人口 （千人）	国土面積 （千km²）	農地面積 （千km²）	耕地・ 樹園地	牧場・ 牧草地	穀物 生産量 （千t）	小麦の 生産量
フランス	64721	552	287	193	94	54655	29504
オーストラリア	24126	7692	3711	464	3247	35230	22275
アメリカ合衆国	322180	9834	4059	1549	2510	475984	62859
チリ	17910	756	157	17	140	3872	1732
日本	127749	378	45	39	6	9035	791

（世界国勢図会 2019/20年版などから作成）

ア　アメリカ合衆国の国土面積に占める農地面積の割合は，3分の1以上である。

イ　フランスとアメリカ合衆国を比べると，穀物生産量に占める小麦の生産量の割合は，アメリカ合衆国の方が高い。

ウ　オーストラリアと日本を比べると，農地面積に占める牧場・牧草地の面積の割合は，オーストラリアの方が高い。

エ　5か国においては，耕地・樹園地の面積が大きい順に，穀物生産量が多い。

オ　5か国においては，国土面積が最も小さい国が，人口密度が最も高い。

2　Nさんは，地理的分野の授業で日本の諸地域を学習したあと，地図1を作成しました。地図1をみて，問1〜問5に答えなさい。（17点）

地図1

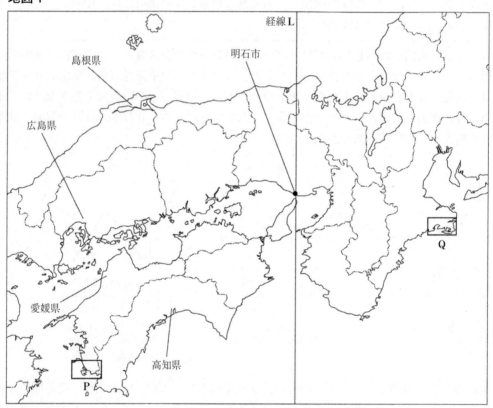

問1　Nさんは，地図1中の経線Lについて調べ，次のようにまとめました。まとめの中の[L]にあてはまる経度を，東経または西経をつけて書きなさい。（3点）

まとめ

世界の国々は，それぞれ基準になる経線を決めて，それに合わせた時刻を標準時として使っています。日本は，兵庫県明石市を通る[L]度の経線を基準にし，この経線上を太陽が通る時刻を正午として標準時を決めています。

問2　Nさんは，**地図1**中の島根県，広島県，高知県の三つの県における県庁所在地の12月・1月・2月と7月・8月・9月のそれぞれ3か月間の降水量と年降水量を調べ，次の**表1**をつくりました。**表1**中のⅠ～Ⅲにあてはまる県庁所在地の組み合わせとして正しいものを，下の**ア～カ**の中から一つ選び，その記号を書きなさい。（3点）

表1

	Ⅰ	Ⅱ	Ⅲ
12月・1月・2月の3か月間の降水量	150.8mm	404.8mm	218.6mm
7月・8月・9月の3か月間の降水量	538.9mm	564.0mm	960.7mm
年降水量	1537.6mm	1787.2mm	2547.5mm

（注）　降水量は1981年～2010年の平均値である。

（気象庁ホームページから作成）

ア　Ⅰ－松江市　Ⅱ－広島市　Ⅲ－高知市
イ　Ⅰ－松江市　Ⅱ－高知市　Ⅲ－広島市
ウ　Ⅰ－広島市　Ⅱ－松江市　Ⅲ－高知市
エ　Ⅰ－広島市　Ⅱ－高知市　Ⅲ－松江市
オ　Ⅰ－高知市　Ⅱ－松江市　Ⅲ－広島市
カ　Ⅰ－高知市　Ⅱ－広島市　Ⅲ－松江市

問3　次の**表2**は，**地図1**中の島根県，広島県，愛媛県，高知県の，2017年における人口，農業産出額，工業出荷額を示したものです。**表2**中のX～Zにあてはまる県の組み合わせとして正しいものを，下の**ア～エ**の中から一つ選び，その記号を書きなさい。（3点）

表2

	人口（千人）	農業産出額（億円）			工業出荷額（億円）
		米	野菜	果実	
X	2829	263	240	172	102356
Y	714	125	750	118	5919
Z	1364	164	206	537	42008
島根県	685	196	103	38	11841

（データでみる県勢 2020年版から作成）

ア　X－広島県　Y－愛媛県　Z－高知県
イ　X－広島県　Y－高知県　Z－愛媛県
ウ　X－愛媛県　Y－広島県　Z－高知県
エ　X－高知県　Y－愛媛県　Z－広島県

問4　次は，**地図1**中の**P**の範囲と，三重県志摩半島の一部を示した**Q**の範囲を，それぞれ拡大した地図です。**P**と**Q**には，同じ特色をもつ海岸の地形がみられます。**P**と**Q**にみられる海岸の地形の名称を書きなさい。また，その海岸の地形の特色を書きなさい。（5点）

P

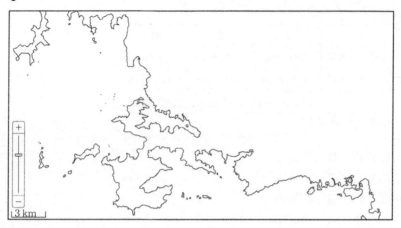

Q

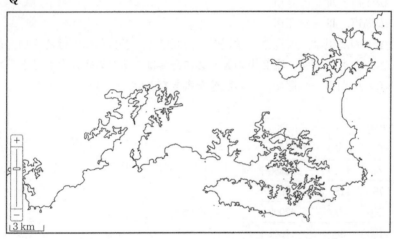

（国土地理院　地理院地図から作成）

問5　次のページの**地図2**は，**地図1**中の島根県の一部を示した2万5千分の1の地形図です。**地図2**から読みとれる内容を述べた文として下線部が正しいものを，次の**ア〜オ**の中から**すべて**選び，その記号を書きなさい。（3点）

ア　A地点からB地点まで列車で移動する途中には，進行方向左側に宍道湖がある。

イ　B地点からみると，C地点の高等学校は，およそ南西の方向にある。

ウ　D地点からE地点までの直線距離は，地図上で約8cmであり，実際の直線距離は約2kmである。

エ　F地点には，老人ホームがある。

オ　G地点からH地点までと，G地点からI地点までとでは，等高線から考えると，G地点からI地点までの方が急な傾斜となっている。

地図2

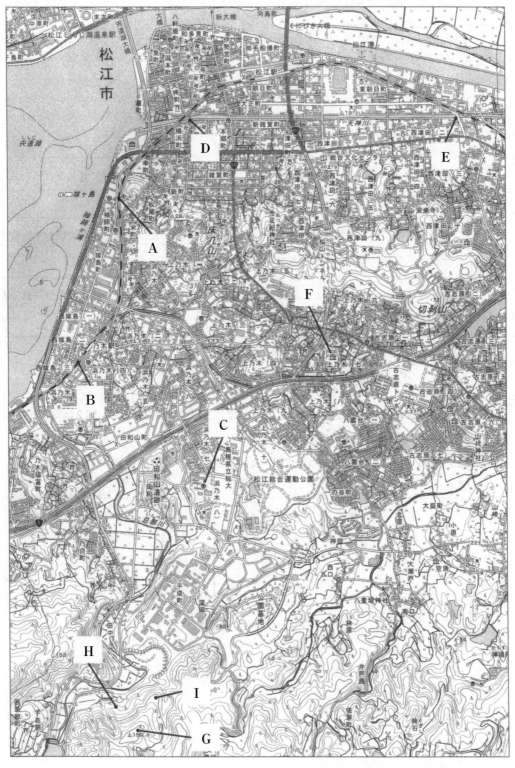

（国土地理院2万5千分の1地形図「松江」平成28年発行一部改変）
〈編集部注：編集上の都合により原図の90%に縮小してあります。〉

3 次のⅠ～Ⅴは，Ｓさんが，日本の五つの異なる時代の経済などについて調べ，まとめたものです。これをみて，問１～問５に答えなさい。(17点)

Ⅰ	壬申の乱に勝って即位した ┃ **A** ┃ 天皇は，強力な支配のしくみをつくり上げていった。日本で最初の銅の貨幣である富本銭は， ┃ **A** ┃ 天皇のころにつくられた。
Ⅱ	平清盛は，平治の乱に勝利したのち，武士として初めて太政大臣になった。清盛は，中国の宋との貿易に目をつけ，航路を整え，港を整備した。
Ⅲ	足利義満は，正式な貿易船の証明として，勘合を日本の船に持たせて貿易を行った。この貿易で銅銭などが，大量に日本に入った。
Ⅳ	豊臣秀吉は，大名の領地にある金山や銀山から税を取った。また，佐渡金山や生野銀山などを直接支配して開発を進め，大判などの金貨を発行した。
Ⅴ	田沼意次は，年貢だけにたよる従来の政策を転換し，商品の流通や生産から得られる利益によって財政の立て直しをはかった。

問１　まとめの中の ┃ **A** ┃ にあてはまる人物名を書きなさい。(3 点)

問２　Ⅱの時代の平清盛に関連して，次の**図1**は皇室と平氏の関係を示し，**図2**は皇室と藤原氏の関係を示しています。平清盛が権力をふるったときに行ったことと藤原道長が行ったことには共通点があります。その共通点を，**図1**と**図2**から書きなさい。(5 点)

図1

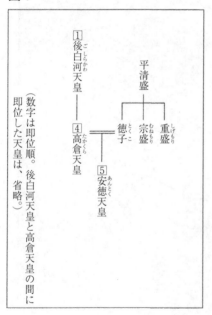

図2

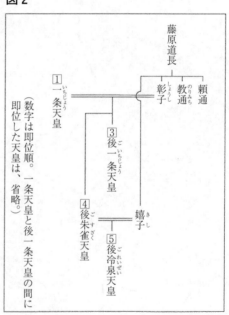

問3　Ⅲの時代に起こった世界のできごとを述べた文として，その正誤の組み合わせが正しいものを，下の**ア～エ**の中から一つ選び，その記号を書きなさい。（3点）

> **X**　ムハンマドは，唯一の神アラーのお告げを受けたとして，イスラム教の開祖になった。
> **Y**　モンゴル高原では，チンギス・ハンが遊牧民の諸部族を統一し，モンゴル帝国を築いた。
> **Z**　朝鮮半島では，李成桂が高麗をほろぼして，朝鮮国を建てた。

ア　X　正　Y　誤　Z　誤　　**イ**　X　誤　Y　正　Z　誤
ウ　X　誤　Y　誤　Z　正　　**エ**　X　誤　Y　正　Z　正

問4　Sさんは，文化に興味をもち調べたところ，次の**a**，**b**の文と**資料1**，**資料2**をみつけました。Ⅳの時代の文化について述べた文と，その時代の代表的な文化財の組み合わせとして正しいものを，**表**中の**ア～エ**の中から一つ選び，その記号を書きなさい。（3点）

a　茶の湯は大名や大商人たちの交流の場になり，流行した。千利休は禅宗の影響を受け，内面の精神性を重視し，質素なわび茶の作法を完成させた。

b　上方を中心に，町人をにない手とする文化が生まれた。人形浄瑠璃では近松門左衛門が現実に起こった事件をもとに台本を書き，庶民の共感を呼んだ。

資料1

狩野永徳がえがいた唐獅子図屏風

資料2

尾形光琳のすずり箱

表

	文化	代表的な文化財
ア	a	資料1
イ	a	資料2
ウ	b	資料1
エ	b	資料2

問5　Ⅴの時代における社会や経済の様子を述べた文として正しいものを，次の**ア～エ**の中から一つ選び，その記号を書きなさい。（3点）

ア　団結を固めた農民などは，お金の貸し付けを行っていた土倉や酒屋などをおそって借金の帳消しなどを求める土一揆を起こした。

イ　幕府の支配を支えていた御家人の生活が，領地の分割相続などによって苦しくなったので，幕府は，手放した土地を御家人に返させる徳政令を出して救おうとした。

ウ　公家や寺社といった荘園領主などがそれぞれもっていた土地の複雑な権利が否定され，検地帳に登録された農民だけに，土地の所有権が認められた。

エ　有力な本百姓は，庄屋（名主）や組頭，百姓代などの村役人になり，村の自治をになうとともに年貢を徴収して領主におさめた。

4 次の年表をみて，問1～問5に答えなさい。(17点)

西暦(年)	で　　き　　ご　　と
1871	・岩倉使節団が派遣される‥‥‥‥‥‥‥‥‥‥‥‥‥‥‥‥‥‥‥
1889	・大日本帝国憲法が発布される‥‥‥‥‥‥‥‥‥‥‥‥‥‥‥‥‥
1911	・関税自主権が完全に回復される‥‥‥‥‥‥‥‥‥‥‥‥‥‥‥‥
1933	・日本が国際連盟の脱退を通告する‥‥‥‥‥‥‥‥‥‥‥‥‥‥‥
1945	・ヤルタ会談が行われる‥‥‥‥‥‥‥‥‥‥‥‥‥‥‥‥‥‥‥‥
1962	・　Ｙ　危機が起こる‥‥‥‥‥‥‥‥‥‥‥‥‥‥‥‥‥Ｅ
1989	・マルタ会談が行われる‥‥‥‥‥‥‥‥‥‥‥‥‥‥‥‥‥‥‥‥

（右側に）A（1871～1889），B（1889～1911），C（1933～1945），D（1945～1989）

問1　次は，年表中**A**の時期のできごとについてまとめたものです。**まとめ1**の中の　Ｐ　と　Ｑ　にあてはまる人物名の組み合わせとして正しいものを，下の**ア～エ**の中から一つ選び，その記号を書きなさい。(3点)

まとめ1

　　政府を去った　Ｐ　らが，民撰議院設立の建白書を政府に提出したことで，立憲政治の実現をめざす自由民権運動が始まりました。政治への意識が高まるなか，民権派の団体の代表者たちは大阪に集まり，国会の開設を求めました。政府は，国会の早期開設などの急進的な主張をしていた　Ｑ　を政府から追い出すとともに，10年後に国会を開くことを約束しました。自由民権運動は，国会開設に備えて政党の結成へと進み，　Ｐ　を党首とする自由党や，　Ｑ　を党首とする立憲改進党が結成されました。

ア Ｐ　板垣退助　Ｑ　大隈重信　　　**イ** Ｐ　板垣退助　Ｑ　大久保利通
ウ Ｐ　伊藤博文　Ｑ　大久保利通　　**エ** Ｐ　伊藤博文　Ｑ　大隈重信

問2　次の**グラフ1**と**グラフ2**は，年表中**B**のある時期における日本の綿糸の輸出入量と国内生産量の推移を示したものです。また，**資料**は大阪の紡績工場の様子を示したものです。**グラフ1**における綿糸の輸入量に対する輸出量の変化を，**グラフ2**と**資料**から読みとれることにふれながら書きなさい。(5点)

グラフ1　綿糸の輸出入量　　**グラフ2**　綿糸の国内生産量　　**資料**

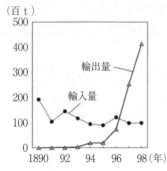

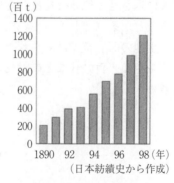

（日本紡績史から作成）

問3　年表中Cの時期における日本の政治や社会の様子を述べた文として正しいものを，次のア～エの中から一つ選び，その記号を書きなさい。（3点）

ア　農地改革が行われ，政府が地主の小作地を強制的に買い上げ，小作人に安く売りわたした。

イ　国家総動員法が制定され，政府は議会の承認なしに，労働力や物資を動員できるようになった。

ウ　シベリア出兵を見こした米の買いしめから，米価が高くなり，米の安売りを求める騒動が起こった。

エ　大気汚染や水質汚濁などの公害問題が深刻化するなか，公害対策基本法が制定された。

問4　次のア～エは，年表中Dの時期の日本の経済について述べた文です。年代の**古い順**に並べかえ，その順に記号で書きなさい。（3点）

ア　池田勇人内閣が所得倍増をスローガンにかかげるなど，政府も経済成長を促進し，国民総生産は，資本主義国の中でアメリカに次ぐ第2位になった。

イ　朝鮮戦争が始まると，大量の軍需物資が日本で調達され，特需景気が起こった。

ウ　多くの企業が土地や株式を買い集めたことで，地価や株価が異常に高くなり，バブル経済とよばれる不健全な好景気が起こった。

エ　第四次中東戦争をきっかけとした石油価格の大幅な上昇により，日本経済は大きな打撃を受け，戦後初めて経済成長率がマイナスとなった。

問5　次は，年表中Eのできごとについてまとめたものです。**まとめ2**の中の　X　にあてはまる語を書きなさい。また，年表及び**まとめ2**の中の　Y　にあてはまる国を，下のア～エの中から一つ選び，その記号を書きなさい。（3点）

まとめ2

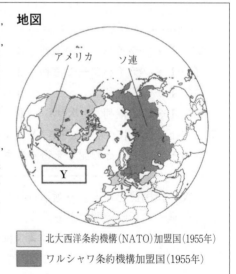

　　アメリカを中心とする資本主義陣営（西側諸国）と，ソ連を中心とする社会主義陣営（東側諸国）の対立は，両陣営の全体や，米ソの間では直接の武力戦争が起こらなかったので，　X　とよばれました。右の**地図**は，1955年における両陣営の対立を示したものです。

　　X　という国際的な緊張のもと，1962年には，右の**地図**中にある　Y　にソ連が核ミサイル基地を建設していることを知ったアメリカが，海上封鎖にふみ切りました。これにより，米ソの間で，核兵器による全面戦争の危機が高まりました。

地図

アメリカ　ソ連

Y

□ 北大西洋条約機構（NATO）加盟国（1955年）
■ ワルシャワ条約機構加盟国（1955年）

ア　キューバ

イ　イギリス

ウ　ベトナム

エ　インドネシア

5 Kさんのクラスでは，これまでの公民的分野の学習のまとめとして，自分の興味のある分野からテーマを選び，調べることになりました。次の**表**は，Kさんが興味をもった分野とテーマについてまとめたものです。**表**をみて，問1〜問5に答えなさい。(18点)

表

分野	テーマ
社会の変化と①「新しい人権」	・人権はどのように広がってきているのだろうか。
②国会のはたらき	・国会はどのような仕事をしているのだろうか。
内閣と国会の関係	・③議院内閣制とはどのような制度なのだろうか。
裁判所のしくみとはたらき	・法や④裁判はどのような役割を果たしているのだろうか。
⑤地方財政のしくみと課題	・地方財政はどのような課題をかかえているのだろうか。

問1　下線部①に関連して，Kさんは，情報化の進展と人権について調べ，次のようにまとめました。**まとめ1**の中の　Ⅰ　と　Ⅱ　にあてはまる語の組み合わせとして正しいものを，下の**ア〜エ**の中から一つ選び，その記号を書きなさい。(2点)

まとめ1

> 　情報化が進む現代では，国や地方公共団体に多くの情報が集まっており，これらの情報を手に入れる権利として，　Ⅰ　が主張されています。　Ⅰ　は，私たちが主権者として意思決定する前提となる重要な権利です。国では1999年に　Ⅱ　が制定され，私たちが請求すると，国が作成した公的な文書などをみることができる制度が設けられました。

ア　Ⅰ−プライバシーの権利　　Ⅱ−個人情報保護法
イ　Ⅰ−プライバシーの権利　　Ⅱ−情報公開法
ウ　Ⅰ−知る権利　　　　　　　Ⅱ−個人情報保護法
エ　Ⅰ−知る権利　　　　　　　Ⅱ−情報公開法

問2　下線部②について，次の**X**と**Y**の正誤の組み合わせとして正しいものを，下の**ア〜エ**の中から一つ選び，その記号を書きなさい。(3点)

> **X**　全国民を代表する選挙された議員によって構成される国会は，国権の最高機関であり，唯一の行政機関である。
> **Y**　衆議院と参議院は国政調査権をもち，証人を議院によんで質問したり，政府に記録の提出を要求したりすることができる。

ア　X　正　Y　正
イ　X　正　Y　誤
ウ　X　誤　Y　正
エ　X　誤　Y　誤

問3　次は，下線部③について学習する授業における，先生とKさんの会話です。会話文を読み，下の(1)と(2)の問いに答えなさい。

> 先　生：以前の授業で学習しましたが，内閣を組織して政権をになう政党のことを，野党に対して何というかわかりますか。
>
> Kさん：　A　　です。
>
> 先　生：そうです。場合によっては，複数の政党が　A　　となり，政権をになうこともあります。
>
> Kさん：そのような政権を連立政権といいます。
>
> 先　生：そのとおりです。しっかり理解していますね。
>
> 　　　　今日は，以前の授業をふまえ，国会と内閣の関係について学習しましょう。
>
> Kさん：国会と内閣の関係について調べていたら，次の**資料**をみつけました。
>
> 　　　**資料**　2017年11月1日の新聞記事の一部
>
>
>
> 第98代首相 安倍氏指名へ
>
> 衆院選を受けた第195特別国会が1日召集され、安倍晋三首相が午後の衆院本会議での首相指名選挙で、第98代首相に選出される。
>
> 先　生：**資料**は，衆議院が解散して総選挙が行われたあと，首相が国会で指名された日のものですね。この**資料**から，日本では議院内閣制が採用されていることがわかりますね。日本で採用されている議院内閣制とは，どのようなしくみか，説明できますか。
>
> Kさん：はい。日本で採用されている議院内閣制とは，　　B　　しくみです。
>
> 先　生：そうですね。衆議院の総選挙が行われたときは，必ず内閣は総辞職し，新しい内閣がつくられます。

(1)　会話文中の　A　にあてはまる語を書きなさい。（2点）

(2)　会話文中の　B　にあてはまる議院内閣制のしくみの説明を，「**信任**」，「**連帯**」，「**責任**」という**三つの語**を用いて書きなさい。（5点）

問4　下線部④に関連して，**K**さんは，刑事裁判について調べ，次のようにまとめました。**まとめ2**の中の　P　と　Q　にあてはまる語を，それぞれ書きなさい。（3点）

まとめ2

> 　殺人や傷害などの事件が起こると，警察が捜査し被疑者を逮捕したあと，　P　官が警察官の協力を得て取り調べを行います。　P　官は，罪を犯した疑いが確実で，

罰したほうがよいと判断すると，被疑者を起訴し，刑事裁判が行われます。

　　重大な犯罪の疑いで起訴された事件の第一審は，　　Q　　制度の対象となります。原則として国民から選ばれた6人の　　Q　　と3人の裁判官が一つの事件を担当し，被告人が有罪か無罪か，有罪の場合はどのような刑罰にするかを決めます。

問5　下線部⑤に関連して，**K**さんは，埼玉県の財政について調べ，次の**グラフ**をつくりました。**グラフ**について説明した文として正しいものを，下の**ア～エ**の中から一つ選び，その記号を書きなさい。（3点）

グラフ　埼玉県の平成12年度及び平成31年度一般会計当初予算（歳入）の内訳

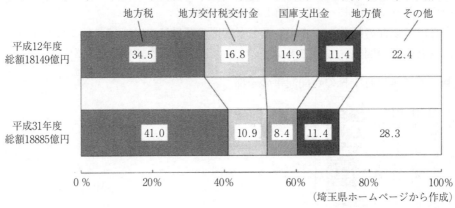

（埼玉県ホームページから作成）

ア　地方税は，必要な収入をまかなうことが困難な地方公共団体が借り入れるものであり，平成31年度の地方税の収入額は，平成12年度の地方税の収入額よりも多い。

イ　地方交付税交付金は，地方公共団体の間の財政格差をおさえるために国から配分されるものであり，平成31年度の地方交付税交付金の収入額は，平成12年度の地方交付税交付金の収入額よりも少ない。

ウ　国庫支出金は，義務教育や道路整備など特定の費用の一部について国が負担するものであり，平成31年度の国庫支出金の収入額は，平成12年度の国庫支出金の収入額よりも多い。

エ　地方債は，地方公共団体が独自に集める自主財源であり，平成31年度の地方債の収入額は，平成12年度の地方債の収入額と同じである。

6　　**F**さんは，東京と各地との結びつきに関して，江戸時代から現代までを調べ，次の**資料1**～**資料3**をつくりました。これらをみて，問1～問5に答えなさい。（16点）

資料1

　　幕府は，江戸を起点に東海道や中山道などの五街道を整備し，各地に関所を設け，人々の通行や荷物の運送を監視しました。箱根関所では，江戸への鉄砲の持ち込みと，大名の妻が江戸を出ることを特に取りしまりました。

箱根関所跡

資料2

明治政府は殖産興業政策の一つとして，1872年に新橋・横浜間に鉄道を開通させるなど，交通の整備を進めました。明治時代の中ごろには，鉄道網が全国に広がりました。①大正時代から昭和時代のはじめにかけて，東京郊外に宅地開発が計画され，都心と郊外とが鉄道で結ばれました。

東京汐留鉄道御開業祭礼図

資料3

1964年に東海道新幹線が開通するなど，東京は，全国を結ぶ交通網の中心となっています。②東京とその周辺地域は人口が増え，③東京周辺の貿易港は，世界各地と物流で結びついています。

今日では，④インターネットなどの整備も進み，国境を越えての交流や情報交換ができるようになっています。

東海道新幹線開業

問1　**資料1**に関連して，江戸時代の文化について述べた文として正しいものを，次の**ア〜エ**の中から一つ選び，その記号を書きなさい。（3点）

ア　幕府の保護を受けた観阿弥と世阿弥は，民衆の間で行われていた田楽や猿楽を，能として大成させた。

イ　武士や民衆の力がのびるにつれて，文化に新しい動きが起こり，文学では，「平家物語」などの武士の活躍をえがいた軍記物が生まれた。

ウ　欧米文化を取り入れつつ，これまでの伝統文化を独自に発展させたものが多く，絵画ではフランスの画風を学んだ黒田清輝が，帰国後に日本らしい情景を「湖畔」でえがいた。

エ　庶民をにない手として発展してきた文化は，地方にも広がり，十返舎一九が伊勢参りなどの道中をこっけいにえがいた「東海道中膝栗毛」を書いた。

問2　**F**さんは，**資料2**の下線部①の時期の人物について調べ，次のようにまとめました。**まとめ1**の中の P にあてはまる政党名を書きなさい。また，**まとめ1**の中の原内閣のときのできごとについて述べた文として正しいものを，下の**ア〜エ**の中から一つ選び，その記号を書きなさい。（3点）

まとめ1

陸軍出身の寺内正毅首相が辞職すると，1918年9月，原敬が内閣を組織しました。原内閣は，陸軍，海軍，外務の3大臣以外はすべて，衆議院第一党の P の党員で組織する，初めての本格的な政党内閣でした。原敬は，藩閥とは縁のない盛岡藩出身で，華族の爵位をもたず，軍人出身でもない初めての首相であることから，「平民宰相」とよばれました。

ア 満州事変をきっかけに日本国内では軍部への支持が高まり，政党政治家や財閥の要人が暗殺される事件もあい次ぎ，五・一五事件が起こった。

イ 選挙法が改正され，選挙権の資格に必要な直接国税の納税額が10円以上から3円以上に引き下げられた。

ウ 治安維持法が制定され，共産主義に対する取りしまりが強められた。

エ 新聞や知識人は，藩閥をたおし，憲法に基づく政治を守ることをスローガンとする第一次護憲運動を起こした。

問3　**F**さんは，**資料3**の下線部②について調べたところ，**グラフ1**，**図1**と**図2**をみつけました。**グラフ1**から読みとれる東京23区における昼間人口と夜間人口の関係の特色を書きなさい。また，そのような特色となる理由を，**図1**と**図2**から書きなさい。（5点）

グラフ1　東京23区，都内市町村，埼玉県，千葉県，神奈川県の昼間人口と夜間人口(2015年)

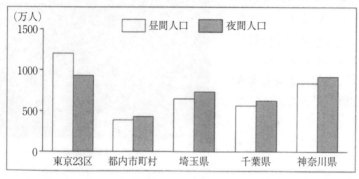

(注)　夜間人口とは，その地域に常に住んでいる人口のことである。

図1　東京23区への通勤・通学人口(2015年)　　**図2**　東京23区からの通勤・通学人口(2015年)

(平成27年国勢調査から作成)

問4　**F**さんは，**資料3**の下線部③に関連して，海上輸送と航空輸送について調べ，次の**表**をつくりました。また，**表**から読みとれることを，下のようにまとめました。**表**と**まとめ2**の中の　**X**　〜　**Z**　にあてはまる語句の組み合わせとして正しいものを，**ア**〜**エ**の中から一つ選び，その記号を書きなさい。（2点）

表　2018年における横浜港と成田国際空港の輸出入総額に占める輸出入品目の割合(上位2品目)

	X		Y	
横浜港	自動車	22.1%	石油	9.1%
	自動車部品	4.9%	液化ガス	5.2%
成田国際空港	科学光学機器(カメラ・レンズなど)	6.2%	通信機(携帯電話など)	14.0%
	金(非貨幣用)	5.2%	医薬品	11.6%

(日本国勢図会 2019/20年版から作成)

まとめ2

> 　輸出入総額に占める輸出入品目の割合をみると，海上輸送の拠点である横浜港では，自動車など輸送機械の　**X**　の割合が高く，鉱産資源の　**Y**　の割合が高いことがわかります。また，航空輸送の拠点である成田国際空港では，横浜港に比べて，おもに科学光学機器や通信機のような　**Z**　品目の輸出入の割合が高いことがわかります。

ア　X―輸出　Y―輸入　Z―重量の軽い　　イ　X―輸入　Y―輸出　Z―重量の軽い
ウ　X―輸出　Y―輸入　Z―重量の重い　　エ　X―輸入　Y―輸出　Z―重量の重い

問5　Fさんは，**資料3**の下線部④に関連して，インターネットを利用した商品やサービスの購入について調べたところ，次の**グラフ2**と**グラフ3**をみつけました。**グラフ2**と**グラフ3**から読みとれる内容を述べた文として正しいものを，下の**ア～エ**の中から一つ選び，その記号を書きなさい。（3点）

グラフ2　2018年の世帯主の年齢階級別ネットショッピングの支出金額と利用世帯の割合

グラフ3　電子マネー保有世帯の割合と電子マネー利用世帯の割合の推移

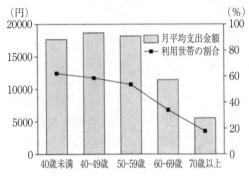

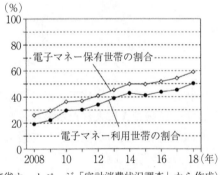

（総務省ホームページ「家計消費状況調査」から作成）

ア　グラフ2をみると，ネットショッピング利用世帯の割合は，世帯主の年齢階級が低いほど低くなる。

イ　グラフ2をみると，月平均支出金額が最も高い年齢階級は，40歳未満である。

ウ　グラフ3をみると，電子マネー利用世帯の割合は，前年を下回った年はない。

エ　グラフ3をみると，2018年の電子マネー保有世帯の割合と電子マネー利用世帯の割合は，いずれも2008年と比べて2倍以上である。

理 科

●満点 100点　●時間 50分

1　次の各問に答えなさい。（24点）

問1　地表に出ている岩石が，長い間に気温の変化や水のはたらきによってもろくなり，くずれていく現象を何といいますか。次の**ア〜エ**の中から一つ選び，その記号を書きなさい。（3点）

ア　堆積　　イ　風化　　ウ　沈降　　エ　隆起

問2　発根したソラマメの根に，**図1**のように，根の先端とそこから6mmごとに印をつけました。**図1**の状態から2日後の印のようすとして最も適切なものを，次の**ア〜エ**の中から一つ選び，その記号を書きなさい。（3点）

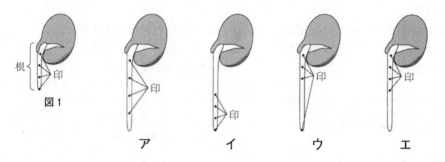

問3　水酸化カルシウムと塩化アンモニウムを反応させると，アンモニアと水と塩化カルシウムが生じます。試験管**A**に入れた水酸化カルシウムと塩化アンモニウムの混合物を加熱してアンモニアを試験管**B**に集める操作として最も適切なものを，次の**ア〜エ**の中から一つ選び，その記号を書きなさい。（3点）

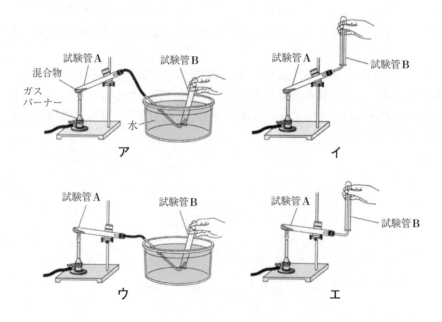

問4 **図2**は，1秒間に50打点する記録タイマーを用いて，物体の運動のようすを記録した記録テープです。記録テープの**X**の区間が24.5cmのとき，**X**の区間における平均の速さとして最も適切なものを，下の**ア〜エ**の中から一つ選び，その記号を書きなさい。（3点）

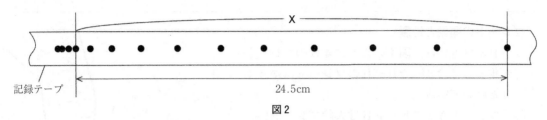

図2

ア　4.9cm/s　　イ　24.5cm/s　　ウ　122.5cm/s　　エ　245.0cm/s

問5 地球上の水は，太陽のエネルギーによってその状態を変えながら，たえず海と陸地と大気の間を循環しています。**図3**は地球上の水の循環について模式的に表したもので，矢印は水の移動を，（　）内のそれぞれの数値は地球の全降水量を100としたときの水の量を示しています。**Y**にあてはまる数値を求めなさい。（3点）

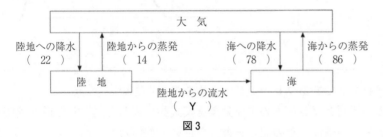

図3

問6 ツユクサの葉の裏側の表皮を顕微鏡で観察したところ，向かい合った三日月形の細胞が多数見られました。**図4**は向かい合った三日月形の細胞を拡大した写真です。この写真に見られる**すきま**を何といいますか。その名称を書きなさい。（3点）

図4

問7 鉄粉3.5gと硫黄の粉末2.0gの混合物を試験管に入れ，**図5**のように混合物の上部をガスバーナーで加熱しました。混合物の色が赤くなり始めたところで加熱をやめ，しばらく置いたところ，鉄と硫黄がすべて反応して黒色の物質に変化しました。この化学変化を化学反応式で表しなさい。（3点）

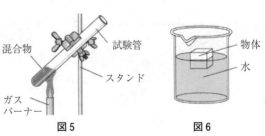

図5　　　　図6

問8 物体を水に入れると，**図6**のように物体が水に浮いた状態で静止しました。このとき，物体にはたらく重力とつり合っている力は何ですか。その名称を書きなさい。（3点）

2 Wさんは，日本付近のプレートの運動と地震について学習しました。問1～問5に答えなさい。(19点)

ノート

プレートの運動と地震
○ 日本付近には，図1のように4枚のプレートが集まっており，それぞれのプレートはゆっくりと動いている。
○ プレートAとプレートBは大陸プレートに，プレートCとプレートDは海洋プレートに分けられる。
○ 日本は4枚のプレートの境界付近にあるため，地震が多く発生する。

図1

問1 **図1**について，海洋プレートであるプレートCの名称を書きなさい。(3点)

問2 **図1**について，**Y−Z**の断面とプレートの主な動きを模式的に表した図として最も適切なものを，次の**ア～エ**の中から一つ選び，その記号を書きなさい。(3点)

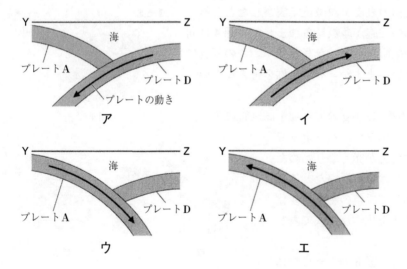

先生

ある地震について，同じ種類の地震計を使って，2つの地点K，Lでゆれを記録しました。**図2**は，それらの記録についてP波の到達時刻を0秒とし，並べたものです。なお，この①地震のゆれの大きさは，地点K，Lともに震度4でした。

図2から，②地点Kの方が地点Lよりも震源に近い場所であることがわかります。その理由を考えてみましょう。

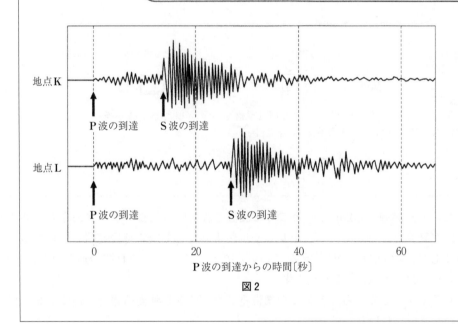

図2

問3 下線部①について，日本では，震度はいくつの階級（段階）に分けられているか，書きなさい。（3点）

問4 下線部②の理由を，**初期微動**という語を使って書きなさい。ただし，この地震によって発生したP波とS波は，それぞれ一定の速さで伝わったものとします。（4点）

緊急地震速報は，大きなゆれが予想される地震が発生したときに出されます。

図3は，地震が発生してからテレビや携帯電話などで緊急地震速報を受信するまでのしくみを模式的に表しています。地震が発生し，震源の近くの地震計がP波をとらえると，その地震の情報が気象庁に伝えられます。気象庁はその情報をもとに，大きなゆれが予想される地域に，緊急地震速報を発信します。

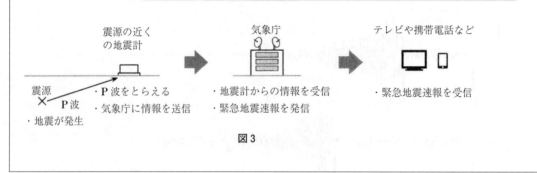

図3

問5　ある地震において，震源から25kmのところに設置されている地震計が，P波をとらえました。この地震計がP波をとらえてから，テレビや携帯電話などで緊急地震速報を受信するまでの時間は5秒でした。次の(1)，(2)に答えなさい。ただし，この地震のP波の速さは5km/s，S波の速さは3km/sで伝わったものとします。

(1)　この地震が震源で発生してから，テレビや携帯電話などで緊急地震速報を受信するまで何秒かかるか求めなさい。（3点）

(2)　この地震の，震源からの距離〔km〕と，緊急地震速報を受信してから**S波が到達する**までの時間〔秒〕との関係を表すグラフを，定規を用いて実線で解答欄にかきなさい。ただし，震源からの距離にかかわらず，いずれの場所でも同時に緊急地震速報を受信するものとします。（3点）

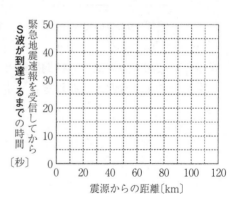

3　Tさんは，理科の授業で骨や筋肉などのからだのつくりについて学習をしました。問1〜問5に答えなさい。（19点）

黒板

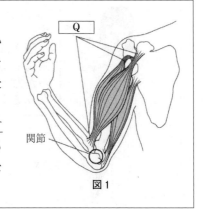

ヒトの骨と筋肉のようす

○　ヒトのからだには多数の骨があり，それらの骨がたがいに組み合わさって骨格をつくっている。骨格にはからだを支えるはたらきがあるとともに，脳などを　 P 　はたらきもある。

○　①ひじなどの関節は骨と骨のつなぎ目で，骨格を動かすときに曲がる部分である。**図1**のように，骨についている筋肉の両端は　 Q 　とよばれるじょうぶなつくりになっている。

図1

問1　黒板の P ， Q にあてはまる語をそれぞれ書きなさい。（4点）

問2　Tさんは下線部①について，うでを曲げたときの骨や筋肉を模式的に示した**図2**をもとに，うでが動くしくみを次のようにまとめました。うでを曲げのばしする筋肉が，どのように，どこについているか， R にあてはまることばを，**関節**という語を使って書きなさい。（4点）

　筋肉Xと筋肉Yは骨Wを囲み，たがいに向き合っている。筋肉Xと筋肉Yは，それらの筋肉の両端が　 R 　ついているため，うでを曲げのばしするときに対になってはたらく。

○　うでを曲げるとき…筋肉Xが縮み，筋肉Yがゆるむ。

○　うでをのばすとき…筋肉Yが縮み，筋肉Xがゆるむ。

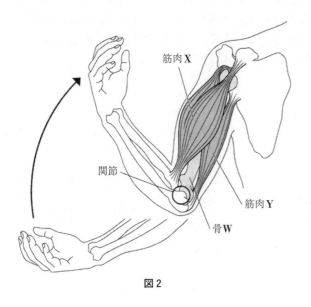

図2

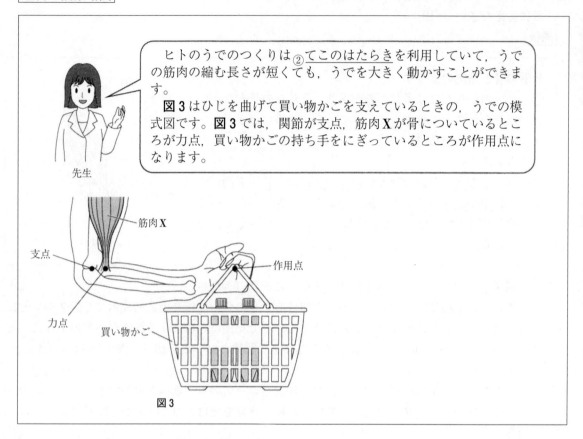

　ヒトのうでのつくりは②てこのはたらきを利用していて，うでの筋肉の縮む長さが短くても，うでを大きく動かすことができます。
　図3はひじを曲げて買い物かごを支えているときの，うでの模式図です。**図3**では，関節が支点，筋肉**X**が骨についているところが力点，買い物かごの持ち手をにぎっているところが作用点になります。

先生

筋肉**X**

支点

作用点

力点

買い物かご

図3

問3　下線部②について，**図4**は全体の質量が2kgの買い物かごを支え，静止させているときのうでの模式図です。支点から力点までの距離が3cm，支点から作用点までの距離が30cm，作用点にはたらく力が買い物かご全体にはたらく重力と同じ大きさの力であったとき，買い物かご全体を支えるために力点にはたらく力は何Nか，求めなさい。ただし，支点，力点，作用点の3点は，水平かつ同一直線上にあるものとし，うでの質量は考えないものとします。また，質量100gの物体にはたらく重力を1Nとします。（4点）

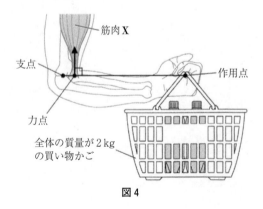

筋肉**X**

支点

作用点

力点

全体の質量が2kg
の買い物かご

図4

Tさんは，ヒト以外の動物の骨格がどのようなつくりをしているかについても興味をもち，ホニュウ類の骨格のようすについて調べ，ノートにまとめました。

ノート

ホニュウ類の骨格のようす

ヒトのうで
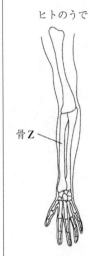

コウモリのつばさ
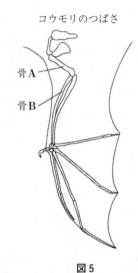
骨A
骨B

クジラのひれ
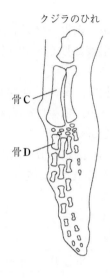
骨C
骨D

骨Z

図5

調べてわかったこと

ヒトのうで，コウモリのつばさ，クジラのひれの骨格を比べると，見かけの形やはたらきは異なっていても基本的なつくりは同じで，③もとは前あしであったと考えられている。このように，もとは同じものであったと考えられる器官を　Ⅰ　といい，　Ⅰ　の存在が，生物が長い年月をかけて代を重ねる間に変化する，　Ⅱ　の証拠の一つとして考えられている。

問4　ノートの　Ⅰ，Ⅱ　にあてはまる語をそれぞれ書きなさい。(4点)

問5　下線部③について，コウモリのつばさとクジラのひれの骨格で，ヒトのうでの骨Zにあたる骨はそれぞれどれですか。骨A〜骨Dの組み合わせとして最も適切なものを，次のア〜エの中から一つ選び，その記号を書きなさい。(3点)

ア　コウモリ…骨A　クジラ…骨C

イ　コウモリ…骨A　クジラ…骨D

ウ　コウモリ…骨B　クジラ…骨C

エ　コウモリ…骨B　クジラ…骨D

4 Mさんは，理科の授業で電池の学習を行いました。問1～問5に答えなさい。（19点）

レポート1

課題1
　金属と水溶液を使って電気エネルギーをとり出すための条件は何だろうか。

【実験1】

(1) 金属として亜鉛板，銅板，マグネシウムリボンをそ
れぞれ2枚と，水溶液としてうすい塩酸，食塩水，砂
糖水を用意した。

(2) 図1のような装置で，電極に亜鉛板と銅板を，水溶
液にうすい塩酸を使い，電極に電子オルゴールをつな
いで鳴るかどうかを調べた。

(3) 電極に用いる金属や，水溶液の組み合わせを変え，
電子オルゴールが鳴るかどうかを調べた。

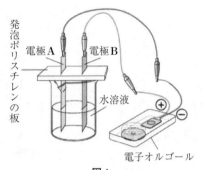
図1

【結果1】

	金属		水溶液		
電極A	電極B	うすい塩酸	食塩水	砂糖水
亜鉛	銅	○	○	×
マグネシウム	銅	○	○	×
銅	銅	×	×	×
亜鉛	亜鉛	×	×	×
マグネシウム	亜鉛	○	○	×
マグネシウム	マグネシウム	×	×	×

電子オルゴール　　○　鳴った　　×　鳴らなかった

○　電極を水溶液に入れたときや，電極に電子オルゴールをつないだとき，①電極から気体
が発生することがあった。

○　電子オルゴールが鳴る組み合わせでも，電子オルゴールの⊕，⊖を逆につなぐと鳴らな
かった。

問1　下線部①について，【実験1】の(2)の条件で，電子オルゴールが鳴っているときに銅板の表
面から発生する気体の名称を書きなさい。（3点）

問2　【結果1】から，金属と水溶液を使って電気エネルギーをとり出すのに必要な条件は何であ
るといえますか。正しいものを，次のア～エの中から一つ選び，その記号を書きなさい。（3
点）

ア　同じ種類の金属と，非電解質の水溶液を使うこと。

イ　同じ種類の金属と，電解質の水溶液を使うこと。

ウ　異なる種類の金属と，非電解質の水溶液を使うこと。

エ　異なる種類の金属と，電解質の水溶液を使うこと。

課題2

びんちょうたん
備長炭電池では，どのような化学変化が起きているのだろうか。

【実験2】

(1) 濃い食塩水をしみこませたペーパータオルを図2のように備長炭に巻きつけ，さらにその上からアルミニウムはくを巻きつけた。

(2) アルミニウムはくと備長炭に，それぞれクリップをセロハンテープで取りつけてアルミニウムはくと備長炭を電極とした備長炭電池をつくり，図3のように電極に電子オルゴールをつないで鳴るかどうかを調べた。

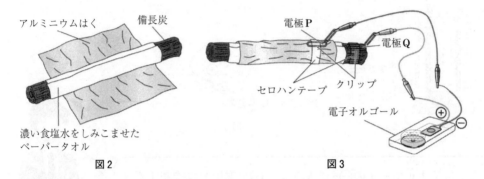

図2　　　　　　　　　　　　　　　図3

(3) 備長炭電池で電子オルゴールを1日鳴らし続けたあと，電子オルゴールとの接続を切って備長炭電池を分解し，ペーパータオルにフェノールフタレイン溶液を数滴かけた。

【結果2】

○　電子オルゴールの⊖を電極Pに，⊕を電極Qに接続すると，②電子オルゴールが鳴った。

○　実験後の備長炭電池を分解すると，③アルミニウムはくに穴があいて，ぼろぼろになっていた。フェノールフタレイン溶液をかけると，④ペーパータオルが赤くなった。

【調べてわかったこと】

　実験後のペーパータオルが赤くなった原因は，電極Qで空気中の酸素と食塩水中の水による化学変化が起こったからである。

問3　下線部②と下線部③について，回路に電流が流れて電子オルゴールが鳴った理由と化学変化によってアルミニウムはくに穴があいた理由を，**陽イオン**，**電子**，**食塩水**という語を使って説明しなさい。（6点）

問4　下線部④のように，実験後のペーパータオルにフェノールフタレイン溶液をかけると赤くなる原因となったイオンの名称を書きなさい。（3点）

先生

電池の中には，水の電気分解の逆の化学変化を利用する，燃料電池とよばれるものがあります。燃料電池は，反応する物質が金属でなくても，水素と酸素が化学変化を起こすときに発生する電気エネルギーをとり出すことができます。では，**図4**の装置を使って，**図5**の電子オルゴールが鳴るようにつないでみましょう。

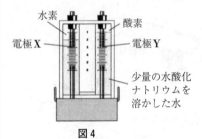

図4

図5

Mさん

⑤電子オルゴールの⊖を電極Xに，⊕を電極Yに接続すると，電子オルゴールが鳴りました。

問5　Mさんは レポート1 ， レポート2 をふまえ，燃料電池について下線部⑤からわかることを，次のようにまとめました。 Ⅰ ～ Ⅲ にあてはまる語の組み合わせとして最も適切なものを，下の**ア～エ**の中から一つ選び，その記号を書きなさい。（4点）

図4の装置を図5の電子オルゴールとつなぐと，電子は回路を Ⅰ →電子オルゴール→ Ⅱ の順に流れていることがわかる。よって，燃料電池の − 極で反応している物質は Ⅲ であるといえる。

ア　Ⅰ…電極X　Ⅱ…電極Y　Ⅲ…水素
イ　Ⅰ…電極X　Ⅱ…電極Y　Ⅲ…酸素
ウ　Ⅰ…電極Y　Ⅱ…電極X　Ⅲ…水素
エ　Ⅰ…電極Y　Ⅱ…電極X　Ⅲ…酸素

5 Hさんは，電熱線の両端に電圧を加えたときの温度の変化を調べる実験を行い，レポートにまとめました。問1～問5に答えなさい。（19点）

レポート

課題

　電熱線の両端に電圧を加えたときの，回路に流れる電流の大きさと電熱線の温度上昇にはどのような関係があるのだろうか。

【実験】

(1) 抵抗の大きさが5Ω，7.5Ω，10Ωの電熱線を用意した。

(2) 図1のように抵抗の大きさが5Ωの電熱線を用いた回路をつくった。電熱線の表面温度を測定したあと，スイッチを入れて回路の電熱線に加わる電圧が3.0Vになるように電圧を調整し，電流の大きさを測定した。

(3) 電流を流してから1分後に電源装置の電源を切り，同時に電熱線の表面温度を測定した。

(4) 回路に用いる電熱線を7.5Ωと10Ωのものにとりかえ，それぞれ(2)，(3)と同じ操作を行った。

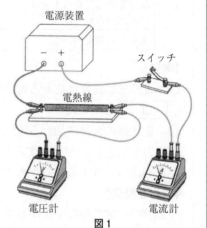

図1

問1 図1について，この回路の回路図を完成させなさい。ただし，解答欄には図2のように回路図の一部が示されているので，それに続けて，図3に示した電気用図記号を用いてかきなさい。なお，必要に応じて定規を用いてもかまいません。（3点）

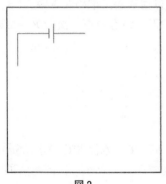

図2

図3

【結果】

電圧…3.0V　　　電流を流す前の電熱線の表面温度…30.0℃

	5Ωの電熱線	7.5Ωの電熱線	10Ωの電熱線
電流〔A〕	0.6	0.4	0.3
電流を流してから1分後の電熱線の表面温度〔℃〕	42.2	34.9	32.3
上昇した温度〔℃〕	12.2	4.9	2.3

【考察】

○　電熱線の両端に加わる電圧が一定である場合，電流の大きさは電熱線の抵抗の大きさに　　Ⅰ　　していた。

○　電熱線の両端に加わる電圧が一定で電流の流れた時間が等しい場合，電熱線の消費する電力が大きいほど発生する熱量が大きくなったことから，抵抗の大きさが　　Ⅱ　　ほど電熱線の消費する電力が大きくなり，温度上昇が大きくなる。

【新たな疑問】

　実験中，電熱線に手をかざすとあたたかく感じた。これは，電熱線の表面から熱が空気中ににげているからではないだろうか。

【新たな実験】

　図4のような電気ケトルを使って水を加熱し，消費した電力量と水の温度上昇に使われた熱量を比較して，水からにげた熱量を考える。

図4

問2　【結果】について，7.5Ωの電熱線が消費する電力の大きさは何Wか，求めなさい。（3点）

問3　【考察】の　Ⅰ　，　Ⅱ　にあてはまる語の組み合わせとして正しいものを，次のア〜エの中から一つ選び，その記号を書きなさい。（3点）

ア　Ⅰ…比例　Ⅱ…小さい

イ　Ⅰ…反比例　Ⅱ…小さい

ウ　Ⅰ…比例　Ⅱ…大きい

エ　Ⅰ…反比例　Ⅱ…大きい

問4　【新たな実験】について，消費電力が910Wの電気ケトルを使って，水温20℃の水150cm³を100℃まで温度上昇させると90秒かかりました。発生した熱量のうち，水からにげた熱量は，150cm³の水を何℃上昇させる熱量にあたるか，求めなさい。ただし，水1gの温度を1℃上昇させるのに必要な熱量は4.2J，水の密度は1g/cm³とし，電気ケトルから発生した熱はすべて水に伝わったものとします。（4点）

Hさんは，電気器具を**図5**のような電源タップに接続して使用しているとき，電源タップのコードの温度が上昇することから，電流を流すためのコード自体にも抵抗があることに気づきました。そこで，電源タップについて調べたところ，使用上の注意点をみつけました。

図5

使用上の注意点

> 　電源タップに接続した電気器具の消費電力の合計が大きくなると，電源タップのコードの温度が高くなります。電源タップに表示された電力に対し，余裕をもって使用しましょう。

問5　Hさんは 使用上の注意点 について調べてわかったことを，次のようにまとめました。下の(1)，(2)に答えなさい。

> ○　電源タップは並列回路になっていて，接続した電気器具に加わる電圧は　 **a** 　。
> ○　消費電力が400Wのこたつと1300Wの電気ストーブを1つの電源タップに接続して同時に使用すると，全体の消費電力は 　 **b** 　Wとなる。そのため，消費電力が1500Wまで使用できる電源タップの場合，　 **c** 　。
> ○　電源タップに表示された電力以上の電気器具を電源タップに接続して使用すると，電源タップに 　 **X** 　ので，特に電源タップのコードをたばねているときは，発火する危険性が高くなる。

(1)　 a ～ c にあてはまることばや数値の組み合わせとして正しいものを，次の**ア～エ**の中から一つ選び，その記号を書きなさい。（3点）

　　ア　a…すべて等しい　　　　　　b…1700　　c…安全には使用できない
　　イ　a…すべて等しい　　　　　　b…850　　c…安全に使用できる
　　ウ　a…すべての電圧の和になる　b…1700　　c…安全には使用できない
　　エ　a…すべての電圧の和になる　b…850　　c…安全に使用できる

(2)　 X にあてはまることばを，**電流**，**発生する熱量**という語句を使って書きなさい。（3点）

五 あとの資料は、日本の満13歳から満29歳を対象にしたある調査で「ボランティア活動に興味がある」と答えた人による回答をまとめたものです。

国語の授業で、この資料から読み取ったことをもとに「ボランティア活動に期待すること」について、一人一人が自分の考えを文章にまとめることにしました。次の(注意)に従って、あなたの考えを書きなさい。(12点)

(注意)

(1) **二段落構成**とし、第一段落では、あなたが資料から読み取った内容を、第二段落では、第一段落の内容に関連させて、自分の体験(見たことと聞いたことなども含む)をふまえてあなたの考えを書くこと。

(2) 文章は、十一行以上、十三行以内で書くこと。

(3) 原稿用紙の正しい使い方に従って、文字、仮名遣いも正確に書くこと。

(4) 題名・氏名は書かないで、一行目から本文を書くこと。

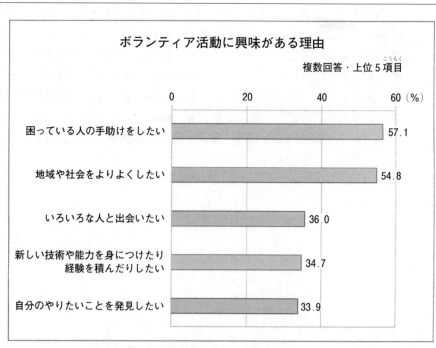

ボランティア活動に興味がある理由

複数回答・上位5項目

	0	20	40	60（%）
困っている人の手助けをしたい				57.1
地域や社会をよりよくしたい				54.8
いろいろな人と出会いたい		36.0		
新しい技術や能力を身につけたり経験を積んだりしたい		34.7		
自分のやりたいことを発見したい		33.9		

内閣府『我が国と諸外国の若者の意識に関する調査(平成30年度)』より作成

次の文章を読んで、あとの問いに答えなさい。(------の左側は口語訳です。)(12点)

鎌倉※中書王にて、御※鞠ありけるに、雨降りて後、いまだ庭の乾かざりければ、いかがせんと沙汰ありけるに、佐々木隠岐入道、鋸の屑を車に積みて、多く奉りたりければ、一庭に敷かれて、泥土の①わづらひなかりけり。「とりためけん用意ありがたし。」と、②人感じあへりけり。

この事をある者の語り出でたりしに、吉田中納言の、「乾き砂子の用意やはなかりける。」と③のたまひたりしかば、はづかしかりき。いみじとおもひける鋸の屑、賤しく、異様の事なり。庭の儀を奉行する人、乾き砂子を設くるは、故実なりとぞ。

（注）
※鎌倉 中書王にて……宗尊親王のお住まいで。
※鞠……蹴鞠。革製の鞠を蹴る貴族の遊戯。

（『徒然草』による。）

問1 ①わづらひなかりけり は「現代仮名遣い」に直し、ひらがなで書きなさい。（3点）

問2 ②人感じあへりけり。は「人々は感心しあった」という意味ですが、人々は佐々木隠岐入道のどのような行動に感心したのですか。次の空欄にあてはまる内容を、十字以内で書きなさい。（3点）

［　　　　　　　　　　］をしたこと。

問3 ③のたまひたり の主語を、次のア〜エの中から一つ選び、その記号を書きなさい。（3点）
ア 佐々木隠岐入道　イ ある者
ウ 吉田中納言　エ 庭の儀を奉行する人

問4 本文の内容について述べた文として最も適切なものを、次のア〜エの中から一つ選び、その記号を書きなさい。（3点）
ア 雨が降る前から庭に砂を敷いておいて、ぬかるみを防ぐ必要があるということ。
イ 庭を整備する者たちが車で道具を運ぶことは、下品な行いに見えるということ。
ウ 砂を庭にまいてぬかるみを乾かすためには、砂が大量に必要であるということ。
エ 庭のぬかるみに対して乾いた砂を敷くやり方が、元々の慣習であるということ。

問1 ① カヌーは深い思索に誘われる。 とありますが、カヌーでの思考の働き方について説明した文として最も適切なものを、次のア～エの中から一つ選び、その記号を書きなさい。（4点）

ア カヌーでは、歩くことよりも、より深く、より多角的に、環境の一部分となって移動しているように感じられる。

イ カヌーでは、自分の足で歩くときと同じくらい深く、多角的に、その場所に包まれているように感じられる。

ウ カヌーでは、水から身を引き剥がし、足を宙に浮かせることで、その場所に包まれているように感じられる。

エ カヌーでは、その姿勢や足の運びが歩くことと似ており、環境の一部分となって移動しているように感じられる。

問2 ② 自然のもつ意味が、それぞれに散歩やトレッキングと大きく異なっている。 とありますが、筆者の考える乗馬やセイリングにおける自然との関わりについて説明した文として適切なものを、次のア～オの中から二つ選び、その記号を書きなさい。（4点）

ア 乗馬では、馬を相棒にして自然との対話を楽しむが、初心者は、ときに難解な言葉を容赦なく馬に浴びせてしまうことがある。

イ 乗馬では、相棒となる馬と自然について対話をしながら進むが、その馬の歩行のリズムは、非常に快適であり、快楽をもたらすものである。

ウ 乗馬は、相棒である馬と自然について対話をしながら進めるが、誰にでも快適さをもたらすものであり、素晴らしい経験を得ることができる。

エ セイリングは、個体の生命を自覚させられる危険な行為である反面、自然に完全に包まれるために、多忙な労働を絶え間なく続ける必要がある。

オ セイリングでは、自然に包みこまれ、風と波、海の一部と化すことができるが、風と波のリズムを反映し、多忙な労働と瞑想が交互にやってくる。

問3 ③ 散歩やトレッキングは、ただ足を前後することではない。 とありますが、筆者の述べる散歩やトレッキングとは、何を感じ取り、どのようにすることですか。次の空欄にあてはまる内容を、二十字以上、三十字以内で書きなさい。（6点）

特定の目的をもたずに、何かとの出会いを求めて歩きながら、［20］［30］こと。

問4 ④ さがしものが自分を変化させる とありますが、筆者の考えるさがしものと同じ内容を表している部分を、本文中の同じ段落（形式段落）から二十二字で探し、最初の五字を書き抜きなさい。（5点）

問5 ⑤ こうした散歩の歩き方は、考えることに非常に似ている とありますが、筆者の述べる散歩の歩き方は、どのような点で考えることに似ているのですか。次の空欄にあてはまる内容を、道路、失敗 の二つの言葉を使って、四十字以上、五十字以内で書きなさい。ただし、二つの言葉を使う順序は問いません。（7点）

散歩の歩き方は、どこにたどり着くかおぼつかないが、［40］［50］という点で、考えることに似ている。

いるのだ。いや、見つけるというのは適切な言葉ではない。そうした人間の能動的な選択によって現れるのではなく、その何かが、その場所で待っていてくれるという表現を使ったほうがいい。

哲学と散歩の結びつきはかなり本質的である。多くの哲学者たちが散歩を好み、散歩しながら思索し、友人と議論した。アリストテレスは歩きながら議論し、その弟子たちは※逍遥学派と呼ばれたことは知られている。東洋思想でも、散歩者を数えればキリがない。近代になっても、散歩と思索はひとつのものであった。

なぜ、哲学と散歩はここまで強い結び付きがあるのだろうか。人類学的な説明をすれば、二足歩行により、手が自由になり、口に鋭い歯と重い顎が必要なくなった。話して考える準備は、足がもたらしてくれたのだ。しかしより本質的に言えば、歩くことと考えることが同じ行為だからではないだろうか。

散歩は目的地をもっているわけではない。かりに目的地がある散歩であっても、そこに到達する過程の方に意味がある。散歩は、何であるか分からないものとの出会いを求めて歩く。自分が求めているものが何かわからず、何に出会うかも分からないが、出会ったときにはそれを必然と感じるような何かを探して歩いている。そのさがしものは、記号化され、誰からも分かるような道端に置かれているのではない。微かな徴だけを頼りに、草深い※トレイルを歩いて見出すのだ。さがしものを手に入れることに目的があるのではない。

④さがしものが自分を変化させることが大切である。それは自分にしか見つけられない場所を訪れることである。

散歩において見つけた、しばし留まるべき場所、これまでの自分とは異なった視野を与えてくれる丘の頂上、緑の生き物の内臓のような森、不健康なほどコバルト色の空が宇宙に届いている高原、風の足跡を残してうねる砂丘、永遠にクロールしたくなるようなサンゴ礁の海辺。これらの場所に到達して私は変身する。そこに永らく座っていたくなるだろう。しかし自分が散歩の途中であったことを思い出し、私たちは再び歩き出す。どこでもない目的地を探して。

⑤こうした散歩の歩き方は、考えることに非常に似ていることにお気づきだろう。思考には、問題解決のためのありとあらゆる行動が含まれている。それは、問いに始まり、どこにたどり着くかおぼつかない旅である。知的な探求は、踏みならされた道路を進むことではありえない。

歩くこと、話すこと、考えることには、共通の構造がある。それは、※ドロワによれば、「崩壊しはじめ」、「持ち直し」、「また始める」という構造である。たしかに、ある方向に移動するという推進と、それを実現するための足と地面との調整の連続で歩行はできている。細かな失敗と修正を繰り返して、私たちは歩むのだし、考えることも話すことも同じような過程で進んでいく。この点にはまったく同意できる。ドロワは、さまざまな哲学者の思想の違いを分析し、それぞれの哲学者の歩行＝思考の仕方を分析し、それぞれの歩き方の違いに対応しているという興味深い説を展開している。

（河野哲也 著『人は語り続けるとき、考えていない 対話と思考の哲学』による。一部省略がある。）

（注）
※ホワイトウォーター……川の激流。
※トレッキング……山歩き。
※セイリング……水上を帆走すること。
※逍遥……あちこちをぶらぶら歩くこと。
※形而上学……物事の根本原理を研究する学問。
※ケンタウロス……ギリシャ神話で上半身は人体、下半身は馬の形の怪物。
※トレイル……踏み分けた跡。
※ドロワ……ロジェ＝ポル・ドロワ。フランスの哲学者。（一九四九〜）

三 次の文章を読んで、あとの問いに答えなさい。（26点）

乗り物のうちで、歩くことにもっとも近いのは、著者の経験では
カナディアン・カヌーに思われる。もちろん、※ホワイトウォータ
ーに挑むスポーツとしてのカヤッキングではない。河と湖をカナデ
イアン・カヌーで進み、森のなかではそれを担いで踏破する移動だ。
①カヌーは深い思索に誘われる。哲学するためにこの乗り物を作っ
たのではないかと思えるほどだ。しかしそれは歩いているときや
※トレッキングしているときとは、思考の働き方がかなり異なる。
カヌーを漕いでいるときの方が、より深く、より多角的に、その場
所に包まれる。自分は環境の一部分となり、その一部分全体が移動
する。自分は水となり、その水が海に向かう。歩いているときには、
自分の身体は環境に包まれつつも、それから身を引き剝がし、足を
宙に浮かしている。カヌーでの思考は、歩行のときよりも※形而
上学的になる。

ヨットと乗馬は、圧倒的に素晴らしい経験であるが、歩くことと
は似ていない。乗馬には、馬という相棒がいる。相棒と自然につい
て対話しながら進んでいく。だが、この相棒と私とは志向性がかな
り異なり、ときに初心者には難解な言葉を容赦なく浴びせてくる。
馬の歩行のリズムは、人間の歩行のリズムと異なるが、非常に快適
であり、快楽をもたらす。※ケンタウロスは、ひとつの人間の身体
的理想なのかもしれない。

ヨットは、散歩よりもはるかに危険な行為であり、個体の生命を

つねに自覚させられる。※セイリングでは、カヌーと同じく、自然
に完全に包まれる、風と波、海の一部と化す。しかしカヌーが身体と
の一体感が強いのに比較すると、ボートは依然として乗り物であり、
クルーもいる。風と波に従いながら、それらを最善に利用するには、
知恵とチームワークが必要である。セイリングでは、多忙な労働と
瞑想が交互にやってくる。

こうして、カヌーやヨット、乗馬では、②自然のもつ意味が、そ
れぞれに散歩やトレッキングとは大きく異なっている。

歩くことは独特の経験である。しかし足もある意味で乗り物であ
る。乗り物はさまざまな用途に使える。ここで私が論じているのは、
散歩としての、トレッキングとしての歩きである。それは歩くこと
自体に注意を向け、歩くことで展開する風景に侵入される経験で
ある。リズミカルに、しかし道の細かい変化を足の裏で拾い上げな
がら、ほんの少しスピードを変えて、周りの空気を静かに吸って吐
き、自分が押しのける風のなかで自分の体を感じるのである。歩く
ことそのものが、生きることであったのではないか。

しかし、③散歩やトレッキングは、ただ足を前後することではな
い。自宅の小さな庭をぐるぐる回るのでは楽しめない。外に出て、
いつもの道と寄り道を取り混ぜながら、あるいは旅行先の見知らぬ
場所を歩くことは、大げさに言えば、自分を異なった存在にするこ
とである。散歩もトレッキングも、自分の歩みと連動する風景、息
と大気の循環、束縛がなく自由に動かせる空間と身体、あらゆる
ものをしっかり観察できるゆったりしたスピード、少しずつである
が蓄積される疲労と休憩の場所、こうした身体と環境との即応を
感じ取るものである。もっとも重要なことは何か特定の目的がない
ことである。しかし、私たちは歩くことで何かとの出会いを求めて
いる。しかしそれが何かは分かっていない。いつ出会えるかも分か
らない。そのような特別のものに出会える場所を見つけようとして

【フリップ】

プラスチック製容器包装

話し合いの様子

Aさん「【発表メモ】と【フリップ】を見てください。発表の中で【フリップ】を提示するのは、どの場面がよいと思いますか。」

Bさん「私は、【発表メモ】でいうと『はじめ』の場面がよいと思います。発表を聞く人たちがプラスチックごみについて具体的にイメージをしやすいと思うからです。」

Cさん「私は、発表の中の言葉に注目しました。『プラスチック製容器包装』という言葉が、【発表メモ】の『おわり』のところにあるので、まとめとしてそこで提示するのがよいと思います。」

Bさん「なるほど。【フリップ】に示した言葉が、発表の中で使われたときに提示するのは効果的ですね。それならば、【発表メモ】の『なか①』で『プラスチック製容器包装』という言葉が初めて出てくるので、そこで【フリップ】を提示しながら説明をしてはどうでしょうか。」

Cさん「それはいい考えですね。伝えたい内容をわかりやすく提示することができるので賛成です。」

Aさん「それでは、【フリップ】を提示するタイミングは、そのように提示することにしましょう。」

〜話し合いが続く〜

(1) Aさんたちのグループは、【フリップ】を発表のどの場面で提示することにしましたか。話し合いの様子 をふまえて、【発表メモ】のア〜エの中から一つ選び、その記号を書きなさい。（3点）

(2) 伝えたい内容をわかりやすく提示する とありますが、スピーチやプレゼンテーションなどにおいて、フリップを作成して用いるときに気をつけることとして適切でないものを、次のア〜エの中から一つ選び、その記号を書きなさい。（3点）

ア 写真やデータを引用する場合には、それらの出典をフリップに記して明示する。

イ フリップの一部を付箋で隠してあとから見せるなど、相手の興味を引く工夫をする。

ウ 会場の広さなどに応じて、フリップの文字や図表を適切な大きさに見えるようにする。

エ 発表の台本に記した言葉は、すべてフリップにも記して相手に見えるようにする。

(3) Aさんは次のような文を書き、それを推敲しました。推敲後の文中の──部と──部の関係が適切になるように、空欄にあてはまる言葉を、ひらがな四字で書きなさい。（2点）

（はじめの文）
私が目標とするのは、聞く人に正しく伝わるように発表

二 次の各問いに答えなさい。(24点)

問1 次の──部の漢字には読みがなをつけ、かたかなは漢字に改めなさい。(各2点)

(1) 農家の庭先で脱穀をしている。

(2) 迅速な行動をこころがける。

(3) 美術館で展覧会を催す。

(4) 市内をジュウダンする地下鉄。

(5) 彼にとって、その問題を解決することはヤサしい。

問2 次の──部の動詞と活用の種類が同じものを、あとのア～エの文の──部から一つ選び、その記号を書きなさい。(3点)

```
方位磁針が北の方角を指している。
```

ア 詳細は一つ一つ確認をしてから記入する。

イ 好きな小説の文体をまねて文章を書いた。

ウ 思いのほか大きな声で笑ってしまった。

エ 普段からの努力を信じて本番に臨む。

問3 次の══部「だ」と同じ意味(用法)であるものを、ア～エの中から一つ選び、その記号を書きなさい。(3点)

```
彼女の趣味は読書だ。ある日、休み時間に話しかけると、彼女は顔を上げ、本にそっとしおりを挟んアだ。和紙で作られた少し大きめのしおりイだ。教室に人は少なく、いつもより静かウだ。私が、好きな本について話そうと言うと、彼女の表情は少しやわらいエだ。
```

問4 次は、中学生のAさんたちが、グループで調べた内容を発表する学習で用いた【発表メモ】と【フリップ】、その発表の準備のための 話し合いの様子 です。これらを読んで、あとの問いに答えなさい。

【発表メモ】

ア	はじめ(1分) 調べ始めたきっかけ ・プラスチックごみについての新聞記事 ・私たちの身の回りにあるプラスチック
イ	なか①(1分) 調べてわかったこと ・プラスチックごみの種類と量 ・多くをしめる「プラスチック製容器包装」 ・ポイ捨てされたプラスチックごみのゆくえ
ウ	なか②(1分) 地域の清掃活動に参加して ・実際に河川にあったプラスチックごみの種類 ・市役所の方にうかがった話
エ	おわり(2分) これから私たちにできること ・「プラスチック製容器包装」などのごみを正しく捨てる ・ポスターなどによる地域への呼びかけ

答えられなかった理由を説明した文として最も適切なものを、次の**ア〜エ**の中から一つ選び、その記号を書きなさい。（4点）

ア 英語がうまくできないというだけでなく、ロンドンの学生たちの個性的で自由な発想の作品に圧倒され、誰と創作していくか決めかねていたから。

イ 急に苦手な英語で問われたことで答えにつまり、絵画のことよりもロンドンの生活様式に馴染むことができるか、少しだけ迷いを感じたから。

ウ 英語でのやりとりということもあるが、自己主張を求められるロンドンのような大都会で本当に自分はやっていけるのかと、覚悟が決まらなかったから。

エ 英語での会話の内容はともかく、自分は言葉によらず作品だけで勝負しており、良い作品を作るのに場所は関係ないと感じているから。

問3　③望音は目をぱちぱちさせながら太郎を見る。とありますが、このときの望音の様子を説明した次の文の、空欄　I　にあてはまる言葉を五字で、空欄　II　にあてはまる言葉を九字で、本文中からそれぞれ書き抜きなさい。（6点）

> わざわざ　I　必要がない、絵が描ければそれでいいという気持ちがあると太郎に告げたが、ロイアカで勉強したあとの自分が　II　を見てみたいという、思いもよらない言葉を太郎にかけられて驚いている。

問4　④太郎さん、ありがと。とありますが、このとき望音が太郎に感謝をしている理由を、次のようにまとめました。空欄にあてはまる内容を、**卒業制作**、**未知**の二つの言葉を使って、四十字以上、五十字以内で書きなさい。ただし、二つの言葉を使う順序は問いません。（7点）

太郎が、自分の才能を信じてくれて勇気が出たということだけでなく、

と思わせてくれたから。

問5　本文の表現について述べた文として**適切でないもの**を、次の**ア〜オ**の中から**二つ**選び、その記号を書きなさい。（5点）

ア 「諦めてしもうて」「これからどうするんじゃ。」のように、離島出身の太郎の人物像を印象づけている。

イ 「つぎにいつ望音と話せるか分からないので、太郎は聞いておきたかった。」のように、登場人物の心の中が会話文以外においても表現されている。

ウ 望音と太郎の会話の途中に、望音が過去の出来事を回想する場面を入れることで、望音の心情をよりくわしく読者に伝えている。

エ 「描くことは冒険であり旅」「想像もつかなかったような、大輪の花を咲かせるんだよ。」のように、擬人法を用いている。

オ 「望音は遠慮がちに、作業着を握りしめながら言う。」「望音は肯く。」のように、会話文と会話文の間に文を入れることで、会話中の登場人物の様子を伝えている。

あの卒業制作のプランは、それ以前の自分の自己模倣でしかなかった。

もう島から出て行かなくちゃ。

もっと広くて未知の世界に足を踏み入れなくちゃ。

望音さ、と太郎は天を仰いだ。

「へこんでる場合じゃないよ。目の前に広がってる可能性に比べたら、どれもちっぽけなことじゃん。望音が本当にいいと思う絵を描いていれば、望音が望音じゃなくなるわけないよ。だって望音には、才能があるもん。」

太郎は自分の言葉に納得したようにつづける。

「うん、才能だよ。運や努力も関係するんだろうけど、生まれつき途方もない才能があるやつって、世の中にはごく稀にいると思うんだ。そういうやつは放っておいても、回り道しても、いつか絶対に花ひらく。まわりには想像もつかなかったような、大輪の花を咲かせるんだよ。」

才能という、実体のない言葉が望音にはずっと苦手だった。

母をはじめ周囲の人の口から出るたび、ぴんと来なくて信じられなかった。

自分に才能があるのかどうかは分からない。でもこうして誰かに才能があると信じてもらうことが、こんなにも勇気になるのだと望音ははじめて知った。太郎の言葉が、強力なおまじないのように望音に勇気を与える。その勇気が指先に伝わり、絵を描きたいという気持ちが広がっていく。

「俺さ、望音が咲かせるその花を、いつか見られるのを今から楽しみにしてるんだ。だってその花は本人への贈り物なだけじゃなくて、他の大勢の人の心に必ず残るものだから。」

太郎は絵画棟を見上げながら言った。

「太郎さん、ありがと。」

太郎と別れたあとアトリエに戻りながら、望音は不思議と痛みと耳鳴りが消えたような気がした。

（一色さゆり 著『ピカソになれない私たち』による。一部省略がある。）

（注）

※アトリエ……画家・彫刻家などの仕事部屋。工房。

※グラフィティ……落書きアート。いたずら書きに似たペイントアートのこと。

※YPP……ここでは若手の画家を対象とした賞「ヤング・ペインター・プライズ」の略。

※インスタレーション……さまざまな物体を配置し、その空間全体を作品とする手法。

問1　①望音はやっと太郎を見て、ほほ笑んだ。とありますが、このときの望音の心情を説明した文として最も適切なものを、次のア〜エの中から一つ選び、その記号を書きなさい。（4点）

ア　一緒に卒業しようと約束したはずの太郎が退学することが、急な話で受け入れられないばかりか、かける言葉も思い浮かばないので苦笑いをしている。

イ　卒業制作を太郎と一緒に頑張ることはできないが、同じ芸術を志す仲間として、太郎が自分なりにやりたいことを探していることを聞いて少し安心している。

ウ　太郎が昔の仲間と意気投合して、自分だけの表現を追い求めて他の美大に行くことが決まっていることに尊敬の念とうらやましさを感じている。

エ　太郎とは卒業制作を続けられないものの、自分のことを気にかけてくれていてアーティストへの道を譲ってくれたやさしさをありがたく感じている。

問2　②望音はろくに答えられなかった。とありますが、望音が

「でも正直、まだ迷ってる。家族にもまだ言ってなくて——。」

三月上旬、※YPPの審査員をつとめたロイヤル・アカデミーの教授から、望音は一通のメールを受け取った。望音は誘われるままに、春休みとYPPの賞金を利用して、ロンドンを訪れた。

王立芸術院、英名でロイヤル・アカデミー・オブ・アーツは古めかしくて歴史を感じさせる外観でありながら、開放的で明るい雰囲気だった。美術館には豊富なコレクションの一部が無料で公開され、毎年名だたる現代アーティストも参加する「夏季展覧会」は、ロンドンの夏の風物詩として有名らしい。

さらに美術館の奥には、個性的な服装の若者たちが制作している建物があった。

印象に残ったのは、付属の小さなスペースで展示されていた学生たちの作品である。どれも素晴らしい絵ばかりで、望音は圧倒された。絵だけではなく立体や※インスタレーションなど、ジャンルに囚われずに自由な発想で展開されていた。

教授から大学院生を紹介され、アカデミー内を案内してもらいながら、彼らがしっかりと自作を説明し、確固たるビジョンを持って制作をしていることに驚かされた。

——で、あなたはここで、どんな絵を描きたいの？

そう訊ねられ、②望音はろくに答えられなかった。

その理由は、英語だったからだけではない。

望音はロンドンの喧騒を行く先も決めずに彷徨った。明るい未来がこの街に広がっているはずなのに、頭のなかを不安が塗りつぶす。離島出身で美術のこともなにも知らなくて、東京でだって精一杯なのに、さまざまな人種や言語の行き交う、当たり前に自己主張を求められる大都会で、本当に自分はやっていけるのか。

とりあえず語学が留学の必要条件だったので、帰国後は参考書やオンライン英会話で勉強したけれど、根本的な迷いは消えなかった。

覚悟がいまだに決まらないまま、また誰にも打ち明けられないまま、ここまで来てしまっていた。

最初に描いた島の絵が却下されたのも、今ふり返れば、その誘いによる迷いや焦りが邪魔をしたからだ。

「この美大に来たのも、本当はうちの意志じゃなかったんよ。うちはただ、絵が描ければそれでいいっていう気持ちがあって。それは島にいても、東京にいても、どこにいても同じじゃ。だったら、わざわざ海外に行く必要なんてない気もして——」

「なに言ってんの？」

いきなり太郎に一喝されて、望音は顔を上げた。

「ロイアカだよ？ マジですごいじゃん！ 俺、望音が海外に行って勉強したあと、どんな絵を描くのか、めちゃくちゃ見てみたいよ。」

「見てみたい？」

③望音は目をぱちぱちさせながら太郎を見る。

「そう、たぶん俺だけじゃないよ。ゼミのみんなだって、荒川さんとか他科のみんなも、今の話を聞いたら、望音の絵がどんな風になるか知りたいって思うよ。望音だって見てみたいと思わないの？ 海外に身を置くことで『自分の絵』がどんな風に変わっていくのか。」

そう言われて、はじめて望音は思い出す。

絵は自分にとって「見たい世界」を描くものだった。

でもいつのまにか、熟知した世界ばかり描くようになっていた。描くことは冒険であり旅のはずなのに、安心するために、自分を守るために、自分の殻に籠城してただただ描きやすいものばかり選んでいた。

この美大に来てから、とくに森本ゼミに入ってから、少しずつ島にいた頃の自分には描けなかったものも描けるようになったのに、

国語

●満点100点 ●時間50分

一 次の文章を読んで、あとの問いに答えなさい。（26点）

東京の美術大学に通う離島出身の望音は、森本研究室（森本ゼミ）に所属し、卒業制作に取り組んでいる。夏休み明けに、同じゼミの太郎が、大学を辞めるつもりだとゼミの仲間に打ち明けたところ、望音は、「十分頑張った、とか言うな！」と言って部屋を出て行った。

望音は食堂の前のベンチに一人で座っていた。太郎は黙って近づき、自販機で買った紙パックのジュースを差し出す。

「……すみません、偉そうなこと言って。」と望音は小さく頭を下げた。

「いいよ。」

「ほんとに、辞めるんですか。」

「うん。」

望音は遠慮がちに、作業着を握りしめながら言う。

「うちはもっと太郎さんと一緒に頑張りたかった。同じ※アトリエで、最後まで絵を描いてたかった。卒業制作も、太郎さんにいろいろ見てほしかった。なのに……ほんまに諦めてしもうて、後悔せんの？」

テラス席に座っている学生のグループが、ちらちらと見てくる。

「俺さ、この一ヶ月ずっと自分を見つめ直してたんだ。それで気づいたんだけど、あの壁に※グラフィティをかいたとき、久しぶりに内面から湧いてくる感動みたいなものを体験できたんだよ。ああ、俺って、みんなでここで青春を過ごしたんだなって。たぶん俺には、望音は肯く。

周囲と競争して一握りのプロの席を奪い合うよりも、俺らしく、誰かと協力して好きなことをする方が大事なんだ。でもそれって残念ながら、森本先生が目指している答えとは違うし、いわゆる『アーティスト』として食べていく才能もないんだと思う。けじめをつけるためにも退学しようって、自分で決めたんだ。」

しばらく黙って話を聞いていた望音は、「これからどうするんじゃ。」と訊ねた。

「まだ決まっていないけど、昔の仲間が訪ねて来てくれてさ。知らなかったんだけど、そいつは別の美大に入って、アートの文脈でグラフィティを実践しようとしているみたいで、もしよかったらまた一緒にやらないかって誘われた。またやるかは分からないけど、今までやってきたことは無駄じゃない気がしてる。」

「……そっか、うまくいくとええなぁ。」

① 望音はやっと太郎を見て、ほぼ笑んだ。

「ありがとう。でもさ、望音も俺と同じで、他人の評価には縛られたくないタイプだと思ってたんだけど、どうしてそんなに頑張るんだ？　卒業したあと、大学院で森本研究室に残るわけじゃないんだろ。」

つぎにいつ望音と話せるか分からないので、太郎は聞いておきたかった。

望音は迷うように、手に持っていた紙パックのジュースに視線を落とした。

「じつはうち、ロイヤル・アカデミーの先生から、大学院に誘われとるんじゃ。」

「ロイヤル・アカデミーって、イギリスの？」

前期がはじまった頃、アトリエにロイアカの大学院生が見学に来ていたという話を太郎は思い出す。

2021年度
埼玉県公立高校／学 校 選 択

英　語　　●満点 100点　●時間 50分

■リスニングテストの音声は，当社ホームページで聴くことができます。（当社による録音です。）再生に必要なアクセスコードは「合格のための入試レーダー」（巻頭の黄色の紙）の1ページに掲載しています。

1 放送を聞いて答える問題(28点)

問題は，No.1～No.7の全部で7題あり，放送はすべて英語で行われます。放送される内容についての質問にそれぞれ答えなさい。No.1～No.6は，質問に対する答えとして最も適切なものを，A～Dの中から1つずつ選び，その記号を書きなさい。No.7は，それぞれの質問に英語で答えなさい。放送中メモを取ってもかまいません。各問題について英語は2回ずつ放送されます。

【No.1～No.3】（各2点）

No.1

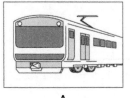　　　

A　　　　　　　　B　　　　　　　　C　　　　　　　　D

No.2

A　　　　　　　　B　　　　　　　　C　　　　　　　　D

新型コロナウイルス感染症対策のため，学校が臨時休校したことを受けて，出題範囲に配慮がありました。

No. 3

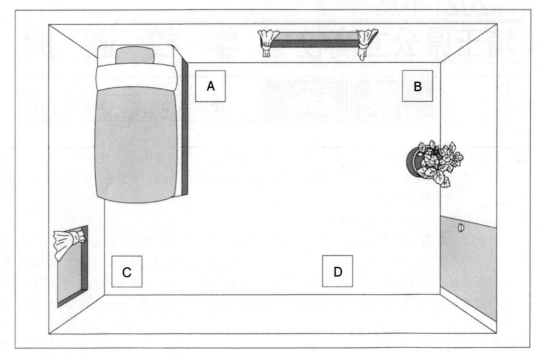

【No. 4 , No. 5】(各 2 点)

No. 4

  A Here you are.   **B** Thanks.

  C You, too.   **D** Give me some water, please.

No. 5

  A Sorry, I don't know.   **B** You should go alone.

  C I will go with you.   **D** Will you change trains at the station ?

【No. 6】(各 3 点)

(1) Question 1

  A On the shopping street near Keyaki Station.

  B In the soccer stadium.

  C In the building of Keyaki Station.

  D On the way to a flower shop.

(2) Question 2

  A One day.   **B** Two days.

  C Three days. **D** Four days.

(3) Question 3

  A The new candy shop sells flowers from other countries.

  B The new candy shop opens at seven a.m.

  C The special ice cream is the most popular at the new candy shop.

  D The new candy shop is closed on Mondays and Tuesdays.

(1) Question 1 : When is Mr. Ford happy ?

Answer :　　He is happy when students (　　　　　　　　　) in English.

(2) Question 2 : Where does Mr. Ford often go to enjoy bird watching in Japan ?

Answer :　　He goes to the (　　　　　　　　) house.

(3) Question 3 : What did Mr. Ford want to be when he was a junior high school student ?

Answer :　　He wanted to be (　　　　　　　　).

※＜**放送を聞いて答える問題台本**＞は英語の問題の終わりに付けてあります。

2　次の 1 ～ 4 は，Haruka，イギリス(the UK)に住む Phil と ALT の Mr. Belle の会話と発表です。これらを読んで，問1～問7に答えなさい。＊印のついている語句には，本文のあとに〔注〕があります。(28点)

1 〈*Haruka in Japan is *making a video call with Phil in the UK on her *tablet computer.*〉

Phil :　　Hi, Haruka.　What are you doing today ?

Haruka : Hi, Phil.　It's raining today, so I'm reading a book.　How is the weather in your town ?

Phil :　　It's sunny today.　Haruka, I learned something interesting about Japan.　It was about the entrance of houses.

Haruka : What did you learn ?

Phil :　　I'll show you.　Just a minute.　I'm going to the entrance of my house.　Please look at the *front door.　I am opening it, and then closing it.　Is anything different ?

Haruka : There are no shoe boxes.

Phil :　　Well, you're right, but that is not the point.

Haruka : Oh, I see !　Your door opens to the inside of the house.　The front door of my house opens to the outside.

Phil :　　That's right.　My father (　　　　　　　　　　　　　　) many countries before.　So, I asked him about it.　He said that many front doors in other countries usually open to the inside.

Haruka : Really ?　I think many front doors in Japan open to the outside.　But why do they open to the outside ?

〔注〕　make a video call……ビデオ通話をする　　tablet……タブレット型の

front door……玄関のドア

問1　下線部が「今までに，父は多くの国に行ったことがあります。」という意味になるように，(　)に適切な3語の英語を書きなさい。(3点)

2 〈*At school, Haruka is talking with her ALT, Mr. Belle.*〉

Haruka :　　Mr. Belle, why do front doors in Japan open to the outside of the house ?

Mr. Belle : There may be a few reasons.　One of them is shoes.

Haruka :　　Shoes ?

Mr. Belle : You don't wear shoes in the house, so you put your shoes at the entrance.

Haruka : Oh, I see! If the front door opens to the outside of the house, the door will not hit the shoes. So, front doors opening to the outside are good for houses in Japan.

Mr. Belle : That's right.

Haruka : That's interesting. Do you have any other examples like that?

Mr. Belle : Well, many people in Japan clean their whole houses at the end of the year. But people in some countries do it in spring.

Haruka : Why do they do it in spring?

Mr. Belle : Why don't you find out and give a speech about it in English class next week?

Haruka : That sounds interesting. Thank you.

問2　本文 2 で，Haruka は，外側に開く玄関のドアが日本の家に適しているのはなぜだと述べていますか。日本語で書きなさい。（4点）

3 〈*Haruka is giving a speech to her classmates in English class.*〉

When do you clean your whole house? Most of you will do it in December. But people in some countries do it in spring. Why do they do it then?

In the past, many houses in some northern countries had *fireplaces. Winter in these countries is very cold. So, people burned wood to make their houses warm. After the cold winter, there was a lot of *soot from the fireplace in their houses. So, they needed to clean their houses in spring. This is called "spring cleaning." Now, many people in those countries have other *heating systems in their houses, so ☐　　A　　☐ in winter. They don't need to clean their houses in spring, but they still have this custom.

Different people have different ways of living. I think this is an important thing for you to remember to understand other cultures.

〔注〕　fireplace……暖炉　　soot……すす

　　　heating system……暖房装置

問3　空欄 A にあてはまる最も適切なものを，次のア～エの中から1つ選び，その記号を書きなさい。（3点）

ア　a lot of people visit those countries

イ　you can enjoy skiing

ウ　they don't need to use fireplaces

エ　most of them burn more wood

問4　本文 3 の内容に関する次の質問に，英語で答えなさい。（4点）

　　What does Haruka want her classmates to remember to understand other cultures?

4 〈*After school, Haruka is talking with Mr. Belle.*〉

Haruka : It's very interesting to learn about other cultures.

Mr. Belle : Why don't you study abroad in the future?

Haruka : Actually, I often think about it.

Mr. Belle : What country do you want to go to?

Haruka : I'm interested in a few countries, but I haven't decided yet. A few days ago, I was looking for some information about studying abroad. I found a very interesting graph.

　　　　　Among Europe, Asia, and North America, which area has the most Japanese students studying abroad, Mr. Belle ?

Mr. Belle : 　It's North America, right ?

Haruka : 　North America has a lot of Japanese students, but it doesn't have the most.

Mr. Belle : 　Then what about Europe ?

Haruka : 　Well, 〔than / more / Europe / from / has / Japan / North America / students〕 has. Actually, foreign countries in Asia have the most Japanese students.

Mr. Belle : 　Oh, really ?　I didn't know.

Haruka : 　I will study a lot and think about my reasons for studying abroad, and then I will choose a country.

Mr. Belle : 　Good idea.　Try your best.

Haruka : 　These days, I often call my friend in the UK.　He told me a lot about his culture. But the best way to learn about foreign cultures is to visit foreign countries.

問5　次は，本文 4 で述べられているグラフです。本文 4 の〔　〕内のすべての語句を，本文の流れとグラフに合うように，正しい順序に並べかえて書きなさい。（4点）

グラフ　地域別日本人留学生の人数

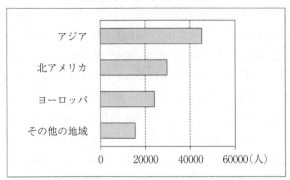

問6　1 〜 4 の会話と発表の内容と合うように，次の(1)，(2)の英語に続く最も適切なものを，ア〜エの中から1つずつ選び，その記号を書きなさい。（各3点）

(1)　Phil wants Haruka

　ア　to call him more often on her tablet computer on rainy days.

　イ　to learn that the front door of his house opens to the inside.

　ウ　to know that he doesn't have a shoe box.

　エ　to look at his shoes carefully because his father bought them abroad.

(2)　Haruka says that

　ア　winter is the best of all the seasons for cleaning.

　イ　she is interested in studying abroad in the future to learn English.

　ウ　people stopped doing "spring cleaning" after their way of living changed.

　エ　she will choose a country to study in after she thinks about her reasons to study abroad.

問7　次は，後日の Haruka と Mr. Belle の会話です。自然な会話になるように，（　）に適切な3語の英語を書きなさい。（4点）

Haruka :　　Mr. Belle, I have a question.　Can I talk with you now?

Mr. Belle :　Sure, what do you want to know?

Haruka :　　Can you tell me (　　　　　　　　　　) more friends from foreign countries?

Mr. Belle :　I think there are many ways.　For example, you can take part in many international events, or you can ask your friend in the UK to introduce his friends to you.

Haruka :　　OK!　Thank you.

3　　次は，高校1年生の Tomoko が書いた英文です。これを読んで，問1～問6に答えなさい。
＊印のついている語句には，本文のあとに〔注〕があります。(34点)

I like visiting ＊aquariums.　I have visited a lot of aquariums and seen many different sea animals.　There are always a lot of ＊colorful fish in the fish ＊tanks.　I am always happy when I see them in aquariums.

Last summer, I went to an aquarium with my family.　I had a great time and watched the fish as I always do.　I found two interesting fish in the corner of a large fish tank.　One was gray and about as large as my tennis racket.　It opened its large mouth.　The other was blue and had a black line running along its side.　It was about ten centimeters long.　It was swimming around the head of the large fish.　I was worried about the small fish.　It would be easy for the large fish to eat the small fish.　But I didn't think the small fish cared about this.　Actually, 〔afraid / didn't even / swimming / look / into / of / it〕 the large fish's mouth.　Soon after it swam in, it quickly swam out.　I was surprised to see this.　I found a ＊staff member at the aquarium, and asked her a question.　I said, "Is it safe for the small fish to swim around the large fish?　The large fish may eat the small fish."　She said, "Don't worry.　The small fish is a ＊bluestreak cleaner wrasse.　It eats ＊parasites and ＊diseased parts on other fish, so it is called a cleaner fish.　This small cleaner fish keeps the large fish healthy.　The large fish knows this, so it will not eat the cleaner fish."　I said, "I've never heard about cleaner fish.　This is a very interesting ＊relationship.　Thank you very much."

　　①　　　　There was a yellow fish in another fish tank.　It came out of a hole in the ground, and then a ＊shrimp followed it.　I read the ＊explanation on the wall by the tank.　I learned that the fish was a kind of ＊goby.　The shrimp was ＊digging a hole and the goby just stayed near the shrimp.　It was very interesting to see them together.　Then, both of them got in the hole again.　I thought they were good friends.　Why did they stay together?　I wanted to learn more about these relationships, so I used the Internet to learn about them.

I learned that such relationships are called ＊mutualisms.　　②　　　　This means that each side ＊benefits from the relationship ＊in some way.　In the relationship between the bluestreak cleaner wrasse and the large fish, the large fish is cleaned by the cleaner fish.　This is good for the large fish.　This relationship is also good for the cleaner fish.　The large fish goes to the cleaner fish for help, so the cleaner fish can get food easily just by swimming around the large fish.　Both benefit from each other.

Then, what about the relationship between the goby and the shrimp?　Both of them live in a hole together at the bottom of the sea.　The hole is their house.　The shrimp is very good at digging holes, but doesn't have good eyes and cannot swim well.　＊On the other hand, the goby can see well.　It can swim fast, but it cannot swim very far.　③　The shrimp sometimes needs to ＊repair their house.　When the shrimp comes out, the goby comes out, too. The shrimp always stays near the goby, and keeps touching the goby's body to get a sign from the goby.　The goby looks around carefully.　As soon as the goby finds a dangerous animal, it gives a sign to the shrimp.　When the shrimp gets this sign, it also knows that an animal A to eat them is coming.　Both of them quickly get inside their house.　The shrimp can stay safe with the goby's help, and the goby can ＊hide itself in the house B by the shrimp.

In the natural world, some animals eat and some are eaten.　I didn't think of other relationships among sea animals.　But some different kinds of animals live together by helping each other.　I learned this after watching the sea animals at the aquarium.　I want to learn even more about sea animals.　I am looking forward to learning about ＊diversity in the sea.

〔注〕 aquarium……水族館　　colorful……色彩豊かな　　tank……水槽　　staff……従業員
bluestreak cleaner wrasse……ホンソメワケベラ(魚の名前)　　parasite……寄生虫
diseased……病気の　　relationship……関係　　shrimp……エビ
explanation……説明　　goby……ハゼ(魚の名前)　　dig ～……～を掘る
mutualism……相利共生　　benefit……利益を得る　　in some way……何らかの点で
on the other hand……これに対して　　repair ～……～を修理する
hide ～……～を隠す　　diversity……多様性

問1 〔 〕内のすべての語句を，本文の流れに合うように，正しい順序に並べかえて書きなさい。
（3点）

問2 空欄 ① ～ ③ にあてはまる最も適切な文を，次のア～カの中から1つずつ選び，その記号を書きなさい。なお，同じ記号を2度以上使うことはありません。（各3点）

ア　After watching them, I found another interesting relationship between two sea animals at the aquarium.

イ　In this relationship, one gets something from the other, but the other gets nothing.

ウ　Each of them has both good points and bad points, so they support each other to stay safe.

エ　Later, another relationship between two fish was found, and this surprised a lot of scientists.

オ　In these relationships, one animal always has to follow the stronger one to live in peace.

カ　In relationships like these, two or more different kinds of animals may give food, safe places, or care to each other.

問3 空欄 A , B にあてはまる最も適切なものを，次の中から1つずつ選び，それぞれ正しい形にかえて書きなさい。（各3点）

forget	grow	hold	make
sound	stop	send	try

問4　下線部 I learned this の this は何をさしていますか。日本語で書きなさい。（3点）

問5　本文の内容に関する次の質問に，英語で答えなさい。（4点）

Why is the relationship with the large fish good for the bluestreak cleaner wrasse?

問6　次の英文は，本文の内容をまとめたものです。次の（1）〜（3）に適切な英語を，それぞれ **2語**で書きなさい。（各3点）

When Tomoko visited the aquarium, she found two interesting relationships between different kinds of animals.　One was the relationship between a small fish and a large fish.　It would be dangerous for the small fish to swim near the large fish, but the small fish （　1　） because the large fish knew the small fish would help it.　The other was the relationship between a goby and a shrimp.　The goby has good eyes.　It is a （　2　） but isn't able to swim far.　It looks around carefully （　3　） any dangerous animals.　The shrimp doesn't see or swim well, but it is good at digging holes.　The two animals help each other.　These relationships are called mutualisms.

4　次の英文を読んで，あなたの考えを，〔条件〕と〔記入上の注意〕に従って40語以上50語程度の英語で書きなさい。＊印のついている語句には，本文のあとに〔注〕があります。（10点）

Many people think that it is good to do many activities in ＊nature.　So, many ＊organizations give children chances to spend time in nature.　For example, schools hold many outdoor events to take children to places like mountains, rivers, lakes, or the sea.　Museums or other ＊public facilities also hold events such as nature ＊observation classes or ＊farming activity classes. Children can do a lot of different activities in nature.

Some people say that elementary school children should spend more time in nature.　What do you think about this?

〔注〕　nature……自然　　organization……団体　　public facilities……公共施設

observation……観察　　farming……農業

〔条件〕　下線部の質問に対するあなたの考えを，その理由が伝わるように書きなさい。

〔記入上の注意〕

①　【記入例】にならって，解答欄の下線＿＿＿の上に1語ずつ書きなさい。

・符号（, . ? ! など）は語数に含めません。

・50語を超える場合は，解答欄の破線＿＿＿で示された行におさまるように書きなさい。

②　英文の数は問いません。

③　【下書き欄】は，必要に応じて使ってかまいません。

【記入例】

Hi!	I'm	Nancy.	I'm	from
America.	Where	are	you	from?

is	April	2,	2005.	It
is Ken's birthday, too.				50語

40語

50語

＜放送を聞いて答える問題台本＞

※「チャイム」

これから「放送を聞いて答える問題」を始めます。

　問題用紙の第1ページ，第2ページを見てください。問題は，No.1～No.7の全部で7題あり，放送はすべて英語で行われます。放送される内容についての質問にそれぞれ答えなさい。No.1～No.6は，質問に対する答えとして最も適切なものを，A～Dの中から1つずつ選び，その記号を書きなさい。No.7は，それぞれの質問に英語で答えなさい。放送中メモを取ってもかまいません。各問題について英語は2回ずつ放送されます。

　では，始めます。

Look at No. 1 to No. 3 on page 1.

Listen to each talk, and choose the best answer for each question.

Let's start.

No. 1

A : Hi, Bill.　I went to the car museum and saw many cars last week.

B : Oh, really?　I love cars, Mary.　I want to go there, too.　How can I get there?

A : You can take a bus from the station.　But I went there by bike.

B : OK.　Thanks.

Question :　How did Mary go to the museum?

（会話と質問を繰り返します。）

No. 2

A : I saw Kevin yesterday when I was walking on the way to a hamburger shop. He was practicing soccer.
B : He is good at baseball, too, right?
A : Yes, he is. Look, Kevin is over there.
B : Oh, he is walking with his dog today.

Question : What was Kevin doing yesterday?

（会話と質問を繰り返します。）

No. 3

A : Judy, where do you want to put your new desk?
B : I want to put it in the corner by the window.
A : Oh, you want to put it by the bed?
B : No. There by the plant.

Question : Where does Judy want to put her desk?

（会話と質問を繰り返します。）

Look at No. 4 and No. 5 on page 2.
Listen to each situation, and choose the best answer for each question.
Let's start.

No. 4

Peter has just come home by bike.
He is really thirsty and asks his mother to give him something to drink.
She gives him some water.

Question : What will Peter's mother say to him?

（英文と質問を繰り返します。）

No. 5

Emi is walking on the street.
A woman asks her the way to the station.
Emi is also going there, so Emi has decided to take the woman to the station.

Question : What will Emi say to the woman ?

（英文と質問を繰り返します。）

Look at No. 6.

Listen to the talk about a new candy shop, Sweet Saitama, and choose the best answer for questions 1, 2 and 3.

Let's start.

A new candy shop, Sweet Saitama, just opened yesterday on the shopping street near Keyaki Station.　It is on the way to the soccer stadium.

The shop sells things like candy, chocolate, and ice cream from many countries.　The flowers made from candy are especially popular.　The people working at the shop had training.　They can make them by hand.　You can see their work through the window of the shop from eleven a.m. to three p.m.

They started a special opening event yesterday, so a lot of people are at the shop today. If you buy something at the shop, you can get a piece of chocolate as a present.　This event finishes tomorrow.

The shop is open from Wednesday to Sunday, from ten a.m. to seven p.m.　Visit Sweet Saitama for a sweet time.

Question 1 : Where is the new candy shop ?

Question 2 : How many days is the special opening event for ?

Question 3 : Which is true about the new candy shop ?

（英文と質問を繰り返します。）

Look at No. 7.

Listen to the talk between Miho and Mr. Ford, an ALT from London, and read the questions.　Then write the answer in English for questions 1, 2 and 3.

Let's start.

Miho :　　Excuse me, Mr. Ford.　May I ask you some questions for the school newspaper ?　I'm going to write about you.

Mr. Ford : Of course, Miho.

Miho :　　Thanks.　Do you enjoy teaching English here ?

Mr. Ford : Yes.　I'm happy when students talk to me in English.

Miho :　　I also enjoy talking with you in English.　What do you like to do on weekends ?

Mr. Ford : I really like bird watching.   When I was in London, many birds flew into my garden, and I enjoyed watching them.

Miho :   Do you enjoy bird watching in Japan ?

Mr. Ford : Yes.   I often go bird watching at the lake near my house.   There are many kinds of birds.   I always take a lot of pictures of them there.   It's very interesting.

Miho :   That sounds fun.   By the way, what did you want to be when you were a junior high school student ?

Mr. Ford : Well, I wanted to be a doctor, then.   But when I was a high school student, I had a wonderful teacher, so I wanted to be a teacher like him.

Miho :   Oh, really ?   Thank you very much.   I'll be able to write a good story.

（会話を繰り返します。）

以上で「放送を聞いて答える問題」を終わります。では，ほかの問題を始めてください。

数学

●満点 100点　●時間 50分

(注意)　答えに根号を含む場合は，根号をつけたままで答えなさい。

1　次の各問に答えなさい。(44点)

(1)　$\dfrac{4x-y}{2}-(2x-3y)$　を計算しなさい。（4点）

(2)　$x=3+\sqrt{5}$，$y=3-\sqrt{5}$　のとき，x^2-6x+y^2-6y　の値を求めなさい。（4点）

(3)　2次方程式　$(2x+1)^2-7(2x+1)=0$　を解きなさい。（4点）

(4)　関数　$y=ax^2$　について，x の変域が $-2\leqq x\leqq3$ のとき，y の変域は $-36\leqq y\leqq0$ となりました。このとき，a の値を求めなさい。（4点）

(5)　地球の直径は約12700kmです。有効数字が1，2，7であるとして，この距離を整数部分が1けたの数と，10の何乗かの積の形で表すと次のようになります。ア と イ にあてはまる数を書きなさい。（4点）

　　　$\boxed{ア}\times10^{\boxed{イ}}$ km

(6)　右の表は，あるクラスの生徒40人の休日の学習時間を度数分布表に表したものです。このクラスの休日の学習時間の中央値(メジアン)が含まれる階級の相対度数を求めなさい。（4点）

学習時間(時間)		度数(人)
以上　　未満		
0　～　2		2
2　～　4		4
4　～　6		12
6　～　8		14
8　～　10		8
合計		40

(7)　右の図は立方体の展開図です。これを組み立てて立方体をつくったとき，辺 AB とねじれの位置になる辺を，次のア～エの中から1つ選び，その記号を書きなさい。（4点）

ア 辺CG　　**イ** 辺JM　　**ウ** 辺LM　　**エ** 辺KN

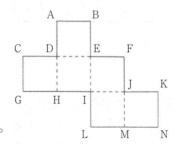

(8)　ある高校の昨年度の全校生徒数は500人でした。今年度は昨年度と比べて，市内在住の生徒数が20%減り，市外在住の生徒数が30%増えましたが，全校生徒数は昨年度と同じ人数でした。今年度の市内在住の生徒数を求めなさい。（5点）

(9)　赤玉3個と白玉2個が入っている袋があります。この袋から玉を1個取り出して色を確認して，それを袋に戻してから，もう一度玉を1個取り出して色を確認します。このとき，2回とも同じ色の玉が出る確率を求めなさい。

　　　ただし，袋の中は見えないものとし，どの玉が出ることも同様に確からしいものとします。（5点）

(10)　Aさんは，同じ大きさの7本の筒を図1のように並べてひもで束ねようとしましたが，ひもの長さが足りませんでした。そこで，図2のように並べかえたところ，ひもで束ねることができました。必要なひもの長さの違いに興味をもったAさんは，筒を並べてその周りにひもを巻いたものを上からみた様子を，下の**ア**，**イ**のように模式的に表しました。

　　円の半径を r cm，円周率を π とするとき，**ア**と**イ**のひもの長さの差を，途中の説明も書いて求めなさい。その際，解答用紙の図を用いて説明してもよいものとします。

　　ただし，必要なひもの長さは1周だけ巻いたときの最も短い長さとし，ひもの太さや結び目については考えないものとします。（6点）

図1　　　　　　　　　　図2

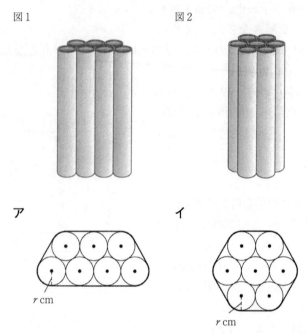

ア　　　　　　　　　**イ**

r cm　　　　　　　　　r cm

2　　次の各問に答えなさい。（11点）

(1)　下の図のように，直線 l と直線 l 上にない2点A，Bがあり，この2点を通る直線を m とします。直線 l と直線 m からの距離が等しくなる点のうち，2点A，Bから等しい距離にある点をPとするとき，点Pをコンパスと定規を使って作図しなさい。

　　ただし，作図するためにかいた線は，消さないでおきなさい。（5点）

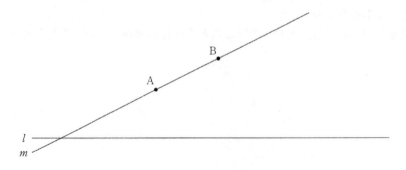

(2) 右の図で，曲線は関数 $y = \frac{1}{2}x^2$ のグラフです。曲線上に x 座標が -3，2 である 2 点 A，B をとり，この 2 点を通る直線 l をひきます。直線 l と x 軸との交点を C とするとき，△AOC を x 軸を軸として 1 回転させてできる立体の体積を求めなさい。

ただし，円周率は π とし，座標軸の単位の長さを 1 cm とします。（6 点）

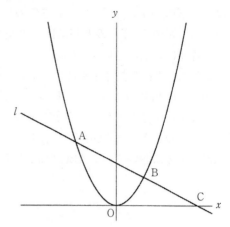

③　次は，A さんが授業中に発表している場面の一部です。これを読んで，下の各問に答えなさい。（12 点）

> 次の表は，式 $3x+5$ について，x に 1 から順に自然数を代入したときの $3x+5$ の値を表したものです。
>
> | x | 1 | 2 | 3 | 4 | 5 | 6 | 7 | 8 | 9 | 10 | 11 | … |
> |---|---|---|---|---|---|---|---|---|---|---|---|---|
> | $3x+5$ | 8 | 11 | 14 | 17 | 20 | 23 | 26 | 29 | 32 | 35 | 38 | … |
>
> この表をみて私が気づいたことは，
> x に 1，5，9 を代入したときの値が，4 の倍数になっていることです。
> 1 も 5 も 9 も，4 で割ると 1 余る自然数であることから，
> <u>$3x+5$ の x に，4 で割ると 1 余る自然数を代入すると，$3x+5$ の値は 4 の倍数になる。</u>
> と予想しました。

(1) 下線部の予想が正しいことを証明しなさい。その際，「n を 0 以上の整数とすると，」に続けて書きなさい。（6 点）

(2) この発表を聞いて，B さんと C さんはそれぞれ次のような予想をしました。
【B さんの予想】，【C さんの予想】の内容が正しいとき，<u>ア</u>〜<u>ウ</u>にあてはまる 1 けたの自然数をそれぞれ書きなさい。（6 点）

> 【B さんの予想】
> 　$3x+5$ の x に，<u>ア</u>で割ると<u>イ</u>余る自然数を代入すると，
> 　$3x+5$ の値は 7 の倍数になる。

> 【C さんの予想】
> 　$3x+5$ の x に自然数を代入したときの値を，3 で割ると余りは 2 になり，
> 　$(3x+5)^2$ の x に自然数を代入したときの値を，3 で割ると余りは<u>ウ</u>になる。

4 下の図1のように，△ABC の辺 AB 上に，∠ABC = ∠ACD となる点Dをとります。また，∠BCD の二等分線と辺 AB との交点をEとします。AD = 4cm，AC = 6cm であるとき，次の各問に答えなさい。（16点）

(1) 線分 BE の長さを求めなさい。（5点）

(2) 下の図2のように，∠BAC の二等分線と辺 BC との交点をF，線分 AF と線分 EC，DC との交点をそれぞれG，Hとします。

このとき，△ADH と△ACF が相似であることを証明しなさい。（6点）

(3) 図2において，△ABC の面積が18cm² であるとき，△GFC の面積を求めなさい。（5点）

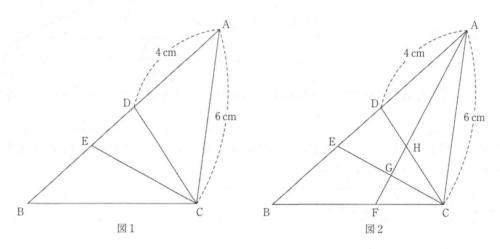

図1   図2

5 右の図のような，AB = BC = 5cm，CD = 2cm，DA = 4cm，∠A = ∠D = 90° の台形 ABCD があります。

点Pは点Aを出発して，辺 AB 上を毎秒1cmの速さで動き，点Bに到着すると止まります。また，点Qは点Aを出発して，辺 AD，DC，CB 上を順に毎秒1cmの速さで動き，点Bに到着すると止まります。

2点P，Qが点Aを同時に出発してから x 秒後の △APQ の面積を y cm² とするとき，次の各問に答えなさい。（17点）

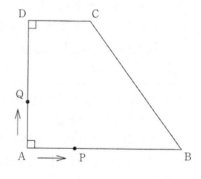

(1) 点Qが点Dに到着するまでの x と y の関係を式で表しなさい。また，そのときの x の変域を求めなさい。（5点）

(2) △APQ と△AQC の面積比が 3：1 になるときの x の値を**すべて**求めなさい。（6点）

(3) △APQ の面積が台形 ABCD の面積の半分になるときの x の値を，途中の説明も書いて**すべて**求めなさい。（6点）

誰にもよくわかる 解説と解答　2021年度

埼玉県　正答率

左段は正答，右段は一部正答。
（小数点第2位以下四捨五入）

〈学力検査〉

英語

大問	小問		正答	一部正答
1	No.1		51.0%	0.0%
	No.2		53.6%	0.0%
	No.3		78.3%	0.0%
	No.4		58.6%	0.0%
	No.5		52.6%	0.0%
	No.6	(1)	69.4%	0.0%
		(2)	47.4%	0.0%
		(3)	22.0%	0.0%
	No.7	(1)	39.8%	11.8%
		(2)	36.5%	3.9%
		(3)	20.4%	21.1%
2	A		41.8%	9.5%
	B		78.0%	0.7%
	C		71.7%	3.9%
	D		40.1%	28.0%
3	問1		44.7%	1.0%
	問2		46.7%	0.0%
	問3		50.3%	0.0%
	問4		52.0%	11.2%
	問5		50.0%	0.0%
4	問1		79.6%	0.0%
	問2		66.4%	0.0%
	問3		48.4%	11.5%
	問4		10.2%	2.0%
	問5		44.4%	0.0%
	問6		39.8%	13.5%
	問7		6.3%	43.8%
	問8		9.9%	21.1%
5	問1		14.1%	0.0%
	問2		69.7%	0.0%
	問3		11.2%	62.2%

社会

大問	小問		正答	一部正答
1	問1		93.0%	0.0%
	問2		73.6%	17.7%
	問3		40.9%	29.2%
	問4		41.4%	7.5%
2	問1		61.1%	1.2%
	問2		51.6%	0.0%
	問3		81.0%	0.0%
	問4		64.3%	22.7%
	問5		72.8%	3.7%
3	問1		40.6%	0.0%
	問2		41.9%	38.9%
	問3		35.7%	0.0%
	問4		60.1%	0.0%
	問5		44.1%	0.0%
4	問1		71.6%	0.0%
	問2		16.0%	70.6%
	問3		62.1%	0.0%
	問4		39.2%	0.2%
	問5		65.3%	16.0%
5	問1		86.3%	0.0%
	問2		54.6%	0.0%
	問3	(1)	80.0%	0.0%
		(2)	23.2%	22.7%
	問4		66.6%	16.2%
	問5		67.1%	0.0%
6	問1		62.1%	0.0%
	問2		13.5%	22.9%
	問3		41.9%	42.9%
	問4		76.1%	0.0%
	問5		73.3%	0.0%

数学

大問	小問		正答	一部正答
1	(1)		97.0%	0.0%
	(2)		90.8%	0.0%
	(3)		77.6%	0.0%
	(4)		88.2%	0.0%
	(5)		80.6%	0.0%
	(6)		90.1%	0.0%
	(7)		80.6%	3.3%
	(8)		79.3%	0.0%
	(9)		75.0%	0.0%
	(10)		50.3%	0.0%
	(11)	①	43.1%	0.0%
		②	47.0%	0.0%
	(12)		90.1%	0.0%
	(13)		17.8%	0.7%
	(14)		78.6%	0.0%
	(15)		45.7%	0.0%
	(16)		11.8%	10.2%
2	(1)		73.7%	3.9%
	(2)		39.8%	0.0%
3	(1)		79.3%	5.9%
	(2)		7.2%	20.4%
4	(1)		40.8%	25.7%
	(2)		53.3%	0.0%
	(3)		1.6%	0.0%

理科

大問	小問		正答	一部正答
1	問1		87.8%	0.0%
	問2		66.3%	0.0%
	問3		57.9%	0.0%
	問4		56.4%	0.0%
	問5		38.7%	0.0%
	問6		84.5%	0.0%
	問7		64.3%	0.2%
	問8		83.5%	0.0%
2	問1		79.1%	0.2%
	問2		82.0%	0.0%
	問3		65.8%	0.0%
	問4		72.8%	5.5%
	問5	(1)	56.1%	0.0%
		(2)	16.2%	1.0%
3	問1		52.6%	28.4%
	問2		10.7%	11.7%
	問3		6.5%	1.5%
	問4		72.8%	14.5%
	問5		82.5%	0.0%
4	問1		51.4%	0.0%
	問2		86.5%	0.0%
	問3		4.5%	15.5%
	問4		34.2%	1.2%
	問5		51.6%	0.0%
5	問1		76.1%	1.5%
	問2		53.1%	0.0%
	問3		39.7%	0.0%
	問4		12.7%	0.0%
	問5	(1)	61.8%	0.0%
		(2)	58.4%	8.7%

国語

大問	小問		正答	一部正答
一	問1		89.8%	0.0%
	問2		92.5%	0.0%
	問3		91.3%	4.7%
	問4		48.9%	24.7%
	問5		44.4%	16.5%
二	問1	(1)	84.0%	0.0%
		(2)	82.8%	0.0%
		(3)	73.6%	0.0%
		(4)	52.6%	0.0%
		(5)	68.3%	0.0%
	問2		54.6%	0.0%
	問3		75.8%	0.0%
	問4	(1)	91.3%	0.0%
		(2)	80.5%	0.0%
		(3)	86.5%	0.0%
三	問1		80.8%	0.0%
	問2		67.8%	10.2%
	問3		20.7%	37.7%
	問4		49.4%	0.0%
	問5		20.7%	45.9%
四	問1		74.1%	2.0%
	問2		34.4%	15.2%
	問3		75.3%	0.0%
	問4		65.8%	0.0%
五			9.0%	84.5%

〈学校選択〉

英語

大問	小問		正答	一部正答
1	No.1		90.1%	0.0%
	No.2		95.1%	0.0%
	No.3		92.8%	0.0%
	No.4		95.4%	0.0%
	No.5		95.4%	0.0%
	No.6	(1)	94.4%	0.0%
		(2)	81.3%	0.0%
		(3)	51.0%	0.0%
	No.7	(1)	64.5%	11.5%
		(2)	65.8%	10.9%
		(3)	67.8%	12.5%
2	問1		81.9%	2.0%
	問2		85.5%	5.9%
	問3		96.1%	0.0%
	問4		22.0%	57.6%
	問5		26.6%	4.6%
	問6	(1)	90.1%	0.0%
		(2)	70.1%	0.0%
	問7		73.7%	3.3%
3	問1		29.9%	1.6%
	問2	①	80.9%	0.0%
		②	41.8%	0.0%
		③	53.0%	0.0%
	問3	A	20.7%	2.6%
		B	46.7%	1.0%
	問4		49.7%	30.3%
	問5		12.5%	10.9%
	問6	(1)	17.1%	12.5%
		(2)	6.6%	1.6%
		(3)	20.1%	0.7%
4			11.8%	81.9%

数学

大問	小問	正答	一部正答
1	(1)	88.5%	0.0%
	(2)	68.1%	0.0%
	(3)	78.6%	0.3%
	(4)	93.8%	0.0%
	(5)	63.2%	1.3%
	(6)	88.2%	0.0%
	(7)	89.5%	0.0%
	(8)	65.8%	0.0%
	(9)	76.3%	0.0%
	(10)	13.5%	12.8%
2	(1)	89.8%	5.6%
	(2)	49.7%	1.0%
3	(1)	45.7%	16.4%
	(2)	41.8%	28.6%
4	(1)	61.2%	0.0%
	(2)	11.8%	64.1%
	(3)	7.6%	0.0%
5	(1)	73.4%	17.1%
	(2)	1.6%	5.9%
	(3)	2.0%	23.0%

英語解答

1　No.1　D　　No.2　B　　No.3　B
　　No.4　A　　No.5　C
　　No.6　(1)…A　(2)…C　(3)…D
　　No.7　(1)　talk to　(2)　lake
　　　　　(3)　a doctor

2　A　science　　B　brother
　　C　July　　D　stars

3　問1　riding a bike when I was
　　問2　C　　問3　エ
　　問4　(例)sister to practice with it
　　問5　イ

4　問1　ア　　問2　ウ
　　問3　(例)ドアが靴にぶつからないから。
　　問4　burned wood to make their

（右段）

houses
問5　ウ
問6　①…ウ　②…イ　③…ア
問7　(例)I think so. If I study abroad, I can experience people's everyday life in that country.
問8　(例)What was it

5　問1　trip　　問2　イ
　問3　①　(例)I would like to go to France.
　　　②　(例)I like history. I want to visit a lot of old buildings.

1　〔放送問題〕

No.1≪全訳≫A：こんにちは，ビル。先週，車の博物館に行ってたくさんの車を見てきたの。／**B**：へえ，本当に？　僕は車が大好きなんだ，メアリー。僕もそこに行きたいな。どうやって行けばいいの？／**A**：駅からバスが使えるわ。私は自転車で行ったけど。／**B**：わかった。ありがとう。

Q：「メアリーはどうやって博物館に行ったか」―D

No.2≪全訳≫A：昨日，ハンバーガー屋さんまで歩いていく途中でケビンを見たの。彼はサッカーの練習をしていたわ。／**B**：彼は野球も上手だよね？／**A**：うん，そうね。見て，あそこにケビンがいるわ。／**B**：ああ，今日は犬と散歩をしているね。

Q：「ケビンは昨日何をしていたか」―B

No.3≪全訳≫A：ジュディ，新しい机をどこに置きたい？／**B**：窓の近くの隅に置きたいな。／**A**：ああ，ベッドの近くに置きたいのかな？／**B**：ううん。植木のそばのそこに。

Q：「ジュディはどこにベッドを置きたいと思っているか」―B

No.4≪全訳≫ピーターは自転車で家に帰ってきたところだ。／彼はとてものどが渇いていて，何か飲み物をくれるよう母に頼む。／彼女は彼に水をあげる。

Q：「ピーターの母は彼に何と言うか」―A.「さあ，どうぞ」　Here you are.「さあ，どうぞ」は相手に物を手渡すときの定型表現。

No.5≪全訳≫エミは道を歩いている。／1人の女性が彼女に駅までの道を尋ねる。／エミもそこに向かっているので，その女性を駅まで連れていくことにした。

Q：「エミはその女性に何と言うか」―C.「私も一緒に行きます」　道を知らない人を連れて同じ場所に向かうのだから，一緒に行きますと言えばよい。　'take＋人＋to＋場所'「〈人〉を〈場所〉に連れていく」

No.6≪全訳≫❶スイート埼玉という新しいキャンディーのお店が，ケヤキ駅近くの商店街にちょうど昨日開店しました。お店は，サッカースタジアムに行く途中にあります。❷このお店では，いろいろな国のキャンディー，チョコレート，そしてアイスクリームを売っています。キャンディーでつくった花は特に人気があります。このお店で働く人たちは練習を重ねています。彼らはそれを手でつく

ることができるのです。午前11時から午後3時まで，彼らの作業をお店の窓越しに見ることができます。❸昨日，お店が特別な開店イベントを始めたので，今日は多くの人たちがお店にいます。お店で何か買うと，プレゼントとしてチョコレートを1枚もらえます。このイベントは明日で終わります。❹お店は水曜日から日曜日の午前10時から午後7時まで開いています。甘い時間を過ごしにスイート埼玉へ行きましょう。

　　<解説>⑴「新しいキャンディー店はどこにあるか」―A.「ケヤキ駅の近くの商店街」　第1段落第1文参照。　　⑵「特別な開店イベントは何日間行われるか」―C.「3日間」　第3段落参照。昨日始まって明日終わるのだから，今日も合わせて3日である。　　⑶「新しいキャンディーのお店について正しいのはどれか」―D.「新しいキャンディーのお店は月曜日と火曜日には閉まっている」　最終段落第1文参照。

No.7≪全訳≫❶ミホ(M)：すみません，フォード先生。学校新聞用にいくつか質問してもいいですか？　先生のことを書くつもりなんです。❷フォード先生(F)：もちろんですよ，ミホ。❸M：ありがとうございます。ここで英語を教えることを楽しんでいらっしゃいますか？❹F：ええ。生徒たちが英語で私に話しかけてくれると，とてもうれしいです。❺M：私も先生と英語で話すのが楽しいです。週末には何をするのが好きですか？❻F：私はバードウォッチングがとても好きなんです。ロンドンにいたときには，たくさんの鳥たちが私の家の庭に飛んできて，鳥を見て楽しんでいました。❼M：日本でバードウォッチングを楽しんでいますか？❽F：ええ。家の近くの湖に，よくバードウォッチングに行きます。たくさんの種類の鳥がいるんですよ。いつもそこで，鳥たちの写真をたくさん撮ります。とてもおもしろいですよ。❾M：それは楽しそうですね。ところで，中学生のときは何になりたかったですか？❿F：うーん，そのときは医者になりたいと思っていました。でも，私が高校生のとき，すばらしい先生と出会い，それで彼のような先生になりたいと思ったんです。⓫M：まあ，そうなんですね。どうもありがとうございます。いい話が書けそうです。

　　<解説>⑴「どんなときにフォード先生はうれしくなるか」―「生徒が英語で彼に話しかけると，彼はうれしい」　第4段落参照。　　⑵「フォード先生は日本でバードウォッチングを楽しむためによくどこに行くか」―「彼は家の近くの湖に行く」　第8段落第2文参照。　　⑶「フォード先生は中学生のとき何になりたかったか」―「彼は医者になりたかった」　第10段落第1文参照。

[2]〔適語補充〕

　A.「科学」は science。　　B.「兄」は brother。　　C.「7月」は July。　　D.「星」は star だが，many「たくさんの」の後なので複数形の stars とする。

[3]〔長文読解総合―エッセー〕

　≪全訳≫❶去年，僕の妹は小学校に通い始めた。春のある日，彼女は僕に自転車の乗り方を教えてほしいと言ってきた。僕も小学校のときに自転車に乗り始めた。そのときには，父が忍耐強く僕を助けてくれた。僕は一生懸命練習した。僕が初めて自転車に乗ったとき，父がとてもうれしそうだったのを覚えている。

❷翌日，僕は車庫から小さな古い自転車を引っ張り出した，というのも，妹にそれを使って練習してほしかったからだ。それは僕の初めての自転車で，小さい頃はそれで練習した。僕はそれをきれいにした。僕たちがまだそれを使えるのがうれしかった。

❸その週末，僕たちはその自転車で練習を始めた。妹が初めて自転車に乗ろうとしたとき，うまくバランスがとれなかった。僕は彼女に両手でハンドルを握るように言い，彼女のために自転車の後ろを支えた。_C妹も一生懸命練習した。だから僕は，父のように忍耐強く彼女を助けようとした。

❹1週間後，彼女はついに1人で自転車に乗れた！　彼女はとても喜び，僕も彼女のおかげで幸せな気持ちになった。今では来週に，家族で彼女に新しい自転車を買ってあげる予定になっている。

問1＜整序結合＞start ～ing で「～し始める」。riding の後に目的語として a bike を置き，started riding a bike「自転車に乗り始めた」とまとめる。この後，when「～するとき」の後に‘主語＋動詞…’を続けて when I was in elementary school という‘時’を表すまとまりをつくる。I started riding a bike when I was in elementary school, too.

問2＜適所選択＞妹が自転車に乗る練習を始めたことが述べられているのは，空所Ｃを含む第3段落である。

問3＜適語句選択＞第2段落で，トシヤは自分が小さい頃に使った自転車を車庫から引っ張り出してきれいにしている。第3段落では，妹がその自転車で練習しているので，古い自転車がまだ使えるのがうれしかったのだとわかる。 still「まだ，いまだに，今でも」

問4＜英問英答─適語句補充＞「トシヤが車庫から彼の小さな古い自転車を引っ張り出したのはなぜか」─「彼は自分の妹にそれを使って練習してほしかったからだ」 第2段落第1文参照。‘want＋人＋to ～’「〈人〉に～してほしい」

問5＜内容真偽＞ア.「トシヤの妹は，トシヤが自転車に乗るように言ったので，そうすることにした」…× 第1段落第2文参照。妹が頼んできた。 ‘ask＋人＋to ～’「〈人〉に～するように頼む」 イ.「トシヤが自転車の乗り方を学んでいたとき，彼の父が彼を手伝った」…○ 第1段落第3，4文に一致する。 ウ.「トシヤの妹にとってバランスをとるのは難しかったが，彼はただ彼女を見守った」…× 第3段落第2，3文参照。トシヤは妹の手助けをしている。 エ.「トシヤと妹は先週新しい自転車を買った」…× 最終段落最終文参照。来週買う予定である。

4 〔長文読解総合─対話文・スピーチ〕

1 ≪全訳≫■日本にいるハルカは，タブレット型コンピュータでイギリスにいるフィルとビデオ通話をしている。

2 フィル（Ｐ）：やあ，ハルカ。今日は何をしてるんだい？

3 ハルカ（Ｈ）：こんにちは，フィル。今日は雨が降っているから，読書をしているわ。あなたの町の天気はどう？

4 Ｐ：今日は晴れだよ。ハルカ，僕は日本についておもしろいことを知ったんだ。家の玄関のことさ。

5 Ｈ：何を知ったの？

6 Ｐ：見せてあげるよ。ちょっと待って。家の玄関に向かってる。玄関のドアを見てよ。それを開けて，それから閉じる。何か違いはあるかな？

7 Ｈ：靴箱がないわ。

8 Ｐ：そう，そのとおりだけど，そこは大事なところじゃないな。

9 Ｈ：ああ，わかった！ そっちのドアは家の内側に向かって開く。うちの家の玄関のドアは外側に向かって開くわ。

10 Ｐ：そのとおり。僕の父はたくさんの国に行ったことがあるんだ。だから，このことを彼にきいたのさ。他の国の玄関のドアの多くは，たいてい内側に開くって言ってたよ。

11 Ｈ：本当に？ 日本では玄関のドアの多くは外側に開くと思うわ。でも，どうして外側に開くのかな？

　問1＜適語句選択＞この問いかけに対してフィルは「晴れだ」と答えているので，天気を尋ねたのだとわかる。

　問2＜内容一致＞「フィルはハルカに（　　　）ほしいと思っている」─ウ.「彼の家の玄関のドアが内側に開くことを知って」 第6～9段落参照。

2 ≪全訳≫■学校でハルカは，外国語指導助手のベル先生と話している。

2 ハルカ（Ｈ）：ベル先生，どうして日本の玄関のドアは家の外側に開くんですか？

3 ベル先生（B）：いくつか理由があります。そのうちの１つは靴です。

4 H：靴ですか？

5 B：日本の人は家の中では靴を履かないので，玄関に靴を置きますね。

6 H：ああ，そうか！　玄関のドアが家の外側に開けば，ドアは靴にぶつかりません。だから，日本の家には外側に開く玄関のドアがいいんですね。

7 B：そのとおりです。

8 H：おもしろいですね。他にもこういう例はありますか？

9 B：ええと，日本の多くの人は年末に家の大掃除をします。でも，それを春にする国もあります。

10 H：どうして春にするんですか？

11 B：それを調べて，来週の英語の授業でそれについてスピーチをするのはどうですか？

12 H：それはおもしろそうですね。ありがとうございます。

　　問３＜文脈把握＞第６段落参照。問題文の内容にあたる第３文の文頭にある So「だから」に着目。これは'結果'を導く接続詞で，その前後は'理由'→'結果'という関係になるので，直前の第２文の内容をまとめる。ここでの hit は「〜にぶつかる」という意味。

3 ≪全訳≫**1** ハルカは英語の授業でクラスメートに向けてスピーチをしている。

2 皆さんはいつ家の大掃除をしますか？　皆さんのほとんどはそれを12月にするでしょう。でも，一部の国では春にそれをします。なぜ彼らはその時期に大掃除をするのでしょう？

3 昔，北の国々では多くの家に暖炉がありました。それらの国の冬はとても寒いのです。そこで，人々は家を暖めるためにまきを燃やしました。寒い冬が過ぎると，家の中には暖炉から出たすすがたくさんありました。だから，彼らは春に家を掃除する必要があったのです。これは「春の大掃除」と呼ばれています。今では，そうした国の人々の多くが家で別の暖房装置を所有しているので，冬に暖炉を使う必要はありません。春に家を掃除する必要はないのですが，いまだにこの習慣があります。

4 人によって暮らし方は違います。これは，他の文化を理解するために覚えておくべき大切なことだと思います。

　　問４＜整序結合＞冬が寒いので「まきを燃やした」と考え people の後を burned wood とする。残りは to を'目的'を表す to不定詞として使い，to 以下を'make＋目的語＋形容詞'「〜を…（の状態）にする」の形で to make their houses warm「（彼らの）家を暖めるために」とまとめる。So, people burned wood to make their houses warm.

　　問５＜内容真偽＞ア.「12月は世界の誰にとっても家の大掃除をするのに最適な月だ」…×　第２段落参照。　　イ.「『春の大掃除』は人々が冬の前に家を掃除する必要がないことを意味した」…×　第３段落第４〜６文参照。　　ウ.「一部の北の国々では多くの人々が今では暖炉を使っていないが，『春の大掃除』の習慣はまだ続いている」…○　第３段落最後の２文に一致する。　　エ.「人々は多くのさまざまな場所に住んでいるが，その暮らし方はあまり変わらない」…×　最終段落第１文参照。

4 ≪全訳≫**1** 学校でハルカとベル先生が話している。

2 ハルカ（H）：他の文化のことを勉強するのはおもしろいですね。

3 ベル先生（B）：将来，留学してはどうですか？

4 H：実は，そう考えることがよくあります。

5 B：どの国に行きたいですか？

6 H：興味のある国がいくつかありますが，まだ決めていません。何日か前には，留学についての情報をいくつか探していました。興味深いグラフを見つけたんです。ヨーロッパ，アジア，北アメリカの中で，日本人留学生が一番多い地域はどこだと思いますか，ベル先生？

7 B：北アメリカですよね？

8 H：北アメリカにはたくさんの日本人学生がいますが，一番多い地域ではありません。

9 B：では，ヨーロッパはどうですか？

10 H：うーん，北アメリカの方がヨーロッパよりも多くの日本人学生がいます。実は，アジアの国に一番多くの日本人学生がいるんです。

11 B：えっ，本当に？　それは知りませんでした。

12 H：私はたくさん勉強して，なぜ自分が留学したいのかよく考えてから，国を選びます。

13 B：それはいい考えですね。がんばってください。

14 H：最近はよく，イギリスにいる友達に電話をしています。彼は自国の文化についてたくさん私に教えてくれました。でも，外国の文化について学ぶ一番いい方法は外国を訪れることです。

　　問6＜要旨把握―グラフを見て答える問題＞第10段落参照。一番多いのはアジアで，ヨーロッパよりも北アメリカの方が多いので，2番目が北アメリカ，3番目がヨーロッパとなる。

　　問7＜テーマ作文＞1文目でI think so.「私はそう思う」やI agree.「私は賛成だ」，あるいはこれらの否定形を用いて自分の考えを述べ，2文目以降ではそう考える理由を具体的に書けばよい。解答例の訳は「私はそう思う。もし留学したら，その国で人々の日々の生活を体験できる」。

　　問8＜適語句補充＞＜全訳＞**1** ハルカ（H）：何日か前に英語の授業でスピーチをしたの。**2** フィル（P）：ᵤ₍₎それは何について？**3** H：「春の大掃除」についてよ。**4** P：ああ，それはいいね。僕は春に掃除をするのが好きだよ。

　　＜解説＞ハルカがIt was aboutに続けてスピーチのテーマを答えているので，何についてのスピーチだったのかを尋ねたのだとわかる。すでに行われたスピーチなので動詞は過去形にし，a speechは繰り返しを避けて代名詞itを使うとよい。

5 〔長文読解総合―Eメール〕

≪全訳≫**1** こんにちは！　お元気ですか？

2 先週，何枚かの写真を見ていました。父が昔の友人に会いに大阪に行ったときに，その写真を撮ったんです。その中の1枚で，彼は大きな城の前に立っています。別の写真では，彼は日本料理を食べています。私は彼の大阪への旅にとても興味を持ち，それについて彼にききました。

3 彼は，大阪には2年前の8月に5日間いたと言いました。彼が日本に行ったのは初めてでした。写真にある城は大阪城です。父は友人とそこに行き，お城を見てとても喜びました。友人はそのお城の周辺を父に案内し，父を美しい神社に連れていきました。それから，彼らは大阪の有名なレストランでたこ焼きとお好み焼きを食べました。父と私が写真を見ていたとき，彼は「今度は君を大阪に連れていってあげるよ」と言いました。

4 私は世界中のたくさんの国に行きたいです。日本はその1つです。あなたは外国の都市や国に興味がありますか？　将来はどこに行きたいですか？

　　問1＜内容一致＞「エミリーは父の大阪への（　　）についてもっと知りたかった」―「旅」　第2段落最終文参照。　trip「旅」

　　問2＜内容真偽＞ア…×　第3段落第4文参照。　　イ…○　第3段落第1文に一致する。　　ウ…×　第3段落第3～5文参照。　　エ…×　第3段落最後から2文目参照。父が友人と行った大阪のレストランで食べた。

　　問3＜テーマ作文＞would like to ～ は「～したい」のていねいな言い方。「〈場所〉に行く」は'go to＋場所'や'visit＋場所'で表せる。自分のしたいことを述べる2文目以降では，自分の興味や関心と，行きたい都市や国を結びつけるとよいだろう。解答例の訳は「私はフランスに行ってみたいです。私は歴史が好きです。私はたくさんの古い建物を訪れたいです」。

数学解答

1 (1) $-5x$　(2) -23　(3) $3y^2$
　(4) $x=4$　(5) $-3\sqrt{3}$
　(6) $(x-2)(x+9)$　(7) $x=1,\ y=-1$
　(8) $x=\dfrac{5\pm\sqrt{17}}{4}$　(9) $17°$　(10) -4
　(11) 体積…$\dfrac{32}{3}\pi\,\mathrm{cm}^3$　表面積…$16\pi\,\mathrm{cm}^2$
　(12) イ　(13) ア…1.27　イ…4
　(14) エ　(15) 0.35　(16) $4\,\mathrm{cm}$

2 (1) 右図　（例）
　(2) $54\,\mathrm{cm}^2$

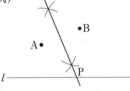

3 (1) ア…13　イ…44

(2) ①…$4n+1$
　② （例）これを $3x+5$ の x に代入すると，
　$3(4n+1)+5=12n+8$
　$=4(3n+2)$
　$3n+2$ は整数だから，
　$4(3n+2)$ は 4 の倍数である。

4 (1) （例）△ABC と △ACD において，
　∠A は共通……①
　仮定から，
　∠ABC＝∠ACD……②
　①，②から，2 組の角がそれぞれ等しいので，△ABC∽△ACD

(2) $3\,\mathrm{cm}$　(3) $\dfrac{6}{5}\,\mathrm{cm}^2$

---

1 〔独立小問集合題〕

(1)＜式の計算＞与式＝$(4-9)x=-5x$

(2)＜数の計算＞与式＝$-3+(-20)=-3-20=-23$

(3)＜式の計算＞与式＝$\dfrac{4xy\times6y}{8x}=3y^2$

(4)＜一次方程式＞$3x-5x=-6-2,\ -2x=-8$　∴$x=4$

(5)＜平方根の計算＞与式＝$2\sqrt{3}-\dfrac{15\times\sqrt{3}}{\sqrt{3}\times\sqrt{3}}=2\sqrt{3}-\dfrac{15\sqrt{3}}{3}=2\sqrt{3}-5\sqrt{3}=-3\sqrt{3}$

(6)＜因数分解＞和が 7，積が -18 である 2 数は -2 と 9 だから，与式＝$(x-2)(x+9)$ である。

(7)＜連立方程式＞$5x-4y=9$……①，$2x-3y=5$……②とする。①×3 より，$15x-12y=27$……①′
　②×4 より，$8x-12y=20$……②′　①′－②′ より，$15x-8x=27-20,\ 7x=7$　∴$x=1$　これを①に
　代入して，$5-4y=9,\ -4y=4$　∴$y=-1$

(8)＜二次方程式＞解の公式より，$x=\dfrac{-(-5)\pm\sqrt{(-5)^2-4\times2\times1}}{2\times2}=$
　$\dfrac{5\pm\sqrt{17}}{4}$ となる。

(9)＜図形―角度＞右図 1 のように，4 点 A〜D を定め，AD の延長と
　BC の交点を E とする。△DEC で内角と外角の関係より，∠DEC
　＝∠ADC－∠DCE＝$94°-45°=49°$ である。同様に，△ABE で，
　x＝∠DEC－∠ABE＝$49°-32°=17°$ である。

(10)＜関数―比例定数＞関数 $y=ax^2$ において，y の変域が $-36\leqq y\leqq0$ であること
　より，グラフは右図 2 のように下に開く放物線で，$a<0$ である。x の変域が
　$-2\leqq x\leqq3$ より，x の絶対値が最大の $x=3$ のとき，y の値は最小になり，$y=$
　-36 となる。よって，$-36=a\times3^2$ より，$a=-4$ となる。

(11)＜図形―体積, 表面積＞半径が $r\,\mathrm{cm}$ の球の体積は $\dfrac{4}{3}\pi r^3\,\mathrm{cm}^3$，表面積は $4\pi r^2\,\mathrm{cm}^2$ で求められるから，

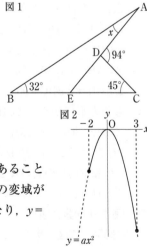

図 1

図 2

$y=ax^2$

半径が 2 cm の球の体積は $\frac{4}{3}\pi\times2^3=\frac{32}{3}\pi$ (cm³)，表面積は $4\pi\times2^2=16\pi$ (cm²)となる。

(12)<図形—展開図>立方体の展開図を組み立てたとき，隣り合わない面が平行な面となる。ア，ウ，エの展開図を組み立てると，面Aと面Bは隣り合う面となり，平行にはならない。イの展開図を組み立てると，右図3のように，面Aと面Bは平行になる。

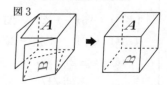

図3

(13)<数の性質>12700km を，整数部分が1けたの数にするので，12700＝1.27×10000 とする。10000＝10^4だから，12700km は，1.27×10^4km と表せる。

(14)<確率—正誤問題>ア…誤。さいころを6回投げるとき，6の目が1回も出ないことはある。

イ…誤。4回目にさいころを投げるとき，目の出方は全部で6通りあり，このうち1の目が出る場合は1通りだから，1の目が出る確率は$\frac{1}{6}$である。　　ウ…誤。さいころを2回投げるとき，2回とも偶数の目，2回とも奇数の目が出ることはある。　　エ…正。さいころを1回投げるとき，目の出方は全部で6通りあり，このうち，3以下の目が出る場合は1，2，3の3通り，4以上の目が出る場合は4，5，6の3通りだから，確率はともに$\frac{3}{6}=\frac{1}{2}$となる。

(15)<資料の活用—相対度数>生徒の人数が40人であるから，中央値は，学習時間を小さい順に並べたときの20番目と21番目の平均値である。学習時間が6時間未満の生徒は2＋4＋12＝18(人)，8時間未満の生徒は18＋14＝32(人)だから，20番目と21番目はともに6時間以上8時間未満の階級に含まれる。よって，中央値が含まれる階級は6時間以上8時間未満の階級となる。この階級の度数は14人だから，求める相対度数は，14÷40＝0.35 である。

(16)<図形—長さの差>右図4のように，点A～Iを定めると，アのひもの長さは，$\overset{\frown}{AB}+\overset{\frown}{DE}+BC+CD+EF+FA$ で求められる。∠GAF＝∠HFA＝90°，AG＝FH より，四角形 AGHF は長方形だから，∠AGH＝90°，AF＝GH＝2×2＝4 となる。同様に，四角形 FHIE，GBCH，HCDI も長方形だから，∠EIH＝∠HGB＝∠HID＝90°，FE＝BC＝CD＝4 となり，∠AGB＝∠EID＝360°－∠AGH－∠BGH＝360°－90°－90°＝180°となる。これより，$\overset{\frown}{AB}$，$\overset{\frown}{DE}$ は半径2cmの半円の弧となり，$\overset{\frown}{AB}$，$\overset{\frown}{DE}$ の長さの和は円Gの周の長さと等しくなる。よって，アのひもの長さは，$2\pi\times2+4\times4=4\pi+16$ (cm)となる。

図4(ア)

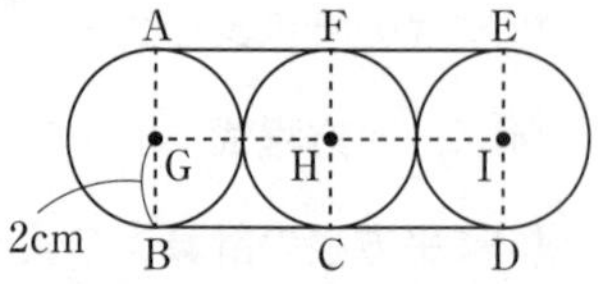

次に，右図5のように，点A～Iを定めると，イのひもの長さは，$\overset{\frown}{AF}+\overset{\frown}{BC}+\overset{\frown}{DE}+AB+CD+EF$ で求められる。GH＝HI＝IG＝2×2＝4 より，△GHI は正三角形だから，∠HGI＝∠GHI＝∠GIH＝60°である。また，∠GAB＝∠HBA＝90°，AG＝BH より，四角形 ABHG は長方形だから，∠AGH＝∠BHG＝90°，AB＝GH＝4 となる。同様に，四角形 HCDI，FGIE も長方形だから，∠CHI＝∠DIH＝∠EIG＝∠FGI＝90°，CD＝EF＝4 となり，∠AGF＝∠BHC＝∠DIE＝360°－∠AGH－∠HGI－∠FGI＝360°－90°－60°－90°＝120°となる。これより，$\overset{\frown}{AF}$，$\overset{\frown}{BC}$，$\overset{\frown}{DE}$ は半径2cm，中心角120°のおうぎ形の弧となり，120°×3＝360°だから，$\overset{\frown}{AF}$，$\overset{\frown}{BC}$，$\overset{\frown}{DE}$ の長さの和は円Gの周の長さと等しくなる。よって，イのひもの長さは，$4\pi+4\times3=4\pi+12$ (cm)となる。以上より，アとイのひもの長さの差は，$(4\pi+16)-(4\pi+12)=4$ (cm)である。

図5(イ)

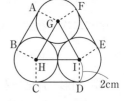

2 〔独立小問集合題〕

(1)<図形—作図>次ページの図1で，点Pは2点A，Bから等しい距離にあるので，AP＝BP である。よって，△ABP は二等辺三角形だから，線分 AB の中点をMとすると，直線 PM は線分 AB と垂

直に交わり，線分 AB の垂直二等分線となる。したがって，点 P は，線
分 AB の垂直二等分線と直線 l との交点である。作図は，①2点 A，B
を中心とする半径の等しい円の弧をそれぞれかき（2つの交点を C，D
とする），②2点 C，D を通る直線を引く。②の直線と直線 l との交点
が P である。解答参照。

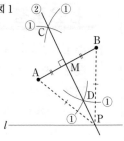

図1

(2)〈関数—面積〉右下図2で，2点 A，B は関数 $y=2x^2$ のグラフ上の点で，
x 座標がそれぞれ -3，2であるから，$y=2×(-3)^2=18$，$y=2×2^2=8$ とな
り，A$(-3, 18)$，B$(2, 8)$ である。これより，直線 AB の傾きは $\dfrac{8-18}{2-(-3)}$
$=-2$ だから，その式は $y=-2x+b$ とおける。点 B を通るので，$8=-2$
$×2+b$，$b=12$ となり，直線 AB の式は $y=-2x+12$ である。点 C は，直
線 $y=-2x+12$ と x 軸の交点だから，$y=0$ を代入して，$0=-2x+12$，$2x$
$=12$，$x=6$ となり，C$(6, 0)$ である。△AOC の底辺を OC と見ると，OC
$=6$ となり，点 A の y 座標より，高さは18であるから，△AOC$=\dfrac{1}{2}×6×18=54$（cm²）である。

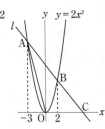

図2

③〔数と式〕

(1)〈数の性質〉4でわると1余る数は，1，5，9と4ずつ増加しているので，次の数は，$9+4=13$
である。また，$3x+5$ に $x=13$ を代入すると，$3x+5=3×13+5=44$ である。

(2)〈論証—文字式の利用〉4でわるとわり切れる自然数は，n を0以上の整数として $4n$ と表される
から，4でわると1余る自然数は $4n+1$ と表される。$3x+5$ に $x=4n+1$ を代入して，4×〔整数〕の
形に表せることを導く。解答参照。

④〔平面図形—三角形〕

(1)〈論証—相似〉右図の△ABC と△ACD において，∠A が共通で
あり，仮定より∠ABC＝∠ACD であるから，2組の角がそれぞ
れ等しいといえる。解答参照。

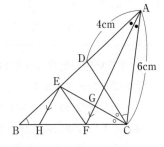

(2)〈長さ〉右図で，(1)より△ABC∽△ACD だから，AB：AC＝AC
：AD より，AB：6＝6：4 が成り立つ。これより，AB×4＝6×6，
AB＝9である。次に，△BCE で内角と外角の関係より，∠AEC
＝∠ABC＋∠BCE となる。また，∠ACE＝∠ACD＋∠DCE で
ある。∠ABC＝∠ACD，∠BCE＝∠DCE だから，∠AEC＝∠ACE となる。よって，△AEC は二
等辺三角形だから，AE＝AC＝6となり，BE＝AB－AE＝9－6＝3（cm）となる。

(3)〈面積〉右上図で，点 E を通り AF に平行な直線と BC の交点を H とする。△ABC，△EBC の底
辺をそれぞれ AB，BE と見ると，高さは等しいから，△ABC：△EBC＝AB：BE＝9：3＝3：1で
ある。これより，△EBC＝$\dfrac{1}{3}$△ABC＝$\dfrac{1}{3}$×18＝6 となる。次に，EH∥AF より，BH：HF＝BE：
EA＝3：6＝1：2 となる。また，(2)より，△AEC は AE＝AC の二等辺三角形で，AF が∠BAC の
二等分線だから，EG＝GC となる。よって，EH∥GF より，HF＝FC となるから，BH：HF：FC
＝1：2：2である。△EBC と△EFC の底辺をそれぞれ BC，FC と見ると，△EBC：△EFC＝BC：
FC＝（1＋2＋2）：2＝5：2 となるから，△EFC＝$\dfrac{2}{5}$△EBC＝$\dfrac{2}{5}$×6＝$\dfrac{12}{5}$ となる。さらに，EG＝GC
より，△EFG＝△GFC となるから，△GFC＝$\dfrac{1}{2}$△EFC＝$\dfrac{1}{2}$×$\dfrac{12}{5}$＝$\dfrac{6}{5}$（cm²）である。

社会解答

1 問1 インド洋
　　問2 P…アジア　Q…銅
　　問3 記号…イ
　　　　説明 (例)6月から9月の気温が
　　　　　　高く,気温の高い月に降水
　　　　　　量が少ないから。
　　問4 ア,ウ,オ
2 問1 東経135　問2 ウ
　　問3 イ
　　問4 名称…リアス海岸
　　　　説明 (例)海岸線が入り組んでい
　　　　　　る。〔小さな岬と湾が連続
　　　　　　している。〕
　　問5 ウ,エ
3 問1 天武
　　問2 (例)娘を天皇のきさきにし,その
　　　　子を天皇に立てた。
　　問3 ウ　問4 ア　問5 エ
4 問1 ア
　　問2 (例)工場に機械が導入されて〔産
　　　　業革命が進み〕,綿糸の国内生産

量が増え,輸出量が輸入量を上回
った。
　　問3 イ　問4 イ→ア→エ→ウ
　　問5 X…冷戦〔冷たい戦争〕　記号…ア
5 問1 エ　問2 ウ
　　問3 (1)…与党
　　　　(2)　(例)内閣は国会の信任に基づ
　　　　　　いて成立し,国会に対して連
　　　　　　帯して責任を負う
　　問4 P…検察　Q…裁判員
　　問5 イ
6 問1 エ
　　問2 P…立憲政友会〔政友会〕
　　　　記号…イ
　　問3 特色 (例)昼間人口が,夜間人口よ
　　　　　　り多い。
　　　　理由 (例)東京23区への通勤・通
　　　　　　学人口が,東京23区からの
　　　　　　通勤・通学人口より多いた
　　　　　　め。
　　問4 ア　問5 エ

---

1 〔世界地理―世界の諸地域〕

問1<インド洋>インド洋は,三大洋(太平洋,大西洋,インド洋)のうち最も面積が小さく,ユーラシア大陸の南,オーストラリア大陸の西,アフリカ大陸の東に位置している。

問2<チリの輸出の変化>P.グラフより,チリの輸出相手国の上位5か国が属する州は,1993年にはアジア州が1か国(日本),北アメリカ州が1か国(アメリカ合衆国),南アメリカ州が1か国(アルゼンチン),ヨーロッパ州が2か国(イギリス,ドイツ)であった。2017年にはアジア州が3か国(中国,日本,韓国),北アメリカ州が1か国(アメリカ合衆国),南アメリカ州が1か国(ブラジル)となっている。　Q.表1より,チリの輸出総額に占める割合が最も高い輸出品は,1993年,2017年ともに銅である。チリは銅鉱(銅を含む鉱石)の産出量が世界最大(2018年)で,日本も銅鉱をチリから多く輸入している。

問3<地中海性気候>温帯の地中海性気候は,夏に乾燥し,冬に比較的多く雨が降ることが特徴の気候である。また,北半球に位置するサンフランシスコは,6月～9月頃が夏となる。したがって,6月～9月頃の気温が最も高く,その時期に降水量が少ないイがサンフランシスコとなる。なお,アは同じ地中海性気候に属し,南半球に位置するパース,ウは年間を通して降水量がほぼ一定の西岸海洋性気候に属するパリである。

問4<資料の読み取り>アメリカ合衆国の国土面積に占める農地面積の割合は,4059千÷9834千×100＝41.2…より,約41%で,3分の1(約33%)を超えている(ア…○)。農地面積に占める牧場・

牧草地の面積の割合は，オーストラリアが3247千÷3711千×100＝87.4…より，約87％，日本が6千÷45千×100＝13.3…より，約13％となる（ウ…○）。国土面積が最も小さい国は日本で，（人口）÷（国土面積）で人口密度を計算すると，日本は約338人/km²となる。フランス，オーストラリア，チリは日本より国土面積が大きいが人口は日本より少ないので，人口密度が日本を上回ることはなく，日本より人口が多いアメリカ合衆国は，人口が日本の3倍以下であるのに対し，国土面積が日本の25倍以上あるので，やはり人口密度が日本を上回ることはないと判断できる（オ…○）。穀物生産量に占める小麦の生産量の割合は，フランスが29504千÷54655千×100＝53.9…より，約54％，アメリカ合衆国が62859千÷475984千×100＝13.2…より，約13％となる（イ…×）。耕地・樹園地の面積はアメリカ合衆国，オーストラリア，フランスの順に大きいが，穀物生産量はアメリカ合衆国，フランス，オーストラリアの順に多い（エ…×）。

2 〔日本地理―中国・四国地方，地形図〕

問1＜東経135度線＞時刻を決める基準となる経線のことを標準時子午線といい，それに基づいて決められた時刻を標準時という。標準時子午線の真上を太陽が通るときが正午となる。日本は，兵庫県明石市などを通る東経135度の経線を標準時子午線としている。

問2＜日本の気候＞島根県，広島県，高知県の県庁所在地は，それぞれ松江市，広島市，高知市である。松江市は冬の降水量が多いことを特徴とする日本海側の気候，広島市は一年を通じて比較的降水量が少ない瀬戸内の気候，高知市は夏の降水量が多い一方で冬は降水量が少なくなる太平洋側の気候に属している。したがって，3都市中で年間降水量が最も少ないⅠは広島市，冬の降水量が最も多いⅡは松江市，夏の降水量が最も多いⅢは高知市となる。

問3＜都道府県の統計＞Xは，人口と工業出荷額が最も多いことから，中国・四国地方の地方中枢都市である広島市があり，瀬戸内工業地域の主要地域が広がる広島県である。Yは，野菜の産出額が最も多いことから，促成栽培による野菜の生産が盛んな高知県である。Zは，果実の産出額が多いことから，みかんなどの果実の生産量が全国有数である愛媛県である。

問4＜リアス海岸＞PとQには，岬と湾が複雑に入り組んだ海岸線が見られる。このような海岸をリアス海岸といい，山地が海に沈み込み，谷だった所に海水が入り込んでできた地形である。リアス海岸は，Pの愛媛県南西部やQの三重県志摩半島のほか，岩手県から宮城県にかけての三陸海岸南部や，福井県の若狭湾沿岸などで見られる。リアス海岸の湾や入り江は，波が穏やかで天然の良港となるため，養殖業などの漁業が盛んに行われるが，地震の際には津波の被害を受けやすい。

問5＜地形図の読み取り＞この地形図の縮尺は2万5千分の1であることから，地形図上の8cmの実際の距離は，8cm×25000＝200000cm＝2kmとなる（ウ…○）。また，F地点にある🏠は老人ホームを表している（エ…○）。A地点からB地点に向かって列車で移動するとき，宍道湖があるのは進行方向右側となる（ア…×）。特にことわりのないかぎり，地形図上では上が北となるので，B地点から見たC地点の高等学校（⊗）の方位は南東となる（イ…×）。等高線の間隔が狭いほど傾斜が急であり，間隔が広いほど傾斜が緩やかであることを表す。G地点からH地点までよりもG地点からⅠ地点までの方が等高線の間隔が広いので，こちらの方が傾斜が緩やかだとわかる（オ…×）。

3 〔歴史―古代～近世の日本と世界〕

問1＜天武天皇＞天智天皇の死後，天智天皇の子である大友皇子と天智天皇の弟である大海人皇子が天皇の地位を巡って争い，672年に壬申の乱が起こった。これに勝利した大海人皇子は天武天皇として即位し，天皇の地位を高めて強力な支配の仕組みをつくりあげた。日本で最初の銅の貨幣とされる富本銭は，天武天皇の命令でつくられたものと考えられている。

問2＜平清盛と皇室の関係＞図1を見ると，平清盛の娘である徳子は高倉天皇のきさきとなり，その

子が安徳天皇となっている。また，図２を見ると，藤原道長の娘である彰子と嬉子はいずれも天皇のきさきとなり，それぞれの間に生まれた子も天皇となっている。このような方法で天皇家と親戚関係を結ぶことにより，藤原氏や平清盛は大きな権力を得た。

問３<室町時代の世界の出来事>Ⅲは室町時代（14世紀前半〜16世紀後半）の出来事で，室町幕府の第３代将軍である足利義満が政治を行った14世紀末の1392年には，朝鮮半島で李成桂が高麗を滅ぼし，朝鮮国を建国した。なお，ムハンマドがイスラム教を開いたのは７世紀初め，チンギス・ハンがモンゴル帝国を築いたのは13世紀初めのことである。

問４<安土桃山時代の文化>Ⅳは安土桃山時代にあたる。この時代には，大名や大商人の富や権力を背景に，豪華な桃山文化が栄えた。大名や大商人の交流の場として茶の湯が流行する中，千利休は精神性を重視した質素なわび茶の作法を完成させた。また，はなやかなふすま絵や屏風絵が描かれ，桃山文化の代表的な画家である狩野永徳は「唐獅子図屏風」などの作品を残した。なお，ｂと資料２は，江戸時代前半に栄えた元禄文化に関するものである。

問５<江戸時代の社会や経済>Ⅴは江戸時代にあたる。江戸時代の百姓は，土地を持つ本百姓と土地を持たない水のみ百姓に分けられた。有力な本百姓は，庄屋（名主），組頭，百姓代などの村役人となり，村の自治や年貢の徴収などを行った。なお，アは室町時代，イは鎌倉時代，ウは安土桃山時代の様子である。

4 〔歴史―近代〜現代の日本と世界〕

問１<板垣退助と大隈重信>板垣退助は，征韓論を巡る論争に敗れて政府を去った後，1874年に民撰議院設立の建白書を政府に提出し，これによって自由民権運動が始まった。一方，政府の一員であった大隈重信は，自由民権運動が高まる中で国会の早期開設を主張した。1881年，政府が北海道の開拓使の施設などを関係者に安値で売り渡そうとしていたことが明らかになり，民権派の批判が強まると，政府は民権派に近いと思われた大隈を政府から追い出すとともに，国会開設の勅諭を出して10年後の国会開設を約束した。国会開設に備えるため，板垣は同年に自由党を結成し，大隈は1882年に立憲改進党を結成した。なお，大久保利通は板垣らが政府を去った後に政府の中心となった人物，伊藤博文は大久保が暗殺された後に政府の中心となり，初代内閣総理大臣となった人物である。

問２<日本の産業革命>グラフ１における綿糸の輸入量に対する輸出量の変化を見ると，1890年代半ばから輸出量が急激に増加し，1897年には輸出量が輸入量を上回るようになったことがわかる。グラフ２によると，1890年代の綿糸の国内生産量は年々増加している。また，資料はこの時期の紡績工場（綿花から糸をつむいで綿糸を生産する工場）の様子で，大型の機械が導入されている。これらのことから，産業革命によって工場の機械化が進んで大量生産が可能になったため，綿糸の国内生産量が増え，綿糸の輸出量が輸入量を上回ったのだとわかる。

問３<1933〜45年の様子>1937年に始まった日中戦争が長引く中，政府は戦時体制の強化をはかり，1938年に国家総動員法を制定した。これにより，政府が議会の承認なしに労働力や物資を動員することが可能になった。なお，農地改革が始まったのは第二次世界大戦後の1946年，米の安売りを求める米騒動が起こったのは第一次世界大戦中の1918年，公害対策基本法が制定されたのは高度経済成長期の1967年のことである。

問４<年代整序>年代の古い順に，イ（1950年代初め），ア（1960年代），エ（1970年代前半），ウ（1980年代後半〜1990年代初め）となる。

問５<冷戦とキューバ危機>Ｘ．第二次世界大戦後の世界では，アメリカや西ヨーロッパなどの資本主義陣営（西側諸国）と，ソ連や東ヨーロッパなどの社会主義陣営（東側諸国）の対立が激化した。こ

の対立は，陣営全体や米ソ間の直接的な武力戦争にはならなかったことから，冷戦〔冷たい戦争〕と呼ばれた。冷戦は1980年代まで続いたが，1989年に開かれた米ソ首脳会談（年表中のマルタ会談）において，冷戦の終結が宣言された。　　Ｙ．キューバはカリブ海に位置する島国で，社会主義国である。冷戦下の1962年，ソ連がキューバにミサイル基地を建設していることが明らかになると，アメリカはキューバの周囲を海上封鎖したため，米ソ両国の直接衝突による核戦争の危機が高まった。これをキューバ危機という。両国の首脳による交渉の結果，ミサイルの撤去にソ連が同意し，危機は回避された。

5 〔公民―総合〕

問1＜知る権利と情報公開法＞知る権利は，国や地方公共団体が持つ情報を国民が得る権利である。主権者である国民が政治について判断するために情報を知ることは必要な権利であり，これを保障するため，行政機関が持つ文書を国民の開示請求に応じて公開することを定めた情報公開法が制定された。なお，プライバシーの権利は，個人の私生活に関わる情報を公開されない権利である。プライバシーの権利を守るため，個人情報の適正な管理を国や地方公共団体，企業などに義務づけた個人情報保護法が定められた。

問2＜国会の仕組み＞国会は，国権の最高機関であり，唯一の立法機関として法律を制定する。行政機関とは，内閣の指揮監督のもとで行政の仕事を担当する省庁などを指す。

問3＜与党，議院内閣制＞(1)内閣総理大臣は国会の指名によって選ばれるため，通常は国会に最も多く議席を持つ政党の党首が内閣総理大臣に指名され，内閣を組織する。内閣を組織して政権を担う政党を与党といい，それ以外の政党を野党という。1つの政党が持つ議席では国会の過半数に満たない場合などには，複数の政党が与党となり，連立政権を組織することもある。　　(2)議院内閣制は，内閣が国権の最高機関である国会の信任に基づいて成立し，国会に対して連帯して責任を負う仕組みである。そのため，衆議院の総選挙が行われた場合，それまでの内閣は必ず総辞職し，資料に見られるように新たな内閣総理大臣が国会によって指名される。

問4＜刑事裁判の仕組み＞Ｐ．検察官は，犯罪が発生した際，警察が逮捕した被疑者（罪を犯した疑いのある人）の取り調べを行う。取り調べの結果，被疑者が罪を犯した疑いが確実で刑罰を科した方がよいと判断した場合には，検察官は被疑者を裁判所に起訴し，これによって刑事裁判が開かれる。　　Ｑ．裁判員制度は，20歳以上の有権者から選ばれた裁判員が裁判官とともに裁判に参加する制度である。裁判員が参加するのは，重大な犯罪に関して地方裁判所で行われる刑事裁判の第一審で，原則として6人の裁判員と3人の裁判官が1つの事件の裁判を担当する。裁判員は，被告人が有罪か無罪かの判断や，有罪の場合にどのような刑罰にするかの決定に参加する。

問5＜地方財政と資料の読み取り＞地方交付税交付金の収入額は，平成12年度が18149億×0.168＝3049.032億円，平成31年度が18885億×0.109＝2058.465億円である（イ…○）。なお，地方税は地方公共団体が独自に集める自主財源で，地方債は地方公共団体が必要な収入の不足分を補うために借り入れるものである（ア，エ…×）。国庫支出金の収入額は，平成12年度が18149億×0.149＝2704.201億円，平成31年度が18885億×0.084＝1586.34億円である（ウ…×）。

6 〔三分野総合―東京と各地の結びつきを題材とする問題〕

問1＜江戸時代の文化＞江戸時代の19世紀初め頃には，江戸の庶民を中心に化政文化が栄えた。この頃活動した十返舎一九は，2人の主人公が伊勢参りのために東海道を旅する様子をこっけいに描いた小説『東海道中膝栗毛』を著した。なお，アは室町時代，イは鎌倉時代，ウは明治時代の文化について述べたものである。

問2＜原敬内閣＞Ｐ．1918年，米騒動への対応の責任を問われた寺内正毅内閣が総辞職すると，かわ

って原敬内閣が成立した。原内閣は，陸軍，海軍，外務の３大臣以外は全て立憲政友会の党員で構成された，初の本格的な政党内閣であった。立憲政友会は，当時の衆議院第一党として，最も多くの議席を占めていた。　　　**記号**．原内閣は1919年，選挙権の資格に必要な直接国税の納税額をそれまでの10円以上から３円以上に引き下げたが，納税額による制限を撤廃する普通選挙の実現には否定的だった。なお，五・一五事件(1932年)は犬養毅内閣，治安維持法の制定(1925年)は加藤高明内閣，第一次護憲運動(1912年)は桂太郎内閣のときの出来事である。

問３＜昼間人口と夜間人口＞ グラフ１から，東京23区は夜間人口よりも昼間人口が多く，それ以外の４つの地域・県は昼間人口よりも夜間人口が多いことがわかる。また，図１と図２を見比べると，東京23区への通勤・通学人口は，東京23区からの通勤・通学人口よりも多いことがわかる。このように，企業や学校が多くある東京23区には周辺地域から通勤・通学者が集まってくるため，昼間人口と夜間人口にグラフ１のような特色が表れるのだとわかる。

問４＜海上輸送と航空輸送＞ 京浜工業地帯に位置する横浜港では，石油や液化ガスなどの原料・燃料が主に輸入され，自動車などの工業製品が主に輸出されている。これらのように重量が重く体積が大きい貨物は，安く大量に運べる海上輸送に適している。一方，航空輸送には，小型で重量が軽く，高い輸送費をかけても採算の取れる価格の高い貨物が適している。そのため，成田国際空港では，科学光学機器や通信機などが主な輸出入品目となっている。

問５＜資料の読み取り＞ グラフ２より，ネットショッピング利用世帯の割合は，世帯主の年齢階級が低いほど高くなっている(ア…×)。また，月平均支出額が最も高い年齢階級は40〜49歳である(イ…×)。グラフ３より，2015年の電子マネー利用世帯の割合は，2014年よりやや下がっている(ウ…×)。

理科解答

1　問1　イ　　問2　ウ　　問3　エ
　　問4　ウ　　問5　8　　問6　気孔
　　問7　Fe＋S ⟶ FeS　　問8　浮力

2　問1　太平洋プレート　　問2　ア
　　問3　10
　　問4　（例）地点Kの方が地点Lより，初期微動が始まってから主要動が始まるまでの時間が短いから。
　　問5　(1) 10秒　(2) 右図1

3　問1　P…（例）守る　Q…けん
　　問2　（例）関節をまたいで別々の骨に
　　問3　200N
　　問4　Ⅰ…相同器官　Ⅱ…進化
　　問5　ウ

4　問1　水素　　問2　エ
　　問3　（例）アルミニウム原子から放出された電子が，導線を通って備長炭に向かって流れたため，電子オルゴールが鳴った。また，アルミニウム原子が電子を放出して陽イオンとなり，食塩水の中に溶けたため，アルミニウムはくに穴があいた。
　　問4　水酸化物イオン　　問5　ア

5　問1　下図2　　問2　1.2W
　　問3　イ　　問4　50℃
　　問5　(1)　ア
　　　　　(2)　（例）流れる電流が大きくなって，発生する熱量が大きくなる

図1

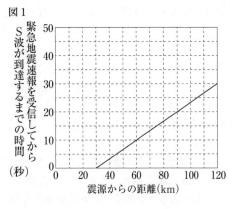

S波が到達するまでの時間（秒）
緊急地震速報を受信してから

震源からの距離(km)

図2

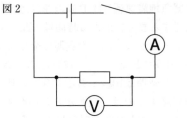

1　〔小問集合〕
　問1＜風化＞地表の岩石が，気温の変化や水のはたらきなどによって表面からくずれていく現象を，風化という。風化した岩石は，雨水や流水によってけずり取られ（侵食），下流へと運ばれる（運搬）。なお，堆積は土砂などが積み重なること，沈降は土地が沈むこと，隆起は土地が盛り上がることである。

　問2＜根の成長＞根は，図1の根の先端から少し上の部分に，細胞分裂が盛んに行われる場所（成長点）があり，そこでふえた細胞が成長して大きくなることで伸びる。よって，2日後には，ウのように先端の印とすぐ上の印の間隔が大きくなる。

　問3＜気体の捕集法＞アンモニアは，水に非常に溶けやすく，空気より密度が小さいため，上方置換法で集める。また，加熱によって水が生じる実験では，発生した水が加熱部分に流れて試験管が割れないようにするため，エのように加熱する試験管の口を底よりも少し下げる。

　問4＜平均の速さ＞1秒間に50打点する記録タイマーでは，打点は$\frac{1}{50}$秒ごとに打たれる。これより，図2のXの区間では打点と打点の間隔は10あるから，かかった時間は$\frac{1}{50}×10＝0.2$（秒）である。よって，Xの区間の平均の速さは，24.5÷0.2＝122.5（cm/s）となる。

　問5＜水の循環＞図3で，陸地では，22の降水のうち，14が蒸発するので，残りの22－14＝8が陸地からの流水になる。なお，海では，陸地からの流水8と海への降水78の合計8＋78＝86が海からの蒸発になる。

問6 <気孔> 図4の三日月形の細胞を孔辺細胞といい，孔辺細胞に囲まれたすきまを気孔という。気孔は，蒸散では水蒸気の出口になり，光合成や呼吸では酸素と二酸化炭素の出入り口になっている。

問7 <鉄と硫黄の反応> 鉄粉(Fe)と硫黄(S)の粉末の混合物を加熱すると，鉄と硫黄が結びついて硫化鉄(FeS)ができる。化学反応式は，矢印の左側に反応前の物質の化学式，右側に反応後の物質の化学式を書き，矢印の左右で原子の種類と数が等しくなるように化学式の前に係数をつける。

問8 <浮力> 水に入れた物体には，上向きに浮力がはたらく。物体が水に浮いて静止している場合，物体にはたらく重力と浮力がつり合っている。

2 〔大地のつくりと変化〕

問1 <プレート> 図1のように，日本付近には4枚のプレートが集まっている。プレートAはユーラシアプレート，プレートBは北アメリカプレート，プレートCは太平洋プレート，プレートDはフィリピン海プレートである。

問2 <プレートの動き> 日本付近では，海洋プレートが大陸プレートの下にもぐり込むように動いている。よって，ア〜エの中で，最も適切なのは，プレートDがプレートAの下にもぐり込むように動いているアである。

問3 <震度> 日本では，震度は0，1，2，3，4，5弱，5強，6弱，6強，7の10階級に分けられている。

問4 <震源からの距離> 図2で，P波が到達したときに起こる小さなゆれを初期微動，S波が到達したときに起こる大きなゆれを主要動という。震源に近い場所ほど，初期微動が始まってから主要動が始まるまでの時間(初期微動継続時間)が短い。

問5 <緊急地震速報> (1)P波の速さは5km/sなので，震源から25kmの所に設置された地震計にP波が到達するまでにかかる時間は，$25 \div 5 = 5$(秒)である。この後，緊急地震速報を受信するまでに5秒かかったから，地震が震源で発生してから，緊急地震速報を受信するまでにかかった時間は，$5 + 5 = 10$(秒)となる。　　(2)(1)より，地震が震源で発生してから，緊急地震速報を受信するまでにかかった時間は10秒である。S波の速さは3km/sなので，地震が震源で発生してから10秒後にS波が到達するのは，震源からの距離が$3 \times 10 = 30$(km)の地点である。よって，この地点ではS波が到達するのと同時に緊急地震速報を受信するため，緊急地震速報を受信してからS波が到達するまでの時間は0秒である。また，S波が震源から60kmの地点に到達するまでにかかる時間は，$60 \div 3 = 20$(秒)，90km，120kmの地点に到達するまでにかかる時間は，それぞれ$90 \div 3 = 30$(秒)，$120 \div 3 = 40$(秒)である。以上より，緊急地震速報を受信してからS波が到達するまでにかかる時間は，震源からの距離が60km，90km，120kmの地点でそれぞれ，$20 - 10 = 10$(秒)，$30 - 10 = 20$(秒)，$40 - 10 = 30$(秒)となる。したがって，求めるグラフは，点(30，0)，(60，10)，(90，20)，(120，30)を通る直線となる。

3 〔動物の生活と生物の変遷〕

問1 <骨と筋肉> 脳は頭がい骨の内部にあり，頭がい骨によって守られ(保護され)ている。また，骨についている筋肉の両端を，けんという。

問2 <筋肉のつき方> 筋肉の両端は，関節をまたいで別々の骨についている。筋肉がこのようなつき方をしていることにより，筋肉が縮んだりゆるんだりすると，関節の所でからだが曲がる。

問3 <てこのはたらき> 図4で，支点から作用点までの距離は30cm，作用点に下向きにはたらく力の大きさは，2kgが2000gより，$2000 \div 100 \times 1 = 20$(N)だから，支点を中心にして，うでを上に回転させるときにはたらく力の大きさは，$30 \times 20 = 600$(N)となる。よって，支点から力点までの距離は3cmだから，力点に上向きにはたらく力の大きさは，$600 \div 3 = 200$(N)となる。

問4 <進化> 図5のホニュウ類の前あしのように，もとは同じものであったと考えられる器官を相同器官という。相同器官は，生物が共通の祖先から進化した証拠と考えられている。

問5 <相同器官> ホニュウ類の骨格の基本的なつくりは同じなので，同じ位置関係にある骨を選べばよい。よって，ヒトのうでで手とひじの関節の間にある骨Zにあたるのは，コウモリのつばさでは

骨Bであり，クジラのひれでは骨Cである。

4 〔化学変化とイオン〕

問1<電池>うすい塩酸に亜鉛板と銅板を入れると，亜鉛原子は電子を放出して亜鉛イオンとなって溶ける。電子は，亜鉛板→電子オルゴール→銅板と移動し，銅板の表面でうすい塩酸中の水素イオンが電子を受け取る。電子を受け取った水素イオンは水素原子になり，2個結びついて水素分子となって銅板の表面から気体として発生する。

問2<電池>結果1より，電子オルゴールが鳴ったのは，電極A，Bに異なる種類の金属を用いたときであり，うすい塩酸，食塩水という電解質の水溶液を使ったときである。

問3<備長炭電池>図3のように，電極を電子オルゴールにつなぐと，アルミニウム原子から放出された電子が，アルミニウムはく→電子オルゴール→備長炭と移動するため，電流が流れ，電子オルゴールが鳴る。アルミニウムはくでは，アルミニウム原子がアルミニウムイオンとなって食塩水の中に溶けるため，穴があいて，ぼろぼろになる。

問4<フェノールフタレイン溶液>フェノールフタレイン溶液は，アルカリ性の水溶液と反応して赤色に変化する。水溶液がアルカリ性を示す原因となるイオンは，水酸化物イオン(OH^-)である。

問5<燃料電池>電子オルゴールが鳴るのは，電子オルゴールの⊖を電源の−極に，⊕を電源の＋極に接続したときである。この実験では，電子オルゴールの⊖を電極X，⊕を電極Yに接続すると，電子オルゴールが鳴ったのだから，燃料電池の電極Xが−極，電極Yが＋極になる。よって，電子は−極から＋極へ流れるから，電子が流れる向きは，電極X→電子オルゴール→電極Yとなり，−極(電極X)で反応している物質は水素である。

5 〔電流とその利用〕

問1<回路図>まず，電流計は電熱線に直列につなぐから，電源と電熱線，電流計，スイッチを直列につなぐ。次に，電圧計は電熱線に並列につなぎ，電圧計を回路に接続する部分に・をかく。

問2<電力>結果より，7.5Ωの電熱線に3.0Vの電圧を加えたときに流れる電流は0.4Aである。よって，このとき電熱線が消費した電力は，〔電力(W)〕=〔電圧(V)〕×〔電流(A)〕より，3.0×0.4=1.2(W)となる。

問3<電流と発熱量>結果より，加える電圧が3.0Vで一定である場合，抵抗の大きさが5Ωから10Ωと2倍になると，電流の大きさは0.6Aから0.3Aと$\frac{1}{2}$倍になっている。これより，電流の大きさは抵抗の大きさに反比例している。また，電熱線の抵抗の大きさが10Ω，7.5Ω，5Ωと小さくなるほど，電熱線の温度上昇が大きくなっているから，抵抗の大きさが小さいほど，温度上昇が大きくなる。

問4<発熱量>消費電力が910Wの電気ケトルから90秒間に発生する熱量は，〔熱量(J)〕=〔電力(W)〕×〔時間(s)〕より，910×90=81900(J)である。また，水の密度が1g/cm³より，水150cm³の質量は150×1=150(g)であり，水1gの温度を1℃上昇させるのに必要な熱量が4.2Jより，水150gの温度を20℃から100℃まで80℃上昇させたときに発生した熱量は，4.2×150×80=50400(J)である。よって，水から逃げた熱量は，81900−50400=31500(J)であり，この熱量は，150cm³の水の温度を，31500÷4.2÷150=50(℃)上昇させる熱量にあたる。

問5<電源タップ>(1)電源タップに接続した電気器具は並列につながれるため，接続した電気器具に加わる電圧は全て等しくなる。また，400Wと1300Wの電気器具を同時に使用すると，全体の消費電力はそれぞれの電気器具の消費電力の和となるから，400+1300=1700(W)となる。これは1500Wを超えているので，1500Wまで使用できる電源タップを安全に使用できない。　(2)使用する電気器具の消費電力が大きくなるほど，電源タップに流れる電流が大きくなり，発生する熱量も大きくなる。これが電源タップが高温になる原因で，発火するおそれがある。

国語解答

一 問1 イ　問2 ウ
問3 Ⅰ　海外に行く
　　Ⅱ　どんな絵を描くのか
問4 自分の卒業制作のプランは自己模
　　倣でしかなく，もっと広くて未知
　　の世界に足を踏み入れる必要があ
　　る（46字）
問5 ア［と］エ

二 問1 (1) だっこく　(2) じんそく
　　(3) もよお　(4) 縦断　(5) 易
問2 ウ　問3 イ
問4 (1)…イ　(2)…エ　(3) すること

三 問1 ア　問2 イ［と］オ
問3 身体と環境との即応を感じ取って，
　　自分を異なった存在にする（28字）
問4 出会ったと
問5 踏みならされた道路を進まずに，
　　細かな失敗と修正を繰り返しなが
　　ら，どこでもない目的地を探し続
　　ける（47字）

四 問1 わずらいなかりけり
問2 おがくずの用意　問3 ウ
問4 エ

五 （省略）

一 〔小説の読解〕出典；一色さゆり『ピカソになれない私たち』。

問1＜心情＞ 望音は，同じゼミの太郎と一緒に絵を描いていこうと思っていたのに，太郎が大学を退学すると聞いて，太郎の言葉を受け入れられなかった。しかし，太郎が自分自身を見つめ直し，自分が何を大事に思っているかに気づき，今までの時間は無駄ではないと思っていると聞いて，望音は，太郎の思いを受けとめられる気になったのである。

問2＜文章内容＞ ロイヤル・アカデミーの学生たちは，自分の作品に「確固たるビジョン」を持っていた。彼らにとって自己主張は当然のことだったが，望音は，ただ「絵が描ければそれでいい」という気持ちで大学に通っていた。望音は，「当たり前に自己主張を求められる」ロンドンで，自分はやっていけるのかと，不安になったのである。

問3＜文章内容＞ Ⅰ．望音は，自分は絵が描ければそれでいいのであり，わざわざ「海外に行く」必要がないと思っていた。　Ⅱ．太郎は，望音がイギリスのロイヤル・アカデミーに行って勉強した後，「どんな絵を描くのか」を見てみたいと言った。

問4＜心情＞ 太郎の言葉から，望音は，自分の絵は「見たい世界」を描くものだったことを思い出した。しかし，いつのまにか熟知した世界ばかり描くようになり，卒業制作のプランは，大学に来る前の「自分の自己模倣でしか」なかった。望音は，「もっと広くて未知の世界に」足を踏み入れなければならないことに気づいたのである。

問5＜表現＞ 「諦めてしもうて」や「これからどうするんじゃ」は，望音の言葉であり，望音が離島出身者であることを表している（ア…×）。「太郎は聞いておきたかった」や「もう島から出て行かなくちゃ」など，登場人物の気持ちが会話文以外でも表されている（イ…○）。望音と太郎との会話の途中に，ロンドンに行ったときの望音の回想が入っていて，望音の迷う気持ちが表現されている（ウ…○）。「描くことは冒険であり旅」や「大輪の花」には隠喩が用いられている（エ…×）。「望音は～作業着を握りしめながら言う」，「望音は肯く」，「望音は顔を上げた」など，会話中の登場人物の様子が表現されている（オ…○）。

二 〔国語の知識〕

問1＜漢字＞ (1)「脱穀」は，穂から穀物の粒を取り出すこと。　(2)「迅速」は，きわめてはやいこと。(3)音読みは「開催」などの「サイ」。　(4)「縦断」は，縦または南北の方向に進み抜けること。

(5)音読みは「容易」などの「イ」,「貿易」などの「エキ」。

問2<品詞>「指して」の「指し」は,サ行五段活用動詞「指す」の連用形。「笑って」の「笑っ」は,ワ行五段活用動詞「笑う」の連用形。「して」の「し」は,サ行変格活用動詞「する」の連用形。「まねて」の「まね」は,ナ行下一段活用動詞「まねる」の連用形。「信じて」の「信じ」は,ザ行上一段活用動詞「信じる」の連用形。

問3<品詞>「読書だ」と「しおりだ」の「だ」は,断定の助動詞。「挟んだ」と「やわらいだ」の「だ」は,過去の助動詞「た」が濁音化したもの。「静かだ」の「だ」は,形容動詞の活用語尾。

問4<資料>(1)Cさんの「発表の中の言葉に注目」してフリップを提示するという発言をふまえて,Bさんは,「発表メモ」の「なか①」に「プラスチック製容器包装」という言葉が初めて出てくるので,そこでフリップを提示することを提案している。Bさんの「なか①」で提示する提案に,Aさん,Cさんも賛成している。　　　(2)発表の台本は,発表する人が伝えやすいように用意するものであり,それを相手に全て見せる必要はない(エ…×)。　　　(3)<表現技法>主部は「目標とするのは」なので,述部は「発表することです」と呼応させるのがよい。

三　〔論説文の読解―哲学的分野―哲学〕出典;河野哲也『人は語り続けるとき,考えていない　対話と思考の哲学』。

≪本文の概要≫乗り物のうちで,歩くことに最も近いのは,カナディアン・カヌーである。カヌーを漕いでいると,自分が環境の一部分になり,より深く,より多角的に,その場所に包まれる。カヌーは,深い思索に誘われる。ヨットと乗馬は,歩くこととは似ていない。乗馬には馬という相棒がいて,馬と自然について対話しながら進んでいく。ヨットは,個体の生命を自覚させられるし,依然として乗り物であり,風と波のリズムによって多忙な労働と瞑想が交互にやってくる。散歩やトレッキングの歩きは,歩くことで展開する風景に侵入される経験である。歩くことは,大げさにいえば,自分を異なった存在にすることであり,身体と環境との即応を感じ取るものであり,何か特定の目的を持たないことである。しかし,私たちは,歩くことで何かとの出会いを求めている。それが何かはわからないが,歩く中で,その何かが,その場所で待っていてくれる。出会えば,それが必然と思える何かである。哲学と散歩は強い結びつきがあるといえるのは,歩くことと考えることが同じ行為だからである。散歩は,何であるかわからないものを求めて歩くが,思考も,問いに始まり,どこにたどり着くかわからないものである。細かな失敗と修正を繰り返しながら,私たちは歩み,また考える。

問1<文章内容>カヌーを漕いでいるときの方が,歩いているときよりも,「より深く,より多角的に,その場所に包まれる」ことになる。そして,カヌーを漕ぐことで,「自分は環境の一部分となり」ながら移動するのである。

問2<文章内容>乗馬には,「馬という相棒」がいて,自然について馬と対話しながら進んでいく。馬の歩行のリズムは,人間の歩行のリズムとは違うが,「非常に快適であり,快楽を」もたらす(イ…○)。セイリングでは,「自然に完全に包まれ,風と波,海の一部と化す」が,ボートは乗り物であるため,操るには,風と波のリズムの反映である「多忙な労働と瞑想が交互にやってくる」のである(オ…○)。

問3<文章内容>散歩もトレッキングも,「身体と環境との即応を感じ取る」ものである。いつもの道と寄り道を混ぜて歩くこと,また旅先の見知らぬ場所を歩くことは,「自分を異なった存在にする」ことなのである。

問4<文章内容>散歩は,「何であるか分からないものとの出会いを求めて歩く」ことであり,「出会ったときにはそれを必然と感じるような何か」を探して歩くことである。

問5<文章内容>思考することは,散歩の歩き方と同じで「踏みならされた道路を進むこと」ではな

い。歩くことも考えることも，「細かな失敗と修正を繰り返して」いくものであり，その過程を経ながら，「どこでもない目的地を探して」進むことである。

四 〔古文の読解—随筆〕出典；兼好法師『徒然草』第百七十七段。

≪現代語訳≫宗尊親王のお住まいで，蹴鞠があったときに，雨が降った後，まだ庭が乾かなかったので，どうしたらよかろうかと相談があったときに，佐々木隠岐入道が，おがくずを車に積んで，たくさん差し上げたので，庭中に（おがくずが）敷かれて，ぬかるみの心配はなかった。「（おがくずを）集めた心遣いはめったにないほど立派だ」と，人々は感心し合った。

このことをある者が語り出したときに，吉田中納言が，「乾いた砂の準備はなかったのだろうか」とおっしゃったので，恥ずかしかった。すばらしいと思っていたおがくずは，下品で，普通とは違ったことである。庭の整備を取り仕切る人が，乾いた砂を準備するのは，昔からのならわしということだ。

問1＜歴史的仮名遣い＞歴史的仮名遣いの「ぢ」「づ」は，現代仮名遣いでは，原則として「じ」「ず」と書く。また，歴史的仮名遣いの語中語尾のハ行は，現代仮名遣いでは，原則として「わいうえお」と書く。

問2＜古文の内容理解＞雨が降って，庭が乾かなかったときに，佐々木入道が準備していたおがくずを差し上げたので，おがくずを庭に敷いてぬかるむことがなかった。佐々木入道のおがくずを用意しておいた心遣いに，人々は感心したのである。

問3＜古文の内容理解＞ある者が佐々木入道のことを話したら，その話に対し，吉田中納言が，「乾いた砂の準備はなかったのだろうか」とおっしゃったのである。

問4＜古文の内容理解＞庭のぬかるみに対しては，おがくずを敷くのではなく，乾いた砂を準備しておいて，それを敷くというやり方が，昔からのならわしであった。

五 〔作文〕

「ボランティア活動に興味がある理由」の上位二項目は，困っている人や，地域や社会のために，自分ができることをしようというものである。上位三位から五位の項目は，ボランティア活動を自分のためにしてみたいというものである。次に，自分自身はボランティア活動に興味があるかどうかを，考えてみる。また，実際にボランティア活動をしたことがある人は，何をしたか，活動を通してどんなことを思ったかなど，考えを広げていくとよい。ボランティア活動の経験のない人は，見たり聞いたりしたことをふまえて，もしボランティア活動をするなら，どういうことをしたいか，どうしてそのように思うのかと，考えていく。二段落構成という指示に従い，分量を守って，誤字脱字に気をつけて書く。

英語解答

1 No.1　D　　No.2　B　　No.3　B
　　No.4　A　　No.5　C
　　No.6　(1)…A　(2)…C　(3)…D
　　No.7　(1)　talk to him
　　　　　(2)　lake near his
　　　　　(3)　a doctor

2 問1　has been to
　　問2　(例)ドアが靴にぶつからないから。
　　問3　ウ
　　問4　(例)She wants them to remember that different people have different ways of living.
　　問5　North America has more students from Japan than Europe
　　問6　(1)…イ　(2)…エ
　　問7　(例)how to make

3 問1　it didn't even look afraid of swimming into
　　問2　①…ア　②…カ　③…ウ

問3　A　trying　B　made
問4　(例)お互いに助け合って，一緒に生きている異なる種類の動物もいるということ。
問5　(例)Because it can get food easily just by swimming around the large fish.
問6　1　(例)was safe
　　　2　(例)fast swimmer
　　　3　(例)to find

4 (例)I agree with this. Activities in nature are very fun, and children learn many things by doing them. For example, if they go camping, they will enjoy looking at beautiful views, fishing or cooking with their friends. By experiencing these activities, children will learn that working together is very important.

(50語)

---

1 〔放送問題〕

No.1≪全訳≫A：こんにちは，ビル。先週，車の博物館に行ってたくさんの車を見てきたの。／B：へえ，本当に？　僕は車が大好きなんだ，メアリー。僕もそこに行きたいな。どうやって行けばいいの？／A：駅からバスが使えるわ。私は自転車で行ったけど。／B：わかった。ありがとう。

　Q：「メアリーはどうやって博物館に行ったか」―D

No.2≪全訳≫A：昨日，ハンバーガー屋さんまで歩いていく途中でケビンを見たの。彼はサッカーの練習をしていたわ。／B：彼は野球も上手だよね？／A：うん，そうね。見て，あそこにケビンがいるわ。／B：ああ，今日は犬と散歩をしているね。

　Q：「ケビンは昨日何をしていたか」―B

No.3≪全訳≫A：ジュディ，新しい机をどこに置きたい？／B：窓の近くの隅に置きたいな。／A：ああ，ベッドの近くに置きたいのかな？／B：ううん。植木のそばのそこに。

　Q：「ジュディはどこにベッドを置きたいと思っているか」―B

No.4≪全訳≫ピーターは自転車で家に帰ってきたところだ。／彼はとてものどが渇いていて，何か飲む物をくれるよう母に頼む。／彼女は彼に水をあげる。

　Q：「ピーターの母は彼に何と言うか」―A.「さあ，どうぞ」　Here you are.「さあ，どうぞ」は相手に物を手渡すときの定型表現。

No.5≪全訳≫エミは道を歩いている。／1人の女性が彼女に駅までの道を尋ねる。／エミもそこに向かっているので，その女性を駅まで連れていくことにした。

Ｑ：「エミはその女性に何と言うか」―Ｃ．「私も一緒に行きます」　道を知らない人を連れて同じ場所に向かうのだから，一緒に行きますと言えばよい。　'take＋人＋to＋場所'「〈人〉を〈場所〉に連れていく」

No.6≪全訳≫❶スイート埼玉という新しいキャンディーのお店が，ケヤキ駅近くの商店街にちょうど昨日開店しました。お店は，サッカースタジアムに行く途中にあります。❷このお店では，いろいろな国のキャンディー，チョコレート，そしてアイスクリームを売っています。キャンディーでつくった花は特に人気があります。このお店で働く人たちは練習を重ねています。彼らはそれを手でつくることができるのです。午前11時から午後３時まで，彼らの作業をお店の窓越しに見ることができます。❸昨日，お店が特別な開店イベントを始めたので，今日は多くの人たちがお店にいます。お店で何か買うと，プレゼントとしてチョコレートを１枚もらえます。このイベントは明日で終わります。❹お店は水曜日から日曜日の午前10時から午後７時まで開いています。甘い時間を過ごしにスイート埼玉へ行きましょう。

　　＜解説＞⑴「新しいキャンディー店はどこにあるか」―Ａ．「ケヤキ駅の近くの商店街」　第１段落第１文参照。　　⑵「特別な開店イベントは何日間行われるか」―Ｃ．「３日間」　第３段落参照。昨日始まって明日終わるのだから，今日も合わせて３日である。　　⑶「新しいキャンディーのお店について正しいのはどれか」―Ｄ．「新しいキャンディーのお店は月曜日と火曜日には閉まっている」　最終段落第１文参照。

No.7≪全訳≫❶ミホ(Ｍ)：すみません，フォード先生。学校新聞用にいくつか質問してもいいですか？　先生のことを書くつもりなんです。❷フォード先生(Ｆ)：もちろんですよ，ミホ。❸Ｍ：ありがとうございます。ここで英語を教えることを楽しんでいらっしゃいますか？❹Ｆ：ええ。生徒たちが英語で私に話しかけてくれると，とてもうれしいです。❺Ｍ：私も先生と英語で話すのが楽しいです。週末には何をするのが好きですか？❻Ｆ：私はバードウォッチングがとても好きなんです。ロンドンにいたときには，たくさんの鳥たちが私の家の庭に飛んできて，鳥を見て楽しんでいました。❼Ｍ：日本でバードウォッチングを楽しんでいますか？❽Ｆ：ええ。家の近くの湖に，よくバードウォッチングに行きます。たくさんの種類の鳥がいるんですよ。いつもそこで，鳥たちの写真をたくさん撮ります。とてもおもしろいですよ。❾Ｍ：それは楽しそうですね。ところで，中学生のときは何になりたかったですか？❿Ｆ：うーん，そのときは医者になりたいと思っていました。でも，私が高校生のとき，すばらしい先生と出会い，それで彼のような先生になりたいと思ったんです。⓫Ｍ：まあ，そうなんですね。どうもありがとうございます。いい話が書けそうです。

　　＜解説＞⑴「どんなときにフォード先生はうれしくなるか」―「生徒が英語で彼に話しかけると，彼はうれしい」　第４段落参照。　　⑵「フォード先生は日本でバードウォッチングを楽しむためによくどこに行くか」―「彼は家の近くの湖に行く」　第８段落第２文参照。　　⑶「フォード先生は中学生のとき何になりたかったか」―「彼は医者になりたかった」　第10段落第１文参照。

[2]〔長文読解総合―対話文・スピーチ〕

[1]≪全訳≫❶日本にいるハルカは，タブレット型コンピュータでイギリスにいるフィルとビデオ通話をしている。

❷フィル(Ｐ)：やあ，ハルカ。今日は何をしてるんだい？

❸ハルカ(Ｈ)：こんにちは，フィル。今日は雨が降っているから，読書をしているわ。あなたの町の天気はどう？

❹Ｐ：今日は晴れだよ。ハルカ，僕は日本についておもしろいことを知ったんだ。家の玄関のことさ。

❺Ｈ：何を知ったの？

❻Ｐ：見せてあげるよ。ちょっと待って。家の玄関に向かってる。玄関のドアを見てよ。それを開け

て，それから閉じる。何か違いはあるかな？

7 H：靴箱がないわ。

8 P：そう，そのとおりだけど，そこは大事なところじゃないな。

9 H：ああ，わかった！　そっちのドアは家の内側に向かって開く。うちの家の玄関のドアは外側に向かって開くわ。

10 P：そのとおり。僕の父はたくさんの国に行ったことがあるんだ。だから，このことを彼にきいたのさ。他の国の玄関のドアの多くは，たいてい内側に開くって言ってたよ。

11 H：本当に？　日本では玄関のドアの多くは外側に開くと思うわ。でも，どうして外側に開くのかな？

　問1＜適語句補充＞「〜に行ったことがある」は have/has been to 〜 という現在完了の'経験'用法で表せる。

2≪全訳≫**1**学校でハルカは，外国語指導助手のベル先生と話している。

2ハルカ（H）：ベル先生，どうして日本の玄関のドアは家の外側に開くんですか？

3ベル先生（B）：いくつか理由があります。そのうちの1つは靴です。

4H：靴ですか？

5B：日本の人は家の中では靴を履かないので，玄関に靴を置きますね。

6H：ああ，そうか！　玄関のドアが家の外側に開けば，ドアは靴にぶつかりません。だから，日本の家には外側に開く玄関のドアがいいんですね。

7B：そのとおりです。

8H：おもしろいですね。他にもこういう例はありますか？

9B：ええと，日本の多くの人は年末に家の大掃除をします。でも，それを春にする国もあります。

10H：どうして春にするんですか？

11B：それを調べて，来週の英語の授業でそれについてスピーチをするのはどうですか？

12H：それはおもしろそうですね。ありがとうございます。

　問2＜文脈把握＞第6段落参照。問題文の内容にあたる第3文の文頭にある So「だから」に着目。これは'結果'を導く接続詞で，その前後は'理由'→'結果'という関係になるので，直前の第2文の内容をまとめる。ここでの hit は「〜にぶつかる」という意味。

3≪全訳≫**1**ハルカは英語の授業でクラスメートに向けてスピーチをしている。

2皆さんはいつ家の大掃除をしますか？　皆さんのほとんどはそれを12月にするでしょう。でも，一部の国では春にそれをします。なぜ彼らはその時期に大掃除をするのでしょう？

3昔，北の国々では多くの家に暖炉がありました。それらの国の冬はとても寒いのです。そこで，人々は家を暖めるためにまきを燃やしました。寒い冬が過ぎると，家の中には暖炉から出たすすがたくさんありました。だから，彼らは春に家を掃除する必要があったのです。これは「春の大掃除」と呼ばれています。今では，そうした国の人々の多くが家で別の暖房装置を所有しているので，冬に暖炉を使う必要はありません。春に家を掃除する必要はないのですが，いまだにこの習慣があります。

4人によって暮らし方は違います。これは，他の文化を理解するために覚えておくべき大切なことだと思います。

　問3＜適文選択＞ここも直前の so「だから」に着目。前に書かれた内容の'結果'となる内容が入る。多くの人が暖炉とは別の暖房装置を所有した結果として，冬に暖炉を使う必要がなくなったのである。

　問4＜英問英答＞「他の文化を理解するために，ハルカが同級生たちに覚えておいてほしいことは何か」—「彼女は彼らに，人によって暮らし方は違うということを覚えておいてほしいと思って

いる」　第4段落参照。

④≪全訳≫**1**放課後，ハルカとベル先生が話している。

2ハルカ（H）：他の文化のことを勉強するのはおもしろいですね。

3ベル先生（B）：将来，留学してはどうですか？

4H：実は，そう考えることがよくあります。

5B：どの国に行きたいですか？

6H：興味のある国がいくつかありますが，まだ決めていません。何日か前には，留学についての情報をいくつか探していました。興味深いグラフを見つけたんです。ヨーロッパ，アジア，北アメリカの中で，日本人留学生が一番多い地域はどこだと思いますか，ベル先生？

7B：北アメリカですよね？

8H：北アメリカにはたくさんの日本人学生がいますが，一番多い地域ではありません。

9B：では，ヨーロッパはどうですか？

10H：うーん，北アメリカの方がヨーロッパよりも多くの日本人学生がいます。実は，アジアの国に一番多くの日本人学生がいるんです。

11B：えっ，本当に？　それは知りませんでした。

12H：私はたくさん勉強して，なぜ自分が留学したいのかよく考えてから，国を選びます。

13B：それはいい考えですね。がんばってください。

14H：最近はよく，イギリスにいる友達に電話をしています。彼は自国の文化についてたくさん私に教えてくれました。でも，外国の文化について学ぶ一番いい方法は外国を訪れることです。

　　問5＜整序結合＞グラフと語群より，「北アメリカの方がヨーロッパよりも日本人学生が多い」という内容になると判断できる。動詞が has だけであること，「日本人学生」は students from Japan とまとまることなどから，North America has more students from Japan という文ができる。残りは than Europe として文末の has につなげる。　Well, North America has more students from Japan than Europe has.

　　問6＜内容一致＞(1)「フィルはハルカに（　　）ほしいと思っている」─イ．「彼の家の玄関のドアが内側に開くことを知って」　①の第6〜9段落参照。　　(2)「ハルカは（　　）と言っている」─エ．「彼女はなぜ留学したいのかを考えてから勉強する国を選ぶつもりだ」　④の第12段落参照。

　　問7＜適語句補充＞≪全訳≫**1**ハルカ（H）：ベル先生，おききしたいことがあります。今，お話しできますか？**2**ベル先生（B）：ええ，何を知りたいのですか？**3**H：_(例)どうしたら外国人の友達がもっとたくさんつくれるか教えていただけますか？**4**B：方法はたくさんあると思いますよ。例えば，たくさんの国際的なイベントに参加するのもいいでしょうし，あるいは，イギリスにいるあなたの友達に，友達を紹介してくれるよう頼んでもいいでしょう。**5**H：わかりました！　ありがとうございます。

　　＜解説＞この問いかけに対するベル先生の返事の内容から，ハルカはより多くの外国人の「友達をつくる方法」を尋ねたのだと判断できる。how to ～「～する方法」と make friends「友達をつくる」という表現を組み合わせれば，これを3語で表せる。

③〔長文読解総合─エッセー〕

　≪全訳≫**1**私は水族館に行くのが好きだ。私はたくさんの水族館を訪れ，いろいろな海の生き物を見てきた。水槽にはいつも，色彩豊かなたくさんの魚がいる。それらを水族館で見るのはいつも楽しい。**2**去年の夏，私は家族とある水族館に行った。私は楽しい時間を過ごし，いつものように魚を見ていた。大きな水槽の隅に，2匹のおもしろい魚を見つけた。1匹は灰色で，私のテニスラケットと同じくらい大きかった。それは大きな口を開けていた。もう1匹は青く，体の側面に沿って黒い線が走っていた。

それは10センチほどの大きさだった。あの大きな魚の頭の周りを泳いでいた。私は小さな魚が心配になった。大きな魚にとって，小さな魚を食べるのは簡単なことだろう。だが，小さな魚がその心配をしているとは思えなかった。実際には，それは大きな魚の口の中に泳いでいくことさえも怖がっていないように見えた。泳いで中に入るとすぐに，すばやく泳いで出ていく。私はこれを見て驚いた。私は水族館の職員を見つけて，彼女に尋ねた。私は，「あの小さい魚はあの大きい魚の周りを泳いでも大丈夫なんですか？　大きい魚が小さい魚を食べてしまうかもしれません」と言った。彼女は，「心配ないですよ。小さな魚はホンソメワケベラです。他の魚についた寄生虫や病気の部分を食べるので，掃除魚と呼ばれます。この小さな掃除魚が，大きな魚の健康を保っているんです。大きな魚にはこれがわかっているので，掃除魚を食べません」と言った。私は，「掃除魚のことは聞いたことがありませんでした。とてもおもしろい関係ですね。どうもありがとうございます」と言った。

3 <u>①それを見た後，私は水族館でもう１つ，海の動物の興味深い関係を見つけた。</u>別の水槽に，黄色い魚がいた。それが地面の穴から出てくると，エビがそれを追いかけた。私は水槽のそばの壁にある説明を読んだ。私はその魚がハゼの一種だと知った。エビが穴を掘っていて，ハゼはエビのそばにいるだけだ。それらが一緒にいるのを見るのはとてもおもしろかった。すると，どちらも再び穴に入った。いい友達なんだろうと私は思った。それらはなぜ一緒にいるんだろう？　私はこれらの関係をもっと知りたいと思い，それを学ぶためにインターネットを使った。

4 私は，その関係が相利共生と呼ばれることを知った。<u>②この関係においては，２種類以上の動物たちがお互いに食料や安全な場所を与えたり，世話をし合ったりすることがある。</u>これは，お互いがその関係から何らかの形で利益を得るということだ。あのホンソメワケベラとあの大きな魚との関係では，大きな魚が掃除魚にきれいにしてもらう。これは大きな魚にとって良いことだ。この関係はまた，掃除魚にとっても良いことだ。大きな魚が助けを求めて掃除魚のところへ行くので，掃除魚は大きな魚の周りを泳いでいるだけで簡単に食べ物が手に入る。どちらも，お互いから利益を得ているのだ。

5 では，あのハゼとあのエビの関係はどうだろう。どちらも海の底の穴に一緒に住む。穴がそれらの家だ。エビは穴を掘るのはうまいが，目はあまり良くないし，うまく泳げない。一方で，ハゼは目がよく見える。それは速く泳げるが，あまり遠くへは泳げない。<u>③それらのどちらにも長所と短所があるので，安全でいるためにお互いを支え合う。</u>エビはときどき家を直す必要がある。エビが出てくると，ハゼも出てくる。エビはいつもハゼの近くにいて，ハゼからの合図を受け取るためにハゼの体に触れ続けている。ハゼは周囲を注意深く見まわす。ハゼは危険な生き物を見つけたらすぐに，エビに合図をする。エビがその合図を受け取ると，自分たちを食べようとしている生き物が来ていることがエビにもわかる。どちらもすばやく家の中に入る。ハゼの助けでエビは安全でいられるし，ハゼはエビによってつくられた家に自分自身を隠せる。

6 自然界には，食べる生き物がいて食べられる生き物がいる。私は海の生き物の間に，それ以外の関係を思いつかなかった。しかし，異なる種類の生き物が互いに助け合って一緒に生きていくこともある。私はあの水族館であの海の生き物たちを見てそれを知った。私は，海の生き物についてもっとたくさんのことを知りたい。私は海の中の多様性を学ぶのを楽しみにしている。

　　問1＜整序結合＞まず主語に前文にある the small fish を受ける代名詞として it を置くと，この後は didn't even が続く。これに続く動詞を 'look＋形容詞'「～のように見える」と (be) afraid of ～「～を恐れる」の形を組み合わせて look afraid of とすれば，残りは swimming into ～ とまとまる。　Actually, it didn't even look afraid of swimming into the large fish's mouth.

　　問2＜適文選択＞①第２段落で，トモコは，ホンソメワケベラと大きな魚のおもしろい関係を知った。第３段落は，それを見た後，水族館でさらに，ハゼとエビという another「もう１つ別の」おもしろい関係を見つけたという内容になっている。　②直後で，空欄の内容が「お互いがその関係

から何らかの形で利益を得るということ」と言い換えられているので，これを「お互いに食料や安全な場所を与えたり，世話をし合ったりする」と具体的に説明しているカが適切。　③前の３文でハゼとエビそれぞれの良いところと悪いところが挙げられており，これを good points「長所」と bad points「短所」とまとめたうえで，だからお互いに支え合っているというウが適切。

問３＜適語選択・語形変化＞Ａ．an animal is coming「生き物が来ている」が that 節内の文の骨組みになっているので，空欄に入る動詞は animal を修飾する語になる。ハゼとエビに近づいてくる生き物は彼らを食べようとやってくるのだから，try to ～「～しようとする」を使う。これを，「～している」という意味を表す現在分詞(～ing)にする。　Ｂ．エビが掘った穴はエビとハゼの家になっているので，「エビによってつくられた家」と考え，「～される」という受け身の意味を表す過去分詞 made にすればよい。

問４＜指示語＞前に出ている内容で this の部分に当てはめて意味が通るのは，直前の文の内容なのでこれをまとめる。　kind of ～「～の種類」　together「一緒に」　by ～ing「～することによって」

問５＜英問英答＞「ホンソメワケベラにとってその大きな魚との関係が好都合なのはなぜか」―「大きな魚の周りを泳いでいるだけで，簡単に食べ物が手に入るからだ」　第４段落最後から３，２文目参照。

問６＜要約文完成＞≪全訳≫トモコは水族館に行ったとき，異なる種類の動物の間の２つの興味深い関係を見つけた。１つは小さな魚と大きな魚の関係だった。小さな魚が大きな魚の近くを泳ぐのは危険だろうが，小さな魚は安全だった。なぜなら，大きな魚は小さな魚がその役に立つと知っていたからだ。もう１つはハゼとエビの関係だった。ハゼは視力が良い。それは泳ぐのは速いが，あまり遠くまで泳げない。それはあらゆる危険な生き物を見つけようと周囲を注意深く見る。エビは目もよく見えないし泳ぎもうまくないが，穴を掘るのは得意だ。その２つの生き物は互いに助け合っている。この関係は相利共生と呼ばれる。

　　＜解説＞１．第２段落後半にあたる部分。大きな魚は小さな魚が自分の助けになるのを知っているので食べない。だから，小さな魚は safe「安全だ」といえる。　２．第５段落第６文参照。It can swim fast は It is a fast swimmer と書き換えられる。　３．第５段落最後から５，４文目にあたる部分。「周囲を注意深く見まわして危険な生き物が来たら知らせる」という内容は，「危険な生き物を見つけるために周囲を注意深く見まわす」と表現することもできる。

4　〔テーマ作文〕

　≪全訳≫❶自然の中でいろいろな活動をするのは良いことだと多くの人が考えている。そのため，多くの団体が子どもたちに自然の中で過ごす機会を与えている。例えば，学校は多くの屋外行事を行い，子どもたちを山や川，湖，海のような場所に連れていく。博物館や他の公共施設も，自然観察教室や農業体験教室のような行事を行う。子どもたちは自然の中でさまざまな活動ができる。

❷小学生はもっと自然の中で過ごすべきだという人々もいる。あなたはこれについてどう思うか。

　＜解説＞第１文で賛成あるいは反対という自分の立場を明らかにし，第２文以降ではそう思う理由を，具体例を挙げながら述べればよい。解答例の訳は「私はこの意見に賛成だ。自然の中で活動するのはとても楽しく，子どもたちはそうすることによってたくさんのことを学べる。例えば，もしキャンプに行けば，友達と一緒に美しい景色を見たり，釣りをしたり，料理をしたりして楽しむことができる。こうした経験を通じて，子どもたちは共同作業がとても大切だということを学ぶだろう」。

数学解答

1 (1) $\dfrac{5}{2}y$　　(2) -8

(3) $x=-\dfrac{1}{2}$, 3　　(4) -4

(5) ア…1.27　イ…4　　(6) 0.35

(7) ウ　　(8) 240人　　(9) $\dfrac{13}{25}$

(10) $2r\text{cm}$

2 (1) （例）

(2) $\dfrac{81}{2}\pi\text{cm}^3$

3 (1) （例）n を 0 以上の整数とすると，4 でわると 1 余る自然数は $4n+1$ となる。これを $3x+5$ の x に代入すると，

$3(4n+1)+5=12n+8=4(3n+2)$

$3n+2$ は整数だから，$4(3n+2)$ は 4 の倍数である。したがって，$3x+5$ の x に，4 でわると 1 余る自然数を

代入すると，$3x+5$ の値は 4 の倍数になる。

(2) ア…7　イ…3　ウ…1

4 (1) 3cm

(2) （例）△ADH と △ACF において，仮定から，∠DAH＝∠CAF……①　△BCD において，外角はその隣にない 2 つの内角の和に等しいので，∠ADH＝∠DBC＋∠DCB……②　また，∠ACF＝∠ACD＋∠DCB……③　仮定から，∠DBC＝∠ACD……④　②，③，④から，∠ADH＝∠ACF……⑤　①，⑤から，2 組の角がそれぞれ等しいので，△ADH∽△ACF

(3) $\dfrac{6}{5}\text{cm}^2$

5 (1) $y=\dfrac{1}{2}x^2$　　x の変域…$0\leqq x\leqq 4$

(2) $\dfrac{9}{2}$, $\dfrac{29}{4}$　　(3) $\sqrt{14}$, $\dfrac{15}{2}$

---

1 〔独立小問集合題〕

(1)＜式の計算＞与式 $=\dfrac{4x-y-2(2x-3y)}{2}=\dfrac{4x-y-4x+6y}{2}=\dfrac{5}{2}y$

(2)＜式の値＞与式 $=x(x-6)+y(y-6)$ として，$x=3+\sqrt{5}$，$y=3-\sqrt{5}$ を代入すると，与式 $=(3+\sqrt{5})(3+\sqrt{5}-6)+(3-\sqrt{5})(3-\sqrt{5}-6)=(\sqrt{5}+3)(\sqrt{5}-3)+(-\sqrt{5}+3)(-\sqrt{5}-3)=(\sqrt{5})^2-3^2+(-\sqrt{5})^2-3^2=5-9+5-9=-8$ となる。

(3)＜二次方程式＞$2x+1=A$ とおくと，$A^2-7A=0$，$A(A-7)=0$，$(2x+1)(2x+1-7)=0$，$(2x+1)(2x-6)=0$，$(2x+1)\times2(x-3)=0$，$(2x+1)(x-3)=0$　∴$x=-\dfrac{1}{2}$, 3

≪別解≫$4x^2+4x+1-14x-7=0$，$4x^2-10x-6=0$，$2x^2-5x-3=0$ とし，解の公式を用いると，$x=\dfrac{-(-5)\pm\sqrt{(-5)^2-4\times2\times(-3)}}{2\times2}=\dfrac{5\pm\sqrt{49}}{4}=\dfrac{5\pm7}{4}$ となる。よって，$x=\dfrac{5-7}{4}=-\dfrac{1}{2}$，$x=\dfrac{5+7}{4}=3$ である。

(4)＜関数—比例定数＞関数 $y=ax^2$ について，x の変域が $-2\leqq x\leqq3$ のときの y の変域が $-36\leqq y\leqq0$ であることから，$a<0$ である。これより，関数 $y=ax^2$ は，x の絶対値が大きいほど y の値は小さくなる関数である。x の変域において，x の絶対値が最大なのは，$x=3$ である。このとき，y の値は最小で $y=-36$ となるので，$-36=a\times3^2$ より，$a=-4$ である。

(5)＜数の性質＞12700km を，整数部分が 1 けたの数にするので，$12700=1.27\times10000$ とする。$10000=10^4$ だから，12700km は，1.27×10^4km と表せる。

(6)＜資料の活用—相対度数＞クラスの生徒は40人だから，中央値（メジアン）は，学習時間を小さい順

に並べたときの20番目と21番目の平均値である。学習時間が6時間未満の生徒は $2+4+12=18$（人），8時間未満の生徒は $18+14=32$（人）だから，20番目，21番目はともに6時間以上8時間未満である。よって，20番目と21番目の平均値もこの階級に含まれる値となるので，中央値が含まれる階級は6時間以上8時間未満の階級となる。6時間以上8時間未満の階級の度数が14人だから，求める相対度数は $14÷40=0.35$ となる。

(7)＜図形―ねじれの位置にある辺＞展開図を組み立てると，点Aと点Cと点N，点Bと点Fと点K，点Gと点M，点Hと点Lがそれぞれ重なり，右図1のような立方体になる。辺ABと辺CGは交わる。辺ABと辺JMは平行である。辺ABと辺LMは，平行でなく，交わらないので，ねじれの位置にある。辺ABと辺KNは重なる。よって，辺ABとねじれの位置にある辺は，ウの辺LMである。

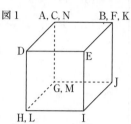

図1

(8)＜連立方程式の応用＞昨年度の市内在住の生徒数を x 人，市外在住の生徒数を y 人とすると，昨年度の全校生徒数は500人だから，$x+y=500$……①が成り立つ。また，今年度は，昨年度と比べ，市内在住の生徒数が20％減り，市外在住の生徒数が30％増えたので，今年度の市内在住の生徒数は $x×\left(1-\dfrac{20}{100}\right)=\dfrac{4}{5}x$（人），市外在住の生徒数は $y×\left(1+\dfrac{30}{100}\right)=\dfrac{13}{10}y$（人）と表せる。今年度の全校生徒数は昨年度と同じであったことから，$\dfrac{4}{5}x+\dfrac{13}{10}y=500$ が成り立つ。これより，$8x+13y=5000$ ……②となる。①×13－②で y を消去すると，$13x-8x=6500-5000$，$5x=1500$，$x=300$ となるので，今年度の市内在住の生徒数は $\dfrac{4}{5}x=\dfrac{4}{5}×300=240$（人）である。

(9)＜確率―色玉＞袋の中に入っている玉の個数は，赤玉が3個，白玉が2個より，$3+2=5$（個）だから，この中から1個の玉を取り出すとき，取り出し方は5通りあり，取り出した玉を袋の中に戻すので，2回目の取り出し方も5通りある。よって，玉を2回取り出すときの取り出し方は，全部で $5×5=25$（通り）ある。このうち，2回とも赤玉が出るのは，1回目，2回目とも赤玉の取り出し方が3通りだから，$3×3=9$（通り）ある。2回とも白玉が出るのは，1回目，2回目とも白玉の取り出し方が2通りだから，$2×2=4$（通り）ある。したがって，2回とも同じ色の玉が出る場合は $9+4=13$（通り）あるから，求める確率は $\dfrac{13}{25}$ である。

(10)＜図形―長さの差＞右図2のように，点A〜Oを定める。$LM=MN=LN=LO=NO=r+r=2r$ より，△LMN，△LNO は正三角形だから，$∠MLN=∠NLO=∠LMN=60°$ である。また，$∠LAB=∠MBA=90°$，$LA=MB$ より，四角形 LABM は長方形だから，$∠MLA=∠LMB=90°$，$AB=LM=2r$ となる。四角形 LKJO，四角形 MCDN も長方形だから，$∠OLK=∠NMC=90°$ となる。$∠ALK=360°-∠MLA-∠MLN-∠NLO-∠OLK=360°-90°-60°-60°-90°=60°$，$∠BMC=360°-∠LMB-∠LMN-∠NMC=360°-90°-60°-90°=120°$ となるので，$\overparen{AK}=2πr×\dfrac{60°}{360°}=\dfrac{1}{3}πr$，$\overparen{BC}=2πr×\dfrac{120°}{360°}=\dfrac{2}{3}πr$ となり，同様にして，$\overparen{HI}=\dfrac{1}{3}πr$，$\overparen{FG}=\dfrac{2}{3}πr$ となる。さらに，ABと同様に，$CD=DE=EF=GH=IJ=JK=2r$ である。よって，アのひもの長さは，$(\overparen{AK}+\overparen{HI})+(\overparen{BC}+\overparen{FG})+(AB+CD+DE+EF+GH+IJ+JK)=\dfrac{1}{3}πr×2+\dfrac{2}{3}πr×2+2r×7=2πr+14r$ となる。次に，右図3のように，点A〜Pを定めると，△MNO，△MOP が正三角形，四角形

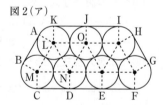

図2（ア）

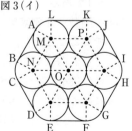

図3（イ）

MABN，四角形 MLKP が長方形だから，図2と同様に，∠AML＝60° となり，$\overset{\frown}{AL}=\frac{1}{3}\pi r$，AB＝

$2r$ となる。さらに，$\overset{\frown}{BC}=\overset{\frown}{DE}=\overset{\frown}{FG}=\overset{\frown}{HI}=\overset{\frown}{JK}=\frac{1}{3}\pi r$，CD＝EF＝GH＝IJ＝KL＝$2r$ となるから，イ

のひもの長さは，$(\overset{\frown}{AL}+\overset{\frown}{BC}+\overset{\frown}{DE}+\overset{\frown}{FG}+\overset{\frown}{HI}+\overset{\frown}{JK})+(AB+CD+EF+GH+IJ+KL)=\frac{1}{3}\pi r\times6+$

$2r\times6=2\pi r+12r$ となる。以上より，アとイのひもの長さの差は，$(2\pi r+14r)-(2\pi r+12r)=2r$

(cm)となる。

2 〔独立小問集合題〕

(1)＜図形―作図＞右図1で，2直線 l，m の交点をXとし，点Pか
ら2直線 l，m に垂線PY，PZを引く。点Pは2直線 l，m か
らの距離が等しいから，PY＝PZである。PX＝PX，∠PYX＝
∠PZX＝90° だから，直角三角形の斜辺と他の1辺がそれぞれ等
しくなり，△PXY≡△PXZである。よって，∠PXY＝∠PXZと
なる。次に，点Pは2点A，Bから等しい距離にあるから，PA＝PBである。△PAB は二等辺三
角形だから，PZ⊥AB より，点Zは線分 AB の中点となる。以上より，点Pは，∠YXZの二等分
線上の点であり，線分 AB の垂直二等分線上の点でもあるので，作図は，∠YXZの二等分線と線
分 AB の垂直二等分線を引いて，その交点をPとすればよい。

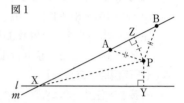
図1

右図2で，∠YXZの二等分線は，①点Xを中心として円の
弧をかき(直線 l，m との交点をそれぞれC，Dとする)，②
点C，点Dを中心として半径の等しい円の弧をかき(交点を
Eとする)，③2点X，Eを通る直線を引く。直線 XE が
∠YXZの二等分線である。線分 AB の垂直二等分線は，④
2点A，Bを中心として半径の等しい円の弧をかき(2つの
交点をF，Gとする)，⑤2点F，Gを通る直線を引く。直線 FG が線分 AB の垂直二等分線となる。
直線 XE と直線 FG の交点がPである。解答参照。

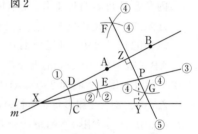
図2

(2)＜関数―体積―回転体＞右図3で，点Aから x 軸に垂線を引いて交
点をHとすると，△AOCを x 軸を軸として1回転させてできる立
体は，底面の半径を AH，高さを CH とする円錐から，底面の半径
を AH，高さを OH とする円錐を除いた立体となる。2点A，Bは

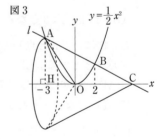
図3

関数 $y=\frac{1}{2}x^2$ のグラフ上にあり，x 座標がそれぞれ－3，2だから，

y 座標は $y=\frac{1}{2}\times(-3)^2=\frac{9}{2}$，$y=\frac{1}{2}\times2^2=2$ となり，A$\left(-3,\ \frac{9}{2}\right)$，

B$(2,\ 2)$である。直線 l は2点A，Bを通るから，傾きは $\left(2-\frac{9}{2}\right)\div\{2-(-3)\}=-\frac{1}{2}$ となり，直

線 l の式は $y=-\frac{1}{2}x+b$ とおける。点Bを通るから，$2=-\frac{1}{2}\times2+b$，$b=3$ となり，直線 l の式は

$y=-\frac{1}{2}x+3$ となる。点Cは直線 $y=-\frac{1}{2}x+3$ と x 軸の交点だから，$y=0$ を代入して，$0=-\frac{1}{2}x$

$+3$ より，$x=6$ となり，C$(6,\ 0)$である。よって，2点A，Cの座標より，AH＝$\frac{9}{2}$，CH＝6－(－3)

＝9，OH＝0－(－3)＝3 となるから，求める立体の体積は，$\frac{1}{3}\times\pi\times\left(\frac{9}{2}\right)^2\times9-\frac{1}{3}\times\pi\times\left(\frac{9}{2}\right)^2\times3=$

$\frac{81}{2}\pi$(cm³)となる。

3 〔数と式〕

(1)<論証―文字式の利用> n を 0 以上の整数とすると，4 でわると 1 余る自然数は，$4n+1$ と表せる。$x=4n+1$ として，これを $3x+5$ に代入し，$4×$〔整数〕になることを示せばよい。解答参照。

(2)<数の性質> 表より，$3x+5$ の値が 7 の倍数になっているのは，$x=3$ のときの $3x+5=14$，$x=10$ のときの $3x+5=35$ である。$3÷7=0$ あまり 3，$10÷7=1$ あまり 3 より，3，10 はともに，7 でわると 3 余る自然数である。そこで，m を 0 以上の整数とすると，7 でわると 3 余る自然数は $7m+3$ と表せる。$x=7m+3$ として，$3x+5$ に代入すると，$3x+5=3(7m+3)+5=21m+9+5=21m+14=7(3m+2)$ となる。$3m+2$ が整数より，$7(3m+2)$ は 7 の倍数だから，$3x+5$ の値が 7 の倍数となる x は，7 でわると 3 余る自然数である。次に，$(3x+5)^2=9x^2+30x+25=9x^2+30x+24+1=3(3x^2+10x+8)+1$ となり，この式の x に自然数を代入すると，$3x^2+10x+8$ は整数だから，$3(3x^2+10x+8)+1$ は 3 の倍数より 1 大きい数となる。よって，$(3x+5)^2$ の x に自然数を代入したときの値を 3 でわると，余りは 1 となる。

$\boxed{4}$〔平面図形―三角形〕

(1)<長さ> 右図 1 の △ABC と △ACD で，∠ABC＝∠ACD より，△ABC∽△ACD だから，AB：AC＝AC：AD である。よって，AB：$6=6$：4 が成り立ち，AB×$4=6×6$，AB＝9 となる。次に，CE が ∠BCD の二等分線より，∠BCE＝∠DCE である。また，△BCE で内角と外角の関係より，∠AEC＝∠ABC＋∠BCE であり，∠ACE＝∠ACD＋∠DCE である。したがって，∠AEC＝∠ACE となるから，△AEC は二等辺三角形であり，AE＝AC＝6 となる。以上より，BE＝AB－AE＝$9-6=3$(cm) となる。

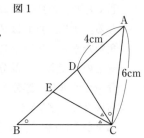
図 1

(2)<論証―相似> 右図 2 の △ADH と △ACF において，∠DAH＝∠CAF だから，あと 1 組の角が等しいことを示せば，2 組の角がそれぞれ等しくなり，△ADH∽△ACF となる。解答参照。

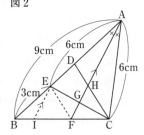
図 2

(3)<面積> 右図 2 で，△BCE，△ABC の底辺をそれぞれ BE，AB と見ると，この 2 つの三角形は高さが等しいから，△BCE：△ABC＝BE：AB＝3：$9=1$：3 となる。よって，△BCE＝$\frac{1}{3}$△ABC＝$\frac{1}{3}×18=6$ となる。次に，点 E と点 F を結び，点 E を通り AF に平行な直線と辺 BC の交点を I とする。EI∥AF より，BI：IF＝BE：EA＝3：$6=1$：2 となる。また，(1)より，△AEC は AE＝AC の二等辺三角形だから，AF が ∠BAC の二等分線より，EG＝GC であり，EI∥AF より，IF＝FC となる。したがって，BI：IF：FC＝1：2：2 となるから，△BCE，△EFC の底辺を BC，FC と見ると，△BCE：△EFC＝BC：FC＝$(1+2+2)$：$2=5$：2 となり，△EFC＝$\frac{2}{5}$△BCE＝$\frac{2}{5}×6=\frac{12}{5}$ となる。さらに，△EFG，△GFC の底辺をそれぞれ EG，GC と見ると，EG＝GC より，△EFG＝△GFC となるから，△GFC＝$\frac{1}{2}$△EFC＝$\frac{1}{2}×\frac{12}{5}=\frac{6}{5}$(cm²) である。

$\boxed{5}$〔関数―関数と図形・運動〕

(1)<関係式，x の変域> 2 点 P，Q の速さは毎秒 1 cm だから，$5÷1=5$，$4÷1=4$ より，点 P が点 B に到着するのは出発してから 5 秒後，点 Q が点 D に到着するのは出発してから 4 秒後である。よって，点 Q が点 D に到着するまで，点 P は辺 AB 上にある。右図 1 で，このときの 2 点 P，Q をそれぞれ P_1，Q_1 とすると，$AP_1=AQ_1=1×x=x$ だから，△AP_1Q_1 $=\frac{1}{2}×AP_1×AQ_1=\frac{1}{2}×x×x=\frac{1}{2}x^2$ となり，$y=\frac{1}{2}x^2$ である。また，そ

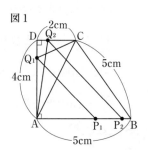
図 1

のときのxの変域は，$0 \leqq x \leqq 4$ である。

(2) $<x$の値$>$ 前ページの図1で，$0 \leqq x \leqq 4$ のとき，$\triangle AP_1Q_1$，$\triangle AQ_1C$ の底辺を AQ_1 と見ると，$\triangle AP_1Q_1 : \triangle AQ_1C = 3 : 1$ のとき，高さの比が $3 : 1$ となるから，$AP_1 : DC = 3 : 1$ となる。$DC = 2$ より，$AP_1 = 3DC = 3 \times 2 = 6$ となるが，$AP_1 = 6$ にはならない。よって，$0 \leqq x \leqq 4$ のとき，$\triangle AP_1Q_1 : \triangle AQ_1C = 3 : 1$ になることはない。次に，(1)より点Pが点Bに到着するのが5秒後であり，$(4 + 2) \div 1 = 6$，$(4 + 2 + 5) \div 1 = 11$ より，点Qが点Cに到着するのが6秒後，点Bに到着するのが11秒後だから，$4 \leqq x \leqq 5$，$5 \leqq x \leqq 6$，$6 \leqq x \leqq 11$ の場合について考える。$4 \leqq x \leqq 5$ のときの2点P，Qをそれぞれ P_2，Q_2 とすると，点 P_2 は辺 AB 上に，点 Q_2 は辺 DC 上にある。図1で，$\triangle AP_2Q_2$，$\triangle AQ_2C$ の底辺をそれぞれ AP_2，Q_2C とすると，高さはともに $AD = 4$ だから，$\triangle AP_2Q_2 : \triangle AQ_2C = 3 : 1$ のとき，底辺の比が $3 : 1$ となり，$AP_2 : Q_2C = 3 : 1$ である。$AP_2 = AD + DQ_2 = x$，$Q_2C = (AD + DC) - (AD + DQ_2) = (4 + 2) - x = 6 - x$ だから，$x : (6 - x) = 3 : 1$ が成り立ち，$x \times 1 = (6 - x) \times 3$，$4x = 18$，$x = \dfrac{9}{2}$ となる。これは $4 \leqq x \leqq 5$ を満たすので適する。右図2で，

$5 \leqq x \leqq 6$ のときの2点P，Qをそれぞれ P_3，Q_3 とすると，点 P_3 は点Bに，点 Q_3 は辺 DC 上にある。$4 \leqq x \leqq 5$ のときと同様に考えて，$\triangle AP_3Q_3 : \triangle AQ_3C = 3 : 1$ より，$AP_3 : Q_3C = 3 : 1$ である。$AP_3 = AB = 5$，$Q_3C = 6 - x$ だから，$5 : (6 - x) = 3 : 1$ が成り立ち，$5 \times 1 = (6 - x) \times 3$，$3x = 13$，$x = \dfrac{13}{3}$ となるが，$5 \leqq x \leqq 6$ を満たさないので適さない。$6 \leqq x \leqq 11$ のときの2点P，Qをそれぞれ P_4，Q_4 とすると，点 P_4 は点Bに，点 Q_4 は辺 CB 上にある。$\triangle AP_4Q_4$，$\triangle AQ_4C$ の底辺をそれぞれ P_4Q_4，CQ_4 とすると，$\triangle AP_4Q_4 : \triangle AQ_4C = 3 : 1$ より，$P_4Q_4 : CQ_4 = 3 : 1$ である。これより，$CQ_4 = \dfrac{1}{3 + 1}BC = \dfrac{1}{4} \times 5 = \dfrac{5}{4}$ となる。$x = (AD + DC + CQ_4) \div 1 = \left(6 + \dfrac{5}{4}\right) \div 1 = \dfrac{29}{4}$ となり，$6 \leqq x \leqq 11$ を満たすので適する。以上より，$x = \dfrac{9}{2}$，$\dfrac{29}{4}$（秒）後である。

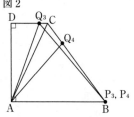

(3) $<x$の値$>$ 前ページの図1で，台形 $ABCD$ の面積は $\dfrac{1}{2} \times (DC + AB) \times AD = \dfrac{1}{2} \times (2 + 5) \times 4 = 14$ だから，$\triangle APQ$ の面積が台形 $ABCD$ の面積の半分になるとき，$\triangle APQ = \dfrac{1}{2}〔$台形 $ABCD〕 = \dfrac{1}{2} \times 14 = 7$ である。$0 \leqq x \leqq 4$ のとき，(1)より，$\triangle AP_1Q_1 = \dfrac{1}{2}x^2$ だから，$\dfrac{1}{2}x^2 = 7$ が成り立ち，$x^2 = 14$，$x = \pm\sqrt{14}$ となる。$0 \leqq x \leqq 4$ だから，$x = \sqrt{14}$ である。$4 \leqq x \leqq 5$ のとき，$\triangle AP_2Q_2 = \dfrac{1}{2} \times AP_2 \times AD = \dfrac{1}{2} \times x \times 4 = 2x$ だから，$2x = 7$ が成り立ち，$x = \dfrac{7}{2}$ となる。これは $4 \leqq x \leqq 5$ を満たさないので適さない。$5 \leqq x \leqq 6$ のとき，右上図2で，$\triangle AP_3Q_3 = \dfrac{1}{2} \times AP_3 \times AD = \dfrac{1}{2} \times 5 \times 4 = 10$ だから，$\triangle AP_3Q_3 = 7$ になることはない。$6 \leqq x \leqq 11$ のとき，$\triangle AP_4C = \triangle AP_3Q_3 = 10$ だから，$\triangle AQ_4C = \triangle AP_4C - \triangle AP_4Q_4 = 10 - 7 = 3$ となる。これより，$\triangle AQ_4C : \triangle AP_4C = 3 : 10$ だから，$CQ_4 : P_4C = 3 : 10$ となり，$CQ_4 = \dfrac{3}{10}P_4C = \dfrac{3}{10}BC = \dfrac{3}{10} \times 5 = \dfrac{3}{2}$ となる。このとき，$x = (AD + DC + CQ_4) \div 1 = \left(6 + \dfrac{3}{2}\right) \div 1 = \dfrac{15}{2}$ となり，$6 \leqq x \leqq 11$ を満たすので適する。以上より，$x = \sqrt{14}$，$\dfrac{15}{2}$（秒）後である。

Memo

2020年度
埼玉県公立高校／学力検査

英語　●満点 100点　●時間 50分

■放送問題の音声は，当社ホームページ(https://www.koenokyoikusha.co.jp)で聴くことができます。（当社による録音です）

1 放送を聞いて答える問題(28点)

　　問題は，No. 1〜No. 7 の全部で 7 題あり，放送はすべて英語で行われます。放送される内容についての質問にそれぞれ答えなさい。No. 1〜No. 6 は，質問に対する答えとして最も適切なものを，**A**〜**D**の中から 1 つずつ選び，その記号を書きなさい。No. 7 は，それぞれの質問に英語で答えなさい。放送中メモを取ってもかまいません。各問題について英語は 2 回ずつ放送されます。

【No. 1〜No. 3】（各 2 点）

Listen to each talk, and choose the best answer for each question.

No. 1

A

B

C

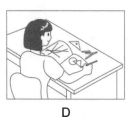
D

No. 2

A

B

C

D

No. 3

【No. 4，No. 5】（各 2 点）

Listen to each situation, and choose the best answer for each question.

No. 4

    A Do you have another color ?

    B Do you have a larger one ?

    C Shall I bring you another ?

    D What color do you like ?

No. 5

    A I'll come after you.

    B You can close the door.

    C I'll open the door for you.

    D You should carry these notebooks.

【No. 6】（各 3 点）

Listen to Mr. Smith, a teacher at English Summer School. He is talking about the plans for school on the first day. Choose the best answer for question 1, 2 and 3.

(1) Question 1

    A Three classes this morning.

    B Fifty minutes.

    C At nine thirty.

    D From twelve thirty to one twenty.

(2) Question 2

    A In building 3.

B In classroom No. 8.

C In the gym.

D In the Science Museum.

(3) Question 3

A They will have an English listening test.

B They will play games and sing songs.

C They will talk about their lunch.

D They will talk about their favorite things at the museum.

【No. 7】（各 3 点）

Listen to the talk between Tom and his friend, Megumi, and read the questions. Then write the answer in English for questions 1, 2 and 3.

(1) Question 1 : What will Tom do after the school festival on Sunday ?

Answer : He will (　　　　　　　　　) to buy a present.

(2) Question 2 : What did Tom give his grandmother as a birthday present last year ?

Answer : He gave her a lot of (　　　　　　　　).

(3) Question 3 : Where do Tom and Megumi have to arrive by nine forty on Sunday ?

Answer : They have to arrive at (　　　　　　　).

※＜放送を聞いて答える問題台本＞は英語の問題の終わりに付けてあります。

2　ファミリースポーツイベントの案内を英語で作成します。〔日本語のメモ〕をもとに，空欄 A ～ D にあてはまる適切な 1 語を，それぞれ英語で書きなさい。なお，空欄 A ～ D には省略した形や数字は使わないものとします。(12点)

〔日本語のメモ〕

ファミリースポーツイベント

一緒に走って，楽しもう！

日付　　　：12月1日　日曜日
集合時間：午前8時
場所　　　：みどりスポーツ公園
費用　　　：1,000円
距離　　　：3 km

もし雨なら，体育館で他のイベントを行います。

参加希望者は，11月6日　水曜日までに
sportseventoffice@****.com に，メールを送ってください。

Family Sports Event

Let's [A] together and have fun !

Date : Sunday, [B] 1
Meeting Time : 8 a.m.
Place : Midori Sports Park
Cost : 1,000 yen
Distance : 3 km

If it [C], we will have another event in the gym.

If you want to join, please send an e-mail to sportseventoffice@****.com
by [D], November 6.

(各3点)

3　次は，中学生の Mikiko が書いた英文です。これを読んで，問1〜問6に答えなさい。＊印
のついている語句には，本文のあとに〔注〕があります。(18点)

Last May, I went to my grandfather's house with my friend, Carol.　There, my grandfather
〔to / us / grow / showed / how〕rice.　Carol, my grandfather and I went to the ＊rice field in the
morning.　[A]　There was only water in the small rice field.　My grandfather said,
"Today we're going to ＊plant some young ＊rice plants.　Carol, will you join us ?"　Carol was
surprised.　"Well, it may be difficult for me," she said.　"It's simple.　I'll show you," he answered.
Carol said, "OK, I'll do my best !"　[B]　We began to plant the rice plants.　I thought
Carol was having a hard time, so I asked her, "Are you OK ?　Do you want to take a ＊break ?"
①Carol said, "I'm a little (　　　), but I'm OK.　Growing rice is hard work !"

Around noon, we had lunch by the rice field.　My grandfather made us rice balls for lunch.
[C]　We learned that work in the rice field was very hard, but we had a good time.

One day in fall, my grandfather sent me a bag of rice.　＊As soon as I got it, I called him on
the phone.　②He said, "Thank you for (help) me.　Share the rice with Carol, please."

The next day, I took some of the rice to Carol.　She said, "Is this the rice we planted with your
grandfather ?　Wow !　I'd like to go with you again next year !"

〔注〕　rice field……田んぼ　　plant 〜……〜を植える
　　　　rice plant……稲　　break……休憩
　　　　as soon as 〜……〜するとすぐに

問1　〔　〕内のすべての語を正しい順序に並べかえて書きなさい。(3点)

問2　本文中の [A]〜[C] のいずれかに，The rice was better than the rice I usually ate ! と
いう1文を補います。どこに補うのが最も適切ですか。[A]〜[C] の中から1つ選び，その
記号を書きなさい。(3点)

2020年・埼玉県(学力検査) (4)

問3　下線部①について，（　）にあてはまる最も適切な1語を，次のア〜エの中から1つ選び，その記号を書きなさい。（3点）

　ア　tired　　イ　fine　　ウ　useful　　エ　famous

問4　下線部②について，（help）を適切な形にして，書きなさい。（3点）

問5　本文の内容に関する次の質問の答えとなるように，（　）に適切な英語を書きなさい。（3点）

　Question :　What did Mikiko's grandfather ask Mikiko to do on the phone ?

　Answer :　　He asked her (　　　　　　　　　　　　　　　　　　).

問6　本文の内容と合うものを，次のア〜エの中から1つ選び，その記号を書きなさい。（3点）

　ア　Mikiko's grandfather visited Mikiko and Carol to plant some young rice plants.

　イ　Mikiko's grandfather came to see Mikiko and Carol and gave them a bag of rice.

　ウ　Mikiko and Carol ate rice balls that her grandfather made.

　エ　Mikiko and Carol learned that growing rice was easy.

4　　次の 1 〜 4 は，中学生の Miku，Joseph と子育て支援センターのスタッフ（a staff member at the Child Care Support Center）の Ms. Aida の会話とメールです。これらを読んで，問1〜問8に答えなさい。＊印のついている語句には，本文のあとに〔注〕があります。（30点）

1 〈*Miku and Joseph are talking.*〉

Miku :　　Hi, Joseph.　How are you today ?

Joseph :　I'm fine, thanks, Miku.　　A 　 are you going ?

Miku :　　I'm going to the Child Care Support Center.

Joseph :　What's that ?

Miku :　　It's a place for small children and their parents.　They can play together, and parents can get ＊advice about taking care of children there, too.

Joseph :　Oh, I see.　But why are you going there ?　Is your brother or sister there ?

Miku :　　No.　I don't have any brothers or sisters.　The center needed some volunteers to take care of the small children, so I started doing volunteer work to help the children there. Also, I want to be a nursery school teacher, so it's really good experience for me.

Joseph :　Wow, that's cool !　＊Actually, I'm interested in that kind of job, too.　What do you do there ?

Miku :　　I usually play with the children.　I eat lunch with them, and read them some books.

Joseph :　That sounds fun.　I'd like to go there if I have the chance.　Can I do volunteer work there, too ?

Miku :　　I think that will be fine.　The center needs volunteers, so I'll ask the staff at the center and send you an e-mail tonight.

Joseph :　Thanks.

　〔注〕 advice……助言　　actually……実は

問1　空欄 A にあてはまる最も適切な1語を，次のア〜エの中から1つ選び，その記号を書きなさい。（3点）

　ア　How　　イ　What　　ウ　When　　エ　Where

問2　本文 1 の内容と合うように，次の英語に続く最も適切なものを，ア～エの中から1つ選び，その記号を書きなさい。（4点）

Miku goes to the Child Care Support Center because

ア　she has a sister there.

イ　she takes care of children there as a volunteer.

ウ　she takes a class to learn about child care once a week there.

エ　she wants to send an e-mail.

2 〈*That night, Miku sends an e-mail to Joseph.*〉

Hi, Joseph.　I told a staff member at the center about you.　She was really glad to hear that you want to be a volunteer.　To start, you have to *complete an *application form and send it to the center.　I'll give you the application form later.　You just have to write your name, phone number, e-mail address, and so on.　If you want to start volunteer work next month, you need to take a *workshop there before you start.　The center isn't too far from the station.　When you get to the station, go straight to the post office.　From there, *keep walking and then turn left after you go across Tsukushi River.　Then, walk along the river and the center will be on your right.　The center is next to a park.　So, I'm sure you won't miss it.　On your first day of volunteer work, you don't have to change your clothes at the center, but don't forget to bring your lunch to eat with the children.　You don't need to use any money there, so you should leave money you don't need at home.　Good luck！

〔注〕　complete ～……～に記入する　　application form……申込用紙

　　　workshop……研修会　　keep ～ing……～し続ける

問3　次は，本文 2 の station や Child Care Support Center などが示された地図です。Child Care Support Center がある場所を，地図中のア～エの中から1つ選び，その記号を書きなさい。（4点）

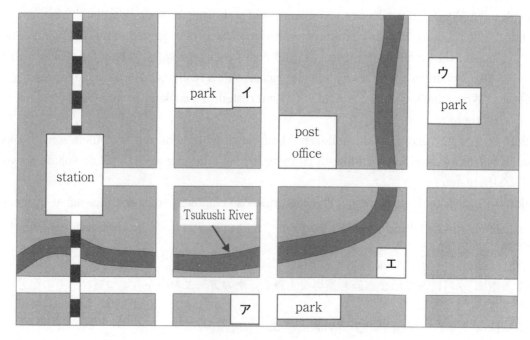

問4　本文 2 の内容と合うように，次の英語に続く最も適切なものを，ア～エの中から１つ選び，その記号を書きなさい。（３点）

　　　On his first day of volunteer work, Joseph must bring

ア　his lunch.

イ　his application form.

ウ　money to take a workshop.

エ　his clothes to change.

3 　〈*Next month, Joseph goes to the center after the workshop and meets Ms. Aida, a staff member at the center.*〉

Joseph :　　I'm interested in working with children in the future, so I wanted to try volunteer work here.

Ms. Aida :　There are a lot of children here, and you can get a lot of good experience.　Some of the children here are very small, so you have to be careful.

Joseph :　　I see.　I'll be careful.

Ms. Aida :　Great !　Well, there are some popular Japanese stories written in English here. But we [them / the children / read / have / to / never].　Why don't you read these *picture books in English ?

Joseph :　　Oh, I see.　I hope they'll like listening to the stories in English.

Ms. Aida :　These stories are very popular, so I think the children will like them.　Please read the picture books slowly.

Joseph :　　Sure.　I'll try to do that.　Can I choose some of the stories now ?

Ms. Aida :　Of course.　If you are ready, you can start now.

Joseph :　　OK !

〔注〕　picture book……絵本

問5　〔　〕内のすべての語句を正しい順序に並べかえて書きなさい。（４点）

問6　下線部 that は，どのようなことをさしていますか。日本語で答えなさい。（４点）

4 　〈*That night, Joseph sends an e-mail to Miku.*〉

　　Hi, Miku !　I went to the Child Care Support Center today and met a lot of children there. The little children enjoyed listening to the picture books I read in English, and we had a great time.　Some of them cried, but Ms. Aida helped me a lot.　I really liked working there and I want to go again.　Taking care of children is very *challenging work !　But I think that nothing is more important than spending time with children.

　　Next time, I'd like to do something else at the center.　Do you have any good ideas, Miku ? See you soon.

〔注〕　challenging……やりがいのある

問7　下線部について，もしあなたが子育て支援センターでボランティアをするとしたら，子供たちに絵本を読むことの他に，どのようなことをしたいですか。２文以上の英語で書きなさい。１文目は，具体的にしたいことを書きなさい。２文目以降は，その理由が伝わるように書きなさい。（４点）

問8　次は，後日の Joseph と Miku の会話です。自然な会話になるように，（　）に適切な４語

以上の英語を書きなさい。（4点）

Joseph : Many of the children really like picture books, so I'm thinking of making my own picture book for them.

Miku : That sounds interesting! (　　　　　　　　　　) to the center again?

Joseph : At the end of this month. I want to make my picture book before then.

Miku : Oh, I see. Can I see it when you finish?

Joseph : Of course!

5 次は，アメリカ(the U.S.)に住む，あなたの友人である Peter から届いたメールです。これを読んで，問1～問3に答えなさい。＊印のついている語には，本文のあとに〔注〕があります。(12点)

Thank you for your e-mail last week. How are you?

Last Saturday, I went out with my family to buy new clothes for ＊Easter. Do you know about Easter? Easter is an important holiday in the U.S., and its date changes every year. In 2019, it was on the third Sunday of April.

On Easter, many families wear new clothes and buy ＊Easter eggs. Easter eggs are a ＊symbol of Easter. Many families in the U.S. ＊prepare Easter eggs, and a lot of children love looking for Easter eggs that their families ＊hide for them. I have a little sister, so this week, I'm going to prepare some Easter eggs for her. Last year, I put Easter eggs in the garden, but this year, I'm going to hide Easter eggs in the house. There are a lot of good places to hide them. For example, I can hide them under tables, on chairs, or behind doors. My little sister loves looking for Easter eggs. I like spring the best because of Easter.

I think spring is a good season to visit the U.S. How about Japan? <u>If I visit Japan, which season should I visit in?</u> I hope I can see you soon.

〔注〕 Easter……イースター(復活祭)
　　　 Easter egg……イースターエッグ
　　　　　　　　　(イースターに贈り物とする彩色した卵，チョコレートで作った卵)
　　　 symbol……象徴　　 prepare ～……～を準備する　　 hide ～……を隠す

問1　Peter は，2019年のイースターはいつだったと述べていますか。次の**カレンダー**をみて，イースターの日付を数字で書きなさい。（3点）

カレンダー

		4 月			2019	
日	月	火	水	木	金	土
	1	2	3	4	5	6
7	8	9	10	11	12	13
14	15	16	17	18	19	20
21	22	23	24	25	26	27
28	29	30				

問2　本文の内容と合うものを，次の**ア～エ**の中から1つ選び，その記号を書きなさい。（3点）
　ア　去年，Peter は彼の妹が庭に置いたイースターエッグをみつけようとした。
　イ　今年，Peter は彼の妹に卵を壊されないように，卵を隠してしまうつもりだ。
　ウ　去年，Peter は卵を手に入れられなかったので，イースターに参加できなかった。
　エ　今年，Peter はイースターエッグをテーブルの下など，家の中に隠すつもりだ。

問3　下線部について，あなたは Peter に，日本を訪れるならどの季節がよいかについて英語で紹介する**メール**を書きます。〔条件〕に従い，Peter に伝わるように，　A　に 3 文以上の英文を書いて，**メール**を完成させなさい。（6点）

メール

Hi, Peter.　How are you doing？

A

I hope you can come to Japan.　Bye！

〔条件〕　①　1 文目は，どの季節がよいかということを，You should に続けて，解答欄の①に書きなさい。

　　　　②　2 文目以降は，その理由が伝わるように，2 文以上で解答欄の②に書きなさい。

<放送を聞いて答える問題台本>

※「チャイム」

　これから「放送を聞いて答える問題」を始めます。
　問題用紙の第 1 ページ，第 2 ページを見てください。問題は，No. 1 ～ No. 7 の全部で 7 題あり，放送はすべて英語で行われます。放送される内容についての質問にそれぞれ答えなさい。No. 1 ～ No. 6 は，質問に対する答えとして最も適切なものを，**A ～ D**の中から 1 つずつ選び，その記号を書きなさい。No. 7 は，それぞれの質問に英語で答えなさい。放送中メモを取ってもかまいません。各問題について英語は 2 回ずつ放送されます。
　では，始めます。

Look at No. 1 to No. 3 on page 1.
Listen to each talk, and choose the best answer for each question.
Let's start.

No. 1

A： I bought a DVD of the movie you wanted to watch, Haruko.　Can you come to my house to watch it today？
B： Sorry, I can't.　I have a lot of math homework.　I have to do it today.
A： Oh, I see.　How about tomorrow？
B： That sounds good, thanks.

Question： What does Haruko have to do today？

（会話と質問を繰り返します。）

No. 2

A : Dad, where are the animal books ?
B : I think they are over there.　I'll look for books about cooking.
A : OK.　How many books can we borrow here ?
B : You can borrow ten books for two weeks.

Question :　Where are they talking ?

（会話と質問を繰り返します。）

No. 3

A : Oh, that's my classmate over there.
B : Which one, Eri ?　Is your classmate the girl talking with the boy ?
A : No, that's not her.　My classmate is the girl standing next to the boy with a book.
B : Oh, I see.

Question :　Which one is Eri's classmate ?

（会話と質問を繰り返します。）

Look at No. 4 and No. 5 on page 2.
Listen to each situation, and choose the best answer for each question.
Let's start.

No. 4

Lisa went shopping and wanted to get a new T-shirt.
She found a T-shirt she wanted at a store.
She tried it on, but it was too small for her.

Question :　What will Lisa say to the person working at the store ?

（英文と質問を繰り返します。）

No. 5

When Tom was walking to class, he saw his teacher, Ms. Green.
She was trying to go into a classroom, but she was carrying a lot of notebooks, so she couldn't open the door.
Tom wanted to help her.

Question : What will Tom say to Ms. Green ?

（英文と質問を繰り返します。）

Look at No. 6.

Listen to Mr. Smith, a teacher at English Summer School. He is talking about the plans for school on the first day. Choose the best answer for questions 1, 2 and 3.

Let's start.

Welcome to English Summer School. I'm sure you'll enjoy studying English. First, let's talk about today's plan. You'll have three classes this morning. Each class is fifty minutes long. Your first class will begin at nine thirty. In your first class, I'll show you around the school. In your second class, you'll do a few activities like playing games and singing songs. When you talk with the other students, please talk in English. Your second class will be in classroom No. 8. It's on the third floor of building 1. You're in building 3 now, so you need to go to building 1. In your third class, you'll have an English listening test. After that you'll have lunch from twelve thirty to one twenty. You'll have lunch in the lunch room. It's on the first floor of this building. After lunch, you'll visit the Science Museum. Please be at the bus stop by one thirty-five. The bus stop is near the gym. In your class tomorrow, you will talk about your favorite things at the museum. Finally, try to talk with your friends a lot in English. It is a great way to learn English.

Question 1 : How long is each class in the morning ?

Question 2 : Where is the lunch room ?

Question 3 : What will the students do in class tomorrow ?

（案内と質問を繰り返します。）

Look at No. 7.

Listen to the talk between Tom and his friend, Megumi, and read the questions. Then write the answer in English for questions 1, 2 and 3.

Let's start.

Tom : Hi, Megumi. Are you free on Sunday ? I want to go shopping. Can you come with me ?

Megumi : Oh, I'm going to my sister's school festival in the morning. Would you like to go ? We can go shopping after the school festival.

Tom : That sounds great. I've never been to a school festival in Japan.

Megumi : I'm sure you'll like it. By the way, what are you going to buy ?

Tom : 　I'm going to buy a present for my grandmother in London.　Her birthday is next month.　Last year, I gave her a lot of flowers.　She likes Japanese culture, so I'm looking for something nice from Japan.

Megumi : 　Well, how about *furoshiki*?　They are very useful for carrying clothes or other things.　There are a lot of different colors, so I'm sure you'll find one she will like.

Tom : 　That's perfect!

Megumi : 　We have to arrive at the station by nine forty on Sunday.　So, I'll meet you at your house ten minutes before that.

Tom : 　OK.　See you then.

（会話を繰り返します。）

　以上で「放送を聞いて答える問題」を終わります。では，ほかの問題を始めてください。

<table>
<tr><td>数</td><td>学</td></tr>
</table>

●満点 100点　　●時間 50分

（注意）　答えに根号を含む場合は，根号をつけたまま答えなさい。

1　次の各問に答えなさい。（65点）

(1)　$7x-5x$　を計算しなさい。（4点）

(2)　$(-5)\times(-2)+3$　を計算しなさい。（4点）

(3)　$6x\times2xy\div3y$　を計算しなさい。（4点）

(4)　方程式　$5x+3=2x+6$　を解きなさい。（4点）

(5)　$\sqrt{18}-6\sqrt{2}$　を計算しなさい。（4点）

(6)　$x^2+4x-12$　を因数分解しなさい。（4点）

(7)　連立方程式　$\begin{cases}6x-y=1 \\ 3x-2y=-7\end{cases}$　を解きなさい。（4点）

(8)　2次方程式　$3x^2-5x+1=0$　を解きなさい。（4点）

(9)　右の図1で，$l \parallel m$ のとき，$\angle x$ の大きさを求めなさい。（4点）

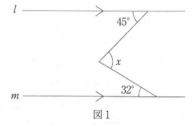
図1

(10)　関数　$y=2x^2$　について，x の値が2から4まで増加するときの変化の割合を求めなさい。（4点）

(11)　下の図2のような三角柱 ABCDEF があります。次の**ア〜エ**の中から，辺 AD とねじれの位置にある辺を1つ選び，その記号を書きなさい。（4点）

　ア　辺BE　　**イ**　辺AC　　**ウ**　辺DE　　**エ**　辺BC

(12)　下の図3は，関数　$y=\dfrac{6}{x}$　のグラフです。関数　$y=\dfrac{6}{x}$　について述べた次の**ア〜エ**の中から，**誤っているもの**を1つ選び，その記号を書きなさい。（4点）

　ア　この関数のグラフは，点$(2, 3)$を通る。

　イ　この関数のグラフは，原点を対称の中心として点対称である。

　ウ　$x<0$の範囲で，変化の割合は一定である。

　エ　$x<0$の範囲で，xの値が増加するとき，yの値は減少する。

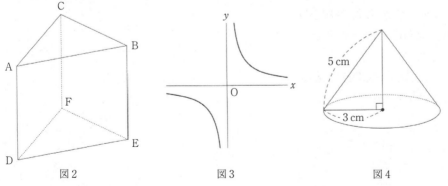

図2　　　　　　　　　　図3　　　　　　　　　　図4

(13)　上の図4のような，底面の半径が3cm，母線の長さが5cmの円錐があります。この円錐の高さと体積をそれぞれ求めなさい。

ただし，円周率はπとします。（各2点）

⑭　1から6までの目が出る大小1つずつのさいころを同時に1回投げ，大きいさいころの出た
目の数をa，小さいさいころの出た目の数をbとします。このとき，$a>b$となる確率を求め
なさい。

　　ただし，大小2つのさいころは，どの目が出ることも同様に確からしいものとします。（4点）

⑮　次は，5人の生徒がバスケットボールのフリースローをそれ
ぞれ10回行い，成功した回数を記録したものです。5人の生徒
のフリースローが成功した回数の平均値と中央値をそれぞれ求
めなさい。（各2点）

フリースローが成功した回数の記録(回)

5，4，7，5，9

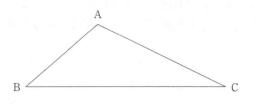

⑯　ある中学校で，全校生徒600人が夏休みに読んだ本の1人あ
たりの冊数を調べるために，90人を対象に標本調査を行うことにしました。次の**ア〜エ**の中か
ら，標本の選び方として最も適切なものを1つ選び，その記号を書きなさい。また，それが最
も適切である理由を説明しなさい。（5点）

ア　3年生全員の200人に通し番号をつけ，乱数さいを使って生徒90人を選ぶ。

イ　全校生徒600人に通し番号をつけ，乱数さいを使って生徒90人を選ぶ。

ウ　3年生全員の200人の中から，図書室の利用回数の多い順に生徒90人を選ぶ。

エ　全校生徒600人の中から，図書室の利用回数の多い順に生徒90人を選ぶ。

2　次の各問に答えなさい。（11点）

(1)　右の図の△ABCで，頂点Aから辺
BCへ垂線をひき，辺BCとの交点を
Hとします。点Hをコンパスと定規を
使って作図しなさい。

　　ただし，作図するためにかいた線は，
消さないでおきなさい。（5点）

(2)　下の図のように，平行四辺形
ABCDの頂点A，Cから対角線BD
に垂線をひき，対角線との交点をそれ
ぞれE，Fとします。

　　このとき，△ABE≡△CDFである
ことを証明しなさい。（6点）

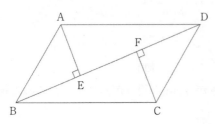

3 次は，AさんとBさんの会話です。これを読んで，下の各問に答えなさい。（9点）

> Aさん「あの電柱の高さは，直角三角形の相似の考え方を使って求められそうだね。」
> Bさん「影の長さを比較して求める方法だね。」
> Aさん「電柱と比較するのに，校庭の鉄棒が利用できそうだね。」

(1) AさんとBさんが，鉄棒の高さと影の長さ，電柱の影の長さを測ったところ，鉄棒の高さは1.6m，鉄棒の影の長さは2m，電柱の影の長さは8mでした。このとき，電柱の高さを求めなさい。

ただし，影の長さは同時刻に測ったものとし，電柱と鉄棒の幅や厚みは考えないものとします。また，電柱と鉄棒は地面に対して垂直に立ち，地面は平面であるものとします。（4点）

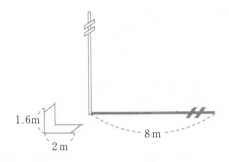

(2) AさんとBさんは，電柱よりも高い鉄塔の高さを求めようとしました。しかし，障害物があり，鉄塔の影の長さを測ることができないので先生に相談しました。先生は，影の長さを測らずに高さを求める方法を以下のように説明してくれました。

　アにあてはまる値を求めなさい。（5点）

【先生の説明】

> 　右の図のように，鉄塔の先端を点Pとし，Pから地面に垂線をひき，地面との交点をQとします。また，Aさんの立つ位置を点A，Aさんの目の位置を点A'，Bさんの立つ位置を点B，Bさんの目の位置を点B'とし，2人は水平な地面に対して垂直に立ちます。
>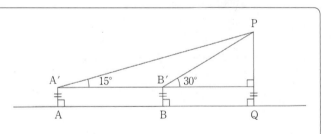
> 　Aさんが水平の方向に対して先端Pを見上げる角度が15°になる位置に，Bさんが2点A，Qを結んだ線分上で，水平の方向に対して先端Pを見上げる角度が30°になる位置に立ち，次の長さがわかると，鉄塔の高さPQを求めることができます。
> 　2人の目の高さAA'とBB'が等しく，AA'が1.5m，AさんとBさんの間の距離ABが50mであるとき，鉄塔の高さPQは　ア　mになります。

4 右の図1において，曲線は関数 $y=\dfrac{1}{2}x^2$ のグラフ

で，直線 l は点A$(-6, 18)$，点B$(4, 8)$で曲線と
交わっています。

　　このとき，次の各問に答えなさい。(15点)

(1)　直線 l の式を求めなさい。(4 点)

(2)　下の図2において，曲線上を点Aから点Bまで動
　く点Pをとり，点Pから x 軸と平行な直線をひき，
　直線 l との交点をQとします。また，点P，Qから
　x 軸へ垂線をひき，x 軸との交点をそれぞれR，S
　とします。

　　このとき，次の①，②に答えなさい。

①　長方形PRSQが正方形になる点Pの座標を，
　　途中の説明も書いて**すべて**求めなさい。

　　その際，「点Pの x 座標を t とおくと，」に続けて説明しなさい。(6 点)

②　△BPQと△OPQの面積比が 1：3 となる点Qの座標を，**すべて**求めなさい。(5 点)

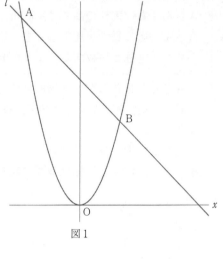

図1

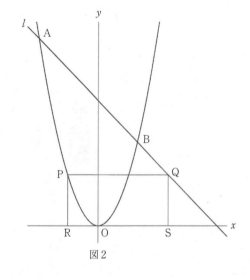

図2

社 会

●満点 100点　●時間 50分

1　Sさんは，エジプト，モンゴル，オーストラリア，アメリカ合衆国及びアルゼンチンの5か国について調べました。次の**地図1**をみて，問1〜問5に答えなさい。(15点)

地図1

問1　三大洋のうち，**地図1**中に示したアメリカ合衆国のある大陸が面している**二つ**の海洋の名称を，それぞれ書きなさい。(3点)

問2　**地図1**中の**A〜E**の地点は，5か国の首都の位置を示したものです。5か国の首都の位置について述べた文として正しいものを，次の**ア〜エ**の中から一つ選び，その記号を書きなさい。(2点)

　ア　5か国の首都のうち，南半球に位置するものは三つである。

　イ　5か国の首都のうち，ユーラシア大陸に位置するものは二つである。

　ウ　5か国の首都のうち，位置の経度が西経で表示されるものは二つである。

　エ　5か国の首都のうち，今年最も早く1月1日を迎えた地点に位置する首都は**E**である。

問3　**地図1**中の**E**の地点は，**東京**からみたときにおよそどの方位ですか。**東京**からの距離と方位が正しくあらわされた**地図2**をみて，最も適切なものを，次の**ア**〜**エ**の中から一つ選び，その記号を書きなさい。(2点)

地図2

ア　北東　　イ　東　　ウ　南東　　エ　南

問4　次の**グラフ**は，乾燥帯の砂漠気候に属する**地図1**中の**A**の地点の気温と降水量を示したものです。また，**資料**は，砂漠気候にみられる景観を示したものです。**グラフ**にみられる砂漠気候の特色を，降水量に着目し，**資料**から読みとれる砂漠気候における植物の生育にふれて書きなさい。（5点）

グラフ

気温（℃）／降水量（mm）

（理科年表　2019から作成）

資料

サハラ砂漠

問5　次の**表**は，**地図1**中に示した5か国の，2016年における1人あたりのGNI，輸出入総額とおもな輸出入品（上位3品目）の総額に占める割合を示したものです。**表**から読みとれる内容を述べた文として正しいものを，下の**ア～オ**の中から**すべて**選び，その記号を書きなさい。（3点）

表

	1人あたりのGNI（ドル）	輸出総額とおもな輸出品（上位3品目）の総額に占める割合				輸入総額とおもな輸入品（上位3品目）の総額に占める割合			
		輸出総額（百万ドル）	第1位（%）	第2位（%）	第3位（%）	輸入総額（百万ドル）	第1位（%）	第2位（%）	第3位（%）
エジプト	2778	22507	金（11.8）	野菜・果実（11.3）	原油（8.0）	58053	機械類（16.4）	自動車（7.8）	鉄鋼（6.0）
モンゴル	3437	4916	銅鉱（32.7）	石炭（19.8）	金（15.4）	3340	機械類（20.0）	石油製品（16.2）	自動車（12.0）
オーストラリア	52730	189630	鉄鉱石（20.9）	石炭（15.6）	金（7.4）	189406	機械類（25.4）	自動車（13.5）	石油製品（6.0）
アメリカ合衆国	58876	1450457	機械類（25.2）	自動車（8.3）	石油製品（4.6）	2248209	機械類（29.1）	自動車（12.5）	原油（4.8）
アルゼンチン	12161	57733	植物性油かす（17.5）	自動車（8.7）	とうもろこし（7.3）	55610	機械類（28.1）	自動車（17.1）	医薬品（4.2）

（世界国勢図会　2018/19年版から作成）

ア　エジプトとモンゴルとオーストラリアを比べると，金の輸出額が最も多い国は，オーストラリアである。

イ　アメリカ合衆国の原油の輸入額は，石油製品の輸出額の2倍以上である。

ウ　5か国のいずれの国も，輸入総額に占める機械類と自動車の割合の合計は30％を超えてい

る。

エ 5か国において，1人あたりのGNIが50000ドルを超えている国のおもな輸出品は，鉱産資源である。

オ 5か国においては，1人あたりのGNIが最も多い国が，貿易赤字が最も多い。

2 　Nさんは，地理的分野の授業で日本の諸地域を学習したあと，**地図1**を作成しました。**地図1**をみて，問1～問5に答えなさい。(15点)

地図1

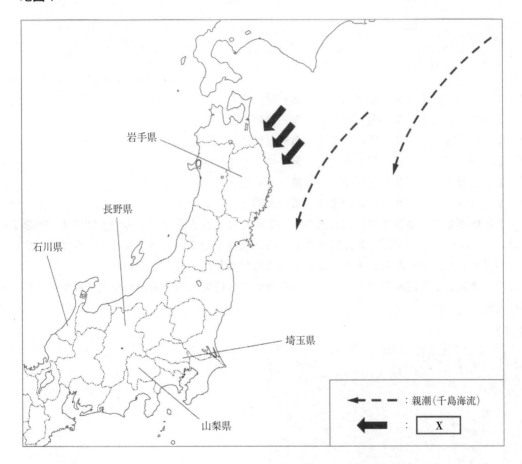

問1　Nさんは，東北地方の夏の気象災害について調べ，**地図1**中に海流と冷害をもたらす風を模式的に示し，次のようにまとめました。**地図1**と**まとめ**の中の　**X**　にあてはまる語を書きなさい。(3点)

まとめ

　　東北地方の太平洋側では，夏になると寒流の親潮の影響を受け，　**X**　とよばれる冷たく湿った北東の風がふくことがあります。　**X**　がもたらす冷気と霧，また日照不足で，稲などの農作物が十分に育たず，収穫量が減ってしまう冷害が起こることがあります。冷害への対策として，短期間で成長し早く収穫できる品種の作付けなどが行われています。

問2　Nさんは，**地図1**中の埼玉県，長野県，石川県の三つの県における県庁所在地の気温と降水量を調べ，次の**I**～**Ⅲ**のグラフをつくりました。**I**～**Ⅲ**のグラフと県庁所在地の組み合わせとして正しいものを，下の**ア**～**カ**の中から一つ選び，その記号を書きなさい。（2点）

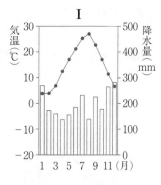
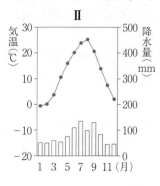
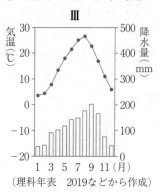

（理科年表　2019などから作成）

ア　**I**－さいたま市　　**Ⅱ**－長野市　　　**Ⅲ**－金沢市
イ　**I**－さいたま市　　**Ⅱ**－金沢市　　　**Ⅲ**－長野市
ウ　**I**－金沢市　　　　**Ⅱ**－さいたま市　**Ⅲ**－長野市
エ　**I**－金沢市　　　　**Ⅱ**－長野市　　　**Ⅲ**－さいたま市
オ　**I**－長野市　　　　**Ⅱ**－金沢市　　　**Ⅲ**－さいたま市
カ　**I**－長野市　　　　**Ⅱ**－さいたま市　**Ⅲ**－金沢市

問3　下の**地図2**は，**地図1**中の山梨県の一部を示した2万5千分の1の地形図です。**地図2**中には，川が山間部から平野や盆地に出たところに土砂がたまってつくられた，水はけがよいという特徴をもつ地形がみられます。このような地形の名称を書きなさい。

また，**地図2**から読みとれる，このような地形での農業におけるおもな土地利用について簡潔に説明しなさい。（5点）

地図2

（国土地理院2万5千分の1地形図「塩山」平成28年発行）

問4　Nさんは，農産物について調べ，**地図1**中の岩手県，埼玉県，長野県，石川県の，2016年における農業産出額の割合を示した次の**グラフ**をつくりました。**グラフ**中の**A**～**C**には，米，野菜及び果実のいずれかがあてはまります。**A**～**C**にあてはまる農産物の組み合わせとして正しいものを，下の**ア**～**カ**の中から一つ選び，その記号を書きなさい。（2点）

グラフ

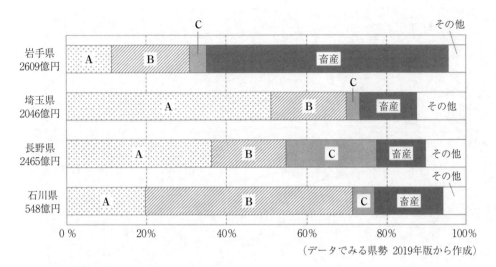

(データでみる県勢 2019年版から作成)

ア　A－野菜　　B－米　　　C－果実
イ　A－野菜　　B－果実　　C－米
ウ　A－米　　　B－野菜　　C－果実
エ　A－米　　　B－果実　　C－野菜
オ　A－果実　　B－米　　　C－野菜
カ　A－果実　　B－野菜　　C－米

問5　次のページの**地図3**は，**地図1**中の山梨県の一部を示した2万5千分の1の地形図です。**地図3**から読みとれる内容を述べた文として下線部が正しいものを，次の**ア～オ**の中から**すべて**選び，その記号を書きなさい。（3点）

ア　日川は，A地点からB地点に向かって流れている。

イ　C地点からD地点までの直線距離は，地図上で約7cmであり（編集部注：編集部で縮小する前の地図上の直線距離は約7cmです），実際の直線距離は約1750mである。

ウ　E地点の小・中学校からみると，F地点の小・中学校は，およそ南西の方向にある。

エ　G地点には，図書館がある。

オ　H地点の高さとI地点の高さを比べると，H地点の方が高い。

地図 3

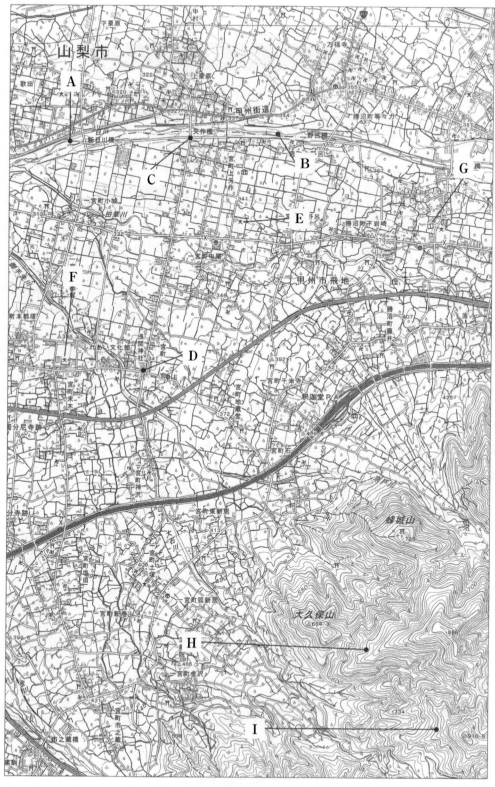

（国土地理院 2 万 5 千分の 1 地形図「石和」平成27年発行一部改変）
〈編集部注：編集上の都合により原図の90％に縮小してあります。〉

3 次のⅠ～Ⅴは，Mさんが，五つの異なる時代の日本と中国との関係などについて調べ，まとめたものです。これをみて，問1～問5に答えなさい。(15点)

Ⅰ	邪馬台国の女王 **A** が，倭の30ほどの国々を従えていた。**A** は，使いを魏に送り，皇帝から「親魏倭王」という称号と金印を授けられた。
Ⅱ	遣唐使とともに唐にわたった最澄と空海は，仏教の新しい教えを日本に伝えた。天台宗を伝えた最澄は，比叡山に延暦寺を建て，真言宗を伝えた空海は，高野山に金剛峯寺を建てた。
Ⅲ	元の皇帝は，日本を従えようと，使者を送ってきたが，執権の北条時宗がこれを無視したため，元は高麗の軍勢も合わせて攻めてきた。
Ⅳ	足利義満は明の求めに応じて倭寇を禁じる一方，正式な貿易船に，明からあたえられた勘合という証明書を持たせ，朝貢の形の日明貿易を始めた。
Ⅴ	中国船とオランダ船だけが，長崎で貿易を許されることになった。幕府は，オランダ人にオランダ風説書を，中国人に唐船風説書を差し出させた。

問1　まとめの中の **A** にあてはまる人物名を書きなさい。(3点)

問2　Mさんは，文化に興味をもち調べたところ，次のa，bの文と**資料1**，**資料2**をみつけました。Ⅱの時代の文化について述べた文と，その時代の代表的な文化財の組み合わせとして正しいものを，**表**中の**ア～エ**の中から一つ選び，その記号を書きなさい。(2点)

a　漢字を変形させて，日本語の発音をあらわせるように工夫したかな文字を用いた文学が盛んになり，紀貫之らによって「古今和歌集」がまとめられた。

b　寺院の部屋の様式を住居に取り入れた書院造が生まれ，床の間には花などがかざられるようになった。

資料1

源氏物語絵巻

資料2

雪舟の水墨画

表

	文化	代表的な文化財
ア	a	資料1
イ	a	資料2
ウ	b	資料1
エ	b	資料2

問3　Ⅲの時代に起こった世界のできごとを述べた文として，その正誤の組み合わせが正しいものを，下の**ア～エ**の中から一つ選び，その記号を書きなさい。(3点)

　X　地中海を中心に広大な地域を支配したローマ帝国が東西に分裂した。

　Y　フビライに仕えたイタリア人のマルコ・ポーロが『世界の記述』(『東方見聞録』)の中で，「黄金の国ジパング」を紹介した。

Z ローマ教皇が免罪符を売り出すと，これを批判してルターやカルバンが宗教改革を始めた。

ア X 正 Y 正 Z 誤　　イ X 正 Y 誤 Z 誤
ウ X 誤 Y 正 Z 誤　　エ X 誤 Y 正 Z 正

問4　Ⅳの時代における社会や経済の様子を述べた文として正しいものを，次のア〜エの中から一つ選び，その記号を書きなさい。（2点）

ア　豪族が支配していた土地と人々とを，公地・公民として国家が直接支配する方針が示された。

イ　惣とよばれる自治組織がつくられ，農業用水路の建設や管理，燃料や飼料をとる森林の利用や管理などについての村のおきてが定められた。

ウ　人々は，口分田の面積に応じて租を負担し，このほかに一般の良民の成人男子には，布や特産物を都まで運んで納める調，庸などの税や，兵役の義務が課されるようになった。

エ　近畿地方の進んだ農業技術が各地に広まり，農具では，田畑を深く耕せる鉄製の備中ぐわや，千歯こきなどが使われるようになって，作業の能率や生産力が上がった。

問5　次の資料3は，Ⅴの時代の幕府が大名を統制するために定めた法律で，第3代将軍のときに定められたものの一部をわかりやすくなおしたものです。資料3の法律の名称を書きなさい。また，資料3中の大名とは，どのような武士のことか，石高にふれながら説明しなさい。（5点）

資料3

> ― 大名は，毎年4月中に江戸へ参勤すること。
> ― 新しい城をつくってはいけない。石垣などがこわれたときは奉行所の指示を受けること。
> ― 大名は，かってに結婚してはいけない。
> ― 500石積み以上の船をつくってはならない。

4　次の年表をみて，問1〜問5に答えなさい。（15点）

西暦（年）	で　き　ご　と	
1867	・大政奉還が行われる…………………………………	A
1889	・大日本帝国憲法が発布される………………………	
1894	・日清戦争が始まる……………………………………	B
1914	・第一次世界大戦が始まる……………………………	
1924	・第15回衆議院議員総選挙が行われる………………	X
1925	・普通選挙法が成立する………………………………	C
1928	・第16回衆議院議員総選挙が行われる………………	Y
1941	・太平洋戦争が始まる…………………………………	
1951	・サンフランシスコ平和条約が結ばれる……………	D
1978	・日中平和友好条約が結ばれる………………………	E

問1　次の**ア～エ**は，年表中**A**の時期のできごとについて述べた文です。年代の**古い順**に並べか
　　え，その順に記号で書きなさい。（3点）
　ア　会議を開いて世論に基づいた政治を行うことなどを示した，五箇条の御誓文が発布された。
　イ　板垣退助らが，民撰議院設立建白書を政府に提出した。
　ウ　版籍奉還が行われ，藩主に土地と人民を政府に返させた。
　エ　内閣制度ができ，伊藤博文が初代の内閣総理大臣に就任した。

問2　次の文章は，年表中**B**の時期のできごとについてまとめたものです。**まとめ**の中の　**P**
　　にあてはまる人物名を書きなさい。また，**まとめ**の中の　**Q**　にあてはまる語と　**Q**　の**地図**中
　　の位置の組み合わせとして正しいものを，下の**ア～カ**の中から一つ選び，その記号を書きなさ
　　い。（3点）

まとめ

　　　中国では，清を倒して漢民族の独立と近代国家の建
　設を目ざす革命運動が盛り上がりました。その中心と
　なった　**P**　は三民主義を唱えて革命運動を進め
　ました。1911年，武昌で軍隊が反乱を起こすと，革命
　運動は全国に広がり，多くの省が清からの独立を宣言
　しました。翌年，　**P**　が臨時大総統になり，
　Q　を首都とする，アジアで最初の共和国であ
　る中華民国が建国されました。

地図

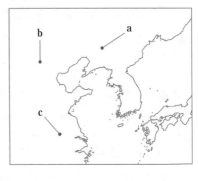

　ア　Q－南京　位置－a　　　**イ**　Q－南京　位置－b　　　**ウ**　Q－南京　位置－c
　エ　Q－北京　位置－a　　　**オ**　Q－北京　位置－b　　　**カ**　Q－北京　位置－c

問3　右の**グラフ**は，年表中**X**と年表中**Y**における全人口と
　　有権者の割合を示したものです。年表中**C**によって，有権
　　者の割合が変化しましたが，年表中**C**により，衆議院議員
　　の選挙権はどのような人がもつこととされたかを説明しな
　　さい。
　　　また，年表中**C**のときの内閣総理大臣を，次の**ア～エ**の
　　中から一つ選び，その記号を書きなさい。（4点）
　ア　原敬
　イ　加藤高明
　ウ　寺内正毅
　エ　犬養毅

グラフ

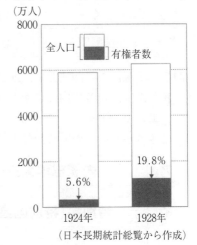

（日本長期統計総覧から作成）

問4　年表中**D**の時期における日本の社会や経済の様子を述
　　べた文として正しいものを，次の**ア～エ**の中から一つ選び，
　　その記号を書きなさい。（2点）
　ア　民法が改正され，個人の尊厳と男女の本質的平等に基づく新たな家族制度が定められた。
　イ　高度経済成長のなか，テレビ，洗濯機，冷蔵庫などの家庭電化製品や自動車が普及した。
　ウ　政党が解散して，新たに結成された大政翼賛会に合流した。
　エ　小作料の減額などを求める小作争議が盛んになり，日本農民組合が結成された。

問5　次は，年表中Eの時期の日本の外交についてまとめたものです。まとめの中の　Z　にあてはまる語を書きなさい。（3点）

まとめ

1960年代以降，日本と韓国・中国との関係にも変化が生まれました。1965年，日本は韓国と日韓基本条約を結び，韓国政府を朝鮮半島の唯一の政府として承認しました。中国とは，1972年，田中角栄内閣のときに　Z　が調印されました。　Z　によって中国との国交を正常化し，1978年には，日中平和友好条約が結ばれました。

5　Kさんのクラスでは，公民的分野の学習のまとめとして，自分の興味のある分野からテーマを選び，調べることになりました。次の表は，Kさんが興味をもった分野とテーマについてまとめたものです。表をみて，問1～問8に答えなさい。（25点）

表

分野	テーマ
国の政治のしくみ	・①国会と内閣の関係はどのようなものだろうか。
裁判所のしくみと働き	・法や②裁判は，どのような役割を果たしているのだろうか。
③政治参加と選挙	・選挙はどのように行われ，どのような課題があるのだろうか。
④価格の働き	・市場経済において，価格はどのような働きをしているのだろうか。
私たちの生活と金融機関	・銀行や⑤日本銀行は，どのような仕事をしているのだろうか。
生産と労働	・⑥労働者の権利にはどのようなものがあるのだろうか。
社会保障のしくみ	・⑦日本の社会保障制度はどのようになっているのだろうか。
さまざまな国際問題	・地球はどのような⑧環境問題をかかえているのだろうか。

問1　下線部①に関連して，2017年9月に衆議院が解散し，11月に第98代内閣が発足しました。Kさんは，第97代内閣にかわり第98代内閣が発足するまでの一連のできごとを示した，次のア～エのカードをつくりました。ア～エのカードを，第98代内閣が発足するまでのできごとの順に並べかえ，その順に記号で書きなさい。（3点）

ア　　　内閣総理大臣の指名

イ　　　特別会（特別国会）の召集

ウ　　　国務大臣の任命

エ　　　衆議院議員総選挙の投票

問2　下線部②に関連して，日本の裁判に関して述べた文として正しいものを，次のア～オの中からすべて選び，その記号を書きなさい。（3点）

ア 裁判所は最高裁判所と下級裁判所とに分かれ，下級裁判所には，高等裁判所，地方裁判所，家庭裁判所，簡易裁判所の４種類がある。

イ 第一審の裁判所の判決に納得できない場合，第二審の裁判所に上告し，さらに不服があれば控訴することができる。

ウ 裁判員制度とは，国民の中から選ばれた裁判員が，地方裁判所で行われるすべての刑事裁判に参加する制度である。

エ 民事裁判では，被告人が経済的な理由などにより弁護人を依頼できないときは，国が費用を負担して弁護人をつけることとなっている。

オ 法律が憲法に違反していないかどうかの審査を行う権限は，すべての裁判所がもっている。

問３　次は，下線部③について学ぶ授業における，先生とＫさんの会話です。会話文を読み，下の(1)と(2)の問いに答えなさい。

先　生：衆議院議員の総選挙では，小選挙区制と比例代表制とを組み合わせた選挙制度がとられています。比例代表制とは，どのような選挙制度か，簡潔に説明できますか。

Ｋさん：はい。比例代表制とは，　　　　**A**　　　　選挙制度です。

先　生：そうですね。よく学習していますね。

Ｋさん：近年，選挙権年齢が満18歳以上に引き下げられたこともあり，選挙に興味をもっています。でも，若い人たちの投票率は低いみたいですね。

先　生：そうですね。投票率が低いことは，選挙の課題の一つですね。

Ｋさん：選挙の課題は，ほかにどのようなものがありますか。

先　生：「一票の格差」も選挙の課題の一つとされています。

Ｋさん：「一票の格差」とは，どのようなことですか。

先　生：有権者の一票の価値に格差が生じることです。わかりやすいように，資料を使って説明しますね。

---

(1) 会話文中の　**A**　にあてはまる比例代表制のしくみの説明を，「**得票数**」と「**議席数**」という**二つの語**を用いて書きなさい。（４点）

(2) 次の**ア**～**エ**の中から，会話文中の「一票の格差」を説明する際に用いる資料として最も適切なものを一つ選び，その記号を書きなさい。（２点）

ア

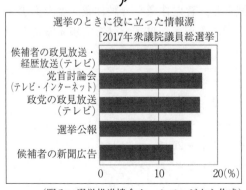

(明るい選挙推進協会ホームページから作成)

イ

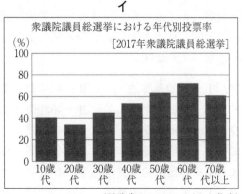

(総務省ホームページから作成)

ウ

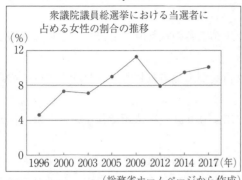

衆議院議員総選挙における当選者に
占める女性の割合の推移

（総務省ホームページから作成）

エ

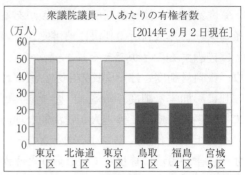

衆議院議員一人あたりの有権者数

[2014年9月2日現在]

（総務省ホームページから作成）

問4　下線部④に関連して，**K**さんは，独占禁止法について調べ，次のようにまとめました。**ま**
とめの中の　P　にあてはまる語を書きなさい。（3点）

まとめ

　　価格競争が弱まると，消費者は不当に高い価格を支払わされることになりかねません。
そこで，競争をうながすために独占禁止法が制定され，　　P　　がその運用に当たって
います。　P　は独占禁止法に基づいて設置される行政機関で，不当な取り引きなど
をしないよう監視しており，「独占禁止法の番人」ともよばれます。

問5　下線部⑤について，日本銀行には，「発券銀行」，「政府の銀行」，「銀行の銀行」というおも
な役割があります。このうち，「銀行の銀行」とよばれる役割について説明しなさい。（4点）

問6　**K**さんは，下線部⑥について調べ，次のようにまとめました。**まとめ**の中の　Ⅰ　～　Ⅲ
にあてはまる語の組み合わせとして正しいものを，下の**ア**～**カ**の中から一つ選び，その記号を
書きなさい。（2点）

まとめ

　　働く人たちの権利は，さまざまな法律によって守られています。　　Ⅰ　　では，労働
時間は週　　Ⅱ　　以内，1日8時間以内とし，1週間で最低1日は休日としなければな
らないことなどが定められています。近年では，日本の労働者の年間労働時間は次第に短
くなり，週休二日制を採用する企業が一般的になりました。しかし，先進工業国の中でも
依然として長いのが現状です。労働時間を減らし，育児休業や介護休業などを充実させる
ことで，仕事と家庭生活や地域生活とを両立できる　　　Ⅲ　　　を実現することが課題
になっています。

ア　Ⅰ―労働基準法　　　　　Ⅱ―48時間　　Ⅲ―ワーク・ライフ・バランス
イ　Ⅰ―労働基準法　　　　　Ⅱ―40時間　　Ⅲ―インフォームド・コンセント
ウ　Ⅰ―労働基準法　　　　　Ⅱ―40時間　　Ⅲ―ワーク・ライフ・バランス
エ　Ⅰ―労働関係調整法　　　Ⅱ―48時間　　Ⅲ―インフォームド・コンセント
オ　Ⅰ―労働関係調整法　　　Ⅱ―48時間　　Ⅲ―ワーク・ライフ・バランス
カ　Ⅰ―労働関係調整法　　　Ⅱ―40時間　　Ⅲ―インフォームド・コンセント

問7　下線部⑦について，次の**X**と**Y**の正誤の組み合わせとして正しいものを，下の**ア**～**エ**の中
から一つ選び，その記号を書きなさい。（2点）

ア X 正 Y 正　イ X 正 Y 誤　ウ X 誤 Y 正　エ X 誤 Y 誤
問8　Kさんは，下線部⑧に関連して，地球環境問題の解決に向けた国際社会の取り組みについ
て調べ，次のようにまとめました。まとめの中の Q と R にあてはまる語を，それぞれ書
きなさい。（2点）

まとめ

1997年に Q 市で開かれた，気候変動枠組条約の締約国会議で，先進国に温室効
果ガスの排出削減を義務づける Q 議定書が採択されました。しかし，先進国と途
上国の間の利害対立などの課題があり， Q 議定書後の枠組みについて議論が続い
ていました。そこで，2015年に R 協定が採択されました。 R 協定では，途
上国を含むすべての参加国が自主的に削減目標を決め，平均気温の上昇をおさえる対策を
すすめることで合意しました。

6 　Hさんは，2018年にユネスコの世界文化遺産に登録された「長崎と天草地方の潜伏キリシタ
ン関連遺産」について調べ，次の**資料1**をつくりました。これをみて，問1〜問5に答えなさ
い。（15点）

資料1

「長崎と天草地方の潜伏キリシタン関連遺産」は，17世紀から2世紀以上にわたる①キ
リスト教禁教政策の下で，ひそかに信仰を伝えた人々の歴史を物語る12の資産から構成
されています。下の年表は，潜伏キリシタンや長崎に関するできごとをまとめたものです。

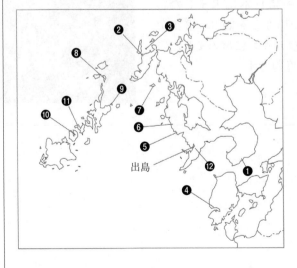

❶	原城跡（はらじょう）
❷ ❸	平戸の聖地と集落
❹	天草の﨑津集落（あまくさ さきつ）
❺	外海の出津集落（そとめ しつ）
❻	外海の大野集落（おおの）
❼	黒島の集落（くろしま）
❽	野崎島の集落跡（のざきじま）
❾	頭ヶ島の集落（かしらが しま）
❿	久賀島の集落（ひさか じま）
⓫	奈留島の江上集落（なるしま えがみ）
⓬	大浦天主堂（おおうらてんしゅどう）

❶ 原城跡(長崎県南島原市)

　　キリシタンが「潜伏」し，独自に信仰を続ける方法を模索することを余儀な

くされたきっかけとなる島原・天草一揆の主戦場跡です。

⓬ 大浦天主堂(長崎県長崎市)

　　居留地の外国人のために建てられた教会堂で，「潜伏」が終わるきっかけとなる「信徒発見」の場所です。

1865年，ここを訪れた潜伏キリシタンが，宣教師に信仰を告白しました。

年表

西暦(年)	で　き　ご　と
1587	・豊臣秀吉が宣教師の国外追放を命じる
1612	・幕府領にキリスト教の禁教令が出される
1624	・②スペイン船の来航が禁止される
1637	・島原・天草一揆が起こる
1639	・③ポルトガル船の来航が禁止される
1641	・平戸のオランダ商館を出島に移し，鎖国体制が固まる
1804	・④ロシア使節レザノフが長崎に来航する
1854	・日米和親条約が結ばれる
1858	・⑤日米修好通商条約が結ばれ，長崎が開港される

問1　Hさんは，**資料1**中の下線部①に関連して，キリスト教の伝来について調べ，次のようにまとめました。**まとめ**の中の　P　にあてはまる人物名を書きなさい。（2点）

まとめ

　　1549年，アジアで布教していたイエズス会の宣教師　P　が，キリスト教を伝えるために日本に来ました。　P　は，布教のために鹿児島，山口などを訪れ，2年余りで日本を去りましたが，残った宣教師が布教に努めました。右の**資料2**は，　P　をえがいた肖像画です。

資料2

問2　**資料1**中の下線部②と下線部
　③に関連して，**H**さんは，スペイ
　ンとポルトガルの世界進出につい
　て調べ，コロンブス，バスコ・
　ダ・ガマ，マゼランの船隊の航路
　と，16世紀ごろのスペイン，ポル
　トガルの植民地を模式的に示した
　右の**地図**をつくりました。**地図**中
　の**A〜C**は航路を，**地図**中の**a**，
　bは植民地を示しています。

地図

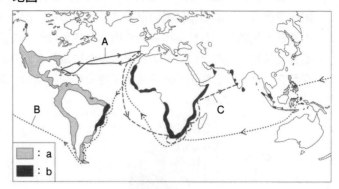

　　バスコ・ダ・ガマの航路とポルトガルの植民地にあたるものの組み合わせとして正しいもの
　を，**ア〜カ**の中から一つ選び，その記号を書きなさい。（3点）

　ア　航路—**A**　植民地—**a**
　イ　航路—**B**　植民地—**a**
　ウ　航路—**C**　植民地—**a**
　エ　航路—**A**　植民地—**b**
　オ　航路—**B**　植民地—**b**
　カ　航路—**C**　植民地—**b**

問3　**資料1**中の下線部④に関連して，次の**ア〜エ**は，ロシアやソ連に関するできごとについて
　述べた文です。年代の**古い順**に並べかえ，その順に記号で書きなさい。（3点）

　ア　ゴルバチョフ共産党書記長とブッシュ大統領が，地中海のマルタ島で会談し，冷戦の終結
　　を宣言した。
　イ　日ソ共同宣言が調印され，日本とソ連との国交が回復し，同年，日本はソ連の支持も受け
　　て国連に加盟した。
　ウ　ロシア革命が起こり，レーニンの指導のもと，ソビエトに権力の基盤を置く政府ができた。
　エ　ソ連が，ヤルタ会談での秘密協定に基づき，日ソ中立条約を破って，満州や朝鮮に侵攻し
　　た。

問4　**資料1**中の下線部⑤に関連して，次の**表**は，日米修好通商条約によって開港された函館，
　神奈川，長崎，新潟，兵庫がある道県の，2016年における人口，面積，海岸線の延長，農業産
　出額，工業出荷額を示したものです。長崎県にあたるものを，**表**中の**ア〜オ**の中から一つ選び，
　その記号を書きなさい。（2点）

表

道県名	人口 （千人）	面積 （km²）	海岸線の延長 （km）	農業産出額 （億円）	おもな産出物				工業出荷額 （億円）
					米	野菜	果実	畜産	
ア	9145	2416	432	846	32	476	86	165	164236
イ	5520	8401	850	1690	452	435	34	679	152350
ウ	2286	12584	635	2583	1484	386	80	499	47480
エ	1367	4132	4183	1582	127	513	138	525	17582
オ	5352	83424	4461	12115	1167	2206	61	6986	61414

（データでみる県勢 2019年版などから作成）

問5　Hさんは，長崎県と，2017年に世界文化遺産に登録された「『神宿る島』宗像・沖ノ島と関連遺産群」がある福岡県の財政について調べ，次の**グラフ**をつくりました。**グラフ**をみて，福岡県と比較した長崎県の歳入の内訳の特色について，地方税と地方交付税交付金に着目し，地方交付税交付金とはどのようなものかにふれながら説明しなさい。（5点）

グラフ　長崎県と福岡県の平成30年度一般会計当初予算（歳入）の内訳

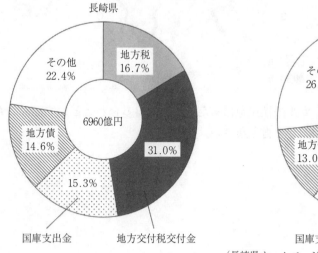

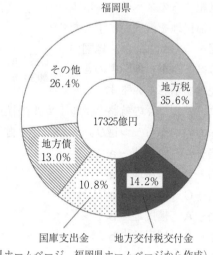

（長崎県ホームページ，福岡県ホームページから作成）

1 次の各問に答えなさい。(24点)

問1　次は，チャートと石灰岩の性質を調べるために行った実験**A**，**B**についてまとめたものです。下線部の正誤の組み合わせとして正しいものを，下の**ア〜エ**の中から一つ選び，その記号を書きなさい。(3点)

> **A**　チャートと石灰岩にうすい塩酸を数滴かけると，チャートでは気体が発生したが，石灰岩では気体が発生しなかった。
>
> **B**　チャートと石灰岩をこすり合わせると，チャートは傷がつかなかったが，石灰岩は傷がついた。

ア　A　正　B　正　　イ　A　正　B　誤
ウ　A　誤　B　正　　エ　A　誤　B　誤

問2　キイロショウジョウバエのからだをつくっている細胞1つがもつ染色体の数は8です。キイロショウジョウバエにおける，精子1つがもつ染色体の数，卵1つがもつ染色体の数，受精卵1つがもつ染色体の数の組み合わせとして最も適切なものを，次の**ア〜エ**の中から一つ選び，その記号を書きなさい。(3点)

	精子1つがもつ染色体の数	卵1つがもつ染色体の数	受精卵1つがもつ染色体の数
ア	4	4	8
イ	4	4	4
ウ	8	8	8
エ	8	8	4

問3　次の**ア〜エ**の中から，ろ過の操作として最も適切なものを一つ選び，その記号を書きなさい。(3点)

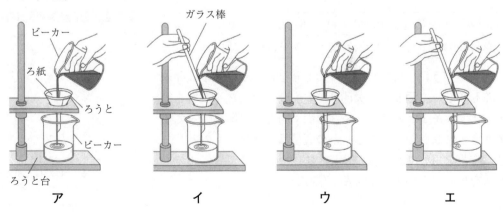

問4　図1のように，管内を真空にした放電管の電極A，Bを電源装置につないで電極A，B間に高い電圧を加えたところ，蛍光板に陰極線があらわれました。さらに，図2のように電極P，Qを電源装置につないで電極板の間に電圧を加えたところ，陰極線が曲がりました。図2において，電源装置の－極につないだ電極の組み合わせとして正しいものを，下のア～エの中から一つ選び，その記号を書きなさい。（3点）

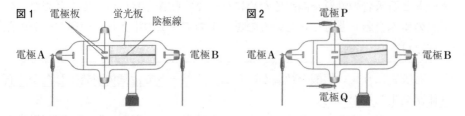

図1　電極板　蛍光板　陰極線　電極A　電極B

図2　電極P　電極A　電極B　電極Q

ア　電極A，電極P　　イ　電極A，電極Q
ウ　電極B，電極P　　エ　電極B，電極Q

問5　図3は，皆既日食のようすを示しています。図3のXは太陽をかくしている天体です。図3のXの天体の名称を書きなさい。（3点）

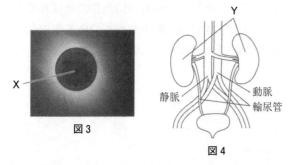

X

図3

Y

静脈　動脈　輸尿管

図4

問6　図4のYは，ヒトの血液中の不要な物質をとり除く器官を模式的に表したものです。図4のYの器官の名称を書きなさい。（3点）

問7　銅の粉末を空気中でじゅうぶんに加熱して，酸化銅をつくる実験をしました。次の表は銅の粉末の質量と，できた酸化銅の質量の関係をまとめたものです。この表から，銅の粉末2.60gをじゅうぶんに加熱してできた酸化銅に化合している酸素の質量を求めなさい。（3点）

表
銅の粉末の質量〔g〕	0.20	0.40	0.60	0.80	1.00
酸化銅の質量〔g〕	0.25	0.50	0.75	1.00	1.25

問8　図5のように，質量1.0kgのおもりを糸1と糸2で天井からつるしました。図5中の矢印は，おもりにはたらく重力を表しています。糸1と糸2が，糸3を引く力を，矢印を使ってすべてかき入れなさい。ただし，糸の質量は考えないものとし，矢印は定規を用いてかくものとします。なお，必要に応じてコンパスを用いてもかまいません。（3点）

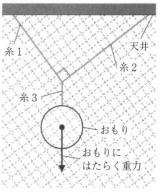

糸1　天井　糸2　糸3　おもり　おもりにはたらく重力

図5

2 Kさんは，理科の授業で雲のでき方と雨や雪の降り方を学習し，雲ができ始める高さに興味をもちました。問1～問5に答えなさい。(19点)

Kさんのノート

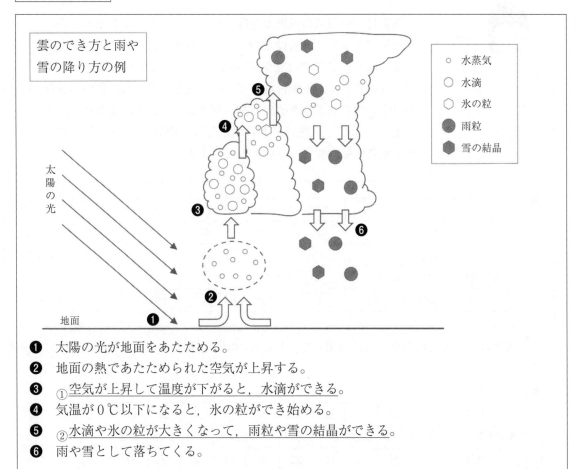

❶ 太陽の光が地面をあたためる。
❷ 地面の熱であたためられた空気が上昇する。
❸ ①空気が上昇して温度が下がると，水滴ができる。
❹ 気温が0℃以下になると，氷の粒ができ始める。
❺ ②水滴や氷の粒が大きくなって，雨粒や雪の結晶ができる。
❻ 雨や雪として落ちてくる。

問1 下線部①について，水蒸気が水滴に変わる温度を何といいますか。その名称を書きなさい。
（3点）

問2 Kさんのノートに示されたでき方によってできる雲の一つに，積乱雲があります。積乱雲はKさんのノートで示されたほかに，どのようなときにできますか。**上昇気流，寒冷前線付近，寒気**という語句を使って説明しなさい。（4点）

問3 下線部②に関して，水滴や氷の粒が雨や雪として落ちてくるまでにどのようにして大きくなるか書きなさい。（3点）

　　地表付近の空気の温度と湿度がわかると，雲ができ始める高さが予測できます。地表付近の空気は上昇するにつれてその温度が下がります。ここでは空気が100m上昇するごとに温度が1℃下がるものとして，地表付近の空気の温度と湿度から，夏のある日の日本各地の雲ができ始める高さを予測し，**表1**にまとめてみましょう。ただし，空気が上昇するとき，空気1m³あたりに含まれる水蒸気量は変化しないものとします。

先生

表1

地点	福岡	名古屋	熊谷	札幌
温度〔℃〕	34	36	37	31
湿度〔%〕	55	50	45	61
水蒸気が水滴に変わる温度〔℃〕	A	23	B	22
雲ができ始める高さ〔m〕	C	1300	D	900

問4　**表2**は，気温と飽和水蒸気量の関係を表したものです。**表2**を用いて次の(1)，(2)に答えなさい。

表2

気温〔℃〕	20	21	22	23	24	25	26	27	28
飽和水蒸気量〔g/m³〕	17.3	18.4	19.4	20.6	21.8	23.1	24.4	25.8	27.2
気温〔℃〕	29	30	31	32	33	34	35	36	37
飽和水蒸気量〔g/m³〕	28.8	30.4	32.1	33.8	35.7	37.6	39.6	41.7	43.9

(1)　**表1**の A にあてはまる数値を，**表2**を用いて整数で書きなさい。（3点）

(2)　**表1**の4つの地点の中から，この日の雲ができ始める高さが最も高い地点と最も低い地点をそれぞれ書きなさい。ただし，各地点の標高は等しいものとします。（3点）

Kさんは先生から，雲ができ始める高さについて予測の精度を上げるには，空気1m³あたりに含まれる水蒸気量の変化と空気の体積の変化の関係についても，考えるとよいと教わりました。

そこでKさんは，上昇による空気の体積の変化を考えると，雲ができ始める高さが 授業 での予測からどのように変化するかを考察し， Kさんのノートの続き にまとめました。

Kさんのノートの続き

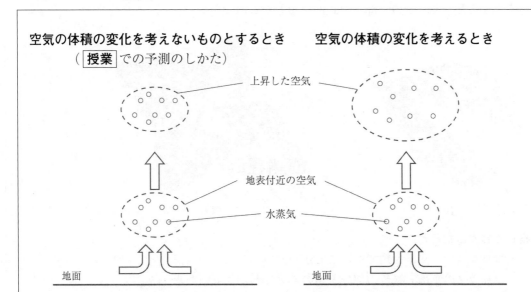

空気の体積の変化を考えないものとするとき
（ 授業 での予測のしかた）

空気の体積の変化を考えるとき

上昇した空気

地表付近の空気

水蒸気

地面

地面

上昇した空気の体積は，地表付近の空気の体積と変わらない。

上昇した空気の体積は，地表付近の空気の体積より大きくなる。

考察

上昇した空気は，**空気の体積の変化を考えるとき**の方が，空気1m³あたりに含まれる水蒸気量が　 I 　。よって，雲ができ始める高さは，授業で予測した高さよりも　 II 　なる。

問5　**考察**の　 I ，　 II にあてはまる語の組み合わせとして正しいものを，次の**ア～エ**の中から一つ選び，その記号を書きなさい。（3点）

ア　I　多い　　II　高く
イ　I　多い　　II　低く
ウ　I　少ない　II　高く
エ　I　少ない　II　低く

3 Uさんは，光合成や蒸散について調べるため，ふ入りの葉をもつコリウスを使って観察と実験を行いました。問1～問6に答えなさい。(19点)

観察
　図1は，コリウスの葉脈のようすを観察し模式的に示したものである。図2は，コリウス全体を上から観察し，その一部を模式的に示したものである。

緑色の部分

ふの部分

図1　　　　　　　　　　　　　　　図2

観察してわかったこと
　○　コリウスは，<u>双子葉類</u>であることがわかった。
　○　コリウスの葉は，緑色の部分とふの部分にわかれていた。
　○　コリウスの葉は，葉どうしが重ならないようについていた。

問1　下線部について，次のア～エの植物の中から，双子葉類に分類されるものを一つ選び，その記号を書きなさい。(3点)

ア チューリップ　　**イ** グラジオラス　　**ウ** イヌワラビ　　**エ** アジサイ

問2　次の文章は，コリウスの葉のつきかたの特徴について説明したものです。文章中の　I　にあてはまることばを書きなさい。(3点)

　　コリウスは，**図2**のようにたがいに重なり合わないように葉がついている。これにより，多くの葉に　　I　　ため，光合成がさかんに行われ，多くの栄養分がつくられる。

Uさんは，光合成に必要な条件を調べるため，コリウスの葉を使って次の実験を行いました。

実験1

アルミニウムはく

(1) 鉢植えのコリウスを，暗室に1日おいた。

(2) 翌日，1枚の葉の一部を，**図3**のようにアルミニウムはくでおおい，日中にじゅうぶん光を当てた。

(3) アルミニウムはくでおおった葉を，茎から切りとった。

(4) 葉からアルミニウムはくをはずしたあと，90℃の湯に1分間ひたした。

図3

(5) (4)の葉を湯からとり出し，温めたエタノールで脱色した。

(6) エタノールから葉をとり出したあと，ビーカーに入れた水にひたして洗った。

(7) 水で洗った葉を，ヨウ素液が入ったペトリ皿に入れてひたし，色の変化を調べた。**図4**は，ヨウ素液にひたしたあとの葉のようすを模式的に示したものである。

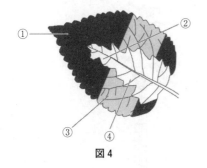

①：光を当てた緑色だった部分
②：光を当てたふの部分
③：アルミニウムはくでおおった緑色だった部分
④：アルミニウムはくでおおったふの部分

図4

(8) **表1**は，葉をヨウ素液にひたしたあとの色の変化をまとめたものである。

表1

葉の部分	①	②	③	④
色の変化	青紫色に染まった	変化なし	変化なし	変化なし

問3 **図4**の①でヨウ素液と反応した物質は何ですか。その物質の名称を書きなさい。（2点）

問4 次の文章は，**表1**から光合成に必要な条件について考察したものの一部です。文章中の
[I]，[II] にあてはまるものを，下の**ア～カ**の中から一つずつ選び，その記号をそれぞれ書きなさい。（4点）

光合成が葉の緑色の部分で行われていることは，**図4**の [I] の色の変化を比較するとわかる。また，光合成に光が必要であることは，**図4**の [II] の色の変化を比較するとわかる。

ア ①と②　　イ ①と③　　ウ ①と④
エ ②と③　　オ ②と④　　カ ③と④

Uさんは，植物がどこから蒸散を行っているかを調べるため，次の実験を行いました。

実験2

(1) 葉の枚数や大きさ，茎の太さや長さがほぼ同じである3本のコリウスの枝X〜Zを用意した。

(2) 枝X〜Zに次の操作を行った。

　X：すべての葉の表側にワセリンをぬる

　Y：すべての葉の裏側にワセリンをぬる

　Z：すべての葉の表側と裏側にワセリンをぬる

　※ワセリンは，水や水蒸気を通さない性質をもつ物質である。

(3) 図5のように枝X〜Zをメスシリンダーにさしたあと，それぞれの液面が等しくなるように水を入れ，水面を油でおおった。

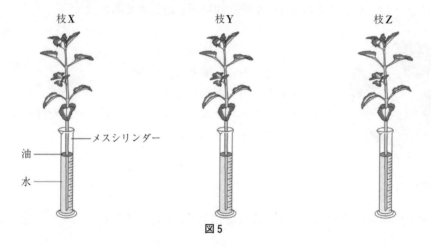

図5

(4) (3)の枝X〜Zを日当たりがよく風通しのよい場所に置き，1日後にそれぞれの水の減少量を調べ，その結果を表2にまとめた。

表2

枝	X	Y	Z
水の減少量〔cm³〕	5.4	2.4	0.6

問5　表2から，コリウスの蒸散量は，葉の表側と葉の裏側のどちらが多いといえるか，書きなさい。また，その理由を**水の減少量**という語句を使って説明しなさい。（4点）

問6　表2から，このときの葉の表側の蒸散量と葉の裏側の蒸散量の合計は何gになると考えられますか。次の**ア〜エ**の中から最も適切なものを一つ選び，その記号を書きなさい。ただし，メスシリンダー内の水の減少量は，コリウスの蒸散量と等しいものとし，水の密度は$1\,\mathrm{g/cm^3}$とします。（3点）

ア 8.4g　　**イ** 7.8g　　**ウ** 7.2g　　**エ** 6.6g

4 科学部の**W**さんは中和反応によってできる塩に興味をもち，実験を行って レポート にまとめました。問1〜問5に答えなさい。(19点)

レポート

課題

　中和反応では，酸とアルカリの組み合わせによって，水に溶けない塩ができたり，水に溶ける塩ができたりする。これによって，反応後の水溶液の性質にどのような違いが生じるのだろうか。

実験1　うすい硫酸とうすい水酸化バリウム水溶液の中和反応

(1)　図1のように，4つのビーカー**A1**〜**A4**にうすい硫酸をそれぞれ10.0gずつ，4つのビーカー**B1**〜**B4**にうすい水酸化バリウム水溶液を7.5g，15.0g，22.5g，30.0g入れた。

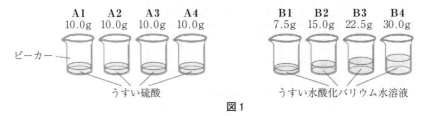
図1

(2)　図2のようにビーカー**A1**と**B1**の質量をいっしょにはかった。①ビーカー**A1**の水溶液にビーカー**B1**の水溶液をすべて加えて，よく混ぜ合わせて反応させると白い沈殿ができた。反応後，再びビーカー**A1**と**B1**の質量をいっしょにはかり，反応前の質量と比較した。なお，混合後の水溶液を**X1**とした。

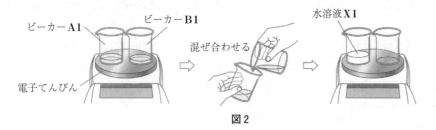
図2

(3)　水溶液**X1**を試験管に白い沈殿を入れないように1cm^{3}とり，BTB溶液を加えて色の変化を調べた。

(4)　水溶液**X1**をビーカーに白い沈殿を入れないように10cm^{3}とり，図3のような装置で3Vの電圧をかけ，水溶液に電流が流れるかどうかを，豆電球が点灯するかどうかで調べた。

(5)　ビーカー**A2**と**B2**，**A3**と**B3**，**A4**と**B4**についても(2)と同じ操作を行い，混合後のビーカーの水溶液をそれぞれ**X2**，**X3**，**X4**とし，得られた水溶液**X2**〜**X4**について(3)，(4)と同じ操作を行った。

(6)　水溶液**X1**〜**X4**中の白い沈殿を集めて蒸留水で洗浄し，乾燥させて質量をはかった。

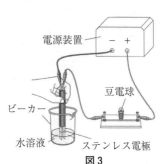
図3

実験2　うすい塩酸とうすい水酸化ナトリウム水溶液の中和反応

　実験1で用いたうすい硫酸をうすい塩酸に，うすい水酸化バリウム水溶液をうすい水酸化ナトリウム水溶液にそれぞれ代えて，**実験1**の(1)～(5)と同じ操作を行った。混合後の水溶液を，加えた水酸化ナトリウム水溶液の量が少ない方から，それぞれ **Y1**，**Y2**，**Y3**，**Y4**とした。なお，(2)と同じ操作を行ったとき，**Y1**～**Y4**のいずれも沈殿はできなかった。

結果

○　実験1，実験2のいずれにおいても②化学変化の前後で物質全体の質量に変化はなかった。

○　BTB溶液の色，豆電球の点灯，沈殿の質量については次の**表**の通りである。

表

水溶液	実験1				実験2			
	X1	X2	X3	X4	Y1	Y2	Y3	Y4
BTB溶液の色	黄色	黄色	緑色	青色	黄色	黄色	緑色	青色
豆電球の点灯	あり	あり	なし	あり	あり	あり	あり	あり
沈殿の質量〔g〕	0.1	0.2	0.3	0.3	—	—	—	—

問1　**実験1**の下線部①について，この化学変化を化学反応式で表しなさい。（4点）

問2　**結果**の下線部②のような，化学変化における法則を何というか，その名称を書きなさい。（3点）

問3　**表**中の水溶液**X3**で電流が流れなかったのはなぜだと考えられますか。水溶液**X3**と水溶液**Y3**を比較し，生じた塩の性質にふれながら，**イオン**という語を使って，その理由を書きなさい。（5点）

問4　**表**中の水溶液**Y3**は中性になりました。このとき，水溶液**Y1**～**Y3**から塩をとり出すために行う操作と，その操作を行うことで塩が純粋な物質として得られる水溶液の組み合わせとして正しいものを，次の**ア**～**エ**の中から一つ選び，その記号を書きなさい。（3点）

	水溶液に行う操作	塩が純粋な物質として得られる水溶液
ア	冷却する	**Y1**，**Y2**，**Y3**
イ	冷却する	**Y3**
ウ	蒸発させる	**Y1**，**Y2**，**Y3**
エ	蒸発させる	**Y3**

問5　**実験1**で使用した水酸化バリウム水溶液の質量パーセント濃度は1％でした。うすい硫酸の濃度を変えず，水酸化バリウム水溶液の濃度のみを2％に変えて**実験1**と同じ操作を行います。加える水酸化バリウム水溶液の質量と生じる沈殿の質量の関係を表すグラフを，次の**ア～カ**の中から一つ選び，その記号を書きなさい。（4点）

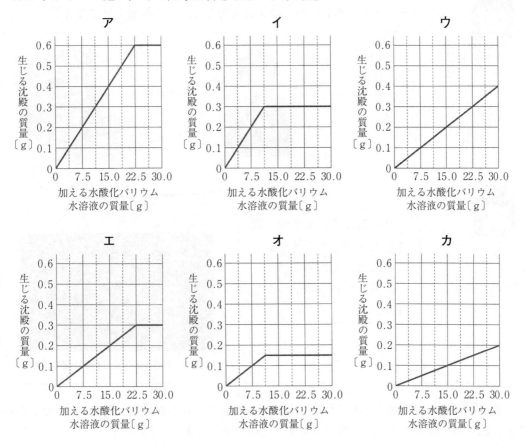

5 Mさんは，理科の授業で音の学習を行いました。問1～問5に答えなさい。（19点）

理科の授業場面

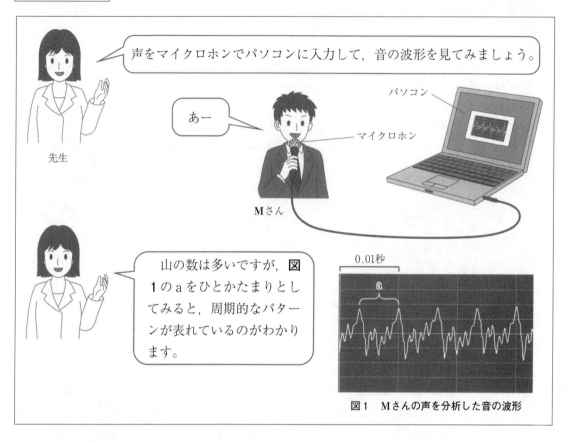

図1 Mさんの声を分析した音の波形

問1 図1の横軸の1目盛りが0.01秒のとき，図1の波形の音の振動数は何Hzか求めなさい。
なお，図1のaで示した範囲の音の波形を1回の振動とします。（4点）

問2 Mさんが図1で表された波形の音よりも高い声を出すと，音の波形はどのようになります
か。次のア～エの中から，最も適切なものを一つ選び，その記号を書きなさい。（3点）

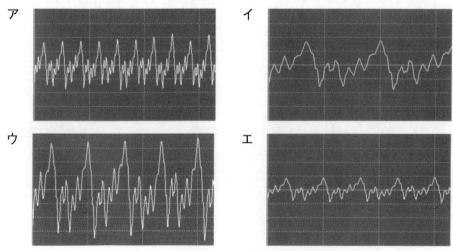

マイクロホンとスピーカーは同じつくりだときいたのですが，本当ですか。

　　本当です。**図2**は，あるマイクロホンのしくみを模式的に表したものです。振動板をとりつけたコイルが音によって振動します。①振動で，固定された磁石によるコイルをつらぬく磁界が変化すると，その変化にともなってコイルに電圧が生じ，交流電流が流れます。このように，振動が電気信号に変換されるのがマイクロホンです。
　　図3は，あるスピーカーのしくみを模式的に表したものです。②**図3**のスピーカーは，**図2**のマイクロホンの逆のしくみで音を出します。このスピーカーのしくみを考えてみましょう。

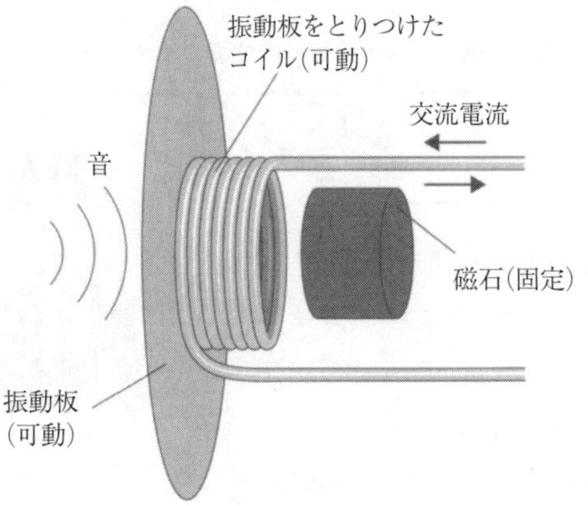

振動板をとりつけた
コイル(可動)

交流電流

音

磁石(固定)

振動板
(可動)

図2

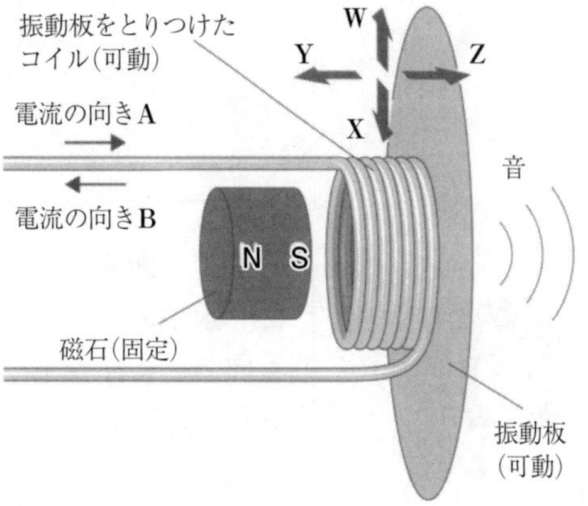

振動板をとりつけた
コイル(可動)

W
Y　　Z
X

電流の向きA

電流の向きB

N　S

音

磁石(固定)

振動板
(可動)

図3

問3　下線部①について，コイルをつらぬく磁界が変化することによって生じる電流を何というか，その名称を書きなさい。（3点）

問4　次は，下線部②について，**図3**のスピーカーがどのようなしくみになっていることで音が生じるのかを説明したものです。　**Ⅰ**　，　**Ⅱ**　にあてはまる，**図3**で示された**W**～**Z**の向きの組み合わせとして正しいものを，下の**ア**～**エ**の中から一つ選び，その記号を書きなさい。また，　**Ⅲ**　にあてはまることばを，**交互**，**磁界**という語を使って書きなさい。（5点）

　　電流がコイルに流れることでコイルが電磁石となる。**A**の向きに電流が流れると振動板をとりつけたコイルは　**Ⅰ**　の向きに動く。同様に**B**の向きに電流が流れると振動板をとりつけたコイルは　**Ⅱ**　の向きに動く。先生のマイクロホンの説明から考えると，**図3**のスピーカーのしくみは　　　　　　　　　　　　**Ⅲ**　　　　　　　　　　　　ことで振動板が振動し，音が生じるようになっているとわかる。

ア　Ⅰ…**W**　Ⅱ…**X**　　　**イ**　Ⅰ…**X**　Ⅱ…**W**
ウ　Ⅰ…**Y**　Ⅱ…**Z**　　　**エ**　Ⅰ…**Z**　Ⅱ…**Y**

音が伝わるのは空気中だけではありません。アーティスティックスイミング(シンクロナイズドスイミング)で水に潜っている選手は，水中に設置されたスピーカーから水中を伝わる音を聞いています。なお，水中の方が空気中より音が速く伝わります。

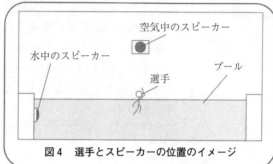

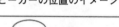

図4　選手とスピーカーの位置のイメージ

すると**図4**のように水面から顔を出したときに，水中のスピーカーと空気中のスピーカーから同時に音楽が出ているのに，わずかに音楽がずれて聞こえるのではないですか。

確かにそうですね。実際には認識できないくらいの違いです。しかし，③スピーカーと選手の距離によっては，音楽がまったくずれずに聞こえる場所もあるでしょう。

問5　下線部③について，水面で音楽がずれずに伝わる位置を点P，水中のスピーカーと点Pの距離を22.5mとするとき，空気中のスピーカーと点Pの距離は何mですか。空気中を伝わる音の速さを340m/s，水中を伝わる音の速さを1500m/s として求めなさい。(4点)

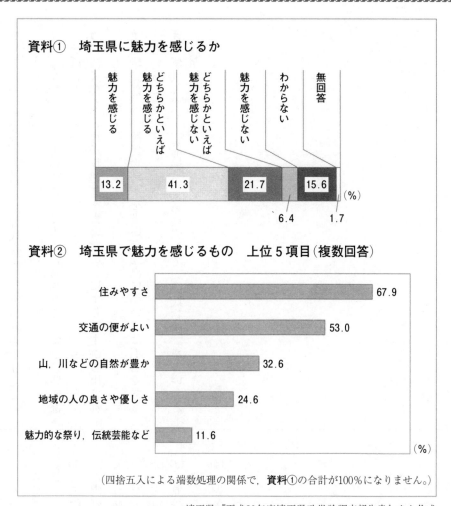

資料① 埼玉県に魅力を感じるか

魅力を感じる 13.2

どちらかといえば魅力を感じる 41.3

どちらかといえば魅力を感じない 21.7

魅力を感じない 6.4

わからない 15.6

無回答 1.7

(%)

資料② 埼玉県で魅力を感じるもの 上位5項目（複数回答）

住みやすさ	67.9
交通の便がよい	53.0
山，川などの自然が豊か	32.6
地域の人の良さや優しさ	24.6
魅力的な祭り，伝統芸能など	11.6

(%)

（四捨五入による端数処理の関係で，**資料①**の合計が100％になりません。）

埼玉県『平成30年度埼玉県政世論調査報告書』から作成

問4 ③いづれか とありますが、ここでは何と何のことを指して
いますか。次のア〜オの中からあてはまるものを二つ選び、その
記号を書きなさい。（3点）

ア 作者が、紫式部の書いた『源氏物語』に高い評価を与えてい
るということ。

イ 『源氏物語』を書いたことで宮中に召された女性が、紫式部
と呼ばれたこと。

ウ 紫式部が、『源氏物語』を書いたことにより宮中から出され
てしまったこと。

エ 紫式部が、『源氏物語』を書いた動機については不明である
ということ。

オ 紫式部が、上東門院の求めに応じて『源氏物語』を書いたと
いうこと。

五 次のページの資料は、「埼玉県の魅力」について、県内在住
者を対象に調査し、その結果をまとめたものです。
国語の授業で、この資料をもとに「地域の魅力」について、
一人一人が自分の考えを文章にまとめることにしました。次の
（注意）に従って、あなたの考えを書きなさい。（12点）

（注意）

(1) 二段落構成とし、第一段落では、あなたが資料から読み取っ
た内容を、第二段落では、第一段落の内容に関連させて、自分
の体験（見たこと聞いたことなども含む）をふまえてあなたの考
えを書くこと。

(2) 文章は、十一行以上、十三行以内で書くこと。

(3) 原稿用紙の正しい使い方に従って、文字、仮名遣いも正確に
書くこと。

(4) 題名・氏名は書かないで、一行目から本文を書くこと。

ア　自然に関する体系化された専門的知識を得るため、インターネットで調べること。

イ　飼い主が、犬の声真似をして飼い犬を呼んだり、自分と犬を差異化したりすること。

ウ　カラスにゴミを荒らされないため、ゴミ袋を縛ったり、中身を見えなくしたりすること。

エ　地球市民として「私たちの自然を守ろう」という環境主義のスローガンを掲げること。

オ　花粉から自分の身を守るために、マスクを着用したり、目薬をさしたりすること。

問5　④ 問いを生みだすためのあらたな視角を与えてくれるはずだ。

とありますが、人類学は、どのような視角を与えてくれると筆者は述べていますか。次の空欄にあてはまる内容を、**具体的**の二つの言葉を使って、四十五字以上、五十五字以内で書きなさい。ただし、二つの言葉を使う順序は問いません。（7点）

```
┌─────────────────┐
│                 │
│                 │
│     45          │
│                 │
│                 │
│                 │
│     55          │
│                 │
└─────────────────┘
```

という視角を与えてくれる。

四　次の文章を読んで、あとの問いに答えなさい。（12点）

　（------の左側は口語訳です。）

　　※大斎院より　　※上東門院、

「つれづれ慰みぬべき物語やさぶら
（退屈を紛らすことができる物語がございますか）

ふ。」と尋ね参らせたまへりけるに、紫式部を召して、「何をか
（上東門院は）　（何を差し上）

参らすべき。」とおほせられければ、「めづらしきものは何かはべる
（げたら良いでしょうか）　（何がございましょ

うか、いやございません
うか。」と
①新しく作りて参らせたまへかし。」と
②申しければ、「作

れ。」とおほせられけるを、うけたまはりて、※『源氏』を作りたり

けるとこそ、いみじくめでたくはべれといふ人はべれば、また、

いまだ宮仕へもせで里にはべりける折、かかるもの作り出でたりけ
まだ宮中にお仕えもしないで

るによりて、召し出でられて、それゆゑ紫式部といふ名はつけたり、

とも申すは、
③いづれかまことにてはべらむ。

（『無名草子』による。）
（むみやうざうし）

（注）　※大斎院……村上天皇の娘。選子内親王。
　　　（だいさいゐん）
　　　※上東門院……一条天皇の中宮藤原彰子。
　　　（じやうとうもんゐん）
　　　※『源氏』……『源氏物語』のこと。

問1　①いふ人はべれば　とありますが、この部分を「現代仮名遣
　　　（ひと）
　　い」に直し、**すべてひらがな**で書きなさい。（3点）

問2　①新しく作りて参らせたまへかし。は「新しく作って差し
　　上げなさいませ」という意味ですが、物語を新しく作ると考えた
　　のは、どうしてですか。次の空欄にあてはまる内容を、十字以内
　　で書きなさい。（3点）

```
┌──────────┐
│退屈を紛らす物語として│
│          │
│          │から。
└──────────┘
```

問3　②申しければ　の主語として最も適切なものを、次のア～エ
　　の中から一つ選び、その記号を書きなさい。（3点）

ア　大斎院　　　イ　上東門院
　（だいさいゐん）　　（じやうとうもんゐん）

ウ　紫式部　　　エ　作者

とても表現できない、私たちと多様な存在の緊迫した関係をもクローズアップする。

そもそも現代社会において、花粉症、鳥インフルエンザなど他の生きもの由来のウイルスは、すでに私たちの日常生活を脅かしている。私たちは冬にはインフルエンザワクチンを接種し、うがい・手洗いを徹底するように言われ、春になるとムズムズする鼻を押さえてマスクを着け、目薬をさす。そのようにして他種から必死で身を守りつづけることは今や遠く離れた美しい「自然」を「地球市民」という特権的な地位から守ることではなく、私たち自身の生存にかかわる他種との緊迫した関係である。つねに具体的な自然と人間、種間の関係に注目してきた人類学の研究は、こうしたより日常的で差し迫った「環境問題」に目を向け、④問いを生みだすためのあらたな視角を与えてくれるはずだ。

（松村圭一郎ら　編著『文化人類学の思考法』により、

「1　自然と知識—環境をどうとらえるか？」による。一部省略がある。）

〔中空　なかぞら〕
〔萌　もえ　執筆〕

（注）
※アイデンティティ……区分。
※カテゴリー……独自の性質や特徴。

問1　①日本語の「自然」ということば　とありますが、この説明として最も適切なものを、次のア～エの中から一つ選び、その記号を書きなさい。（4点）

ア　「自然」は、古典的な意味においても、明治以降の英語のnatureの翻訳語としても、「自然環境」そのものについて用いるという点では共通している。

イ　「自然」は、明治以降に英語のnatureの翻訳語として使用されるようになって初めて、自然環境そのものを表す副詞や形容詞としての意味を獲得した。

ウ　「自然」は、明治以前には人為の加わらない「状態」を示したが、「人為」と対置されているという意味で英語のnatureと共通しており、翻訳語として選ばれた。

エ　「自然」は、明治以降に英語のnatureの翻訳語として、副詞や形容詞として人為の加わらない「状態」を表す意味での使われ方が主流となっている。

問2　本文中の空欄　Ｉ　にあてはまる内容として最も適切なものを、次のア～エの中から一つ選び、その記号を書きなさい。（4点）

ア　他の種を認識し、分類する人間の知識
イ　人間と動物のあいだの魂の連続性
ウ　動物と人間との身体をつうじての交流
エ　人間と他種との具体的なやりとり・交渉

問3　②完全にトナカイに変身してしまうと、人間に戻れなくなってしまう　とありますが、筆者の述べるユカギールの狩猟採集民がこのように考える理由について次のようにまとめました。次の空欄にあてはまる内容を、魂、固有の二つの言葉を使って、三十字以上、四十字以内で書きなさい。ただし、二つの言葉を使う順序は問いません。（6点）

ユカギールの狩猟採集民は、人間や動物が［　　　　　30　　　　　40　　　　　］と考えるから。

問4　③たとえ都市生活のなかでも自然はある。　とありますが、筆者が考える都市生活のなかの自然について具体的に説明した文として適切でないものを、次のア～オの中から二つ選び、その記号を書きなさい。（5点）

輸入によって成立している。それはせいぜいここ一五〇年くらいの発明であって、まったくもって「あたりまえ」ではない。一九八〇年代から九〇年代にかけての人類学は、各地の「自然と文化」を示していることだ。考えてみれば、私たちの社会についても異なるものの見方を示している。※カテゴリーに大まかに対応する概念を詳細に検討した。そして、「〈人間の外側にある〉自然と〈人間のつくりだした〉文化」という分け方自体が、西洋の文化が構築したものであって、普遍的なものではないということを示していった。

自然に対する分類の多様性というとき、自然を分類する（唯一精神をもった）人間という想定がある。そこには、自然を人間の生活から分離した「手つかずの」実体と見る見方が潜んでいるのかもしれない。はたして誰にとっても、人間以外の種はただ人間に認識され、分類されるのを待っている「考えるのに適した」存在なのだろうか。むしろ人間と動物のあいだに魂の連続性を見る人たちの立場からは、動物は身体のやりとりをつうじて人間と「ともに生きる」存在であり行為主体なのではないか。こうした視点から、種間のかかわりあいに焦点を合わせる民族誌が、あらためて今、注目を集めている。

たとえばシベリアのユカギールの狩猟採集民の世界では、人、動物、モノは魂を備え、同じ理性的能力をもつ。それぞれが異なった身体をもっているためだ。狩猟の場において狩人は、獲物であるトナカイの真似をして移動し、匂いを嗅ぎ、音を出すことで、同族となって彼らを惹きつけようとする。

ただしそこで②完全にトナカイに変身してしまうと、人間に戻れなくなってしまう（そのような危険な事例もたくさんある）。人間としての※アイデンティティを維持したまま、一時的かつ不完全なかたちで動物の身体を身にまとい、その視点を獲得することが重要なのである。

注目すべきは、こうした自然と文化、人間と他種の関係を問いな

I　ではなく、

おすさまざまな最近の研究は、遠く離れた「他者の現実」について語っているのみならず、私たちの社会についても異なるものの見方を語っていることだ。考えてみれば、自然を人間の生活から分離した「手つかずの」実体ではなく、人間と他種との具体的なやりとり・交渉の場ととらえるならば、③たとえ都市生活のなかでも自然はある。

私たちの多くは、決して自然豊かな環境のなかに住んでいない。また、自然についての体系化された知識をもっているわけではない。しかしそんな私たちでも、具体的な生きものや事物と絶えずやりとりしていることには変わりがない。私たちはペットと情動的な関係を築く。そこで、ユカギールの人たちと変わらず、犬になりきった声真似をして飼い犬を呼んだり、飼い主として自分と犬を差異化したりする。その一方で私たちの生活は「愛せない他者」との関係のなかにもある。たとえば私たちは、ゴミ捨て場に集まるカラスにゴミを荒らされないようにゴミ袋をきっちり縛ったり、新聞紙でゴミ袋の中身を見えなくしたりする。

このように人間が自然をどう認識し、分類するかではなく、種間のかかわりあいという観点から人間と自然の関係を見つめなおす最近の研究は、他者だけでなく、私たちの社会についても語っている。私たちの生活は犬、カラス、など複数種との関係によってこそ成立する。その複雑な絡みあいを解きほぐすことは、一つの自然を守る「地球市民」ではなく、多様な動植物や事物とのやりとりのなかでしか生きられない具体的な存在として、みずからをとらえなおすことでもあるのだ。

人類学的に「自然」を問いなおすことは、「私たちの自然を守ろう」といった抽象的な環境主義のスローガンを超えて、他の多様な生物、モノと私たちの日々の具体的な関係に目を向けることである。そうした視点は、「自然保護」「多種共生」という美しいことばではでは

~話し合いが続く～

【お礼の手紙の原稿】

【Ⅱ】

拝啓

すがすがしい秋晴れが続いていますが、いかがお過ごしでしょうか。

さて、先日の職場体験の際は、大変お世話になりました。体験を通して、様々なことを教えていただいた。特に、勉強になったことは、お客様に接する際の心構えについてです。体験初日の私は、お店にいらっしゃったお客様に対して、心のこもった挨拶ができませんでした。しかし、働いている皆様から「おもてなしの心」について教えてもらい、「今の笑顔、よかったよ。」などと励ましていただいたおかげで、気持ちのよい挨拶ができるようになり、体験を最後まで笑顔でやり遂げることができました。

今回の経験を、今後の中学校生活にも生かしていきたいと思います。

朝夕涼しくなってまいりましたが、皆様、お体を大切になさってください。

(1) ① 文末表現は統一する、と学習したので、一か所直す必要がありますね。 とありますが、【お礼の手紙の原稿】の中から適切でない一文節の文末表現を探し、八字で適切な文末表現に書き直しなさい。なお、句点も一字に数えます。（3点）

② この手紙の最後にも書いた方がよいと思います。 とありますが、この発言についての説明として最も適切なものを、次のア～エの中から一つ選び、その記号を書きなさい。（3点）

ア 直前の発言内容を自分なりの言葉でまとめている。

イ 課題点を明確にするため繰り返し質問をしている。

ウ 自分と相手の意見を比較し共通点を確認している。

エ 話し合いの話題や方向をとらえて助言をしている。

(3) ③ 結語 とありますが、【お礼の手紙の原稿】の空欄 【Ⅱ】 にあてはまる、拝啓という頭語に対応する結語を、漢字二字で書きなさい。（2点）

三 次の文章を読んで、あとの問いに答えなさい。（26点）

私たちは「自然」と言うとき、「手つかずの自然」「自然の脅威」などと表現する。ここにはたしかに、人間の文化の影響を受けていない自然環境、ありのままの動物や植物、山や川などの姿がイメージされているようだ。しかし翻訳研究者の柳父章によると、日本語の「自然」ということばは、明治以降に英語の nature の翻訳語として使われるようになって初めてこのような意味を獲得したという。明治以前には、自然という語は「おのずからそうなっているさま、天然のままで人為の加わらぬさま」という意味で用いられていた。この古典的な自然の意味は、「人為」と対置されているという意味で nature と共通している。この共通点ゆえにこの語が翻訳語として選ばれた。しかし、日本語の「自然」はもともと副詞や形容詞として使われ、人為の加わらない「状態」を示していた。つまり、名詞として自然環境そのものを表すようなことばではなかった。今でも私たちが使う「自然」ということばには、古い意味と新しい意味が混ざりあっている。私たちは、リラックスした、飾らない状態でテレビに出る芸能人を「あの人は自然体でいい」と賞賛する。その一方で、「手つかずの大自然」「自然の脅威」などという意味での新しい「自然」も、すっかり私たちに馴染んでいる。

つまり、日本のことを考えても、人間の文化の影響を受けていないありのままの自然環境、という意味での「自然」は、西欧からの

ウ 「ぴくりとも動かない」「ひょこんと顔を覗かせた」のように、擬態語を用いることで、七曲や麻友など、登場人物の様子を読者に印象づけている。

エ 「本の妖怪にはなれないが」「あの図書館の魔女」のように、隠喩（暗喩）を用いることで、有季や七曲の心情を読者に印象づけている。

二　次の各問いに答えなさい。（24点）

問1　次の――部の漢字には読みがなをつけ、かたかなは漢字に改めなさい。（各2点）

(1) 偉人の軌跡をたどる。

(2) 屋上から市街を眺望する。

(3) 穏やかな口調で話す。

(4) 練習のコウリツを上げる。

(5) 果実が真っ赤にウれる。

問2　次の――部と＝＝部の関係が主・述の関係になっているものを、ア～エの中から一つ選び、その記号を書きなさい。（3点）

```
　　　　ア
先週末、友達と映画館に　行った。チケットを購入した後、
　　　　　　　イ
飲み物と　食べ物を買った。映画はとても感動的で、一緒に
　　　　　ウ
行った友達も　泣いていた。映画を鑑賞し終わった後、記念
　　　エ
にパンフレットを　買った。
```

問3　次の会話の空欄　Ⅰ　にあてはまる言葉を、あとのア～エの

中から一つ選び、その記号を書きなさい。（3点）

Aさん「辞書によると、　Ⅰ　の本来の意味は『ある事をするための、ちょうどいい時期』とあります。こういう意味があることを、初めて知りました。」

Bさん「私は、　Ⅰ　という言葉は、『ものごとの終わり』という意味だと思っていました。」

ア 終幕　　イ 潮時　　ウ 時事　　エ 挙句

問4　次は、中学生のAさんが書いた、職場体験でお世話になった方々への【お礼の手紙の原稿】を用いて、グループで話し合いながら手紙を推敲する学習の一部です。これらを読んで、あとの問いに答えなさい。

【話し合いの様子】

Aさん「【お礼の手紙の原稿】を見てください。これまで学習したことを思い出しながら、何か気づいたことがあったら、発言してください。」

Bさん「私は、季節に合わせた時候の挨拶が書けていてよいと思います。」

Cさん「私は、文末表現が気になります。①文末表現は統一する、と学習したので、一か所直す必要がありますね。」

Aさん「なるほど、そうですね。では、他にはありますか。」

Dさん「私は、前文や末文の書き方がとてもよいと思います。ただ、手紙の最後には、日付や署名、宛名などの後付けを書くと学習しました。②この手紙の最後にも書いた方がよいと思います。」

Bさん「後付けは、入れるとしたら③結語の後でしょうか。日付、署名、宛名などは書く位置についても注意する必要がありますね。」

（注）※『ライ麦畑でつかまえて』……J・D・サリンジャー（一九一九〜二〇一〇）著。主人公の高校生ホールデンがニューヨークの街をめぐる長編小説。

問1 ①有季は言葉に迷った。とありますが、このときの有季の様子を説明した文として最も適切なものを、次のア〜エの中から一つ選び、その記号を書きなさい。（4点）

ア 七曲が怒りに任せ自分たちに返事すらしてくれないことに加えて、所在なさそうに協力を拒む麻友に対して、言いようのないもどかしさを感じている。

イ 七曲が河尻の立場や図書館の大人の事情を知ることで、最終的には理解してくれると大きな期待をしているが、今は何から話すか慎重になっている。

ウ 七曲のねじれてしまった気持ちを正せるようにと考えたが、怒っている大人を前にした緊張感から、言うべきことを忘れてしまい慌てている。

エ 七曲が、ただ大人の事情を知らずに怒っているのではないと考え、河尻や図書館側の事情を話しただけでは納得してもらえないと不安を感じている。

問2 ②ふり返った七曲の目には真剣な怒りがあった。とありますが、有季が考える七曲の心情はどのようなものですか。次の空欄にあてはまる内容を、三十字以上、四十字以内で書きなさい。（6点）

[欄30〜40] ②

問3 ③だから、河尻さんは、魔女なんかじゃないです。とありますが、このときの有季の考えを説明した文として最も適切なものを、次のア〜エの中から一つ選び、その記号を書きなさい。（4点）

ア 河尻さんは、時として純粋な高校生のように振る舞いながらも、本を心から愛し、理想を高くもっている人だということ。

イ 河尻さんは、本の廃棄について罪悪感を感じながらも、図書館職員として理性に従い仕事をしている人だということ。

ウ 河尻さんは、本を愛していながらも、本の廃棄については、仕事として行うことをためらわない人だということ。

エ 河尻さんは、本を愛するという理想を追う生き方をしており、言葉にこだわりをもった芯の強い人だということ。

問4 ④思わず、有季は口元がゆるんだ。とありますが、ここから有季のどのような心情がわかりますか。次の空欄にあてはまる内容を、**好きな本、誤解**の二つの言葉を使って、四十五字以上、五十五字以内で書きなさい。ただし、二つの言葉を使う順序は問いません。（7点）

[欄45〜55] はじめは難しいと感じていたが、 という気持ち。

問5 本文の表現について述べた文として**適切でないもの**を、次のア〜エの中から一つ選び、その記号を書きなさい。（5点）

ア 「夕方のオレンジ色の光が」で始まる連続する二つの文では、図書館の情景描写によって、有季や麻友の置かれた状況をイメージしやすくしている。

イ 「じゃあ、どうすればいいんだろう」のように、会話文以外においても有季の心情が表現されており、場面の展開をわかりやすくしている。

「言ってました。」

眉間（みけん）に寄っていた七曲の皺（しわ）が、その言葉を聞いて余計に深くなった。しかし、それは不愉快というよりは、よく聞き取ろうとしている様子に思えた。

「僕はそれを聞いて、河尻さんにはホールデンと同じような理想があって、けれどホールデンと同じように、現実世界では理想通りに生きられないから、ホールデンの理想を羨ましがっているような気がして。だって。だって。」

再び七曲が背を向ける隙を与えまいと、有季は必死に言葉を続けた。

「だって、河尻さんはホールデンみたいな高校生じゃないから。色々なことを堪（こら）えて、呑（の）みこんでるのかもって。だから、ライ麦畑のつかまえ役が羨ましいんだろうって。本当は、本を選んで廃棄することもしたくないし、新しい本だって出版されただけ全部図書館に入れたいのに、できないから。逆に、七曲さんみたいに、本を廃棄するって言われて、純粋に怒れる人が羨ましいのかもって。だから。」

一気にそこまで喋（しゃべ）り、一つ息を吸い、言葉を紡（つむ）ぐ。

③「だから。河尻さんは、魔女なんかじゃないです。」

むっとした表情で、七曲は一点を見つめて黙っている。暫く沈黙が続いた。その沈黙が余りにも長すぎるので、有季は口を開く。

「僕も、ホールデンは好きじゃないけど。」

するとようやく、七曲が視線をあげた。

「おまえ、読んだのか。」

反応があったことに、ほっとした。

「読みました。図書館で借りて。ホールデンは好きじゃないけど、でも感じてることは、よくわかるところもあって。僕も、この本は好きです。」

すると七曲がついと、廊下の方を指さした。

「じゃあ、持って帰れ。あれは二、三冊あったはずじゃ。もってけ。」

「良いんですか？」

「ただし、おまえが選んだ本じゃないから、おまえの持ち帰り予定の八十冊にはカウントされんぞ。」

「え、そんな！」

「じゃあ、いらんか。」

せっかく本を持って帰るなら、ノルマの数にカウントして欲しいのが正直なところだった。けれど、『ライ麦畑でつかまえて』は、手元に置いておきたかった。なぜなら、それを読む自分の年齢によって、感じるものが違うのではないかという予感が、強くしたからだ。もし、十年後、二十年後に読んだとき、自分が何を感じ取るのか、知りたかった。

「いえ、いります。もって帰ります。」

その答えを聞くと、七曲がにやっと笑った。

「まあ、あの図書館の魔女も許してやろう。二冊、本が減るのに貢献したようだからな。」

言葉の意味がわからず、きょとんとした。しかしすぐに理解した。

理解した途端に、

④思わず、有季は口元がゆるんだ。

「……あ。」

（届いた。）

（僕の言葉が、本の力を借りて、腹を立てている七曲にも届いたのだ。）

言葉が、本の力を借りて、届いた。

嬉しかった。そして本の力を借りて、七曲の心に言葉を届けられた自分が誇らしかった。

（三川（みかわ）みり 著『君と読む場所』新潮文庫刊による。一部省略がある。）

「やろうが！」

②ふり返った七曲の目には真剣な怒りがあった。

「それは、そうでしょうけど。」

「図書館は、本の聖地みたいなもんじゃろうが。大昔の本から、新しい本まで、あらゆる種類の本を取りそろえて保管しているなんぞ、天国じゃろうが。その天国の番人が、本を廃棄すると抜かしたんじゃ！」

目をぎらつかせる七曲を見て、有季は悟った。七曲は怒っているのではなく、どちらかといえばショックを受けているのだ。彼の中で図書館が本の聖地と認識されているとするなら、そこに勤める人々も、七曲と同じく本を愛して止まない人だと信じていたのだろう。

しかしその人の口から「廃棄」の言葉を聞き、裏切られたような気がしたに違いない。図書館職員でさえ、簡単に本を捨てるのかと。けれどそれは誤解だ。

「確かに、図書館では本を廃棄することがあるって聞きました。でも、それは好きこのんで廃棄するわけじゃなくて、やむを得ないんです。本を捨てることに、すごく罪悪感があるって。」

「やむを得ずでも捨てるなら、同じじゃ。俺は捨てん！」

また、七曲は背中を向け、腕組みして押し黙る。

「七曲さん。」

呼んでみたが、ぴくりとも動かない。何度呼んでも、頑なな背中は反応しない。

（やっぱり無理か。）

諦めて、帰ろうかと思った。麻友を探してふり返ると、彼女の背中が廊下の方に見えた。「森田さん。」と呼ぶと、ひょこんと顔を覗かせた。「帰ろう。」と力なく告げると、彼女は頷き、こちらにやって来た。手には一冊の本がある。

麻友は有季のそばに来ると、七曲の背中に細い声で言った。

「七曲さん。これ、下さい。」

彼女が七曲の方へ向けて表紙を見せた本は、『ライ麦畑でつかまえて』だった。

それには七曲も反応してふり返り、表紙を認めて、少し嬉しそうな顔をした。

「おお、ええぞ。ええ本を選んだじゃないか。俺の好きな本じゃが、それは重複本があるからやる。どうして選んだ。近頃の若いのは、サリンジャーの名前も知らん奴が多いのに。」

手にある本の表紙を見おろし、麻友は呟く。

「七曲さんも、好きなんだ。」

「も？」

と、七曲が怪訝な顔をすると、麻友は暫く考えるように間をあけてから、答えた。

「図書館の、河尻さんも好きだって。」

「あの魔女がか？」

麻友は頷く。

有季は、はっとした。

（そうか。七曲さんも『ライ麦畑でつかまえて』が好きなんだったら。）

本の妖怪にはなれないが、本の力を借りることならできるのではないか。

いじけた七曲の気持ちにも届けられる言葉を、有季も口にできるかもしれないと思えた。

「河尻さんはホールデンのことを、友だちにはなりたくないけど、むかついたりしないって言いました。『ホールデンの理想のように、人間が生きられたら幸せなんだろうね。ライ麦畑のつかまえ役なんて、本人も言ってたように、馬鹿げているけど幸せよね。』って、

一　次の文章を読んで、あとの問いに答えなさい。（26点）

同じ中学に通う鈴川有季と森田麻友が職場体験をしている地域の図書館に、二人の共通の知人である読書家の老人、七曲直が現れ、所有する二千冊の本を寄贈することを申し出るが、図書館職員の河尻利香子に断られる。翌日、有季と麻友は、以前から本の一部を引き取る約束をしていた七曲の家を訪れた。

「七曲さん。」

呼んでも、七曲はふり返りもしないし返事もしない。

麻友は居心地が悪そうに有季と七曲を見比べたあと、周囲を見回し、廊下の壁沿いの本棚の方へすうっと近寄っていく。自分は邪魔しないから、存分にやってくれといわれている気がした。

しかし有季にしても、拗ねている七曲に、利香子の苦悩や図書館の実態を上手く説明できるか分からない。けれど、伝えなければならないだろうと思うのは、七曲も利香子も、おなじ本を愛している者同士が、互いを誤解したままなのは哀しいと思うからだ。

「僕、昨日七曲さんと話をした河尻さんに、色々教えてもらったんです。図書館の書庫はもう、今でも溢れるほどに本があって、一冊増やすのすら大変なんだって。だから簡単に寄贈を受け入れられないんです。」

夕方のオレンジ色の光が、七曲の背中の方へうっすら射しこんでいる。彼の周りに、きらきら挨の粒が舞っているのが見えた。

「図書館には、図書館の役割があって。それで、図書館の人たちは、そのために一生懸命仕事していて。」

そこまで話したところで、①有季は言葉に迷った。「だから結局、寄贈を受け付けられない。大人として図書館のシステムを守る使命があるから、河尻さんも理性で感情を殺して仕事しているのだ。」

と。そんなことを七曲に言っても、意味がない気がした。

もし七曲が　※『ライ麦畑でつかまえて』のホールデンに似ているとしたら、そんな大人の理屈など百も承知で、それでも心がそれを受け入れられないで腹を立てたり哀しんだりしているとしたら、有季が語る大人の事情や苦悩なんかは、七曲の気持ちを宥める役には立たない。

（じゃあ、どうすればいいんだろう。）

利香子はホールデンのことを純粋さを必死で求めている、と言った。そんな人に対して、なにを言えばねじれた気持ちを慰められるのか、わからない。

暫く有季が沈黙していると、

「寄贈を受け付けてもらえないのは、別に良いんじゃ。」

背を向けたまま七曲が言った。有季の沈黙に、七曲の方が耐えられなくなったような、諦めたような声だった。

「それだけなら、そうか、じゃあ自力でなんとかすると、引き下がるだけで済んだんじゃ。」

七曲がなにを言いたいのかわからず、ちょっと間を置いてから有季は訊いた。

「なにが問題だったんですか。」

「あの魔女は、本を廃棄すると言った。」

「でも別に、七曲さんの家に押しかけてきて、本を廃棄すると言ったわけじゃないんですよ？　寄贈したら、その可能性があると言っただけで。」

「俺の本を廃棄しなくても、誰かが持ち込んだ本は廃棄されるんじ

Memo

2020年度
埼玉県公立高校／学校選択

英語

● 満点 100点 　● 時間 50分

■放送問題の音声は，当社ホームページ(https://www.koenokyoikusha.co.jp)で聴くことができます。(当社による録音です)

1 放送を聞いて答える問題(28点)

問題は，No.1～No.7の全部で7題あり，放送はすべて英語で行われます。放送される内容についての質問にそれぞれ答えなさい。No.1～No.6は，質問に対する答えとして最も適切なものを，**A**～**D**の中から1つずつ選び，その記号を書きなさい。No.7は，それぞれの質問に英語で答えなさい。放送中メモを取ってもかまいません。各問題について英語は2回ずつ放送されます。

【No.1～No.3】(各2点)

No.1

A 　　　　　B 　　　　　C 　　　　　D

No.2

A 　　　　　B

C

D

No. 3

【No. 4，No. 5】（各2点）

No. 4

    A Do you have another color ?   **B** Do you have a larger one ?

    C Shall I bring you another ?   **D** What color do you like ?

No. 5

    A I'll come after you.   **B** You can close the door.

    C I'll open the door for you.   **D** You should carry these notebooks.

【No. 6】（各3点）

(1) Question 1

    A Three classes this morning.

    B Fifty minutes.

    C At nine thirty.

    D From twelve thirty to one twenty.

(2) Question 2

    A In building 3.   **B** In classroom No. 8.

    C In building 1.   **D** In the Science Museum.

(3) Question 3

    A They will have an English listening test.

    B They will play games and sing songs.

    C They will talk about their lunch.

    D They will talk about their favorite things at the museum.

【No. 7】（各3点）

(1) Question 1 ：　What will Tom do after the school festival on Sunday？

　　Answer ：　　He will (　　　　　　　　　　) to buy a present.

(2) Question 2 ：　What did Tom give his grandmother as a birthday present last year？

　　Answer ：　　He gave her a (　　　　　　　　　　).

(3) Question 3 ：　Where will Megumi meet Tom by nine thirty on Sunday？

　　Answer ：　　She will meet him (　　　　　　　　　　).

※＜**放送を聞いて答える問題台本**＞は英語の問題の終わりに付けてあります。

2　　次の 1 ～ 4 は，中学生の Miku，Joseph と子育て支援センターのスタッフ（a staff member at the Child Care Support Center）の Ms. Aida の会話とメールです。これらを読んで，問1 ～問7 に答えなさい。＊印のついている語句には，本文のあとに〔注〕があります。（28点）

1　〈*Miku and Joseph are talking.*〉

Miku ：　Hi, Joseph.　How are you today？

Joseph ：　I'm fine, thanks, Miku.　Where are you going？

Miku ：　I'm going to the Child Care Support Center.

Joseph ：　What's that？

Miku ：　It's a place for small children and their parents.　They can play together, and parents can get advice about taking care of children there, too.

Joseph ：　Oh, I see.　But why are you going there？　Is your brother or sister there？

Miku ：　No.　I don't have any brothers or sisters.　The center needed some volunteers to take care of the small children, so I started doing volunteer work to help the children there. Also, I want to be a nursery school teacher, so ▢　　A　　▢.

Joseph ：　Wow, that's cool！　Actually, I'm interested in that kind of job, too.　What do you do there？

Miku ：　I usually play with the children.　I eat lunch with them, and read them some books.

Joseph ：　That sounds fun.　I'd like to go there if I have the chance.　Can I do volunteer work there, too？

Miku ：　I think that will be fine.　The center needs volunteers, so I'll ask the staff at the center and send you an e-mail tonight.

Joseph ：　Thanks.

問1　空欄 ▢ A ▢ にあてはまる最も適切なものを，次のア〜エの中から1つ選び，その記号を書きなさい。（3点）

　ア　keeping my town clean is very important to me

　イ　I should tell my parents to help the children

　ウ　it's really good experience for me

　エ　I usually go to the hospital to see a doctor

2 〈*That night, Miku sends an e-mail to Joseph.*〉

　Hi, Joseph.　I told a staff member at the center about you.　She was really glad to hear that you want to be a volunteer.　To start, you have to *complete an *application form and send it to the center.　I'll give you the application form later.　You just have to write your name, phone number, e-mail address, and so on.　If you want to start volunteer work next month, you need to take a *workshop there before you start.　The center isn't too far from the station.
　　　　B　　　　So, I'm sure you won't miss it.　On your first day of volunteer work, you don't have to change your clothes at the center, but don't forget to bring your lunch to eat with the children.　You don't need to use any money there, so you should leave money you don't need at home.　Good luck!

〔注〕　complete 〜……〜に記入する　　application form……申込用紙
　　　　workshop……研修会

問2　次は，本文 2 の station や Child Care Support Center などが示された地図です。station から，Child Care Support Center までの道順を説明する英語になるように，地図をもとに，空欄 B に適切な2文以上の英語を書きなさい。(4点)

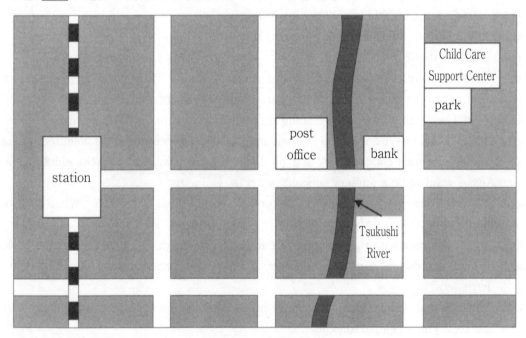

問3　本文 2 の内容に関する次の質問に，英語で答えなさい。(4点)
　　What does Joseph have to bring to the Child Care Support Center on his first day of volunteer work?

3 〈*Next month, Joseph goes to the center after the workshop and meets Ms. Aida, a staff member at the center.*〉

Joseph :　　I'm interested in working with children in the future, so I wanted to try volunteer work here.

Ms. Aida :　There are a lot of children here, and you can get a lot of good experience.　Some of the children here are very small, so you have to be careful.

Joseph : I see. I'll be careful.

Ms. Aida : Great! Well, there are some popular Japanese stories written in English here. But we have never read them to the children. (_____) these picture books in English ?

Joseph : Oh, I see. I hope they'll like listening to the stories in English.

Ms. Aida : These stories are very popular, so I think the children will like them. Please read the picture books slowly.

Joseph : Sure. I'll try to do that. Can I choose some of the stories now ?

Ms. Aida : Of course. If you are ready, you can start now.

Joseph : OK !

問4　下線部が「これらの英語の絵本を読んではどうですか。」という意味になるように，（　）に適切な４語以上の英語を書きなさい。（４点）

4　〈*That night, Joseph sends an e-mail to Miku.*〉

　Hi, Miku ! I went to the Child Care Support Center today and met a lot of children there. The little children enjoyed listening to the picture books I read in English, and we had a great time. Some of them cried, but Ms. Aida helped me a lot. I really liked working there and I want to go again. Taking care of children is very challenging work ! But I think that 〔important / is / spending / than / with / more / time / nothing〕 children.

　Next time, I'd like to do something else at the center. Do you have any good ideas, Miku ? See you soon.

問5　〔　〕内のすべての語を正しい順序に並べかえて書きなさい。（３点）

問6　1～4の会話とメールの内容と合うように，次の(1), (2)の英語に続く最も適切なものを，ア～エの中から１つずつ選び，その記号を書きなさい。（各３点）

(1) Miku goes to the Child Care Support Center because
　ア　she has a sister there.
　イ　she takes care of children there as a volunteer.
　ウ　she takes a class to learn about child care once a week there.
　エ　she wants to send an e-mail.

(2) When Joseph came to the center,
　ア　he thanked Miku because she took him there.
　イ　he was taught how to read a picture book in Japanese.
　ウ　he bought picture books to read to the children there.
　エ　Ms. Aida told him to be careful because some of the children were very small.

問7　次は，後日の Miku と Joseph の会話です。自然な会話になるように，（　）に適切な４語以上の英語を書きなさい。（４点）

Miku : I also sing songs with the children at the Child Care Support Center.

Joseph : Really ? I'd like to sing with them, too. Do you know (_____) ?

Miku : Yes, they like famous Japanese music for children. They like easy English songs, too. The children enjoy singing when I play the piano.

Joseph : Wow ! I'm sure the children love that.

3 次は，高校1年生の Moe が漆(*urushi*)について書いた英文です。これを読んで，問1～問6に答えなさい。＊印のついている語句には，本文のあとに〔注〕があります。(34点)

This winter, I went to Ishikawa Prefecture with my family and visited some museums there. There were a lot of old, traditional ＊crafts in one of the museums. My mother said that a lot of them were painted with "*urushi.*" *Urushi* is used in many traditional crafts in Japan. We enjoyed looking at all the beautiful and ＊valuable crafts made with *urushi*. After we left the museum, I saw a lot of beautiful crafts made with *urushi* at the shop near the station. My mother smiled, and bought a set of ＊chopsticks for me. Why did she buy me those chopsticks made with *urushi*? After I came home, I began to use them. They were very beautiful and easy to use. I wanted to know more about *urushi*, so I went to the library to learn more.

There, I learned there are about two hundred and fifty kinds of *urushi* trees around the world. There are five kinds of *urushi* trees in Japan. The ＊sap of these trees is used as paint or as a ＊bonding agent. If you touch the sap of *urushi*, then you'll get a ＊rash, but it's safe to touch *urushi* after it ＊sets. *Urushi* has been used for over eight thousand years in Japan. Crafts made with *urushi* are well ＊preserved because they ＊decay slowly. *Urushi* has preserved very old crafts, so it has played a very important role in Japan.

Urushi has been used in many different ways. *Urushi* can also be used for ＊restoring crafts. ①_____ *Urushi* is used for small crafts, and also for buildings made of wood. It was also used to build Kinkakuji Temple in Kyoto. Of course, a lot of *urushi* is needed for restoring buildings. ②_____ Many old buildings in World Heritage Sites in Nikko also need a lot of *urushi*. ③_____ In fact, the number of Japanese workers who produce *urushi* is decreasing. These days, Japan is trying to produce all of the *urushi* needed to restore important traditional buildings like these only in Japan.

Around the sixteenth century, many people from Europe came to Japan. These Europeans really liked crafts made with *urushi*, so they bought a lot of these crafts. In Europe, rich people collected crafts made with *urushi* as a ＊symbol of wealth. Those crafts were called "japan" as symbols of Japan.

Of course, even today, *urushi* is famous as a symbol of Japanese traditional crafts. When the ＊Nagano Olympic Committee(NAOC) was planning the 1998 Nagano Olympic Winter Games, it decided to make the winners' ＊medals with *urushi*. NAOC thought that the medals should be made with original ＊materials and ＊techniques. They also need to be beautiful and have ＊permanent value. After thinking about all this, NAOC chose to make them with *urushi* and painted mountains and the morning sun on them with *urushi*.

Many foreign countries restore crafts made with *urushi*, too. Many of the crafts ⬚__A__ to Europe from Japan now need to be restored. *Urushi* is especially ＊vulnerable to sunlight, so crafts made with *urushi* are ＊damaged when they are in the sunlight. In Europe, some people have tried to restore their Japanese crafts made with *urushi* with other materials and techniques, because there are no *urushi* trees there. But these materials and techniques didn't work well with *urushi*. For example in Europe, some of the crafts have now turned brown. To stop this, a group of Japanese ＊craftspeople recently visited Germany and restored some of the Japanese crafts there with traditional *urushi* techniques.　They also held *workshops to show students or museum workers how to use the materials and techniques to restore Japanese crafts with *urushi*.

　　After I learned all this, I realized that crafts made with *urushi* can be used for many years if you take care of them.　In fact, some valuable crafts made with *urushi* should be ☐ **B** ☐ in museums.　The crafts made with *urushi* that I saw in Ishikawa were very beautiful.　When we use crafts made with *urushi*, we can understand their value more.　Craftspeople work hard to make these crafts.　I think 〔they / their / many people / to / use / want〕 crafts.　Now I know why my mother bought me those chopsticks at that shop.　Of course, it is good to enjoy looking at traditional crafts in museums.　But it is better to enjoy using them every day.　She bought me the chopsticks because she wanted to tell me this.　When I asked her about it, she smiled and said, "That's right."　I want to tell many people about the value of crafts made with *urushi*.

〔注〕　craft……工芸品　　valuable……価値の高い　　chopstick……箸
　　　　sap……樹液　　bonding agent……接合剤　　rash……発しん，かぶれ
　　　　set……(液体などが)固まる　　preserve ～……～を保存する
　　　　decay……腐敗する　　restore ～……～を修復する
　　　　symbol of wealth……富の象徴
　　　　Nagano Olympic Committee……長野オリンピック冬季競技大会組織委員会
　　　　medal……メダル　　material……素材　　technique……技術
　　　　permanent value……(半)永久的な価値　　vulnerable……冒されやすい
　　　　damage ～……～を傷つける　　craftspeople……職人　　workshop……研修会

問1　空欄 ① ～ ③ にあてはまる最も適切な文を，次の**ア～カ**の中から1つずつ選び，その記号を書きなさい。なお，同じ記号を2度以上使うことはありません。(各3点)

　ア　However, almost all of the *urushi* used in Japan comes from abroad, and only 3% of the *urushi* used in Japan is made in the country.

　イ　However, most of them don't need to be painted with *urushi* made in Japan because *urushi* made in other countries is better.

　ウ　For example, about 1,500 kg of *urushi* was used to restore Kinkakuji Temple.

　エ　For example, if you break a dish, you can restore it by using *urushi* as a bonding agent.

　オ　But Kinkakuji Temple in Kyoto has been preserved for so long.

　カ　It is because *urushi* made in Japan is too expensive to use for restoring.

問2　本文の内容に関する次の質問に，英語で答えなさい。(4点)
　　What was painted with *urushi* on the winners' medals?

問3　空欄 **A**，**B** にあてはまる最も適切なものを，次の中から1つずつ選び，それぞれ正しい形にかえて書きなさい。(各3点)

break	bring	buy	keep
paint	tell	visit	write

問4　〔　〕内のすべての語句を正しい順序に並べかえて書きなさい。(3点)

問5 Moe は，駅の近くの店で，彼女の母親が漆の箸を買ってくれたのはなぜだと述べていますか。日本語で書きなさい。（3点）

問6 次の英文は，本文の内容をまとめたものです。次の（1）〜（3）に適切な英語を，それぞれ**2語**で書きなさい。（各3点）

When Moe visited Ishikawa with her family, she became interested in crafts made with *urushi*. *Urushi* has been used not only for painting but also for putting things together. It is very strong and decays slowly, and *urushi* has been used for (1) time. *Urushi* is also a symbol of Japan, and many people from Europe once wanted to collect *urushi* crafts. Japanese craftspeople teach the techniques that (2) to restore *urushi* crafts to the people who need them. Moe will use the chopsticks her (3) her every day.

4 次の environmental problems（環境問題）についての英文を読んで，あなたの考えを，〔条件〕と〔記入上の注意〕に従って40語以上50語程度の英語で書きなさい。＊印のついている語句には，本文のあとに〔注〕があります。（10点）

There are many environmental problems we have to solve in the world. Global warming has ＊caused serious problems in many parts of the world. Many people are suffering from water pollution. Forest areas are getting smaller, and ＊desert areas are getting larger.

It is important for each of you to think of these problems as your own problems. Some people say everyone should make ＊environmentally friendly choices when they use or buy things, or try to do something else. Even students can do something as a small ＊step. <u>What can you do now?</u>

〔注〕 cause 〜……〜を引き起こす　　desert……砂漠

environmentally friendly……環境にやさしい　　step……一歩

〔条件〕 下線部の質問に対するあなたの考えを，その理由が伝わるように書きなさい。

〔記入上の注意〕

① 【記入例】にならって，解答欄の下線＿＿＿の上に1語ずつ書きなさい。

・符号（, . ? ! など）は語数に含めません。

・50語を超える場合は，解答欄の破線＿＿＿で示された行におさまるように書きなさい。

② 英文の数は問いません。

③ 【下書き欄】は，必要に応じて使ってかまいません。

【記入例】

| Hi! | I'm | Nancy. | I'm | from |
| America. | Where | are | you | from? |

| is | April | 2, | 2004. | It |
| is Ken's birthday, too. | | | | 50語 |

_____ _____ _____ _____

_____ _____ _____ _____

_____ _____ _____ _____

_____ _____ _____ _____

_____ _____ _____ _____

_____ _____ _____ _____ 40語

_____ _____ _____ _____

_____ _____ _____ _____ 50語

＜放送を聞いて答える問題台本＞

※「チャイム」

これから「放送を聞いて答える問題」を始めます。

問題用紙の第1ページ，第2ページを見てください。問題は，No.1〜No.7の全部で7題あり，放送はすべて英語で行われます。放送される内容についての質問にそれぞれ答えなさい。No.1〜No.6は，質問に対する答えとして最も適切なものを，A〜Dの中から1つずつ選び，その記号を書きなさい。No.7は，それぞれの質問に英語で答えなさい。放送中メモを取ってもかまいません。各問題について英語は2回ずつ放送されます。

では，始めます。

Look at No.1 to No.3 on page 1.

Listen to each talk, and choose the best answer for each question.

Let's start.

No. 1

A： I bought a DVD of the movie you wanted to watch, Haruko.　Can you come to my house to watch it today?

B： Sorry, I can't.　I have a lot of math homework.　I have to do it today.

A： Oh, I see.　How about tomorrow?

B： That sounds good, thanks.

Question： What does Haruko have to do today?

（会話と質問を繰り返します。）

No. 2

A : Dad, where are the animal books ?
B : I think they are over there.   I'll look for books about cooking.
A : OK.   How many books can we borrow here ?
B : You can borrow ten books for two weeks.

Question :   Where are they talking ?

（会話と質問を繰り返します。）

No. 3

A : Oh, that's my classmate over there.
B : Which one, Eri ?   Is your classmate the girl talking with the boy ?
A : No, that's not her.   My classmate is the girl standing next to the boy with a book.
B : Oh, I see.

Question :   Which one is Eri's classmate ?

（会話と質問を繰り返します。）

Look at No. 4 and No. 5 on page 2.
Listen to each situation, and choose the best answer for each question.
Let's start.

No. 4

Lisa went shopping and wanted to get a new T-shirt.
She found a T-shirt she wanted at a store.
She tried it on, but it was too small for her.

Question :   What will Lisa say to the person working at the store ?

（英文と質問を繰り返します。）

No. 5

When Tom was walking to class, he saw his teacher, Ms. Green.
   She was trying to go into a classroom, but she was carrying a lot of notebooks, so she couldn't open the door.
   Tom wanted to help her.

Question : What will Tom say to Ms. Green ?

（英文と質問を繰り返します。）

Look at No. 6.

Listen to Mr. Smith, a teacher at English Summer School. He is talking about the plans for school on the first day. Choose the best answer for questions 1, 2 and 3.

Let's start.

Welcome to English Summer School. I'm sure you'll enjoy studying English. First, let's talk about today's plan. You'll have three classes this morning. Each class is fifty minutes long. Your first class will begin at nine thirty. In your first class, I'll show you around the school. In your second class, you'll do a few activities like playing games and singing songs. When you talk with the other students, please talk in English. Your second class will be in classroom No. 8. It's on the third floor of building 1. You're in building 3 now, so you need to go to building 1. In your third class, you'll have an English listening test. After that you'll have lunch from twelve thirty to one twenty. You'll have lunch in the lunch room. It's on the first floor of this building. After lunch, you'll visit the Science Museum. Please be at the bus stop by one thirty-five. The bus stop is near the gym. In your class tomorrow, you will talk about your favorite things at the museum. Finally, try to talk with your friends a lot in English. It is a great way to learn English.

Question 1 : How long is each class in the morning ?

Question 2 : Where is the lunch room ?

Question 3 : What will the students do in class tomorrow ?

（案内と質問を繰り返します。）

Look at No. 7.

Listen to the talk between Tom and his friend, Megumi, and read the questions. Then write the answer in English for questions 1, 2 and 3.

Let's start.

Tom : Hi, Megumi. Are you free on Sunday ? I want to go shopping. Can you come with me ?

Megumi : Oh, I'm going to my sister's school festival in the morning. Would you like to go ? We can go shopping after the school festival.

Tom : That sounds great. I've never been to a school festival in Japan.

Megumi : I'm sure you'll like it. By the way, what are you going to buy ?

Tom :   I'm going to buy a present for my grandmother in London.   Her birthday is
          next month.   Last year, I gave her a lot of flowers.   She likes Japanese culture,
          so I'm looking for something nice from Japan.
Megumi : Well, how about *furoshiki*?   They are very useful for carrying clothes or
          other things.   There are a lot of different colors, so I'm sure you'll find one she
          will like.
Tom :   That's perfect!
Megumi : We have to arrive at the station by nine forty on Sunday.   So, I'll meet you
          at your house ten minutes before that.
Tom :   OK.   See you then.

（会話を繰り返します。）

以上で「放送を聞いて答える問題」を終わります。では，ほかの問題を始めてください。

（注意）　答えに根号を含む場合は，根号をつけたままで答えなさい。

1　次の各問に答えなさい。（42点）

(1)　$\dfrac{1}{2}(3x-y)-\dfrac{4x-y}{3}$　を計算しなさい。（4点）

(2)　$x=2+\sqrt{3}$，$y=2-\sqrt{3}$　のとき，$\left(1+\dfrac{1}{x}\right)\left(1+\dfrac{1}{y}\right)$　の値を求めなさい。（4点）

(3)　2次方程式　$2(x-2)^2-3(x-2)+1=0$　を解きなさい。（4点）

(4)　x と y についての連立方程式　$\begin{cases} ax+by=11 \\ ax-by=-2 \end{cases}$　の解が $x=3$，$y=-4$ であるとき，a，b の
　値を求めなさい。（4点）

(5)　1から6までの目が出る大小1つずつのさいころを同時に1回投げ，大きいさいころの出た
　目の数を a，小さいさいころの出た目の数を b とします。このとき，$\dfrac{a}{b}$ の値が　$\dfrac{1}{3}\leqq\dfrac{a}{b}\leqq3$
　になる確率を求めなさい。
　　ただし，大小2つのさいころは，どの目が出ることも同様に確からしいものとします。（5点）

(6)　関数　$y=\dfrac{6}{x}$　について述べた次の**ア〜エ**の中から，**誤っているもの**を1つ選び，その記号
　を書きなさい。（5点）

　ア　この関数のグラフは，点 $(2, 3)$ を通る。

　イ　この関数のグラフは，原点を対称の中心として点対称である。

　ウ　$x<0$ の範囲で，変化の割合は一定である。

　エ　$x<0$ の範囲で，x の値が増加するとき，y の値は減少する。

(7)　右の図のような，底面の半径が3cm，高さが4cmの円錐がありま
　す。この円錐の表面積を求めなさい。
　　ただし，円周率はπとします。（5点）

(8)　次の表は，8人の生徒がバスケットボールのフリースローをそれぞれ10回行い，成功した回
　数を記録したものですが，表の一部が汚れたためHさんの記録がわからなくなってしまいまし
　た。8人のフリースローが成功した回数の平均値と中央値が等しいことがわかっているとき，
　Hさんのフリースローが成功した回数を求めなさい。（5点）

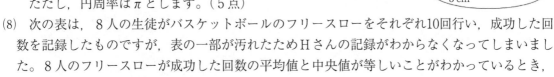

生徒	A	B	C	D	E	F	G	H
回数	7	6	8	5	10	8	9	

(9) ある中学校で，全校生徒600人が夏休みに読んだ本の1人あたりの冊数を調べるために，90人を対象に標本調査を行うことにしました。次の**ア〜エ**の中から，標本の選び方として最も適切なものを1つ選び，その記号を書きなさい。また，それが最も適切である理由を説明しなさい。（6点）

ア 3年生全員の200人に通し番号をつけ，乱数さいを使って生徒90人を選ぶ。

イ 全校生徒600人に通し番号をつけ，乱数さいを使って生徒90人を選ぶ。

ウ 3年生全員の200人の中から，図書室の利用回数の多い順に生徒90人を選ぶ。

エ 全校生徒600人の中から，図書室の利用回数の多い順に生徒90人を選ぶ。

2 次の各問に答えなさい。（12点）

(1) 下の図のように，円Oと，この円の外部の点Pがあります。点Pを通る円Oの接線を，コンパスと定規を使って1つ作図しなさい。

ただし，作図するためにかいた線は，消さないでおきなさい。（5点）

(2) 下の図のように，平行四辺形ABCDの頂点A，Cから対角線BDに垂線をひき，対角線との交点をそれぞれE，Fとします。

このとき，四角形AECFは平行四辺形であることを証明しなさい。（7点）

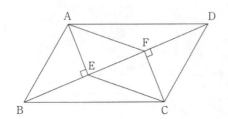

3 次は，AさんとBさんの会話です。これを読んで，下の各問に答えなさい。(11点)

> Aさん「あの電柱の高さは直角三角形の相似の考え方を使って求められそうだね。」
> Bさん「影の長さを比較して求める方法だね。」
> Aさん「電柱と比較するのに，校庭の鉄棒が利用できそうだね。」

(1) AさんとBさんが，鉄棒の高さと影の長さ，電柱の影の長さを測ったところ，鉄棒の高さは1.6m，鉄棒の影の長さは1.8m，電柱の影の長さは7.2mでした。このとき，電柱の高さを求めなさい。

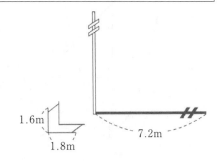

ただし，影の長さは同時刻に測ったものとし，電柱と鉄棒の幅や厚みは考えないものとします。また，電柱と鉄棒は地面に対して垂直に立ち，地面は平面であるものとします。(5点)

(2) AさんとBさんは，電柱よりも高い鉄塔の高さを求めようとしましたが，障害物があり，鉄塔の影の長さを測ることができませんでした。

そこで，Aさん，Bさん，鉄塔がこの順に一直線上になるような位置で，AさんとBさんが離れて立ち，水平の方向に対して鉄塔の先端を見上げる角度を測りました。

Aさんの目の位置から鉄塔の先端を見上げる角度は15°，Bさんの目の位置から鉄塔の先端を見上げる角度は30°とし，Aさん，Bさんの目の高さを1.5m，AさんとBさんの間の距離を50mとするとき，鉄塔の高さを求めなさい。

ただし，Aさん，Bさん，鉄塔は水平な同じ平面上に垂直に立っているものとし，それぞれの幅や厚みは考えないものとします。(6点)

4 右の図1において，曲線は関数 $y = \dfrac{1}{2}x^2$ のグラフで，曲線上に x 座標が -6，4である2点A，Bをとり，この2点を通る直線 l をひきます。

このとき，次の各問に答えなさい。(18点)

(1) 直線 l の式を求めなさい。(5点)

(2) 次のページの図2において，曲線上を点Aから点Bまで動く点Pをとり，点Pから x 軸と平行な直線をひき，直線 l との交点をQとします。また，点P，Qから x 軸へ垂線をひき，x 軸との交点をそれぞれR，Sとします。

このとき，次の①，②に答えなさい。

① 長方形 PRSQ が正方形になる点Pの座標を，途中の説明も書いて**すべて**求めなさい。(7点)

② △BPQ と △OPQ の面積比が1:3となる点Qの座標を，**すべて**求めなさい。(6点)

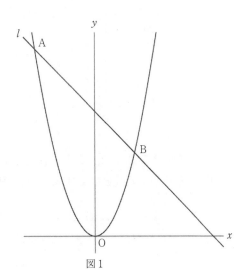

図1

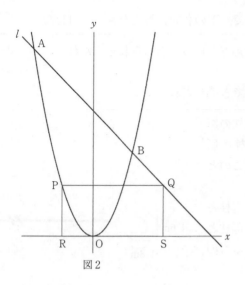

図2

5 下の図1は，正四角錐と立方体を合わせた立体で，頂点をそれぞれ，点P，A，B，C，D，E，F，G，Hとします。

PA＝AB＝2cm のとき，次の各問に答えなさい。(17点)

(1) この立体の体積を求めなさい。(5点)

(2) 辺AEとねじれの位置にある辺の本数を求めなさい。(5点)

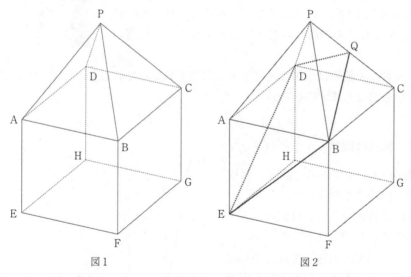

図1　　　　　　　　　　　　図2

(3) 上の図2のように，この立体を点E，B，Dを通る平面で切ります。点E，B，Dを通る平面と辺PCの交点をQとするとき，線分PQとQCの長さの比を，途中の説明も書いて求めなさい。(7点)

埼玉県　正答率

左段は正答，右段は一部正答。
（小数点第2位以下四捨五入）

〈学力検査〉

英語

大問	小問		正答	一部正答
1	No.1		96.0%	0.0%
	No.2		83.3%	0.0%
	No.3		47.4%	0.0%
	No.4		63.8%	0.0%
	No.5		61.4%	0.0%
	No.6	(1)	53.8%	0.0%
		(2)	37.7%	0.0%
		(3)	67.2%	0.0%
	No.7	(1)	17.9%	8.8%
		(2)	38.9%	10.3%
		(3)	9.4%	19.1%
2	A		42.6%	10.6%
	B		64.7%	5.8%
	C		7.6%	30.1%
	D		61.4%	8.2%
3	問1		43.2%	2.1%
	問2		66.3%	0.0%
	問3		76.3%	0.0%
	問4		20.1%	1.8%
	問5		10.9%	10.3%
	問6		61.7%	0.0%
4	問1		65.7%	0.0%
	問2		80.5%	0.0%
	問3		61.7%	0.0%
	問4		59.0%	0.0%
	問5		19.5%	1.2%
	問6		57.1%	16.7%
	問7		25.8%	42.2%
	問8		17.6%	10.0%
5	問1		62.3%	0.0%
	問2		69.3%	0.0%
	問3		11.6%	60.2%

数学

大問	小問		正答	一部正答
1	(1)		97.3%	0.0%
	(2)		92.1%	0.0%
	(3)		91.8%	0.0%
	(4)		87.5%	0.0%
	(5)		89.7%	0.0%
	(6)		89.7%	0.0%
	(7)		84.2%	1.2%
	(8)		78.1%	0.0%
	(9)		90.9%	0.0%
	(10)		70.5%	0.0%
	(11)		82.7%	0.0%
	(12)		62.9%	0.0%
	(13)	①	75.1%	0.0%
		②	58.1%	0.0%
	(14)		74.5%	0.0%
	(15)	①	89.1%	0.0%
		②	69.3%	0.0%
	(16)		56.2%	29.2%
2	(1)		62.9%	4.0%
	(2)		19.1%	49.5%
3	(1)		75.7%	0.0%
	(2)		17.9%	0.3%
4	(1)		56.2%	0.6%
	(2)	①	1.5%	13.1%
		②	0.6%	4.9%

国語

大問	小問		正答	一部正答
一	問1		80.4%	0.0%
	問2		43.5%	35.0%
	問3		76.6%	0.0%
	問4		31.7%	35.7%
	問5		46.8%	0.0%
二	問1	(1)	75.2%	0.0%
		(2)	56.7%	0.0%
		(3)	94.3%	0.0%
		(4)	80.9%	0.0%
		(5)	67.6%	0.0%
	問2		58.2%	0.0%
	問3		72.8%	0.0%
	問4	(1)	70.7%	0.0%
		(2)	59.8%	0.0%
		(3)	27.4%	0.2%
三	問1		60.8%	0.0%
	問2		61.0%	0.0%
	問3		35.2%	38.5%
	問4		48.5%	8.5%
	問5		3.3%	24.8%
四	問1		53.0%	0.9%
	問2		22.0%	5.2%
	問3		43.0%	0.0%
	問4		47.5%	12.1%
五			10.9%	83.5%

社会

大問	小問		正答	一部正答
1	問1		91.7%	2.6%
	問2		74.5%	0.2%
	問3		30.0%	0.0%
	問4		81.1%	12.8%
	問5		40.2%	9.0%
2	問1		62.9%	0.0%
	問2		61.9%	0.0%
	問3		58.4%	22.9%
	問4		61.2%	0.0%
	問5		70.7%	4.7%
3	問1		94.3%	0.2%
	問2		72.6%	0.0%
	問3		42.6%	0.0%
	問4		58.4%	0.0%
	問5		4.5%	43.5%
4	問1		36.6%	0.0%
	問2		12.3%	29.8%
	問3		28.6%	41.4%
	問4		22.2%	0.2%
	問5		38.1%	0.7%
5	問1		30.3%	0.7%
	問2		14.4%	8.5%
	問3	(1)	44.0%	15.1%
		(2)	85.1%	0.7%
	問4		55.8%	0.2%
	問5		41.8%	18.2%
	問6		46.3%	0.2%
	問7		69.5%	0.0%
	問8		22.7%	33.1%
6	問1		95.5%	0.0%
	問2		44.4%	0.0%
	問3		44.0%	0.0%
	問4		57.9%	0.0%
	問5		25.8%	36.9%

理科

大問	小問		正答	一部正答
1	問1		61.2%	0.0%
	問2		70.7%	0.0%
	問3		93.6%	0.0%
	問4		53.0%	0.0%
	問5		89.6%	0.0%
	問6		73.3%	0.0%
	問7		42.6%	0.5%
	問8		17.0%	0.9%
2	問1		76.8%	0.0%
	問2		30.7%	9.2%
	問3		45.4%	0.9%
	問4	(1)	29.6%	0.9%
		(2)	45.6%	4.7%
	問5		38.8%	0.0%
3	問1		70.9%	0.0%
	問2		83.7%	0.0%
	問3		82.0%	0.0%
	問4		64.8%	10.9%
	問5		59.1%	25.3%
	問6		43.3%	0.0%
4	問1		14.9%	2.1%
	問2		86.5%	0.0%
	問3		12.1%	13.5%
	問4		30.0%	0.0%
	問5		40.2%	0.0%
5	問1		9.7%	0.0%
	問2		65.0%	0.0%
	問3		68.6%	0.2%
	問4		3.8%	42.3%
	問5		23.4%	0.0%

〈学校選択〉

英語

大問	小問		正答	一部正答
1	No.1		99.4%	0.0%
	No.2		99.1%	0.0%
	No.3		87.2%	0.0%
	No.4		98.2%	0.0%
	No.5		97.3%	0.0%
	No.6	(1)	86.6%	0.0%
		(2)	25.5%	0.0%
		(3)	94.5%	0.0%
	No.7	(1)	77.8%	5.5%
		(2)	75.7%	10.0%
		(3)	34.3%	15.2%
2	問1		95.1%	0.0%
	問2		6.1%	50.2%
	問3		49.8%	34.7%
	問4		39.5%	8.5%
	問5		18.5%	2.4%
	問6	(1)	97.9%	0.0%
		(2)	85.7%	0.0%
	問7		21.9%	28.9%
3	問1	①	80.2%	0.0%
		②	63.2%	0.0%
		③	52.0%	0.0%
	問2		12.8%	42.2%
	問3	A	41.6%	2.1%
		B	33.7%	6.7%
	問4		54.1%	0.3%
	問5		11.6%	19.1%
	問6	(1)	63.2%	0.0%
		(2)	3.0%	1.5%
		(3)	27.1%	2.1%
4			7.0%	81.2%

数学

大問	小問		正答	一部正答
1	(1)		85.7%	0.0%
	(2)		45.6%	0.0%
	(3)		76.6%	0.9%
	(4)		77.2%	0.9%
	(5)		64.1%	0.0%
	(6)		77.5%	0.0%
	(7)		73.6%	0.0%
	(8)		60.5%	0.0%
	(9)		69.6%	28.0%
2	(1)		73.3%	0.3%
	(2)		36.5%	32.8%
3	(1)		92.7%	0.0%
	(2)		10.0%	0.0%
4	(1)		94.8%	0.0%
	(2)	①	10.3%	24.6%
		②	1.8%	7.0%
5	(1)		77.5%	0.0%
	(2)		23.1%	0.0%
	(3)		0.6%	0.9%

英語解答

1 No.1　D　　No.2　C　　No.3　A
　　No.4　B　　No.5　C
　　No.6　(1)…B　(2)…A　(3)…D
　　No.7　(1)　(例) go shopping
　　　　　(2)　flowers　(3)　the station

2 A　run　　　　B　December
　　C　rains　　　D　Wednesday

3 問1　showed us how to grow
　　問2　C　　問3　ア
　　問4　helping
　　問5　(例) to share the rice with
　　　　　Carol
　　問6　ウ

4 問1　エ　　問2　イ　　問3　ウ
　　問4　ア

問5　have never read them to the
　　　children
問6　(例)ゆっくりと絵本を読むこと。
問7　(例) I want to sing songs with
　　　children. I am good at singing
　　　songs.
問8　(例) When will you go

5 問1　21　　問2　エ
　　問3　①　(例) You should visit
　　　　　　　Japan in summer.
　　　　　②　(例) You can climb Mt. Fuji
　　　　　　　in summer. It is exciting
　　　　　　　to see the morning sun
　　　　　　　from the top of the
　　　　　　　mountain.

---

1 〔放送問題〕

No.1≪全訳≫ A：君が見たがっていた映画のDVDを買ったんだ，ハルコ。今日，僕の家に見に来られる？／B：ごめんなさい，行けないわ。数学の宿題がたくさんあって。今日やらないといけないのよ。／A：ああ，わかったよ。明日はどうかな？／B：それならいいわ，ありがとう。

　Q：「ハルコは今日，何をしなければならないか」―D

No.2≪全訳≫ A：お父さん，動物の本はどこ？／B：あそこにあるんじゃないか。父さんは料理の本を探すよ。／A：わかったわ。ここでは何冊の本が借りられるの？／B：10冊の本を2週間借りられるよ。

　Q：「彼らはどこで話しているか」―C

No.3≪全訳≫ A：あっ，あそこに私のクラスメートがいる。／B：どの人なの，エリ？　男の子としゃべっている女の子があなたのクラスメート？／A：ううん，彼女じゃないわ。私のクラスメートは，本を持っている男の子の隣に立っている女の子よ。／B：ああ，わかった。

　Q：「エリのクラスメートはどの人か」―A

No.4≪全訳≫ リサは買い物に行き，新しいTシャツを買いたいと思った。／彼女はある店で欲しかったTシャツを見つけた。／彼女はそれを試着したが，彼女には小さすぎた。

　Q：「リサは店で働いている人に何と言うだろうか」―B.「もっと大きいものはありますか？」
欲しかったTシャツのサイズが小さすぎたのだから，より大きいものを求めると考えられる。

No.5≪全訳≫ トムが授業に出ようと歩いていると，グリーン先生を見かけた。／彼女は教室に入ろうとしていたが，たくさんのノートを運んでいたので，ドアを開けられなかった。／トムは彼女を手伝いたいと思った。

　Q：「トムはグリーン先生に何と言うか」―C.「僕が先生の代わりにドアを開けますよ」　先生は教室に入ろうとしているが，ドアを開けられないのだから，ドアを開けますと伝えればよい。

No.6≪全訳≫ 夏の英語教室へようこそ。きっと英語の勉強を楽しめると思います。まず，今日の予

定を話しましょう。午前中は３つの授業があります。授業時間はそれぞれ50分です。１時間目の授業は９時30分に始まります。最初の授業では，学校を案内します。２時間目の授業では，ゲームをしたり歌を歌ったりといった活動をいくつか行います。他の生徒と話すときは，英語で話してください。２番目の授業は第８教室で行います。第１ビルの３階にあります。今，皆さんは第３ビルにいますから，第１ビルに行かなくてはなりません。３時間目の授業では，英語のリスニングテストがあります。その後は12時30分から１時20分まで昼食を食べます。昼食はランチルームで食べます。それはこのビルの１階にあります。昼食後，科学博物館に行きます。１時35分までにバス停に来てください。バス停は体育館のそばです。明日の授業では，博物館で気に入ったものについて話してもらいます。最後に，友達と英語でたくさん話してください。それは英語を学ぶとても良い方法です。

＜解説＞(1)「午前中の各授業の長さはどのくらいか」―Ｂ.「50分」　第５文参照。　　(2)「ランチルームはどこにあるか」―Ａ.「第３ビル」　第12，15，16文参照。今，第３ビルにいて，その１階にランチルームがある。　　(3)「明日の授業で生徒たちは何をするか」―Ｄ.「彼らは博物館で気に入ったものについて話す」　最後から３文目参照。

No.7 ≪全訳≫■トム（Ｔ）：やあ，メグミ。日曜日は空いてる？　買い物に行きたいんだ。僕と一緒に来てくれる？■メグミ（Ｍ）：ああ，午前中はお姉ちゃん〔妹〕の学園祭に行くの。あなたも来る？学園祭の後に買い物に行けばいいわ。■Ｔ：それはいいね。僕は日本で学園祭に行ったことがないんだ。■Ｍ：きっと気に入るわ。ところで，あなたは何を買うつもりなの？■Ｔ：ロンドンにいるおばあちゃんにプレゼントを買うつもりなんだ。彼女の誕生日が来月でね。去年はたくさんの花をあげたんだ。彼女は日本文化が好きだから，日本の何かいい物を探してるんだ。■Ｍ：じゃあ，風呂敷はどう？　服とか，他にも物を運ぶのにとても便利よ。いろいろな色があるから，彼女が気に入るものがきっと見つかるわ。■Ｔ：それはばっちりだね！■Ｍ：日曜日は９時40分までに駅に着かないといけないの。だから，その10分前にあなたの家に行くわね。■Ｔ：わかった。じゃあそのときに。

＜解説＞(1)「日曜日の学園祭の後，トムは何をするか」―「彼はプレゼントを買うために買い物に行くつもりだ」　第１段落第２文および第２段落最終文参照。　go shopping「買い物に行く」
(2)「去年トムは祖母に誕生日プレゼントとして何をあげたか」―「彼は彼女にたくさんの花をあげた」　第５段落第３文参照。　　(3)「トムとメグミは日曜日の９時40分までにどこに行かなくてはならないか」―「彼らは駅に行かなくてはならない」　第８段落第１文参照。

2 〔適語補充〕

Ａ.「走る」は run。　　Ｂ.「12月」は December。　　Ｃ. It が主語なので，「雨が降る」を表す動詞の rain に'３単現'の s をつける。なお，'条件'を表す if のまとまりの中では，未来の出来事も現在形で表す。　　Ｄ.「水曜日」は Wednesday。直前の by は「～までに」という'期限'を表している。

3 〔長文読解総合―物語〕

≪全訳≫■この前の５月，友達のキャロルと一緒に祖父の家に行った。そこでは，祖父が私たちにどうやって米を育てるかを教えてくれた。朝，キャロルと祖父と私は田んぼに行った。小さな田んぼには水だけが広がっていた。祖父は言った。「今日は，若い苗をいくつか植えよう。キャロル，君もやってみるかい？」　キャロルは驚いた。「うーん，私には難しいかもしれません」と彼女は言った。「簡単だよ。教えてあげるから」と彼は答えた。キャロルは言った。「わかりました。がんばります！」　私たちは稲を植え始めた。キャロルは大変そうだと思ったので，彼女に尋ねた。「大丈夫？　休みたい？」キャロルは言った。「ちょっと疲れたけど，大丈夫。お米を育てるのは大変な仕事ね！」

■正午近くになって，田んぼのそばでお昼ご飯を食べた。祖父は私たちのお昼ご飯におにぎりをつくっ

てくれた。cそのお米は私がふだん食べているものよりおいしかった！　私たちは田んぼでの仕事がとても大変だと学んだが，楽しい時間を過ごした。

❸秋のある日，祖父は私にお米を1袋送ってくれた。受け取るとすぐに，私は彼に電話をかけた。彼は言った。「手伝ってくれてありがとう。キャロルと分け合うんだよ」

❹次の日，私はそのお米のいくらかをキャロルに持っていった。彼女は言った。「これは私たちがあなたのおじいちゃんと一緒に植えたお米？　まあ！　来年も一緒に行きたいな！」

問1＜整序結合＞主語の my grandfather「私の祖父」に続けて，動詞 showed を置く。また，語群から，'how to＋動詞の原形'「～のやり方，方法」がつくれるとわかるので，how to grow とまとめる。showed は 'show＋人＋物事'「〈人〉に〈物事〉を示す，教える」の形で使い，'人' に us「私たち」，'物事' に how to grow を当てはめると，rice にうまくつながる。

問2＜適所選択＞補う文はお米を食べた感想になっているので，お昼ご飯におにぎりを食べている場面であるCが適切。

問3＜適語選択＞直前でミキコが「大丈夫？　休みたい？」と問いかけ，キャロルはこれに答えて「ちょっと（　　　）けど，大丈夫」と答えているのだから，tired「疲れている」が適する。

問4＜語形変化＞Thank you for ～ing で「～してくれてありがとう」。この～ing は動名詞である。

問5＜英問英答＞「ミキコの祖父は電話でミキコに何をするよう頼んだか」—「彼は彼女に米をキャロルと分け合うよう頼んだ」　第3段落最終文参照。'ask＋人＋to ～'「〈人〉に～するよう頼む」

問6＜内容真偽＞ア．「ミキコの祖父は若い苗を植えるためにミキコとキャロルを訪ねた」…×　第1段落第1文参照。ミキコとキャロルが祖父を訪ねた。　イ．「ミキコの祖父はミキコとキャロルに会いに来て，1袋のお米をくれた」…×　第3段落第1文参照。お米の袋は届けられたものである。　ウ．「ミキコとキャロルは彼女の祖父がつくったおにぎりを食べた」…○　第2段落第2文と一致する。　エ．「ミキコとキャロルは米づくりが簡単だと学んだ」…×　第2段落最終文参照。

④〔長文読解総合—対話文・Eメール〕

①**＜全訳＞❶**ミクとジョセフが話している。

❷ミク（M）：こんにちは，ジョセフ。今日は元気？

❸ジョセフ（J）：元気さ，ありがとう，ミク。君はどこに行くの？

❹M：子育て支援センターに行くのよ。

❺J：それは何？

❻M：小さい子どもたちと親たちのための場所よ。一緒に遊ぶことができて，親たちがそこで子育てについての助言をもらうこともできるの。

❼J：ああ，わかった。でも，どうして君がそこに行くの？　弟か妹がそこにいるの？

❽M：ううん。私には兄弟や姉妹はいないわ。センターには小さな子どもの面倒をみるボランティアが必要だから，そこで子どもたちを手伝うボランティアの仕事を始めたの。それに，私は保育園の先生になりたいから，私にとって本当にいい経験なのよ。

❾J：ああ，それはすごいね！　実は，僕もそういう仕事に興味があるんだ。そこでは君は何をしているの？

❿M：ふだんは子どもたちと遊んでるわ。子どもたちとお昼ご飯を食べて，本を読んであげるの。

⓫J：それはおもしろそうだね。機会があったらそこに行ってみたいな。僕もそこでボランティアができるかな？

⓬M：大丈夫だと思うわ。センターはボランティアを必要としているから，センターの職員にきいて，

今夜メールを送るわね。

⓭ J：ありがとう。

　　問1＜適語選択＞この問いかけに対してミクは「子育て支援センター」という場所を答えているの
　　　で，場所を尋ねる疑問詞 Where が適切。

　　問2＜内容一致＞「ミクが子育て支援センターに行くのは，（　　）からだ」─イ.「彼女がそこでボ
　　　ランティアとして子どもたちの世話をしている」　第8段落第3文参照。

②**≪全訳≫**❶その夜，ミクはジョセフにEメールを送る。

❷こんばんは，ジョセフ。センターの職員にあなたのことを話したわ。彼女はあなたがボランティア
になりたがっていると聞いて，本当に喜んでいたわよ。始めるには，申込用紙に記入して，それをセ
ンターに送らなくちゃいけないの。後で私が申込用紙をあなたに渡すわね。名前，電話番号，メール
アドレスなんかを書くだけでいいから。来月からボランティア活動を始めたかったら，始める前にセ
ンターで研修会に出る必要があるの。センターは駅からそれほど遠くないわ。駅に着いたら，郵便局
までまっすぐ行ってね。そこから歩き続けて，ツクシ川を渡った後，左へ曲がるの。それから川沿い
に歩くと，右側にセンターがあるわ。センターは公園の隣。だから，きっと見逃すことはないわ。ボ
ランティア活動の初日，センターで服を着替える必要はないけど，子どもたちと食べるお昼ご飯を持っ
てくるのを忘れないでね。そこではお金を使わなくていいから，必要のないお金は家に置いてくる
といいわ。がんばってね！

　　問3＜要旨把握＞第2段落第9〜12文参照。駅から郵便局の方向へ進んでツクシ川を渡り，左（地
　　　図では上）に曲がると，公園の隣にある**ウ**に着く。

　　問4＜内容一致＞「ボランティア活動の初日，ジョセフは（　　）を持ってこなければならない」─
　　　ア.「昼食」　第2段落最後から3文目参照。　Don't forget to 〜「忘れずに〜する」

③**≪全訳≫**❶翌月，研修会の後でジョセフはセンターに行き，センターの職員のアイダさんと会う。

❷ジョセフ（J）：僕は将来子どもに関する仕事をすることに興味があるので，ここでボランティア活
動をしたかったんです。

❸アイダさん（A）：ここには子どもがたくさんいるから，あなたはたくさんいい経験ができますよ。
ここにはとても小さい子どもたちもいるので，注意してくださいね。

❹J：わかりました。気をつけます。

❺A：いいですね！　さて，ここに英語で書かれている有名な日本のお話がいくつかあります。でも，
私たちはそれらを子どもたちに読んであげたことがないんです。これらの英語の絵本を読んであげて
はどうでしょう？

❻J：ああ，わかりました。彼らが英語でお話を聞いて喜んでくれるといいのですが。

❼A：この物語はとても人気があるものだから，子どもたちも気に入ると思いますよ。絵本はゆっく
り読んであげてくださいね。

❽J：わかりました。そうするようがんばってみます。今，お話を選んでもいいですか？

❾A：もちろんです。準備ができたら，始めてください。

❿J：わかりました！

　　問5＜整序結合＞「一度も〜ない」を表す never があることから，'have/has＋過去分詞' の現在
　　　完了を'経験'用法で用いて，これを never で否定すればよいとわかる。主語 we に続けて
　　　have never read とし，read の目的語として them を置く。この them は，前の文の some
　　　popular Japanese stories を指している。最後は「子どもたちに（読んであげる）」となるよう
　　　to the children とする。　read－read－<u>read</u>

問6＜指示語＞この文の do that「それをする」は，直前のアイダさんの read the picture books slowly を指しているので，ここを日本語に訳せばよい。「どのようなこと」と問われているので，文末は「こと」とする。

④＜全訳＞■その夜，ジョセフはミクにEメールを送る。

■やあ，ミク！　今日，僕は子育て支援センターに行って，そこでたくさんの子どもたちに出会ったよ。小さな子どもたちは僕が英語で読んだ絵本を楽しんで聞いてくれて，すばらしい時間を過ごしたんだ。泣いちゃった子もいたけど，アイダさんが僕をたくさん助けてくれてね。あそこで働くのが本当に気に入ったから，また行きたいな。子どもたちの世話をするのはとても大変だね！　でも，子どもたちと一緒に時間を過ごすのが一番大切だと思うよ。

■今度は，センターで何か他のことをしたいと思ってるんだ。何かいい考えはあるかな，ミク？　また近いうちに会おうね。

問7＜テーマ作文＞1文目では，want to ～ や would like to ～ などを用いて，「～したい」と自分の希望を述べる。2文目以降は，be good at ～「～が得意だ」などを使い，子どもたちを喜ばせるために自分のできることを書くとよい。解答例の訳は「私は子どもたちと一緒に歌を歌いたい。私は歌を歌うのが得意だ」。

問8＜適語句補充＞＜全訳＞■ジョセフ（J）：子どもたちの多くは本当に絵本を気に入ってたから，僕は彼らのために自分の絵本をつくろうと思ってるんだ。■ミク（M）：それはおもしろそうね！ (例)あなたはいつまたセンターに行くの？■J：今月末だよ。それまでに自分の絵本をつくりたいな。■M：ああ，そうね。できあがったら見てもいい？■J：もちろんさ！

＜解説＞続けてジョセフが今月末という時期を答えていることと，それまでにセンターの子どもに見せる絵本をつくると話していることから，センターを訪ねる時期を問う疑問文が適する。

⑤〔長文読解総合─Eメール〕

＜全訳＞■先週はEメールをありがとう。元気かい？

■この前の土曜日，イースター用の服を買いに家族と出かけたんだ。イースターって知ってる？　イースターはアメリカでは大切な祝日で，日づけは毎年変わるんだ。2019年は4月の第3日曜日だった。

■イースターの日には，多くの家族が新しい服を着てイースターエッグを買う。イースターエッグはイースターの象徴さ。アメリカの多くの家族がイースターエッグを用意して，多くの子どもたちは彼らのために家族が隠しておいたイースターエッグを探すのが大好きなんだ。僕には妹がいるから，今週は彼女のためにイースターエッグをいくつか準備するつもりさ。去年，僕はイースターエッグを庭に置いたんだけど，今年は家の中にイースターエッグを隠そうかな。それを隠すのにいい場所がたくさんあるんだ。例えば，テーブルの下や椅子の上，ドアの後ろに隠せる。妹はイースターエッグを探すのが大好きなんだよ。イースターがあるから，僕は春が一番好きだな。

■春はアメリカを訪れるのにいい季節だと思うよ。日本はどうだい？　もし僕が日本を訪ねるとしたら，どの季節に訪ねるべきかな？　近いうちに君に会えるといいね。

問1＜要旨把握＞第2段落最終文参照。

問2＜内容真偽＞ア…×　　イ…×　　ウ…×　　エ…○　第3段落最後から5～3文目参照。

問3＜テーマ作文＞1文目は，疑問文中の visit「～を訪れる」を生かし，'in＋季節' でよいと思う季節を書けばよい。2文目以降ではその理由として，その季節に楽しめる日本ならではの景色や行事などを，その魅力と併せて具体的に説明するとわかりやすい文になるだろう。解答例の訳は「①君は夏に日本を訪れるべきだ。②夏には富士山に登れる。山頂から朝日を見るのは楽しいよ」。

数学解答

1 (1) $2x$　　(2) 13　　(3) $4x^2$

(4) $x=1$　　(5) $-3\sqrt{2}$

(6) $(x-2)(x+6)$　　(7) $x=1,\ y=5$

(8) $x=\dfrac{5\pm\sqrt{13}}{6}$　　(9) $77°$

(10) 12　　(11) エ　　(12) ウ

(13) 高さ… 4 cm　体積… 12π cm³

(14) $\dfrac{5}{12}$

(15) 平均値… 6 回　中央値… 5 回

(16) 記号…イ

説明…(例)母集団から無作為に選ん
でいるので最も適切である。

2 (1) (例)

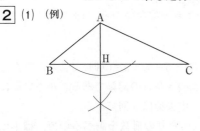

(2) (例)△ABE と△CDF において，
仮定から，
∠AEB＝∠CFD＝90°……①
平行四辺形の対辺はそれぞれ等しい
ので，AB＝CD……②
また，AB∥DC から錯角は等しい
ので，∠ABE＝∠CDF……③
①，②，③から，△ABE と△CDF
は直角三角形で，斜辺と1つの鋭角
がそれぞれ等しいので，
△ABE≡△CDF

3 (1) 6.4m　　(2) 26.5

4 (1) $y=-x+12$

(2) ① $\left(3,\ \dfrac{9}{2}\right),\ (-4,\ 8)$

② $(0,\ 12),\ (6,\ 6)$

---

1 〔独立小問集合題〕

(1)＜式の計算＞与式＝$(7-5)x=2x$

(2)＜数の計算＞与式＝$10+3=13$

(3)＜式の計算＞与式＝$\dfrac{6x\times 2xy}{3y}=4x^2$

(4)＜一次方程式＞$5x-2x=6-3$，$3x=3$　∴$x=1$

(5)＜平方根の計算＞与式＝$\sqrt{3^2\times 2}-6\sqrt{2}=3\sqrt{2}-6\sqrt{2}=-3\sqrt{2}$

(6)＜因数分解＞和が4，積が-12となる2数は-2と6だから，与式＝$(x-2)(x+6)$である。

(7)＜連立方程式＞$6x-y=1$……①，$3x-2y=-7$……②とする。①×2より，$12x-2y=2$……①′
①′－②より，$12x-3x=2-(-7)$，$9x=9$　∴$x=1$　これを①に代入して，$6-y=1$，$-y=-5$
∴$y=5$

(8)＜二次方程式＞解の公式より，$x=\dfrac{-(-5)\pm\sqrt{(-5)^2-4\times 3\times 1}}{2\times 3}=\dfrac{5\pm\sqrt{13}}{6}$となる。

(9)＜図形―角度＞右図1のように，∠xの頂点を通り直線 l に平行な直線　図1
nを引き，∠a，∠bを定める。$l\parallel n$，$n\parallel m$ より，錯角は等しいから，
∠$a=45°$，∠$b=32°$ となる。よって，∠$x=$∠$a+$∠$b=45°+32°=77°$で
ある。

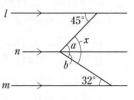

(10)＜関数―変化の割合＞関数 $y=2x^2$ について，$x=2$ のとき $y=2\times 2^2=8$，
$x=4$ のとき $y=2\times 4^2=32$ となるから，x の値が 2 から 4 まで増加する
ときの変化の割合は，$\dfrac{\text{〔}y\text{の増加量〕}}{\text{〔}x\text{の増加量〕}}=\dfrac{32-8}{4-2}=\dfrac{24}{2}=12$ である。

(11)＜図形―ねじれの位置にある辺＞辺 AB，AC，DE，DF は辺 AD と交わる。また，辺 BE，CF は

辺 AD と平行である。よって，辺 AD とねじれの位置にある辺は，これらの辺以外の辺 BC，EF である(解答はエ)。

(12)<関数―正誤問題>ア…正。関数 $y=\dfrac{6}{x}$ で，$x=2$ のとき，$y=\dfrac{6}{2}=3$ となるから，関数 $y=\dfrac{6}{x}$ のグラフは点(2, 3)を通る。　イ…正。　ウ…誤。変化の割合が一定になるとき，グラフは直線になる。　エ…正。

(13)<図形―長さ，体積>右図2のように，底面の円の中心を O，頂点を A，底面の円の周上の点を B とする。∠AOB=90°だから，円錐の高さは，△ABO で三平方の定理より，AO=$\sqrt{AB^2-BO^2}=\sqrt{5^2-3^2}=\sqrt{16}=4$(cm) である。また，体積は，$\dfrac{1}{3}\times\pi\times BO^2\times AO=\dfrac{1}{3}\times\pi\times 3^2\times 4=12\pi$(cm³) である。

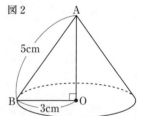

図2

5cm

3cm

(14)<確率―さいころ>大小2つのさいころを同時に1回投げるとき，目の出方は全部で 6×6=36(通り)あり，a，b の組も36通りある。このうち，$a>b$ となるのは，$b=1$ のとき $a=2$，3，4，5，6 の5通り，$b=2$ のとき $a=3$，4，5，6 の4通り，$b=3$ のとき $a=4$，5，6 の3通り，$b=4$ のとき $a=5$，6 の2通り，$b=5$ のとき $a=6$ の1通りあり，$b=6$ のとき a はないから，5+4+3+2+1=15 (通り)ある。よって，求める確率は $\dfrac{15}{36}=\dfrac{5}{12}$ となる。

(15)<資料の活用―平均値，中央値>平均値は，$(5+4+7+5+9)\div 5=30\div 5=6$(回)である。また，中央値は，5人の成功した回数の記録を小さい順に並べたときの3番目の記録である。小さい順に並べると，4，5，5，7，9となり，3番目は5回だから，中央値は5回である。

(16)<資料の活用―標本調査>全校生徒600人の読んだ本の1人当たりの冊数を調べるので，標本は，全校生徒から無作為に選ばなくてはならない。乱数さいを使って選ばれた生徒90人は無作為に選ばれているので，標本として適しているのはイとなる。図書室の利用回数の多い順に選んだ生徒90人では偏りが生じるので，標本としては適していない。説明は解答参照。

2 〔独立小問集合題〕

(1)<図形―作図>作図は，右図1で，まず，①点 A を中心とする円の弧をかき(辺 BC との2つの交点を D，E とする)，②2点 D，E を中心とする半径の等しい円の弧をかき(交点を F とする)，③2点 A，F を通る直線を引く。③の直線と辺 BC との交点が H である。解答参照。

図1

(2)<図形―論証>右図2で，∠AEB=∠CFD=90°であり，平行四辺形の対辺は等しいから，AB=CD である。直角三角形の合同条件より，他の辺か1つの鋭角が等しいことをいえばよい。AB∥DC の錯角に着目する。解答参照。

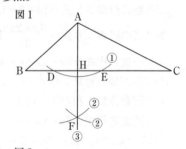

図2

3 〔平面図形―三角形〕

(1)<長さ―相似>右図1のように，鉄棒とその影がつくる三角形の頂点を C，D，E，電柱とその影がつくる三角形の頂点を F，G，H とする。影の長さは同時刻に測っているので，∠CED=∠FHG である。また，∠CDE=∠FGH=90°だから，2組の角がそれぞれ等しくなり，△CDE∽△FGH である。対応する辺の比は等しいから，CD：FG=DE：GH より，1.6：FG=2：8 が成り立つ。これより，FG×2=1.6×8，FG=6.4 となるので，電柱の高さは

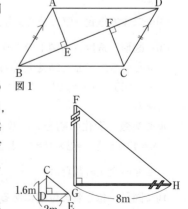

図1

1.6m

2m

8m

6.4m である。

(2)**＜長さ―特別な直角三角形＞**右図2のように，直線
A′B′ と PQ の交点を Q′ とする。△A′B′P で内角と
外角の関係より，∠A′PB′＝∠PB′Q′−∠PA′B′＝30°
−15°＝15°だから，∠A′PB′＝∠PA′B′となり，PB′
＝A′B′＝AB＝50 である。また，四角形 AA′Q′Q は
長方形となるから，∠B′Q′P＝90°，QQ′＝AA′＝1.5

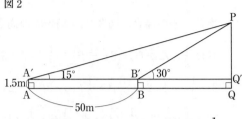

図2

である。∠PB′Q′＝30°だから，△PB′Q′ は3辺の比が $1：2：\sqrt{3}$ の直角三角形となり，$PQ′＝\dfrac{1}{2}PB′$
$＝\dfrac{1}{2}×50＝25$ である。よって，PQ＝PQ′＋QQ′＝25＋1.5＝26.5(m)である。

4 〔関数―関数 $y＝ax^2$ と直線〕

(1)**＜直線の式＞**右図1で，A(−6，18)，B(4，8)より，直線 l の傾き
は $\dfrac{8−18}{4−(−6)}＝\dfrac{−10}{10}＝−1$ となるから，直線 l の式は $y＝−x+k$ と
おける。点Aが直線 l 上の点であることより，$x＝−6$，$y＝18$ を代
入すると，18＝−(−6)+k，k＝12 となる。よって，直線 l の式は
$y＝−x+12$ である。

図1

(2)**＜点の座標＞**①右図1で，点Pの x 座標を t とおくと，点Pは放物

線 $y＝\dfrac{1}{2}x^2$ 上の点だから，$y＝\dfrac{1}{2}t^2$ となり，$P\left(t，\dfrac{1}{2}t^2\right)$ と表される。

PQ と x 軸は平行だから，点Qの y 座標は $\dfrac{1}{2}t^2$ となり，点Qは直線 $y＝−x+12$ 上にあるから，

$\dfrac{1}{2}t^2＝−x+12$，$x＝12−\dfrac{1}{2}t^2$ となり，$Q\left(12−\dfrac{1}{2}t^2，\dfrac{1}{2}t^2\right)$ と表される。よって，2点P，Q の x 座標

より，$PQ＝12−\dfrac{1}{2}t^2−t$ である。また，PR は x 軸に垂直だから，点Pの y 座標より，$PR＝\dfrac{1}{2}t^2$ で

ある。四角形 PRSQ が正方形のとき，PQ＝PR だから，$12−\dfrac{1}{2}t^2−t＝\dfrac{1}{2}t^2$ が成り立つ。これを解

くと，$t^2+t−12＝0$，$(t−3)(t+4)＝0$ より，$t＝3，−4$ となる。点Pは放物線 $y＝\dfrac{1}{2}x^2$ 上を点Aか

ら点Bまで動く点だから，$−6<t<4$ であり，t の値はともに適する。したがって，$t＝3$ のとき

$\dfrac{1}{2}t^2＝\dfrac{1}{2}×3^2＝\dfrac{9}{2}$，$t＝−4$ のとき $\dfrac{1}{2}t^2＝\dfrac{1}{2}×(−4)^2＝8$ だから，求める点Pの座標は，$\left(3，\dfrac{9}{2}\right)$，

$(−4，8)$である。

②△BPQ と△OPQ の面積比が1：3になるとき，(i)右図2のよう
に点Qの y 座標が点Bの y 座標より大きいとき，(ii)次ページの図3
のように点Qの y 座標が点Bの y 座標より小さいときの2つの場合
が考えられる。(i)の場合，図2で，点Pの x 座標を t とすると，①
より，$P\left(t，\dfrac{1}{2}t^2\right)$ と表される。△BPQ と△OPQ は，共通の辺 PQ
を底辺と見ると，面積の比は高さの比に等しいから，高さの比が

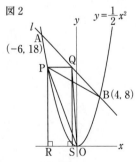

図2

1：3となる。△BPQ の高さは，2点P，Bの y 座標より，$\dfrac{1}{2}t^2−8$

と表され，△OPQ の高さは $\dfrac{1}{2}t^2$ だから，$\left(\dfrac{1}{2}t^2−8\right)：\dfrac{1}{2}t^2＝1：3$ が成り立つ。これを解くと，

$\left(\dfrac{1}{2}t^2−8\right)×3＝\dfrac{1}{2}t^2×1$，$\dfrac{3}{2}t^2−24＝\dfrac{1}{2}t^2$，$t^2＝24$ である。①より，$Q\left(12−\dfrac{1}{2}t^2，\dfrac{1}{2}t^2\right)$ と表されるから，

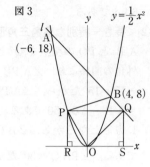

図3

$12 - \dfrac{1}{2}t^2 = 12 - \dfrac{1}{2} \times 24 = 0$, $\dfrac{1}{2}t^2 = \dfrac{1}{2} \times 24 = 12$ となり，Q(0，12)である。(ii)の場合，図3で，△BPQ の高さは $8 - \dfrac{1}{2}t^2$，△OPQ の高さは $\dfrac{1}{2}t^2$ だから，$\left(8 - \dfrac{1}{2}t^2\right) : \dfrac{1}{2}t^2 = 1 : 3$ が成り立ち，$\left(8 - \dfrac{1}{2}t^2\right) \times 3 = \dfrac{1}{2}t^2 \times 1$，$24 - \dfrac{3}{2}t^2 = \dfrac{1}{2}t^2$，$-2t^2 = -24$，$t^2 = 12$ である。これより，$12 - \dfrac{1}{2}t^2 = 12 - \dfrac{1}{2} \times 12 = 6$，$\dfrac{1}{2}t^2 = \dfrac{1}{2} \times 12 = 6$ となるから，Q(6，6)である。以上より，求める点Qの座標は，(0，12)，(6，6)となる。

社会解答

1 問1　太平洋，大西洋　　問2　ウ
　問3　イ
　問4　(例)降水量が少なく，植物がほとんど育たない気候である。
　問5　ア，オ

2 問1　やませ　　問2　エ
　問3　名称…扇状地
　　　説明　(例)果樹園に利用されている。
　問4　ア　　問5　イ，ウ，エ

3 問1　卑弥呼　　問2　ア　　問3　ウ
　問4　イ
　問5　名称…武家諸法度
　　　説明　(例)将軍から1万石以上の領地を与えられた武士のこと。

4 問1　ア→ウ→イ→エ
　問2　人物名…孫文　記号…ウ
　問3　説明　(例)満25歳以上の男子が持

つこととされた。
　　　記号…イ
　問4　ア　　問5　日中共同声明

5 問1　エ→イ→ア→ウ　　問2　ア，オ
　問3　(1)　(例)得票数に応じて各政党の議席数を決める
　　　(2)…エ
　問4　公正取引委員会
　問5　(例)一般の銀行に対して，資金の貸し出しや預金の受け入れを行う。〔一般の銀行との間で国債などの売買を行う。〕
　問6　ウ　　問7　イ
　問8　Q…京都　R…パリ

6 問1　ザビエル　　問2　カ
　問3　ウ→エ→イ→ア　　問4　エ
　問5　(例)地方税の割合が低く，財政格差を抑えるために国から配分される地方交付税交付金の割合が高い。

---

1 〔世界地理―世界の姿と諸地域〕

問1＜北アメリカ大陸が面する海洋＞三大洋とは，太平洋，大西洋，インド洋のことである。アメリカ合衆国がある北アメリカ大陸は，西側が太平洋に，東側が大西洋に面している。

問2＜地球上の位置＞D，Eは西経で表示される地域(西半球)に位置し，A，B，Cは東経で表示される地域(東半球)に位置する(ウ…○)。なお，南半球に位置するのはC，Eの2つである(ア…×)。ユーラシア大陸に位置するのはBのみである(イ…×)。世界の時刻は，180度の経線にほぼ沿って引かれた日付変更線のすぐ西側が最も早く，そこから西へ行くほど遅れていくため，C→B→A→E→Dの順に1月1日を迎える(エ…×)。

問3＜地図の図法と見方＞地図2は，中心(東京)からの距離と方位が正しく表される正距方位図法で描かれており，中心から見て上が北，下が南，右が東，左が西となる。地図1中のEの地点は，地図2中では東京の右に位置するため，東京から見たEの地点の方位は東となる。

問4＜砂漠気候の特徴＞グラフの降水量に着目すると，年間を通してほとんど雨が降らないことがわかる。また，資料を見ると，砂漠が広がっていて植物はほぼ見られないことがわかる。乾燥帯の砂漠気候に属する地域では，降水量が非常に少ないために植物がほとんど生育せず，水の湧き出るオアシスの周辺でわずかな樹木や草が見られるのみとなっている。

問5＜資料の読み取り＞(輸出総額)×(輸出総額に占める金の割合)÷100で各国の金の輸出額を計算すると，オーストラリアが約14033百万ドルで最も多い(ア…○)。1人あたりのGNIが最も多いのはアメリカ合衆国である。(輸入総額)−(輸出総額)でアメリカの貿易赤字額を計算すると，797752百万ドルで，5か国において最も多い(オ…○)。なお，アと同様の計算をすると，アメリカの原油の輸入額は2248209百万×4.8÷100＝107914.03…百万より約107914百万ドル，石油製品の輸出額は1450457百万×4.6÷100＝66721.02…百万より約66721百万ドルとなり，原油の輸入額は石油製品の輸出額の2倍に満たない(イ…×)。エジプトの輸入総額に占める機械類(16.4%)と自動車(7.8%)の割合の合計は24.2%である(ウ…×)。5か国において，1人あたりのGNIが50000ドルを超えている

国はオーストラリアとアメリカであり，このうちアメリカの主な輸出品（上位3品目）に鉱産資源は含まれていない（エ…×）。

2 〔日本地理—日本の諸地域，地形図〕

問1＜やませ＞やませは，夏に寒流の親潮〔千島海流〕の上を通って東北地方の太平洋側に吹く，冷たく湿った北東の風である。やませが吹くと，冷気や霧の発生によって気温が下がったり日照時間が短くなったりするため，稲などの農作物が十分に育たなくなる冷害が起こることがある。

問2＜日本の気候＞埼玉県，長野県，石川県の県庁所在地は，それぞれさいたま市，長野市，金沢市である。さいたま市は太平洋側の気候，長野市は中央高地の気候，金沢市は日本海側の気候に属する。したがって，冬の降水量が多いⅠは金沢市，年間降水量が少なく冬の寒さが厳しいⅡは長野市，夏の降水量が比較的多いⅢはさいたま市のグラフとなる。

問3＜扇状地と土地利用＞扇状地は，川が山間部から平地に出た所に土砂がたまってつくられた扇形の地形である。特にことわりのないかぎり，地形図上では上が北となる。地図2を見ると，東部に位置する山地の間から川が流れ出て，そこから西へ向かって扇状地が形成されていることがわかる。また，この扇状地には果樹園（ㅇ）が広がっていることも読み取れる。扇状地は，土砂の粒が大きいため水はけがよく，果樹栽培に適している。

問4＜都道府県の農業産出額の割合＞Aは，大消費地である東京に近いために近郊農業が盛んな埼玉県で割合が高いことから，野菜である。Bは，冬の積雪量が多く水田単作地帯となっている北陸に位置する石川県で割合が高いことから，米である。Cは，りんごの収穫量が全国第2位（2017年）である長野県で割合が高いことから，果実である。

問5＜地形図の読み取り＞地図3は縮尺が2万5千分の1の地形図であり，C地点からD地点までの地形図上の長さが7cmであることから，実際の距離は，7cm×25000＝175000cm＝1750mとなる（イ…○）。特にことわりのないかぎり地形図上では上が北となるので，E地点から見たF地点の方位は南西となる（ウ…○）。G地点には図書館（⬚）が見られる（エ…○）。なお，日川に沿って周辺の標高を確認していくと，A付近よりもB付近の方が標高が高いことから，日川はB地点からA地点に向かって流れている（ア…×）。縮尺が2万5千分の1である地図3の等高線では，主曲線が10mごとに，やや太い実線である計曲線が50mごとに引かれていることから，H地点の標高は700m，Ⅰ地点の標高は800mとなる（オ…×）。

3 〔歴史—古代～近世の日本と世界〕

問1＜卑弥呼＞邪馬台国があったⅠは弥生時代である。中国の歴史書である「三国志」魏書の魏志倭人伝の記述によると，3世紀の倭（日本）には邪馬台国があり，30あまりの小国を従えていた。邪馬台国の女王である卑弥呼は，魏に使者を送り，皇帝から「親魏倭王」の称号や金印，銅鏡などを授けられた。

問2＜平安時代の文化＞最澄と空海が唐から仏教を日本に伝えたのは9世紀の初めなので，Ⅱは平安時代である。平安時代には，日本の生活や風土に合った国風文化が栄え，紀貫之らが編さんした『古今和歌集』や清少納言の『枕草子』，紫式部の『源氏物語』など，かな文字を用いた文学作品が生まれた。また，日本の自然や風俗を描いた大和絵が描かれ，資料1の「源氏物語絵巻」などの作品が生み出された。なお，bと資料2は，室町時代の東山文化に関する内容である。

問3＜鎌倉時代の世界の出来事＞北条時宗は鎌倉幕府第8代執権である。よって，Ⅲは鎌倉時代（12世紀末～14世紀前半）である。Ⅲの文中の「元の皇帝」とはフビライ＝ハンを指す。フビライが政治を行った13世紀後半には，イタリアの商人であったマルコ＝ポーロが元を訪れた。なお，ローマ帝国が東西に分裂したのは4世紀末，宗教改革が始まったのは16世紀前半である。

問4＜室町時代の社会＞足利義満は室町幕府第3代将軍である。よって，Ⅳは室町時代である。室町時代の農村では，有力な農民を中心に惣と呼ばれる自治組織がつくられた。惣では寄合と呼ばれる会議が開かれ，用水や森林の管理などに関するおきてや村の運営方針などが定められた。なお，アは飛鳥時代に行われた大化の改新の説明であり，ウは奈良時代，エは江戸時代の様子を述べたもの

である。

問5＜大名の統制＞名称．中国とオランダだけに貿易を認めた鎖国を行ったのは江戸幕府である。よ
って，Ｖは江戸時代である。武家諸法度は，江戸幕府が大名を統制するために定めた法で，原則と
して将軍の代替わりごとに出されるようになった。第３代将軍徳川家光のときに出された資料３の
武家諸法度では，１つ目の条文にある参勤交代の制度が初めて定められ，大名は１年おきに領地と
江戸を往復することを義務づけられた。　　説明．江戸時代の大名とは，将軍から１万石以上の領
地を与えられた武士を指す。大名の領地とその支配の仕組みを藩といい，幕府が藩を通じて全国の
土地と人々を支配する江戸時代の支配体制を幕藩体制と呼ぶ。

4 〔歴史―近代〜現代の日本と世界〕

問1＜年代整序＞年代の古い順に，ア(1868年)，ウ(1869年)，イ(1874年)，エ(1885年)となる。

問2＜辛亥革命＞日清戦争(1894〜95年)やその後の義和団事件(1900年)を通じて清(中国)の勢力は衰
え，中国は列強に進出され分割されていった。こうした中，中国国内では清を倒して漢民族の独立
と近代国家の建設を目指す動きが盛んになり，孫文が三民主義(民族の独立，政治的な民主化，民
衆の生活の安定)を掲げて革命運動を指導した。1911年，軍隊の反乱をきっかけに革命運動が全国
に広がり，多くの省が清からの独立を宣言した。翌1912年には，孫文を臨時大総統とする中華民国
が南京で建国された。これを辛亥革命という。なお，地図中のａは奉天(現在の瀋陽)，ｂは北京で
ある。

問3＜普通選挙法＞第二次護憲運動によって成立した加藤高明内閣は，1925年に普通選挙法を制定し
た。これにより，納税額による選挙権の制限が撤廃され，満25歳以上の全ての男子に選挙権が与え
られたため，グラフに見られるように1924年と比べて1928年では全人口に占める有権者の割合が大
きく増加した。なお，寺内正毅は米騒動(1918年)の責任を取って退陣した内閣総理大臣，原敬は寺
内内閣の後に初の本格的な政党内閣を組織した内閣総理大臣，犬養毅は五・一五事件(1932年)で暗
殺された内閣総理大臣である。

問4＜民法の改正＞第二次世界大戦後の日本では1946年に日本国憲法が公布された。新憲法の制定に
伴って行われた民法の改正により，男性を優位とする家制度に基づく家族制度が改められ，個人の
尊厳と男女の本質的平等に基づく新たな家族制度がつくられた。なお，イは1950年代半ば〜1970年
代初めの高度経済成長期の社会の様子，ウは1940年の出来事，エは1921〜22年の出来事である。

問5＜日中共同声明＞1972年，田中角栄内閣のときに日本と中国は日中共同声明を発表し，両国の国
交を正常化した。その後，1978年には日中平和友好条約が締結された。

5 〔公民―総合〕

問1＜衆議院解散から内閣発足までの流れ＞衆議院が解散された場合，解散の日から40日以内に衆議
院議員総選挙の投票が行われ(エ)，選挙の日から30日以内に特別会〔特別国会〕が召集される(イ)。
特別会では，新しい内閣総理大臣が指名される(ア)。その後，内閣総理大臣が国務大臣を任命し
(ウ)，新しい内閣が発足する。

問2＜司法制度＞第一審の判決に不服がある場合には第二審の裁判所に控訴し，第二審の判決に不服
がある場合には第三審の裁判所に上告することができる(イ…×)。裁判員制度の対象は殺人や強盗
致死傷などの重大な犯罪に関する刑事事件で，裁判員が参加する裁判は，地方裁判所で行われる第
一審のみである(ウ…×)。国が費用を負担してつける国選弁護人は，刑事裁判において，被疑者や
被告人が経済的な理由などで弁護人を依頼できない場合に選任される(エ…×)。

問3＜比例代表制，一票の格差＞(1)比例代表制は，それぞれの政党の得票数に応じて議席数を決める
選挙制度である。比例代表制は，死票(落選者に投票された票)が少なく，小政党でも比較的議席を
獲得しやすいという特徴がある。衆議院議員総選挙では，１つの選挙区から一人の議員を選出する
小選挙区制と比例代表制を組み合わせた小選挙区比例代表並立制がとられている。　　(2)「一票の
格差」は，議員一人あたりの有権者数が選挙区によって大きく異なることにより，有権者が投票す
る１票の価値に格差が生じているという問題である。議員一人あたりの有権者数が多いほど１票の

価値は軽くなり，反対に議員一人あたりの有権者数が少ないほど1票の価値は重くなる。したがって，この問題について説明するにはエの資料が適切となる。

問4＜公正取引委員会＞独占禁止法は，市場での自由な競争を促すため，独占や不公正な取り引きを禁じた法律である。独占禁止法の運用を行うための行政機関として公正取引委員会が設置されており，企業が価格協定（カルテル）を結ぶなどの独占や不公正な取り引きを行っていないか監視している。

問5＜日本銀行の役割＞日本の中央銀行である日本銀行は，紙幣（日本銀行券）を発行する「発券銀行」，政府の資金の出し入れを行う「政府の銀行」，一般の銀行に対して資金の貸し出しや預金の受け入れを行う，または一般の銀行との間で国債などを売買する「銀行の銀行」という3つの役割を持っている。

問6＜労働者の権利＞労働基準法は，労働条件の最低基準を定めた法律である。労働時間を週40時間以内，1日8時間以内とすること，1週間で最低1日を休日とすること，男女同一賃金とすることなどを定めている。また，ワーク・ライフ・バランスとは，「仕事と生活の調和」を意味し，仕事と家庭生活や地域生活とを両立し，どちらも充実させようという考え方である。

問7＜社会保障制度＞介護保険制度は，40歳以上の全ての国民が加入し，介護が必要になった場合に介護サービスを受けられる制度である（Y…誤）。

問8＜京都議定書とパリ協定＞1997年，京都市で気候変動枠組条約第3回締約国会議〔地球温暖化防止京都会議〕が開かれ，先進国に二酸化炭素などの温室効果ガスの排出削減を義務づけた「京都議定書」が採択された。しかし，排出削減義務を負う先進国と，工業化の進展で排出量が増加している発展途上国との間で利害が対立するなどの問題が生じていた。その後，2015年には，2020年以降の温室効果ガスの削減について定めた「パリ協定」が採択された。「パリ協定」では，発展途上国を含む全ての加盟国が排出削減目標を設定することが合意された。

6 〔三分野総合—「長崎と天草地方の潜伏キリシタン関連遺産」を題材とする問題〕

問1＜ザビエル＞イエズス会の宣教師でスペイン人のフランシスコ＝ザビエルは，キリスト教を伝えるために1549年に日本に来航し，鹿児島や山口，京都などで布教を行った。

問2＜バスコ＝ダ＝ガマとポルトガルの植民地＞15世紀末～16世紀のスペインやポルトガルは，貿易やキリスト教の布教を目的として新航路の開拓を進め，大航海時代の先がけとなった。ポルトガル人のバスコ＝ダ＝ガマは，1498年，ヨーロッパから大西洋を南下してアフリカ大陸南端の喜望峰を回り，インドに到達する航路を開拓した。また，ポルトガルは主にアフリカ大陸やインド，東南アジアなどに植民地を広げていった。なお，Aは1492～93年に大西洋を横断してカリブ海の島々に到達したコロンブスの航路，Bは16世紀前半に世界一周を達成したマゼランの船隊の航路，aはスペインの植民地の範囲である。

問3＜年代整序＞年代の古い順に，ウ（1917年），エ（1945年），イ（1956年），ア（1989年）となる。

問4＜長崎県の特色＞ア～オは，北海道，神奈川県，長崎県，新潟県，兵庫県のいずれかであり，わかりやすいものから特定していくとよい。面積が広く農業産出額が最も多いことから，オは，北海道である。人口と工業出荷額が最も多いことから，アは，神奈川県，神奈川県に次いで人口と工業出荷額が多いことから，イは，兵庫県である。米の産出額が最も多いことから，ウは，新潟県である。面積の大きさに対して海岸線の延長が長いことから，エは，島の多い長崎県である。

問5＜長崎県と福岡県の歳入の内訳＞地方税と地方交付税交付金に着目すると，長崎県は地方税の割合が福岡県に比べて低く，地方交付税交付金の割合が福岡県に比べて高いことがわかる。地方交付税交付金は，地方公共団体間の財政格差を是正するために国から配分される資金で，地方税収入の多い地方公共団体には少なく，地方税収入の少ない地方公共団体には多く配分される。福岡市などの大都市が多い福岡県に比べて，過疎化や高齢化の進む地域が多い長崎県は地方税収入が十分でないため，地方交付税交付金が多く配分されていることが読み取れる。

理科解答

1 問1 ウ 問2 ア 問3 エ
問4 イ 問5 月 問6 じん臓
問7 0.65g
問8

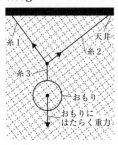

2 問1 露点
問2 （例）寒冷前線付近で寒気が暖気の下にもぐり込み，急激な上昇気流が生じるとき。
問3 （例）水滴や氷の粒が互いにぶつかって大きくなる。〔水滴や氷の粒が水蒸気を吸収して成長する。〕
問4 (1) 23
(2) 最も高い地点…熊谷
最も低い地点…札幌
問5 ウ
3 問1 エ 問2 （例）光が当たる
問3 デンプン
問4 Ⅰ…ア Ⅱ…イ

問5 蒸散量が多い方…葉の裏側
理由…（例）XとYを比較すると，葉の裏側にワセリンをぬったYの方が，水の減少量が少ないから。
問6 エ
4 問1 $H_2SO_4 + Ba(OH)_2$
　　　 $\longrightarrow BaSO_4 + 2H_2O$
問2 質量保存の法則
問3 （例）Y3 には，塩化ナトリウムが水に溶けているため，水中にイオンが多くあるのに対し，X3 には，硫酸バリウムが水に溶けないため，水中にイオンがないと考えられるから。
問4 ウ 問5 イ
5 問1 150Hz 問2 ア
問3 誘導電流
問4 記号…エ
Ⅲ…（例）電流の向きが交互に変わることによって，コイルをつらぬく磁界が変化し，固定された磁石によって，コイルが振動する
問5 5.1m

1 〔小問集合〕
問1＜堆積岩＞うすい塩酸をかけると，チャートは変化しないが，石灰岩からは二酸化炭素が発生する。また，チャートは非常にかたく，石灰岩はやわらかいため，こすり合わせると，石灰岩のみに傷がつく。よって，Aは誤，Bは正である。
問2＜染色体＞精子や卵ができるときには，染色体の数が半分になる減数分裂が起こる。そのため，体細胞の持つ染色体の数が8のとき，精子と卵が持つ染色体の数は半分の4になる。また，受精卵はこれらが合体してできるため，染色体の数はもとの体細胞の持つ染色体の数と同じ8になる。
問3＜ろ過＞ろ過するとき，液はガラス棒を伝わらせて注ぐ。また，ろうとのあしは，ビーカーの内側の壁につけておく。
問4＜陰極線＞陰極線は，－の電気を持った電子の流れであるから，－極から出て＋極に入る。よって，電極Aと電極Bのうち，－極なのは電極Aである。また，－の電気を持つ電子は＋極に引かれて曲がるから，電極Pと電極Qのうち，＋極が電極Pなので，－極は電極Qである。
問5＜皆既日食＞皆既日食とは，太陽と月，地球が，この順に一直線に並び，地球から見たときに月が太陽をかくす現象である。よって，図3のXの天体は月である。
問6＜じん臓＞ヒトの血液中の尿素などの不要な物質は，じん臓で血液中からこしとられ，尿となって体外に排出される。よって，図4のYはじん臓である。
問7＜化学変化と物質の質量＞表より，銅の粉末0.20gに化合した酸素の質量は0.25－0.20＝0.05(g)だ

から，銅と酸素が化合するときの質量の割合は，$0.20：0.05＝4：1$ となる。よって，銅の粉末 $2.60g$ に化合する酸素の質量を x g とすると，$2.60：x＝4：1$ が成り立つ。これを解くと，$x×4＝2.60×1$ より，$x＝0.65（g）$ となる。

問8 **＜力の分解＞** 糸3には，下向きにおもりが糸3を引く力がはたらいている。この力と，糸1，糸2にはたらく2力の合力がつり合っている。よって，糸の交点から上向きに重力と同じ長さの矢印をかき，その力を対角線とする長方形をつくると，長方形の2辺が糸3を引く力の分力となる。

2 〔気象とその変化〕

問1 **＜露点＞** 空気が冷やされていったとき，空気中の水蒸気が水滴に変わる温度を露点という。

問2 **＜積乱雲のでき方＞** 積乱雲は，激しい上昇気流により，垂直方向に発達した雲である。積乱雲は，寒冷前線付近で，寒気が暖気の下にもぐり込み暖気を激しく持ち上げるときに発達することが多い。

問3 **＜雨や雪＞** 水蒸気を含む空気は，上空で冷えると，空気中のちりなどを核にして水滴ができる。この水滴や氷の粒がぶつかると，くっついて粒はしだいに大きくなる。また，水滴や氷の粒が水蒸気を吸収して大きくなる。大きくなった粒は，上昇気流によって浮かんでいることができなくなり，落ちてくる。これが雨や雪である。

問4 **＜雲のでき方＞** (1)表1より，福岡の温度は34℃，湿度は55%である。表2より，気温が34℃のときの飽和水蒸気量は $37.6g/m^3$ だから，空気 $1m^3$ 当たりに含まれる水蒸気量は，〔空気 $1m^3$ 当たりに含まれる水蒸気量(g/m^3)〕＝〔その気温での飽和水蒸気量(g/m^3)〕$×\dfrac{〔湿度(\%)〕}{100}$ より，$37.6×\dfrac{55}{100}$ $＝20.68（g/m^3）$ となる。よって，露点は空気 $1m^3$ 当たりに含まれる水蒸気量が飽和水蒸気量となる気温だから，表2より，約23℃である。　　　(2)(1)より，福岡での露点は23℃だから，雲ができ始める高さは，$(34－23)×100＝1100（m）$ である。また，表1で，熊谷の温度は37℃，湿度は45%，表2で，気温が37℃のときの飽和水蒸気量は $43.9g/m^3$ より，空気 $1m^3$ 当たりに含まれる水蒸気量は，$43.9×\dfrac{45}{100}＝19.755（g/m^3）$ となる。よって，表2より，露点は約22℃だから，雲ができ始める高さは，$(37－22)×100＝1500（m）$ となる。したがって，表1より，雲ができ始める高さが最も高い地点は熊谷，最も低い地点は札幌である。

問5 **＜雲のでき方＞** 上昇した空気の体積が大きくなると，$1m^3$ 当たりに含まれる水蒸気量は少なくなる。つまり，体積が変わらないと考えたときに比べて湿度が低くなり，露点も低くなるため，雲ができ始める高さはより高くなる。

3 〔植物の生活と種類〕

問1 **＜双子葉類＞** 双子葉類の葉脈は，網目状になっている。よって，ア～エの中で，双子葉類に分類されるのはアジサイである。なお，葉脈が平行なチューリップとグラジオラスは単子葉類，イヌワラビは胞子でふえるシダ植物のなかまである。

問2 **＜葉のつき方＞** 植物の葉は，多くの葉に日光を受けて効率よく光合成を行うために，互いに重ならないようについている。

問3 **＜ヨウ素液＞** ヨウ素液は，デンプンと反応して青紫色に変化する。

問4 **＜光合成＞** 光合成が葉の緑色の部分で行われていることは，同様に光を当てた葉の緑色の部分①と，緑色ではないふの部分②の結果を比較するとわかる。また，光合成に光が必要であることは，同様に緑色で光を当てた①と，光を当てなかった③の結果を比較するとわかる。

問5 **＜蒸散量＞** 全ての葉の表側にワセリンをぬった枝Xは，葉の裏側と葉以外の部分から蒸散を行っている。全ての葉の裏側にワセリンをぬった枝Yは，葉の表側と葉以外の部分から蒸散を行っている。よって，表2より，枝Xの方が水の減少量が多いことから，蒸散量が多いのは葉の裏側である。

問6 **＜蒸散量＞** 枝Zは葉以外の部分からの蒸散量を表しているので，葉の裏側からの蒸散量は，XとZの水の減少量の差で求められ，$5.4－0.6＝4.8（cm^3）$ より，水の密度が $1g/cm^3$ だから，$4.8×1＝4.8（g）$ である。同様に，葉の表側からの蒸散量は，YとZの水の減少量の差より，$2.4－0.6＝1.8（cm^3）$ で，$1.8×1＝1.8（g）$ である。よって，葉の表側と裏側の蒸散量の合計は，$1.8＋4.8＝6.6（g）$ となる。

4 〔化学変化とイオン〕
問1＜中和反応＞うすい硫酸(H_2SO_4)にうすい水酸化バリウム($Ba(OH)_2$)水溶液を加えると，中和反応が起こり，水(H_2O)と塩（えん）として硫酸バリウム($BaSO_4$)ができる。化学反応式は，矢印の左側に反応前の物質の化学式，右側に反応後の物質の化学式を書き，矢印の左右で原子の種類と数が等しくなるように化学式の前に係数をつける。

問2＜質量保存の法則＞化学変化の前後で物質全体の質量が変わらないことを質量保存の法則という。

問3＜電流とイオン＞電流が流れる水溶液中にはイオンが存在する。硫酸に水酸化バリウム水溶液を加えてBTB溶液の色が緑色になったX3は，完全に中和して中性になったため，水溶液中に水素イオン(H^+)と水酸化物イオン(OH^-)は存在しない。また，中和によって生じた塩である硫酸バリウム($BaSO_4$)は水に溶けにくいため沈殿し，電離していない。そのため，X3にはイオンが存在せず，電流は流れない。一方，塩酸に水酸化ナトリウム水溶液を加えて緑色，つまり，中性になったY3には，H^+とOH^-は存在しないが，生じた塩である塩化ナトリウム($NaCl$)が電離している。よって，Y3には塩化物イオン(Cl^-)とナトリウムイオン(Na^+)が存在するため，電流は流れる。

問4＜塩＞塩酸中には水素イオン(H^+)と塩化物イオン(Cl^-)が同数存在し，これに水酸化ナトリウム水溶液を加えていくと，H^+は加えられた水酸化物イオン(OH^-)と結びついて水になり減少するが，Cl^-とナトリウムイオン(Na^+)は液中では電離したままなので，Cl^-はそのまま残り，Na^+は増加する。このように，Y1～Y3のいずれの液中にもCl^-とNa^+が存在する。また，BTB溶液の色が黄色のY1とY2は酸性で，液中にはCl^-とNa^+以外にH^+も存在し，BTB溶液の色が緑色のY3は中性で，液中にはCl^-とNa^+以外にイオンは存在しない。Y1とY2から水を蒸発させると，溶けている塩化水素(HCl)は気体なので，空気中に出て行き，後には純粋な塩である塩化ナトリウム($NaCl$)が残る。同様に，Y3から水を蒸発させると，純粋な塩である$NaCl$が残る。なお，$NaCl$は，温度によってあまり溶解度が変わらないため，冷却しても結晶を得ることはできない。

問5＜中和と濃度＞水酸化バリウム水溶液の濃度を2倍にすると，液中に含まれるイオンの数が2倍になるため，硫酸を中性にするために必要な質量は半分で，$22.5 \div 2 = 11.25$(g)となる。このとき，水酸化バリウム水溶液を加える前の硫酸中に存在する硫酸イオンの数は変わらないため，沈殿として生じる硫酸バリウムの質量は，実験1と同じ0.3gである。

5 〔身近な物理現象〕
問1＜振動数＞図1より，この音は，2目盛り分，つまり，0.02秒間に3回振動している。よって，振動数（1秒間に振動する回数）は，$3 \times (1 \div 0.02) = 150$(Hz)となる。

問2＜音の高さと波形＞音の高さが高くなると，振動数が多くなるため，波形の数が多くなる。ア～エの中で，波形の数が多くなっているのはアである。

問3＜誘導電流＞コイル内部の磁界が変化すると，コイルに電流を流そうとする電圧が生じる。この現象を電磁誘導といい，このときに流れる電流を誘導電流という。

問4＜スピーカーのしくみ＞右手の親指以外の4本の指を電流の流れる向きに合わせてコイルをにぎると，突き出した親指の向きが磁界の向きになり，コイルの親指側がN極となる。よって，図3で，Aの向きに電流が流れると，コイルの右端がN極，左端がS極となるため，磁石のS極と反発し合って，コイルはZの向きに動く。また，Bの向きに電流が流れると，コイルの左端がN極となるため，磁石のS極と引き合って，コイルはYの向きに動く。したがって，電流の向きがA→B→A→B……と交互に変化すると，コイルが動く向きは交互にZ→Y→Z→Y……と変化し，振動板が振動するため，音が生じる。

問5＜音の伝わる速さ＞水中のスピーカーから点Pまでの距離は22.5m，水中を伝わる音の速さは1500m/sだから，水中のスピーカーから点Pに音が伝わるまでにかかる時間は，$22.5 \div 1500 = 0.015$(s)である。よって，空気中のスピーカーと，水面で音楽がずれずに伝わる点Pまでの距離は，$340 \times 0.015 = 5.1$(m)となる。

国語解答

一 問1 エ

問2 本を愛してやまない人だと信じていたが，その人の廃棄という言葉に裏切られた（36字）

問3 イ

問4 七曲と河尻の二人が好きな本を話題に，本の力を借りながらも，河尻への誤解を解く言葉を七曲に届けられて誇らしい（53字）

問5 ア

二 問1 (1) きせき (2) ちょうぼう

(3) おだ (4) 効率 (5) 熟

問2 ウ　問3 イ

問4 (1) いただきました。　(2)…エ

(3) 敬具

三 問1 ウ　問2 ア

問3 魂を備え，同じ理性的能力を持ち，種ごとに固有の身体を持つことで異なって思考する（39字）

問4 ア［と］エ

問5 「自然と文化」という西洋の分類が普遍的なものではなく，私たちと多様な存在の具体的な緊迫した関係に目を向ける（53字）

四 問1 いうひとはべれば

問2 適したものはない　問3 ウ

問4 イ［と］オ

五 （省略）

一 〔小説の読解〕出典；三川みり『君と読む場所』。

問1＜文章内容＞有季は，七曲に河尻の立場や図書館の事情を説明しようとしたが，七曲がそんなことは十分わかったうえで，それでも怒っているのではないかと，感じた。有季は，どう言えば「七曲の気持ちを宥める」ことができるのかと悩み，言葉につまった。

問2＜心情＞七曲は，図書館は本の聖地であり，天国であると考えていた。だから，七曲は，図書館職員の河尻も，本を愛してやまない人だと思っていたのに，その河尻が本を廃棄すると言ったので，七曲は「裏切られたような」気分になり，怒りを覚えたのだろうと，有季は思った。

問3＜文章内容＞河尻は，本当は本を廃棄したくないし，新しい本を図書館に入れたいと思っている。しかし，現実世界は理想どおりにはいかないので，河尻は，図書館職員として自分の感情を押し殺して理性的に仕事をしている人だと，有季は考えた。

問4＜心情＞有季は，河尻や図書館の事情を伝えても，七曲の感情をなだめるのは難しいと思ったが，七曲も河尻も好きだという『ライ麦畑でつかまえて』という本の力を借りて，河尻が自身の理想に従って生きることを望んでいる人だということを，七曲にわかってもらえたので，うれしいし誇らしかったのである。

問5＜表現＞「夕方のオレンジ色の光が」で始まる連続する二つの文は，七曲の家の情景描写である（ア…×）。「やっぱり無理か」「そうか。七曲さんも『ライ麦畑でつかまえて』が好きなんだったら」など，会話文以外にも有季の心情を表現している文があり，物語の展開をわかりやすくしている（イ…○）。「ぴくりと」や「ひょこんと」は，様子や状態をわかりやすくする擬態語である（ウ…○）。「図書館の魔女」は，七曲が河尻のことをたとえた言葉であり，七曲が河尻に抱いている感情を表現している（エ…○）。

二 〔国語の知識〕

問1＜漢字＞(1)「軌跡」は，ある人や物事がたどってきたあとのこと。　(2)「眺望」は，はるか遠くを見渡すこと。　(3)音読みは「穏健」などの「オン」。　(4)「効率」は，使った労力とその結果との割合のこと。　(5)音読みは「未熟」などの「ジュク」。

問2＜文の組み立て＞「映画館に／行った」と「パンフレットを／買った」は，修飾・被修飾の関係。「飲み物と／食べ物を」は，並立の関係。

問3＜語句＞「潮時」は，潮の差し引きするときという意味から，客観的に見て一番都合のよいときを表す。「終幕」は，劇や物事が終わること。「時事」は，そのときどきの社会的な出来事のこと。「挙句」は，連歌などの最後の句という意味から転じて，物事の終わりのこと。

問4(1)＜表現技法＞文末表現には，「〜だ・〜である・〜する」の常体と「〜です・〜ます」の敬体がある。手紙文は敬体で書かれているので，「いただいた」ではなく，「いただきました」が適切である。　　(2)＜資料＞Bさんの時候の挨拶の話から，Dさんは，「前文や末文の書き方がとてもよい」と手紙を評価したうえで，末文と関連する内容として，手紙の最後には後づけを書くなどの学習内容から，手紙の終わり方について助言をしている。　　(3)＜表現技法＞手紙の書き出しの「拝啓」に対しては，「敬具」で終わるのがよい。

三 〔論説文の読解—文化人類学的分野—文化〕出典；中空萌「自然と知識——環境をどうとらえるか？」（松村圭一郎ら編著『文化人類学の思考法』所収）。

≪本文の概要≫私たちは，人間の文化の影響を受けていない自然環境というイメージで，「自然」という言葉を使っている。しかし，こうした使い方は，明治以降に英語のnatureの翻訳語として「自然」が当てられてからのものである。明治以前の「自然」という語は，天然のままで人為の加わらぬさまを表しており，現在の自然環境を表す言葉ではなかった。「（人間の外側にある）自然と（人間のつくり出した）文化」という概念は，西洋の文化が構築したものであり，普遍的なものではない。自然を分類することができるのは人間であるという想定は，絶対のものではなく，むしろ自然を人間と他種との具体的なやりとり・交渉の場ととらえる見方もある。人間や動物に魂の連続性を見る人の立場からは，動物は人間とともに生きる存在であり，行為主体である。自然と文化，人間と他種の関係を問い直すさまざまな最近の研究は，私たちの社会についても異なる見方を示す。人類学的に「自然」を問い直すことは，人間は一つの自然を守る特権的な「地球市民」ではなく，多様な動植物や事物とのやりとりの中でしか生きられない具体的な存在であるとして，人間が自らをとらえ直すことでもある。現代社会においては，花粉症やウイルスなど，私たち自身の生存に関わる他種との緊迫した関係がある。人類学の研究は，このような，より日常的で差し迫った環境問題に目を向け，問いを生み出すための新しい視角を与えてくれる。

問1＜文章内容＞「自然」は，明治以前では「おのずからそうなっているさま」という意味で用いられ，「人為の加わらない『状態』」を示していたが，この「人為」と対置されているという点で，英語のnatureの翻訳語として選ばれることになった。

問2＜文章内容＞自然を分類するのは，分類できる知識や精神を持った人間である，という想定は，自然を人間の生活から分離した「手つかずの」実体とする見方が前提となっている。しかし，この自然を人間と分離して見る考え方に疑問を持ち，人間も含めた種間の関わり合いに焦点を当てる考え方もある。

問3＜文章内容＞ユカギールの狩猟採集民は，「人，動物，モノは魂を備え，同じ理性的能力をもつ」として，人，動物，モノが「異なって思考するのは，種ごとに固有の身体をもっている」からだと考えている。したがって，「完全にトナカイに変身」することは，トナカイの「固有の身体」を手に入れることであり，トナカイの思考を身につけることであるため，狩人は「人間に戻れなくなってしまう」と思うのである。

問4＜文章内容＞私たちは，都市生活を送るうえで，具体的な生きものや事物と絶えずやりとりをしている。例えば飼い主が，犬になりきった声まねをして飼い犬を呼ぶこともあるし（イ…○），カラ

スにゴミを荒らされないように，ゴミ袋を縛ったり，中身を見えなくしたりするし(ウ…○)，花粉から身を守るためにマスクをつけ，目薬をさすこともある(オ…○)。

問5＜文章内容＞「(人間の外側にある)自然と(人間のつくり出した)文化」という分け方は，西洋の文化が構築したものであり，普遍的な見方ではない。人類学は，具体的な「自然と人間，種間の関係に注目してきた」ので，私たち人間の生存に関わる，他種との日常的で差し迫った関係に目を向けるという視点を与えてくれるのである。

四 〔古文の読解—評論〕出典；『無名草子』。

≪現代語訳≫大斎院から上東門院に，「退屈を紛らすことができる物語がございますか」とお尋ね申し上げなさいましたところ，(上東門院は)紫式部をお呼びになって，「何を差し上げたらよいでしょうか」とおっしゃったので，「目新しいものは何がございましょうか，いや，ございません。新しくつくって差し上げなさいませ」と(紫式部が)申し上げたので，(上東門院が)「つくれ」とおっしゃったのを，(紫式部が)承って，『源氏物語』をつくったということが，すばらしく見事でございますという人がおります一方で，また，(紫式部が)まだ宮中にお仕えもしないで里におりましたときに，このようなものをつくり出したことによって，お呼び出しを受けて，それゆえ紫式部という名をつけた，とも申すのは，どちらが本当でございましょうか。

問1＜歴史的仮名遣い＞歴史的仮名遣いの語頭以外のハ行は，現代仮名遣いでは原則として「わいうえお」と書くので，「いふ」は「いう」になる。

問2＜古文の内容理解＞紫式部は，大斎院に差し上げるのにふさわしい「めづらしきもの」はないだろうと考えていたのである。

問3＜古文の内容理解＞上東門院が，大斎院に何を差し上げるべきかを紫式部に相談したところ，紫式部は，差し上げるものを新しくつくればよいと答えたのである。

問4＜古文の内容理解＞『源氏物語』がどうして成立したかについては，上東門院に相談された紫式部が，退屈しのぎの目新しい物語として『源氏物語』を書いたという人もいるし(…オ)，また，ある女性が宮仕えをする前にすでに『源氏物語』を書いていたことにより，上東門院にお仕えすることになり，その女性が紫式部と呼ばれるようになったという人もいる(…イ)。

五 〔作文〕

資料①から，どちらかといえばの人も含めて埼玉県に魅力を感じると答えた人は54.5％いて，埼玉県に魅力を感じない人が28.1％いることがわかる。また，資料②から，埼玉県の魅力として，一番多く挙げられているのが「住みやすさ」であり，一方，「魅力的な祭り，伝統芸能など」を挙げている人が少ないこともわかる。次に，自分自身は埼玉県に魅力を感じるかを考えてみる。魅力を感じるのはどうしてか，あるいは魅力を感じないのはどうしてか，それぞれの理由を考える。二段落構成という指示に従い，分量を守って，誤字脱字に気をつけて書いていくこと。

英語解答

1 No. 1　D　　No. 2　C　　No. 3　A
No. 4　B　　No. 5　C
No. 6　(1)…B　(2)…A　(3)…D
No. 7　(1)　（例）go shopping
　　　　(2)　lot of flowers
　　　　(3)　at his house

2 問1　ウ
問2　（例）From the station, go straight and turn left at the third corner, and you will see it on your right. It is next to a park.
問3　（例）He has to bring his lunch.
問4　（例）Why don't you read
問5　nothing is more important than spending time with
問6　(1)…イ　(2)…エ
問7　（例）what kind of music they like

3 問1　①…エ　②…ウ　③…ア
問2　（例）Mountains and the morning sun were.
問3　A　brought　B　kept
問4　they want many people to use their
問5　（例）伝統的な工芸品を毎日使うことを楽しむ方がよいということを伝えたかったから。
問6　1　（例）a long
　　　2　（例）are used
　　　3　（例）mother bought

4 （例）I try to share the same room with my family when I use the air conditioner, and I turn the lights off in rooms which we don't use. By doing so, I can save electricity. This is a small thing, but it will save the earth in the future. (49語)

---

1 〔放送問題〕

No. 1《全訳》Ａ：君が見たがっていた映画のDVDを買ったんだ，ハルコ。今日，僕の家に見に来られる？／Ｂ：ごめんなさい，行けないわ。数学の宿題がたくさんあって。今日やらないといけないのよ。／Ａ：ああ，わかったよ。明日はどうかな？／Ｂ：それならいいわ，ありがとう。

　Ｑ：「ハルコは今日，何をしなければならないか」―D

No. 2《全訳》Ａ：お父さん，動物の本はどこ？／Ｂ：あそこにあるんじゃないか。父さんは料理の本を探すよ。／Ａ：わかったわ。ここでは何冊の本が借りられるの？／Ｂ：10冊の本を2週間借りられるよ。

　Ｑ：「彼らはどこで話しているか」―C

No. 3《全訳》Ａ：あっ，あそこに私のクラスメートがいる。／Ｂ：どの人なの，エリ？　男の子としゃべっている女の子があなたのクラスメート？／Ａ：ううん，彼女じゃないわ。私のクラスメートは，本を持っている男の子の隣に立っている女の子よ。／Ｂ：ああ，わかった。

　Ｑ：「エリのクラスメートはどの人か」―A

No. 4《全訳》リサは買い物に行き，新しいTシャツを買いたいと思った。／彼女はある店で欲しかったTシャツを見つけた。／彼女はそれを試着したが，彼女には小さすぎた。

　Ｑ：「リサは店で働いている人に何と言うだろうか」―B. 「もっと大きいものはありますか？」

　欲しかったTシャツのサイズが小さすぎたのだから，より大きいものを求めると考えられる。

No. 5《全訳》トムが授業に出ようと歩いていると，グリーン先生を見かけた。／彼女は教室に入ろうとしていたが，たくさんのノートを運んでいたので，ドアを開けられなかった。／トムは彼女を手

伝いたいと思った。

　　Ｑ：「トムはグリーン先生に何と言うか」―Ｃ．「僕が先生の代わりにドアを開けますよ」　先生は
　教室に入ろうとしているが，ドアを開けられないのだから，ドアを開けますと伝えればよい。
No.6≪全訳≫夏の英語教室へようこそ。きっと英語の勉強を楽しめると思います。まず，今日の予
定を話しましょう。午前中は３つの授業があります。授業時間はそれぞれ50分です。１時間目の授業
は９時30分に始まります。最初の授業では，学校を案内します。２時間目の授業では，ゲームをした
り歌を歌ったりといった活動をいくつか行います。他の生徒と話すときは，英語で話してください。
２番目の授業は第８教室で行います。第１ビルの３階にあります。今，皆さんは第３ビルにいますか
ら，第１ビルに行かなくてはなりません。３時間目の授業では，英語のリスニングテストがあります。
その後は12時30分から１時20分まで昼食を食べます。昼食はランチルームで食べます。それはこのビ
ルの１階にあります。昼食後，科学博物館に行きます。１時35分までにバス停に来てください。バス
停は体育館のそばです。明日の授業では，博物館で気に入ったものについて話してもらいます。最後
に，友達と英語でたくさん話してください。それは英語を学ぶとても良い方法です。

　　＜解説＞⑴「午前中の各授業の長さはどのくらいか」―Ｂ．「50分」　第５文参照。　　⑵「ランチ
　ルームはどこにあるか」―Ａ．「第３ビル」　第12，15，16文参照。今，第３ビルにいて，その１
　階にランチルームがある。　　⑶「明日の授業で生徒たちは何をするか」―Ｄ．「彼らは博物館で気
　に入ったものについて話す」　最後から３文目参照。
No.7≪全訳≫**１**トム（Ｔ）：やあ，メグミ。日曜日は空いてる？　買い物に行きたいんだ。僕と一緒
に来てくれる？**２**メグミ（Ｍ）：ああ，午前中はお姉ちゃん〔妹〕の学園祭に行くの。あなたも来る？
学園祭の後に買い物に行けばいいわ。**３**Ｔ：それはいいね。僕は日本で学園祭に行ったことがないん
だ。**４**Ｍ：きっと気に入るわ。ところで，あなたは何を買うつもりなの？**５**Ｔ：ロンドンにいるおば
あちゃんにプレゼントを買うつもりなんだ。彼女の誕生日が来月でね。去年はたくさんの花をあげた
んだ。彼女は日本文化が好きだから，日本の何かいい物を探してるんだ。**６**Ｍ：じゃあ，風呂敷はど
う？　服とか，他にも物を運ぶのにとても便利よ。いろいろな色があるから，彼女が気に入るものが
きっと見つかるわ。**７**Ｔ：それはばっちりだね！**８**Ｍ：日曜日は９時40分までに駅に着かないといけ
ないの。だから，その10分前にあなたの家に行くわ。**９**Ｔ：わかった。じゃあそのときに。

　　＜解説＞⑴「日曜日の学園祭の後，トムは何をするか」―「彼はプレゼントを買うために買い物に
　行くつもりだ」　第１段落第２文および第２段落最終文参照。　go shopping「買い物に行く」
　⑵「去年トムは祖母に誕生日プレゼントとして何をあげたか」―「彼は彼女にたくさんの花をあげ
　た」　第５段落第３文参照。　　⑶「メグミは日曜日の９時30分までにどこでトムと会うか」―
　「彼女は彼に彼の家で会うでしょう」　第８段落第２文参照。your house はトムの家を指す。
[2]〔長文読解総合―対話文・Ｅメール〕
[1]≪全訳≫**１**ミクとジョセフが話している。
２ミク（Ｍ）：こんにちは，ジョセフ。今日は元気？
３ジョセフ（Ｊ）：元気さ，ありがとう，ミク。君はどこに行くの？
４Ｍ：子育て支援センターに行くのよ。
５Ｊ：それは何？
６Ｍ：小さい子どもたちと親たちのための場所よ。一緒に遊ぶことができて，親たちがそこで子育て
についての助言をもらうこともできるの。
７Ｊ：ああ，わかった。でも，どうして君がそこに行くの？　弟か妹がそこにいるの？
８Ｍ：ううん。私には兄弟や姉妹はいないわ。センターには小さな子どもの面倒をみるボランティア

が必要だから，そこで子どもたちを手伝うボランティアの仕事を始めたの。それに，私は保育園の先生になりたいから，_A私にとって本当にいい経験なのよ。

9 J：ああ，それはすごいね！　実は，僕もそういう仕事に興味があるんだ。そこでは君は何をしているの？

10 M：ふだんは子どもたちと遊んでるわ。子どもたちとお昼ご飯を食べて，本を読んであげるの。

11 J：それはおもしろそうだね。機会があったらそこに行ってみたいな。僕もそこでボランティアができるかな？

12 M：大丈夫だと思うわ。センターはボランティアを必要としているから，センターの職員にきいて，今夜メールを送るわね。

13 J：ありがとう。

　　問1＜適文選択＞ ウの it は前の文にある doing volunteer work to help the children there「そこ（子育て支援センター）で子どもたちを手伝うボランティアの仕事を始めたこと」を指している。ミクは，これが保育園の先生になりたい自分にとっていい経験になると語っているのである。

2 ≪全訳≫**1** その夜，ミクはジョセフにEメールを送る。

2 こんばんは，ジョセフ。センターの職員にあなたのことを話したわ。彼女はあなたがボランティアになりたがっていると聞いて，本当に喜んでいたわよ。始めるには，申込用紙に記入して，それをセンターに送らなくちゃいけないの。後で私が申込用紙をあなたに渡すわね。名前，電話番号，メールアドレスなんかを書くだけでいいから。来月からボランティア活動を始めたかったら，始める前にセンターで研修会に出る必要があるの。センターは駅からそれほど遠くないわ。_B駅からまっすぐ行って3番目の角を左に曲がると，右に見えるから。公園の隣よ。だから，きっと見逃すことはないわ。ボランティア活動の初日，センターで服を着替える必要はないけど，子どもたちと食べるお昼ご飯を持ってくるのを忘れないでね。そこではお金を使わなくていいから，必要のないお金は家に置いてくるといいわ。がんばってね！

　　問2＜条件作文＞ 駅を出たらまっすぐ進むことになるので，go straight「まっすぐ進む」を用いるとよい。曲がるべき場所は at the third corner「3番目の角で（を）」のほか，bank「銀行」や Tsukushi River を目印にすることもできる。進行方向に対して左右どちらに曲がるのか，あるいは見えるのかに注意すること。「～の隣に」は next to ～ で表せる。

　　問3＜英問英答＞「ボランティア活動の初日，ジョセフは子育て支援センターに何を持ってこなくてはならないか」―「昼食を持ってこなくてはならない」　最後から3文目参照。

3 ≪全訳≫**1** 翌月，研修会の後でジョセフはセンターに行き，センターの職員のアイダさんと会う。

2 ジョセフ（J）：僕は将来子どもに関する仕事をすることに興味があるので，ここでボランティア活動をしたかったんです。

3 アイダさん（A）：ここには子どもがたくさんいるから，あなたはたくさんいい経験ができますよ。ここにはとても小さい子どもたちもいるので，注意してくださいね。

4 J：わかりました。気をつけます。

5 A：いいですね！　さて，ここに英語で書かれている有名な日本のお話がいくつかあります。でも，私たちはそれらを子どもたちに読んであげたことがないんです。これらの英語の絵本を読んであげてはどうでしょう？

6 J：ああ，わかりました。彼らが英語でお話を聞いて喜んでくれるといいのですが。

7 A：この物語はとても人気があるものだから，子どもたちも気に入ると思いますよ。絵本はゆっくり読んであげてくださいね。

⑧Ｊ：わかりました。そうするようがんばってみます。今，お話を選んでもいいですか？

⑨Ａ：もちろんです。準備ができたら，始めてください。

⑩Ｊ：わかりました！

　問４＜適語句補充＞相手に対して「～してはどうですか」と'提案'する文には Why don't you ～？や How〔What〕about ～ing などの形があるが，４語以上という指定があるので Why don't you ～？がよいだろう。

④≪全訳≫❶その夜，ジョセフはミクにＥメールを送る。

❷やあ，ミク！　今日，僕は子育て支援センターに行って，そこでたくさんの子どもたちに出会ったよ。小さな子どもたちは僕が英語で読んだ絵本を楽しんで聞いてくれて，すばらしい時間を過ごしたんだ。泣いちゃった子もいたけど，アイダさんが僕をたくさん助けてくれてね。あそこで働くのが本当に気に入ったから，また行きたいな。子どもたちの世話をするのはとても大変だね！　でも，子どもたちと一緒に時間を過ごすのが一番大切だと思うよ。

❸今度は，センターで何か他のことをしたいと思ってるんだ。何かいい考えはあるかな，ミク？　また近いうちに会おうね。

　問５＜整序結合＞'nothing is＋比較級＋than ～'で「～より…なものは何もない，～が最も…だ」が表せるので，これを用いて nothing is more important than と始める。children の前には with ～「～と一緒に」がくることや，spending の目的語が time だと推測できることから，spending time with children「子どもたちと一緒に時間を過ごすこと」とまとめられるので，これを比較対象として than の後に置けばよい。この spending は動名詞である。

　問６＜内容一致＞(1)「ミクが子育て支援センターに行くのは，（　　　）からだ」―イ．「彼女がそこでボランティアとして子どもたちの世話をしている」　①の第８段落参照。　　(2)「ジョセフがセンターに来たとき，（　　　）」―エ．「アイダさんは彼に，とても小さな子どもたちがいるので気をつけるように言った」　③の第３段落参照。

　問７＜適語句補充＞＜全訳＞❶ミク（Ｍ）：私は子育て支援センターの子どもたちと歌を歌ったりもするのよ。❷ジョセフ（Ｊ）：本当に？　僕も彼らと歌いたいな。(例)彼らがどんな種類の音楽が好きか知ってる？❸Ｍ：うん。彼らは子ども向けの有名な日本の歌が好きなのよ。簡単な英語の歌も好きね。私がピアノを弾くと，子どもたちは楽しんで歌ってくれるわ。❹Ｊ：へえ！　子どもたちはきっと歌うのが大好きなんだね。

　　＜解説＞この問いかけに対し，ミクは子どもたちがどんな歌が好きかを答えている。ここでは歌の種類を尋ねたと判断できるので，what kind of ～「どんな種類の～」が使える。Do you know に続く部分なので，'疑問詞＋主語＋動詞...'という間接疑問の語順にする。

③〔長文読解総合―エッセー〕

　≪全訳≫❶この冬，私は家族と石川県に行って現地でいくつかの美術館を訪れた。美術館の１つに，古い伝統工芸品がたくさんあった。母は，その多くが漆で塗られていると言った。日本では，漆は多くの伝統工芸品に使われている。漆を用いたありとあらゆる美しい貴重な工芸品を見て私たちは楽しんだ。美術館を出た後，駅の近くの店で多くの美しい漆器を見かけた。母はほほ笑み，私に箸を一膳買ってくれた。なぜ母は漆を使った箸を私に買ってくれたのだろう？　家に帰ってから，私はそれを使い始めた。それはとても美しく使いやすかった。私は漆についてもっと知りたくなり，より多くのことを学ぼうと図書館に行った。

❷そこで私は，世界には約250種類の漆の木があると知った。日本には５種類の漆の木がある。この木の樹液は塗料や接合剤として使われる。漆の樹液に触るとかぶれてしまうが，固まってから触るのは安

全だ。日本では，漆は8000年以上にわたって使われてきた。漆器は腐敗するのが遅いので，保存がきく。漆のおかげで古い工芸品が保存されるので，漆は日本ではとても重要な役割を果たしている。

3 漆は多種多様な方法で用いられている。漆は工芸品の修復に使われることがある。①例えば，もし皿を割ってしまったら，漆を接合剤として使ってそれを修復することができる。漆は小さな工芸品に使われ，木造建築にも用いられる。それは京都の金閣寺を建てるのにも使われた。もちろん，建物の修復には多量の漆が必要とされる。②例えば，金閣寺の修復には約1500kgの漆が使われた。日光にある多くの世界遺産の建物にも，大量の漆が必要だ。③しかし，日本で使われている漆のほぼ全てが海外のもので，日本で使われている漆の３％しか国内ではつくられていない。実は，漆をつくる日本の業者の数は減り続けている。近年，日本は，重要かつ伝統的なこうした建物の修復に必要な全ての漆を，日本国内だけで生産しようとしている。

4 16世紀頃，ヨーロッパからたくさんの人が日本にやってきた。こうしたヨーロッパ人たちは漆器を大変気に入ったので，これらの工芸品を大量に買った。ヨーロッパでは，お金持ちが富の象徴として漆器を収集した。そうした工芸品は日本の象徴として「japan（漆）」と呼ばれた。

5 もちろん今でも，漆は日本の伝統工芸品の象徴として有名だ。長野オリンピック冬季競技大会組織委員会（NAOC）が1998年長野オリンピック冬季競技大会を企画した際，漆を使って勝者のメダルをつくることにした。NAOCは，そのメダルが独自の素材と技術でつくられるべきだと考えた。それはまた，美しく半永久的な価値を持つ必要がある。こうしたことをくまなく考慮した後，NAOCは漆を使ってそれをつくることを選び，漆でその表面に山と朝日を描いた。

6 海外の多くの国々でも，漆で工芸品を修復している。日本からヨーロッパに持ち込まれた多くの工芸品が現在，修復を必要としている。漆は特に日光に弱いので，漆器は日光にさらされると傷ついてしまう。ヨーロッパには，別の素材と技術で漆を使った日本の工芸品を修復しようとする人たちもいる，というのも，漆の木が現地にないからだ。だが，こうした素材や技術は漆には合わなかった。例えばヨーロッパには，今や茶色くなってしまった工芸品もある。これを防ぐため，日本の職人のグループが最近ドイツを訪れ，伝統的な漆の技法で現地にある日本の工芸品を修復した。彼らは研修会も開き，日本の工芸品を漆で修復するために素材や技術をどう使うかを，学生や美術館職員に教えた。

7 私は以上のことを学んで，漆器は手入れをすれば長い間使えるのだとわかった。事実，貴重な漆器の中には，博物館に収められるべきものもある。私が石川で見た漆器はとても美しかった。漆器を使うと，その価値をより深く理解できる。こうした工芸品をつくるために職人たちはがんばっているのだ。彼らは多くの人々に自分たちの工芸品を使ってほしいのだろう。なぜ母があの店であの箸を買ってくれたのか，今の私にはわかる。もちろん，伝統工芸品を美術館で見ることは良いことだ。しかし，毎日それを楽しんで使うのはもっと良いことだ。母がその箸を私に買ってくれたのは，このことを私に伝えたかったからだ。私が母にそのことを尋ねたとき，彼女はほほ笑んで「そのとおりよ」と言った。私はたくさんの人に，漆器の価値を伝えたい。

問１＜適文選択＞ ①直前の文に漆を工芸品の修復に使うとある。その具体例として壊れた皿を修復することを挙げているエが適切。　②直前の文で，建物の修復には大量の漆が必要なことが説明されている。その具体例として，金閣寺の漆の修復量を述べたウが適切。　③直後の In fact「実際」に注目。これは前で述べた内容をさらに補強する場合に使われる。この後に続く，日本で漆の生産者が減っている，という内容は，アの，日本でつくられる漆がわずかしかない，という内容を補強していると考えられる。

問２＜英問英答＞「勝者のメダルに漆で描かれた物は何か」―「山と朝日」　第５段落最終文参照。

問３＜適語選択・語形変化＞ A．need が文全体の動詞で，Many から Japan までが主部となって

いるので，当てはまる動詞は Many of the crafts を後ろから修飾するまとまりをつくると推測できる。また，to Europe from Japan とあるので，移動に関わる動詞が入ると判断できる。ここから，bring「持ってくる」が適するとわかり，Many of the crafts は人によって持ってこられる物なのだから，受け身形の意味を持つ過去分詞の形容詞的用法の brought が適切。　bring－brought－brought　　B.「貴重な漆器は博物館に（　）べきだ」という部分なので，「保管する」という意味を持つ keep を 'be動詞＋過去分詞' の受け身形で用いるのが適切。　keep－kept－kept

問4＜整序結合＞語群から，want to ～「～したい」か 'want＋人＋to ～'「〈人〉に～してほしい」の形ができると推測できるが，主語として最初に置くべき they が前の文にある Craftspeople を指すことや，their に続くべき単語が crafts で，their craft は use の後に目的語として置くことなどから，want to ～ ではなく，'want＋人＋to ～'「〈人〉に～してほしい」の形だと判断できる。

問5＜要旨把握＞最終段落の後半参照。理由の中心となっているのは最後から4文目で，この文中の them は前の文にある traditional crafts「伝統工芸品」を指しているので，これを明らかにして答える。

問6＜要約文完成＞＜全訳＞モエは家族と石川を訪れたとき，漆器に興味を持った。漆は塗装だけでなく物の接合にも使われてきた。漆は丈夫で腐るのが遅いので，長い間使われてきた。漆は日本の象徴でもあり，ヨーロッパから来た多くの人々はかつて漆器を集めたがった。日本の職人は漆器を修復するために使われる技術を，それを必要とする人たちに教えている。モエは母が自分に買ってくれた箸を毎日使うつもりだ。

　＜解説＞1．第2段落後半をまとめた部分。第2段落最後から3文目に8000年以上使われているとあるので，for a long time「長い間」とする。　　2．第6段落後半をまとめた部分。この文は 'teach＋物事＋to＋人'「〈人〉に〈物事〉を教える」の形で，'物事' にあたる部分は，関係代名詞 that から crafts までが先行詞 the techniques を修飾する形になっている。つまり，「漆器を修復するために（　）技術」という内容になることから，受け身形の are used「使われる」が考えられる。　　3．第7段落後半にあたる部分。箸はモエの母がモエに買ったものなので，her mother bought her「彼女の母が彼女に買った」というまとまりをつくって前の the chopsticks を修飾する形が考えられる。この場合，2語という指定なので，目的格の関係代名詞は省略する。

4 〔テーマ作文〕

≪全訳≫■世界には私たちが解決しなくてはならない環境問題がたくさんある。地球温暖化は，世界の多くの地域で深刻な問題を引き起こしている。多くの人々が水質汚染に苦しんでいる。森林地帯は縮小していて，砂漠地帯が拡大している。

■一人ひとりがこうした問題を自分の問題として考えることが大切だ。物を使ったり買ったりするとき，あるいは何か他のことをしようとするとき，全員が環境に優しい選択をするべきだという人もいる。生徒にも小さな一歩として何かができる。あなたには今，何ができるだろうか。

　＜解説＞自分ができることを具体的に書き，それが環境にどう役立つのかを述べるとよい。解答例のほか，買い物の際に plastic bags「（ビニールの）レジ袋」を断ることや，plastic bottles「ペットボトル」のような資源をリサイクルに回すことなどが考えられる。解答例の訳は「私はエアコンを使うときには家族で同じ部屋を使うようにしていて，使わない部屋の電気は消している。そうすることで，電気が節約できる。これは小さなことだが，将来，地球を救うことになるだろう」。

数学解答

1 (1) $\dfrac{x-y}{6}$　　(2) 6　　(3) $x=3,\ \dfrac{5}{2}$

(4) $a=\dfrac{3}{2},\ b=-\dfrac{13}{8}$　　(5) $\dfrac{5}{6}$

(6) ウ　　(7) $24\pi\,\text{cm}^2$　　(8) 7回

(9) 記号…イ

説明…(例)母集団から無作為に選ん
でいるので最も適切である。

2 (1) (例)

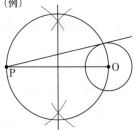

(2) (例)△ABE と△CDF において，
仮定から，

∠AEB＝∠CFD＝90°……①

平行四辺形の対辺はそれぞれ等しい
ので，AB＝CD……②

また，AB∥DC から錯角は等しい
ので，∠ABE＝∠CDF……③

①，②，③から，△ABE と△CDF
は直角三角形で，斜辺と1つの鋭角
がそれぞれ等しいので，

△ABE≡△CDF

よって，AE＝CF……④

また，∠AEF＝∠CFE＝90° から錯
角が等しいので，AE∥FC……⑤

④，⑤から，1組の対辺が平行でそ
の長さが等しいので，四角形 AECF
は平行四辺形である。

3 (1) 6.4m　　(2) 26.5m

4 (1) $y=-x+12$

(2) ① $\left(3,\ \dfrac{9}{2}\right),\ (-4,\ 8)$

② $(0,\ 12),\ (6,\ 6)$

5 (1) $\dfrac{4\sqrt{2}}{3}+8\,\text{cm}^3$　　(2) 6本

(3) $\sqrt{2}:2$

---

1 〔独立小問集合題〕

(1)＜式の計算＞与式$=\dfrac{3x-y}{2}-\dfrac{4x-y}{3}=\dfrac{3(3x-y)-2(4x-y)}{6}=\dfrac{9x-3y-8x+2y}{6}=\dfrac{x-y}{6}$

(2)＜式の値＞与式$=\dfrac{x+1}{x}\times\dfrac{y+1}{y}=\dfrac{2+\sqrt{3}+1}{2+\sqrt{3}}\times\dfrac{2-\sqrt{3}+1}{2-\sqrt{3}}=\dfrac{3+\sqrt{3}}{2+\sqrt{3}}\times\dfrac{3-\sqrt{3}}{2-\sqrt{3}}=\dfrac{(3+\sqrt{3})(3-\sqrt{3})}{(2+\sqrt{3})(2-\sqrt{3})}$

$=\dfrac{9-3}{4-3}=\dfrac{6}{1}=6$

≪別解≫与式$=1+\dfrac{1}{y}+\dfrac{1}{x}+\dfrac{1}{xy}=1+\dfrac{x+y}{xy}+\dfrac{1}{xy}$ と変形する。$x+y=(2+\sqrt{3})+(2-\sqrt{3})=4$，

$xy=(2+\sqrt{3})(2-\sqrt{3})=4-3=1$ だから，与式$=1+\dfrac{4}{1}+\dfrac{1}{1}=1+4+1=6$ となる。

(3)＜二次方程式＞$2(x^2-4x+4)-3x+6+1=0,\ 2x^2-8x+8-3x+6+1=0,\ 2x^2-11x+15=0$ とし，

解の公式を用いると，$x=\dfrac{-(-11)\pm\sqrt{(-11)^2-4\times2\times15}}{2\times2}=\dfrac{11\pm\sqrt{1}}{4}=\dfrac{11\pm1}{4}$ となる。よって，

$x=\dfrac{11+1}{4}=3,\ x=\dfrac{11-1}{4}=\dfrac{5}{2}$ である。

(4)＜連立方程式の応用＞$ax+by=11$……①，$ax-by=-2$……②とする。①，②の連立方程式の解が

$x=3,\ y=-4$ だから，解を①に代入して，$a\times3+b\times(-4)=11,\ 3a-4b=11$……③となり，②に

代入して，$a\times3-b\times(-4)=-2,\ 3a+4b=-2$……④となる。③，④を連立方程式として解くと，

③＋④より，$3a+3a=11+(-2),\ 6a=9,\ a=\dfrac{3}{2}$ となり，③－④より，$-4b-4b=11-(-2)$，

$-8b=13,\ b=-\dfrac{13}{8}$ となる。

(5)＜確率—さいころ＞大小１つずつのさいころを同時に１回投げるとき，目の出方は全部で$6×6=$ 36（通り）あるので，a，bの組は36通りある。このうち，$\frac{1}{3}≦\frac{a}{b}≦3$となるのは，$b=1$のとき，$\frac{1}{3}≦\frac{a}{1}≦3$，$\frac{1}{3}≦a≦3$だから，$a=1$，2，3の3通りある。$b=2$のとき，$\frac{1}{3}≦\frac{a}{2}≦3$だから，$a=1$，2，3，4，5，6の6通りある。$b=3$のとき，$\frac{1}{3}≦\frac{a}{3}≦3$だから，$a=1$，2，3，4，5，6の6通りある。以下同様にして，$b=4$のとき$a=2$，3，4，5，6の5通り，$b=5$のとき$a=2$，3，4，5，6の5通り，$b=6$のとき$a=2$，3，4，5，6の5通りある。よって，$\frac{1}{3}≦\frac{a}{b}≦3$となる$a$，$b$の組は$3+6+6+5+5+5=30$（通り）だから，求める確率は$\frac{30}{36}=\frac{5}{6}$である。

(6)＜関数—反比例＞ア…正。関数$y=\frac{6}{x}$で，$x=2$のとき，$y=\frac{6}{2}=3$となるので，この関数のグラフは点(2，3)を通る。　　イ…正。　　ウ…誤。$x=-3$，-2，-1のとき，$y=\frac{6}{-3}=-2$，$y=\frac{6}{-2}=-3$，$y=\frac{6}{-1}=-6$だから，xの値が-3から-2まで増加するときの変化の割合は$\frac{(-3)-(-2)}{(-2)-(-3)}=-1$，$x$の値が$-2$から$-1$まで増加するときの変化の割合は$\frac{(-6)-(-3)}{(-1)-(-2)}=-3$である。よって，$x<0$の範囲で，変化の割合は一定ではない。　　エ…正。

(7)＜図形—面積＞右図１のように，３点A，B，Cを定めると，∠ACB＝90°だから，△ABCで三平方の定理より，$AB=\sqrt{BC^2+AC^2}=\sqrt{3^2+4^2}=\sqrt{25}=5$となる。これより，円錐を展開すると，右図２のようになる。側面を展開したおうぎ形ABB'の中心角をxとすると，$\overset{\frown}{BB'}$の長さと底面の円Cの周の長さは等しいから，$2π×5×\frac{x}{360°}=2π×3$が成り立つ。よって，$\frac{x}{360°}=\frac{3}{5}$となるので，おうぎ形$ABB'$の面積は，$π×5^2×\frac{x}{360°}=π×5^2×\frac{3}{5}=15π$となる。また，円Cの面積は，$π×3^2=9π$である。したがって，円錐の表面積は，$15π+9π=24π$（cm²）である。

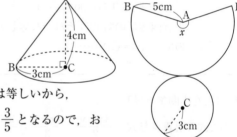

(8)＜資料の活用＞Hさんのフリースローが成功した回数をx回とすると，８人の平均値は$(7+6+8+5+10+8+9+x)÷8=\frac{53+x}{8}$（回）と表せる。$x$は最小が０，最大が10だから，平均値は，最小で$\frac{53+0}{8}=6.625$（回），最大で$\frac{53+10}{8}=7.875$（回）となる。また，８人のフリースローが成功した回数の中央値は，成功した回数を小さい順に並べたときの４番目と５番目の平均値となる。Hさんを除いた７人の成功した回数は，小さい順に，5，6，7，8，8，9，10となる。これにxを加えると，$x≦7$のとき，４番目は7回，５番目は8回より，中央値は$(7+8)÷2=7.5$（回）となり，$x≧8$のとき，４番目，５番目はともに8回より，中央値は8回となる。平均値と中央値が等しくなることから，中央値は6.625回以上7.875回以下だから，7.5回である。このとき，$\frac{53+x}{8}=7.5$より，$53+x=60$，$x=7$（回）となる。

(9)＜資料の活用—標本調査＞全校生徒600人の読んだ本の１人当たりの冊数を調べるので，標本は，全校生徒から無作為に選ばなくてはならない。乱数さいを使って選ばれた生徒90人は無作為に選ばれているので，標本として適しているのはイとなる。図書室の利用回数の多い順に選んだ生徒90人では偏りが生じるので，標本としては適していない。説明は解答参照。

2 〔独立小問集合題〕

(1)<図形—作図>右図1で，点Pを通る円Oの接線と円Oとの接点
をTとすると，円の接線は接点を通る円の半径に垂直だから，
∠PTO＝90°である。これより，3点P，O，Tを通る円は，線
分POを直径とする円である。この円の中心は，線分POの中点
である。よって，作図は，右下図2で，①点Pと点Oを結ぶ。
②2点P，Oを中心として半径の等しい円の弧をかき（2つの交
点をA，Bとする），
③2点A，Bを通る直線を引く（線分POとの交点をCとする）。
直線ABは線分POの垂直二等分線だから，点Cは線分POの中
点となる。
④点Cを中心として半径CPの円をかく。④の円と円Oの周との
交点が，接点となるTである。
⑤2点P，Tを通る直線を引く。解答参照。

図1

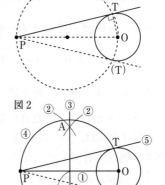

図2

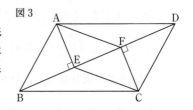

(2)<図形—論証>右図3で，∠AEF＝∠CFE＝90°だから，AE∥
FCである。さらに，AE＝CFであることが示せれば，四角形
AECFは，1組の対辺が平行でその長さが等しくなるので，平
行四辺形となる。AE＝CFであることは，△ABEと△CDFに着
目して導く。解答参照。

図3

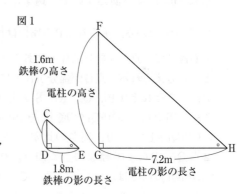

3 〔平面図形—三角形〕

(1)<長さ—相似>右図1で，△CDEは鉄棒の高さと影
の長さでつくられる三角形，△FGHは電柱の高さと
影の長さでつくられる三角形である。∠CDE＝
∠FGH＝90°であり，影の長さを同時刻に測っている
ことより∠CED＝∠FHG だから，2組の角がそれぞ
れ等しくなり，△CDE∽△FGHとなる。よって，対
応する辺の比は等しいから，CD：FG＝DE：GH より，
1.6：FG＝1.8：7.2 が成り立つ。これを解くと，FG×
1.8＝1.6×7.2，FG＝6.4 となるので，電柱の高さは
6.4mである。

図1

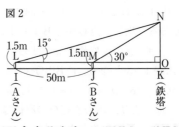

(2)<長さ—特別な直角三角形>右図2のように，Aさん，
Bさん，鉄塔の位置をそれぞれI，J，K，Aさん，
Bさんの目の高さをそれぞれL，M，鉄塔の先端をN
とし，LMの延長とNKの交点をOとする。∠LIJ＝
∠MJI＝90°，LI＝MJ＝1.5より，四角形LIJMは長方
形だから，LM＝IJ＝50 となる。△LMNで内角と外
角の関係より，∠LNM＝∠NMO－∠NLM＝30°－15°＝15° となるから，∠LNM＝∠NLM となり，
△LMNは二等辺三角形である。よって，NM＝LM＝50 である。また，∠NMO＝30° であり，
∠NOM＝∠NKJ＝90° となるから，△NMOは3辺の比が $1:2:\sqrt{3}$ の直角三角形となる。これよ
り，NO＝$\frac{1}{2}$NM＝$\frac{1}{2}$×50＝25 となる。さらに，四角形MJKOも長方形となるから，OK＝MJ＝
1.5である。したがって，NK＝NO＋OK＝25＋1.5＝26.5 となるから，鉄塔の高さは26.5mである。

4 〔関数—関数 $y=ax^2$ と直線〕

(1)<直線の式>右図1で，2点A，Bは関数 $y=\dfrac{1}{2}x^2$ のグラフ上にあり，x 座標がそれぞれ -6，4だから，$y=\dfrac{1}{2}\times(-6)^2=18$，$y=\dfrac{1}{2}\times4^2=8$ より，A$(-6,\ 18)$，B$(4,\ 8)$ である。直線 l は2点A，Bを通るから，傾きは $\dfrac{8-18}{4-(-6)}=-1$ となり，その式は $y=-x+b$ とおける。点Bを通るので，$8=-4+b$，$b=12$ となり，直線 l の式は，$y=-x+12$ である。

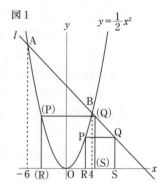

図1

(2)<座標>①右図1で，点Pの x 座標を t とする。点Pは関数 $y=\dfrac{1}{2}x^2$ のグラフ上にあるから，$y=\dfrac{1}{2}t^2$ となり，P$\left(t,\ \dfrac{1}{2}t^2\right)$ である。PQ は x 軸に平行だから，点Qの y 座標は $\dfrac{1}{2}t^2$ である。点Qは直線 $y=-x+12$ 上にあるので，$\dfrac{1}{2}t^2=-x+12$ より，$x=12-\dfrac{1}{2}t^2$ となり，Q$\left(12-\dfrac{1}{2}t^2,\ \dfrac{1}{2}t^2\right)$ である。また，PR は y 軸に平行だから，R$(t,\ 0)$ となる。よって，PQ$=12-\dfrac{1}{2}t^2-t$，PR$=\dfrac{1}{2}t^2$ と表せる。四角形 PRSQ が正方形になるとき，PQ$=$PR だから，$12-\dfrac{1}{2}t^2-t=\dfrac{1}{2}t^2$ が成り立つ。これを解くと，$t^2+t-12=0$，$(t-3)(t+4)=0$ より，$t=3$，-4 となる。ともに $-6<t<4$ を満たすので，適する。$t=3$ のとき $\dfrac{1}{2}t^2=\dfrac{1}{2}\times3^2=\dfrac{9}{2}$，$t=-4$ のとき $\dfrac{1}{2}t^2=\dfrac{1}{2}\times(-4)^2=8$ だから，求める点Pの座標は $\left(3,\ \dfrac{9}{2}\right)$，$(-4,\ 8)$ である。

②右図2で，点Qが線分 AB 上にあるときと点Bより下側にあるときが考えられる。点Qが線分 AB 上にあるときの4点P，Q，R，Sをそれぞれ P_1，Q_1，R_1，S_1 とし，点 Q_1 の y 座標を m とする。$\triangle BP_1Q_1$，$\triangle OP_1Q_1$ の底辺を P_1Q_1 と見ると，$\triangle BP_1Q_1$：$\triangle OP_1Q_1=1:3$ より，高さの比が $1:3$ となる。B$(4,\ 8)$ だから，2点 Q_1，Bの y 座標より，$\triangle BP_1Q_1$ の高さは $m-8$ となり，$\triangle OP_1Q_1$ の高さは m である。よって，$(m-8):m=1:3$ が成り立ち，$(m-8)\times3=m\times1$ より，$m=12$ となる。点 Q_1 は直線 $y=-x+12$ 上にあるから，$12=-x+12$ より，$x=0$ となり，$Q_1(0,$

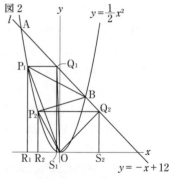

図2

$12)$ である。次に，点Qが点Bより下側にあるときの4点P，Q，R，Sをそれぞれ P_2，Q_2，R_2，S_2 とし，点 Q_2 の y 座標を n とする。同様にして，$\triangle BP_2Q_2$，$\triangle OP_2Q_2$ の底辺を P_2Q_2 と見ると，高さの比が $1:3$ となる。$\triangle BP_2Q_2$ の高さは $8-n$，$\triangle OP_2Q_2$ の高さは n だから，$(8-n):n=1:3$ が成り立ち，$(8-n)\times3=n\times1$ より，$n=6$ となる。$6=-x+12$ より，$x=6$ となるから，$Q_2(6,\ 6)$ である。以上より，求める点Qの座標は $(0,\ 12)$，$(6,\ 6)$ である。

5 〔空間図形—正四角錐と立方体〕

(1)<体積>右図1で，AC，BD の交点をIとし，点Pと点Iを結ぶ。立体 P-ABCD は正四角錐だから，図形の対称性より，PI⊥〔面 ABCD〕である。PA$=$BA，PC$=$BC，AC$=$AC より，$\triangle$APC$\equiv\triangle$ABC であり，$\triangle$ABC は直角二等辺三角形だから，$\triangle$APC も直角二等辺三角形である。これより，$\angle$PAI$=45°$ だから，$\triangle$PAI も直角二等辺三角形である。よ

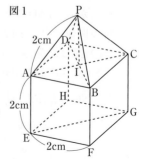

図1

って，$PI = \dfrac{1}{\sqrt{2}}PA = \dfrac{1}{\sqrt{2}} \times 2 = \sqrt{2}$ となるので，正四角錐 P-ABCD の体積は，$\dfrac{1}{3} \times$〔正方形 ABCD〕

$\times PI = \dfrac{1}{3} \times 2 \times 2 \times \sqrt{2} = \dfrac{4\sqrt{2}}{3}$ である。一方，立体 ABCD-EFGH は 1 辺の長さが 2 cm の立方体だ

から，体積は $2 \times 2 \times 2 = 8$ である。以上より，求める立体の体積は，〔正四角錐 P-ABCD〕＋〔立方

体 ABCD-EFGH〕$= \dfrac{4\sqrt{2}}{3} + 8 \text{(cm}^3\text{)}$ となる。

(2)**＜ねじれの位置にある辺の数＞**前ページの図 1 で，点 A を共有する辺 AB，AD，PA，点 E を共有
する辺 EF，EH は辺 AE と交わる位置関係にある。辺 BF，CG，DH は辺 AE と平行である。また，
面 PAC，面 AEGC はともに面 ABCD と垂直だから，5 点 P，A，E，C，G は同一平面上にあり，
辺 PC は辺 AE と交わる位置関係にある。よって，辺 AE とねじれの位置にある辺は，これらの辺
以外の辺 PB，辺 PD，辺 BC，辺 CD，辺 FG，辺 GH の 6 本である。

図 2

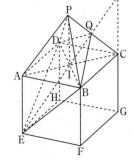

(3)**＜長さの比—相似＞**右図 2 で，EQ の延長と辺 GC の延長の交点を R と
する。$PI \perp$〔面 ABCD〕，$RC \perp$〔面 ABCD〕より，$PI /\!/ RC$ だから，$\triangle PQI$
$\infty \triangle CQR$ となり，$PQ : QC = PI : CR$ である。(1)より，$PI = \sqrt{2}$ である。
また，$CI = AI$，$\angle RCI = \angle EAI$，$\angle CIR = \angle AIE$ より，$\triangle CRI \equiv \triangle AEI$
となるから，$CR = AE = 2$ である。よって，$PI : CR = \sqrt{2} : 2$ だから，
$PQ : QC = \sqrt{2} : 2$ である

＝読者へのメッセージ＝

円周率は π を用いますが，π は，ギリシャ語のアルファベットで，16 番目の文字です。

Memo

Memo

Memo

2019年度 埼玉県公立高校 学力検査

英語

● 満点 100点　● 時間 50分

1 放送を聞いて答える問題(28点)

　問題は，No. 1～No. 7の全部で7題あり，放送はすべて英語で行われます。放送される内容についての質問にそれぞれ答えなさい。No. 1～No. 5及びNo. 7は，質問に対する答えとして最も適切なものを，A～Dの中から1つずつ選び，その記号を書きなさい。No. 6は，それぞれの質問に英語で答えなさい。放送中メモを取ってもかまいません。各問題について英語は2回ずつ放送されます。

【No. 1～No. 3】（各2点）

Listen to each talk, and choose the best answer for each question.

No. 1

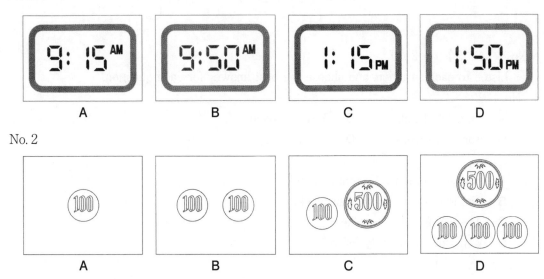

No. 2

No. 3

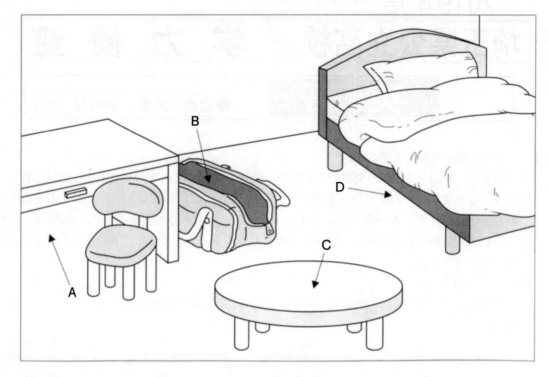

【No. 4，No. 5】（各 2 点）

Listen to each situation, and choose the best answer for each question.

No. 4

  A To study English.   **B** With my friends.

  C For three weeks.   **D** Last month.

No. 5

  A Can you come to the tennis match ?

  B I bought a new racket last week.

  C Are you free this weekend ?

  D Why don't you study more ?

【No. 6】（各 3 点）

Listen to the talk between Takako and an ALT, Mr. Wilson, and read the questions.　Then write the answer in English for questions 1, 2 and 3.

(1)　Question 1 :　When did Mr. Wilson start learning Japanese ?

  Answer :　　He started learning Japanese when he was a (　　　　　　　　　).

(2)　Question 2 :　What does Mr. Wilson like to do in Japan ?

  Answer :　　He likes to (　　　　　　　　) old towns in Japan.

(3)　Question 3 :　Why does Takako want to learn Chinese ?

  Answer :　　Because she wants to be able (　　　　　　　) with more people.

【No. 7】（各3点）

Listen to the speech of a junior high school student, Keiko, and choose the best answer for questions 1, 2 and 3.

(1) Question 1

  A Because she found an old map of her town.

  B Because she was interested in the changes in her town.

  C Because she liked swimming in the river in her town.

  D Because she wanted to tell her parents about her town.

(2) Question 2

  A A hospital.

  B A library.

  C A convenience store.

  D A new department store.

(3) Question 3

  A She hopes to make the mountains and the rivers in her town beautiful again.

  B She hopes to go shopping at the department store in the town with her mother.

  C She hopes that traditional festivals in the town will change.

  D She hopes that the people's hearts in her town will always be warm.

※<**放送を聞いて答える問題台本**>は英語の問題の終わりに付けてあります。

2　彩の国クッキングスクールの広告を英語で作成します。〔日本語のメモ〕をもとに，空欄 　A 　〜 　D 　にあてはまる適切な1語を，それぞれ英語で書きなさい。なお，空欄 　A 　〜 　D 　には省略した形や数字は使わないものとします。(12点)

〔日本語のメモ〕

料理を楽しもう！
彩の国クッキングスクールは，日本料理教室を開催します。

野菜や魚の天ぷらをつくりましょう。

  日付：8月2日　金曜日
  時間：午前10時から午後1時
  場所：みどりビル3階
  費用：2,000円

料理のあとで，一緒に昼食をとります。

参加希望者は，7月25日　木曜日までに <u>sainokuni@＊＊＊＊.com</u> に，
メールを送ってください。

Let's enjoy cooking!

Sainokuni Cooking School will hold a Japanese cooking class.

Let's make vegetable and | A | tempura.

Date : Friday, | B | 2

Time : 10 a.m. to 1 p.m.

Place : Midori Building, third floor

Cost : 2,000 yen

We'll have | C | together after cooking.

If you want to join, please send an e-mail to sainokuni@****.com by | D |, July 25.

（各3点）

3 次の英文を読んで，問1～問6に答えなさい。＊印のついている語句には，本文のあとに〔注〕があります。(20点)

Kota is a junior high school student. One day in his English class, Mr. Sato, his English teacher, told everyone to write a speech for class. Kota wanted to start writing his speech, but he didn't know what he should talk about.

One week later, Mr. Sato came to class with a new ALT, Ms. Bower. She came to Kota's town a week ago. She said, "Hello, my name is Amy Bower. Nice to meet you." Mr. Sato looked at Kota and said, "Why don't you ＊introduce yourself to Ms. Bower in English, Kota ?" Kota was nervous but he said, "Hi, my name is Kota. I'm in the English club. Nice to meet you, too." Ms. Bower smiled and some of the other students started to talk with her, too. | A | Kota and his classmates asked her many questions about her country and she asked them many questions about their school and life in Japan.

Kota and his classmates talked with Ms. Bower more after class. While they were talking with her, she said she had a problem. Three days ago, she left her ＊burnable garbage in front of her house in the morning, but it was still there that evening. She had to take it back into her house. She didn't know the ＊garbage collection rules for the town. | B | She used the Internet and found a poster about the rules.

The next day, Ms. Bower showed the students the poster she found on the Internet. ①The poster was (write) in Japanese. She said she couldn't find an English ＊version of the poster. She was learning Japanese, but she couldn't understand the poster very well. She found posters in English for other cities but not for their town. Kota and his classmates looked at the poster Ms. Bower brought and tried to help her in English. It was difficult for Kota, so he needed a dictionary to tell her about the rules in English. She had to take her burnable garbage to the ＊collection site by 8:30 in the morning on Tuesdays and Fridays. She could also leave her plastic bottles out on Wednesdays. 　　　C　　　 "Oh, I see," Ms. Bower said, "Thank you so much. ②Now I know (　　　　　　)." "You all did very well," Mr. Sato said, "It will be easier for Ms. Bower to live in Japan."

After that, Mr. Sato said to Kota, "Now you have a good idea for your speech." 　　　D　　　 Kota thought so, too. The most important thing that Kota learned is that there are a lot of things to do to help people from other countries.

〔注〕　introduce ～……～を紹介する　　burnable garbage……可燃ごみ
　　　garbage collection rule……ごみ収集のルール　　～ version……～版
　　　collection site……収集場所

問1　本文中の A ～ D のいずれかに, That was the first big problem she had in Japan. という1文を補います。どこに補うのが最も適切ですか。 A ～ D の中から1つ選び, その記号を書きなさい。(3点)

問2　下線部①について, (write)を適切な形にして, 書きなさい。(3点)

問3　下線部②について, (　)にあてはまる最も適切なものを, 次のア～エの中から1つ選び, その記号を書きなさい。(3点)
　ア　when to start　　イ　what to do　　ウ　where to live　　エ　how to eat

問4　本文の内容に関する次の質問の答えとなるように, (　)に適切な英語を書きなさい。(4点)

Question :　What did Kota need when he told Ms. Bower about the garbage collection rules in English ?

Answer :　He (　　　　　　　　　　　　　　　　　　).

問5　Kota が学んだ最も大切なことはどのようなことですか。日本語で書きなさい。(4点)

問6　本文の内容と合うものを, 次のア～エの中から1つ選び, その記号を書きなさい。(3点)
　ア　Ms. Bower found posters in English for Kota's town when she used the Internet.
　イ　Kota couldn't say anything in English to Ms. Bower when she first came to the English class.
　ウ　Ms. Bower should leave her plastic bottles out on Tuesdays and Fridays.
　エ　Ms. Bower understood the garbage collection rules after the students helped her.

4　次の 1 ～ 4 は, Akina, Hayato とシンガポール(Singapore)出身の ALT の Mr. Lee の会話と発表です。これらを読んで, 問1～問8に答えなさい。＊印のついている語句には, 本文のあとに〔注〕があります。(30点)

1　〈Akina, Hayato and Mr. Lee are talking.〉

Akina :　　We learned about ＊senior citizens in our ＊home economics class today. Many senior citizens are working in Japan.

Mr. Lee :　Really ?　　　A　　　 A lot of senior citizens in Singapore are still working, too.

Hayato :　I go to an English language school near my home and the teachers are all senior citizens. They're good at teaching English.

Akina :　　Oh, all your teachers are senior citizens ?

Hayato :　Yes, they're all ＊retired. My favorite teacher was a pilot. He traveled around the world for thirty years!

Mr. Lee : That's cool!

Akina : We have to give a speech about senior citizens for our class next month, right? We should *interview him.

Hayato : He will not be at the English language school this week, but I have another idea. Last week, when I went shopping, I saw many senior citizens who were walking around in the *shopping mall. Let's ask them some questions!

Akina : Let's do it!

Mr. Lee : Oh, that's a good idea. By the way, I'm going to go to Singapore next week. I'll try to take a video there for you, so you can learn about the senior citizens in Singapore.

Hayato : Thanks! I hope you have fun!

〔注〕 senior citizen……高齢者, お年寄り　　home economics……家庭科
retired……退職した　　interview 〜……〜にインタビューする
shopping mall……ショッピングモール(大型のショッピングセンター)

問1　空欄　**A**　にあてはまる最も適切なものを，次の**ア〜エ**の中から1つ選び，その記号を書きなさい。（3点）

ア It's easy for me. **イ** It's too difficult.

ウ It's the same in my country. **エ** It's different in my country.

問2　本文 1 の内容と合うように，次の英語に続く最も適切なものを，**ア〜エ**の中から1つ選び，その記号を書きなさい。（4点）

After Hayato talked about the senior citizens at the English language school,

ア he learned that Mr. Lee was a pilot.

イ Akina decided to find a job at the shopping mall in the future.

ウ Mr. Lee decided to make new friends in Singapore.

エ he and Akina decided to ask senior citizens at the shopping mall some questions.

2 〈*Next month, Akina gives a speech with Hayato to their classmates.*〉

Have you ever heard about "mall walking?" Mall walking is a special program that some shopping malls hold. In mall walking programs, people walk around in the shopping mall for their health. Many senior citizens join these programs. Most shopping malls are large and *completely indoors. So, they don't have to worry about bad weather. Shopping malls also have food and drinks. We asked the *manager of the shopping mall in our town about this program. He said he wanted to help people in the city and to build a *community for the senior citizens to keep *healthy. I think it's important for senior citizens to be happy and healthy, too. We interviewed some of the senior citizens in this program. We asked them, "What is good about this program?" Most of them said they felt healthier after walking in the shopping mall, and some others said they made friends or learned useful things. There were more people who said they felt healthier after mall walking than people who said they made friends or learned useful things.

〔注〕 completely indoors……完全に屋内で　　manager……(売場などの)責任者
community……地域社会　　healthy……健康な

問3 Akina と Hayato のスピーチの内容と合うものを，次の**ア**〜**エ**の中から1つ選び，その記号を書きなさい。（4点）

ア People can walk around for their health in large shopping malls.

イ The senior citizens make healthy food for their friends.

ウ The mall manager has never thought about senior citizens.

エ Senior citizens cannot join the programs if it rains.

問4 Akina と Hayato がインタビューした結果を表したグラフとして最も適切なものを，次の**ア**〜**エ**の中から1つ選び，その記号を書きなさい。（3点）

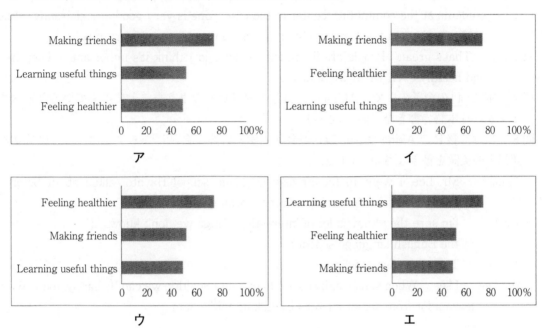

3 〈*Mr. Lee took a video in Singapore to show to his class. In the video, he talks about the senior citizens there.*〉

Hello, class! I'm in a big supermarket in Singapore now. There are a lot of workers here. About 〔working / of / in / half / the people〕 this supermarket are over fifty years old. The oldest worker here is eighty-two! That's amazing, right? I interviewed one of the workers here. His name is Ron. He says he is seventy-two years old now and has worked here for five years. He usually works five days a week. He can meet a lot of people, so he likes working at this supermarket. People in Singapore say that sixty is "the new forty" because people live longer now and continue to work. I've heard that, in Singapore, 25% of the people who are more than sixty-four years old are still working. I hope I can *stay active like the workers here when I'm older.

〔注〕 stay active……元気でいる

問5 〔 〕内のすべての語句を正しい順序に並べかえて書きなさい。（4点）

問6 本文 3 の内容に関する次の質問に，英語で答えなさい。（4点）

How long has Ron worked at the supermarket?

4 〈*After class, Akina, Hayato and Mr. Lee are talking about the speech and video.*〉

Akina : I'm surprised that so many senior citizens in Singapore are still working.

Hayato : Me, too. I didn't know that there were so many senior citizens who were doing interesting activities in our city. I can't imagine what our lives will be like when we're older.

Mr. Lee : You are still young, so you have a lot of time to think about your future. Are there any senior citizens you respect, Akina ?

Akina : I really respect my grandmother. She teaches calligraphy to elementary school students at the community center in the city. She is very good at calligraphy. She is glad that she can teach many children. She loves her work very much.

Mr. Lee : That's great. People are living longer now, so I think it's important to keep happy and healthy even when we're older.

問7　本文 4 の会話の中で，Akina は，自分の祖母がどのようなことに喜んでいると述べていますか。日本語で書きなさい。(4点)

問8　次は，後日の Akina と Mr. Lee の会話です。自然な会話になるように，(　)に適切な4語以上の英語を書きなさい。(4点)

Akina : Mr. Lee, I went to the English language school Hayato talked about before. I learned a lot from the senior citizens working there.

Mr. Lee : I'm sure they know a lot of interesting things we don't know. (　　　　　　　) at the English language school ?

Akina : There are five teachers.

Mr. Lee : I see. When senior citizens are happy and healthy, we can be happy, too. We can learn a lot from senior citizens by talking with them.

5　次の〔質問〕に対して，〔条件〕に従い，まとまった内容の文章を5文以上の英文で書きなさい。(10点)

〔質問〕　What is the best way to learn English for you ?

〔条件〕　①　1文目は〔質問〕に対する答えを，解答欄の①に書きなさい。

　　　　②　2文目以降は，その理由が伝わるように，4文以上で解答欄の②に書きなさい。

<放送を聞いて答える問題台本>

※「チャイム」

これから「放送を聞いて答える問題」を始めます。

問題用紙の第1ページ，第2ページを見てください。問題は，No. 1～No. 7の全部で7題あり，放送はすべて英語で行われます。放送される内容についての質問にそれぞれ答えなさい。No. 1～No. 5及び No. 7は，質問に対する答えとして最も適切なものを，**A～D** の中から1つずつ選び，その記号を書きなさい。No. 6は，それぞれの質問に英語で答えなさい。放送中メモを取ってもかまいません。各問題について英語は2回ずつ放送されま

す。

では，始めます。

Look at No. 1 to 3.

Listen to each talk, and choose the best answer for each question.

Let's start.

No. 1

A : Two tickets for the movie, please.

B : The movie will be shown three times today.   The first time is at 9:15, then at 1:15 and 4:50 in the afternoon.   Which would you like ?

A : The one in the morning, please.

B : OK.   Two thousand yen, please.

Question :   What time will the movie the man chose start ?

（会話と質問を繰り返します。）

No. 2

A : I'd like two hamburgers.

B : That will be 600 yen, please.

A : Oh, wait.   Can I have a cup of coffee, too ?

B : Sure.   That's 800 yen for everything.

Question :   How much is one cup of coffee ?

（会話と質問を繰り返します。）

No. 3

A : What are you looking for, Atsushi ?

B : I'm looking for my wallet.   I thought I put it on the table.

A : I found it under your bed this morning.   I put it in your bag by the desk.   Don't lose it.

B : Oh, I see it now.   Thanks, Mom.

Question :   Where did Atsushi's mother find his wallet ?

（会話と質問を繰り返します。）

Look at No. 4 and 5.

Listen to each situation, and choose the best answer for each question.

Let's start.

No. 4

Mayumi just arrived at the airport in America and met her old friend, Jake.

He is very glad to see her.

He asks how long she will be in America.

Question : What will Mayumi say to Jake ?

（英文と質問を繰り返します。）

No. 5

Kenta is going to go shopping this weekend.

He needs to buy a new tennis racket at the sports store.

He wants to go there with his friend, Tom.

Question : What will Kenta say to Tom ?

（英文と質問を繰り返します。）

Look at No. 6.

Listen to the talk between Takako and an ALT, Mr. Wilson, and read the questions.

Then write the answer in English for questions 1, 2 and 3.

Let's start.

Takako :   Mr. Wilson, I hear you have studied Japanese for a long time.

Mr. Wilson : Yes, I started learning it when I was a high school student.

Takako :   Wow ! Was Japanese a subject at your school ?

Mr. Wilson : Yes, it was. Some of my friends took Japanese and some of my other
              friends took French and Chinese.

Takako :   Why did you choose Japanese ?

Mr. Wilson : One of my friends at school was from Japan and he showed me some
              pictures of old towns in Japan.   After that, I decided to study Japanese.

Takako :   And now you are here in Japan.

Mr. Wilson : Yes. I really like to visit old towns in Japan.

Takako :   Really ?   If you like old towns, Kyoto is a good place to visit.

Mr. Wilson : I'm going there this summer. By the way, you are learning English now, but are there any other languages you want to learn, Takako ?

Takako : 　Well, I want to learn Chinese in the future.

Mr. Wilson : Oh, why is that ?

Takako : 　A lot of people speak Chinese, so I want to be able to talk with more people.

Mr. Wilson : I see. You can do a lot of great things if you can speak other languages. Good luck.

（会話を繰り返します。）

Look at No. 7.

Listen to the speech of a junior high school student, Keiko, and choose the best answer for questions 1, 2 and 3.

Let's start.

I love my town. It has a lot of mountains and rivers and many people come here on vacation.

But my town has changed a lot. I wanted to know more about the changes in my town, so I decided to learn about those changes during summer vacation. First, I went to the library. I found an old map of my town there, but I didn't know the names of the buildings on the map.

I showed the map to my mother. She said there was an old department store in our town thirty years ago. When she was a child, she often went shopping there with her family. But it closed, and we have a hospital there now. Last month, a new convenience store opened across the road from the hospital. My mother sometimes feels sad because the department store closed, but she is glad that there is a hospital near my house.

But there are things that have not changed in my town, too. The mountains and the rivers are still beautiful. We still have traditional festivals and food and the people in my town are still kind, too. I love my parents, my friends and all the people around me. They make my town special. My town will keep changing, but I hope that the warm hearts of the people in my town will never change.

Question 1 : Why did Keiko decide to learn about the changes in her town ?

Question 2 : After the department store closed, what was built in its place ?

Question 3 : What does Keiko hope ?

（スピーチと質問を繰り返します。）

以上で「放送を聞いて答える問題」を終わります。では，ほかの問題を始めてください。

数 学

●満点 100点　●時間 50分

（注意）　答えに根号を含む場合は，根号をつけたままで答えなさい。

1　次の各問に答えなさい。（51点）

(1)　$-2a+5a$　を計算しなさい。（4点）

(2)　$(-8)\div(-4)-1$　を計算しなさい。（4点）

(3)　$3x^2\div(-y^2)\times 2xy^3$　を計算しなさい。（4点）

(4)　$\dfrac{10}{\sqrt{5}}-\sqrt{45}$　を計算しなさい。（4点）

(5)　$x^2+6x-27$　を因数分解しなさい。（4点）

(6)　連立方程式　$\begin{cases} y=5-3x \\ x-2y=4 \end{cases}$　を解きなさい。（4点）

(7)　2次方程式　$2x^2-3x-1=0$　を解きなさい。（4点）

(8)　y が x の1次関数で，そのグラフが2点(4，3)，（-2，0)を通るとき，この1次関数の式を求めなさい。（4点）

(9)　下の図1のような，1組の三角定規があります。この1組の三角定規を，図2のように，頂点Aと頂点Dが重なるように置き，辺BCと辺EFとの交点をGとします。

　　∠BAE＝25°のとき，∠CGF の大きさ x を求めなさい。（4点）

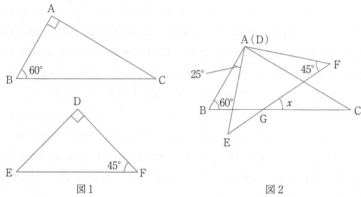

図1　　　　　　　　　　　　　図2

(10)　関数　$y=x^2$　について述べた次のア～オの中から，正しいものを2つ選び，その記号を書きなさい。（5点）

ア　この関数のグラフは，点(3，6)を通る。

イ　この関数のグラフは放物線で，y 軸について対称である。

ウ　x の変域が　$-1\leqq x\leqq 2$　のときの y の変域は　$1\leqq y\leqq 4$　である。

エ　x の値が2から4まで増加するときの変化の割合は6である。

オ　$x<0$ の範囲では，x の値が増加するとき，y の値は増加する。

⑾ 次は，先生，Aさん，Bさんの会話です。これを読んで，下の①，②に答えなさい。

先　生「縦20cm，横50cmの長方形の赤い布と縦20cm，横30cmの長方形の白い布を使って，縦20cm，横5mのゴールテープを作ろうと思います。」
Aさん「どのように作るのですか。」
先　生「布は切らずに，ゴールテープの縦の長さは20cmにそろえて，横は布と布を5cmずつ重ねて縫い合わせます。」
Aさん「赤い布と白い布は何枚あるのですか。」
先　生「どちらもたくさんあります。」
Bさん「Aさん，赤い布と白い布は横の長さが違うけれど，ちょうど5mにできるのかな。」
Aさん「赤い布だけなら，　ア　枚使って5mにできるよ。」
Bさん「赤い布と白い布の両方を使って，ちょうど5mになる枚数の組はあるのかな。」
Aさん「どうだろう。考えてみよう。」

① 　ア　にあてはまる数を書きなさい。（4点）
② 赤い布と白い布の両方を使って，ちょうど5mになる赤い布と白い布の枚数の組を，赤い布をx枚，白い布をy枚として，途中の説明も書いて**すべて**求めなさい。（6点）

2　　次の各問に答えなさい。（22点）

(1) 白色のペットボトルキャップが入っている袋があります。この袋の中に，同じ大きさのオレンジ色のキャップを50個入れてよく混ぜ，無作為に30個を抽出しました。抽出したキャップのうち，オレンジ色のキャップは6個でした。はじめにこの袋の中に入っていたと考えられる白色のキャップは，およそ何個と推測されるか求めなさい。（5点）

(2) 下の図のような，AB＝BC＝BD＝6cm，∠ABC＝∠ABD＝∠CBD＝90°の三角錐ABCDがあり，辺AD上にAP：PD＝1：2となる点Pをとります。
　このとき，三角錐PBCDの体積を求めなさい。（5点）

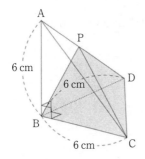

(3) 下の図のように，線分ABがあります。∠CAB＝105°となる半直線ACをコンパスと定規を使って1つ作図しなさい。

ただし，作図するためにかいた線は，消さないでおきなさい。（5点）

A ─────────── B

(4) 右の図のように，平行四辺形ABCDの対角線の交点をOとし，線分OA，OC上に，AE＝CFとなる点E，Fをそれぞれとります。

このとき，四角形EBFDは平行四辺形であることを証明しなさい。（7点）

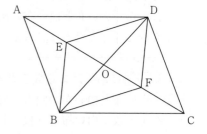

3 右の図において，曲線は関数 $y=\dfrac{1}{2}x^2$ のグラフで，直線は関数 $y=ax+2\,(a<0)$ のグラフです。直線と曲線との交点のうち x 座標が負である点をA，正である点をBとし，直線と y 軸との交点をCとします。また，曲線上に x 座標が3である点Dをとります。

このとき，次の各問に答えなさい。（10点）

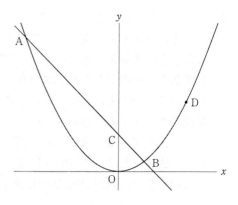

(1) △OCDの面積を求めなさい。

ただし，座標軸の単位の長さを1cmとします。
（4点）

(2) △ADCの面積が，△CDBの面積の4倍になるとき，a の値を求めなさい。（6点）

4 右の図1のように，線分 AB を直径とする半円 O の
$\stackrel{\frown}{AB}$ 上に点 P をとります。また，線分 AP 上に AM：
MP＝2：1 となる点 M をとり，線分 BM をひきます。

AB＝6cm，∠ABP＝60°のとき，次の各問に答え
なさい。（17点）

(1) 線分 PM の長さを求めなさい。（5点）

(2) 右の図2のように，線分 BM を延長し，$\stackrel{\frown}{AP}$との交
点を Q とします。また，線分 OP をひき，線分 BQ と
の交点を R とします。

このとき，次の①，②に答えなさい。

① 半円 O を，線分 BQ を折り目として折ったとき，
点 P は点 O と重なります。その理由を説明しなさい。
（6点）

② 図2のかげ（▨）をつけた部分の面積を求めな
さい。

ただし，円周率は π とします。（6点）

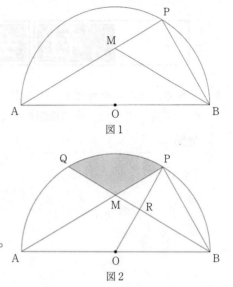

図1

図2

1　Sさんは，エチオピア，インド，オーストラリア，アメリカ合衆国及びブラジルの5か国について調べました。次の**地図**をみて，問1〜問5に答えなさい。（15点）

地図

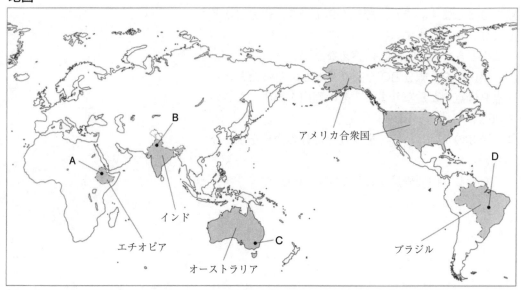

問1　**地図**中の，エチオピアがある大陸の名称を書きなさい。（2点）

問2　次の ☐ の中に示した緯度と経度であらわされる地点として最も適切なものを，**地図**中のA〜Dの中から一つ選び，その記号を書きなさい。（2点）

☐ 北緯9度，東経38度

問3　Sさんは，**地図**中に示したインドで最も多くの人々に信仰されている宗教について調べ，次のようにまとめました。**まとめ1**の中の ☐X☐ にあてはまる語を書きなさい。（3点）

まとめ1

> 　インドにおいて，最も多くの人々に信仰されている ☐X☐ 教は，特定の民族や地域と強く結びついて信仰されている宗教の一つです。
> 　☐X☐ 教では，水で身体を清める沐浴の儀式が重視されています。右の**資料**は，ガンジス川での沐浴の様子です。

資料

問4　Sさんは，**地図**中のオーストラリアの貿易について調べ，次の**表1**と**表2**をつくりました。**表1**を読みとり，オーストラリアの輸出がどのように変化したかを，輸出総額と輸出品の特色

に着目して書きなさい。また，下の**まとめ2**は，Sさんが**表2**を読みとり，まとめたものです。**まとめ2**の中の $\boxed{Y}$ にあてはまる州の名称を書きなさい。（5点）

表1 1965年と2015年におけるオーストラリアの輸出総額に占める輸出品の割合（上位5品目）

1965年		2015年	
羊毛	29.3%	鉄鉱石	19.6%
小麦	12.7%	石炭	15.2%
肉類	10.1%	天然ガス	6.6%
果実	3.6%	金	5.8%
砂糖	3.4%	肉類	5.3%
その他	40.9%	その他	47.5%
輸出総額	2971	輸出総額	187792

（注）　輸出総額の単位は，百万ドルである。
（世界国勢図会 2017/18年版などから作成）

表2 1965年と2015年におけるオーストラリアの輸出入総額に占める貿易相手国の割合（上位7か国）

1965年		2015年	
イギリス	21.6%	中国	27.0%
アメリカ合衆国	18.3%	日本	10.9%
日本	13.2%	アメリカ合衆国	9.1%
西ドイツ	4.8%	韓国	6.1%
ニュージーランド	3.8%	タイ	3.6%
フランス	3.7%	ニュージーランド	3.2%
イタリア	2.8%	ドイツ	3.0%
その他	31.8%	その他	37.1%
輸出入総額	5695	輸出入総額	506708

（注）　輸出入総額の単位は，百万オーストラリアドルである。
（オーストラリア外務貿易省ホームページから作成）

まとめ2

> 　**表2**から，オーストラリアの貿易相手国の変化を読みとると，1965年の貿易相手国には，イギリスなどヨーロッパ州の国が複数みられるが，2015年では中国など　$\boxed{Y}$　州の国がおもな貿易相手国となっている。

問5　次の**表3**は，**地図**中に示した5か国の，2014年における国土面積，人口，1人あたりのGNI，農地面積，牛の家畜頭数，牛乳生産量を示したものです。**表3**から読みとれる内容を述べた文として正しいものを，下の**ア〜オ**の中から**すべて**選び，その記号を書きなさい。（3点）

表3

	国土面積（万 km²）	人口（万人）	1人あたりのGNI（ドル）	農地面積（万 ha）	耕地・樹園地	牧場・牧草地	牛の家畜頭数（万頭）	牛乳生産量（万 t）
エチオピア	110	9696	386	3626	1626	2000	5671	334
インド	329	129529	1561	17960	16936	1024	18700	6642
オーストラリア	769	2362	60167	40627	4731	35896	2910	954
アメリカ合衆国	983	31945	56031	40821	15721	25100	8853	9346
ブラジル	852	20608	11493	28259	8659	19600	21237	3512

（世界国勢図会 2017/18年版などから作成）

ア　アメリカ合衆国とエチオピアを比べると，人口密度はアメリカ合衆国の方が高い。

イ　オーストラリアとブラジルを比べると，農地面積に占める牧場・牧草地の割合はオーストラリアの方が高い。

ウ　5か国のうち，農地面積に占める耕地・樹園地の割合が最も高い国は，インドである。

エ　5か国においては，国土面積が大きい順に，1人あたりのGNIが多い。

オ　5か国においては，牛の家畜頭数が多い順に，牛乳生産量が多い。

2 Nさんは，地理的分野の授業で日本の諸地域を学習したあと，次の**地図1**を作成しました。**地図1**をみて，問1～問5に答えなさい。（15点）

地図1

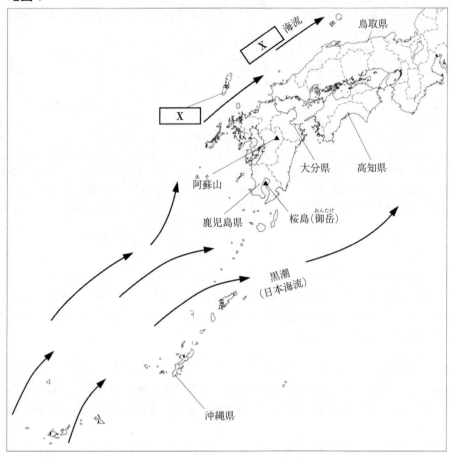

問1 Nさんは，九州地方の自然について調べ，**地図1**中に二つの暖流を模式的に示し，次のようにまとめました。**地図1**と**まとめ**の中にある X ， Y にあてはまる語を，それぞれ書きなさい。（3点）

まとめ

　　九州地方は，日本列島の南西に位置する地域で，九州島に加えて， X や五島列島，南西諸島などの島々が，南北に長く連なります。九州地方の近海には，暖流の黒潮（日本海流）と X 海流が流れており，冬でも比較的温暖です。

　　九州島のほぼ中央部には，阿蘇山の巨大な Y があります。 Y とは，火山の爆発や噴火による陥没などによってできた大きなくぼ地のことです。桜島（御岳）を取り囲む鹿児島湾は， Y に海水が入ってできた湾です。

問2 Nさんは，**地図1**中の沖縄県，大分県，鳥取県の三つの県における県庁所在地の気温と降水量を調べ，次のⅠ～Ⅲのグラフをつくりました。Ⅰ～Ⅲのグラフと県庁所在地の組み合わせとして正しいものを，下の**ア～カ**の中から一つ選び，その記号を書きなさい。（2点）

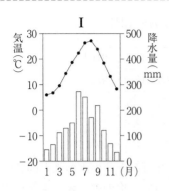

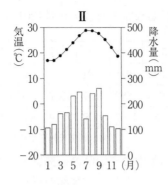

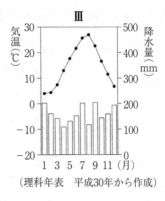

（理科年表　平成30年から作成）

ア　Ⅰ―那覇市　Ⅱ―大分市　Ⅲ―鳥取市

イ　Ⅰ―那覇市　Ⅱ―鳥取市　Ⅲ―大分市

ウ　Ⅰ―大分市　Ⅱ―鳥取市　Ⅲ―那覇市

エ　Ⅰ―大分市　Ⅱ―那覇市　Ⅲ―鳥取市

オ　Ⅰ―鳥取市　Ⅱ―那覇市　Ⅲ―大分市

カ　Ⅰ―鳥取市　Ⅱ―大分市　Ⅲ―那覇市

問3　次の**表1**は，**地図1**中の沖縄県，鹿児島県，大分県，鳥取県の人口(2016年)，産業別人口割合(2015年)，農業産出額(2015年)，工業出荷額(2014年)を示したものです。鹿児島県にあたるものを，**表1**中の**ア～エ**の中から一つ選び，その記号を書きなさい。（2点）

表1

県名	人口(千人)	産業別人口割合(%)			農業産出額(億円)	おもな産出物			工業出荷額(億円)
		第1次産業	第2次産業	第3次産業		米	野菜	畜産	
ア	570	9.1	22.0	69.0	697	121	201	265	6846
イ	1160	7.0	23.4	69.6	1287	216	366	454	45692
ウ	1637	9.5	19.4	71.1	4435	191	557	2837	19342
エ	1439	4.9	15.1	80.0	935	5	122	426	6397

（注）　四捨五入をしているため，産業別人口割合の合計が100%にならない場合がある。

（データでみる県勢 2018年版から作成）

問4　右の**資料**は，**地図1**中の高知県でみられる，ビニールハウスを利用して出荷時期を早める工夫をした**ある栽培方法**による，なすの収穫の様子です。また，次の**表2**は，Nさんが，高知県における東京都中央卸売市場へのなすの出荷などについて調べ，まとめたものです。**表2**をみて，群馬県と比較した高知県のなすの出荷の特色について，出荷時期に着目し，**ある栽培方法**の名称を用いて，説明しなさい。（5点）

資料

表2 東京都中央卸売市場におけるなすの月別入荷量（2017年1月～12月）

（t）

	1月	2月	3月	4月	5月	6月	7月	8月	9月	10月	11月	12月
高知県	1261	1311	1952	1845	2202	1981	91	7	82	1004	1213	914
群馬県	4	5	39	191	646	882	1557	1357	1240	705	22	1
その他	223	250	398	476	757	1167	2239	2519	2052	1163	236	173

（東京都中央卸売市場ホームページから作成）

問5　次のページの**地図2**は，**地図1**中の高知県の一部を示した2万5千分の1の地形図です。**地図2**から読みとれる内容を述べた文として下線部が正しいものを，次の**ア～オ**の中から**すべて**選び，その記号を書きなさい。（3点）

ア　A地点の「あぞうの」駅からB地点の「とさいっく」駅まで列車で移動する途中には，進行方向右側に工場がある。

イ　C地点からD地点までの直線距離は，地図上で約7cmであり（編集部注：編集部で縮小する前の地図上の直線距離は約7cmです），実際の直線距離は約1250mである。

ウ　E地点には，老人ホームがある。

エ　Fの範囲内には，果樹園がみられる。

オ　G地点の高さとH地点の高さを比べると，G地点の方が高い。

3　Tさんは，日本の5つの異なる時代の仏教について調べ，次のようにまとめました。これをみて，問1～問5に答えなさい。（15点）

I	聖武天皇は，仏教の力にたよって，伝染病や災害などの不安から国家を守ろうと考え，国ごとに国分寺や国分尼寺を建てた。
II	阿弥陀仏にすがって死後に極楽浄土へ生まれ変わることを願う浄土信仰が広まった。栄華をほこった藤原氏もこの阿弥陀仏を信仰するようになり，藤原頼通は平等院鳳凰堂を建てた。
III	日蓮は，「南無妙法蓮華経」と題目を唱えれば人も国家も救われると説き，日蓮宗を開いた。また，栄西や道元は，座禅によって自分の力でさとりを開こうとする禅宗を中国から伝えた。
IV	禅宗の僧が，幕府の使者として中国や朝鮮に派遣されるなど，政治や外交で重要な役割を果たした。また，禅宗の僧が中国からもたらした水墨画が盛んになり，雪舟が名作を残した。
V	宗門改で仏教徒であることを寺に証明させ，葬式も寺で行われるようになった。宗門改帳は宗派別に寺が作成し，戸籍の役割も果たした。

地図2

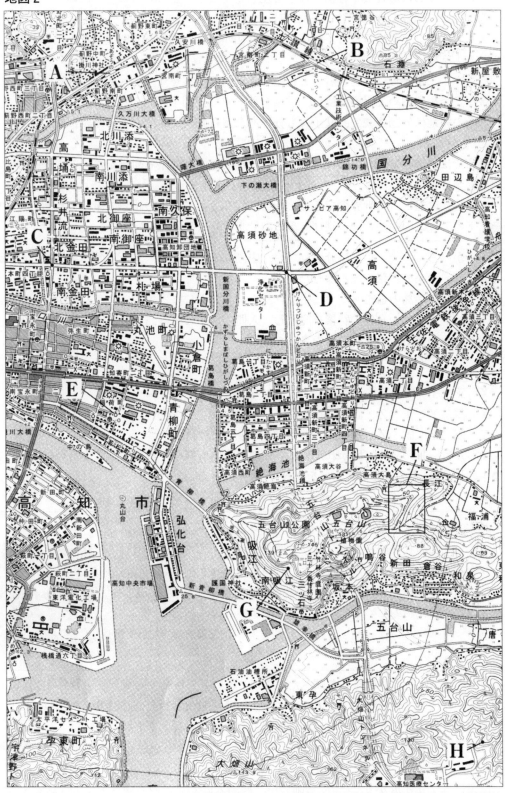

（国土地理院2万5千分の1地形図「高知」平成20年発行　一部改変）
〈編集部注：編集上の都合により原図の90％に縮小してあります。〉

問1　Ⅰの時代における社会や経済の様子を述べた文として正しいものを，次のア～エの中から一つ選び，その記号を書きなさい。（2点）

ア　人々に開墾をすすめるため，墾田永年私財法が出され，新しく開墾した土地の私有が認められるようになった。

イ　商人や手工業者らは，同業者ごとに座とよばれる団体をつくり，武士や貴族，寺社などにお金などで税を納めて保護を受け，営業を独占する権利を認められた。

ウ　武士の領地は分割相続で，女子にも分けあたえられたため，女性で地頭になる者もあらわれた。

エ　都市では，問屋や仲買などの大商人が，株仲間という同業者組織をつくり，幕府の許可を得て営業を独占した。

問2　Ⅱの時代に起こった世界のできごとを述べた文として，その正誤の組み合わせが正しいものを，下のア～エの中から一つ選び，その記号を書きなさい。（3点）

X　唐がほろんだ後，小国に分かれていた中国を宋が統一し，また，朝鮮半島では高麗がおこり，やがて新羅をほろぼした。

Y　アラビア半島の都市メッカに生まれたムハンマドによって，イスラム教が開かれた。

Z　フランスでは，身分の特権を廃止し，人間の自由と平等，国民主権，私有財産の不可侵などを唱える人権宣言が発表された。

ア　X　正　Y　正　Z　誤

イ　X　正　Y　誤　Z　誤

ウ　X　誤　Y　正　Z　誤

エ　X　誤　Y　誤　Z　正

問3　Tさんは，Ⅲの時代に開かれた新しい仏教について調べ，次のようにまとめました。まとめの中の　A　にあてはまる人物名を書きなさい。（3点）

まとめ

　時宗を開いた　A　は，念仏をすすめるために，念仏の札を配ったり，踊りを取り入れたりするなど，工夫をこらしました。右の**資料1**は，京都での踊念仏の様子をえがいた絵で，多くの人々が見物のため周囲に集まっています。

資料1

問4　Tさんは，文化に興味をもち調べたところ，次のa，bの文と**資料2**，**資料3**をみつけました。Ⅳの時代の文化について述べた文と，その時代の代表的な文化財の組み合わせとして正しいものを，表中のア～エの中から一つ選び，その記号を書きなさい。（2点）

a　武士や民衆の力がのびるにつれて，文化にも新しい動きが起こり，文学では，鴨長明の「方丈記」や，兼好法師の「徒然草」などの随筆が書かれた。

b　民衆にも文化が広がり，「一寸法師」や「浦島太郎」などのお伽草子とよばれる絵入りの物語が生まれた。

資料2

東求堂同仁斎

資料3

東大寺南大門

表

	文化	代表的な文化財
ア	a	資料2
イ	a	資料3
ウ	b	資料2
エ	b	資料3

問5　次の**資料4**は，**V**の時代の第3代将軍のときに出されたある法令の一部をわかりやすくなおしたものです。第3代将軍のときに制度として定められた**資料4**中の下線部の内容を書きなさい。また，第3代将軍の名前を書きなさい。（5点）

資料4

> 一　大小の大名は，<u>参勤交代</u>するよう定めるものである。…
> 一　500石積み以上の船をつくってはならない。
>
> 　　　　　　　　　　　　　　　（『御触書寛保集成』より一部要約）

4　次の年表をみて，問1～問5に答えなさい。（15点）

西暦(年)	で　き　ご　と
1858	・日米修好通商条約が結ばれる……………………………… A
1889	・大日本帝国憲法が発布される………………………………
	B
1917	・ロシア革命が起こる………………………………………… C
1929	・世界恐慌が起こる………………………………
	D
1951	・サンフランシスコ平和条約が結ばれる………………
1973	・石油危機が起こる………………………………
	E
1991	・ソ連が解体する………………………………

問1　次の**ア～エ**は，年表中**A**の時期のできごとについて述べた文です。年代の**古い順**に並べかえ，その順に記号で書きなさい。（3点）

ア　岩倉具視や木戸孝允，大久保利通などを中心とする政府の使節団が，欧米に派遣された。

イ　西郷隆盛を中心として，鹿児島の士族などが西南戦争を起こした。

ウ　生麦事件の報復のため起こった薩英戦争で，イギリス艦隊が鹿児島を攻撃した。

エ　江華島事件を口実に，政府は朝鮮と日朝修好条規を結び，朝鮮を開国させた。

問2　次の文章は，年表中**B**の時期における日本の外交についてまとめたものです。**まとめ1**の中の　**X**　にあてはまる人物名を書きなさい。（3点）

まとめ1

> 　近代国家を目ざす日本にとって，外交上の重要な課題は，幕末に欧米諸国と結んだ不平等条約を対等なものに改正することであった。
>
> 　日本が立憲政治を実現するなど，近代国家のしくみを整えたことを背景に，イギリスが，日本との条約改正に応じた。1894年，　X　が外相のときに，日英通商航海条約が結ばれ，領事裁判権が撤廃された。

問3　次の**資料**は，米騒動の様子をえがいたものの一部です。米騒動が起きた理由を，年表中**C**のロシア革命への干渉戦争の名称を用い，**表**から読みとれる米の価格の変化に着目して書きなさい。（5点）

資料

表　米1石あたりの価格の変化

年	月	価格（円）
1917	9	21.33
	10	23.61
	11	23.93
	12	23.86
1918	1	23.84
	2	24.94
	3	26.60
	4	27.38
	5	27.46
	6	28.34
	7	30.39
	8	38.70

（日本金融史資料から作成）

問4　次の文章は，年表中**D**の時期のできごとについてまとめたものです。**まとめ2**の中の　Y　にあてはまる語と　Y　の**地図**中の位置の組み合わせとして正しいものを，下の**ア～カ**の中から一つ選び，その記号を書きなさい。（2点）

まとめ2

> 　国際連盟は，1933年に開かれた総会で，満州国を認めず，日本軍の占領地からの撤兵を求める勧告を採択した。その後，日本は，国際連盟を脱退した。
>
> 　1937年7月，北京郊外の　Y　付近で，日本軍と中国軍の武力衝突が起こった。この　Y　事件をきっかけに，日中戦争が始まった。

地図

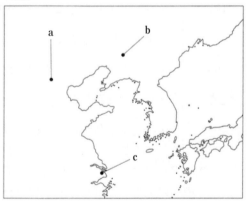

ア　Y－盧溝橋　位置－a　　イ　Y－盧溝橋　位置－b
ウ　Y－盧溝橋　位置－c　　エ　Y－柳条湖　位置－a
オ　Y－柳条湖　位置－b　　カ　Y－柳条湖　位置－c

問5　年表中**E**の時期における日本の社会や経済の様子を述べた文として正しいものを，次の**ア～エ**の中から一つ選び，その記号を書きなさい。（2点）

ア　大気汚染や水質汚濁などの公害問題が深刻化し，公害対策基本法が制定された。

イ バブル経済と呼ばれる，投機によって株式と土地の価格が異常に高くなる好景気が発生した。

ウ 労働争議が増加し，12歳未満の就労禁止，労働時間の制限などを定めた工場法が制定された。

エ 朝鮮戦争が始まると，大量の軍需物資が日本で調達され，好景気になった。

5 Kさんのクラスでは，公民的分野の学習のまとめとして，自分の興味のある分野からテーマを選び，調べることになりました。次の**表1**は，Kさんが興味をもった分野とテーマについてまとめたものです。**表1**をみて，問1〜問8に答えなさい。（25点）

表1

分野	テーマ
人権と共生社会	・どのような①人権が保障されているのだろうか。
国の政治のしくみ	・②国会と内閣の関係はどのようなものなのだろうか。
裁判の種類と人権	・③裁判にはどのような種類があるのだろうか。
消費生活と④市場経済	・⑤銀行や日本銀行はどのような仕事をしているのだろうか。
私たちの生活と⑥財政	・国や地方公共団体はどのような経済活動を行っているのだろうか。
国際社会のしくみ	・⑦国際連合はどのようなしくみで運営されているのだろうか。
これからの地球社会と日本	・日本はどのような⑧国際貢献をしているのだろうか。

問1 Kさんは，下線部①に関連して，基本的人権を保障するためのある権利について調べ，次の**表2**をつくりました。**表2**中の X にあてはまる語を書きなさい。（3点）

資料1

表2

X		
国家賠償 X	公務員の行為によって受けた損害に対して賠償を求める権利。	
刑事補償 X	事件の犯人として裁判に訴えられ，その後無罪になったり，一度有罪となった人がやり直しの裁判で無罪と判断されたりした場合に，国に補償を求める権利。	
裁判を受ける権利	人権が侵害されたことを裁判所に訴えて，公正な裁判を受ける権利。	

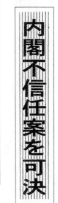

内閣不信任案を可決

問2 右の**資料1**は，Kさんが下線部②について調べたときにみつけた新聞記事の見出しです。**資料1**のように内閣不信任案が可決された場合，内閣はどのようなことを選択しなければならないかを具体的に説明しなさい。（5点）

問3 下線部③に関連して，Kさんは，刑事裁判について学ぶ授業において模擬裁判を行いました。次は，模擬裁判の台本の一部です。台本中の A 〜 C にあてはまる語の組み合わせとして正しいものを，あとの**ア〜カ**の中から一つ選び，その記号を書きなさい。（2点）

役割	台詞
A	それでは，被告人に対する事件の審理を始めます。 　～　省略　～ 　B ，起訴状を読んでください。
B	（起訴状を読む）～　省略　～
A	ここで，被告人に注意しておくことがあります。被告人には，黙秘権という権利があります。答えたくない質問には答えなくても構いません。そこで，質問しますが，先ほど　B　が読み上げた起訴状の内容は間違いないですか。
被告人	全然違います。私はやっていません。
A	C　の意見はいかがですか。
C	被告人が述べたとおりです。被告人は犯人ではなく，無罪です。

ア　A—検察官　B—弁護人　C—裁判官
イ　A—検察官　B—裁判官　C—弁護人
ウ　A—弁護人　B—検察官　C—裁判官
エ　A—弁護人　B—裁判官　C—検察官
オ　A—裁判官　B—弁護人　C—検察官
カ　A—裁判官　B—検察官　C—弁護人

問4　次は，下線部④について学ぶ授業における，先生とKさんの会話です。会話文中の　I　～　IV　にあてはまる言葉の組み合わせとして正しいものを，下のア～エの中から一つ選び，その記号を書きなさい。（2点）

先　生：宿泊料金に関して，**資料2**からどのようなことが読みとれますか。

Kさん：宿泊の曜日などによって宿泊料金が違います。日曜から金曜は宿泊料金が安く，土曜や祝前日は宿泊料金が高いです。なぜ曜日などによって宿泊料金が違うのですか。

資料2

＜Gホテル宿泊料金表＞	
日曜～金曜	11000円
土曜・祝前日	13000円

先　生：価格は，一般的に　I　と　II　との関係で変化します。ホテルなどの宿泊料金の場合，部屋数という　I　が変わらないのに対して，宿泊客数という　II　は変化します。このことをふまえて，考えてみてください。

Kさん：土曜や祝前日は，限られた数の部屋数に対して多くの宿泊客が集まるため，宿泊料金は　III　ます。日曜から金曜は，土曜や祝前日に比べて，宿泊客が少なくなるので，宿泊料金は　IV　ます。だから，宿泊料金に違いがあるのですね。

先　生：そうです。曜日などによって宿泊料金が違う理由が理解できましたね。

ア　I—需要量　II—供給量　III—上がり　IV—下がり
イ　I—需要量　II—供給量　III—下がり　IV—上がり
ウ　I—供給量　II—需要量　III—上がり　IV—下がり
エ　I—供給量　II—需要量　III—下がり　IV—上がり

問5　Kさんは，下線部⑤について調べ，次のようにまとめました。**まとめ1**の中の　Y　にあてはまる語を書きなさい。（2点）

まとめ1

> 　　銀行はさまざまな仕事をしていますが，特に重要なのは，人々の貯蓄を預金として集め，それを家計や企業に貸し出すことです。資金の借り手は銀行に対して，借り入れた金額を期限内に返済するだけでなく，一定期間ごとに　Y　を支払わなければなりません。元金に対する　Y　の比率を金利といいます。銀行は貸し出し先から　Y　を取り，預金者には　Y　を支払います。貸し出し金利は預金金利を上回り，その差が銀行の収入になります。

問6　下線部⑥について，現在の日本の財政に関して述べた文として正しいものを，次の**ア～オ**の中から**すべて**選び，その記号を書きなさい。（3点）

ア　内閣が作成した国の予算は，先に衆議院から審議が行われることとなっている。

イ　税収の増加が財政規模の拡大に追いつかず，財政黒字が続き，債務残高が増加している。

ウ　税金を納めなければならない人と，実際に負担する人が同じ税金を直接税といい，所得税や法人税は直接税にあたる。

エ　政府の収入は，原則として税金によってまかなわなければならないが，税金だけで必要な収入がまかなえない場合，公債を発行して，資金を借り入れる。

オ　所得税は，所得に関係なく同じ税率を適用するため，低所得者の方が所得全体に占める税負担の割合が高くなる傾向がある。

表3

国名	表決
アメリカ合衆国	反対
イギリス	賛成
イタリア	賛成
ウクライナ	賛成
ウルグアイ	賛成
エジプト	賛成
エチオピア	賛成
カザフスタン	賛成
スウェーデン	賛成
セネガル	賛成
中国	賛成
日本	賛成
フランス	賛成
ボリビア	賛成
ロシア	賛成

問7　下線部⑦に関連して，右の**表3**は，2017年12月の安全保障理事会における，ある重要な決議案の表決をまとめたものです。**表3**をみて，この決議案が可決されたか，否決されたかを，そう判断した理由とともに説明しなさい。（5点）

問8　Kさんは，下線部⑧に関連して，日本の国際貢献について調べ，次のようにまとめました。**まとめ2**の中の　Z　にあてはまる語を書きなさい。（3点）

まとめ2

> 　　第二次世界大戦後の日本の外交は，平和主義と国際貢献を重視してきました。国際貢献については，技術援助をふくむ政府開発援助などを中心に，途上国の開発を支援しています。また，近年では，1992年に制定された国際平和協力法（　Z　協力法）に基づいて，カンボジアや東ティモールなどでの国際連合の平和維持活動（　Z　）に自衛隊を派遣するなど，国際連合の取り組みに対する人的な協力も行っています。

6　　Hさんは，2018年にロシアで開催されたサッカーワールドカップに出場した国の中から，興味のある国の歴史や地理について調べ，次の**資料1**をつくりました。**資料1**をみて，問1～問4に答えなさい。（15点）

資料1

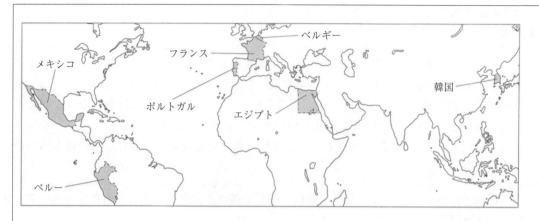

エジプト
＜首都＞カイロ
　①紀元前3000年ごろには，国々が統一され，神殿や，神のように敬われた国王の墓としてピラミッドが造られるようになった。

②ペルー
＜首都＞リマ
　太陽神を信仰し，高度な石造建築技術をもつ，広大なインカ帝国が栄えた。

ポルトガル
＜首都＞リスボン
　1543年，中国の商船に乗って，③種子島に流れ着いたポルトガル人が，日本に鉄砲を伝えた。

メキシコ
＜首都＞メキシコシティ
　銀の産出量は世界最大の規模である。

フランス
＜首都＞パリ
　EU最大の農業国であり，世界有数の小麦輸出国である。

ベルギー
＜首都＞ブリュッセル
　暖流の影響により温和な気候をもち，全土が温帯に属している。

韓国
＜首都＞ソウル
　1970年代以降，経済成長を果たし，新興工業経済地域(NIES)の一つとなった。

問1　Ｈさんは，古代文明に興味をもち調べたところ，次のa，bの文と資料2，資料3をみつけました。下線部①の文明について述べた文と，この文明で発明された文字の組み合わせとして正しいものを，表中のア～エの中から一つ選び，その記号を書きなさい。（2点）

a　川のはんらんの時期を知るために天文学が発達し，太陽を基準にして1年を365日として12か月に分ける太陽暦がつくられた。

b　月の満ち欠けにもとづく太陰暦や，時間を60進法で測ること，1週間を7日とすることが考え出された。

資料2

くさび形文字

資料3

象形文字

表

	文明	発明された文字
ア	a	資料2
イ	a	資料3
ウ	b	資料2
エ	b	資料3

問2　下線部②の国がある大陸についてまとめた**地図**をみて，次の(1)と(2)の問いに答えなさい。

地図

(1)　**地図**中で模式的に示したアンデス山脈は，日本列島と同じ造山帯の範囲に位置しています。この造山帯の名称を書きなさい。（3点）

(2)　Hさんは，**地図**中に示したマナオス，クスコ，ブエノスアイレスの三つの都市の気温と降水量を調べ，次の**A〜C**のグラフをつくりました。このうち，高山気候に属するクスコの気温と降水量を示すものを，**A〜C**の中から一つ選び，その記号を書きなさい。（2点）

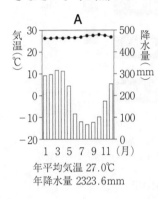

A

年平均気温 27.0℃
年降水量 2323.6mm

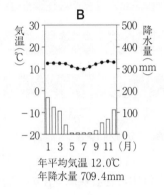

B

年平均気温 12.0℃
年降水量 709.4mm

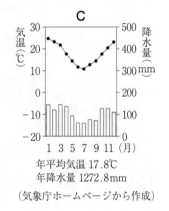

C

年平均気温 17.8℃
年降水量 1272.8mm

（気象庁ホームページから作成）

問3　Hさんは，下線部③のできごとから，鎖国の体制が固まるまでのできごとについて調べ，次の**年表**にまとめました。**年表**中の │ W │ 〜 │ Z │ にあてはまるできごとを，下の**ア〜エ**の中から一つずつ選び，その記号を書きなさい。（3点）

年表

西暦(年)	で　き　ご　と
1543	・ポルトガル人が鉄砲を伝える
1573	・室町幕府がほろびる
1582	・│　W　│
1603	・江戸に幕府が開かれる
1612	・│　X　│
1635	・日本人の海外渡航・帰国を禁止する
1637	・│　Y　│
1639	・│　Z　│
1641	・オランダ商館を長崎の出島に移す

ア　キリシタン大名の大友宗麟などが，四人の少年使節をローマ教皇のもとに派遣する

イ　神の使いとされた天草四郎という少年を大将にした島原・天草一揆が起こる

ウ　ポルトガル船の来航を禁止する

エ　幕府が，幕領にキリスト教禁止令を出す

問4 **H**さんは，**資料1**中のメキシコ，ポルトガル，フランス，ベルギー及び韓国の社会保障などについて調べ，次の**グラフ1**，**グラフ2**をつくりました。**グラフ1**と**グラフ2**から読みとれるヨーロッパ州の国の特色を，ヨーロッパ州以外の国と比較して書きなさい。（5点）

グラフ1 年齢3区分別人口割合（2010年）

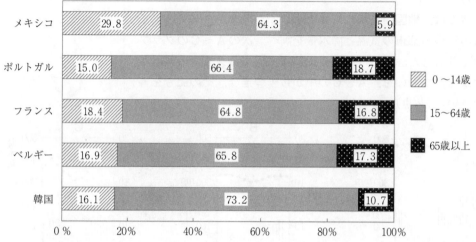

（注） 四捨五入をしているため，年齢3区分別人口割合の合計が100％にならない場合がある。

（国際連合ホームページから作成）

グラフ2 国内総生産（GDP）に対する社会保障支出の割合（2010年）

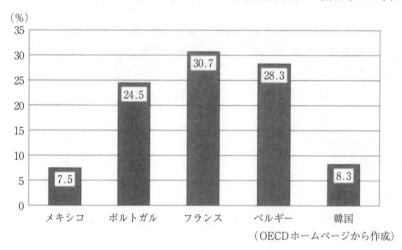

（OECDホームページから作成）

1 次の各問に答えなさい。(20点)

問1 次の**ア**～**エ**の中から，地球型惑星を一つ選び，その記号を書きなさい。(2点)

ア 火星 **イ** 木星 **ウ** 土星 **エ** 天王星

問2 右の**図**は，気温と飽和水蒸気量との関係を表したグラフです。気温11℃，湿度25％のとき，空気1m^{3}中の水蒸気量は何gですか。**図**をもとに求めなさい。(3点)

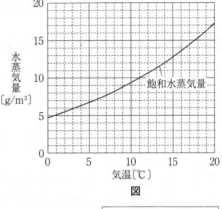

図

問3 イヌワラビとゼニゴケに共通している点を，次の**ア**～**エ**の中から一つ選び，その記号を書きなさい。(2点)

ア 維管束がない。

イ 根，茎，葉の区別がある。

ウ 胞子でふえる。

エ 雄株と雌株がある。

問4 右の**図**は，ヒトの血液中の固形の成分を模式的に表したものです。**図**中の**X**は，酸素を運ぶはたらきをしています。この**X**の名称を書きなさい。(3点)

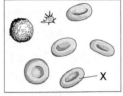

図

問5 水40gに砂糖10gを溶かしたときの砂糖水の質量パーセント濃度は何％か求めなさい。(3点)

問6 右の**図**のように，BTB溶液を数滴加えた塩酸10cm^{3}の入ったビーカーに，水酸化ナトリウム水溶液を2cm^{3}ずつ加えて水溶液の色を観察しました。次の**表**は，観察した結果をまとめたものです。水酸化ナトリウム水溶液を16cm^{3}加えたとき，ビーカーの水溶液中に最も多く含まれるイオンを，下の**ア**～**エ**の中から一つ選び，その記号を書きなさい。(2点)

図

表

水酸化ナトリウム水溶液の量〔cm^3〕	0	2	4	6	8	10	12	14	16	18	20
水溶液の色	黄色	黄色	黄色	黄色	黄色	緑色	青色	青色	青色	青色	青色

ア 水素イオン **イ** 塩化物イオン **ウ** ナトリウムイオン **エ** 水酸化物イオン

問7 ある学校で使っていた白熱電球を，ほぼ同じ明るさのLED電球にとりかえます。40Wの白熱電球に100Vの電圧を加えて55秒間使用したときと同じ電圧，同じ電力量で，4.4WのLED電球は何秒間使用できるか求めなさい。(3点)

問8 単位に関して述べた次の**ア**～**エ**の中から，下線部が正しいものを一つ選び，その記号を書きなさい。(2点)

ア パスカル（記号Pa）は，圧力の単位である。<u>面を垂直に押す力の大きさが同じなら，力のはたらく面積が大きいほど圧力は大きくなる。</u>

イ ジュール（記号J）は，エネルギーの単位である。<u>物体に対して仕事をする能力をエネルギーとよんでおり，熱や電気のエネルギーもジュールで表すことができる。</u>

ウ シーベルト（記号Sv）は，放射線が人体にどれくらいの影響があるかを表す単位である。<u>私たちは，自然放射線を年間に１人あたり約２シーベルト受けている。</u>

エ オーム（記号Ω）は，電気抵抗の単位である。<u>抵抗器の両端に電圧を加えたときに，抵抗の値が大きいほど電流は流れやすい。</u>

---

2 Nさんは，授業で火山噴出物について学習をしました。問１〜問５に答えなさい。（20点）

先　生　図１は，園芸用に使われる鹿沼土（かぬまつち）です。これは群馬県にある赤城山（あかぎ）の噴火によって火山噴出物が堆積したものです。

Nさん　身近なところで火山噴出物は使われているのですね。

先　生　図２は，約４万５千年前に赤城山から噴出した火山灰などの火山噴出物の分布と堆積した厚さを示したものです。そのときの火山堆積物の一部が鹿沼土と呼ばれています。

Nさん　こんなに遠くまで運ばれるのですね。

先　生　見つかった火山灰の層が，赤城山の火山噴出物が堆積した層だとわかると，この層を基準に，地層の広がりと年代を知る手がかりになります。このような手がかりになる層を　**X**　層といいます。

Nさん　火山灰などは，火山を中心に同心円状に堆積すると思っていました。

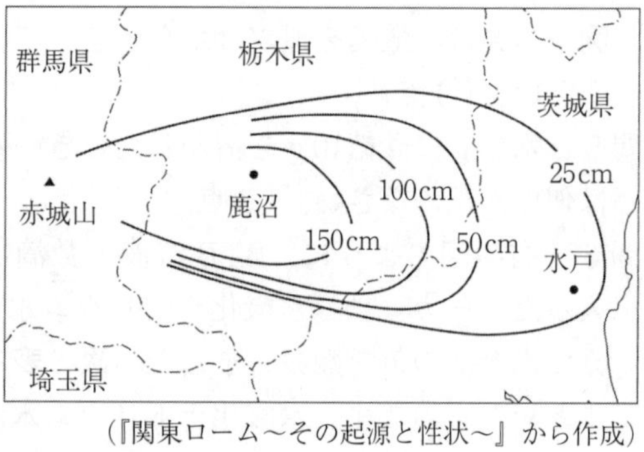

先　生　よいところに気がつきましたね。上空の大気の動きにより，<u>①日本にある火山の多くでは，火山の東側に火山灰などの軽い火山噴出物が堆積する特徴があります。</u>

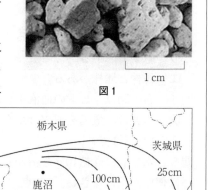

図１

図２

（『関東ローム〜その起源と性状〜』から作成）

問１　会話文中の　**X**　にあてはまる最も適切な語を書きなさい。（３点）

問２　下線部①のような特徴になるのはなぜですか。日本付近の上空の大気の動きに関連づけて，その理由を書きなさい。（４点）

　Nさんのクラスでは，鹿沼土と３種類の火山灰Ａ〜Ｃを班ごとに観察しました。３班のNさんは，鹿沼土と火山灰Ｃを観察し，レポートにまとめました。

レポート

課題
　火山灰に含まれている鉱物を観察し，火山灰の色によって，火山にどのような違いがある

のか調べる。

【観察1】

　火山灰に含まれている鉱物を取り出すために，　　　　Y　　　　あと，鉱物を双眼実体顕微鏡で観察し，スケッチした。

【結果1】

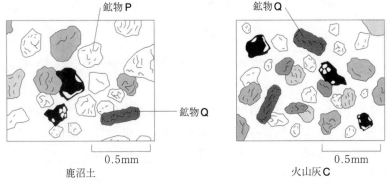

鉱物P

鉱物Q

鉱物Q

0.5mm

鹿沼土

0.5mm

火山灰C

○　鹿沼土も火山灰Cも粒の形が角ばったものが多かった。

○　鉱物Pは，無色で，不規則な形をしていた。

○　鉱物Qは，長い柱状の形で，緑黒色であった。

問3　**観察1**の Y にあてはまる操作として最も適切なものを，次の**ア～エ**の中から一つ選び，その記号を書きなさい。（3点）

　ア　火山灰をうすい塩酸にひたし，反応がおさまってから水洗いし，乾燥させた

　イ　火山灰に水を加え，指で軽く押して洗い，にごった水をすて，これらの操作を水のにごりがなくなるまで繰り返し，乾燥させた

　ウ　火山灰に水を加え，ろ紙を用いてろ過し，ろ紙に残ったものを乾燥させた

　エ　火山灰を鉄製の乳鉢に入れ，細かくすりつぶしたあと，ふるいにかけ，これらの操作を数回繰り返し，粒を小さくした

問4　**結果1**の鉱物Pと鉱物Qの名称として最も適切なものの組み合わせを，次の**ア～エ**の中から一つ選び，その記号を書きなさい。（3点）

　ア　P　キ石　　　　Q　チョウ石

　イ　P　セキエイ　Q　チョウ石

　ウ　P　キ石　　　　Q　カクセン石

　エ　P　セキエイ　Q　カクセン石

　Nさんは，他の班の観察結果もあわせて，鹿沼土と火山灰A～Cについて レポートの続き にまとめました。

レポートの続き

【観察2】

1　火山灰に含まれている鉱物を，顕微鏡に接続したデジタルカメラで記録をした。

2　記録した画像を印刷し，有色鉱物と無色鉱物の数を数えて，その割合を円グラフにまとめた。

【結果2】

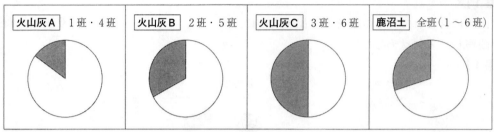

| 火山灰A 1班・4班 | 火山灰B 2班・5班 | 火山灰C 3班・6班 | 鹿沼土 全班(1～6班) |

※円グラフの，■は有色鉱物，□は無色鉱物を表している。

【考察】

　火山灰に含まれている鉱物は，マグマが噴出したときにできたものなので，火山灰に含まれている鉱物の割合の違いはマグマの性質の違いと関係がある。よって，鹿沼土と火山灰Bは似た性質のマグマからできていると考えられる。また，②火山灰Aは， Z 火山から噴出したものであると考えられる。

問5　火山灰Aが噴出した火山のマグマの性質について，次の(1)，(2)に答えなさい。

(1)　考察の下線部②について， Z にあてはまることばを，マグマのねばりけにふれながら，簡潔に書きなさい。（4点）

(2)　次のア～エの中から，火山灰Aが噴出した火山のマグマの性質と似たマグマの性質をもつ火山はどれか，最も適切なものを一つ選び，その記号を書きなさい。（3点）

　　ア　雲仙普賢岳　　イ　桜島
　　ウ　富士山　　　　エ　伊豆大島(三原山)

3　Mさんは，埼玉県内のある地域の土壌の調査を行いました。問1～問6に答えなさい。（20点）

実験1

(1)　図1のように，わりばしを使った25cm×25cmの枠で土壌を囲み，観察範囲とした。

(2)　観察範囲の落ち葉を取り除くとキノコが見つかった。

(3)　観察範囲の落ち葉の下の土を深さ5cmまでとり，そのとった土から，肉眼で見つかる小動物をピンセットで採集した。その結果，ムカデ，ミミズ，ダンゴムシ，クモを採集できた。

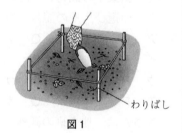

図1

(4)　(3)で小動物を採集したあとの土に，図2のように，白熱電球を太陽に見立てた装置を使って光をあてると，土が徐々に表面から乾いていった。

(5)　光を3日間あて続けるとビーカー内に小動物が落ちており，その小動物を双眼実体顕微鏡で観察したところ，トビムシとカニムシが確認できた。

(6)　採集した小動物が主に何を食べているかを調べ，「食べる・食べられる」の関係を図3にまとめた。

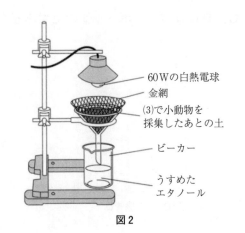

- 60Wの白熱電球
- 金網
- (3)で小動物を採集したあとの土
- ビーカー
- うすめたエタノール

図2

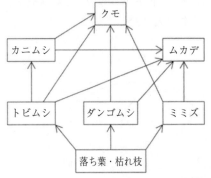

※矢印の向きは、食べられるものから食べるものに向いている。

図3

調べてわかったこと

土の中には、小動物以外にも菌類、細菌類が生活している。

問1　**M**さんは、**実験1**の(5)でトビムシやカニムシがビーカー内に落ちてきた理由を次のようにまとめました。文中の　Ⅰ　，　Ⅱ　にあてはまる語をそれぞれ書きなさい。（3点）

トビムシやカニムシは、温度が　Ⅰ　く、湿度が　Ⅱ　い環境を嫌うため。

問2　**実験1**で見つかったムカデ、ミミズ、トビムシ、キノコを、生態系における生産者と消費者のどちらかに分類するとき、次の**ア～エ**の中から最も適切なものを一つ選び、その記号を書きなさい。（3点）

ア　ムカデ、ミミズ、トビムシ、キノコのすべてが生産者である。

イ　ムカデは消費者、ミミズ、トビムシ、キノコは生産者である。

ウ　ムカデ、ミミズ、トビムシは消費者、キノコは生産者である。

エ　ムカデ、ミミズ、トビムシ、キノコのすべてが消費者である。

問3　**図3**から、土壌の生物には、何種類もの生物どうしの間に「食べる・食べられる」の関係があり、その関係は複雑にからみ合ってつながっていることがわかります。このように複雑にからみ合うつながりを何といいますか。その名称を書きなさい。（3点）

Mさんは、土の中の菌類や細菌類が有機物をどのように分解しているかを調べるために、次の実験を行いました。

実験2

(1)　**実験1**の(5)で光をあてたあとの土を、100gはそのままペットボトル①に入れ、別に分けた100gはじゅうぶんに加熱してからペットボトル②に入れた。

(2)　**図4**のように、ペットボトル①、②のそれぞれに濃度0.2%のデンプン水溶液を200cm³入れて混ぜ合わせ、25℃に保った。

(3)　**図5**のように、ペットボトル①、②内のそれぞれの二酸化炭素の割合を気体検知管で調べた。

(4)　**図6**のように、試験管**A**～**D**を用意し、試験管**A**、

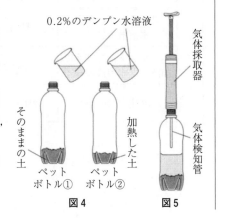

0.2%のデンプン水溶液

気体採取器

気体検知管

そのままの土

加熱した土

ペットボトル①

ペットボトル②

図4　　図5

Bにはペットボトル①の上ずみ液を，試験管C，Dにはペットボトル②の上ずみ液を 1 cm³ ずつ入れた。

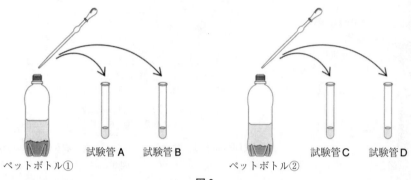

図 6

(5) **図7**のように，試験管**A**，**C**にはヨウ素液を 1 滴加えて色の変化を観察した。また，試験管**B**，**D**にはベネジクト液を 1 cm³ 加え，沸騰石を入れてガスバーナーでじゅうぶんに加熱したあと，沈殿の有無を観察した。

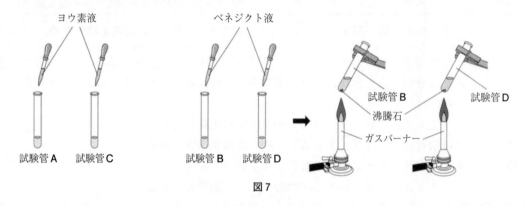

図 7

(6) ペットボトル①，②にふたをして25℃のまま保ち，2 日後，4 日後に(3)〜(5)と同じ操作を行い，観察した。

(7) **実験2**の結果を**表1**，**表2**にまとめた。

表1　そのままの土

	容器	直後	2日後	4日後
ヨウ素液を加えた水溶液の様子	試験管A	濃い青紫色に変化した	うすい青紫色に変化した	変化しなかった
ベネジクト液を加えて加熱した水溶液の様子	試験管B	変化しなかった	赤褐色の沈殿が生じた	変化しなかった
二酸化炭素の割合	ペットボトル①	空気と同じだった	空気より少し増加した	空気よりかなり増加した

表2　加熱した土

	容器	直後	2日後	4日後
ヨウ素液を加えた水溶液の様子	試験管C	濃い青紫色に変化した	濃い青紫色に変化した	濃い青紫色に変化した
ベネジクト液を加えて加熱した水溶液の様子	試験管D	変化しなかった	変化しなかった	変化しなかった
二酸化炭素の割合	ペットボトル②	空気と同じだった	空気と同じだった	空気と同じだった

問4　表1と表2を比較したとき，加熱した土では，それぞれの実験結果において，時間が経過しても変化が見られなかったのはなぜですか。その理由を書きなさい。（3点）

問5　表1の試験管Bの反応で，デンプン水溶液を入れた直後は変化が見られなかったが，2日後では変化が見られ，4日後には再び変化が見られなくなったのはなぜですか。順を追ってその理由を書きなさい。（5点）

問6　Mさんは，表1の結果から，菌類や細菌類もヒトなどの動物と似ているところがあるのではないかという疑問をもち，調べたことを次のようにまとめました。下線部のはたらきを何というか，書きなさい。（3点）

> 　菌類や細菌類は，有機物をただ分解する分解者としての役割を果たしているのではなく，ヒトなどの動物と同じように，栄養分となる有機物をひとつひとつの細胞で分解して，生きるためのエネルギーをとり出している。

4　Sさんは原子の質量に関して疑問をもち，放課後，先生に質問しました。問1～問6に答えなさい。（20点）

> Sさん　以前，原子の種類は100種類以上発見されていて，原子の種類ごとに質量が決まっていると習ったのですが，どうしてそんなことがわかったのですか。1個の原子の質量なんて軽すぎてはかれないと思うのですが。
>
> 先　生　確かに原子1個の質量を直接はかることはできませんね。でも，質量の比なら化合や分解の実験から求めることができます。
> 　　銅粉0.4gを用意して，図1のように空気中で加熱します。しばらく加熱したら質量をはかり，加熱後の物質をかき混ぜて，再び加熱します。
> 　　これを何度か繰り返し，加熱後の物質の質量が変化しなくなるまで続けます。
> 　　加熱回数と加熱後の物質の質量の関係をグラフで表すと図2のようになります。図2から銅粉が完全に空気中の酸素と化合したとき，酸素は何g使われたことがわかりますか。

図1

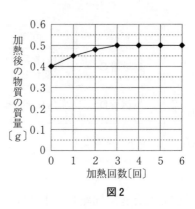

図2

Sさん　　　**A**　　gです。

先　生　そうですね。この①銅と酸素の化学反応では，銅と酸素の化合の比が，そのまま銅原子と酸素原子の質量の比となります。

問1　会話文中の **A** にあてはまる数値を求めなさい。（2点）

問2　下線部①について，この化学変化を化学反応式で表しなさい。（3点）

先　生　水素原子と酸素原子の質量の関係についても考えてみましょう。

　　　　水の電気分解を行います。水に電流が流れやすくするため，水酸化ナトリウムを溶かしておきましょう。

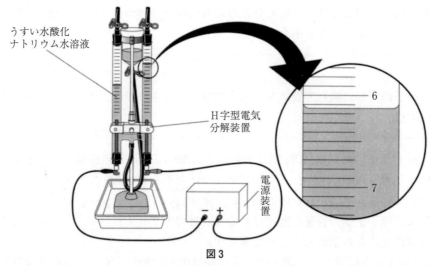

図3

先　生　図3のような装置を使って電気分解した結果，それぞれの電極の上部に気体がたまります。液面を真横から水平に見てください。陰極には水素の気体が12.29cm³，陽極には酸素の気体が **B** cm³発生していますね。このとき，これらの気体についてそれぞれの密度から質量を計算すると，水素の気体は0.001g，酸素の気体は0.008g発生したことがわかりました。**水素原子**と**酸素原子**の質量の比はどうなりますか。

Sさん　水素の気体が0.001g，酸素の気体が0.008g発生しているので1：8だと思います。

先　生　多くの人が同じように間違ってしまいますが，②正しくは1：16です。この理由は化学反応式と組み合わせて考えるとわかりますよ。

問3　会話文中の □B□ にあてはまる，発生した酸素の気体の体積は何 cm³ ですか。**図3**の液面の目盛りから読みとって，書きなさい。（2点）

問4　右の**図4**は，水の電気分解の化学反応式をモデルで表したものです。下線部②について，**水素原子**と**酸素原子**の質量の比が1：16となる理由を，**図4**を参考にして書きなさい。なお，解答に図や式を用いてもかまいません。（4点）

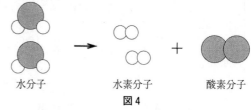

水分子　　　水素分子　　　酸素分子

図4

先　生　さて，2つの実験結果をふまえて，銅原子：酸素原子：水素原子の質量の比がどのようになるか，わかりますか。

Sさん　計算すると，比が □　　C　　□ と求められました。

先　生　そうです。このように，反応によって2種類ずつ原子の質量の比を求め，共通する原子で質量の比を合わせれば，さまざまな原子の種類で質量の比を求めることができます。

Sさん　そういうことですか。つまり，原子の種類ごとに質量の比が違うということは，質量そのものも違うということですね。では，銅原子：酸素原子：水素原子の比にマグネシウム原子の比も合わせるには，□　　　D　　　□ 実験をして，それぞれの原子の質量の比を調べれば，同じようにして銅原子：酸素原子：水素原子：マグネシウム原子の質量の比を求められますね。

先　生　そのとおりです。よく理解できましたね。

問5　会話文中の □C□ にあてはまる，銅原子：酸素原子：水素原子の質量の比を，2つの実験結果をふまえて求めなさい。また，計算の過程や考え方も書きなさい。（5点）

問6　Sさんが先生との会話を通じて考えた実験について，会話文中の □D□ にあてはまる実験方法を，その実験で用いる物質の名称を使って簡潔に書きなさい。（4点）

5　Kさんは，物体にはたらく浮力を調べる実験をしました。問1～問5に答えなさい。ただし，糸の質量は考えないものとし，質量100 g の物体にはたらく重力の大きさを1 N とします。（20点）

実験1

図1のように，長さ5 cm のつるまきばねに質量20 g のおもりをつるして，ばねの長さを測定した。おもりの個数を増やして同様の測定をし，結果を**表1**のようにまとめた。

表1

おもりの個数〔個〕	0	1	2	3	4	5
ばねの長さ〔cm〕	5.0	7.0	9.0	11.0	13.0	15.0

実験2

(1)　**図2**のように，立方体**A**，直方体**B**，立方体**C**の3種類の物体を用意した。

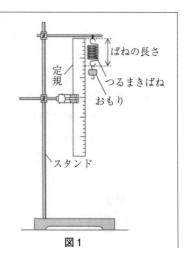

図1

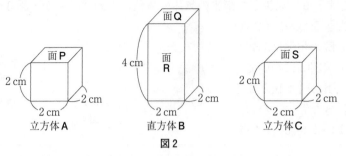

面P

2 cm
2 cm
2 cm

立方体A

面Q
面R

4 cm

2 cm
2 cm

直方体B

面S

2 cm
2 cm
2 cm

立方体C

図2

(2) 図3のように，**実験1**で用いたつるまきばねに，立方体Aを，面Pが水平になるようにつるし，立方体Aが空気中にあるときのばねの長さを測定した。

(3) 図4のように，面Pを水平に保ったまま，立方体Aを水に1.0cmずつ沈めたときのばねの長さを測定した。

(4) 直方体B，立方体Cについても，それぞれ

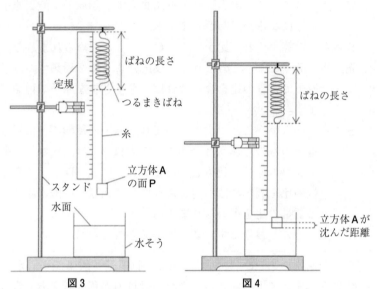

ばねの長さ

定規

つるまきばね

糸

立方体Aの面P

スタンド

水面

水そう

図3

ばねの長さ

立方体Aが沈んだ距離

図4

面Q，面Sが水平になるように装置につるし，(2)，(3)と同じ手順で実験を行った。しかし，立方体Cを用いた実験では，沈んだ距離が2.0cmになる途中で沈まなくなり，ばねの長さが立方体Cをつるす前の長さに戻ったので，それ以上実験を行わなかった。

(5) (2)〜(4)の結果を**表2**にまとめた。

表2

		空気中	物体が沈んだ距離〔cm〕				
			1.0	2.0	3.0	4.0	5.0
ばねの長さ〔cm〕	立方体A	11.8	11.4	11.0	11.0	11.0	11.0
	直方体B	18.6	18.2	17.8	17.4	17.0	17.0
	立方体C	5.6	5.2	−	−	−	−

※表中の「−」は実験を行わなかったことを表している。

問1 **表1**をもとに，おもりの個数に対するばねののびを求め，その値を●で表し，おもりの個数とばねののびの関係を表すグラフを，実線で解答欄にかきなさい。なお，グラフをかくときには，定規を用いる必要はありません。（3点）

問2 **表2**をもとに，立方体Aの質量は何gか求めなさい。（3点）

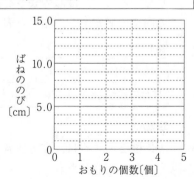

15.0

ばねののび〔cm〕

10.0

5.0

0

0　1　2　3　4　5

おもりの個数〔個〕

問3　**実験2**で使用した立方体**A**，直方体**B**，立方体**C**の密度の大きさの関係を示したものとして最も適切なものを，次の**ア～エ**の中から一つ選び，その記号を書きなさい。（3点）

　ア　直方体**B**＞立方体**A**＞立方体**C**　　　**イ**　直方体**B**＞立方体**A**＝立方体**C**

　ウ　直方体**B**＝立方体**A**＜立方体**C**　　　**エ**　直方体**B**＝立方体**A**＞立方体**C**

問4　**実験2**で使用した直方体**B**を2つ用意し，**図5**のように，棒が水平になるように，棒の両端で直方体をつり合わせました。この装置をゆっくりと沈めていったとき，棒の**Y**側の直方体が水面に接してから2つの直方体がすべて沈むまで，棒の傾きはどのように変化していきますか。次の**ア～エ**の中から最も適切なものを一つ選び，その記号を書きなさい。（3点）

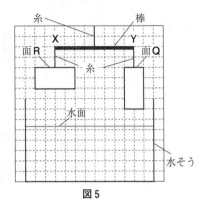
図5

　ア　**Y**側の直方体が水に沈みはじめると棒の**Y**側が上がりはじめる。その後**X**側の直方体が水に沈みはじめると棒は水平に戻りはじめ，2つの直方体が水にすべて沈むと水平になる。

　イ　**Y**側の直方体が水に沈みはじめると棒の**Y**側が下がりはじめる。その後**X**側の直方体が水に沈みはじめると棒は水平に戻りはじめ，2つの直方体が水にすべて沈むと水平になる。

　ウ　**Y**側の直方体が水に沈みはじめると棒の**Y**側が上がりはじめる。その後**X**側の直方体が水に沈みはじめても棒の**Y**側は上がったまま変わらず，2つの直方体が水にすべて沈んでも**Y**側は上がっている。

　エ　**Y**側の直方体が水に沈みはじめると棒の**Y**側が下がりはじめる。その後**X**側の直方体が水に沈みはじめても棒の**Y**側は下がったまま変わらず，2つの直方体が水にすべて沈んでも**Y**側は下がっている。

問5　**K**さんは，**表2**からわかったことを次のようにまとめました。下の(1)，(2)に答えなさい。

　　底面積がいずれも4cm²の立方体**A**，直方体**B**，立方体**C**を水に1.0cmずつ沈めていくと，浮力の大きさは，　□　Nずつ増えていることがわかる。また，立方体**A**や直方体**B**がすべて水に沈むと，それ以上深く沈めても浮力の大きさは変わらないことがわかる。これらのことより，浮力の大きさは物体の質量に関係なく，水の中に沈んでいる部分の体積に比例することがわかる。

---

(1)　**K**さんのまとめの中の　□　にあてはまる数値を書きなさい。（3点）

(2)　**実験2**の(4)の下線部について，このとき立方体**C**が水の中に沈んでいる部分の体積は何cm³ですか。**K**さんのまとめをふまえて求めなさい。また，計算の過程や考え方も書きなさい。（5点）

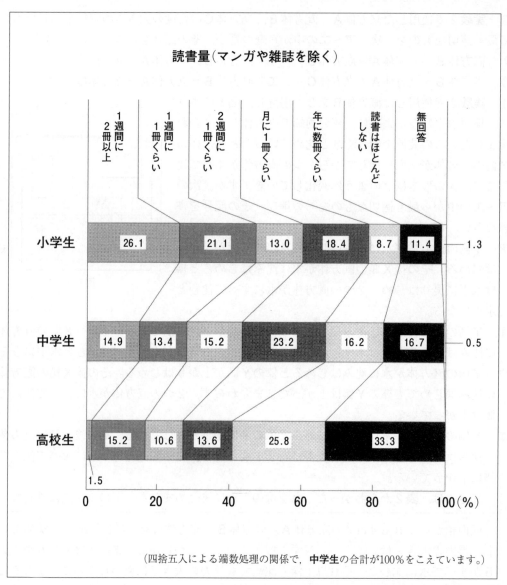

読書量(マンガや雑誌を除く)

	1週間に2冊以上	1週間に1冊くらい	2週間に1冊くらい	月に1冊くらい	年に数冊くらい	読書はほとんどしない	無回答
小学生	26.1	21.1	13.0	18.4	8.7	11.4	1.3
中学生	14.9	13.4	15.2	23.2	16.2	16.7	0.5
高校生	1.5	15.2	10.6	13.6	25.8	33.3	

(四捨五入による端数処理の関係で，**中学生**の合計が100%をこえています。)

『平成28年度「埼玉青少年の意識と行動調査」報告書』から作成

問1 ①問はせ給ひければ とありますが、この部分を「現代仮名遣い」に直し、**すべてひらがな**で書きなさい。（3点）

問2 ②御覧ぜられければ とありますが、この主語を、次のア〜エの中から一つ選び、その記号を書きなさい。（3点）

ア 民部卿定家　　イ 宮内卿家隆

ウ 後京極摂政　　エ 作者

問3 ③かかる御尋ね は「このようなお尋ね」という意味ですが、ここではどのようなことを尋ねたのですか。次の空欄にあてはまる内容を、十五字以内で書きなさい。（3点）

```
[                    ] ということ。
```

問4 ④用意深きたぐひ とありますが、これは、宮内卿家隆のどのような行為に対して述べたものですか。最も適切なものを、次のア〜エの中から一つ選び、その記号を書きなさい。（3点）

ア 事前に書いて持っていた自分の歌を、目につくように落とした行為。

イ 素晴らしいと思っていた歌を、紙に書いて持ち歩いていた行為。

ウ 覚えていた民部卿定家の歌を、すぐさま詠んで披露した行為。

エ 答える代わりとして、即座に歌を紙に書いて差し出した行為。

五 次のページの資料は、「読書量（マンガや雑誌を除く）」について、県内の小学生、中学生、高校生を対象に調査し、その結果をまとめたものです。

国語の授業で、この資料から読み取ったことをもとに「読書を推進するための取り組み」について、一人一人が自分の考えを文章にまとめることにしました。次の（注意）に従って、あなたの考えを書きなさい。（16点）

（注意）

(1) 段落や構成に注意して、自分の体験（見たこと聞いたことなども含む）をふまえて書くこと。

(2) 文章は、十三行以上、十五行以内で書くこと。

(3) 原稿用紙の正しい使い方に従って、文字、仮名遣いも正確に書くこと。

(4) 題名・氏名は書かないで、一行目から本文を書くこと。

問4　本文中の空欄　Ⅰ　にあてはまる内容として最も適切なものを、次の**ア～エ**の中から一つ選び、その記号を書きなさい。（4点）

ア　ルールとマナーの混同がある
イ　ルールとマナーの区別がある
ウ　ルールの基準が存在する
エ　マナーの基準が存在する

問5　④ルールとは、厳密に定義しようと、あえて曖昧に定義しようと、必ず弊害が生じるという扱いにくいものであります。とありますが、筆者は、ルールについてなぜ扱いにくいものなのだと考えていますか。次の空欄にあてはまる内容を、**解釈、二重化**の二つの言葉を使って、四十五字以上、五十五字以内で書きなさい。ただし、二つの言葉を使う順序は問いません。（7点）

ルールは、言葉によって定められることで、

|45| | | |55|という弊害が生じるから。

四　次の文章を読んで、あとの問いに答えなさい。（──の左側は口語訳です。）（12点）

近ごろの歌仙には、民部卿定家、宮内卿家隆とて、一双にいはれけり。そのころ、「われも、われも。」とたしなむ人多けれど、いづれも、この二人には及ばざりけり。

ある時、後京極摂政、宮内卿を召して、「この世に歌詠みに多く聞ゆるなかに、いづれか勝れたる。心に思はむやう、ありのままにのたまへ。」と御尋ねありけるに、「いづれも分きがたく。」と、あながちに申して、思ふやうありけるを、「いかに、いかに。」と、

①問はせ給ひければ、ふところより畳紙を落して、やがて罷り出でけるを、②御覧ぜられければ、

明けばまた秋のなかばも過ぎぬべし
かたぶく月の惜しきのみかは

と書きたりけり。

これは民部卿の歌なり。かねて、③かかる御尋ねあるべしとは、いかでか知らむ。もとよりおもしろくて、書きて持たれたりけるなめり。

これら④用意深きたぐひなり。

（『十訓抄』による。）

さらには、たとえばトイレに行列を作るというルールが定められたとしたら、それは、割り込みをすれば他のひとよりも早くトイレが使えるという新たな行動を可能にする。ルールが言葉で明確にされた分、その反対のことも明確にされてしまい、マナーとしてはなすべきではなかったことをしようとするひとたちが出現する。

たとえば「ルールは破るためにある」というひともいるように、ルールができれば抜け道を探すひとや、そのグレーゾーンを活用するひとが出てくるし、そのルールを前提に新たな行為を企てようとするひとも出てくる。それを避けるためにあえて表現の曖昧なルールが定められるとすれば、それはどんな行為なのかの解釈が分かれ、いよいよ他のひとに、それぞれの都合や心情で、非難したりしなかったりするという、想定外の行為を生みだしてしまう。

④ルールとは、厳密に定義しようと、あえて曖昧に定義しようと、必ず弊害が生じるという扱いにくいものなのである。

そのわけは、ほかでもない。ルールが言葉で制定されるからである。ルールは、マナーのように曖昧だったり内容が変動したりしないように、言葉によって明示されるが、その明示のための言語のルールが別途にあって、それで二重化されてしまう。言葉の適用についてのルールによって、もはや、単にマナーを明示したものではなくなってしまうからなのである。

（船木亨 著『現代思想講義』による。一部省略がある。）

（注）①ディテール……詳細。細部。

問1　それで気苦労は増える。とありますが、その理由として最も適切なものを、次の**ア～エ**の中から一つ選び、その記号を書きなさい。（4点）

ア　配分を平等にするか、条件によって不平等にするかということに、苦心するから。

イ　一緒に食べる相手が何を食べているのかが気になって、安心感を得られないから。

ウ　マナーは個人によって様々なものであるので、相手を満足させることは難しいから。

エ　食べる量や速度について、一人で食べる場合よりも気を遣わなくてはならないから。

問2　②正しいマナーを教えようとするひとは、マナーを知らないひとや、マナーを修正しようとしないひとにもまして避けるべきである。とありますが、これは、筆者がマナーをどのようなものだと考えているからですか。次の空欄にあてはまる内容を、三十五字以上、四十五字以内で書きなさい。（6点）

マナーにおいて大切なことは、

（35）

（45）

ことであり、決まりきったマナーは存在しない、と筆者は考えているから。

問3　③一旦ルールが決まったとなると、別のことがはじまってしまう。とありますが、ここでの「別のこと」に**あてはまらない**ものを、次の**ア～エ**の中から一つ選び、その記号を書きなさい。（4点）

ア　マナーのときには伴うことのなかった別の情念が生じてくること。

イ　損得によって行動することで、もはやマナーではなくなること。

ウ　ルールとは反対の内容についても、意図せずに明らかになること。

エ　ルールを守るための行動が非難され、想定外の行為を生みだすこと。

ること自体が失礼である。

マナーは、ただひとの真似（まね）をするようなものではないし、覚えておいて自分がセレブであるかのように見せかけるためのものでもない。マナーとは、理由はともあれ、その場で相手のやり方にあわせようとすることなのであって、文化が異なれば相手のマナーも異なることを互いに前提して伝えあおうとするコミュニケーションのことでもある。

重要なのは、マナーをルールとして覚えることではなく、マナーの違うひとをマナーが乏しいひとと取り違えないようにすることである。マナーが乏しいひととは、自分のマナーばかりに執着するひとと同様、一緒に生活や仕事のできないひとであるから遠ざかった方がよいが、マナーが異なっていても、それをみずから修正しようとするひととなら、かえって愉快な生活や創造的な仕事ができるだろう。

特定のマナーを知っているかどうかは二義的であり、マナーをもっており、かつ相手のマナーがあることも尊重して、それにあわせようとすることが最大のマナーなのである。

したがって、徳はマナーにある。マナーの基準は美醜である。正義は美しく不正は醜い。したがって、マナーというものは、それにのっていないひとがいたとしても、そのようなひとを非難するようなものではなく、「ノーブレス・オブリッジ（高貴なひとの義務）」として、むしろのっとっているひとを賞賛すべきものなのである。

たとえば、対向車や周囲の車の動きを微妙に感じとりながら、危険を回避しつつ澱（よど）みなく運転するということをしないひとは、マナーがないというよりは、車を運転する周囲のひとへの感受性や、そのひとたちの運転の仕方にあわせる技量がないのである。マナーの否定や無視ということではなく、感受性や技量が

不足しているともいえる。

それでも、それを「見える化」して、すべてルールとして明快に規定せよと主張するひとも出てくるであろう。そのことは、自動車が道路の左側を通行すべきであるとされるようなものである。それは道路交通法という「ルール」によるものではないかと思われるであろうが、そもそもどちらかに決めておかないと自動車は正面衝突してしまう。江戸時代、武士が刀の鞘（さや）がふれあわないようにと左側通行をしていたマナーのように、その意味では、道路交通法は、マナーを明文化したものであるといえる。

しかし、③一旦ルールが決まったとなると、別のことがはじまってしまう。

シルバーシートが設定されて以来、「年寄りはシルバーシートに行け」という若者や、「若者はシルバーシートに座るな」という年寄りが出てきた。そのわけは、それがルールと解されたからであって、「ルールに反していること」が気になるようになるとともに、「ルールに反しても構わないと考えているひとがいる」という想像だけで、怒りという別の情念が生じるようになったからである。

そのような情念は、体の弱いひとには席を譲ろうという、従来のマナーには伴ってはいなかったはずである。マナーに反するひとへの怒りは理不尽であり、そこには ［ Ｉ ］ 。

ルール化されたマナーは、マナーとはあきらかに異なっている。ひととおなじようにしていれば、食物を得られたり、危険を避けたりすることができることが多いのだが、ルールとなればその利害損得を考えはじめ、その瞬間に、そのひとはマナーを外れてしまう。それは、ちょうど、善をなしたひとが、それを口に出した瞬間に「偽善」、すなわちひとから評価されるためにそれをしたということになってしまうのと同様である。

いうものもたくさんあると思います。様々なボランティアをやってみることが大切なのではないでしょうか。」

司会「つまり、まずは中学生でもできるようなボランティアに挑戦してみよう、ということですね。」

Cさん「ボランティアには、道案内をしたり環境美化を行ったりするものもあると聞いたことがあります。」

Aさん「ボランティアにはどんなものがあるのか知りたくなりました。現在、行われているものについて、調べてみるというのはどうでしょうか。」

司会「では、中学生も参加しているボランティアについて、調べて紹介するということでよいでしょうか。」

(1)【新聞の投書記事】と話し合いの内容をふまえて、Cさんの発言の空欄 Ⅰ にあてはまる言葉を、【新聞の投書記事】から十字で書き抜きなさい。

(2) つまり、まずは中学生でもできるようなボランティアに挑戦してみよう、ということですね。とありますが、この司会の発言は、話し合いの中でどのような役割を果たしていますか。最も適切なものを、次のア〜エの中から一つ選び、その記号を書きなさい。

ア 考えの理由を明確にする役割。
イ 出された発言の内容をまとめる役割。
ウ 他に意見はないか求める役割。
エ 話し合いの目的を確認する役割。

三 次の文章を読んで、あとの問いに答えなさい。(25点)

食事にはマナーがある。とはいえ、よく知られているように、文化に応じてその※ディテールは多様であり、しかも対立することも多い。食器をもっていいか、音をたてていいか、会話すべきか等々、際限ない。

重要なのは、マナーの具体的内容ではない。それぞれの文化において、複数のひとびとのあいだで、何がよくて何が悪いかということがすでにある。それは、複数のひとびとが、互いの行為を見あい、聞きあい、触れあっているという事実からくる事実である。

一人で食事をする場合、一切のマナーを無視して食べているひともいるかもしれない。

ひとと一緒に食べる場合、食べる量や速度を他のひとにあわせなければならない分、①それで気苦労は増える。一定量の食料しかないとき、ひとは分けあわざるを得ないわけだが、だれがどれだけを取るか——そこには、さらに緊張が走る。

ケモノたちのように食料を巡って闘争するのは、全員にとって不利益である。勝ったものが一人で多く食べるにせよ、急いで用心しながら食べるため、満足度はその量には比例しないだろう。適切に分配されれば安心感があって、量が多かっただけよりも満足度は大きいだろう。一緒に食べる場合に量や速度をあわせることは、安心を増やし、気遣いを減らす。

②正しいマナーを修正しようとしないひととは、マナーを知らないひとや、マナーを語る際のマナーを知らない——マナーの正しさは、ルールの正しさとは異なるのである。

なるほどそのひとの教えは、マナーを知って相手に失礼のないようにしようという姿勢のひとには役に立つと思われようが、そもそもそうした知識によって失礼がないようにすることができると考え

を聴くと、自分の幼い頃が思い出さ<u>ウ</u>れる。そして、いつも涙がはらはらと頬を伝って流<u>エ</u>れる。有名なコンクールで最優秀賞を受賞した功績をたたえ、近々、彼女に市民栄誉賞が授与さ<u>オ</u>れるようだ。

問3 次の文の——部と同じ意味を表す四字熟語として最も適切なものを、あとのア～エの中から一つ選び、その記号を書きなさい。（3点）

彼が直面している課題は、ほんの少しの間に解決できるような易しいものではない。

ア　一朝一夕　　イ　縦横無尽
ウ　深謀遠慮　　エ　日進月歩

問4 次は、埼玉県に住む中学生のAさんの学級で、【新聞の投書記事】をもとに、話し合いを行っている様子です。これらを読んで、あとの問いに答えなさい。（各3点）

【新聞の投書記事】

「お客さん」としてだけでなく

中学生　埼玉　花子
（埼玉県　13）

私の住む埼玉県では、2019年にラグビーワールドカップの3試合が、翌年には東京2020オリンピック・パラリンピック競技大会の一部が開催される予定だ。どちらも観戦に行ってみたいのはもちろんだが、ボランティアとして関わってみることにも興味がある。
大会ボランティアについて調べてみると、主な対象は18歳以上であった。小中学生については、親子での参加や他の地域の活動も参考にしつつ、取り組みを検討していくとなっていた。
中学生に参加可能なボランティアの数は少ないかもしれない。だが、世界的なビッグイベントが身近な地域で行われるらしい。せっかくだから、「お客さん」以外の形でも関われたらうれしい。私でも何かできることはないか、今後も調べていきたいと思う。

話し合いの様子

司　会「今日は、この投書記事について話し合います。意見や感想があったら話してください。」

Aさん「私は、この投書記事と同じように、ボランティアに関わることに興味はありますが、そもそも、そういった大きなスポーツイベントで中学生にも参加できることはあるのでしょうか。」

Bさん「私も、中学生が参加するのは難しいと思います。投書記事にあるように、中学生にできる活動はあまりないだろうし、勉強や部活動もあるので時間的にも難しいからです。」

司　会「中学生にはボランティアへの参加は難しいのではないかという意見ですが、他の意見はありますか。」

Cさん「はい。投書記事に書かれているように、　Ｉ　のだから、何かお手伝いのようなことでもいいのでやってみたいと思います。活動の中身については、大人と同じようにとはいかないかもしれませんが、取り組めることはあるのではないでしょうか。」

Dさん「私もその意見に賛成です。ボランティアにはいろいろなものがあります。活動に参加してみたら意外とできた、と

問5 本文の表現について述べたものとして**適切でないもの**を、次

問4 ④憤った声とは裏腹に、宮地の顔はそこまで怒っていなかった。とありますが、ここから、宮地のどのような心情の変化がわかりますか。次の空欄にあてはまる内容を、二十五字以上、三十五字以内で書きなさい。（6点）

森崎（もりさき）さんに、騒動の中心人物だと言われただけではなく、

	15

はじめは、瑛太郎（えいたろう）の行動に対して

	25

という気持ちに変化した。

問3 ③ごくり、と大河は生唾を飲み込んだ。とありますが、このときの大河の様子を次のようにまとめました。空欄にあてはまる内容を、十五字以上、二十五字以内で書きなさい。（6点）

	25

様子。

ア これから部員たちをどのように説得したらよいのか、途方に暮れている様子。

イ テレビ局員にどこまでもしつこく追いかけられ、不機嫌になっている様子。

ウ 年上の人物に対して、言いたいことをついに言えたと得意になっている様子。

エ 自分に対して、批判を浴びせる部員たちから逃げ続けることに疲れている様子。

問2 ような様子を表していますか。最も適切なものを、次のア～エの中から一つ選び、その記号を書きなさい。（4点）

ア 「よく今日までばれなかったものだ」「ここで練習する時点で《大人しく》ではないんじゃないか」のように、大河の心情が会話以外においても表現されている。

イ 「大河をちらりと見た」「大河からぷいっと目を逸（そ）らし」のように、擬態語を用いることによって、登場人物の様子や心情が印象的に表現されている。

ウ 「ソロパートを高らかに歌い上げているようだった。ドキュメンタリーで見た、誰もいない朝の音楽室でサックスを演奏する彼自身みたいに。」のように、比喩と倒置が効果的に用いられている。

エ 「大河の声に、宮地は振り返ってくれた」のように、回想の場面を挿入することで、大河と宮地の関係性が次第に変わっていったことが象徴的に表現されている。

二 次の各問いに答えなさい。（22点）

問1 次の——部の漢字には読みがなを、かたかなは漢字に改めなさい。（各2点）

(1) 至福の時間を過ごす。

(2) 晩鐘が鳴り響く。

(3) 毎日怠けずに練習する。

(4) 改革のコンカンをなす。

(5) 無限の可能性をヒめる。

問2 次のア～オの中から、受け身の意味（用法）で用いられている助動詞を**二つ**選び、その記号を書きなさい。（3点）

来週の日曜日、市民ホールで、地元出身のピアニストのコンサートが開催さ ア れる。情感が満ちあふ イ れる彼女の演奏

葉を恥ずかしげもなく吐ける奴、こいつ以外にどこにいるんだろう。

「そういうわけだから。」

宮地に、そして大河にそう言って、「ははっ！」と笑って、不破は背後の窓から外へ飛び降りた。「じゃ！」と手を振って、そのまま逃亡する。

「コラーっ、えーたろー！　逃げるなー！」

窓に駆け寄った宮地が叫ぶ。そのまま、「呆れた！」と彼は長机の上に突っ伏した。

「あの吹奏楽バカっ！」

机の天板を掌で数回、ばん、ばん、と叩いた宮地は、そのまま溜め息をつく。地の果てまで轟きそうな、盛大な溜め息を。

「やってくれたなあ、立石。」

顔を上げた宮地が、大河を見た。

「よくも、吹奏楽部を動かす一番手っ取り早い方法を見つけたもんだ。」

④憤った声とは裏腹に、宮地の顔はそこまで怒っていなかった。むしろ、笑いを噛み殺しているようにさえ見えた。

「それって、宮地達もスタンドで演奏してくれるってこと？」

恐る恐る、そう聞く。宮地は「今まで何聞いてたの。」という顔で、眉間に皺を寄せた。背後では徳村が応援の手引きを広げ、「三日で何とかなるかなあ？」なんて呟いている。

「瑛太郎を動かしたってことは、そういうことなんだよ。」

大河に歩み寄った宮地が、腕を組んで唇を尖らせる。

「野球部だって、どんなピンチでもエースが諦めなければみんな頑張れるだろ？　エースが必死に練習してたら、『俺達も練習しなきゃ』って思うだろ？　瑛太郎は俺達にとってのエースピッチャーなの。どんなにコンディションの悪い日だって、あいつが笑ってステージに出ていくなら、俺達は大丈夫なんだ。」

一言一言、大河に叩きつけるようにして。

「瑛太郎がやるなら、やりたくなる。瑛太郎ができるって言うなら、できる気がしてくる。だから、やってやるよ。」

大河からぷいっと目を逸らし、宮地は応援の手引きを引っ摑んだ。「これのコピー、五十部作るぞ。」と徳村に言って、部室を出て行く。

まるで激しい嵐が少しずつ過ぎ去っていくようで、大河は慌てて部室を飛び出した。

「宮地！」

大河の声に、宮地は振り返ってくれた。

「演奏、楽しみにしてる。よろしくお願いします！」

声を張ると、「ああ、よろしくな。」という、素っ気ないようなそうでもないような返事がきて、大河は思わず頬を緩ませた。

そんな自分の横顔を、森崎さんの構えたカメラがしっかりと映していた。

（額賀　澪　著『ジョックロックに笑え』による。一部省略がある。）

（注）①冒瀆……神聖・尊厳なものをおかしけがすこと。

問1　①不破が部室に駆け込んできた。とありますが、不破が部室に駆け込んできた理由を説明した文として最も適切なものを、次のア〜エの中から一つ選び、その記号を書きなさい。（4点）

ア　みんなと練習するよりも、一人の方が効率よく練習できると考えたから。

イ　いつものように大河と話をすることで、平常心を取り戻したかったから。

ウ　今まで隠していたことが明るみになり、吹奏楽部の練習に居づらくなったから。

エ　部活動が始まる前に、どうしても伝えなくてはならないことがあったから。

問2　②不破は仏頂面をする。とありますが、これは不破のどの

不破が今度は大河のことを森崎さんに紹介する。

「じゃあ、今度の騒動の中心人物って森崎さんに紹介するってわけか。」

「……そんなに大事になってるんですか？」

「そりゃあ、全日本コンクールを目指す吹奏楽部の部長が、地区大会を前に突然練習をサボって野球応援に行き始めたらね。」

③　ごくり、と大河は生唾を飲み込んだ。カメラのレンズが自分に向いている。心臓のあたりに、張り詰めたような緊張が走る。不破の奴、なんでこの状況で普通に振る舞えるんだ。

「瑛太郎君、そんなに野球好きだったの？」

森崎さんが不破に聞く。

「君は、コンクールに向かって真っ直ぐに突っ走ってるもんだと思ってたから、正直今回のことは僕も驚いたよ。」

「別に、俺はいつだって全日本で金賞獲りたいって思ってますよ。日曜にサボった分、家でめちゃくちゃ練習したんですから？」

机の上で足を揺らしながら、不破は答えた。

「野球応援もコンクールのためだし、寄り道をしてるつもりはないです。」

不破がさらに言葉を続けようとしたとき、落雷みたいな音を立てて部室のドアが開いた。

「やっぱりここにいた！」

怒り心頭という顔の宮地が、不破、大河、森崎さんと順番に視線をやり、深々と溜め息をつく。その後ろには副部長の徳村もいた。

困った顔で笑いながら、大河に会釈してくる。

「瑛太郎、お前、本気で明後日の野球応援に行くつもりか。」

怒鳴り声を必死に押さえつけるようにして、宮地が言う。

「その次もその次も……野球部が甲子園に行くってなったら、甲子園まで応援に行くのか？　もし県大会と甲子園の試合が被ったら？　無責任だと思う途中で放り出すかもしれないものに協力するなんて、無責任だと思わないか。」

詰問する宮地に、徳村が「まあまあ。」とやんわり間に入る。でも、宮地は続けた。

「地区大会直前の大事な時期に部長が野球応援なんてやってて、一、二年がどう感じると思う？　部長なんだから部長らしく……。」

宮地の言葉を、ぎしり、と木材が軋む音が遮った。

部室に黒い影が差した気がしてそちらに目をやると、不破が長机の上に仁王立ちしていた。その目は凄く静かなのだけれど、深いところで怒りに燃えている。

「俺も自分がやってることを正しいだなんてちーっとも思ってないけど、それを立石の前で『野球応援なんて』って言うのは違うんじゃないのか？　それは、真面目に、本気で、仲間を応援してる奴に対する※冒瀆だ。」

不破の声に怒りは滲んでいない。どちらかというと——ソロパートを高らかに歌い上げているようだった。ドキュメンタリーで見た、誰もいない朝の音楽室でサックスを演奏する彼自身みたいに。

「まあ、確かに、日曜の練習をサボったことはどう考えても俺が悪い。明後日の四回戦、公欠まで取って行こうとしてるのをどう思われようと、陰口叩かれようと、俺が悪い。土下座しろっていうなら土下座でも何でもする。でも、宮地は応援のせいで俺の演奏が下手になったと思うか？　手を抜いていると思うか？　一人でもな！　そんでもって全日本にも行くぞ。ゴールド金賞獲りにな！」

長机が鳴って、揺れる。微かな振動に、彼のサックスがぎしり。

窓から差す夏の日差しに、呼吸でもするように、きらりと。

「大体、俺達の演奏を求めている人がいるのに、それに応えもしないで何がコンクールだ。そんな音楽のどこが美しい。」

《美しい》という言葉に、大河の心臓がどきりと跳ねた。そんな言

国語

● 満点100点 ● 時間50分

一 次の文章を読んで、あとの問いに答えなさい。（25点）

怪我で野球を続けられなくなった、元エースの立石大河は、甲子園を目指すチームメイトを応援するため、吹奏楽部の不破瑛太郎に協力を願い出た。吹奏楽部は現在、テレビのドキュメンタリー番組で密着取材を受けている。

「立石！ 匿って！」

四時半過ぎに、①不破が部室に駆け込んできた。グラウンドでは練習が始まっており、大河は部室で昨日の応援の反省点をまとめていたところだった。部室のドアを閉め、不破はサックスを抱えたままその場にへたり込んだ。

「……何が起こった？」

もの凄く悪い予感がしてそう聞くと、不破はばつが悪そうな顔で頭を掻いた。

「四回戦の応援に駆けつけるべく、顧問の三好先生に公欠を出してくれないかって頼んだ。」

「駄目だって言われたのか？」

「いや、それが思いの外すんなりとOKが出て、無事四回戦には行けることになった。」

「じゃあ、なんで逃げてきたんだ。」

「立石、この人、日東テレビの森崎さん。」

「日曜に吹奏楽部の練習をサボって野球応援に行き、しかも明後日も行こうとしていることが他の部員にばれた。」

「むしろ、よく今日までばれなかったものだ。」

「それで、みんなに怒られたのか？」

「主に宮地が怒ってる。だから逃げてきた。」

「頼む、しばらく匿ってくれ。俺は大人しく練習してるから。ここ数日、そこが彼の定位置になっていた。

「まあ、いいけど。」

ここで練習する時点で《大人しく》ではないんじゃないか。案の定、不破がサックスを吹き始めた直後、部室のドアがノックされた。大河と不破が息を殺してドアを見つめると、「入りますよ。」という声と共に、ドアが開く。

入ってきたのは、眼鏡を掛けた三十代くらいの男だった。黒いTシャツにジーンズという格好で、手にはビデオカメラを持っている。黒光りするレンズが、ぎろりと大河を捉えた。

「げっ、森崎さんだ。」

不破の声に、森崎さんと呼ばれた男性は「げっ、とは何だ。げっ、とは。」と笑った。

「全く。宮地君だけじゃなくて僕まで撒くとは、やってくれるねえ、瑛太郎君。」

「だって、宮地がキレたときの森崎さん、獲物を見つけた猛獣の顔してたから。」

一回り以上年上の男を指さし、②不破は仏頂面をする。森崎さんとやらはそれを吹き飛ばすように軽快に笑った。

「そりゃあ、これでもドキュメンタリーを作ってる人間だからね、これは逃しちゃ駄目だって思ったんだ。」

その口振りに不破が溜め息をつき、大河をちらりと見た。森崎さんが大河に向かって「突然ごめんなさい。」と頭を下げる。大河も椅子から腰を上げ、「こんにちは！」と勢いよく挨拶した。

2019年度
埼玉県公立高校／学校選択

英語　　●満点 100点　●時間 50分

1　　放送を聞いて答える問題(28点)

　　問題は，No.1〜No.7の全部で7題あり，放送はすべて英語で行われます。放送される内容についての質問にそれぞれ答えなさい。No.1〜No.5及びNo.7は，質問に対する答えとして最も適切なものを，A〜Dの中から1つずつ選び，その記号を書きなさい。No.6は，それぞれの質問に英語で答えなさい。放送中メモを取ってもかまいません。各問題について英語は2回ずつ放送されます。

【No.1〜No.3】（各2点）

No.1

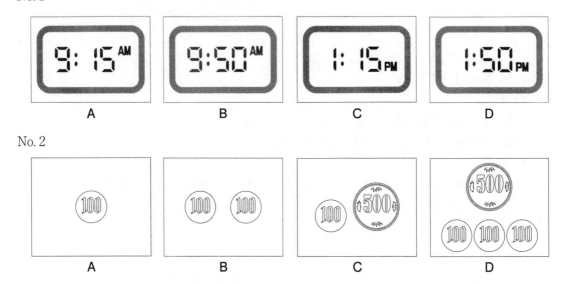

9:15 AM	9:50 AM	1:15 PM	1:50 PM
A	B	C	D

No.2

A	B	C	D
100	100 100	100 500	500 / 100 100 100

No. 3

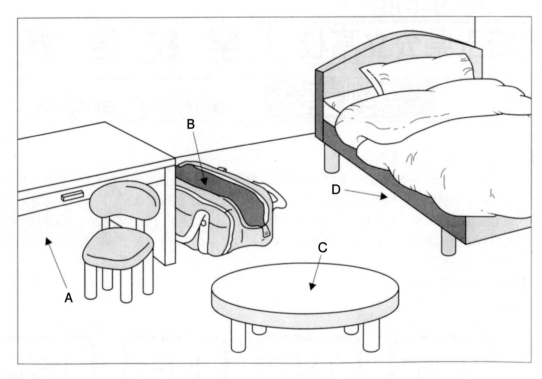

【No. 4 ，No. 5】（各 2 点）

No. 4

   A To study English.   **B** With my friends.

   C For three weeks.   **D** Last month.

No. 5

   A Can you come to the tennis match ?   **B** I bought a new racket last week.

   C Are you free this weekend ?   **D** Why don't you study more ?

【No. 6】（各 3 点）

(1)	Question 1 :	When did Mr. Wilson start learning Japanese ?
	Answer :	He started learning Japanese when he was a ( ).
(2)	Question 2 :	What does Mr. Wilson like to do in Japan ?
	Answer :	He likes to ( ) in Japan.
(3)	Question 3 :	What language does Takako want to learn in the future ?
	Answer :	She ( ) in the future.

【No. 7】（各 3 点）

  (1) Question 1

   A Because she found an old map of her town.

   B Because she was interested in the changes in her town.

   C Because she liked swimming in the river in her town.

   D Because she wanted to tell her parents about her town.

(2) Question 2

    A A hospital.   **B** A library.

    C A convenience store.   **D** A new department store.

(3) Question 3

    A She hopes to make the mountains and the rivers in her town beautiful again.

    B She hopes to go shopping at the department store in the town with her mother.

    C She hopes that traditional festivals in the town will change.

    D She hopes that the people's hearts in her town will always be warm.

※<**放送を聞いて答える問題台本**>は英語の問題の終わりに付けてあります。

2   次の 1 ～ 4 は，Akina, Hayato とシンガポール(Singapore)出身の ALT の Mr. Lee の会話と発表です。これらを読んで，問1～問7に答えなさい。＊印のついている語句には，本文のあとに〔注〕があります。(28点)

1 〈*Akina, Hayato and Mr. Lee are talking.*〉

Akina :   We learned about ＊senior citizens in our home economics class today.   Many senior citizens are working in Japan.

Mr. Lee :   Really ?   **A**   A lot of senior citizens in Singapore are still working, too.

Hayato :   I go to an English language school near my home and the teachers are all senior citizens.   They're good at teaching English.

Akina :   Oh, all your teachers are senior citizens ?

Hayato :   Yes, they're all ＊retired.   My favorite teacher was a pilot.   He traveled around the world for thirty years !

Mr. Lee :   That's cool !

Akina :   We have to give a speech about senior citizens for our class next month, right ?   We should interview him.

Hayato :   He will not be at the English language school this week, but I have another idea.   Last week, when I went shopping, I saw many senior citizens who were walking around in the ＊shopping mall.   Let's ask them some questions !

Akina :   Let's do it !

Mr. Lee :   Oh, that's a good idea.   By the way, I'm going to go to Singapore next week.   I'll try to take a video there for you, so you can learn about the senior citizens in Singapore.

Hayato :   Thanks !   I hope you have fun !

〔注〕 senior citizen……高齢者，お年寄り   retired……退職した

        shopping mall……ショッピングモール(大型のショッピングセンター)

問1   空欄 **A** にあてはまる最も適切なものを，次の**ア**～**エ**の中から1つ選び，その記号を書きなさい。(3点)

  ア It's easy for me.

  イ It's too difficult.

  ウ It's the same in my country.

  エ It's different in my country.

2 ⟨*Next month, Akina gives a speech with Hayato to their classmates.*⟩

Have you ever heard about "mall walking?" Mall walking is a special program that some shopping malls hold. In mall walking programs, people walk around in the shopping mall for their health. Many senior citizens join these programs. Most shopping malls are large and *completely indoors. <u>So, they (   ) about bad weather.</u> Shopping malls also have food and drinks. We asked the *manager of the shopping mall in our town about this program. He said he wanted to help people in the city and to build a *community for the senior citizens to keep healthy. I think it's important for senior citizens to be happy and healthy, too. We interviewed some of the senior citizens in this program. We asked them, "What is good about this program?" Most of them said they felt healthier after walking in the shopping mall, and some others said they made friends or learned useful things. There were more people who said they felt healthier after mall walking than people who said they made friends or learned useful things.

〔注〕 completely indoors……完全に屋内で   manager……(売場などの)責任者
    community……地域社会

問2 下線部が「だから彼らは悪天候を心配する必要がありません。」という意味になるように，( )に4語以上の適切な英語を書きなさい。(4点)

問3 Akina と Hayato がインタビューした結果を表したグラフとして最も適切なものを，次の**ア〜エ**の中から1つ選び，その記号を書きなさい。(3点)

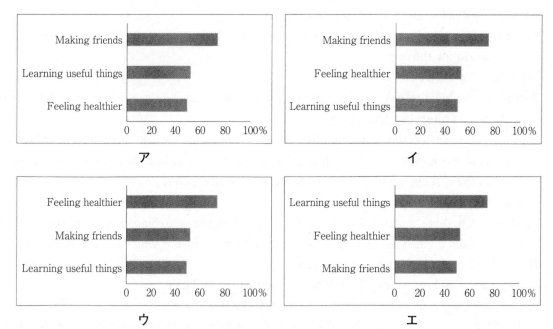

3 ⟨*Mr. Lee took a video in Singapore to show to his class. In the video, he talks about the senior citizens there.*⟩

Hello, class! I'm in a big supermarket in Singapore now. There are a lot of workers here. About half of the people working in this supermarket are over fifty years old. The oldest worker here is eighty-two! That's amazing, right? I interviewed one of the workers here.

His name is Ron. He says he is seventy-two years old now and has worked here for five years. He usually works five days a week. He can meet a lot of people, so he likes working at this supermarket. People in Singapore say that sixty is "the new forty" because people live longer now and continue to work. I've heard that, in Singapore, 25% of the people who are more than sixty-four years old are still working. I hope I can *stay active like the workers here when I'm older.

〔注〕 stay active……元気でいる

問4　本文 3 の内容に関する次の質問に，英語で答えなさい。（4点）

　　　Why does Ron like working at the supermarket？

4 〈*After class, Akina, Hayato and Mr. Lee are talking about the speech and video.*〉

Akina ：　I'm surprised that so many senior citizens in Singapore are still working.

Hayato ：　Me, too. I didn't know that there were so many senior citizens who were doing interesting activities in our city. I can't 〔will / what / be / our / imagine / lives〕 like when we're older.

Mr. Lee ：　You are still young, so you have a lot of time to think about your future. Are there any senior citizens you respect, Akina？

Akina ：　I really respect my grandmother. She teaches calligraphy to elementary school students at the community center in the city. She is very good at calligraphy. She is glad that she can teach many children. She loves her work very much.

Mr. Lee ：　That's great. People are living longer now, so I think it's important to keep happy and healthy even when we're older.

問5　〔　〕内のすべての語句を正しい順序に並べかえて書きなさい。（4点）

問6　1 ～ 4 の会話と発表の内容と合うように，次の⑴，⑵の英語に続く最も適切なものを，ア～エの中から1つずつ選び，その記号を書きなさい。（各3点）

⑴　Akina and Hayato were surprised

　　ア　that Mr. Lee was a pilot in America.

　　イ　that all the teachers at the English language school were young.

　　ウ　to see a lot of activities like "mall walking" in Singapore.

　　エ　to learn that a lot of senior citizens in Singapore are still working.

⑵　Many senior citizens

　　ア　call young people in Singapore "the new forty."

　　イ　join the walking program in the shopping mall in Akina's town.

　　ウ　watch workers in Singapore in the video.

　　エ　teach calligraphy to elementary school students.

問7　次は，後日の Akina と Mr. Lee の会話です。下線部が本文の内容をふまえた自然な流れの1文になるように，（　）に適切な5語以上の英語を書きなさい。（4点）

Mr. Lee ：　Hi, Akina, what's up？

Akina ：　Hi, Mr. Lee. May I borrow (　　　　　　　　　　　　　　　　　) Singapore？

Mr. Lee ：　Sure, I still have it at home. Do you want to see it again？

Akina ：　Actually, I want to show it to my grandmother. I think she will be surprised to see senior citizens in Singapore who are staying active.

Mr. Lee : That's a good idea. I'll give it to you later.

3 次は，高校１年生の Kazuma が書いた文章です。これを読んで，問１～問６に答えなさい。
＊印のついている語句には，本文のあとに〔注〕があります。(34点)

Japan is surrounded by the sea and has rich fishing grounds. There are over ninety thousand kinds of living things in the area of *coral reefs, and they support many of these living things. Corals look like plants, but they are actually animals. Corals are also important for keeping sea water clean. Coral reefs can be homes for sea animals. Coral reefs cover only 0.2% of the sea, but support almost 25% of all living things in the sea. This 〔by / we / living things / many / that / taking / save / means / can〕 care of coral reefs, so it is very important to *preserve them.

However, coral reefs are disappearing. There are several reasons. First, a kind of *starfish that eats corals has suddenly increased. This kind of starfish appeared near the west sea of Okinawa in 1969, and almost all of the coral reefs in Okinawa were lost in about ten years because of the starfish. Next, *red soil is sometimes washed into the sea because many parts of Okinawa have been developed since 1972. If coral reefs are ⬚ **A** ⬚ with red soil, it is hard for corals to grow. In 2011 in Okinawa, about 298,000,000 kg of red soil ran into the sea. Third, high water temperatures make corals sick. From 1997 to 1998, *coral bleaching happened because of high water temperatures around the world. If water temperatures in summer stay 1℃ higher than they usually are, corals start to turn white. This looks beautiful, but actually means that the corals are *alive but are slowly ⬚ **B** ⬚. In those two years, about 16% of the coral reefs in the world were lost. Finally, people sometimes touch and break corals.

*The Ministry of the Environment and several prefectures think of these situations as serious problems. Several *measures to save coral reefs from these problems are necessary. For example, Okinawa Prefecture is trying to reduce the *amount of red soil which runs into the sea and supports groups joining in this activity. Kagoshima Prefecture is trying to save coral reefs by using fences to stop water pollution. Of course, it is also important to think about *sustainable tourism and to build *relations between humans and coral reef *ecosystems. Sometimes more than 3,500 people visit the marine area in Okinawa in one day. Some of these visitors touch or even break corals, so to stop problems like this, a *law to save places plants and animals live in was made. More people are now interested in saving coral reefs.

People have also taken other measures. For example, *fisheries cooperatives in some areas are trying to *get rid of the starfish which eat corals, but this is very hard. ⬚ ① ⬚ Also, the sea is very large, and there is not much we can do. So, the best thing that we can do is to *concentrate on only a few areas. It is not easy to stop the starfish from increasing or to stop high water temperatures, so some people are also working to *revive coral reefs by *transplanting new corals in the sea. Fisheries cooperatives were afraid that the environment was getting worse and tried to find a new way to save coral reefs. ⬚ ② ⬚ Three years later, they learned a better way to transplant corals, and after an *airline company started to support the fisheries cooperative in the village, many divers helped them and started to transplant more corals. ⬚ ③ ⬚ People who cannot dive in the sea can also join the coral transplanting program. First, everyone in the program learns about coral reef ecosystems, and then puts coral *fragments into blocks. After that, divers take the blocks and leave them in the sea. From 2004 to 2015, more than 5,000 coral fragments were transplanted in the sea by a transplanting group. Through these experiences, people can learn how coral reef ecosystems work.

I actually tried transplanting corals through this program with my family in Okinawa last summer. We put coral fragments into the blocks, and then local divers took them into the sea. I was glad to learn that many people were working hard to save the sea. I hope the coral fragments are growing well. Everyone should think about the environment. It may not sound like much, but I believe that even small efforts can bring big changes. If we can make an effort to save the environment, our future with the sea will be bright.

〔注〕 coral reef……サンゴ礁　preserve 〜……〜を保護する　starfish……ヒトデ
red soil……赤土　coral bleaching……サンゴの白化現象　alive……生きている
the Ministry of the Environment……環境省　measure……対策
amount……総計　sustainable tourism……持続可能な観光事業
relation……関係　ecosystem……生態系　law……法律
fisheries cooperative……漁業協同組合　get rid of 〜……〜を取り除く
concentrate on 〜……〜に集中する　revive 〜……〜をよみがえらせる
transplant 〜……〜を移植する　airline company……航空会社
fragment……断片

問1　〔　〕内のすべての語句を正しい順序に並べかえて書きなさい。（3点）

問2　空欄 Ａ ， Ｂ にあてはまる最も適切なものを，次の中から1つずつ選び，それぞれ正しい形にかえて書きなさい。（各3点）

cover	clean	die	get
give	have	see	wait

問3　Kazuma は，下線部 people sometimes touch and break corals に対して，どのようなものがつくられたと述べていますか。日本語で書きなさい。（3点）

問4　空欄 ① 〜 ③ にあてはまる最も適切な文を，次の**ア**〜**カ**の中から1つずつ選び，その記号を書きなさい。なお，同じ記号を2度以上使うことはありません。（各3点）

ア　In a village in Okinawa, the fisheries cooperative started to transplant corals in 1999.

イ　In 2004, more than fifteen companies joined this activity.

ウ　The activity was not supported by many people because they had to save these starfish.

エ　But this could be done without great trouble.

オ　And in those sea areas, coral reefs didn't need to be protected any more.

カ　This measure didn't do well because it was taken after the starfish began to increase.

問5　本文の内容に関する次の質問に，英語で答えなさい。（4点）

Why was Kazuma glad when he joined the coral transplanting program last summer?

問6 次の英文は，本文の内容をまとめたものです。次の（1）～（3）に適切な英語を，それぞれ**2語**で書きなさい。（各3点）

　　Kazuma visited Okinawa with his family and joined the coral transplanting program last summer.　Then he wrote a report about the importance of coral reefs and protecting them. When he wrote the report, he learned why it is necessary to save coral reefs.　For example, a lot of corals are (　1　) a kind of starfish.　Red soil also runs into the sea and stops coral reefs from growing, and coral bleaching happens because of high water temperatures.　To protect them, many measures have been taken.　The program that Kazuma (　2　) in is also one of the measures.　By transplanting corals, there will be more healthy corals in the sea and people who join this program can learn a lot about corals and the environment.　Through this report, Kazuma wanted (　3　) think about the environment.

4　　次の information literacy skills（情報リテラシー：自分が必要とする情報を見きわめて入手し，活用する力）についての英文を読んで，あなたの考えを，〔条件〕と〔記入上の注意〕に従って40語以上50語程度の英語で書きなさい。（10点）

　　People need information literacy skills.　Some people say that every elementary school student should start learning these skills at school.　What do you think about this idea？

〔条件〕　質問に対する自分の考えを，その理由が伝わるように書きなさい。
〔記入上の注意〕
① 【記入例】にならって，解答欄の下線＿＿の上に1語ずつ書きなさい。
　・符号（, . ? ! など）は語数に含めません。
　・50語を超える場合は，解答欄の破線＿＿で示された行におさまるように書きなさい。
② 英文の数は問いません。
③ 【下書き欄】は，必要に応じて使ってかまいません。
【記入例】

Hi!	I'm	Nancy.	I'm	from
America.	Where	are	you	from?

is	April	2,	2001.	It
is Ken's birthday, too.				50語

【下書き欄】

```
_____ _____ _____ _____ _____
_____ _____ _____ _____ _____
_____ _____ _____ _____ _____
_____ _____ _____ _____ _____
_____ _____ _____ _____ _____
_____ _____ _____ _____ _____
_____ _____ _____ _____ _____    40語
_____ _____ _____ _____ _____
_____ _____ _____ _____ _____    50語
```

＜放送を聞いて答える問題台本＞

※「チャイム」

　　これから「放送を聞いて答える問題」を始めます。
　　問題用紙の第1ページ，第2ページを見てください。問題は，No. 1〜No. 7の全部で7題あり，放送はすべて英語で行われます。放送される内容についての質問にそれぞれ答えなさい。No. 1〜No. 5及びNo. 7は，質問に対する答えとして最も適切なものを，**A〜D**の中から1つずつ選び，その記号を書きなさい。No. 6は，それぞれの質問に英語で答えなさい。放送中メモを取ってもかまいません。各問題について英語は2回ずつ放送されます。
　　では，始めます。

Look at No. 1 to 3.
Listen to each talk, and choose the best answer for each question.
Let's start.

No. 1

A :　Two tickets for the movie, please.
B :　The movie will be shown three times today.　The first time is at 9:15, then at 1:15 and 4:50 in the afternoon.　Which would you like?
A :　The one in the morning, please.
B :　OK.　Two thousand yen, please.

Question :　What time will the movie the man chose start?

（会話と質問を繰り返します。）

No. 2

A : I'd like two hamburgers.
B : That will be 600 yen, please.
A : Oh, wait.　Can I have a cup of coffee, too ?
B : Sure.　That's 800 yen for everything.

Question :　How much is one cup of coffee ?

（会話と質問を繰り返します。）

No. 3

A : What are you looking for, Atsushi ?
B : I'm looking for my wallet.　I thought I put it on the table.
A : I found it under your bed this morning.　I put it in your bag by the desk.　Don't lose it.
B : Oh, I see it now.　Thanks, Mom.

Question :　Where did Atsushi's mother find his wallet ?

（会話と質問を繰り返します。）

Look at No. 4 and 5.
Listen to each situation, and choose the best answer for each question.
Let's start.

No. 4

Mayumi just arrived at the airport in America and met her old friend, Jake.
He is very glad to see her.
He asks how long she will be in America.

Question :　What will Mayumi say to Jake ?

（英文と質問を繰り返します。）

No. 5

Kenta is going to go shopping this weekend.
He needs to buy a new tennis racket at the sports store.
He wants to go there with his friend, Tom.

（英文と質問を繰り返します。）

Look at No. 6.

Listen to the talk between Takako and an ALT, Mr. Wilson, and read the questions. Then write the answer in English for questions 1, 2 and 3.

Let's start.

Takako :　　　Mr. Wilson, I hear you have studied Japanese for a long time.

Mr. Wilson :　Yes, I started learning it when I was a high school student.

Takako :　　　Wow！　Was Japanese a subject at your school？

Mr. Wilson :　Yes, it was.　Some of my friends took Japanese and some of my other friends took French and Chinese.

Takako :　　　Why did you choose Japanese？

Mr. Wilson :　One of my friends at school was from Japan and he showed me some pictures of old towns in Japan.　After that, I decided to study Japanese.

Takako :　　　And now you are here in Japan.

Mr. Wilson :　Yes.　I really like to visit old towns in Japan.

Takako :　　　Really？　If you like old towns, Kyoto is a good place to visit.

Mr. Wilson :　I'm going there this summer.　By the way, you are learning English now, but are there any other languages you want to learn, Takako？

Takako :　　　Well, I want to learn Chinese in the future.

Mr. Wilson :　Oh, why is that？

Takako :　　　A lot of people speak Chinese, so I want to be able to talk with more people.

Mr. Wilson :　I see.　You can do a lot of great things if you can speak other languages. Good luck.

（会話を繰り返します。）

Look at No. 7.

Listen to the speech of a junior high school student, Keiko, and choose the best answer for questions 1, 2 and 3.

Let's start.

I love my town.　It has a lot of mountains and rivers and many people come here on vacation.

But my town has changed a lot.　I wanted to know more about the changes in my town, so I decided to learn about those changes during summer vacation.　First, I went to the library.　I found an old map of my town there, but I didn't know the names of the buildings on the map.

I showed the map to my mother. She said there was an old department store in our town thirty years ago. When she was a child, she often went shopping there with her family. But it closed, and we have a hospital there now. Last month, a new convenience store opened across the road from the hospital. My mother sometimes feels sad because the department store closed, but she is glad that there is a hospital near my house.

But there are things that have not changed in my town, too. The mountains and the rivers are still beautiful. We still have traditional festivals and food and the people in my town are still kind, too. I love my parents, my friends and all the people around me. They make my town special. My town will keep changing, but I hope that the warm hearts of the people in my town will never change.

Question 1 : Why did Keiko decide to learn about the changes in her town ?

Question 2 : After the department store closed, what was built in its place ?

Question 3 : What does Keiko hope ?

（スピーチと質問を繰り返します。）

以上で「放送を聞いて答える問題」を終わります。では，ほかの問題を始めてください。

（注意）　答えに根号を含む場合は，根号をつけたままで答えなさい。

1　次の各問に答えなさい。（44点）

(1)　$(-a)^3 \div 2a^4 \times \left(\dfrac{1}{2}a\right)^2$　を計算しなさい。（4点）

(2)　$\dfrac{(\sqrt{3}-\sqrt{2})^2}{6}+\sqrt{\dfrac{2}{3}}$　を計算しなさい。（4点）

(3)　2次方程式　$2x(x+3)=(x+3)^2$　を解きなさい。（4点）

(4)　2つの数の組$(a,\ b)$，$(c,\ d)$について，「＊」の記号は，

　　　$(a,\ b)*(c,\ d)=(ac-bd,\ ad+bc)$

　　のように計算するものとします。次の①，②に答えなさい。

　　①　$(1,\ -2)*(3,\ 1)$　を計算しなさい。（4点）

　　②　$(x,\ y)*(2,\ 3)=(-17,\ 7)$　のとき，x，yの値を求めなさい。（4点）

(5)　下の図1のような，1組の三角定規があります。この1組の三角定規を，図2のように，頂点Aと頂点Dが重なるように置き，辺BCと辺EFとの交点をGとします。

　　　$\angle BAE=25°$のとき，$\angle CGF$の大きさxを求めなさい。（4点）

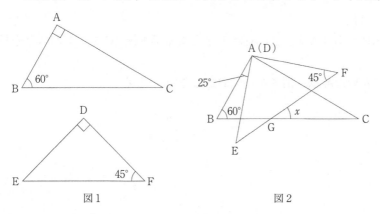

図1　　　　　　　　　　　図2

(6)　関数　$y=x^2$　について述べた次の**ア**〜**オ**の中から，正しいものを**すべて**選び，その記号を書きなさい。（5点）

　　ア　この関数のグラフは，点$(3,\ 6)$を通る。

　　イ　この関数のグラフは放物線で，y軸について対称である。

　　ウ　xの変域が　$-1\leqq x\leqq 2$　のときのyの変域は　$1\leqq y\leqq 4$　である。

　　エ　xの値が2から4まで増加するときの変化の割合は6である。

　　オ　$x<0$の範囲では，xの値が増加するとき，yの値は増加する。

(7)　白色のペットボトルキャップが入っている袋があります。この袋の中に，同じ大きさのオレンジ色のキャップを50個入れてよく混ぜ，無作為に30個を抽出しました。抽出したキャップのうち，オレンジ色のキャップは6個でした。はじめにこの袋の中に入っていたと考えられる白色のキャップは，およそ何個と推測されるか求めなさい。（5点）

(8) 次は，先生，Aさん，Bさんの会話です。これを読んで，下の①，②に答えなさい。

> 先　生「縦20cm，横50cm の長方形の赤い布と縦20cm，横30cm の長方形の白い布を使って，縦20cm，横5mのゴールテープを作ろうと思います。」
> Aさん「どのように作るのですか。」
> 先　生「布は切らずに，ゴールテープの縦の長さは20cm にそろえて，横は布と布を5cm ずつ重ねて縫い合わせます。」
>
> Aさん「赤い布と白い布は何枚あるのですか。」
> 先　生「どちらもたくさんあります。」
> Bさん「Aさん，赤い布と白い布は横の長さが違うけれど，ちょうど5mにできるのかな。」
> Aさん「赤い布だけなら，　ア　枚使って5mにできるよ。」
> Bさん「赤い布と白い布の両方を使って，ちょうど5mになる枚数の組はあるのかな。」
> Aさん「どうだろう。考えてみよう。」

① 　ア　にあてはまる数を書きなさい。（4点）
② 赤い布と白い布の両方を使って，ちょうど5mになる赤い布と白い布の枚数の組を，赤い布を x 枚，白い布を y 枚として，途中の説明も書いて**すべて**求めなさい。（6点）

2 次の各問に答えなさい。(11点)

(1) 下の図のように，線分 AB があります。∠CAB＝105°となる半直線 AC をコンパスと定規を使って1つ作図しなさい。
　ただし，作図するためにかいた線は，消さないでおきなさい。（5点）

A ———————————— B

(2) 右の図のように，1から9までの数字がそれぞれ1つずつ書かれた9枚のカードがあります。この9枚のカードから3枚を同時に取り出すとき，3枚のカードの数字の和が3で割り切れる場合は全部で何通りあるか求めなさい。（6点）

3 右の図において，曲線は関数 $y = \dfrac{1}{2}x^2$ のグラフで，

直線は関数 $y = ax + 2\,(a < 0)$ のグラフです。直線と
曲線との交点のうち x 座標が負である点をA，正で
ある点をBとし，直線と y 軸との交点をCとします。
また，曲線上に x 座標が3である点Dをとります。
　このとき，次の各問に答えなさい。（10点）

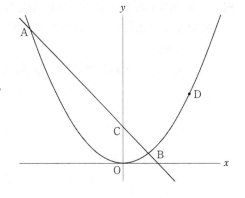

(1)　△OCD の面積を求めなさい。

　　ただし，座標軸の単位の長さを 1 cm とします。
　（4点）

(2)　△ADC の面積が，△CDB の面積の 4 倍になるとき，a の値を求めなさい。（6点）

4 右の図1のように，線分 AB を直径とする半円Oの
$\overset{\frown}{AB}$ 上に点Pをとります。また，線分 AP 上に AM：
MP＝2：1 となる点Mをとり，線分 BM をひきます。
　AB＝6cm，∠ABP＝60° のとき，次の各問に答え
なさい。（17点）

(1)　線分 PM の長さを求めなさい。（5点）

(2)　右の図2のように，線分 BM を延長し，$\overset{\frown}{AP}$ との交
点をQとします。また，線分 OP をひき，線分 BQ と
の交点をRとします。
　このとき，次の①，②に答えなさい。

①　半円Oを，線分 BQ を折り目として折ったとき，
　点Pは点Oと重なります。その理由を説明しなさい。
　（6点）

②　図2のかげ（ 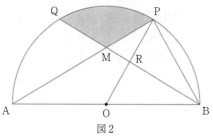 ）をつけた部分の面積を求めな
さい。

　　ただし，円周率は π とします。（6点）

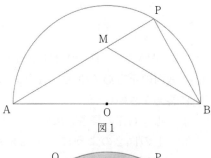

図1

図2

5 下の図1のような，正方形 ABCD を底面とし，OA＝OB＝OC＝OD の正四角錐 OABCD があります。頂点 O から底面の正方形 ABCD に垂線をひき，底面の正方形 ABCD との交点を H とします。

このとき，次の各問に答えなさい。(18点)

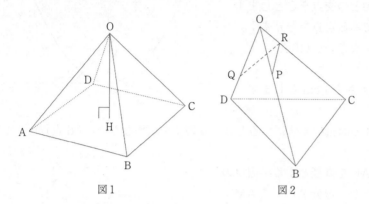

図1　　　　　　　図2

(1)　△OHA と△OHB が合同であることを証明しなさい。(6点)

(2)　底面の正方形 ABCD の1辺の長さが6cm，OA＝OB＝OC＝OD＝6cm のとき，次の①，②に答えなさい。

①　線分 OH の長さを求めなさい。(5点)

②　上の図2のように，正四角錐 OABCD を3点 O，B，D を通る平面で切って，三角錐 OBCD の辺 OB 上に OP＝2cm となる点 P，辺 OD 上に OQ＝4cm となる点 Q をとります。辺 OC 上に点 R をとり，PR＋RQ の長さが最も短くなるとき，三角錐 OPRQ の体積を途中の説明も書いて求めなさい。その際，解答用紙の図を用いて説明してもよいものとします。(7点)

誰にもよくわかる 解説と解答　2019年度

埼玉県　正答率

〈学力検査〉

左段は正答，右段は一部正答。
（小数点第2位以下四捨五入）

英　語

大問	小問		正答	一部正答
1	No.1		72.3%	0.0%
	No.2		54.3%	0.0%
	No.3		36.7%	0.0%
	No.4		61.3%	0.0%
	No.5		48.8%	0.0%
	No.6	(1)	48.8%	8.1%
		(2)	25.4%	3.5%
		(3)	33.2%	17.9%
	No.7	(1)	45.4%	0.0%
		(2)	46.8%	0.0%
		(3)	24.9%	0.0%
2	A		81.2%	3.2%
	B		60.4%	4.0%
	C		65.6%	2.6%
	D		44.8%	6.9%
3	問1		65.3%	0.0%
	問2		50.0%	2.9%
	問3		54.9%	0.0%
	問4		39.0%	12.1%
	問5		14.5%	33.8%
	問6		54.0%	0.0%
4	問1		53.8%	0.0%
	問2		63.9%	0.0%
	問3		64.7%	0.0%
	問4		56.4%	0.0%
	問5		10.7%	0.9%
	問6		22.3%	30.6%
	問7		40.2%	17.1%
	問8		7.5%	16.8%
5			3.5%	61.6%

数　学

大問	小問		正答	一部正答
1	(1)		95.4%	0.0%
	(2)		93.1%	0.0%
	(3)		67.9%	0.0%
	(4)		85.5%	0.0%
	(5)		89.9%	0.3%
	(6)		85.3%	0.6%
	(7)		80.6%	0.3%
	(8)		53.8%	0.3%
	(9)		67.3%	0.0%
	(10)		46.8%	17.1%
	(11)	①	32.1%	0.0%
		②	0.6%	3.2%
2	(1)		27.7%	0.0%
	(2)		10.4%	0.0%
	(3)		21.4%	16.2%
	(4)		9.8%	30.3%
3	(1)		45.4%	0.0%
	(2)		2.0%	0.0%
4	(1)		35.3%	0.0%
	(2)	①	0.3%	4.0%
		②	0.3%	0.0%

国　語

大問	小問		正答	一部正答
一	問1		89.9%	0.0%
	問2		70.8%	0.0%
	問3		48.8%	16.6%
	問4		32.4%	35.5%
	問5		60.2%	0.0%
二	問1	(1)	88.3%	0.0%
		(2)	29.7%	0.0%
		(3)	72.4%	0.0%
		(4)	22.7%	0.0%
		(5)	79.6%	0.0%
	問2		46.7%	6.7%
	問3		60.4%	0.0%
	問4	(1)	73.9%	0.0%
		(2)	85.8%	0.0%
三	問1		90.1%	0.0%
	問2		19.6%	38.9%
	問3		25.2%	0.0%
	問4		51.5%	0.0%
	問5		11.5%	42.9%
四	問1		70.3%	0.7%
	問2		66.7%	0.0%
	問3		4.5%	2.2%
	問4		57.3%	0.0%
五			9.0%	85.4%

社　会

大問	小問		正答	一部正答
1	問1		88.5%	0.0%
	問2		51.5%	0.0%
	問3		85.2%	0.0%
	問4		44.0%	51.9%
	問5		56.4%	5.4%
2	問1		45.8%	14.8%
	問2		69.4%	0.0%
	問3		70.6%	0.0%
	問4		54.8%	30.1%
	問5		56.4%	8.3%
3	問1		80.0%	0.0%
	問2		50.8%	0.0%
	問3		33.5%	1.3%
	問4		39.8%	0.0%
	問5		29.0%	44.5%
4	問1		7.4%	0.2%
	問2		43.8%	1.3%
	問3		47.0%	37.5%
	問4		20.7%	0.0%
	問5		57.5%	0.0%
5	問1		60.9%	1.1%
	問2		27.2%	46.5%
	問3		87.6%	0.0%
	問4		72.8%	0.0%
	問5		73.3%	0.0%
	問6		32.4%	9.7%
	問7		60.9%	17.8%
	問8		69.4%	0.0%
6	問1		44.7%	0.0%
	問2	(1)	76.6%	0.2%
		(2)	72.4%	0.0%
	問3		33.9%	11.0%
	問4		41.8%	27.9%

理　科

大問	小問		正答	一部正答
1	問1		88.8%	0.0%
	問2		46.7%	0.2%
	問3		76.9%	0.0%
	問4		81.3%	0.2%
	問5		56.6%	0.0%
	問6		34.2%	0.0%
	問7		27.9%	0.0%
	問8		57.1%	0.0%
2	問1		51.9%	0.0%
	問2		69.2%	7.4%
	問3		63.1%	0.0%
	問4		55.5%	0.0%
	問5	(1)	60.2%	3.8%
		(2)	52.4%	0.0%
3	問1		76.4%	1.1%
	問2		21.8%	0.0%
	問3		40.4%	5.2%
	問4		60.4%	5.4%
	問5		11.7%	16.9%
	問6		40.7%	0.0%
4	問1		72.4%	0.0%
	問2		53.9%	2.2%
	問3		48.8%	0.0%
	問4		13.5%	10.6%
	問5		20.2%	7.6%
	問6		33.3%	2.7%
5	問1		25.2%	8.1%
	問2		17.3%	0.0%
	問3		22.9%	0.0%
	問4		41.6%	0.0%
	問5	(1)	11.9%	0.9%
		(2)	4.7%	2.5%

〈学校選択〉

英　語

大問	小問			正答	一部正答
1	No.1			86.4%	0.0%
	No.2			82.7%	0.0%
	No.3			74.9%	0.0%
	No.4			97.7%	0.0%
	No.5			87.9%	0.0%
	No.6	(1)		92.2%	5.2%
		(2)		39.6%	32.1%
		(3)		60.1%	30.3%
	No.7	(1)		74.6%	0.0%
		(2)		79.2%	0.0%
		(3)		78.0%	0.0%
2	問1			94.5%	0.0%
	問2			70.5%	16.8%
	問3			91.9%	0.0%
	問4			85.0%	13.3%
	問5			37.0%	2.9%
	問6	(1)		89.3%	0.0%
		(2)		79.2%	0.0%
	問7			33.5%	30.6%
3	問1			46.0%	1.7%
	問2	A		67.6%	5.5%
		B		39.3%	13.6%
	問3			17.9%	25.4%
	問4	①		52.6%	0.0%
		②		38.2%	0.0%
		③		45.7%	0.0%
	問5			33.2%	24.6%
	問6	(1)		47.1%	1.4%
		(2)		16.2%	3.5%
		(3)		27.2%	2.0%
4				8.4%	82.7%

数　学

大問	小問			正答	一部正答
1	(1)			87.3%	0.0%
	(2)			83.5%	0.0%
	(3)			85.8%	0.3%
	(4)	①		89.3%	0.9%
		②		83.2%	0.0%
	(5)			90.2%	0.0%
	(6)			79.2%	2.9%
	(7)			66.8%	0.0%
	(8)	①		58.1%	0.0%
		②		4.9%	10.7%
2	(1)			70.5%	6.1%
	(2)			4.9%	0.0%
3	(1)			89.6%	0.0%
	(2)			15.0%	0.0%
4	(1)			87.6%	0.0%
	(2)	①		3.5%	26.3%
		②		14.2%	0.0%
5	(1)			64.2%	27.7%
	(2)	①		90.8%	0.0%
		②		0.3%	2.6%

英語解答

1 No.1　A　　No.2　B　　No.3　D
　　No.4　C　　No.5　C
　　No.6　(1)　high school student
　　　　　(2)　visit　　(3)　to talk
　　No.7　(1)…B　(2)…A　(3)…D

2 A　fish　　　B　August
　　C　lunch　　D　Thursday

3 問1　B　　問2　written
　　問3　イ
　　問4　(例) needed a dictionary
　　問5　(例)他の国々からの人々を助ける
　　　　ために，すべきことはたくさんあ
　　　　るということ。
　　問6　エ

4 問1　ウ　　問2　エ　　問3　ア
　　問4　ウ
　　問5　half of the people working in
　　問6　(例) He has worked for five

years.
問7　(例)多くの子どもたちを教えられ
　　　ること。
問8　(例) How many teachers are
　　　there

5 ①　(例) The best way to learn
　　English for me is to use English
　　a lot in classes.

②　(例) I think it is important to
　　talk with my teachers and
　　classmates in English every day.
　　When we talk in English, we
　　can learn many new words. We
　　can read and write in English in
　　classes, too. We can also ask our
　　teachers if there is something
　　we don't understand.

---

1 〔放送問題〕

No.1≪全訳≫A：映画のチケットを2枚ください。／B：映画は今日3回上映されます。最初の回は9時15分で，その後は午後の1時15分と4時50分です。どれになさいますか？／A：朝の回をお願いします。／B：かしこまりました。2000円になります。
　　Q：「男性が選んだ映画は何時に始まるか」—A

No.2≪全訳≫A：ハンバーガーを2つください。／B：600円になります。／A：あっ，待ってください。コーヒーも1つもらえますか？／B：かしこまりました。全部で800円になります。
　　Q：「コーヒーは1杯いくらか」—B

No.3≪全訳≫A：アツシ，何を捜しているの？／B：財布を捜しているんだ。テーブルの上に置いたと思ったんだけど。／A：今朝あなたのベッドの下で見つけたわ。机のそばのかばんに入れておいたわ。なくしちゃだめよ。／B：ああ，あったよ。ありがとう，お母さん。
　　Q：「アツシのお母さんはどこで彼の財布を見つけたか」—D

No.4≪全訳≫マユミはたった今アメリカの空港に着いて，昔からの友達のジェイクに会った。／彼は彼女に会えてとても喜んでいる。／彼は彼女がどのくらいアメリカにいるつもりなのか尋ねる。
　　Q：「マユミはジェイクに何と言うか」—C.「3週間」　ここでは，疑問詞 how long を用いて'期間'を尋ねているので，'期間'を表す for を用いて答える。

No.5≪全訳≫ケンタは週末に買い物に行くつもりだ。／彼はスポーツ用品店で新しいテニスラケットを買う必要がある。／彼は友人のトムと一緒にそこに行きたいと思っている。
　　Q：「ケンタはトムに何と言うか」—C.「今週末は空いている時間があるかい？」　ケンタはトムと週末に出かけたいと思っているのだから，トムの週末の予定を尋ねるCが適切。

No.6≪全訳≫❶タカコ(T)：ウィルソン先生，あなたは長い間，日本語を勉強しているそうですね。❷ウィルソン先生(Mr)：ええ，高校生のときに日本語の勉強を始めました。❸T：まあ！　学校で日本語が教科にあったのですか？❹Mr：はい，そうです。何人かの友人が日本語の授業をとっていて，フランス語や中国語をとっている別の友人もいました。❺T：どうして日本語を選んだんです

か？ **6**Mr：学校の友人の1人が日本から来ていて，日本の古い町の写真を私に見せてくれたのです。その後，私は日本語を勉強することに決めました。**7**T：そして今ではここ日本にいるんですね。**8**Mr：そうです。私は日本の古い町を訪れるのが本当に好きなんです。**9**T：本当ですか？　古い町が好きなら，京都を訪れるといいですよ。**10**Mr：この夏に行くつもりです。ところで，あなたは今英語を勉強していますが，他に何か習いたい言葉はありますか，タカコ？ **11**T：えっと，将来は中国語を習いたいです。**12**Mr：ほう，それはどうしてですか？ **13**T：たくさんの人が中国語を話しているから，私はもっとたくさんの人たちと話せるようになりたいんです。**14**Mr：なるほど。他の言葉が話せればすばらしいことがたくさんできますよ。幸運を祈ります。

　　＜解説＞(1)「ウィルソン先生が日本語を学び始めたのはいつか」—「彼が日本語を学び始めたのは彼が高校生のときだ」　第2段落参照。　　(2)「ウィルソン先生は日本で何をするのが好きか」—「彼は日本の古い町を訪れるのが好きだ」　第8段落参照。　　(3)「タカコが中国語を学びたいのはなぜか」—「もっと多くの人たちと話すことができるようになりたいからだ」　第13段落参照。

No.7 ≪全訳≫ **1**私は自分の町が大好きです。たくさんの山と川があって，多くの人が休暇にここにやってきます。**2**けれど，私の町はだいぶ変わりました。私は町の変化についてもっと知りたいと思い，それらの変化について夏休みに学ぶことにしました。まず，私は図書館に行きました。そこで私は町の古い地図を見つけたのですが，その地図にあった建物の名前がわかりませんでした。**3**私はその地図を母に見せました。母は，30年前には町に古いデパートがあったと言いました。彼女は子どもだった頃，家族とよくそこへ買い物に行きました。しかしそれは閉店してしまい，今ではそこに病院があります。先月，新しいコンビニエンスストアが道を挟んだ病院の向かいにできました。母はデパートが閉店して残念に思うこともあるのですが，家の近くに病院があることを喜んでいます。**4**でも，町には変わらないものもあります。山と川は相変わらずきれいです。いまだに伝統的なお祭りと食べ物があり，町の人たちは今でも親切です。私は両親，友達，そして周りの人たちみんなが大好きです。みんなのおかげで，町は特別なものになっています。町は変わり続けるでしょうが，町の人々の温かい心が決して変わらないことを望んでいます。

　　＜解説＞(1)「ケイコが町の変化について学ぼうと決めたのはなぜか」—B.「彼女が自分の町の変化に興味を持ったため」　第2段落第2文参照。「知りたいと思った」ということは，「興味を持った」ということである。　be interested in ～「～に興味を持つ」　　(2)「デパートが閉店した後，その場所には何が建てられたか」—A.「病院」　第3段落第4文参照。　　(3)「ケイコは何を望んでいるか」—D.「彼女は町の人々の心がいつも温かいことを望んでいる」　最終段落最終文参照。

2 〔適語補充〕

　A.「魚」は fish。　　　B.「8月」は August。　　　C.「昼食」は lunch。「昼食をとる〔食べる〕」は have lunch で表せる。　　　D.「木曜日」は Thursday。直前の by は「～までに」という'期限'を表している。

3 〔長文読解総合—物語〕

　≪全訳≫ **1**コウタは中学生だ。ある日の英語の授業で，英語を教えているサトウ先生が，授業で行うスピーチを書くよう皆に言った。コウタはスピーチを書き始めたいと思ったが，何について話したらいいかわからなかった。

21週間後，サトウ先生は授業に新しいALTのバウアー先生を連れてきた。彼女は1週間前にコウタの町に来た。彼女は，「こんにちは，私の名前はエイミー・バウアーです。皆さんとお会いできてうれしいです」と言った。サトウ先生はコウタを見て，「コウタ，バウアー先生に英語で自己紹介をしてくれるかな」と言った。コウタは緊張したが，「こんにちは，僕の名前はコウタです。英語部に入っています。僕もあなたとお会いできてうれしいです」と言った。バウアー先生は笑みを浮かべ，他の何人かの生徒も彼女と話し始めた。コウタと彼のクラスメートは彼女の国についてたくさんの質問を彼女にし，彼女は彼らの学校のことや日本での暮らしについて彼らにたくさん質問した。

3コウタとクラスメートは，放課後さらにバウアー先生と話した。彼女と話しているとき，彼女は1つ

困ったことがあると言った。3日前，彼女は可燃ごみを朝，家の前に出したのだが，夕方になってもまだそこにあったのだ。彼女はそれを家の中に持ち帰らなければならなかった。彼女は町のごみ収集のルールを知らなかったのだ。_Bそれが彼女が最初に日本で抱えた大きな問題だった。彼女はインターネットを使ってそのルールに関するポスターを見つけた。

4 翌日，バウアー先生は彼女がインターネットで見つけたポスターを生徒たちに見せた。ポスターは日本語で書かれていた。英語版は見つけられなかったと彼女は言った。彼女は日本語を学んでいるが，ポスターの内容があまりよくわからなかった。彼女は他の町用の英語のポスターは見つけたが，彼女の町用のものは見つからなかった。コウタとクラスメートはバウアー先生が持ってきたポスターを見て，英語で彼女に手助けしようとした。それはコウタには難しかったので，そのルールを英語で彼女に説明するためには辞書が必要だった。彼女は可燃ごみを収集場所に火曜日と金曜日の朝8時30分までに持っていかなければならなかった。また，水曜日にはペットボトルを出せた。「ああ，わかりました」とバウアー先生は言った。「どうもありがとう。やっとどうすればいいかわかりました」　サトウ先生は，「君たちはみんなよくやったね」と言った。「バウアー先生は日本での暮らしが楽になるよ」

5 その後で，サトウ先生はコウタに「これでスピーチのいいアイデアができたね」と言った。コウタもそう思った。コウタが学んだ最も大切なことは，他の国から来た人たちを助けるために，するべきことはたくさんあるということだ。

> 問1＜適所選択＞与えられたのは「それが彼女が最初に日本で抱えた大きな問題だった」という文。第3段落第2文に，バウアー先生が problem「問題」を抱えていたとあり，続く3文がその具体的な説明になっている。これらの内容を受けたのが与えられた文の「それ」で，与えられた文は第3段落第3〜5文をまとめるはたらきをしている。

> 問2＜語形変化＞直前に be動詞があることと，主語が The poster であることから，「日本語で書かれていた」となるよう，'be動詞＋過去分詞' という受け身形にする。　write－wrote－written

> 問3＜適語句選択＞第4段落第6文以降で，コウタたちはバウアー先生にごみの出し方を説明している。これを聞いてバウアー先生は「やっと（　　）がわかりました」と言っているのだから，イの what to do「どうするべきか」が適切。

> 問4＜英問英答＞「バウアー先生にごみ収集のルールを英語で説明したとき，コウタは何を必要としたか」―「彼は辞書を必要とした」　第4段落第7文参照。

> 問5＜要旨把握＞最終段落最終文参照。2つ目の that 以降を訳せばよい。things to do は to不定詞の形容詞的用法で「すべき〔するべき〕こと」，to help 以下は '目的' を表す to不定詞の副詞的用法で「〜を助けるために」となる。

> 問6＜内容真偽＞ア．「バウアー先生はインターネットを使っているとき，コウタの町用の英語のポスターを見つけた」…×　第3段落最終文および第4段落第3，5文参照。コウタの町用の英語のポスターは見つからなかった。　　イ．「バウアー先生が最初に英語の授業に来たとき，コウタはバウアー先生に何も英語で言えなかった」…×　第2段落第6〜8文参照。自己紹介をしている。ウ．「バウアー先生はペットボトルを火曜日と金曜日に出す必要がある」…×　第4段落最後から4文目参照。ペットボトルを出せるのは水曜日である。　　エ．「生徒たちが手助けした後，バウアー先生はごみ収集の規則を理解した」…○　第4段落後半の内容と一致する。

4 〔長文読解総合―会話文・スピーチ〕

□1 ≪全訳≫**1** アキナ，ハヤト，リー先生が話している。

2 アキナ（A）：今日の家庭科の授業で，お年寄りについて学びました。日本ではたくさんのお年寄りが働いています。

3 リー先生（Mr）：本当ですか？　_A私の国でも同じです。シンガポールでもお年寄りの多くが今でも働いています。

4 ハヤト（H）：僕は家の近くの英会話学校に行っているんですが，先生たちは全員がお年寄りです。彼らは英語を教えるのが上手です。

5 A：へえ，あなたの先生はみんなお年寄りなの？

6 H：そうだよ。みんな退職しているんだ。僕の一番好きな先生はパイロットだった。30年間も世界中を旅したんだよ！

7 Mr：それはすごいですね！

8 A：来月，授業でお年寄りについてスピーチをすることになっているよね？　彼にインタビューするべきよ。

9 H：彼は今週，英会話学校にいないんだけど，別の考えがあるよ。先週，買い物に行ったら，ショッピングモールを歩き回っているたくさんのお年寄りを見たんだ。彼らに質問をしよう！

10 A：そうしましょう！

11 Mr：ああ，それはいい考えですね。ところで，私は来週シンガポールに行きます。向こうで君たちのためにビデオを撮ってみますよ，そうすればシンガポールのお年寄りについて学べますね。

12 H：ありがとうございます！　どうぞ楽しんでください！

　問1＜適文選択＞第2段落最終文ではアキナが「日本では多くのお年寄りが働いている」と言い，これを聞いたリー先生は空欄Aに続けて「シンガポールでも多くのお年寄りが働いている」と言っているのだから，ウ．「それは私の国でも同じです」が当てはまる。

　問2＜内容一致＞「ハヤトが英会話学校のお年寄りたちについて話した後，（　　　）」―エ．「彼とアキナはショッピングモールのお年寄りたちに質問をすることにした」　第9段落第2文〜第10段落参照。

2《全訳》**1**翌月，アキナはハヤトと一緒にクラスメートにスピーチをした。

2「モールウォーキング」について聞いたことがありますか？　モールウォーキングは，いくつかのショッピングモールが開催している特別なプログラムです。モールウォーキングプログラムでは，人々が健康のためにショッピングモールの中を歩きます。多くのお年寄りがこうしたプログラムに参加しています。ほとんどのショッピングモールは大きく，完全に屋内にあります。ですから，悪天候を心配する必要がありません。ショッピングモールには食べ物や飲み物もあります。私たちは町のショッピングモールの責任者に，このプログラムについて尋ねました。彼は，この町の人々の役に立ち，お年寄りが健康であり続けるための地域社会をつくりたいのだと言っていました。お年寄りが幸せで健康であることが大切だと私も思います。私たちはこのプログラムに参加するお年寄りの何人かにインタビューをしました。私たちは彼らに「このプログラムの良いところは何ですか」と尋ねました。彼らのほとんどは，ショッピングモールを歩いた後，より健康になったように感じると言いましたが，他にも，友人ができたとか，役に立つことを知ったという人たちも何人かいました。モールウォーキングの後でより健康になったと感じる人の方が，友人ができた，あるいは役に立つことを知ったと言った人たちより多かったです。

　問3＜内容真偽＞ア．「大きなショッピングモールでは，人々が健康のために歩き回ることができる」…○　第2段落第3，5文参照。　イ．「お年寄りたちは友人のために健康に良い食べ物をつくる」…×　このような記述はない。　ウ．「そのモールの責任者はお年寄りのことを考えたことがない」…×　第2段落第9文参照。お年寄りが健康であり続けるための地域社会をつくりたいと言っている。　エ．「雨の場合，お年寄りたちはそのプログラムに加われない」…×　第2段落第5，6文参照。屋内なので，悪天候を心配する必要はない。

　問4＜要旨把握＞第2段落最終文参照。Feeling healthier「より健康になったと感じること」がMaking friends「友人ができたこと」やLearning useful things「役に立つことを学んだこと」よりも多いグラフを選べばよい。

3《全訳》**1**リー先生は授業で見せるシンガポールのビデオを撮影してきた。そのビデオで，彼は現地のお年寄りについて話している。

2こんにちは，クラスの皆さん！　私は今，シンガポールの大きなスーパーマーケットにいます。ここにはたくさんの従業員がいます。このスーパーマーケットで働いている人たちのおよそ半分は50歳

以上です。ここで最年長の従業員は82歳です！　驚きですよね。私はここの従業員の１人にインタビューをしました。彼の名前はロンです。彼は今72歳で，ここで５年間働いていると言っています。彼はふだんは週に５日働きます。多くの人たちに会えるので，彼はこのスーパーマーケットで働くことを気に入っています。シンガポールの人々は60代が「新しい40代」だと言います。というのも，人々は今ではより長生きして，働き続けるからです。シンガポールでは，64歳以上の人の25パーセントはいまだに働いているそうです。私が年をとったとき，ここで働いている人たちのように元気でいられればと思います。

　　　問５＜整序結合＞語群に half「半分」があることから，直前の About が「約〜」という意味だと判断でき，About half of 〜「〜のおよそ半分」というまとまりがつくれる。また，this supermarket と結びつくまとまりとしては，working in this supermarket「このスーパーマーケットで働く」が適する。working 以下は the people「人たち」を後ろから修飾する現在分詞の形容詞的用法のまとまりだと判断できるので，これを people の後に置いて people working in (this supermarket)とし，of に続ければよい。

　　　問６＜英問英答＞「ロンはそのスーパーマーケットでどのくらい長く働いているか」―「彼は５年間働いている」　第２段落第８，９文参照。

④≪全訳≫❶授業後，アキナ，ハヤト，リー先生がスピーチとビデオについて話している。

❷アキナ(Ａ)：とても多くのシンガポールのお年寄りたちがいまだに働いていることに驚きました。

❸ハヤト(Ｈ)：僕もだよ。僕は自分たちの町でおもしろい活動をしているお年寄りたちがすごくたくさんいたなんて知らなかったな。僕たちが年をとったとき，僕らの暮らしがどんなふうになっているか想像できないよ。

❹リー先生(Mr)：君たちはまだ若いから，自分たちの未来について考える時間がたくさんありますよ。君が尊敬しているお年寄りはいますか，アキナ？

❺Ａ：私は自分の祖母を本当に尊敬しています。彼女は市のコミュニティーセンターで小学生に書道を教えているんです。彼女は字がとても上手です。多くの子どもたちを教えられることを，彼女は喜んでいます。彼女は自分の仕事をすごく気に入っています。

❻Mr：それはいいですね。今では人々がより長生きするようになっていますから，たとえ年をとっても幸せで，また健康でい続けることが大切だと思います。

　　　問７＜要旨把握＞第５段落最後から２文目参照。　be glad that 〜「〜を喜ぶ」

　　　問８＜適語句補充＞≪全訳≫❶アキナ(Ａ)：リー先生，ハヤトが前に話していた英会話学校に行ってきました。私はそこで働いているお年寄りからたくさんのことを学びました。❷リー先生(Mr)：彼らはきっと，私たちの知らないおもしろいことをたくさん知っていると思います。その英会話学校には_(例)何人の先生がいるのですか？❸Ａ：５人の先生がいます。❹Mr：なるほど。お年寄りが幸せで健康なら，私たちも幸せです。お年寄りと話すことで，私たちは彼らから多くを学ぶことができます。

　　　＜解説＞次の文でアキナが５人の先生がいると答えているので，英会話学校の先生の数を問う文が適する。

⑤〔条件・テーマ作文〕

　　与えられた質問は「あなたにとって，英語を学ぶ一番良い方法は何か」である。①は「私にとって一番いい方法は〜することだ」という文にし，「〜すること」には名詞的用法の to 不定詞や動名詞を用いることが考えられる。②は４文以上という条件があるので，複数の理由を挙げてもよい。解答例では「毎日話すことで単語が習得できる」「読み書きも練習できる」ということに加え，「わからないことを質問できる」という別の角度からの理由も挙げている。

数学解答

1 (1) $3a$　　(2) 1　　(3) $-6x^3y$

(4) $-\sqrt{5}$　　(5) $(x-3)(x+9)$

(6) $x=2$, $y=-1$　　(7) $x=\dfrac{3\pm\sqrt{17}}{4}$

(8) $y=\dfrac{1}{2}x+1$　　(9) $40°$

(10) イ，エ

(11) ① 11

　　② 赤い布1枚と白い布18枚，
　　　 赤い布6枚と白い布9枚

2 (1) およそ200個　　(2) 24cm^3

(3) （例）

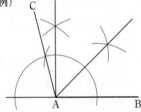

(4) （例）平行四辺形の対角線はそれぞれ
の中点で交わるから，
OA＝OC……①，OB＝OD……②

仮定から，AE＝CF……③

①，③から，OA－AE＝OC－CF
よって，OE＝OF……④

②，④から，対角線がそれぞれの中
点で交わるので，四角形EBFDは
平行四辺形である。

3 (1) 3cm^2　　(2) $-\dfrac{3}{2}$

4 (1) $\sqrt{3}\text{cm}$

(2)

① （例）△OBPは，∠OBP＝60°，OB＝
OPだから，正三角形である。
また，△PBMは3辺の長さの比が
$1:2:\sqrt{3}$ の直角三角形だから，
∠PBM＝30°
したがって，線分BQは線分OPの
垂直二等分線となるので，点Pと点
Oは重なる。

② $\dfrac{3\pi-3\sqrt{3}}{2}\text{cm}^2$

---

1 〔独立小問集合題〕

(1)＜式の計算＞与式＝$(-2+5)a=3a$

(2)＜数の計算＞与式＝$2-1=1$

(3)＜式の計算＞与式＝$-\dfrac{3x^2\times2xy^3}{y^2}=-6x^3y$

(4)＜平方根の計算＞与式＝$\dfrac{10\times\sqrt{5}}{\sqrt{5}\times\sqrt{5}}-\sqrt{3^2\times5}=\dfrac{10\sqrt{5}}{5}-3\sqrt{5}=2\sqrt{5}-3\sqrt{5}=-\sqrt{5}$

(5)＜因数分解＞与式＝$x^2+\{(-3)+9\}x+(-3)\times9=(x-3)(x+9)$

(6)＜連立方程式＞$y=5-3x$……①，$x-2y=4$……②とする。①を②に代入すると，$x-2(5-3x)=4$,
$x-10+6x=4$, $7x=14$　∴$x=2$　これを①に代入すると，$y=5-3\times2$　∴$y=-1$

(7)＜二次方程式＞解の公式より，$x=\dfrac{-(-3)\pm\sqrt{(-3)^2-4\times2\times(-1)}}{2\times2}=\dfrac{3\pm\sqrt{17}}{4}$ となる。

(8)＜関数—一次関数の式＞一次関数のグラフは直線であり，その直線が2点$(4,\ 3)$，$(-2,\ 0)$を通
ることから，その傾きは $\dfrac{3-0}{4-(-2)}=\dfrac{3}{6}=\dfrac{1}{2}$ となる。これより，直線の式は$y=\dfrac{1}{2}x+b$とおけ，
点$(4,\ 3)$より$x=4$, $y=3$を代入すると，$3=\dfrac{1}{2}\times4+b$, $b=1$となるので，求める一次関数の式は，
$y=\dfrac{1}{2}x+1$ である。

(9)＜図形—角度＞右図のように，辺AEと辺BCの交点をHとする
と，△ABHで内角と外角の関係から，∠AHG＝∠BAH＋∠ABH
＝$25°+60°=85°$ となる。また，△AEFは直角二等辺三角形なので，
∠HEG＝45°となり，△HEGで内角と外角の関係より，∠HGE

$=\angle AHG - \angle HEG = 85° - 45° = 40°$ となる。よって，対頂角は等しいので，$x = \angle HGE = 40°$ である。

(10)**<関数—正誤問題>** ア…誤。$x = 3$ のとき $y = 3^2 = 9$ となり，$y = 6$ でないから，グラフは点$(3，6)$を通らない。

イ…正。

ウ…誤。関数 $y = x^2$ は，x の変域が $-1 \leqq x \leqq 2$ より，絶対値が最も小さい $x = 0$ のとき最小で $y = 0$ となり，絶対値が最も大きい $x = 2$ のとき最大で $y = 2^2 = 4$ となる。よって，y の変域は $0 \leqq y \leqq 4$ である。

エ…正。$x = 2$ のとき $y = 2^2 = 4$ であり，$x = 4$ のとき $y = 4^2 = 16$ だから，変化の割合は，$\dfrac{〔y \text{の増加量}〕}{〔x \text{の増加量}〕}$ $= \dfrac{16-4}{4-2} = \dfrac{12}{2} = 6$ となる。

オ…誤。$x < 0$ の範囲では，x の値が増加すると，x の絶対値は小さくなるので，y の値は減少する。

(11)**<方程式の応用>** ①使う赤い布の枚数を a 枚とすると，重ねて縫い合わせる部分は $a-1$ か所となる。赤い布は横が50cm，重ねて縫い合わせる部分は横が5cmだから，ゴールテープの長さは $50a - 5(a-1) = 45a + 5$(cm)と表せる。5m は $5 \times 100 = 500$(cm)なので，$45a + 5 = 500$ が成り立つ。これを解くと，$45a = 495$，$a = 11$ となるから，赤い布だけなら11枚でできる。

②赤い布 x 枚，白い布 y 枚を使うと，重ねて縫い合わせる部分は $x+y-1$ か所となるので，縫い合わせた後のテープの長さは，$50x + 30y - 5(x+y-1) = 45x + 25y + 5$(cm)と表せる。この長さが500cmになることから，$45x + 25y + 5 = 500$ が成り立ち，$45x + 25y = 495$，$9x + 5y = 99$，$5y = 99 - 9x$，$5y = 9(11-x)$ となる。y が自然数より，$5y$ は 5 の倍数なので，$11-x$ は 5 の倍数である。よって，$11-x = 5$，10 である。$11-x = 5$ のとき，$x = 6$ となり，$5y = 9 \times 5$ より，$y = 9$ となる。$11-x = 10$ のとき，$x = 1$ となり，$5y = 9 \times 10$ より，$y = 18$ となる。したがって，求める枚数の組は，赤い布が1枚と白い布が18枚，赤い布が6枚と白い布が9枚の2組である。

2 〔独立小問集合題〕

(1)**<資料の活用—標本調査>** 無作為に抽出した30個のキャップのうち，オレンジ色のキャップが6個であったことから，オレンジ色のキャップの個数の割合は $\dfrac{6}{30} = \dfrac{1}{5}$ である。これより，袋の中のオレンジ色のキャップの個数の割合も $\dfrac{1}{5}$ と考えられ，オレンジ色のキャップの個数は50個なので，全体のキャップの個数は $50 \div \dfrac{1}{5} = 250$(個)であり，白色のキャップの個数は，$250 - 50 = 200$ より，およそ200個と推測できる。

(2)**<図形—体積—三角錐>** 右図1で，点Pから辺BDに垂線PQを引くと，$\angle ABD = \angle PQD = 90°$，$\angle ADB = \angle PDQ$ より，$\triangle ABD \backsim \triangle PQD$ となり，$AB : PQ = AD : PD = (1+2) : 2 = 3 : 2$ である。これより，$PQ = \dfrac{2}{3}AB$ $= \dfrac{2}{3} \times 6 = 4$ となる。また，$\angle ABC = \angle ABD = 90°$ より，$AB \perp 〔面 BCD〕$ だから，$AB /\!/ PQ$ より，$PQ \perp 〔面 BCD〕$ となる。よって，PQ は，三角錐 PBCD の底面を $\triangle BCD$ と見たときの高さである。したがって，$〔三角錐 PBCD〕 = \dfrac{1}{3} \times \triangle BCD \times PQ = \dfrac{1}{3} \times \left(\dfrac{1}{2} \times 6 \times 6 \right) \times 4 = 24$(cm³)である。

図1

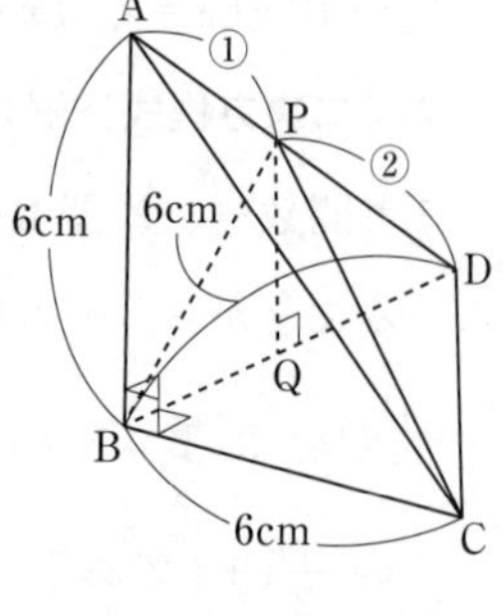

(3)**<図形—作図>** 次ページの図2で，$\angle CAB = 105° = 45° + 60°$ と考える。$45° = \dfrac{1}{2} \times 90°$ だから，45° の角は90° の角を2等分することで，つくることができる。60° の角は正三角形を考えることでつくることができる。

作図は，まず，①線分 AB を点Aの方向に延長し，

②点Aを中心とする円の弧をかき（直線 AB との交点をP，Qとする），

③2点P，Qを中心とする半径の等しい円の弧をかき（交点をRとする），

④2点A，Rを通る直線を引く（$\overparen{PQ}$ との交点をSとする）。

⑤2点Q，Sを中心とする半径の等しい円の弧をかき（交点をTとする），

⑥2点A，Tを通る直線を引く（$\overparen{PQ}$ との交点をUとする）。

このとき，∠RAB＝90°だから，∠BAT＝$\dfrac{1}{2}$×90°＝45°となる。

次に，⑦点Uを中心とする半径 AU の円の弧をかき（$\overparen{PQ}$ との交点をVとする），

⑧2点A，Vを通る直線を引く。

△AUV は正三角形となるから，∠UAV＝60°となる。解答参照。

図2

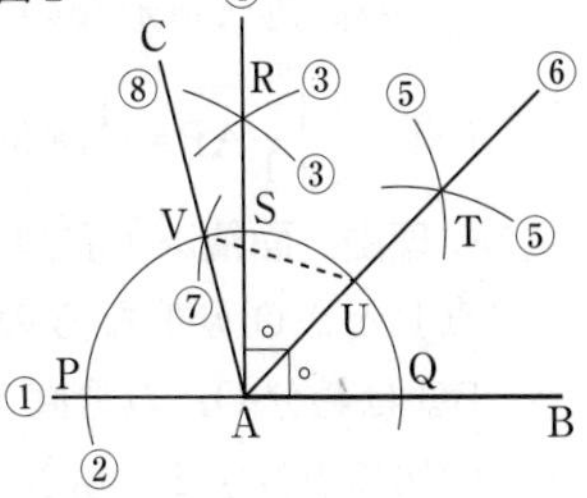

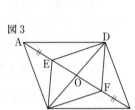

(4)**<図形―論証>** 右図3で，平行四辺形は対角線がそれぞれの中点で交わるので，OA＝OC，OB＝OD である。また，AE＝CF だから，OE＝OF がいえる。よって，四角形 EBFD は，対角線がそれぞれの中点で交わるので，平行四辺形である。解答参照。

図3

3 〔関数―関数 $y=ax^2$ と直線〕

(1)**<面積>** 右図のように，点Dから y 軸に垂線 DE を引くと，点D の x 座標は3だから，DE＝3である。また，直線 AB の式 $y=ax+2$ より，切片は2なので，OC＝2である。よって，△OCD は，底辺を OC と見ると，高さは DE だから，△OCD＝$\dfrac{1}{2}$×OC×DE＝$\dfrac{1}{2}$×2×3＝3（cm²）となる。

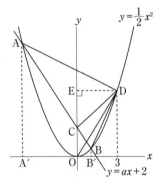

(2)**<傾き―面積>** 右図で，△ADC，△CDB の底辺をそれぞれ AC，CB と見ると，この2つの三角形は高さが等しいので，面積比は底辺の長さの比と等しくなり，△ADC：△CDB＝AC：CB である。よって，△ADC：△CDB＝4△CDB：△CDB＝4：1より，AC：CB ＝4：1となる。2点A，Bから x 軸にそれぞれ垂線 AA′，BB′ を引くと，AA′∥CO∥BB′ より，A′O：OB′＝AC：CB＝4：1となる。そこで，OB′＝t とすると，点Bの x 座標は t，y 座標は $y=\dfrac{1}{2}t^2$ となり，B$\left(t,\ \dfrac{1}{2}t^2\right)$ となる。また，A′O＝4t となるから，点Aの x 座標は－4t，y 座標は $y=\dfrac{1}{2}×(-4t)^2=8t^2$ となり，A$(-4t,\ 8t^2)$ となる。これより，直線 AB の傾きは $\left(\dfrac{1}{2}t^2-8t^2\right)÷$ $\{t-(-4t)\}=\left(-\dfrac{15}{2}t^2\right)÷5t=-\dfrac{3}{2}t$ となるので，直線 AB の傾き a は，$a=-\dfrac{3}{2}t$ となり，直線 AB の式は $y=-\dfrac{3}{2}tx+2$ となる。点Bはこの直線上にあるので，$x=t$，$y=\dfrac{1}{2}t^2$ を代入すると，$\dfrac{1}{2}t^2=-\dfrac{3}{2}t$ $×t+2$，$2t^2=2$，$t^2=1$，$t=±1$ となり，$t>0$ より，$t=1$ となる。よって，$a=-\dfrac{3}{2}×1=-\dfrac{3}{2}$ である。

図1

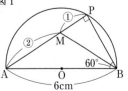

4 〔平面図形―半円〕

(1)**<長さ―特別な直角三角形>** 右図1で，線分 AB が半円Oの直径なので，∠APB＝90°である。∠ABP＝60°より，△ABP は3辺の比が1：2：

$\sqrt{3}$ の直角三角形なので，$AP = \dfrac{\sqrt{3}}{2}AB = \dfrac{\sqrt{3}}{2} \times 6 = 3\sqrt{3}$ となる。よって，$AM : MP = 2 : 1$ より，

$PM = \dfrac{1}{2+1}AP = \dfrac{1}{3} \times 3\sqrt{3} = \sqrt{3}$ (cm) となる。

(2)<**理由，面積**>①右図2で，半円Oを，線分BQを折り目にして折ると
点Pと点Oが重なるので，$BQ \perp OP$，$OR = PR$ である。つまり，線分
BQは線分OPの垂直二等分線となる。$\triangle OBP$ の形と，$\triangle PBM$ の3辺
の比に着目する。解答参照。

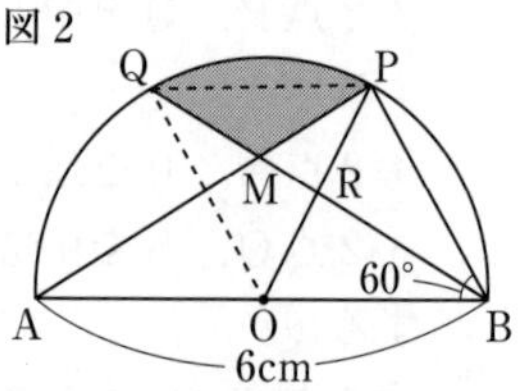

②図2で，点Oと点Q，点Pと点Qをそれぞれ結ぶ。影をつけた部分の
面積は，$\overset{\frown}{PQ}$ と線分BP，BQで囲まれた図形の面積から，$\triangle PBM$ の面積をひいて求められる。
$\overset{\frown}{PQ}$ に対する円周角と中心角の関係より $\angle POQ = 2\angle PBQ = 2 \times 30° = 60°$ となり，$OP = OQ$ だから，
$\triangle OPQ$ は正三角形である。これより，$\angle OPQ = 60°$ である。また，①より $\triangle OBP$ は正三角形だから，
$\angle BOP = 60°$ である。よって，$\angle OPQ = \angle BOP$ となるので，錯角が等しいことより，$QP /\!/ AB$ と
なり，$\triangle BPQ = \triangle OPQ$ となる。したがって，$\overset{\frown}{PQ}$ と線分PQで囲まれた図形を図形Tとすると，〔図
形T〕$+ \triangle BPQ = $〔図形T〕$+ \triangle OPQ$ より，〔$\overset{\frown}{PQ}$ と線分BP，BQで囲まれた図形〕$=$〔おうぎ形OPQ〕
となる。おうぎ形OPQは半径が $OP = \dfrac{1}{2}AB = \dfrac{1}{2} \times 6 = 3$，$\angle POQ = 60°$ である。また，$\angle MPB = 90°$，
$PM = \sqrt{3}$，$BP = OP = 3$ だから，影をつけた部分の面積は，〔$\overset{\frown}{PQ}$ と線分BP，BQで囲まれた図形〕
$- \triangle PBM = $〔おうぎ形OPQ〕$- \triangle PBM = \pi \times 3^2 \times \dfrac{60°}{360°} - \dfrac{1}{2} \times \sqrt{3} \times 3 = \dfrac{3\pi - 3\sqrt{3}}{2}$ (cm²) である。

図 2

社会解答

1 問1　アフリカ　　問2　A
　　問3　ヒンドゥー
　　問4　変化　(例)輸出総額が増え，おも
　　　　　　　　な輸出品は農産物から鉱産
　　　　　　　　資源に変化した。

　　　　　名称…アジア
　　問5　イ，ウ

2 問1　X…対馬　Y…カルデラ
　　問2　エ　　問3　ウ
　　問4　(例)高知県では，促成栽培を行う
　　　　　ことで，おもに群馬県の出荷量が
　　　　　少ない時期になすを出荷している。

　　問5　ア，エ，オ

3 問1　ア　　問2　イ　　問3　一遍
　　問4　ウ
　　問5　内容　(例)大名が1年おきに領地
　　　　　　　　と江戸とを往復すること。
　　　　　名前…徳川家光

4 問1　ウ→ア→エ→イ
　　問2　陸奥宗光
　　問3　(例)シベリア出兵を見こした米の

買いしめにより，米の価格が上が
った
った
から。
　　問4　ア　　問5　イ

5 問1　請求権
　　問2　(例)内閣は，10日以内に衆議院を
　　　　　解散するか，総辞職しなければな
　　　　　らない。
　　問3　カ　　問4　ウ
　　問5　利子〔利息〕
　　問6　ア，ウ，エ
　　問7　(例)常任理事国であるアメリカ合
　　　　　衆国が反対をしたため否決された。
　　問8　PKO

6 問1　イ
　　問2　(1)…環太平洋　(2)…B
　　問3　W…ア　X…エ　Y…イ　Z…ウ
　　問4　(例)ヨーロッパ州の国は，65歳以
　　　　　上の人口割合が高く，国内総生産
　　　　　に対する社会保障支出の割合が高
　　　　　い。

---

1 〔世界地理—世界の姿と諸地域〕

問1 <アフリカ大陸>地球上には，ユーラシア大陸，アフリカ大陸，北アメリカ大陸，南アメリカ大陸，南極大陸，オーストラリア大陸の6つの大陸がある。エチオピアは，このうちアフリカ大陸に位置する。

問2 <緯度と経度>赤道や本初子午線などの位置を基準にして考える。0度の緯線である赤道は，アフリカ大陸のギニア湾や南アメリカ大陸のアマゾン川河口付近，東南アジアのシンガポール付近などを通る。赤道より北側が北緯，南側が南緯となり，北極点，南極点がそれぞれ北緯90度，南緯90度となる。また，0度の経線である本初子午線は，イギリスのロンドンを通る。本初子午線より東側が東経，西側が西経となり，本初子午線の裏側にあたる180度の経線はユーラシア大陸の東端付近や太平洋上を通る。以上から，「北緯9度，東経38度」のおよその位置を考えると，Aが当てはまると判断できる。なお，Bのデリーは北緯29度，東経77度，Cのキャンベラは南緯35度，東経149度，Dのブラジリアは南緯16度，西経48度となっている。

問3 <ヒンドゥー教>ヒンドゥー教はおもにインドで信仰されている宗教で，インドの人口のおよそ8割がヒンドゥー教徒である(2011年)。ヒンドゥー教では沐浴(身を洗い清めること)の儀式が重視され，聖なる川とされるガンジス川には多くの人が沐浴に訪れる。

問4 <オーストラリアの貿易の変化>変化．表1を見ると，輸出総額が1965年の2971百万ドルから，2015年の187792百万ドルに増えている。また，1965年には羊毛，小麦，肉類などの農畜産物が上位

をしめているが，2015年には鉄鉱石，石炭，天然ガスなどの鉱産資源が上位をしめるようになっている。　名称．まとめ2の文章に沿って，表2に見られる国々が属する州に注目する。1965年にはヨーロッパ州の国が4か国(イギリス，西ドイツ，フランス，イタリア)で最も多いのに対し，2015年にはアジア州の国が4か国(中国，日本，韓国，タイ)で最も多くなっている。かつてイギリスの植民地であったオーストラリアは，イギリスを中心とするヨーロッパ州との結びつきが強かったが，近年は距離の近いアジア・太平洋地域との結びつきが強くなっている。

問5＜資料の読み取り＞(牧場・牧草地)÷(農地面積)×100で農地面積にしめる牧場・牧草地の割合を計算すると，オーストラリアが35896万ha÷40627万ha×100＝88.3…より約88％，ブラジルが19600万ha÷28259万ha×100＝69.3…より約69％となる(イ…○)。また，(耕地・樹園地)÷(農地面積)×100で農地面積にしめる耕地・樹園地の割合を計算すると，インドが16936万ha÷17960万ha×100＝94.2…より約94％で最も高い(ウ…○)。(人口)÷(面積)で人口密度を計算すると，アメリカ合衆国は31945万人÷983万km²＝32.4…より約32人/km²，エチオピアは9696万人÷110万km²＝88.1…より約88人/km²となる(ア…×)。国土面積はアメリカ合衆国，ブラジル，オーストラリア，インド，エチオピアの順に大きいが，1人あたりのGNIはオーストラリア，アメリカ合衆国，ブラジル，インド，エチオピアの順に多い(エ…×)。牛の家畜頭数はブラジル，インド，アメリカ合衆国，エチオピア，オーストラリアの順に多いが，牛乳生産量はアメリカ合衆国，インド，ブラジル，オーストラリア，エチオピアの順に多い(オ…×)。

2 〔日本地理—西南日本，地形図〕

問1＜九州地方の地形と海流＞X．対馬(長崎県)は九州島の北西に位置する，南北に細長い形の島である。また，日本列島の日本海側には，南西から北東に向かって暖流の対馬海流が流れている。
　Y．火山の噴火で火山灰や溶岩が吹き上げられたことなどにより，火口付近が陥没してできた円形のくぼ地をカルデラという。九州島の中央部に位置する阿蘇山(熊本県)は，世界最大級のカルデラを持つ。また，鹿児島湾は，カルデラに海水が入り込んで形成された。

問2＜日本の気候＞那覇市(沖縄県)は南西諸島の気候，大分市は瀬戸内の気候，鳥取市は日本海側の気候に属する。年間の降水量がやや少なめであるⅠは大分市，年間を通して気温が高いⅡは那覇市，冬の降水量が多いⅢは鳥取市の気候である。

問3＜都道府県の統計＞人口が最も少ないアは，47都道府県中で最も人口が少ない鳥取県である。工業出荷額が最も多いイは，沿岸部に鉄鋼業や石油化学工業が立地する大分県である。農業産出額が最も大きく，中でも畜産の産出額が大きいウは，シラス台地での畑作や畜産が盛んな鹿児島県である。第3次産業の人口割合が最も高いエは，観光業やアメリカ軍基地に関連する産業が盛んな沖縄県である。

問4＜促成栽培＞表2を見ると，高知県産のなすは10月～6月にかけて入荷量が多く，群馬県産のなすは7月～9月にかけて入荷量が多くなっている。なすは本来夏にとれる野菜だが，冬でも温暖な高知平野では，ビニールハウスなどを利用して作物の生育を早め，通常よりも早い時期になすやピーマンなどの野菜を出荷している。このような栽培方法を促成栽培といい，露地栽培を行っている他の産地からの出荷量が少ない時期に出荷できるため，高い価格で売ることができるという利点がある。

問5＜地形図の読み取り＞A地点からB地点に向けて線路に沿って進むと，進行方向右側に工場(☼)がある(ア…○)。Fの範囲内には果樹園(ὁ)が見られる(エ…○)。地図2の縮尺は2万5千分の1なので，等高線は10mごとに引かれており，G地点の高さは100m，H地点の高さは50mとなる(オ…○)。2万5千分の1の地形図上で7cmの長さの実際の距離は，7cm×25000＝

175000cm＝1750mとなる（イ…×）。E地点にあるのは，老人ホーム（ 🏠 ）ではなく官公署（ ⊖ ）である（ウ…×）。

3 〔歴史―古代～近世の日本と世界〕

問1＜奈良時代の様子＞Ⅰは奈良時代（8世紀）である。奈良時代には，律令制度のもとで6歳以上の男女に口分田が与えられたが，人口の増加などによってしだいに口分田が不足するようになった。そのため，朝廷は開墾をすすめる目的で743年に墾田永年私財法を出し，新しく開墾した土地については永久に私有することを認めた。なお，イは室町時代，ウは鎌倉時代，エは江戸時代の様子である。

問2＜平安時代の世界の出来事＞Ⅱは平安時代（8世紀末～12世紀末）である。東アジアでは，10世紀初めに唐が滅び，代わって宋（北宋）が中国を統一した。また同じ頃，高麗が新羅を滅ぼして朝鮮半島を統一した。なお，Yは飛鳥時代にあたる7世紀初め，Zは江戸時代にあたる18世紀末の出来事である。

問3＜一遍＞Ⅲは鎌倉時代である。一遍は，念仏の札を配ったり踊念仏を広めたりしながら各地を回って念仏の教えを説き，時宗を開いた。鎌倉時代には，時宗や日蓮宗のほか，浄土宗，浄土真宗，禅宗などの新しい仏教の宗派が開かれ，武士や農民の間に広まった。

問4＜室町時代の文化＞Ⅳは室町時代である。室町時代には，絵と簡単な言葉で書かれたお伽草子と呼ばれる物語が生まれ，『浦島太郎』や『一寸法師』などが民衆に親しまれた。また，たたみや障子，床の間などを備えた書院造と呼ばれる住宅様式が見られるようになり，現在の和風建築の原型となった。資料2は，足利義政が建てた銀閣と同じ敷地内にある東求堂同仁斎で，書院造の部屋である。なお，aと資料3は鎌倉時代の文化に関するものである。

問5＜参勤交代と徳川家光＞資料4は，江戸幕府が大名統制のために出した武家諸法度である。武家諸法度は原則として将軍の代替わりごとに出され，第3代将軍の徳川家光のときに出された武家諸法度では，参勤交代の制度が定められた。参勤交代は，大名に対して1年おきに領地と江戸を往復することを義務づけた制度で，大名の妻子は江戸に住まわされた。参勤交代には主従関係の確認という意味があったが，大名は往復の費用や江戸での生活費などの大きな経済的負担を負わされた。

4 〔歴史―近代～現代の日本と世界〕

問1＜年代整序＞年代の古い順に，ウ（1863年），ア（1871年），エ（1876年），イ（1877年）となる。

問2＜陸奥宗光＞明治政府は，幕末に欧米諸国と結んだ不平等条約の改正を目指して交渉を行ったが，日本の近代化が不十分であることなどを理由に，欧米諸国はなかなか改正に応じなかった。日清戦争直前の1894年，外務大臣の陸奥宗光はイギリスとの間に日英通商航海条約を結び，領事裁判権〔治外法権〕の撤廃を実現した。その後，1911年には外務大臣の小村寿太郎がアメリカとの間で関税自主権の完全回復を実現し，不平等条約の改正が達成された。

問3＜米騒動とシベリア出兵＞表を見ると，1917年から1918年にかけて米の価格が上昇しており，特に1918年7月から8月にかけて大きく上昇していることがわかる。1917年にロシア革命が起こると，社会主義革命の影響を恐れた欧米諸国や日本は，革命に干渉するためシベリアへの出兵を決めた。日本国内では，このシベリア出兵を見こして米の買いしめや売りおしみが行われたため，流通する米の量が減り，表のように米の価格が上昇した。このため，富山県で米の安売りを要求する運動が起こったのを発端に，全国各地で民衆が米屋などを襲う大規模な米騒動が広がった。

問4＜日中戦争＞1937年，北京郊外で日本軍と中国軍が衝突する盧溝橋事件が起こり，これをきっかけに日中戦争が始まった。なお，柳条湖は地図中のbで，1931年に始まった満州事変のきっかけとなる柳条湖事件が起こった場所である。また，地図中のcは上海である。

問5＜1973〜91年の様子＞1980年代末，投機（価格の変動による利益を得るため，株式などを短期間で売買すること）が盛んに行われたことにより，株価や地価が実際の価値以上に上昇し，バブル経済と呼ばれる好景気が発生した。バブル経済は1991年に崩壊し，その後は長い不景気となった。なお，公害対策基本法が制定されたのは1967年，工場法が制定されたのは明治時代の1911年，朝鮮戦争が始まったのは1950年である。

5 〔公民―総合〕

問1＜請求権＞請求権は，基本的人権が侵害された場合に国に救済を求める権利である。日本国憲法で保障されている請求権には，公務員によって損害を受けた場合に賠償を求める国家賠償請求権，裁判で無罪判決を受けた人が補償を求める刑事補償請求権，裁判を受ける権利がある。

問2＜内閣不信任の決議＞議院内閣制をとる日本では，内閣は国会の信任に基づいて成立するため，内閣が国会の信任を失った場合にはそのまま存続することはできない。衆議院で内閣不信任案が可決（または内閣信任案が否決）された場合，内閣は10日以内に衆議院を解散するか，総辞職しなければならない（日本国憲法第69条）。

問3＜刑事裁判＞刑事裁判は，罪を犯した疑いのある者（被疑者）を，検察官が裁判所に起訴することによって開かれる。起訴された被疑者は，被告人と呼ばれる。被告人には弁護人がつき，被告人を弁護しその利益を守るために活動する。裁判官は，検察官や弁護人・被告人の主張を聞き，証拠などを調べたうえで被告人が有罪か無罪かを判断する。したがって，起訴状を読んでいるBが検察官，起訴内容を否定する被告人の側に立って無罪を主張しているCが弁護人，中立的な立場で双方の主張を聞くAが裁判官となる。

問4＜需要量と供給量＞Ⅰ，Ⅱ．価格は，一般に需要量と供給量の関係で変化する。買い手が買おうとする量が需要量，売り手が売ろうとする量が供給量である。ここでは，供給量にあたるホテルの部屋数は常に一定であるのに対して，需要量である宿泊客数は日によって変化すると考えられる。Ⅲ，Ⅳ．需要量が供給量よりも多くなると，商品が不足するため価格は上がり，供給量が需要量よりも多くなると，商品が余るため価格は下がる。土曜や祝前日は日曜〜金曜に比べて宿泊客数が多くなるため，部屋が足りず宿泊できない客が出ることも考えられる。つまり供給量に比べて需要量が多くなり，価格は上がる。反対に，日曜〜金曜は宿泊客数が少なくなり，部屋が余ることも考えられる。つまり供給量に比べて需要量が少なくなり，価格は下がる。

問5＜利子＞銀行は，人々の貯蓄などを預金として預かり，それを企業や家計に貸し出しており，預金者に対しては利子を支払い，貸し出し先からは利子を受け取っている。貸し出し金利（銀行が貸し出し先から受け取る利子の比率）は預金金利（銀行が預金者に支払う利子の比率）を上回るように設定されており，その差が銀行の収入となる。

問6＜財政＞黒字は収入が支出を上回る状態，赤字は支出が収入を上回る状態を指す。したがって，税収が財政規模の拡大に追いつかず，国の支出を税収でまかなえない状態は財政赤字である（イ…×）。所得税は，所得が多いほど税率が高くなる累進課税の仕組みがとられている。累進課税は，所得の格差を緩和するはたらきを持つ。一方，消費税などの間接税は，所得に関係なく同じ税率が適用されるため，低所得者の方が所得にしめる税金の割合が高くなり，実質的な税負担が重くなるという傾向がある（オ…×）。

問7＜安全保障理事会と拒否権＞国際連合の安全保障理事会は，アメリカ合衆国，イギリス，フランス，ロシア，中国の5つの常任理事国と，任期2年の10の非常任理事国で構成されている。このうち，常任理事国は拒否権を持っており，重要な議案については常任理事国のうち1か国でも反対すれば決議できない。表3では，15か国中14か国が決議案に賛成しているが，常任理事国であるアメ

リカ合衆国が反対しているため，この決議案は否決されることになる。

問8＜PKO＞PKO〔平和維持活動〕は，国際連合が紛争地域の平和維持のために行う停戦監視などの活動である。日本では，1992年に国際平和協力法〔PKO協力法〕が成立し，これに基づいて初めて自衛隊が海外に派遣され，カンボジアでのPKOに参加した。以後，自衛隊は東ティモールやハイチ，南スーダンなどさまざまな国・地域のPKOに派遣され，停戦監視や道路建設，物資輸送などの活動にあたっている。

6 〔三分野総合―サッカーワールドカップ出場国を題材とする問題〕

問1＜エジプト文明＞紀元前3000年頃にナイル川の流域で栄えたエジプト文明では，天文学が発達し，太陽暦が使われたほか，物の形を表した絵からつくられた象形文字が使われた。なお，ｂはチグリス川とユーフラテス川の流域に栄えたメソポタミア文明についての説明で，資料2のくさび形文字はメソポタミア文明で使われた。

問2＜環太平洋造山帯，高山気候＞⑴造山帯は，地球上で火山や地震が多く大地の動きが活発な場所であり，高く険しい山地が連なっている。地球上には，環太平洋造山帯とアルプス・ヒマラヤ造山帯という2つの大きな造山帯がある。このうち，環太平洋造山帯は太平洋を取り囲むように分布する造山帯で，日本列島やアンデス山脈のほか，北アメリカ大陸のロッキー山脈などが属している。⑵アンデス山脈の高地に位置するクスコは，同緯度の平地よりも気温が低い高山気候に属している。高山気候の特徴は，一年を通して冷涼で，年間の気温差がほとんどないことである。したがってBがクスコの気候となる。なお，一年を通して気温が高く降水量が多いAは熱帯雨林気候に属するマナオス，温暖で夏の降水量が多いCは温帯〔温暖〕湿潤気候に属するブエノスアイレスの気候である。

問3＜16～17世紀の出来事＞W．1582年，大友宗麟などのキリシタン大名は，4人の少年使節をローマ教皇のもとに派遣した(天正遣欧少年使節)。　　　X．1612年，江戸幕府は幕領にキリスト教禁止令を出し，翌年にはこれを全国に広げた。　　　Y．1637年，領主によるキリスト教弾圧や重い年貢に苦しむ島原(長崎県)や天草(熊本県)の人々は，天草四郎〔益田時貞〕を大将として一揆を起こしたが，江戸幕府に鎮圧された(島原・天草一揆)。　　　Z．1639年，江戸幕府はポルトガル船の来航を禁止した。これにより，日本に来航して貿易を行うことを許可されたのはオランダと中国のみとなった。

問4＜資料の読み取り＞5か国のうち，ヨーロッパ州の国はポルトガル，フランス，ベルギーである。グラフ1を見ると，ヨーロッパ州の3か国は他の2か国に比べて65歳以上の人口割合が高く，高齢化が進んでいることがわかる。また，グラフ2を見ると，ヨーロッパ州の3か国は国内総生産〔GDP〕に対する社会保障支出の割合が20％を超えており，他の2か国を大きく上回っていることがわかる。

理科解答

1 問1 ア 問2 2.5g 問3 ウ
問4 赤血球 問5 20%
問6 ウ 問7 500秒 問8 イ

2 問1 かぎ
問2
 (例)火山灰が，西から東への風にのっ
 て運ばれるため。
問3 イ 問4 エ
問5 (1) (例)マグマのねばりけが強い
 (2)…ア

3 問1 Ⅰ…高 Ⅱ…低
問2 エ 問3 食物網
問4
 (例)加熱した土では，土の中にいた菌
 類や細菌類が死滅してしまったため。
問5
 (例)土の中の菌類や細菌類によって，
 実験開始から2日後ではデンプンが分
 解されて糖ができ，4日後では糖が分
 解されてなくなったから。
問6 細胞の呼吸〔呼吸〕

4 問1 0.1
問2 $2Cu + O_2 \longrightarrow 2CuO$
問3 6.14〔6.13，6.15〕
問4
 (例)反応で発生した水素と酸素の気体
 の質量の比より，水分子をつくってい
 る水素原子と酸素原子の質量の割合は
 1：8である。水分子は水素原子2個
 に対して酸素原子1個と結びついてい
 る。これらのことから原子1個当たり

で質量を比較すると0.5：8となり，簡
単な整数の比で表すと1：16となる。
問5 64：16：1
計算の過程や考え方
(例)銅原子と酸素原子の質量の比は
4：1であり，酸素原子と水素原子の
質量の比は16：1である。酸素原子の
質量を16とすると，銅原子：酸素原子
は64：16なので，銅原子：酸素原子：
水素原子は64：16：1となる。

問6
(例)マグネシウムと酸素を化合する

5 問1
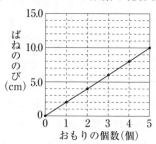
問2 68g 問3 エ 問4 ア
問5
(1) 0.04
(2) 体積… 6 cm³
計算の過程や考え方
(例)ばねが0.4cm縮むとき，立方体C
は1.0cm沈む。さらに0.2cmばねが縮
むと，ばねははじめの長さに戻るので，
立方体Cは水面から1.5cm沈んだとこ
ろで静止する。よって，立方体Cの沈
んでいる部分の体積は 2 cm× 2 cm×
1.5cm = 6 cm³ となる。

---

1 〔小問集合〕
問1<地球型惑星>地球のように岩石でできており，密度が大きい惑星を地球型惑星といい，地球の
ほかに水星，金星，火星がある。なお，木星，土星，天王星，海王星のように気体でできており，
密度が小さい惑星を木星型惑星という。
問2<空気中の水蒸気量>図より，気温が11℃のときの飽和水蒸気量は10g/m³である。よって，湿
度25%の空気1m³中の水蒸気量は，$10 \times \dfrac{25}{100} = 2.5 (g)$ となる。
問3<種子をつくらない植物>イヌワラビはシダ植物，ゼニゴケはコケ植物で，どちらも胞子をつく

ってなかまをふやす。なお，アとエはゼニゴケだけ，イはイヌワラビだけに当てはまる特徴である。

問4＜ヒトの血液の成分＞図のXは，円盤状で，酸素を運ぶはたらきをしていることから，赤血球である。なお，血液の固形の成分は赤血球のほかに，白血球，血小板がある。

問5＜質量パーセント濃度＞質量パーセント濃度は〔質量パーセント濃度(%)〕$= \dfrac{〔溶質の質量(g)〕}{〔溶液の質量(g)〕}$ ×100で求めることができる。水40gに砂糖10gを溶かしたときの砂糖水の質量は，40＋10＝50(g)なので，この砂糖水の質量パーセント濃度は，$\dfrac{10}{50} \times 100 = 20(\%)$ となる。

問6＜水溶液中のイオン＞塩酸中に含まれる水素イオン(H^+)と塩化物イオン(Cl^-)の数は等しく，水酸化ナトリウム水溶液中に含まれるナトリウムイオン(Na^+)と水酸化物イオン(OH^-)の数は等しい。また，表より，水酸化ナトリウム水溶液を16cm³加えたときの水溶液は，色が青色だから，アルカリ性である。よって，塩酸中のH^+とCl^-の数よりも，加えたNa^+とOH^-の数の方が多いことがわかる。さらに，OH^-の一部は中和によってH^+と結びついて水(H_2O)になるが，Na^+は水溶液中では全てイオンのまま存在するから，最も数が多いイオンはNa^+である。

問7＜電力量＞40Wの白熱電球を55秒間使用したときの電力量は，40×55＝2200(J)である。よって，電力量が2200Jのときに，4.4WのLED電球を使用できる時間は，2200÷4.4＝500(秒)となる。

問8＜単位＞熱や電気のエネルギーを含む全てのエネルギーの単位は，ジュールで表すことができる。なお，圧力は，面を垂直に押す力の大きさが同じなら，力のはたらく面積が大きいほど小さくなる。年間に1人当たりが受けている自然放射線は，約2ミリシーベルトである。また，抵抗器の抵抗の値が大きいほど，電流は流れにくい。

2 〔大地のつくりと変化〕

問1＜かぎ層＞火山灰の層のように，短期間に広い範囲に堆積する層は，地層のつながりを知るよい手がかりになる。このような層をかぎ層という。

問2＜火山灰の分布＞日本付近の上空には，1年中，西から東へと向かう偏西風が吹いている。この偏西風により，噴出した火山灰などの軽い火山噴出物は東へ流され，火山の東側に堆積する。

問3＜鉱物を取り出す操作＞火山灰から鉱物を取り出すには，火山灰を蒸発皿に入れて水を加え，指で軽く押し洗いし，にごった水を捨てる。この操作を，水のにごりがなくなるまで繰り返す。そして，残った鉱物の粒を乾燥させる。

問4＜鉱物＞無色で不規則な形の鉱物Pはセキエイ，長い柱状の形で緑黒色をしている鉱物Qはカクセン石である。なお，チョウ石は無色や白色で柱状や短冊状の形をしていて，キ石は緑色や褐色で短い柱状や短冊状の形をしている。

問5＜火山とマグマ＞(1)円グラフより，火山灰Aは無色鉱物の割合が最も多いので，この火山灰を噴出した火山のマグマの色が白っぽい色をしていることがわかる。よって，このマグマは，ねばりけが強い。　　(2)マグマのねばりけが強いと，溶岩が流れにくいため火山は盛り上がった形になる。ア～エのうち，盛り上がった形の火山は，雲仙普賢岳である。なお，イやウは円すい形，エは傾斜のゆるやかな火山である。

3 〔自然と人間〕

問1＜生物の生活環境＞図2のように，上部から白熱電球の光を当て続けると，上部から土の温度が高くなり，土が乾いて湿度が低くなる。トビムシやカニムシは，この環境を避けて下に移動したため，ビーカー内に落ちたと考えられる。よって，温度が高く，湿度が低い場所を嫌うことがわかる。

問2＜生産者と消費者＞生産者とは，無機物から栄養分をつくり出す植物のことで，消費者とは，生産者がつくり出した有機物を直接，あるいは間接的に食べる生物のことである。よって，ムカデ，ミミズ，トビムシ，キノコは全て消費者に分類される。

問3<食物網>生物どうしの「食べる・食べられる」の関係を食物連鎖といい，その関係が何種類もの生物にわたって複雑にからみ合うつながりを食物網という。

問4<加熱した土の様子>土を加熱すると，土の中にいた生物(菌類や細菌類)が死滅してしまうため，最初に加えたデンプン水溶液はそのまま残り，変化しない。

問5<ベネジクト液の変化>ベネジクト液は，糖と反応して赤褐色の沈殿を生じる。よって，実験開始から2日後では，土の中にいた生物(菌類や細菌類)によって，デンプンが分解され，糖ができている。また，4日後では，糖は生物によって無機物にまで分解されたため，残っていない。

問6<細胞の呼吸>ヒトなどの動物では，一つ一つの細胞で，運ばれてきた養分を酸素を使って分解し，生きるためのエネルギーを取り出している。このような細胞のはたらきを，細胞の呼吸(呼吸)という。

4 〔化学変化と原子・分子〕

問1<化合した酸素の質量>図2で，加熱回数が3回以降は質量が0.5gで変化していない。これより，銅粉が酸素と完全に化合すると0.5gになることがわかる。よって，銅粉0.4gに化合した酸素の質量は，$0.5 - 0.4 = 0.1$(g)である。

問2<銅と酸素の化合>銅(Cu)に酸素(O_2)が結びついて，酸化銅(CuO)ができる。化学反応式は，矢印の左側に反応前の化学式を，右側に反応後の化学式を書き，矢印の左右で原子の種類と数が等しくなるように，化学式の前に係数をつける。

問3<発生した酸素の体積>図3で，気体の体積を読み取るとき，1目盛りの$\frac{1}{10}$まで目分量で読み取る。よって，酸素の体積は6.14cm³となる。なお，6.13cm³，または6.15cm³も正解となる。

問4<水素原子と酸素原子の質量比>図4より，水の電気分解では，水素分子と酸素分子が2：1の個数の割合ででき，この質量の比が1：8になる。これより，水分子に含まれる水素原子と酸素原子の個数の割合も2：1だから，原子1個当たりの質量の比は，$\frac{1}{2}$：$8 = 1 : 16$となる。

問5<原子の質量比>酸化銅は，銅原子と酸素原子が1：1の個数の割合で結びついている。よって，問1より，0.4gの銅に0.1gの酸素が化合したことから，銅原子と酸素原子の質量の比は，銅：酸素$= 0.4 : 0.1 = 4 : 1$となる。また，問4より，酸素原子と水素原子の質量の比は，酸素：水素$= 16：1$である。ここで，酸素の質量を16とすると，銅：酸素$= 4 : 1 = 64 : 16$となるから，銅：酸素：水素$= 64：16：1$となる。

問6<原子の質量比を調べる実験>銅を加熱して酸素と化合させる実験と同様に，マグネシウムを加熱して酸素と化合させる実験をすればよい。この実験により，マグネシウム原子と酸素原子の質量の比を調べ，銅原子と酸素原子，水素原子の質量の比と比べることで，銅原子と酸素原子，水素原子，マグネシウム原子の質量の比を求めることができる。

5 〔身近な物理現象〕

問1<ばねののびのグラフ>表1より，ばねののびを求めると，おもりが0個のときは0cm，1個のときは$7.0 - 5.0 = 2.0$(cm)，2個のときは$9.0 - 5.0 = 4.0$(cm)，3個のときは$11.0 - 5.0 = 6.0$(cm)，4個のときは$13.0 - 5.0 = 8.0$(cm)，5個のときは$15.0 - 5.0 = 10.0$(cm)である。これらの点を・で記入し，点を直線で結ぶ。解答参照。

問2<フックの法則>表2より，立方体Aを空気中でばねにつるしたとき，ばねの長さは11.8cmなので，このときのばねののびは$11.8 - 5.0 = 6.8$(cm)となる。また，問1で，グラフが原点を通る直線になったことより，おもりの個数とばねののびは比例していることがわかる。これより，おもりの質量とばねののびも比例する。よって，質量20gのおもり1個をつるしたときのばねののびが2.0cmより，立方体Aの質量をxgとすると，$x : 20 = 6.8 : 2.0$が成り立つ。これを解くと，$x × 2.0 =$

20×6.8 より，$x = 68$(g)となる。

問3＜密度＞問2と同様に，表2の空気中でのばねの長さから，直方体B，立方体Cの質量を求める。直方体Bの質量をygとすると，$y : 20 = (18.6 - 5.0) : 2.0$より，$y \times 2.0 = 20 \times 13.6$，$y = 136$(g)，立方体Cの質量を$z$gとすると，$z : 20 = (5.6 - 5.0) \times 2.0$より，$z \times 2.0 = 20 \times 0.6$，$z = 6$(g)である。よって，それぞれの物体の密度の大きさは，〔密度(g/cm³)〕$= \dfrac{\text{〔質量(g)〕}}{\text{〔体積(cm³)〕}}$より，立方体Aは $\dfrac{68}{2 \times 2 \times 2} = 8.5$(g/cm³)，直方体Bは $\dfrac{136}{2 \times 2 \times 4} = 8.5$(g/cm³)，立方体Cは $\dfrac{6}{2 \times 2 \times 2} = 0.75$(g/cm³)となる。よって，密度の大きさの関係は，直方体B＝立方体A＞立方体Cである。

問4＜浮力＞まず，Y側の直方体が水に沈み始めると，直方体に浮力がはたらき，棒のY側を下に引く力が小さくなるため，棒のY側が上がり始める。その後，X側の直方体が水に沈み始めると，X側の直方体にも浮力がはたらき始め，棒のX側を下に引く力も小さくなるため，棒は水平に戻り始める。そして，2つの直方体が全て沈むと，両方の直方体にはたらく浮力の大きさが等しくなり，棒のX側，Y側を下に引く力も等しくなるため，棒は水平になる。

問5＜浮力＞(1)表2より，物体が沈んだ距離が1.0cm増えるごとに，ばねの長さは0.4cm短くなっている。また，表1より，このばねは$20 \div 100 = 0.2$(N)の力を加えると2.0cmずつのびる。よって，ばねを0.4cmのばすのに必要な力の大きさは，$0.2 \times 0.4 \div 2.0 = 0.04$(N)である。したがって，物体を1.0cm沈めるごとに，浮力の大きさは0.04Nずつ増えていることがわかる。　(2)ばねの長さが立方体Cをつるす前の長さに戻るのは，立方体Cにはたらく重力，つまり，立方体Cの重さと浮力がつり合い，水面に浮かんで静止したからである。問3より立方体Cにはたらく重力の大きさは，$6 \div 100 = 0.06$(N)であり，(1)より立方体Cが1.0cm沈んだとき，立方体Cにはたらく浮力の大きさは0.04Nである。よって，立方体Cに，さらに$0.06 - 0.04 = 0.02$(N)の浮力がはたらくと，立方体Cは水面に浮かんで静止する。立方体Cは1.0cm沈むと0.04Nの浮力がはたらくから，0.04Nの半分の0.02Nの浮力がはたらくのは，1.0cmの半分の0.5cm沈んだときである。したがって，立方体Cは$1.0 + 0.5 = 1.5$(cm)沈むとそれ以上沈まなくなるから，このとき，水中に沈んでいる部分の体積は$2 \times 2 \times 1.5 = 6$(cm³)である。

国語解答

一 問1 ウ 問2 イ

問3 自分自身が撮られていることを意識し，緊張している（24字）

問4 怒りを感じていたが，瑛太郎の思いに動かされ，野球の応援もやってやろう（34字）

問5 エ

二 問1 (1) しふく (2) ばんしょう (3) なま (4) 根幹 (5) 秘

問2 ア，オ 問3 ア

問4 (1) 身近な地域で行われる

(2)…イ

三 問1 エ

問2 文化が異なれば相手のマナーも異なることが前提で，その場で相手のやり方に合わせようとする（43字）

問3 エ 問4 ア

問5 言葉の適用についてのルールにより二重化され，厳密にするとルールの抜け道ができ，曖昧にすると解釈が分かれる（52字）

四 問1 とわせたまいければ 問2 ウ

問3 どの歌詠みが優れているか

問4 イ

五 （省略）

一 〔小説の読解〕出典；額賀澪『ジョックロックに笑え』。

問1 ＜文章内容＞不破は，日曜日に吹奏楽部の練習をサボって野球の応援に行ったことや，明後日の四回戦の応援にも行こうとしていることが部員に知られて，部員のみんなの怒りを招いたので，逃げてきたのである。

問2 ＜文章内容＞「仏頂面」は，不機嫌な顔つきのこと。不破は，練習から逃げ出したのに，密着取材を受けているテレビ局の森崎さんに見つかってしまい，嫌になり，不機嫌になっているのである。

問3 ＜文章内容＞大河は，「カメラのレンズが自分に向いている」ことに気づき，自分が撮影されていると思うと，非常に緊張したのである。

問4 ＜心情＞宮地は，部長の不破が練習をサボって野球の応援に行ったことに腹を立てていたが，不破が，野球部を応援することと全国コンクールで金賞をとることのどちらも手を抜くつもりはないことがわかり，不破の思いに自分も応えようとして，野球部を応援する気持ちになったのである。

問5 ＜表現＞「不破の奴，なんでこの状況で普通に振る舞えるんだ」なども，会話以外で大河の心情を表したものである（ア…○）。「やんわり間に入る」の「やんわり」も擬態語で，徳村の様子を表している（イ…○）。「歌い上げているようだった」は比喩であり，「彼自身みたいに」の部分は倒置法が使われている（ウ…○）。「大河の声に，宮地は振り返ってくれた」は，「回想の場面」ではない（エ…×）。

二 〔国語の知識〕

問1 ＜漢字＞(1)このうえない幸せのこと。 (2)夕暮れに鳴る鐘のこと。 (3)音読みは「怠慢」などの「タイ」。 (4)物事の重要な部分のこと。 (5)音読みは「秘密」などの「ヒ」。

問2 ＜品詞＞「満ちあふれる」と「流れる」の「れる」は，ラ行下一段活用動詞の一部。「思い出される」の「れる」は，自発の助動詞。

問3 ＜四字熟語＞「一朝一夕」は，わずかな期間のこと。「縦横無尽」は，自由自在に物事を行うさま。「深謀遠慮」は，ずっと先のことまで深く考えを練ること。「日進月歩」は，絶え間なく急速に進歩していくさま。

問4 ＜資料＞(1)ラグビーワールドカップや東京オリンピック・パラリンピックという世界的なイベン

トが，せっかく「身近な地域で行われる」のだから，花子さんは，中学生にできる形で関わりたいということを投書に書いている。　(2)CさんもDさんも，中学生としてできる範囲でボランティア活動をやれるのではないかという意見であり，司会者は，その二人の意見を「つまり」という形でまとめている。

三 〔論説文の読解—社会学的分野—コミュニケーション〕出典；船木亭『現代思想講義——人間の終焉と近代未来社会のゆくえ』。

≪本文の概要≫マナーは，文化に応じて詳細はさまざまであるが，重要なのは，それぞれの文化において，複数の人々が互いの行為を見たり聞いたりふれたりする中でつくられた，何が良いか悪いかということである。マナーとは，その場で相手のやり方に合わせようとすることであり，文化が異なれば相手のマナーも異なることを前提として伝え合おうとするコミュニケーションのことである。マナーは，ルールとして覚えるものではない。最大のマナーは，自分のマナーがあり，相手のマナーもあると認めたうえで，お互いを合わせようとすることである。マナーの基準は美醜であり，マナーの欠如とは，周りに対する感受性や周りに合わせる技量が不足していることである。マナーを「見える化」してルールとして決めると，マナーとルールを混同して別のことが始まってしまう。ルール化されたマナーは，明らかにマナーとは違うものである。ルールになると，利害損得の対象となり，守るべきことの反対のことも明らかになり，マナーではなすべきではないこともしようとする人が現れる。ルールは，言葉で制定されるので，厳密に定義しても曖昧に定義しても必ず弊害が生じ，マナーを明示したものではなくなるのである。

問1＜文章内容＞他人と一緒に食べるときは，自分のペースではなく，食べる量や速度を相手に合わせなければならないので，気苦労も増えるのである。

問2＜文章内容＞マナーとは，「文化が異なれば相手のマナーも異なることを互いに前提して伝えあおうとするコミュニケーションのこと」であるので，相手のマナーを尊重し，それに合わせようとすることが大切である。

問3＜文章内容＞マナーをルール化すると，ルールに反することが批判され(エ…×)，ルールに反する人がいると思うだけで怒りが生じる(ア…○)。明確にされたルールの下では，人は，利害や損得を考え出し，ルールと反対のことを考えもするので，ルールは美醜を基準としたマナーから外れてしまう(イ・ウ…○)。

問4＜文章内容＞本来のマナーとは，お互いのマナーを相手に合わせようとすることであった。しかし，シルバーシートが設定され，ルールとして解釈されると，ルールを守らない人への怒りが生まれる。このような感情は，本来のマナーからは生まれない情念である。こうしたことが起こるのは，ルールとマナーを混同してしまうからである。

問5＜文章内容＞ルールは，厳密に定義されると，抜け道を探す人やグレーゾーンを探す人が生まれる。また，曖昧に定義すると，ある行為がどのような行為か解釈が分かれてしまい，想定外の行為を生み出すことにもなる。このように，ルールを言葉で定めようとしても，ルールを明示するための言葉自体にもルールがあるので，ルールが二重化されることになる。結局，ルールを決めても，マナーを明示することにはならないのである。

四 〔古文の読解—説話〕出典；『十訓抄』一ノ三十六。

≪現代語訳≫近頃の和歌の名人には，民部卿定家と，宮内卿家隆といって，優劣相並ぶようにいわれていた(人たちがいた)。その頃，「私も，私も」と(和歌を)たしなむ人は多いけれども，どの人も，この二人には及ばなかった。

　あるとき，後京極摂政が，宮内卿をお呼びになって，「この世に歌人として多く評判である中に，誰

が優れているか。心に思うように，ありのままにお話しされよ」とお尋ねがあったが，（宮内卿は）「どの人も分けがたく」と申し上げて，何かを思う様子であったところ，「どうか，どうか」と，ひたすら（摂政が）お尋ねになったので，（宮内卿は）ふところから畳んだ紙を落として，そのまま退出したので（摂政がその紙を）御覧になったところ，

　　夜が明けたならば，また秋の半ばも過ぎてしまったのだろう。傾いて沈んでいく月が惜しいだけだろうか（いや，秋が過ぎていくのも惜しいよ）
と書いていた。

　これは民部卿の和歌である。以前から，このようなお尋ねがあるだろうとは，どうしてわかろう。もともと趣があるとして，（宮内卿が）書いてお持ちになっていたのであるようだ。

　こういうことが心配りが深い種類の話である。

問1＜歴史的仮名遣い＞歴史的仮名遣いの語頭以外のハ行は，現代仮名遣いでは，原則として「わいうえお」と読む。

問2＜古文の内容理解＞後京極摂政に，この世の歌人で特に優れている者は誰かと尋ねられた宮内卿家隆は，答えるかわりに畳んだ紙を落として退出し，その紙を後京極摂政が御覧になったのである。

問3＜古文の内容理解＞宮内卿家隆に，後京極摂政は，この世にいる歌人の中で誰が特に優れているのかと尋ねた。

問4＜古文の内容理解＞宮内卿家隆は，民部卿定家の「明けばまた」の歌を風情があるよい歌だと思ったから，紙に書きとめてふところに持っていたのである。だから，突然，後京極摂政に優秀な歌詠みについて尋ねられても，家隆は対処できたのである。

五 〔作文〕

　「読書はほとんどしない」と答えた生徒の割合は，学年が進むにつれて増えていくことがわかる。資料から読み取れることをもとに，「自分の体験をふまえて書くこと」という指示があるので，読書に関わる自分の体験を考えてみる。読書が好きな人は，読書して感動したことや，読書を通して得たこと，またどうして読書が好きなのかを考えるとよい。読書に興味がない人は，興味のない理由を考えてみるとよい。分量を守って，誤字脱字に気をつけて書いていくこと。

＝読者へのメッセージ＝

　民部卿定家とは藤原定家のことです。藤原定家は，新古今和歌集の撰者の一人で，鎌倉時代前期を代表する歌人であり，『小倉百人一首』を選んだ人でもあります。定家は，「有心体」という表現スタイルを提唱しました。

英語解答

1 No.1　A　　No.2　B　　No.3　D
No.4　C　　No.5　C
No.6　(1)　high school student
　　　(2)　visit old towns
　　　(3)　wants to learn Chinese
No.7　(1)…B　(2)…A　(3)…D

2 問1　ウ
問2　(例) don't have to worry
問3　ウ
問4　(例) Because he can meet a
　　　lot of people.
問5　imagine what our lives will be
問6　(1)…エ　(2)…イ
問7　(例) the video you took in

3 問1　means that we can save many
　　　living things by taking
問2　A　covered　B　dying
問3　(例)動植物が生きる場所を救うた

めの法律がつくられた。
問4　①…カ　②…ア　③…イ
問5　(例) Because he learned that
　　　many people were working
　　　hard to save the sea.
問6　1　(例) eaten by
　　　2　(例) took part
　　　3　(例) everyone to

4 (例) I think elementary school
students should start learning the
skills to choose, collect and use
information. They must think about
messages from TV, the Internet, and
newspapers. By using the skills,
they'll be able to think about the
world around them more carefully
and learn more by themselves.(48語)

---

1 〔放送問題〕

No.1≪全訳≫Ａ：映画のチケットを２枚ください。／Ｂ：映画は今日３回上映されます。最初の回は９時15分で，その後は午後の１時15分と４時50分です。どれになさいますか？／Ａ：朝の回をお願いします。／Ｂ：かしこまりました。2000円になります。

　Ｑ：「男性が選んだ映画は何時に始まるか」―Ａ

No.2≪全訳≫Ａ：ハンバーガーを２つください。／Ｂ：600円になります。／Ａ：あっ，待ってください。コーヒーも１つもらえますか？／Ｂ：かしこまりました。全部で800円になります。

　Ｑ：「コーヒーは１杯いくらか」―Ｂ

No.3≪全訳≫Ａ：アツシ，何を捜しているの？／Ｂ：財布を捜しているんだ。テーブルの上に置いたと思ったんだけど。／Ａ：今朝あなたのベッドの下で見つけたわよ。机のそばのかばんに入れておいたわ。なくしちゃだめよ。／Ｂ：ああ，あったよ。ありがとう，お母さん。

　Ｑ：「アツシのお母さんはどこで彼の財布を見つけたか」―Ｄ

No.4≪全訳≫マユミはたった今アメリカの空港に着いて，昔からの友達のジェイクに会った。／彼は彼女に会えてとても喜んでいる。／彼は彼女がどのくらいアメリカにいるつもりなのか尋ねる。

　Ｑ：「マユミはジェイクに何と言うか」―Ｃ．「３週間」　ここでは，疑問詞 how long を用いて‘期間’を尋ねているので，‘期間’を表す for を用いて答える。

No.5≪全訳≫ケンタは週末に買い物に行くつもりだ。／彼はスポーツ用品店で新しいテニスラケットを買う必要がある。／彼は友人のトムと一緒にそこに行きたいと思っている。

　Ｑ：「ケンタはトムに何と言うか」―Ｃ．「今週末は空いている時間があるかい？」　ケンタはトムと週末に出かけたいと思っているのだから，トムの週末の予定を尋ねるＣが適切。

No.6 ≪全訳≫❶タカコ（T）：ウィルソン先生，あなたは長い間，日本語を勉強しているそうですね。❷ウィルソン先生（Mr）：ええ，高校生のときに日本語の勉強を始めました。❸T：まあ！　学校で日本語が教科にあったのですか？❹Mr：はい，そうです。何人かの友人が日本語の授業をとっていて，フランス語や中国語をとっている別の友人もいました。❺T：どうして日本語を選んだんですか？❻Mr：学校の友人の１人が日本から来ていて，日本の古い町の写真を私に見せてくれたのです。その後，私は日本語を勉強することに決めました。❼T：そして今ではここ日本にいるんですね。❽Mr：そうです。私は日本の古い町を訪れるのが本当に好きなんです。❾T：本当ですか？　古い町が好きなら，京都を訪れるといいですよ。❿Mr：この夏に行くつもりです。ところで，あなたは今英語を勉強していますが，他に何か習いたい言葉はありますか，タカコ？⓫T：えっと，将来は中国語を習いたいです。⓬Mr：ほう，それはどうしてですか？⓭T：たくさんの人が中国語を話しているから，私はもっとたくさんの人たちと話せるようになりたいんです。⓮Mr：なるほど。他の言葉が話せればすばらしいことがたくさんできますよ。幸運を祈ります。

　　＜解説＞(1)「ウィルソン先生が日本語を学び始めたのはいつか」―「彼が日本語を学び始めたのは彼が高校生のときだ」　第２段落参照。　　(2)「ウィルソン先生は日本で何をするのが好きか」―「彼は日本の古い町を訪れるのが好きだ」　第８段落参照。　　(3)「タカコは将来何語を学びたいと思っているか」―「彼女は将来中国語を学びたがっている」　第11段落参照。

No.7 ≪全訳≫❶私は自分の町が大好きです。たくさんの山と川があって，多くの人が休暇にここにやってきます。❷けれど，私の町はだいぶ変わりました。私は町の変化についてもっと知りたいと思い，それらの変化について夏休みに学ぶことにしました。まず，私は図書館に行きました。そこで私は町の古い地図を見つけたのですが，その地図にあった建物の名前がわかりませんでした。❸私はその地図を母に見せました。母は，30年前には町に古いデパートがあったと言いました。彼女は子どもだった頃，家族とよくそこへ買い物に行きました。しかしそれは閉店してしまい，今ではそこに病院があります。先月，新しいコンビニエンスストアが道を挟んだ病院の向かいにできました。母はデパートが閉店して残念に思うこともあるのですが，家の近くに病院があることを喜んでいます。❹でも，町には変わらないものもあります。山と川は相変わらずきれいです。いまだに伝統的なお祭りと食べ物があり，町の人たちは今でも親切です。私は両親，友達，そして周りの人たちみんなが大好きです。みんなのおかげで，町は特別なものになっています。町は変わり続けるでしょうが，町の人々の温かい心が決して変わらないことを望んでいます。

　　＜解説＞(1)「ケイコが町の変化について学ぼうと決めたのはなぜか」―B.「彼女が自分の町の変化に興味を持ったため」　第２段落第２文参照。「知りたいと思った」ということは，「興味を持った」ということである。　be interested in ～「～に興味を持つ」　　(2)「デパートが閉店した後，その場所には何が建てられたか」―A.「病院」　第３段落第４文参照。　　(3)「ケイコは何を望んでいるか」―D.「彼女は町の人々の心がいつも温かいことを望んでいる」　最終段落最終文参照。

2 〔長文読解総合―会話文・スピーチ〕

１≪全訳≫❶アキナ，ハヤト，リー先生が話している。

❷アキナ（A）：今日の家庭科の授業で，お年寄りについて学びました。日本ではたくさんのお年寄りが働いています。

❸リー先生（Mr）：本当ですか？　_A私の国でも同じです。シンガポールでもお年寄りの多くが今でも働いています。

❹ハヤト（H）：僕は家の近くの英会話学校に行っているんですが，先生たちは全員がお年寄りです。彼らは英語を教えるのが上手です。

⑤A：へえ，あなたの先生はみんなお年寄りなの？

⑥H：そうだよ。みんな退職しているんだ。僕の一番好きな先生はパイロットだった。30年間も世界中を旅したんだよ！

⑦Mr：それはすごいですね！

⑧A：来月，授業でお年寄りについてスピーチをすることになっているよね？　彼にインタビューするべきよ。

⑨H：彼は今週，英会話学校にいないんだけど，別の考えがあるよ。先週，買い物に行ったら，ショッピングモールを歩き回っているたくさんのお年寄りを見たんだ。彼らに質問をしよう！

⑩A：そうしましょう！

⑪Mr：ああ，それはいい考えですね。ところで，私は来週シンガポールに行きます。向こうで君たちのためにビデオを撮ってみますよ，そうすればシンガポールのお年寄りについて学べますね。

⑫H：ありがとうございます！　どうぞ楽しんでください！

　問1＜適文選択＞第2段落最終文ではアキナが「日本では多くのお年寄りが働いている」と言い，これを聞いたリー先生は空欄Aに続けて「シンガポールでも多くのお年寄りが働いている」と言っているのだから，ウ．「それは私の国でも同じです」が当てはまる。

②≪全訳≫①翌月，アキナはハヤトと一緒にクラスメートにスピーチをした。

②「モールウォーキング」について聞いたことがありますか？　モールウォーキングは，いくつかのショッピングモールが開催している特別なプログラムです。モールウォーキングプログラムでは，人々が健康のためにショッピングモールの中を歩きます。多くのお年寄りがこうしたプログラムに参加しています。ほとんどのショッピングモールは大きく，完全に屋内にあります。ですから，悪天候を心配する必要がありません。ショッピングモールには食べ物や飲み物もあります。私たちは町のショッピングモールの責任者に，このプログラムについて尋ねました。彼は，この町の人々の役に立ち，お年寄りが健康であり続けるための地域社会をつくりたいのだと言っていました。お年寄りが幸せで健康であることが大切だと私も思います。私たちはこのプログラムに参加するお年寄りの何人かにインタビューをしました。私たちは彼らに「このプログラムの良いところは何ですか」と尋ねました。彼らのほとんどは，ショッピングモールを歩いた後，より健康になったように感じると言いましたが，他にも，友人ができたとか，役に立つことを知ったという人たちも何人かいました。モールウォーキングの後でより健康になったと感じる人の方が，友人ができた，あるいは役に立つことを知ったと言った人たちより多かったです。

　問2＜和文英訳—適語句補充＞「～する必要がない」は don't have to ～，「～を心配する」は worry about ～ で表せる。

　問3＜要旨把握＞第2段落最終文参照。Feeling healthier「より健康になったと感じること」が Making friends「友人ができたこと」や Learning useful things「役に立つことを学んだこと」よりも多いグラフを選べばよい。

③≪全訳≫①リー先生は授業で見せるシンガポールのビデオを撮影してきた。そのビデオで，彼は現地のお年寄りについて話している。

②こんにちは，クラスの皆さん！　私は今，シンガポールの大きなスーパーマーケットにいます。ここにはたくさんの従業員がいます。このスーパーマーケットで働いている人たちのおよそ半分は50歳以上です。ここで最年長の従業員は82歳です！　驚きですよね。私はここの従業員の1人にインタビューをしました。彼の名前はロンです。彼は今72歳で，ここで5年間働いていると言っています。彼はふだんは週に5日働きます。多くの人たちに会えるので，彼はこのスーパーマーケットで働くこと

を気に入っています。シンガポールの人々は60代が「新しい40代」だと言います。というのも，人々は今ではより長生きして，働き続けるからです。シンガポールでは，64歳以上の人の25パーセントはいまだに働いているそうです。私が年をとったとき，ここで働いている人たちのように元気でいられればと思います。

　　問4＜英問英答＞「ロンがそのスーパーマーケットで働くのが好きな理由は何か」―「たくさんの人に会えるから」　最後から4文目参照。

４≪全訳≫**１**授業後，アキナ，ハヤト，リー先生がスピーチとビデオについて話している。**２**アキナ(A)：とても多くのシンガポールのお年寄りたちがいまだに働いていることに驚きました。**３**ハヤト(H)：僕もだよ。僕は自分たちの町でおもしろい活動をしているお年寄りたちがすごくたくさんいたなんて知らなかったな。僕たちが年をとったとき，僕らの暮らしがどんなふうになっているか想像できないよ。**４**リー先生(Mr)：君たちはまだ若いから，自分たちの未来について考える時間がたくさんありますよ。君が尊敬しているお年寄りはいますか，アキナ？**５**A：私は自分の祖母を本当に尊敬しています。彼女は市のコミュニティーセンターで小学生に書道を教えているんです。彼女は字がとても上手です。多くの子どもたちを教えられることを，彼女は喜んでいます。彼女は自分の仕事をすごく気に入っています。**６**Mr：それはいいですね。今では人々がより長生きするようになっていますから，たとえ年をとっても幸せで，また健康でい続けることが大切だと思います。

　　問5＜整序結合＞助動詞 can't の後には動詞の原形がくるので，imagine「～を想像する」を置く。また，will の後にも動詞の原形がくるので will be というまとまりが，our の後にくるべき名詞として lives があるので our lives というまとまりが，それぞれつくれる。疑問詞 what は，文中に入ることから‘疑問詞＋主語＋動詞…’という間接疑問の語順で用いると判断でき，‘主語’には our lives が当てはまるので，what our lives will be ～ とまとめられる。　‘what＋be動詞＋主語＋like?’「～はどのようなものか」

　　問6＜内容一致＞(1)「アキナとハヤトは（　　）驚いた」―エ．「シンガポールの多くのお年寄りがいまだに働いていると知って」　４の第2，3段落参照。　(2)「多くのお年寄りが（　　）」―イ．「アキナの町のショッピングモールでウォーキングプログラムに参加している」　②の第2段落第2～4文参照。また，第8文以降の内容から，アキナの町でも多くのお年寄りが参加していると判断できる。

　　問7＜適語句補充＞≪全訳≫**１**リー先生(Mr)：こんにちは，アキナ。どうしましたか？**２**アキナ(A)：こんにちは，リー先生。(例)あなたがシンガポールで撮影したビデオを借りてもいいでしょうか？**３**Mr：いいですよ。まだ家にあります。もう1度見たいのですか？**４**A：実は，祖母に見せたいのです。元気でいるシンガポールのお年寄りを見たら，彼女は驚くと思います。**５**Mr：それはいい考えですね。後であなたに渡します。

　　　　＜解説＞borrow は「～を借りる」。この後の第4段落に「元気でいるシンガポールのお年寄りたちを見たら」とあるので，③で話題になっていた，リー先生がシンガポールで撮影したビデオを借りたいのだとわかる。the video を「あなた(リー先生)が撮影した」というまとまりで後ろから修飾すればよい。5語以上という指定があるので修飾語句は，関係代名詞節で表すとよい。Singapore の前には前置詞 in を置く。

３〔長文読解総合―説明文〕

≪全訳≫**１**日本は周りを海に囲まれ，豊かな漁場がある。サンゴ礁の広がる領域には9万を超える種

類の生き物がいて，サンゴ礁はこうした生き物の多くを育んでいる。サンゴは植物のように見えるが，実は動物だ。また，サンゴは海水をきれいに保つのにも重要だ。サンゴ礁は海の動物たちのすみかになることもある。サンゴ礁は海の0.2パーセントを覆っているにすぎないが，全ての海の生き物のほぼ25パーセントを育んでいる。これは，サンゴ礁を大切に扱うことによって多くの生き物を救えることを意味するので，サンゴ礁を保護することはとても大切なのだ。

2 しかし，サンゴ礁は消滅しつつある。理由はいくつかある。まず，サンゴを食べるヒトデの一種が急増した。この種類のヒトデは1969年に沖縄の西の沖合に現れ，そのヒトデのせいで沖縄のほぼ全てのサンゴ礁が約10年で失われた。次に，1972年から沖縄の多くの地域が開発されるようになり，赤土が海中に流入することがある。もしサンゴ礁が赤土に覆われると，サンゴが育つのは難しい。2011年に沖縄では，2億9800万キログラムの赤土が海に流れ込んだ。3番目に，高い水温のためサンゴが病気になってしまう。1997年から1998年にかけて，世界中で水温が高かったためにサンゴの白化現象が起きた。もし夏の水温がいつもより1度高いと，サンゴは白くなり始める。これは見た目には美しいが，実際にはサンゴが生きているもののゆっくりと死につつあるということを意味している。その2年間で，世界のサンゴ礁の約16パーセントが失われた。最後に，人間がサンゴを触って壊すことがある。

3 環境省といくつかの県は，こうした状況を深刻な問題だと考えている。こうした問題からサンゴ礁を救うためのいくつかの対策が必要とされている。例えば，沖縄県は海に流れ込む赤土の量を減らそうとしており，この活動に加わるグループを支援している。鹿児島県は，水質汚染を防ぐフェンスを使うことでサンゴ礁を救おうとしている。もちろん，持続可能な観光事業について考えることや，人間とサンゴ礁の生態系の関係を構築することも重要だ。沖縄の海域には1日で3500人以上の人々が訪れることもある。こうした来訪者の中にはサンゴ礁に触る，それどころか壊す人までいるので，このような問題をなくすために動植物が生きる場所を救うための法律がつくられた。今日では，多くの人がサンゴ礁を救うことに関心を持っている。

4 人々はまた，他の対策もとっている。例えば，いくつかの地域の漁業協同組合はサンゴ礁を食べるヒトデを取り除こうとしているが，これはとても難しい。①ヒトデが増え始めた後に行われたため，この方法はうまくいかなかった。また，海はとても広いので，僕たちができることはあまり多くない。だから，僕たちができる最善のことは，いくつかの地域だけに集中することだ。ヒトデの増加を防いだり，水温が高くなるのを防いだりするのは簡単ではないので，海に新しいサンゴを移植することでサンゴ礁をよみがえらせようという取り組みを行っている人たちもいる。漁業協同組合は環境が悪化することを恐れて，サンゴ礁を救う新たな方法を探そうとした。②沖縄のある村では，漁業協同組合が1999年にサンゴの移植を始めた。3年後，彼らはサンゴを移植する，より良い方法を学び，ある航空会社がその村の漁業協同組合を支援し始めてからは，多くのダイバーたちが彼らに手を貸し，より多くのサンゴを移植するようになった。③2004年には，15を超える会社がこの活動に加わった。海に潜れない人々も，サンゴ移植プログラムに参加できる。まず，プログラムに参加する全員がサンゴ礁の生態系を学び，それからサンゴの断片をブロックに入れる。その後，ダイバーたちがブロックを持っていき，それらを海中に置いてくる。2004年から2015年まで，移植に携わったグループによって5000以上のサンゴの断片が海中に移植された。こうした経験を通じて，人々はサンゴ礁の生態系がどのように機能しているかを学べる。

5 この前の夏，沖縄で僕は実際にこのプログラムを通じて家族とともにサンゴを移植してみた。僕たちはサンゴの断片をブロックに入れ，その後地元のダイバーたちがそれらを海中に持っていった。多くの人々が海を救うため懸命に努力していることを知り，僕はうれしかった。僕は，あのサンゴの断片が元気に育っていることを願っている。皆が環境について考えるべきだ。それは大したことではないように

聞こえるかもしれないが，たとえ小さな努力でも大きな変化をもたらすことができると僕は信じている。もし僕たちに環境を救う努力ができれば，海とともにある僕たちの未来は明るいだろう。

問1＜整序結合＞ 文頭の This は，これに続く適切な名詞が語群にないことから，「これ」という代名詞として使われていると判断できる。この This を主語とすると，これに対応する動詞として3人称単数現在の s がついている means が選べる。mean は‘mean that＋主語＋動詞…’「～であることを意味する」という形で用いることができるので，This means that we can save とまとめられる。また，後ろに care of が続いていることから，take care of ～「～の世話をする」を用いて taking care of とし，taking を動名詞と判断してその前に by を置くと，by taking care of「世話することによって」というまとまりがつくれる。many living things「たくさんの生き物」は，save の目的語として save の後に置けばよい。

問2＜適語選択・語形変化＞ A．be covered with ～「～に覆われた，～に覆われている」　　B．alive「生きている」と対比されていることや，次の文にサンゴ礁の一部が失われたとあること，前に be動詞があることから，die「死ぬ」を進行形で用いて dying「死につつある」とする。

問3＜要旨把握＞ 第3段落の終わりから2文目参照。ここに下線部と同じ内容があり，その対策として法が整備されたと説明されている。

問4＜適文選択＞ ①前文にヒトデを取り除くのが難しいとあるので，これがうまくいかなかった理由を説明するカが適切。　　②前文に漁業協同組合がサンゴを救う新しい方法を探したとあるので，その方法を具体的に述べたアが適切。　　③前後の文で航空会社，ダイバー，一般の人々といったサンゴの移植を支援する人々を列挙しているので，支援者の例として企業を挙げたイが適切。

問5＜英問英答＞ 「この前の夏にサンゴ移植プログラムに参加したとき，カズマが喜んだのはなぜか」──「彼は多くの人が海を救うために懸命に努力していることを知ったから」　第5段落第3文参照。

問6＜要約文完成＞≪全訳≫ この前の夏，カズマは家族とともに沖縄を訪れ，サンゴの移植プログラムに参加した。その後彼は，サンゴ礁とそれを守ることの重要性に関するレポートを書いた。彼はそのレポートを書いたとき，なぜサンゴ礁を救う必要があるかを学んだ。例えば，多くのサンゴはヒトデの一種に食べられている。また，赤土が海に流れ込んでサンゴ礁の成長を止め，高い水温のためにサンゴの白化現象が起こる。これらを防ぐため，多くの対策がとられている。カズマが参加したプログラムもそれらの対策の1つだ。サンゴを移植することで海中に健康なサンゴが増え，このプログラムに参加した人々はサンゴと環境について多くを学べる。このレポートを通じて，カズマは皆に環境について考えてほしかったのだ。

　　＜解説＞1．第2段落第3文で，ヒトデがサンゴを食べると説明されている。まとめの英文ではサンゴが主語となっているので‘be動詞＋過去分詞’の受け身形で「食べられる」とし，by ～「～によって」で動作の主体を表す。　eat－ate－eaten　2．第5段落から，カズマがサンゴ移植プログラムに実際に参加したことが読み取れる。　take part in ～「～に参加する」　take－took－taken　3．第5段落第5文に「皆が環境について考えるべきだ」とあるので，カズマは皆に環境について考えてほしいのだとわかる。　‘want＋人＋to ～’「〈人〉に～してほしい」

4〔テーマ作文〕

　　与えられた英文は「人々には情報リテラシーが必要だ。全ての小学生がその力を学校で身につけ始めるべきだと言う人たちがいる。あなたはこれについてどう考えるか」というもの。まず賛成か反対かといった自分の立場を説明し，なぜその力が必要なのか，あるいはどういう点で有用なのかを述べるという形が考えられる。小学生という低い年齢で始めることについてふれるのもよいだろう。

数学解答

1 (1) $-\dfrac{1}{8}a$　(2) $\dfrac{5}{6}$　(3) $x=\pm 3$

(4) ① $(5,\ -5)$

② $x=-1,\ y=5$

(5) $40°$　(6) イ，エ

(7) およそ200個

(8) ① 11

② 赤い布1枚と白い布18枚，

赤い布6枚と白い布9枚

2 (1) (例)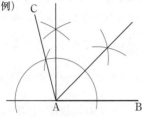

(2) 30通り

3 (1) $3\,\mathrm{cm}^2$　(2) $-\dfrac{3}{2}$

4 (1) $\sqrt{3}\,\mathrm{cm}$

(2)

① (例)△OBP は，∠OBP＝60°，OB＝

OP だから，正三角形である。

また，△PBM は3辺の長さの比が

$1:2:\sqrt{3}$ の直角三角形だから，

∠PBM＝30°

したがって，線分BQ は線分OP の

垂直二等分線となるので，点P は点

O と重なる。

② $\dfrac{3\pi-3\sqrt{3}}{2}\,\mathrm{cm}^2$

5 (1) (例)△OHA と△OHB において，

仮定から，OA＝OB……①，

∠OHA＝∠OHB＝90°……②

OH は共通……③

①，②，③から，△OHA と△OHB

は直角三角形で，斜辺と他の1辺が

それぞれ等しいので，

△OHA≡△OHB

(2) ① $3\sqrt{2}\,\mathrm{cm}$　② $\dfrac{8\sqrt{2}}{9}\,\mathrm{cm}^3$

---

1 〔独立小問集合題〕

(1)＜式の計算＞与式 $=-a^3\div 2a^4\times\dfrac{1}{4}a^2=-a^3\times\dfrac{1}{2a^4}\times\dfrac{a^2}{4}=-\dfrac{a^3\times 1\times a^2}{2a^4\times 4}=-\dfrac{1}{8}a$

(2)＜平方根の計算＞与式 $=\dfrac{(\sqrt{3})^2-2\times\sqrt{3}\times\sqrt{2}+(\sqrt{2})^2}{6}+\dfrac{\sqrt{2}}{\sqrt{3}}=\dfrac{3-2\sqrt{6}+2}{6}+\dfrac{\sqrt{2}\times\sqrt{3}}{\sqrt{3}\times\sqrt{3}}=\dfrac{5-2\sqrt{6}}{6}$

$+\dfrac{\sqrt{6}}{3}=\dfrac{5-2\sqrt{6}+2\sqrt{6}}{6}=\dfrac{5}{6}$

(3)＜二次方程式＞$2x^2+6x=x^2+6x+9$，$x^2=9$　∴$x=\pm 3$

(4)＜特殊・新傾向問題＞①$(1,\ -2)*(3,\ 1)=(1\times 3-(-2)\times 1,\ 1\times 1+(-2)\times 3)=(3+2,\ 1-6)=$

$(5,\ -5)$

②$(x,\ y)*(2,\ 3)=(x\times 2-y\times 3,\ x\times 3+y\times 2)=(2x-3y,\ 3x+2y)$だから，$(x,\ y)*(2,\ 3)=(-17,\ 7)$

のとき，$(2x-3y,\ 3x+2y)=(-17,\ 7)$となり，$2x-3y=-17$……㋐，$3x+2y=7$……㋑が成り立つ。

㋐，㋑を連立方程式として解くと，㋐×2＋㋑×3 より，$4x+9x=-34+21$，$13x=-13$，$x=-1$

となり，これを㋑に代入して，$-3+2y=7$，$2y=10$，$y=5$ となる。

(5)＜図形—角度＞右図のように，辺 AE と辺 BC の交点を H とする

と，△ABH で内角と外角の関係から，∠AHG＝∠BAH＋∠ABH

＝25°＋60°＝85°となる。また，△AEF は直角二等辺三角形なので，

∠HEG＝45°となり，△HEG で内角と外角の関係より，∠HGE

＝∠AHG－∠HEG＝85°－45°＝40°となる。よって，対頂角は等

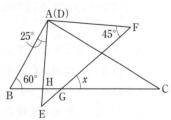

しいので，$x = \angle HGE = 40°$である。

(6)**＜関数—正誤問題＞ア…誤。** $x = 3$のとき$y = 3^2 = 9$となり，$y = 6$でないから，グラフは点$(3, 6)$を通らない。

イ…正。

ウ…誤。関数$y = x^2$は，xの変域が$-1 \leqq x \leqq 2$より，絶対値が最も小さい$x = 0$のとき最小で$y = 0$となり，絶対値が最も大きい$x = 2$のとき最大で$y = 2^2 = 4$となる。よって，yの変域は$0 \leqq y \leqq 4$である。

エ…正。$x = 2$のとき$y = 2^2 = 4$であり，$x = 4$のとき$y = 4^2 = 16$だから，変化の割合は，$\dfrac{〔y \text{の増加量}〕}{〔x \text{の増加量}〕} = \dfrac{16 - 4}{4 - 2} = \dfrac{12}{2} = 6$となる。

オ…誤。$x < 0$の範囲では，xの値が増加すると，xの絶対値は小さくなるので，yの値は減少する。

(7)**＜資料の活用—標本調査＞** 無作為に抽出した30個のキャップのうち，オレンジ色のキャップが6個であったことから，オレンジ色のキャップの個数の割合は$\dfrac{6}{30} = \dfrac{1}{5}$である。これより，袋の中のオレンジ色のキャップの個数の割合も$\dfrac{1}{5}$と考えられ，オレンジ色のキャップの個数は50個なので，全体のキャップの個数は$50 \div \dfrac{1}{5} = 250$（個）であり，白色のキャップの個数は，$250 - 50 = 200$より，およそ200個と推測できる。

(8)**＜方程式の応用＞①** 使う赤い布の枚数をa枚とすると，重ねて縫い合わせる部分は$a - 1$か所となる。赤い布は横が50cm，重ねて縫い合わせる部分は横が5cmだから，ゴールテープの長さは$50a - 5(a - 1) = 45a + 5$（cm）と表せる。5mは$5 \times 100 = 500$（cm）なので，$45a + 5 = 500$が成り立つ。これを解くと，$45a = 495$，$a = 11$となるから，赤い布だけなら11枚でできる。

②赤い布x枚，白い布y枚を使うと，重ねて縫い合わせる部分は$x + y - 1$か所となるので，縫い合わせた後のテープの長さは，$50x + 30y - 5(x + y - 1) = 45x + 25y + 5$（cm）と表せる。この長さが500cmになることから，$45x + 25y + 5 = 500$が成り立ち，$45x + 25y = 495$，$9x + 5y = 99$，$5y = 99 - 9x$，$5y = 9(11 - x)$となる。yが自然数より，$5y$は5の倍数なので，$11 - x$は5の倍数である。よって，$11 - x = 5$，10である。$11 - x = 5$のとき，$x = 6$となり，$5y = 9 \times 5$より，$y = 9$となる。$11 - x = 10$のとき，$x = 1$となり，$5y = 9 \times 10$より，$y = 18$となる。したがって，求める枚数の組は，赤い布が1枚と白い布が18枚，赤い布が6枚と白い布が9枚の2組である。

2 〔独立小問集合題〕

(1)**＜図形—作図＞** 右図で，$\angle CAB = 105° = 45° + 60°$と考える。$45° = \dfrac{1}{2} \times 90°$だから，45°の角は90°の角を2等分することで，つくることができる。60°の角は正三角形を考えることでつくることができる。
作図は，まず，①線分ABを点Aの方向に延長し，
②点Aを中心とする円の弧をかき（直線ABとの交点をP，Qとする），
③2点P，Qを中心とする半径の等しい円の弧をかき（交点をRとする），
④2点A，Rを通る直線を引く（$\overparen{PQ}$との交点をSとする）。
⑤2点Q，Sを中心とする半径の等しい円の弧をかき（交点をTとする），
⑥2点A，Tを通る直線を引く（$\overparen{PQ}$との交点をUとする）。

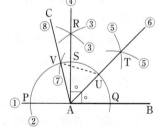

このとき，∠RAB＝90°だから，∠BAT＝$\frac{1}{2}$×90°＝45°となる。

次に，⑦点Uを中心とする半径AUの円の弧をかき($\overparen{PQ}$との交点をVとする)，

⑧2点A，Vを通る直線を引く。

△AUVは正三角形となるから，∠UAV＝60°となる。解答参照。

(2)**<場合の数>** 取り出した3枚のカードの数字の和は，最小が1＋2＋3＝6，最大が7＋8＋9＝24だから，3枚のカードの数字の和が3でわり切れるとき，数字の和は，6，9，12，15，18，21，24である。

数字の和が6のとき，1と2と3の1通りある。

数字の和が9のとき，1と2と6，1と3と5，2と3と4の3通りある。

数字の和が12のとき，1と2と9，1と3と8，1と4と7，1と5と6，2と3と7，2と4と6，3と4と5の7通りある。

数字の和が15のとき，1と5と9，1と6と8，2と4と9，2と5と8，2と6と7，3と4と8，3と5と7，4と5と6の8通りある。

以下同様に考えると，数字の和が18のとき7通り，数字の和が21のとき3通り，数字の和が24のとき1通りある。よって，求める場合の数は，1＋3＋7＋8＋7＋3＋1＝30(通り)ある。

≪別解≫取り出した3枚のカードの数字の和が3でわり切れるとき，その3枚のカードの数字をそれぞれ3でわったときの余りの合計は，0か3の倍数となる。余りの合計は最大で2＋2＋2＝6だから，それぞれの数字を3でわったときの余りの合計が0か3か6になる場合を考える。

3でわったときの余りの合計が0になる場合は，3枚とも3の倍数だから，3と6と9の1通りある。

3でわったときの余りの合計が3になる場合は，3枚とも余りが1になる数字か，余りが1になる数字と余りが2になる数字と3の倍数を組み合わせたもののどちらかである。3枚とも余りが1になるのは，1と4と7の1通りある。余りが1になる数字，余りが2になる数字，3の倍数は3枚ずつあるから，これらを1枚ずつ組み合わせたものは，3×3×3＝27(通り)ある。

3でわったときの余りの合計が6になる場合は，3枚とも余りが2になる数字だから，2と5と8の1通りある。

よって，求める場合の数は，1＋1＋27＋1＝30(通り)ある。

3 〔関数―関数 $y＝ax^2$ と直線〕

(1)**<面積>** 右図のように，点Dからy軸に垂線DEを引くと，点Dのx座標は3だから，DE＝3である。また，直線ABの式$y＝ax＋2$より，切片は2なので，OC＝2である。よって，△OCDは，底辺をOCと見ると，高さはDEだから，△OCD＝$\frac{1}{2}$×OC×DE＝$\frac{1}{2}$×2×3＝3(cm²)となる。

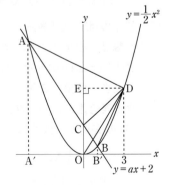

(2)**<傾き―面積>** 右図で，△ADC，△CDBの底辺をそれぞれAC，CBと見ると，この2つの三角形は高さが等しいので，面積比は底辺の長さの比と等しくなり，△ADC：△CDB＝AC：CBである。よって，△ADC：△CDB＝4△CDB：△CDB＝4：1より，AC：CB＝4：1となる。2点A，Bからx軸にそれぞれ垂線AA′，BB′を引くと，AA′∥CO∥BB′より，A′O：OB′＝AC：CB＝4：1となる。そこで，OB′＝tとすると，点Bのx座標はt，y座標は

$y=\dfrac{1}{2}t^2$ となり，B$\left(t,\ \dfrac{1}{2}t^2\right)$ となる。また，A'O = 4t となるから，点A の x 座標は $-4t$，y 座標は

$y=\dfrac{1}{2}\times(-4t)^2=8t^2$ となり，A$(-4t,\ 8t^2)$ となる。これより，直線 AB の傾きは $\left(\dfrac{1}{2}t^2-8t^2\right)\div$

$\{t-(-4t)\}=\left(-\dfrac{15}{2}t^2\right)\div 5t=-\dfrac{3}{2}t$ となるので，直線 AB の傾き a は，$a=-\dfrac{3}{2}t$ となり，直線 AB の

式は $y=-\dfrac{3}{2}tx+2$ となる。点B はこの直線上にあるので，$x=t$，$y=\dfrac{1}{2}t^2$ を代入すると，$\dfrac{1}{2}t^2=-\dfrac{3}{2}t$

$\times t+2$，$2t^2=2$，$t^2=1$，$t=\pm 1$ となり，$t>0$ より，$t=1$ となる。よって，$a=-\dfrac{3}{2}\times 1=-\dfrac{3}{2}$ である。

4 〔平面図形—半円〕

(1)<長さ—特別な直角三角形>右図1で，線分 AB が半円Oの直径なので，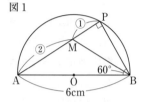
∠APB = 90° である。∠ABP = 60° より，△ABP は 3 辺の比が 1：2：

$\sqrt{3}$ の直角三角形なので，AP $=\dfrac{\sqrt{3}}{2}$AB $=\dfrac{\sqrt{3}}{2}\times 6=3\sqrt{3}$ となる。よって，

AM：MP = 2：1 より，PM $=\dfrac{1}{2+1}$AP $=\dfrac{1}{3}\times 3\sqrt{3}=\sqrt{3}$（cm）となる。

(2)<理由，面積>①右図2で，半円Oを，線分 BQ を折り目にして折ると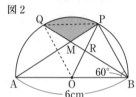
点P と点O が重なるので，BQ⊥OP，OR = PR である。つまり，線分
BQ は線分 OP の垂直二等分線となる。△OBP の形と，△PBM の 3 辺
の比に着目する。解答参照。

②図2で，点O と点Q，点P と点Q をそれぞれ結ぶ。影をつけた部分の
面積は，$\overgroup{PQ}$ と線分 BP，BQ で囲まれた図形の面積から，△PBM の面積をひいて求められる。
$\overgroup{PQ}$ に対する円周角と中心角の関係より∠POQ = 2∠PBQ = 2×30° = 60° となり，OP = OQ だから，
△OPQ は正三角形である。これより，∠OPQ = 60° である。また，①より△OBP は正三角形だから，
∠BOP = 60° である。よって，∠OPQ = ∠BOP となるので，錯角が等しいことより，QP∥AB と
なり，△BPQ = △OPQ となる。したがって，$\overgroup{PQ}$ と線分 PQ で囲まれた図形を図形T とすると，〔図
形T〕+△BPQ =〔図形T〕+△OPQ より，〔$\overgroup{PQ}$ と線分 BP，BQ で囲まれた図形〕=〔おうぎ形 OPQ〕
となる。おうぎ形 OPQ は半径が OP $=\dfrac{1}{2}$AB $=\dfrac{1}{2}\times 6=3$，∠POQ = 60° である。また，∠MPB = 90°，
PM $=\sqrt{3}$，BP = OP = 3 だから，影をつけた部分の面積は，〔$\overgroup{PQ}$ と線分 BP，BQ で囲まれた図形〕
$-$△PBM =〔おうぎ形 OPQ〕$-$△PBM $=\pi\times 3^2\times\dfrac{60°}{360°}-\dfrac{1}{2}\times\sqrt{3}\times 3=\dfrac{3\pi-3\sqrt{3}}{2}$（cm²）である。

5 〔空間図形—正四角錐〕

(1)<論証—合同>右図1の△OHA と△OHB において，OA = OB，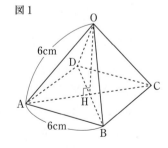
∠OHA = ∠OHB = 90° であり，OH は共通である。解答参照。

(2)<長さ，体積—三平方の定理，相似>①右図1で，立体 OABCD
は正四角錐だから，点H は，底面の正方形 ABCD の対角線 AC，
BD の交点と一致する。よって，AC $=\sqrt{2}$AB $=\sqrt{2}\times 6=6\sqrt{2}$ より，

AH = CH $=\dfrac{1}{2}$AC $=\dfrac{1}{2}\times 6\sqrt{2}=3\sqrt{2}$ である。したがって，△OHA

で三平方の定理より，OH $=\sqrt{OA^2-AH^2}=\sqrt{6^2-(3\sqrt{2})^2}=\sqrt{18}=$

$3\sqrt{2}$（cm）となる。

②PR，RQ を含む2つの面 OBC，OCD を次ページの図2のように展開する。PR + RQ の長さが最
も短くなるとき，3点P，R，Q は一直線上の点となる。そこで，OS = OQ = 4 となる点S を線分

OC 上にとる。∠SOQ = 60° より，△OSQ は正三
角形だから，∠QSR = 60° である。また，OB =
OC = BC = 6 より，△OBC も正三角形だから，
∠POR = 60° である。よって，∠POR = ∠QSR，
∠ORP = ∠SRQ より，△OPR∽△SQR となるから，
OR : SR = OP : SQ = OP : OS = 2 : 4 = 1 : 2 であり，

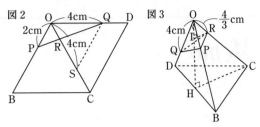

図2 / 図3

$OR = \dfrac{1}{1+2}OS = \dfrac{1}{3} \times 4 = \dfrac{4}{3}$ である。次に，右上図3で，点Rから面OBDに垂線RIを引くと，三

角錐 OPRQ の体積は，$\dfrac{1}{3} \times \triangle OPQ \times RI$ で求められる。前ページの図1で，OB = AB，OD = AD，

BD = BD より，△OBD ≡ △ABD だから，∠BOD = ∠BAD = 90° である。これより，図3で，△OPQ

$= \dfrac{1}{2} \times OP \times OQ = \dfrac{1}{2} \times 2 \times 4 = 4$ である。また，点 I は OH 上の点となるから，∠OIR = ∠OHC = 90°，

∠IOR = ∠HOC より，△OIR∽△OHC となり，RI : CH = OR : OC = $\dfrac{4}{3}$: 6 = 2 : 9 である。①より

CH = $3\sqrt{2}$ だから，$RI = \dfrac{2}{9}CH = \dfrac{2}{9} \times 3\sqrt{2} = \dfrac{2\sqrt{2}}{3}$ となり，三角錐 OPRQ の体積は，$\dfrac{1}{3} \times 4 \times \dfrac{2\sqrt{2}}{3} =$

$\dfrac{8\sqrt{2}}{9}$ (cm³) である。

Memo

Memo

Memo

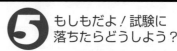

2025年度用　埼玉県公立高校　6年間スーパー過去問　　　　2024年6月　第1刷発行

編　集　声の教育社　編集部　　　〒162-0814　東京都新宿区新小川町8-15　　TEL 03(5261)5061
発行所　株式会社　声の教育社　　　　　　　　　　　　　　　https://www.koenokyoikusha.co.jp

学校選び、迷っていませんか

県内の全公立・私立高を一挙掲載した

埼玉県 ～2025年入試用～

高校受験案内

県内の中学生向け

埼玉県 2025年度用
高校受験案内
県内のハイスクール情報を徹底リサーチ

全私立・公立と東京都・近県私立・国立

ICT機器の活用も掲載

約310校の魅力を余すところなく紹介！

速報！2024年春各高校別大学合格者数一覧

2024年度入試の動向と分析 合格のめやすを掲載！

学校選びから入試まで受験情報Q&A
公立高校よくわかる選抜のしくみ
指定校推薦一覧・部活動状況一覧・制服コレクション
併願受験例・合格体験記・公立高校レポート

巻末収録 高校受験・高校生活をサポートするキーワード集

◆ 声の教育社

定価2,310円（税込）

県内中3生の高校選びを お手伝いします

［収録］

県内全公立高　約**145**校

県内全私立高　約**45**校

都内近県国私立高　約**115**校

慶應義塾志木 高等学校

県内各書店にて5月下旬 新発売‼

 声の教育社

〒162-0814　東京都新宿区新小川町8-15
TEL.03(5261)5061　FAX.03(5261)5062
https://www.koenokyoikusha.co.jp

2025 年度用

別冊

埼玉県公立高校

書き込み式

解答用紙集

※お客様へ───●
　解答用紙は別冊になっています
ので本体からていねいに抜き取っ
てご使用ください。
　　　　　　㈱声の教育社

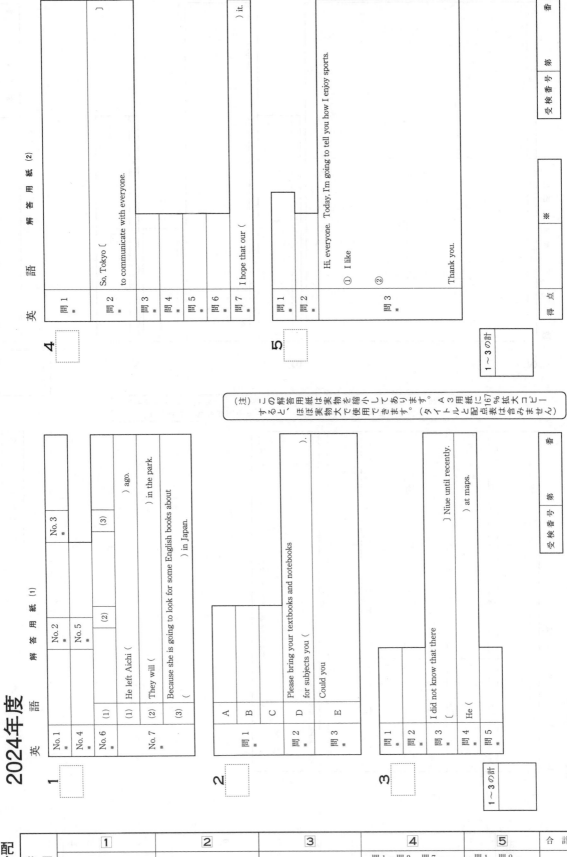

2024年度

英語　解答用紙 (1)

1

No. 1		No. 2		No. 3	
No. 4		No. 5			
No. 6	(1)		(2)		(3)
No. 7	(1)	He left Aichi（　　）ago.			
	(2)	They will（　　）in the park.			
	(3)	Because she is going to look for some English books about（　　）in Japan.			

2

問 1	A	
	B	
	C	
問 2	D	Please bring your textbooks and notebooks for subjects you（　　）．
問 3	E	Could you（　　）．

3

問 1	
問 2	
問 3	I did not know that there（　　）Niue until recently.
問 4	He（　　）at maps.
問 5	

1～3の計

受検番号　第　　　番

（注）　この解答用紙は実物を縮小してあります。A3用紙に167%拡大すると、ほぼ実物大で使用できます。（タイトルと配点表は含みません）

英語　解答用紙 (2)

4

問 1	
問 2	So, Tokyo〔　　　　〕to communicate with everyone.
問 3	
問 4	
問 5	
問 6	
問 7	I hope that our（　　）it.

5

問 1	
問 2	
問 3	Hi, everyone. Today, I'm going to tell you how I enjoy sports. ① I like ② Thank you.

受検番号　第　　　番

※

得点

1～3の計

2024年度

数学　解答用紙 (1)

1

(1) ※	(2) ※		(3) ※
(4) ※ $x=$	(5) ※		(6) ※
(7) ※ $x=$, $y=$	(8) ※ $x=$	$y=$	(9) ※
(10) ※ 度	(11) ※	倍	(12) ※
(13) ※	(14) ※ cm^3		(15) ※ $x=$
(16) ※			

(16) ※ (説明) 期間①と期間②の箱ひげ図を比べると、

から、期間①より期間②の方が、開花日は早くなっているといえると思うよ。

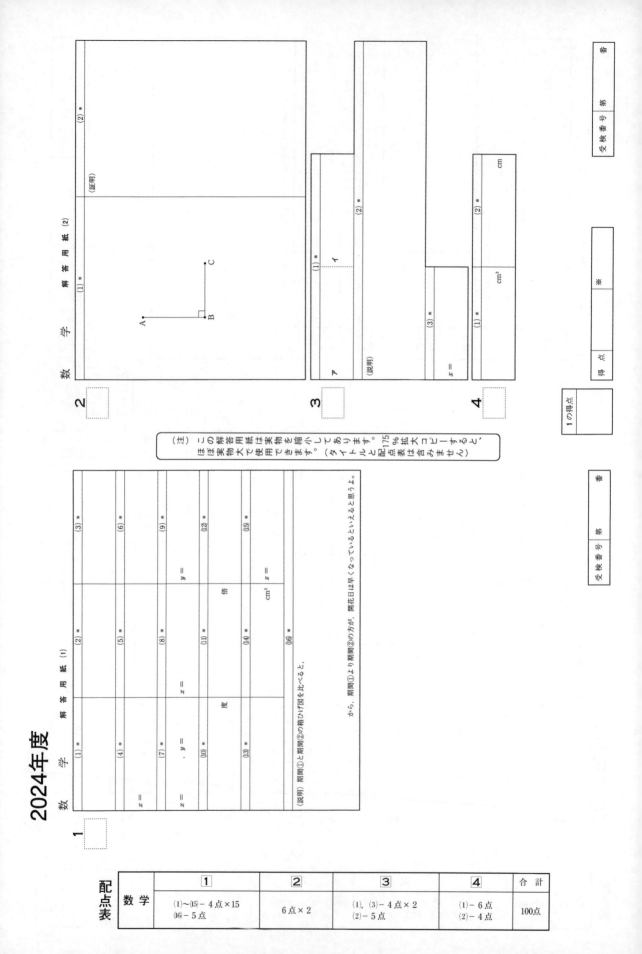

(注) この解答用紙は実物を縮小してあります。175％拡大コピーすると、ほぼ実物大で使用できます。(タイトルと配点表は含みません)

数学　解答用紙 (2)

2

(1) ※	(2) ※

A————B C

(証明)

3

(1) ※	(2) ※
ア	
イ	

(説明)

(3) ※ $x=$

4

(1) ※ cm^3	(2) ※ cm

受検番号　第　　　番

受検番号　第　　　番

※

得点

1 の得点

配点表

数 学	**1**	**2**	**3**	**4**	合 計
	(1)〜(15) − 4 点 ×15 (16) − 5 点	6 点 × 2	(1), (3) − 4 点 × 2 (2) − 5 点	(1) − 6 点 (2) − 4 点	100点

2024年度

社会　解答用紙 (1)

1

問1 ※	
問2 ※	
問3 ※	
問4 ※	

2

問1 ※	
問2 ※	山地
問3 ※	
問4 ※	Q　　R
問5 ※	

3

問1 ※	
問2 ※	
問3 ※	
問4 ※	
問5 ※	

1～3の計

受検番号　第　　　　番

社会　解答用紙 (2)

4

問1 ※	(1)　　(2)
問2 ※	
問3 ※	
問4 ※	

5

問1 ※	
問2 ※	
問3 ※	
問4 ※	
問5 ※	制度
問6 ※	
問7 ※	

6

問1 ※	→　　→　　→
問2 ※	
問3 ※	P　　　(記号)
問4 ※	A　　　(記号)

1～3の計

受検番号　第　　　　番

※　　　　　得点

(注) この解答用紙は実物を縮小してあります。A3用紙に167％拡大コピーすると、ほぼ実物大で使用できます。（タイトルと配点表は含みません）

配点表

社　会	**1**	**2**	**3**	**4**	**5**	**6**	合　計
	問1，問2，問4 － 3点×3 問3 － 5点	問1～問3 － 3点×3 問5 － 2点	問1，問4，問5 － 3点×3 問2 － 2点 問3 － 5点	問1(1)，問2～問4 － 3点×4 問1(2)－ 5点	問1～問3，問5～問7 － 3点×6 問4 － 5点	問1～問3 － 3点×3 問4 － 5点	100点

2024年度

理　科　　解　答　用　紙 (1)

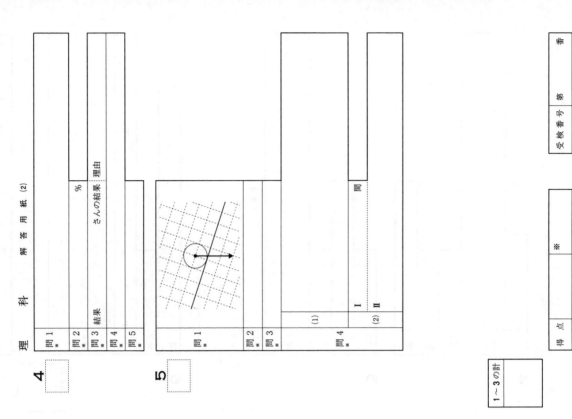

1

問1	問2	問3	問4

問5	問6	問7	問8

エネルギー

2

問1	問2

問3　　月の位置　　N　　記号

X　5° 　Z　5°　　Y　5°

問4	問5

倍

3

問1	問2	問3	問4	問5

I　　II　　III　　IV

受検番号　第　　　番

※

1～3の計

理　科　　解　答　用　紙 (2)

4

問1	問2	問3	問4	問5

%　　結果　　さんの結果・理由

5

問1	問2	問3	問4

問

(1)　I

(2)　II

受検番号　第　　　番

※

得点

1～3の計

(注) この解答用紙は実物を縮小してあります。A3用紙に167%拡大コピーすると、ほぼ実物大で使用できます。(タイトルと配点表は含みません)

配点表

理　科	**1**	**2**	**3**	**4**	**5**	合　計
	3点×8	問1，問5－3点×2 問2，問4－4点×2 問3－5点	問1－3点 問2～問5－4点×4	問1～問4－4点×4 問5－3点	問1，問3，問4－4点×4 問2－3点	100点

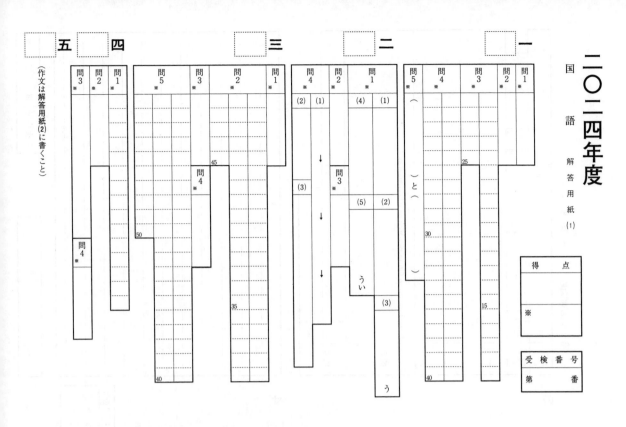

二〇二四年度

国語 解答用紙 (1)

得 点

※

受検番号

第　　番

（注）この解答用紙は実物を縮小してあります。A3用紙に167%拡大コピーすると、ほぼ実物大で使用できます。（タイトルと配点表は含みません）

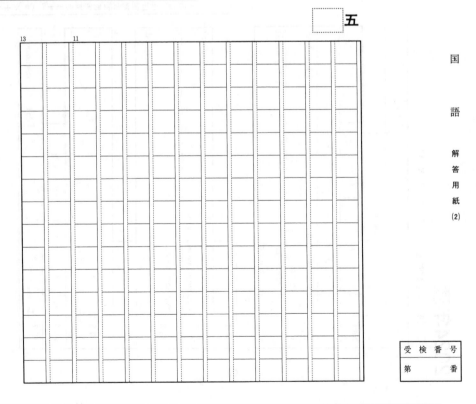

国　語　解　答　用　紙 (2)

受検番号

第　　番

配点表		一	二	三	四	五	合　計
国　語		問1，問2－4点×2 問3－6点 問4－7点 問5－5点	問1，問4(2)－2点×6 問2，問3，問4(1)，(3)－ 　　　　　　3点×4	問1，問3，問4－4点×3 問2，問5－7点×2	3点×4	12点	100点

2024年度

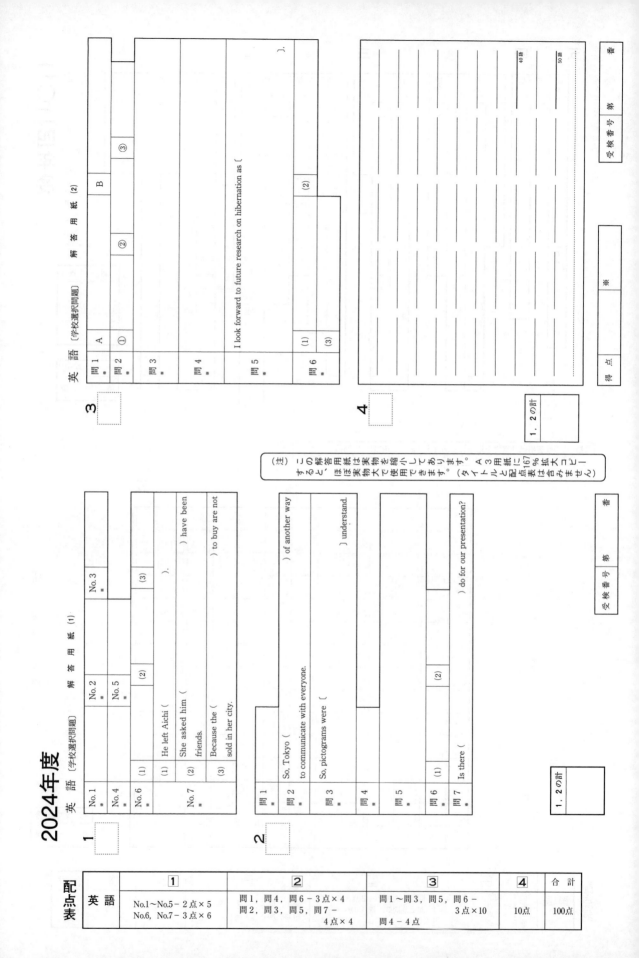

英　語 〔学校選択問題〕　　解　答　用　紙 (2)

3

問 1	A	B	
問 2	①	②	③
問 3			
問 4			
問 5	I look forward to future research on hibernation as (　　　　　).		
問 6	(1)	(2)	(3)

4

（40語）

（50語）

1, 2の計

受検番号　第　　　　番

得　点　※

（注）この解答用紙は実物を縮小してあります。A3用紙に167％拡大コピーすると、ほぼ実物大で使用できます。（タイトルと配点表は含みません）

英　語 〔学校選択問題〕　　解　答　用　紙 (1)

1

No. 1	No. 2	No. 3
No. 4	No. 5	
No. 6	(1)	(2)	(3)
No. 7	(1) He left Aichi (　　　).
	(2) She asked him (　　　) have been friends.
	(3) Because the (　　　) to buy are not sold in her city.

2

問 1		
問 2	So, Tokyo (　　) of another way to communicate with everyone.	
問 3	So, pictograms were (　　) understand.	
問 4		
問 5		(2)
問 6	(1)	
問 7	Is there (　　) do for our presentation?	

1, 2の計

受検番号　第　　　　番

配点表

英　語	**1**	**2**	**3**	**4**	合　計
	No.1～No.5 – 2点×5 No.6, No.7 – 3点×6	問1, 問4, 問6 – 3点×4 問2, 問3, 問5, 問7 – 4点×4	問1～問3, 問5, 問6 – 3点×10 問4 – 4点	10点	100点

2024年度

数　学〔学校選択問題〕　解　答　用　紙 (1)

1

(1) ※	(2) ※	(3) ※		倍
(4) ※	(5) ※	(6) ※		
(7) ※	$x =$	(8) ※	(9) ※	度
$y =$			(10) ※	

(説明) 期間①と期間②の箱ひげ図を比べると，

2

(1) ※

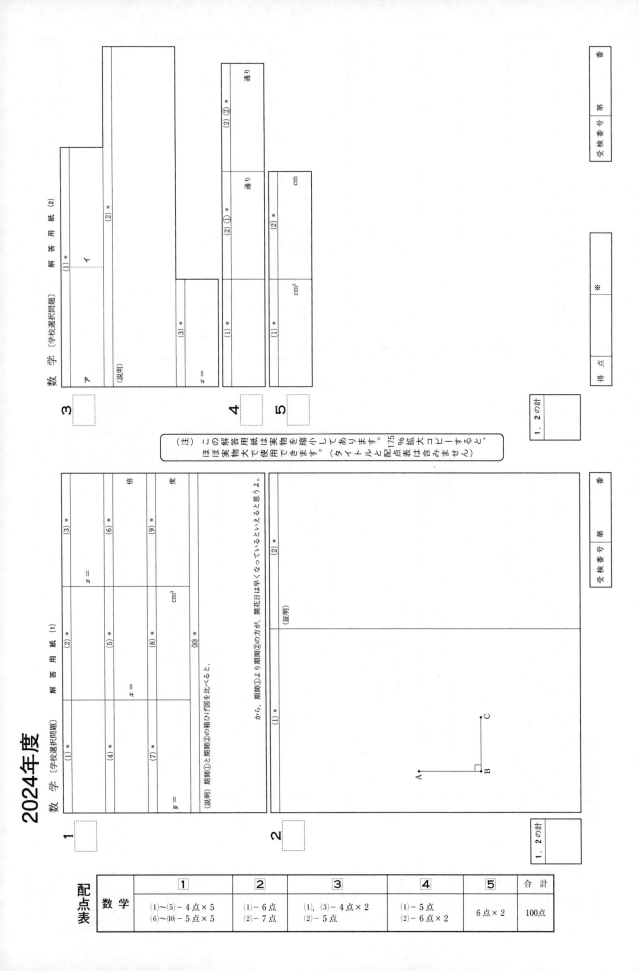

(2) ※ (証明)

数　学〔学校選択問題〕　解　答　用　紙 (2)

3

(1) ※	ア		(2) ※	
イ				
(3) ※	(説明)			
$x =$				

4

| (1) ※ | cm³ | (2) ① ※ | 通り | (2) ② ※ | 通り |

5

| (1) ※ | | (2) ※ | cm |

受検番号　第　　　番

（注）この解答用紙は実物を縮小してあります。
実物大で使用できます。（タイトルと配点表は含みません）
ほぼ実物大で使用できます。配点175％拡大コピーすると，

1, 2 の計

受検番号　第　　　番

※

得　点

		1	**2**	**3**	**4**	**5**	合　計
配点表	数　学	(1)〜(5)−4点×5 (6)〜(10)−5点×5	(1)−6点 (2)−7点	(1), (3)−4点×2 (2)−5点	(1)−5点 (2)−6点×2	6点×2	100点

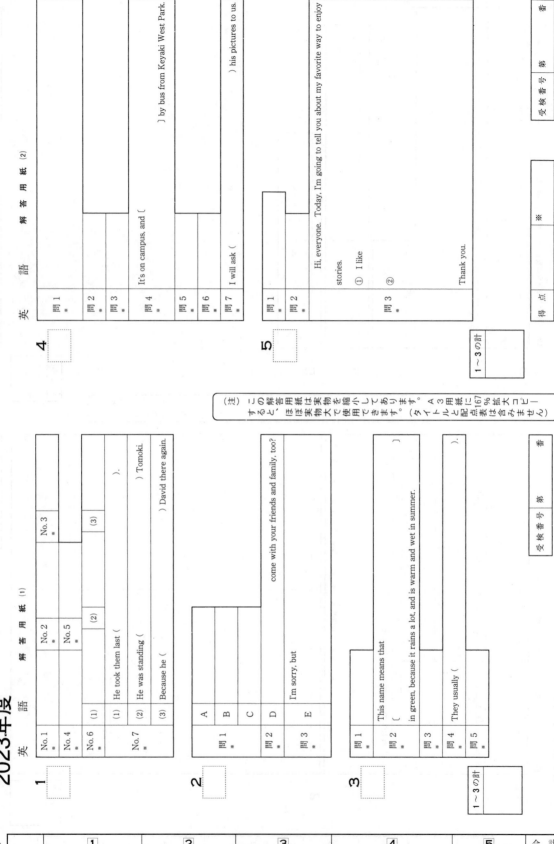

2023年度 英語 解答用紙 (2)

受検番号　第　　番

※　得　点

4

問1

問2　It's on campus, and (

問3

問4　) by bus from Keyaki West Park.

問5

問6

問7　I will ask (　　　) his pictures to us.

5

問1

問2

問3

Hi, everyone. Today, I'm going to tell you about my favorite way to enjoy stories.

① I like

②

Thank you.

1〜3の計

2023年度 英語 解答用紙 (1)

受検番号　第　　番

1

No.1　No.2　No.3

No.4　No.5

No.6　(1)　(2)　(3)

(1) He took them last (　　).

No.7　(2) He was standing (　　) Tomoki.

(3) Because he (　　) David there again.

2

問1　A　B　C　D　E

... come with your friends and family, too?

I'm sorry, but

問2

問3

3

問1

問2　This name means that

(　　)

in green, because it rains a lot, and is warm and wet in summer.

問3

問4　They usually (　　).

問5

1〜3の計

2023年度

数学 解答用紙 (2)

2
(1) ※
B
A
(説明)
(2) ※

3
ア
(1) ※ イ
(2) ※ 小数第50位の数

4
(1) ※
秒後
(説明)
(2) ※
(3) ※ 表面積
cm²

受検番号 第 番
※
得点

1の得点

数学 解答用紙 (1)

1
(1) ※
(2) ※
(3) ※
(4) ※ $x =$
(5) ※
(6) ※ cm
(7) ※ $x =$, $y =$
(8) ※
(9) ※ $x =$ と
(10) ※ $y =$
(11) ※ $a =$ cm²
(12) ※ EF =
(13) ※
(14) ※
(15) ※
(16) ※
(説明) 同じように、
から、イも対応していないよ。

受検番号 第 番

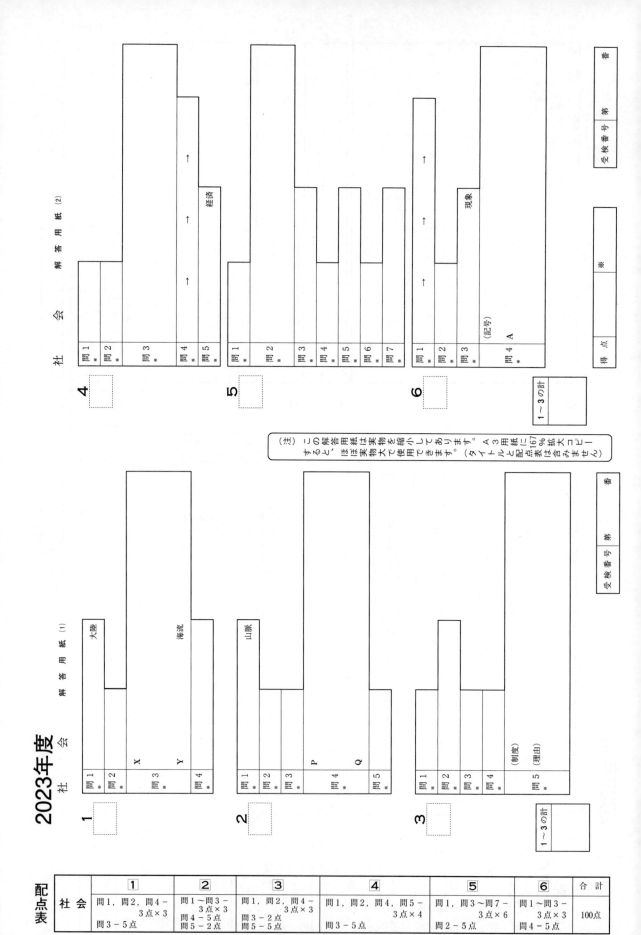

2023年度

社 会　解 答 用 紙 (1)

社 会　解 答 用 紙 (2)

(注) この解答用紙は実物を縮小してあります。Ａ３用紙に167％拡大コピーすると、ほぼ実物大で使用できます。（タイトルと配点表は含みません）

配点表

社　会	1	2	3	4	5	6	合　計
	問1，問2，問4－ 3点×3　問3－5点	問1～問3－ 3点×3　問4－5点　問5－2点	問1，問2，問4－ 3点×3　問3－2点　問5－5点	問1，問2，問4，問5－ 3点×4　問3－5点	問1，問3～問7－ 3点×6　問2－5点	問1～問3－ 3点×3　問4－5点	100点

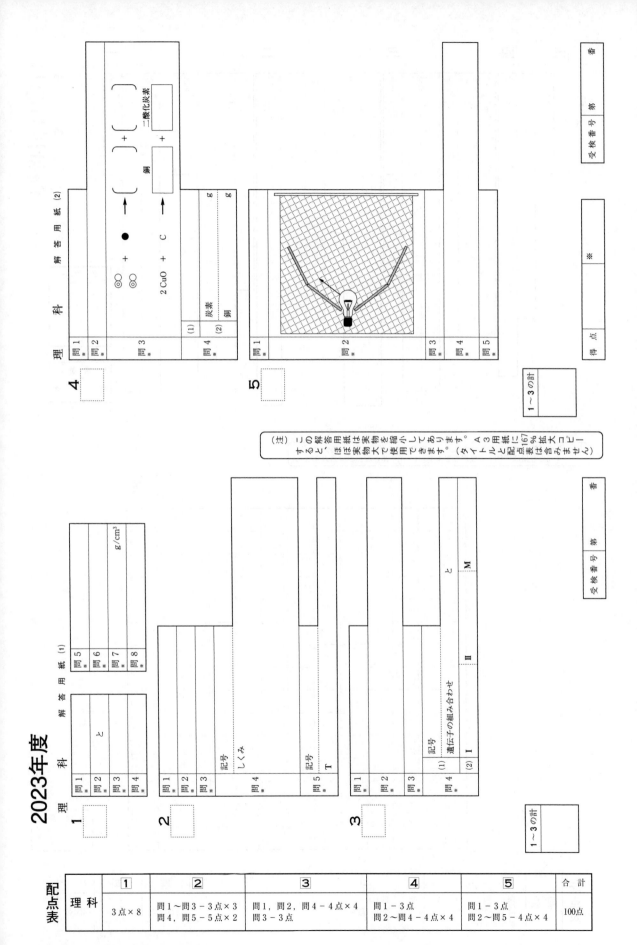

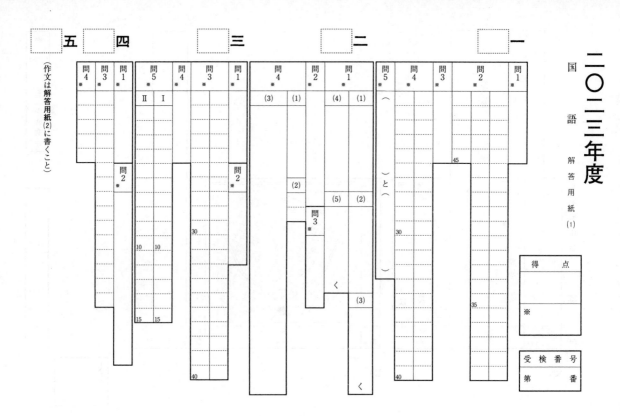

二〇二三年度

国語 解答用紙 (1)

得 点
※

受検番号　第　　番

（注）この解答用紙は実物を縮小してあります。Ａ３用紙に167％拡大コピーすると、ほぼ実物大で使用できます。（タイトルと配点表は含みません）

五

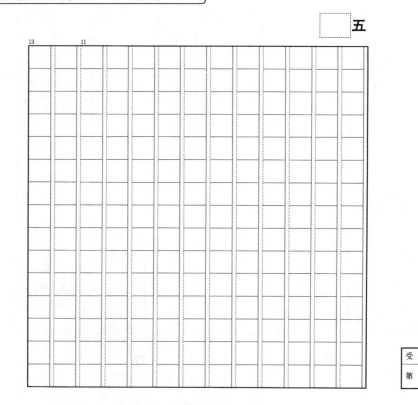

国語 解答用紙 (2)

受検番号　第　　番

配点表	国語	一	二	三	四	五	合計
		問1，問3−4点×2 問2−6点 問4−7点 問5−5点	問1，問4(1)−2点×6 問2，問3，問4(2)，(3)− 　　　　3点×4	問1，問2，問4−4点×3 問3，問5−7点×2	3点×4	12点	100点

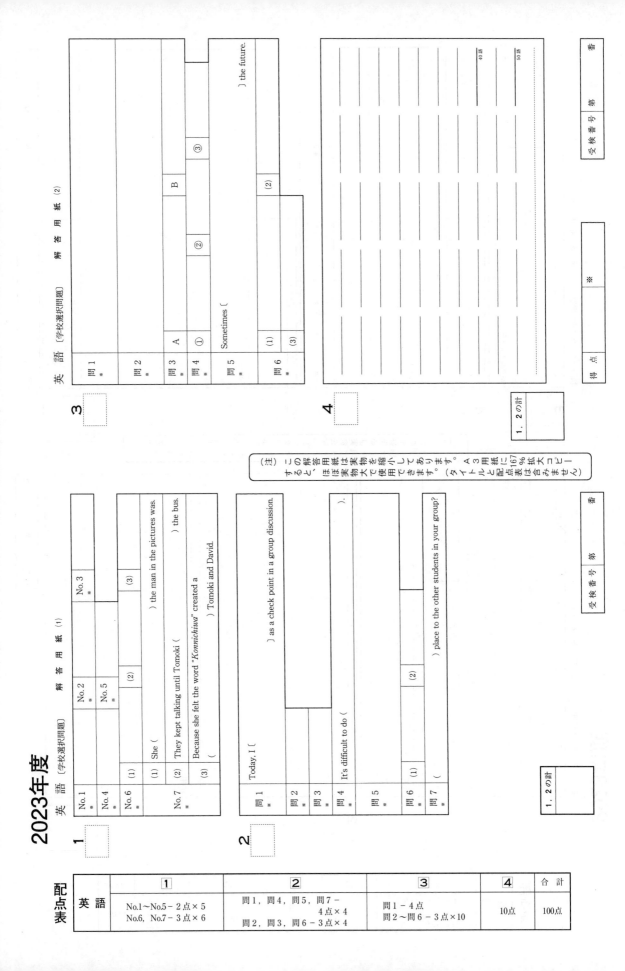

2023年度

英語 (学校選択問題) 解答用紙 (2)

3

問1

問2

問3　A　　　B

問4　①　　②　　③

問5　Sometimes [　　　　　] the future.

問6　(1)　　(2)　　(3)

4

40語
50語

受験番号　第　　　番

※　　得点

1, 2 の計

（注）　この解答用紙は実物を縮小してあります。A3用紙に167％拡大コピーすると、ほぼ実物大で使用できます。（タイトルと配点表は含みません）

英語 (学校選択問題) 解答用紙 (1)

1

No.1　　No.2　　No.3

No.4　　No.5

No.6　(1)　(2)　(3)

No.7　(1)　She (　　　　　) the man in the pictures was.
(2)　They kept talking until Tomoki (　　　　　) the bus.
(3)　Because she felt the word "Konnichiwa" created a (　　　　　) Tomoki and David.

2

問1　Today, I [　　　　　] as a check point in a group discussion.

問2

問3

問4　It's difficult to do (　　　　　).

問5

問6　(1)　(2)

問7　(　　　　　) place to the other students in your group?

受験番号　第　　　番

1, 2 の計

配点表

英語	**1**	**2**	**3**	**4**	合 計
	No.1～No.5 – 2点×5 No.6, No.7 – 3点×6	問1, 問4, 問5, 問7 – 4点×4 問2, 問3, 問6 – 3点×4	問1 – 4点 問2～問6 – 3点×10	10点	100点

2023年度

数学（学校選択問題）　解答用紙 (2)

3

(1) *	ア	イ
(2) *	和	

小数第 30 位の数

4

(1) *

(記号)
(説明)

(2) ① *　cm³

(2) ② *　$a =$ 　, $b =$ 　, $c =$ 　　体積

5

(1) *

(2) *　　秒後

(説明)

答え　cm³

(3) *　$x =$

※

得　点

1, 2 の計

(注) この解答用紙は実物を縮小してあります。
ほぼ実物大で使用できます。（タイトルと配点
表は含みません）175％拡大コピーすると、

数学（学校選択問題）　解答用紙 (1)

1

(1) *		(2) *		(3) *　cm²
(4) *　と		(5) *		(6) *　本
(7) *　$x =$				

(8) * 頂点の数　個　辺の数　本　ねじれの位置
になる辺の数　本

(9) *　$a =$

(10) *

(説明)

2

(1) *

・A

B・

(2) *

(証明)

1, 2 の計

配点表

数学	**1**	**2**	**3**	**4**	**5**	合　計
	(1)〜(7) − 4 点 × 7 (8), (9) − 5 点 × 2 (10) − 6 点	(1) − 6 点 (2) − 7 点	(1) − 4 点 (2) − 5 点	(1) − 5 点 (2) − 6 点 × 2	(1) − 4 点 (2) − 7 点 (3) − 6 点	100点

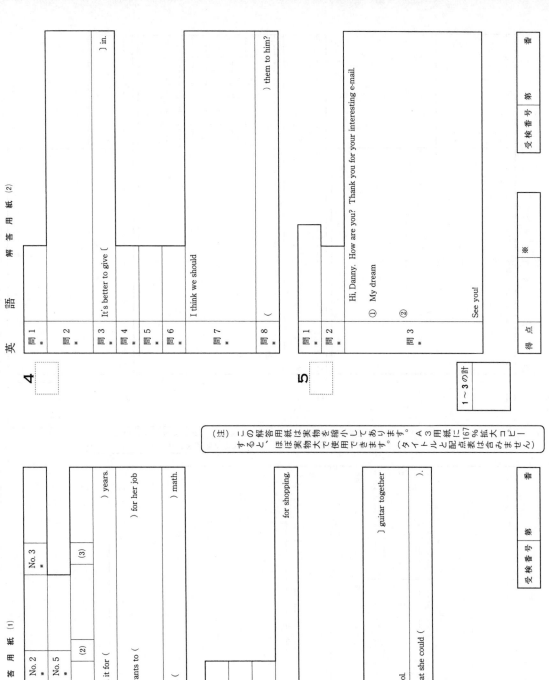

2022年度

英　語　　解　答　用　紙 (1)

1

No. 1 ※	No. 2 ※	No. 3 ※
No. 4 ※	No. 5 ※	
No. 6 ※	(1)	(2)	(3)

(1) He has studied it for (　　　　) years.

(2) Because she wants to (　　　　) for her job

　　in the future.

No. 7 ※
(3) Because she is (　　　　) math.

2

A ※	
B ※	
C ※	
D ※	Please (　　　　) for shopping.

3

問1 ※	
問2 ※	
問3 ※	We (　　　　) guitar together every day after school.
問4 ※	Because he heard that she could (　　　　).
問5 ※	

受検番号　第　　　　　番

1〜3の計

英　語　　解　答　用　紙 (2)

4

問1 ※	
問2 ※	
問3 ※	It's better to give (　　　　) in.
問4 ※	
問5 ※	
問6 ※	
問7 ※	I think we should
問8 ※	(　　　　) them to him?

5

問1 ※	
問2 ※	Hi, Danny. How are you? Thank you for your interesting e-mail.
問3	① My dream ②
	See you!

受検番号　第　　　　　番

※

得　点

1〜3の計

（注）この解答用紙は実物を縮小してあります。するとほぼ実物大で使用できます。（タイトルと配点表は含みません）A3用紙に167％拡大コピー

2022年度

数 学 解 答 用 紙 (2)

2

(1)* 　(2)* a = 　面積 　　　cm²

図: A — O — B（半円）

3

(1)* y = 　(2)* ア 　イ 　(3)*

(説明)

グラフ: 点A, 点B（x軸・y軸, 5の目盛り）

答え

4

(1)* 　(2)* PC = 　　　cm

(証明)

受検番号　第　　　番

※　得 点　点

1 の得点

(注) この解答用紙は実物を縮小してあります。ほぼ実物大で使用できます。(タイトルと配点表は含みません)175%拡大コピーすると、

数 学 解 答 用 紙 (1)

1

(1)* x = 　　(2)* 　(3)*

(4)* x = , y = 　(5)* 　(6)*

(7)* x = 　(8)* 　(9)* 　度

(10)* 　(11)* 　(12)* 　通り

(13)* EF = 　　　cm 　(14)* 　度 　(15)* 　　匹

(16)* (説明)　およそ 　　答え 　　　サイズ

受検番号　第　　　番

配点表

		1	**2**	**3**	**4**	合 計
数 学		(1)〜(15)−4点×15 (16)−5点	5点×2	(1), (2)−4点×2 (3)−6点	(1)−6点 (2)−5点	100点

2022年度

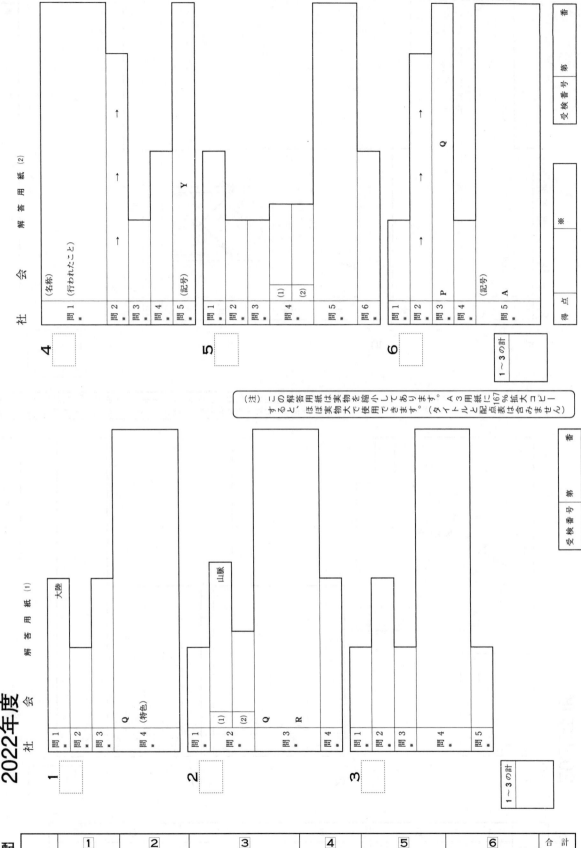

社会 解答用紙 (2)

4

問1 ※	(名称)
問2 ※	(行われたこと) ↑ ↑ ↑
問3 ※	
問4 ※	
問5 ※	(記号) Y

5

問1 ※	
問2 ※	
問3 ※	
問4 ※	(1) (2)
問5 ※	
問6 ※	

6

問1 ※	↑
問2 ※	P ↑ ↑ Q
問3 ※	
問4 ※	
問5 ※	(記号) A

1〜3の計

受検番号 第　　　番

※

得点

(注) この解答用紙は実物を縮小してあります。A3用紙に167%拡大コピーすると、ほぼ実物大で使用できます。(タイトルと配点表は含みません)

社会 解答用紙 (1)

1

問1 ※	大陸
問2 ※	
問3 ※	
問4 ※	Q (特色)

2

問1 ※	山脈
問2 ※	(1) (2)
問3 ※	Q R
問4 ※	

3

問1 ※	
問2 ※	
問3 ※	
問4 ※	
問5 ※	

1〜3の計

受検番号 第　　　番

配点表

社会	1	2	3	4	5	6	合計
	問1〜問3－3点×3 問4－5点	問1, 問4－3点×2 問2－2点×2 問3－5点	問1－2点 問2,問3,問5－3点×3 問4－5点	問1－5点 問2〜問5－3点×4	問1〜問4, 問6－3点×6 問5－5点	問1, 問4－2点×2 問2, 問3－3点×2 問5－5点	100点

2022年度

理 科 解 答 用 紙 (2)

4

問1	
問2	(1) 二酸化炭素　　酸素 (2)
問3	
問4	

5

問1	![グラフ：ばねAののび(cm) 縦軸 0〜10、横軸 おもりの質量(g) 0〜100]
問2	
問3	と
問4	
問5	L M

受検番号　第　　番

※　　得　点

1〜3の計

（注）この解答用紙は実物を縮小してあります。A3用紙に167%拡大コピーすると、ほぼ実物大で使用できます。（タイトルと配点表は含みません）

理 科 解 答 用 紙 (1)

1

問1	問2	問3	問4

2

問5	[図：立方体の中を通る経路 A→B]
問6	
問7	
問8	

問1	
問2	
問3	I II
問4	L M
問5	

3

問1	
問2	
問3	
問4	
問5	
問6	

受検番号　第　　番

1〜3の計

配点表

理 科	**1**	**2**	**3**	**4**	**5**	合 計
	3点×8	問1〜問4－3点×5 問5－4点	問1〜問5－3点×5 問6－4点	問1－3点 問2〜問4－4点×4	問1－3点 問2〜問5－4点×4	100点

2問3は各3点×2。

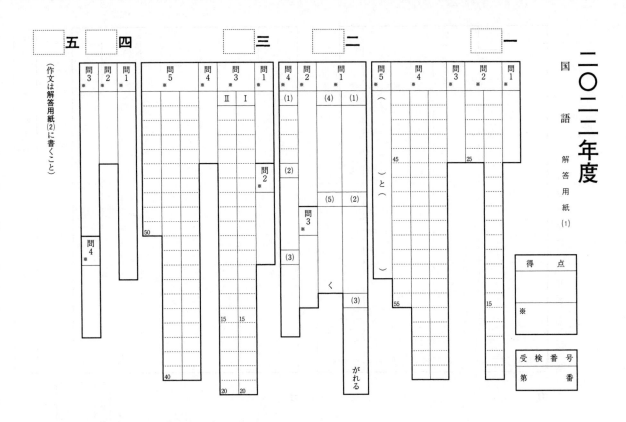

二〇二二年度 国語 解答用紙 (1)

五 四 三 二 一

（作文は解答用紙(2)に書くこと）

得 点 ※

受検番号 第 番

（注）この解答用紙は実物を縮小してあります。Ａ３用紙に167%拡大コピーすると、ほぼ実物大で使用できます。（タイトルと配点表は含みません）

五

国語 解答用紙 (2)

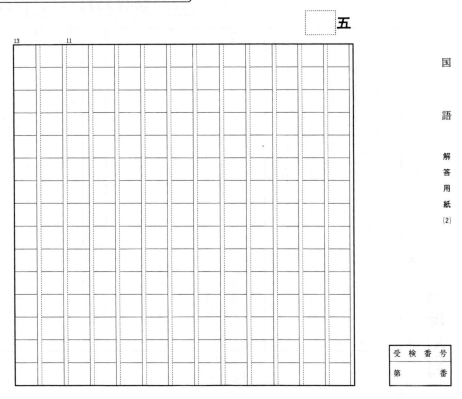

受検番号 第 番

配点表	国語	一	二	三	四	五	合計
		問1，問3－4点×2 問2－6点 問4－7点 問5－5点	問1，問4(2)－2点×6 問2，問3，問4(1)，(3)－ 　　　　　3点×4	問1，問4－4点×2 問2－5点 問3－6点 問5－7点	3点×4	12点	100点

2022年度

（注）この解答用紙は実物を縮小してあります。A3用紙に167％拡大コピーすると、ほぼ実物大で使用できます。（タイトルと配点表は含みません）

英語 〔学校選択問題〕 解答用紙 (2)

3

問1			
問2	①	②	③
問3	In Shizuoka Prefecture, a 〔　　　　　〕 used since 1617.		
問4	A		B
問5			
問6	(1)	(2)	
	(3)		

4

40語

50語

1，2の計

受検番号　第　　　　番

※

得　点

英語 〔学校選択問題〕 解答用紙 (1)

1

No. 1	No. 2	No. 3
No. 4	No. 5	

No.6 (1)　(2)　(3)

To (　　　　　).

No.7 (2) She listens to the program (　　　　) week.

(3) Because she is (　　　　) math.

2

問1　Should we (　　　　) him?

問2　I think 〔　　　　　〕.

問3　I think you should

問4

問5

問6 (1)

(2)

問7　Hey, don't you have (　　　　　) at the school festival two years ago?

1，2の計

受検番号　第　　　　番

配点表

英語	1	2	3	4	合計
	No.1~No.5 – 2点×5 No.6, No.7 – 3点×6	問1，問4，問6 – 3点×4 問2，問3，問5，問7 – 4点×4	問1 – 4点 問2～問6 – 3点×10	10点	100点

2022年度

数 学 〔学校選択問題〕 解 答 用 紙 (2)

3

(1)＊
(説明)

(2)＊
ア　y =
イ

(3)＊
答え

4

(1)＊
(証明)

(2)＊
PC ＝　　　　cm

5

(1)＊
cm³

(2)＊
答え　　　　cm³

(3)＊
(説明)
cm³

受検番号　第　　　　番

※

得　点

1，2の計

(注) この解答用紙は実物を縮小してあります。
ほぼ実物大で使用できます。(タイトルと配点表は含みません)
配点表175%拡大コピーをすると，

数 学 〔学校選択問題〕 解 答 用 紙 (1)

1

(1)＊
(2)＊
(3)＊

(4)＊
(5)＊　　　x ＝
(6)＊

(7)＊　　　EF ＝　　　　cm
(8)＊　　　おおよそ　　　匹
(9)＊　　　午後1時　　　分　　　秒

(10)＊
通り
＜　　　＜　　　＜
(説明)
答え　　　　サイズ

2

(1)＊
A ───────── B

(2)＊
a ＝

受検番号　第　　　　番

1，2の計

配点表

数 学	1	2	3	4	5	合 計
	(1)〜(7)−4点×7 (8)〜(10)−5点×3	6点×2	(1)−5点 (2),(3)−6点×2	(1)−6点 (2)−5点	(1)−4点 (2)−7点 (3)−6点	100点

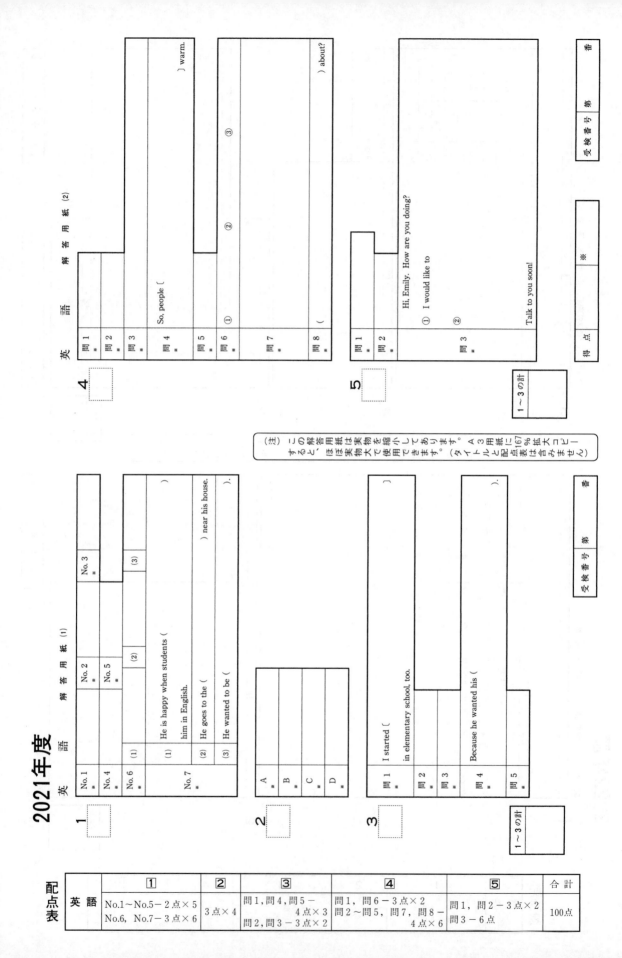

2021年度

英語　解答用紙 (1)

1

No. 1		No. 2		No. 3

No. 4		No. 5	

No. 6	(1)	(2)	(3)

No. 7

(1) He is happy when students (　　　　　　　　) him in English.

(2) He goes to the (　　　　　　　　) near his house.

(3) He wanted to be (　　　　　　　　).

2

A		B		C		D	

3

問1　I started 〔　　　　　　　　　　〕 in elementary school, too.

問2

問3

問4　Because he wanted his (　　　　　　　　).

問5

1～3の計

受験番号　第　　　　　番

英語　解答用紙 (2)

4

問1

問2

問3　So, people 〔　　　　　　　〕 warm.

問4

問5

問6　①　　　②　　　③

問7

問8　（　　　　　　　）about?

5

問1

問2

問3　Hi, Emily. How are you doing?

① I would like to

②

Talk to you soon!

1～3の計

得点

※

受験番号　第　　　　　番

（注）この解答用紙は実物を縮小してあります。ほぼ実物大で使用できます。（タイトルと配点表は含みません）A3用紙に167％拡大コピーすると、

配点表

		1	2	3	4	5	合計
英語		No.1～No.5－2点×5 No.6, No.7－3点×6	3点×4	問1, 問4, 問5－ 　　　4点×3 問2, 問3－3点×2	問1, 問6－3点×2 問2～問5, 問7, 問8－ 　　　4点×6	問1, 問2－3点×2 問3－6点	100点

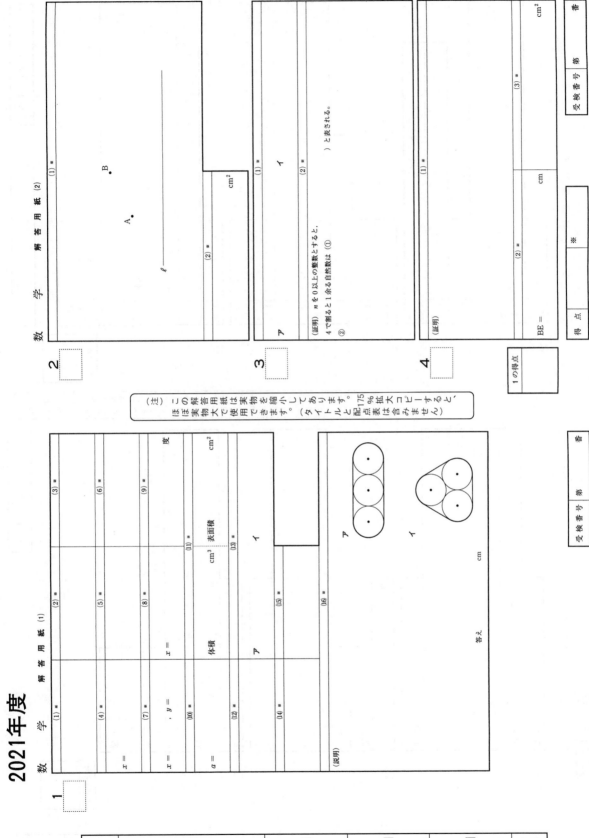

2021年度

数学 解答用紙 (2)

2

(1) ※

B・
A・
ℓ

(2) ※ cm²

3

(1) ※
ア
イ

(2) ※
(証明) n を 0 以上の整数とすると、
4 で割ると 1 余る自然数は ①（　　　　　　）と表される。
②

4

(1) ※
(2) ※ cm

(証明)
BE ＝ (3) ※ cm²

受検番号　第　　　番

得点　※

1 の得点

（注）この解答用紙は実物を縮小してあります。実物大で使用できます。（タイトルと配点表は含みません）ほぼ実物大で使用できます。175% 拡大コピーすると、

数学 解答用紙 (1)

1

(1) ※
(2) ※
(3) ※

$x =$

(4) ※
(5) ※
(6) ※

$x =$, $y =$

(7) ※
(8) ※
(9) ※

$x =$

(10) ※
$a =$

(11) 体積 cm³
表面積 cm²

(12) ※
(13) ※
イ

(14) ※
ア
(15) ※
(16) ※

(説明)

答え cm

ア

イ

受検番号　第　　　番

配点表

数　学	1	2	3	4	合　計
	(1)〜(10), (12)〜(15)— 4 点×14 (11)— 2 点×2 (16)— 5 点	5 点×2	(1)— 4 点 (2)— 6 点	5 点×3	100点

2021年度

社 会　　解 答 用 紙 (1)

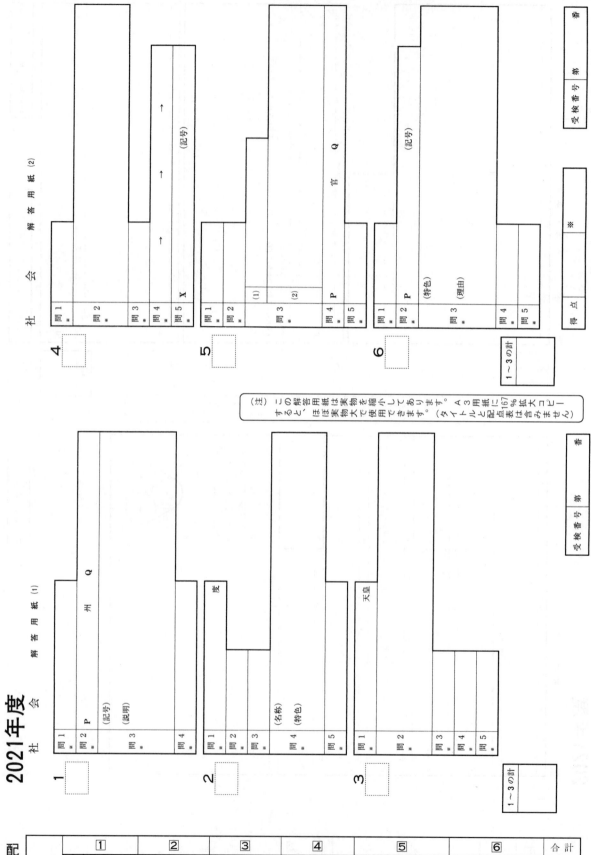

社 会　　解 答 用 紙 (2)

表点配 社 会	①	②	③	④	⑤	⑥	合 計
	問1, 問4—3点×2 問2—4点 問3—5点	問1〜問3, 問5— 3点×4 問4—5点	問1, 問3〜問5— 3点×4 問2—5点	問1, 問3〜問5— 3点×4 問2—5点	問1, 問3(1)—2点×2 問2, 問4, 問5—3点×3 問3(2)— 5点	問1, 問2, 問5—3点×3 問3—5点 問4—2点	100点

(注) この解答用紙は実物を縮小してあります。A3用紙に167％拡大コピーすると、ほぼ実物大で使用できます。（タイトルと配点表は含みません）

2021年度

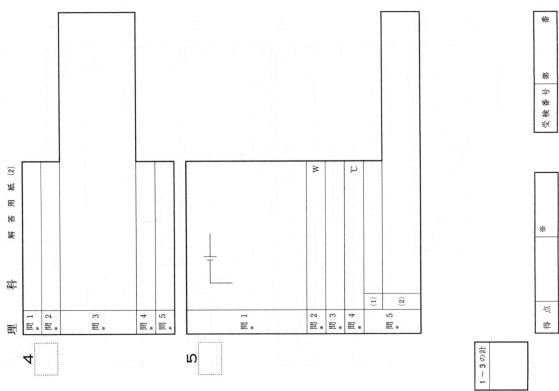

理 科　　解 答 用 紙 (2)

4		
問1		
問2		
問3		
問4		
問5		

5		
問1		
問2		W
問3		℃
問4		
問5	(1)	
	(2)	

受検番号　第　　　　番

※

得点

1〜3の計

(注)　この解答用紙は実物を縮小してあります。A3用紙に167%拡大コピーすると、ほぼ実物大で使用できます。（タイトルと配点表は含みません）

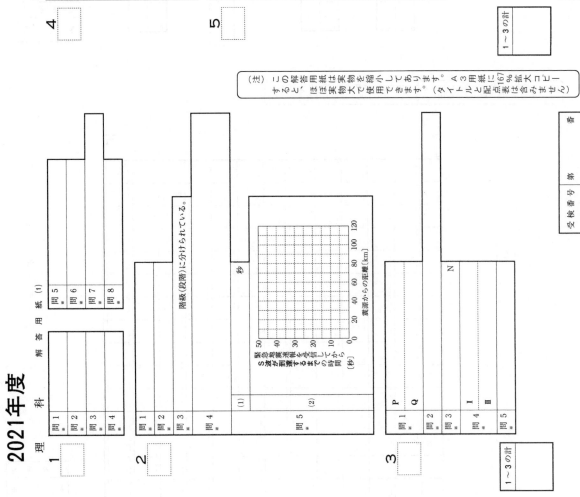

理 科　　解 答 用 紙 (1)

1		
問1		
問2		
問3		
問4		
問5		
問6		
問7		
問8		

2		
問1		
問2		
問3		階級（段階）に分けられている。
問4		
問5	(1)	
	(2)	秒

3		
問1	P	
	Q	
問2		N
問3		
問4	I	
	II	
問5		

受検番号　第　　　　番

1〜3の計

配点表

理科	①	②	③	④	⑤	合計
	3点×8	問1〜問3，問5 −3点×5 問4−4点	問1〜問4−4点×4 問5−3点	問1，問2，問4−3点×3 問3−6点 問5−4点	問1〜問3，問5 −3点×5 問4−4点	100点

二〇二二年度

国 語 解 答 用 紙 (1)

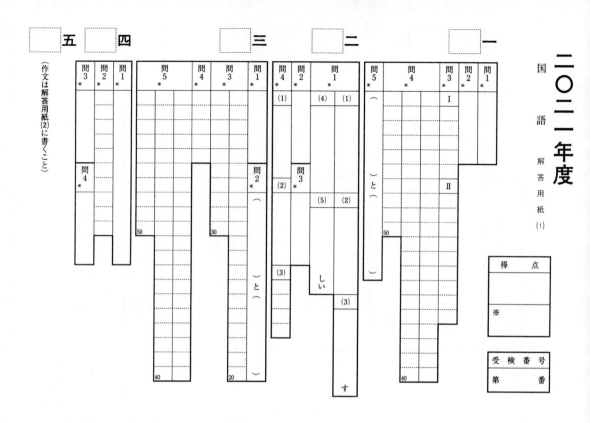

得 点
※

受 検 番 号
第　　　番

(注) この解答用紙は実物を縮小してあります。Ａ３用紙に167％拡大コピー
すると、ほぼ実物大で使用できます。(タイトルと配点表は含みません)

五

国 語 解 答 用 紙 (2)

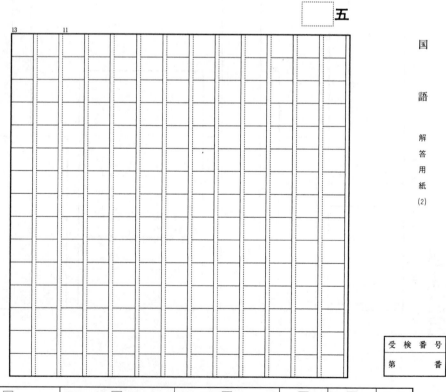

受 検 番 号
第　　　番

配点表

国 語	一	二	三	四	五	合 計
	問1，問2－4点×2 問3－6点 問4－7点 問5－5点	問1，問4(3)－2点×6 問2，問3，問4(1),(2)－ 　　　　　3点×4	問1，問2－4点×2 問3－6点 問4－5点 問5－7点	3点×4	12点	100点

2021年度

英語 〔学校選択問題〕　解答用紙 (1)

1

			No.2		No.3
No.1					
No.4			No.5		
No.6		(2)		(3)	

(1) He is happy when students (　　　　　)

in English.

No.7

(2) He goes to the (　　　　) house.

(3) He wanted to be (　　　　).

2

問1	My father (　　　　　　) many countries before.
問2	
問3	
問4	
問5	Well, (　　　　　　) has.
問6	(1) 　　　　　　 (2)
問7	Can you tell me (　　　　　　) more friends from foreign countries?

1, 2の計

受検番号　第　　　番

(注) この解答用紙は実物を縮小してあります。すると、ほぼ実物大で使用できます。（タイトルと配点表は含みません）用紙にA3用紙に167％拡大コピー

英語 〔学校選択問題〕　解答用紙 (2)

3

問1	Actually, (　　　　　　　　) the large fish's mouth.				
問2	①		②		③
問3	A			B	
問4					
問5					
問6	(1)			(2)	
	(3)				

4

（40語）

（50語）

受検番号　第　　　番

※

得　点

1, 2の計

表点配

英語	**1**	**2**	**3**	**4**	合計
	No.1〜No.5－2点×5 No.6，No.7－3点×6	問1，問3，問6－3点×4 問2，問4，問5，問7 －4点×4	問1〜問4，問6－ 3点×10 問5－4点	10点	100点

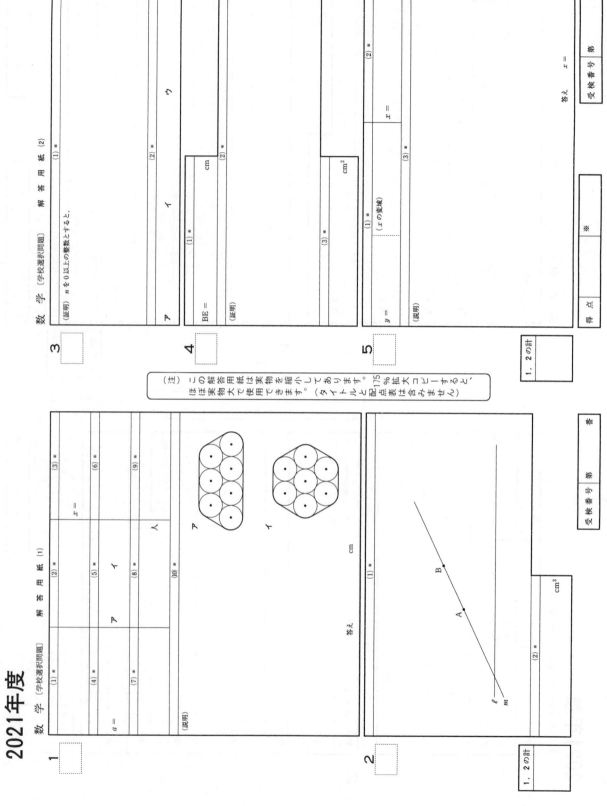

2021年度

数 学 〔学校選択問題〕 解 答 用 紙 (2)

3

(証明) n を 0 以上の整数とすると.

(1)＊ (2)＊ ア イ ウ

4

ア (1)＊ BE ＝ cm (証明)

(2)＊ cm² (3)＊

5

(1)（x の変域）
$y ＝$ $x ＝$

(2)＊ $x ＝$

(3)＊ (説明)

答え $x ＝$

受検番号 第 番

※ 得 点

1. 2 の計

（注） この解答用紙は実物を縮小してあります。
ほぼ実物大で使用できます。（タイトルと配点表は含みません）配点表は含みません）175%拡大コピーすると、

数 学 〔学校選択問題〕 解 答 用 紙 (1)

1

(1)＊ (2)＊ (3)＊
(4)＊ (5)＊ ア イ (6)＊
(7)＊ (8)＊ (9)＊
$a ＝$ ア イ ハ
(10)＊
$x ＝$
(説明)

2

(1)＊
答え cm

ア

イ

(2)＊ cm³

ℓ m
A B

受検番号 第 番

1. 2 の計

配点表

数 学	1	2	3	4	5	合 計
	(1)～(7)－4 点×7 (8), (9)－5 点×2 (10)－ 6 点	(1)－ 5 点 (2)－ 6 点	6 点×2	(1), (3)－ 5 点×2 (2)－ 6 点	(1)－ 5 点 (2), (3)－ 6 点×2	100点

2020年度

英語　解答用紙 (1)

1

No. 1 *	No. 2 *	No. 3 *
No. 4 *	No. 5 *	

No. 6 *	(1)	(2)	(3)

（　　　　　　　　　　） to buy a present.

No. 7 *	(1) He will （　　　　　　　　　　　　　）.
	(2) He gave her a lot of （　　　　　　　　　　　　　）.
	(3) They have to arrive at （　　　　　　　　　　　　　）.

2

A *	B *	C *	D *

3

問1 *	There, my grandfather （　　　　　　　　　　　） rice.
問2 *	
問3 *	
問4 *	
問5 *	He asked her （　　　　　　　　　　　）.
問6	

1〜3の計

受検番号　第　　　番

英語　解答用紙 (2)

4

問1 *	
問2 *	
問3 *	
問4 *	
問5 *	But we [　　　　　　　　　　　　　　　　].
問6 *	
問7 *	
問8 *	（　　　　　　　　　　　　） to the center again?

5

問1 *	4月　　　日
問2 *	Hi, Peter. How are you doing?
問3 *	① You should
	②
	I hope you can come to Japan. Bye!

1〜3の計

得点　　※

受検番号　第　　　番

（注）この解答用紙は実物を縮小してあります。Ａ３用紙に
167％拡大コピー
すると、ほぼ実物大で使用できます。（タイトルと配点表は含みません）

配点表

英語	1	2	3	4	5	合計
	No.1〜No.5−2点×5 No.6, No.7−3点×6	3点×4	3点×6	問1, 問4−3点×2 問2, 問3, 問5〜問8−4点×6	問1, 問2−3点×2 問3−6点	100点

2020年度

数学　解答用紙 (2)

2

(1)　(証明)

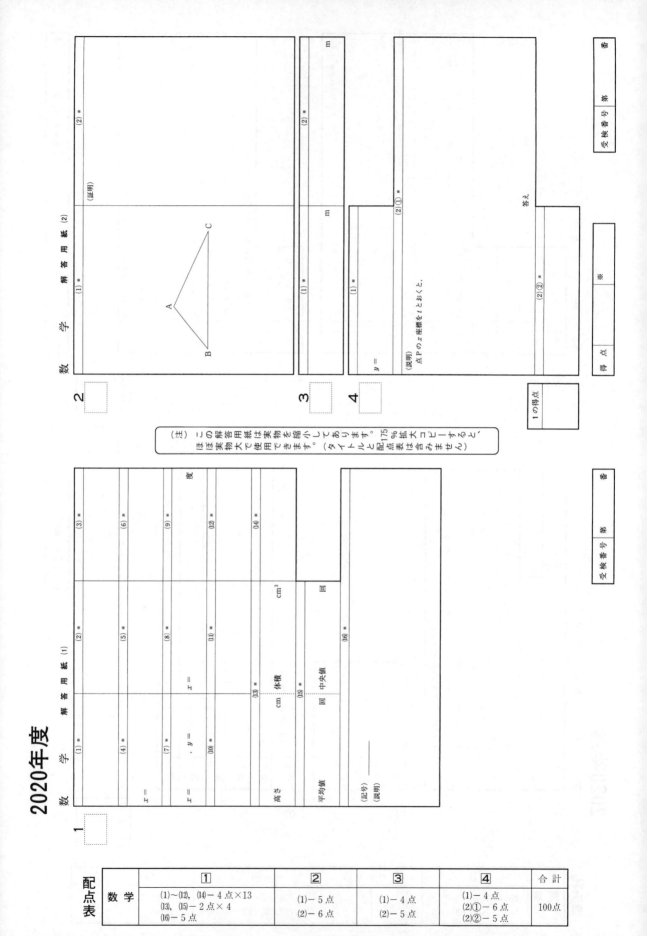

(2) *

3

(1) * 　　m

(2) * 　　m

4

(1) *

(2) ① * 点 P の x 座標を t とおくと.

(説明)

y =

(2) ② *

答え

1 の得点

受検番号　第　　　　　番

得点　　　※

(注)　この解答用紙は実物を縮小してあります。ほぼ実物大で使用できます。(タイトルと配点表は175％拡大コピーすると, 点表は含みません)

数学　解答用紙 (1)

1

(1) *

(2) *

(3) *

(4) * 　x =

(5) *

(6) *

(7) * 　x = , y =

(8) *

(9) * 　　度

(10) *

(11) *

(12) *

(13) * 　高さ　　cm　体積　　cm³

(14) *

(15) * 　平均値　　回　中央値　　回

(16) *

(記号)
(説明)

受検番号　第　　　　　番

配点表

数学	1	2	3	4	合計
	(1)～(12), (14)−4点×13 (13), (15)−2点×4 (16)−5点	(1)−5点 (2)−6点	(1)−4点 (2)−5点	(1)−4点 (2)①−6点 (2)②−5点	100点

2020年度

社会 解答用紙 (1)

受検番号 第　　　　　番

1
- 問1 ※
- 問2 ※
- 問3 ※
- 問4 ※
- 問5 ※

2
- 問1 ※
- 問2 ※
- 問3 （名称）／（説明）※
- 問4 ※
- 問5 ※

3
- 問1 ※
- 問2 ※
- 問3 ※
- 問4 （名称）／（説明）※
- 問5 ※

1〜3の計

社会 解答用紙 (2)

受検番号 第　　　　　番

※　　　　得点

4
- 問1 ※　↑　↑　↑
- 問2 （人物名）／（記号）※
- 問3 （説明）／（記号）※
- 問4 ※
- 問5 ※

5
- 問1 ※　↑　↑　↑
- 問2 ※
- 問3 (1)／(2)※
- 問4 ※
- 問5 ※
- 問6 ※
- 問7 ※
- 問8 Q／R※

6
- 問1 ※
- 問2 ※
- 問3 ※
- 問4 ※　↑
- 問5 ※

1〜3の計

(注)　この解答用紙は実物を縮小してあります。A3用紙に167％拡大コピーすると，ほぼ実物大で使用できます。（タイトルと配点表は含みません）

配点表

社　会	①	②	③	④	⑤	⑥	合　計
	問1, 問5−3点×2 問2, 問3−2点×2 問4−5点	問1, 問5−3点×2 問2, 問4−2点×2 問3−5点	問1, 問3−3点×2 問2, 問4−2点×2 問5−5点	問1, 問2, 問5−3点×3 問3−4点 問4−2点	問1, 問2, 問4−3点×3 問3(1), 問5−4点×2 問3(2), 問6〜問8−2点×4	問1, 問4−2点×2 問2, 問3−3点×2 問5−5点	100点

2020年度

理 科　解 答 用 紙 (2)

4

問1	
問2	
問3	
問4	
問5	

5

問1	Hz
問2	
問3	
問4	記号　Ⅲ
問5	m

受検番号　第　　　番

※

得点

1〜3の計

（注）この解答用紙は実物を縮小してあります。A3用紙に167％拡大コピーすると、ほぼ実物大で使用できます。（タイトルと配点表は含みません）

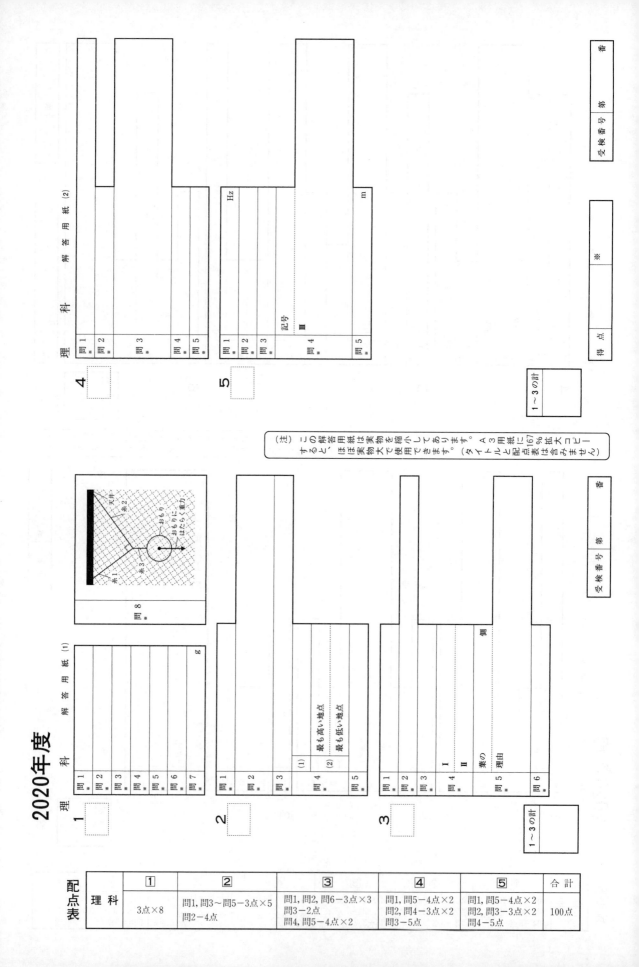

問8

天井
糸2
糸1
糸3
おもり
おもりにはたらく重力

受検番号　第　　　番

理 科　解 答 用 紙 (1)

1

問1	
問2	
問3	
問4	
問5	
問6	
問7	g

2

問1		
問2		
問3		
問4	(1)	最も高い地点
	(2)	最も低い地点
問5		

3

問1		
問2		
問3		
問4	Ⅰ	
	Ⅱ	
問5	葉の　　　側	
	理由	
問6		

1〜3の計

配点表

理科	①	②	③	④	⑤	合計
	3点×8	問1, 問3〜問5−3点×5 問2−4点	問1, 問2, 問6−3点×3 問3−2点 問4, 問5−4点×2	問1, 問5−4点×2 問2, 問4−3点×2 問3−5点	問1, 問5−4点×2 問2, 問3−3点×2 問4−5点	100点

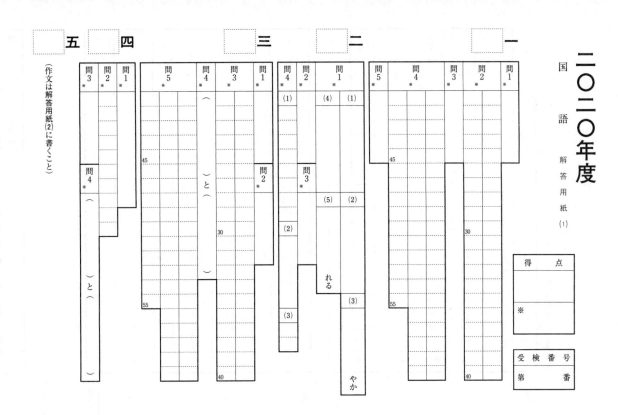

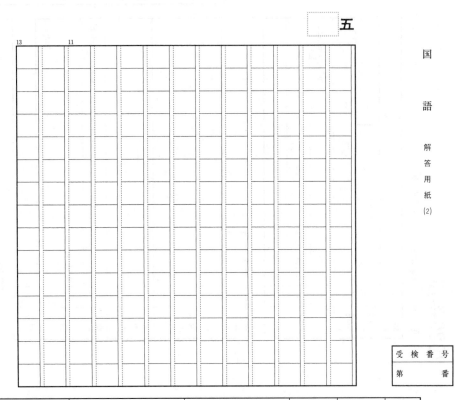

（注）この解答用紙は実物を縮小してあります。Ａ３用紙に167%拡大コピーすると、ほぼ実物大で使用できます。（タイトルと配点表は含みません）

配点表	国語	一	二	三	四	五	合計
		問1，問3 ― 4点×2 問2 ― 6点 問4 ― 7点 問5 ― 5点	問1，問4(3) ― 2点×6 問2，問3，問4(1)，(2) ― 3点×4	問1，問2 ― 4点×2 問3 ― 6点 問4 ― 5点 問5 ― 7点	3点×4	12点	100点

2020年度

英 語 〔学校選択問題〕 解 答 用 紙 (1)

1

No. 1			No. 2		No. 3	
No. 4			No. 5			
No. 6	(1)		(2)		(3)	
No. 7	(1)	He will ( ) to buy a present.				
	(2)	He gave her a ( ).				
	(3)	She will meet him ( ).				

2

問 1	
問 2	
問 3	( ) these picture books in English?
問 4	But I think that [ ) children.
問 5	
問 6	(1) ( ) (2)
問 7	Do you know ( )?

受検番号　第　　　番

1，2の計

英 語 〔学校選択問題〕 解 答 用 紙 (2)

3

問 1	①	②	③
問 2			
問 3	A	B	
問 4	I think [ ) crafts.		
問 5			
問 6	(1)	(2)	
	(3)		

4

（40語）
（50語）

受検番号　第　　　番

得 点　※

1，2の計

（注）この解答用紙は実物を縮小してあります。A3用紙に167％拡大コピーすると、ほぼ実物大で使用できます。（タイトルと配点表は含みません）

配点表

英語	1	2	3	4	合計
	No.1〜No.5 — 2点×5 No.6，No.7 — 3点×6	問1，問5，問6 — 3点×4 問2〜問4，問7 — 4点×4	問1，問3〜問6 — 　　　3点×10 問2 — 4点	10点	100点

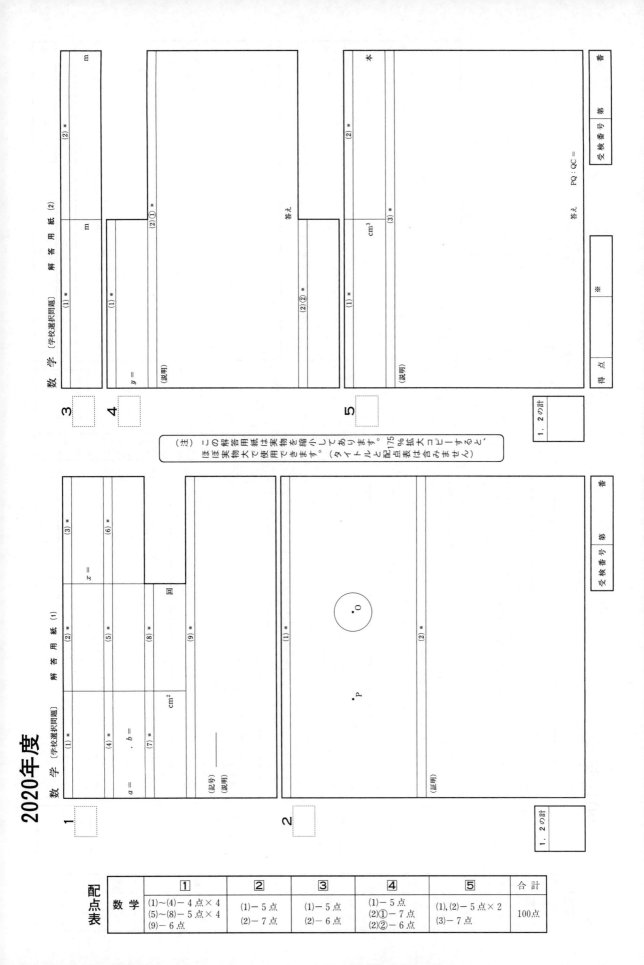

2020年度

数学 （学校選択問題） 解答用紙 (2)

3
(1) * | (2) *
m | m

4
(1) *
y =
(2)① *
(説明)
(2)② *
答え

5
(1) *
(説明)
(2) *
(3) *
cm³
答え　PQ：QC ＝

受検番号　第　　　　　　番

※

得点

1，2の計

（注）この解答用紙は実物を縮小してあります。実物大で使用できます。（タイトルと配点表は含みません）175％拡大コピーすると、ほぼ実物大で使用できます。

数学 （学校選択問題） 解答用紙 (1)

1
(1) * | (2) * | (3) *
(4) * | (5) * | (6) *
a ＝　　，b ＝　 | x ＝ | cm²
(7) * | (8) * | 回
(9) *
(記号)
(説明)

2
(1) *
・P
・O
(2) *
(証明)

受検番号　第　　　　　　番

1，2の計

配点表

数学	1	2	3	4	5	合計
	(1)～(4)－4点×4	(1)－5点	(1)－5点	(1)－5点	(1),(2)－5点×2	100点
	(5)～(8)－5点×4	(2)－7点	(2)－6点	(2)①－7点	(3)－7点	
	(9)－6点			(2)②－6点		

2019年度

解答用紙 (2)

英語

4

問1

問2

問3

問4

問5　About 〔　　　　　〕.
this supermarket are over fifty years old.

問6

問7

問8　（　　　　　） at
the English language school?

5

①

②

受検番号　第　　　番

※

得点

1～3の計

（注）　この解答用紙は実物を縮小してあります。A3用紙に167％拡大コピーすると、ほぼ実物大で使用できます。（タイトルと配点表は含みません）

解答用紙 (1)

英語

1

No.1　　No.2　　No.3

No.4　　No.5

(1) He started learning Japanese when he was a （　　　　　）.

No.6 (2) He likes to （　　　　　） old towns in Japan.

(3) Because she wants to be able （　　　　　）
with more people.

No.7 (1)　　(2)　　(3)

2

A

B

C

D

3

問1

問2

問3

問4　He （　　　　　）.

問5

問6

受検番号　第　　　番

1～3の計

	1	2	3	4	5	合計
配点表 英語	No.1～No.5－2点×5 No.6, No.7－3点×6	3点×4	問1～問3, 問6－3点×4 問4, 問5－4点×2	問1, 問4－3点×2 問2, 問3, 問5～問8－4点×6	10点	100点

2019年度

数 学　　解 答 用 紙 (2)

※

得　点

1, 2の計

3

(1) ※　　(2) ※
$a =$ 　cm²

4

(1) ※
PM =

(2)① ※
cm

(説明)

(2)② ※
cm²

(注)　この解答用紙は実物を縮小してあります。
　　　ほぼ実物大で使用できます。（タイトルと配点表は含みません）175%拡大コピーをすると、

数 学　　解 答 用 紙 (1)

1, 2の計

1

(1) ※　　(2) ※　　(3) ※

(4) ※　　(5) ※　　(6) ※

(7) ※　　(8) ※　　(9) ※
度

$x =$ 　, $y =$

$x =$ 　　(10) ※ $y =$ 　(11)① ※

と

(説明)

(11)② ※
枚

答え

2

(1) ※　　(2) ※
cm³

おおよそ　　個

(3) ※　　(4) ※

(証明)

A ——————— B

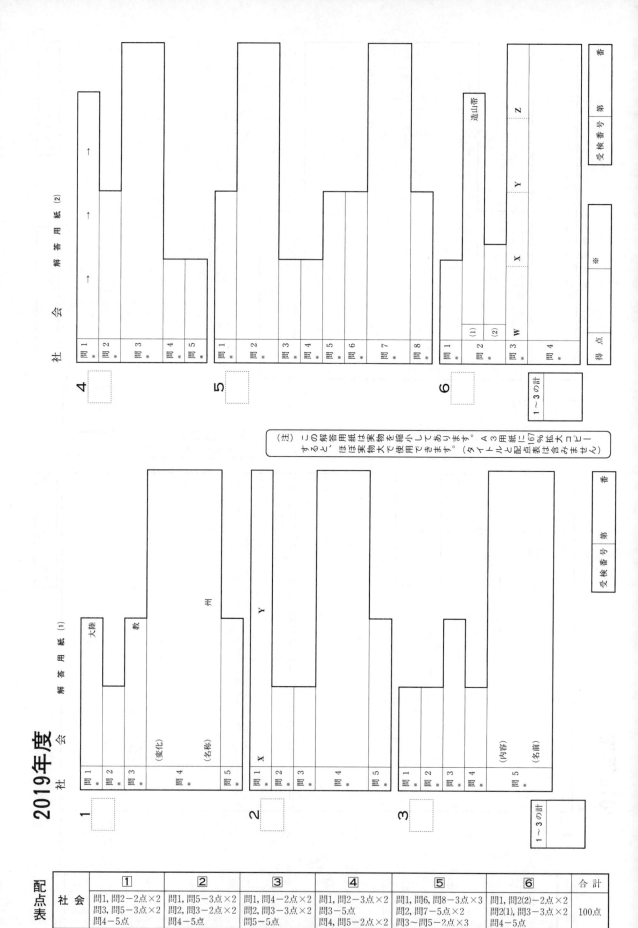

2019年度

解答用紙 (1)

社 会

受検番号 第 　　 番

1

問1	問2	問3	問4	問5
大陸		教	(変化)	
		州	(名称)	

2

問1	問2	問3	問4	問5
X				
Y				

3

問1	問2	問3	問4	問5
				(内容)
				(名前)

1～3の計

解答用紙 (2)

社 会

受検番号 第 　　 番

※

得 点

4

問1	問2	問3	問4	問5
↑		↑		
↑				

5

問1	問2	問3	問4	問5	問6	問7	問8

6

問1	問2 (1)	問2 (2)	問3	問4
		遠山帯	W	
			X	
			Y	
			Z	

1～3の計

(注) この解答用紙は実物を縮小してあります。Ａ３用紙に167％拡大コピーすると、ほぼ実物大で使用できます。(タイトルと配点表は含みません)

配点表

社 会	①	②	③	④	⑤	⑥	合 計
	問1, 問2－2点×2 問3, 問5－3点×2 問4－5点	問1, 問5－3点×2 問2, 問3－2点×2 問4－5点	問1, 問4－2点×2 問2, 問3－3点×2 問5－5点	問1, 問2－3点×2 問3－5点 問4, 問5－2点×2	問1, 問6, 問8－3点×3 問2, 問7－5点×2 問3～問5－2点×3	問1, 問2(2)－2点×2 問2(1), 問3－3点×2 問4－5点	100点

2019年度

理科　解答用紙(1)

1
- 問1
- 問2　g
- 問3
- 問4
- 問5
- 問6
- 問7　秒
- 問8　％

2
- 問1　層
- 問2
- 問3
- 問4
- 問5　(1)　(2)

3
- 問1　I　II
- 問2
- 問3
- 問4
- 問5　く　い
- 問6

1～3の計

（注）この解答用紙は実物を縮小してあります。A3用紙に167％拡大コピーすると、ほぼ実物大で使用できます。（タイトルと配点表は含みません）

理科　解答用紙(2)

4
- 問1　g
- 問2　cm³
- 問3
- 問4
- 問5　銅原子：酸素原子：水素原子＝　：　：
　　　計算の過程や考え方
- 問6

5
- 問1
　ばねののび(cm)　15.0　10.0　5.0　0
　おもりの個数(個)　1　2　3　4　5
- 問2　g
- 問3　N
- 問4　cm³
- 問5　(1) 体積
　　　(2) 計算の過程や考え方

受検番号　第　　　番
※
得点　点

配点表	1	2	3	4	5	合計
理科	問1, 問3, 問6, 問8—2点×4　問2, 問4, 問5, 問7—3点×4	問1, 問3, 問4, 問5(2)—3点×4　問2, 問5(1)—4点×2	問1～問4, 問6—3点×5　問5—5点	問1, 問3—2点×2　問2—3点　問4, 問6—4点×2　問5—5点	問1～問4, 問5(1)—3点×5　問5(2)—5点	100点

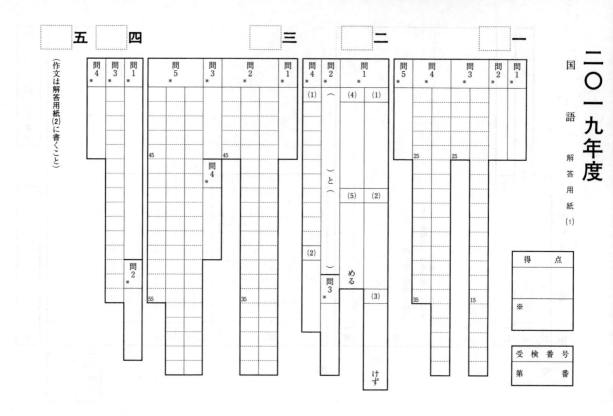

二〇一九年度　国語　解答用紙(1)

| | 五 | | 四 | | | | 三 | | | | 二 | | | | | | 一 | | | | |

（作文は解答用紙(2)に書くこと）

得　点

※

受検番号

第　　番

（注）この解答用紙は実物を縮小してあります。Ａ３用紙に167%拡大コピーすると、ほぼ実物大で使用できます。（タイトルと配点表は含みません）

五

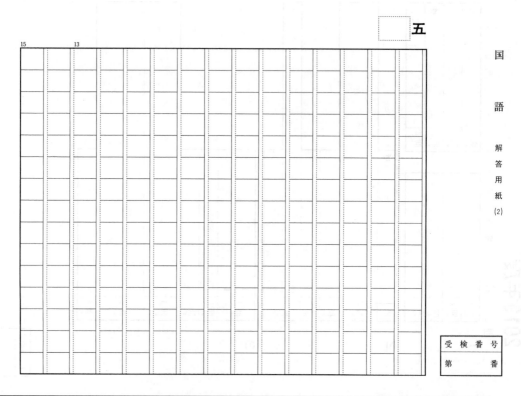

15　　13

国　語　解　答　用　紙(2)

受検番号

第　　番

配点表	国語	一	二	三	四	五	合計
		問1，問2－4点×2 問3，問4－6点×2 問5－5点	問1－2点×5 問2～問4－3点×4	問1，問3，問4－4点×3 問2－6点 問5－7点	3点×4	16点	100点

2019年度

英語〔学校選択問題〕 解答用紙 (1)

1

No. 1		No. 2		No. 3	
No. 4		No. 5			

No. 6
(1) He started learning Japanese when he was a （　　　）.
(2) He likes to （　　　） in Japan.
(3) She （　　　） in the future.

No. 7
(1) | | (2) | | (3) | |

2

問1

問2　So, they （　　　） about （　　　） bad weather.

問3

問4

問5　I can't （　　　） like （　　　） when we're older.

問6
(1) | | (2) | |

問7　May I borrow （　　　） Singapore?

---

1. 2 の計 | |

受検番号　第　　　番

（注）この解答用紙は実物を縮小してあります。すると、ほぼ実物大で使用できます。（タイトルと配点表は含みません）A 3 用紙に167％拡大コピー

英語〔学校選択問題〕 解答用紙 (2)

3

問1　This 〔　　　　　　　　　　　〕 care of coral reefs.

問2　so it is very important to preserve them.
A | | B | |

問3

問4　① | | ② | | ③ | |

問5

問6
(1) | | (2) | | (3) | |

4

（40字）

（50字）

1. 2 の計 | |

得点 | ※ |

受検番号　第　　　番

配点表

英語	**1**	**2**	**3**	**4**	合計
	No.1〜No.5－2点×5　No.6, No.7－3点×6	問1，問3，問6－3点×4　問2，問4，問5，問7－4点×4	問1〜問4，問6－3点×10　問5－4点	10点	100点

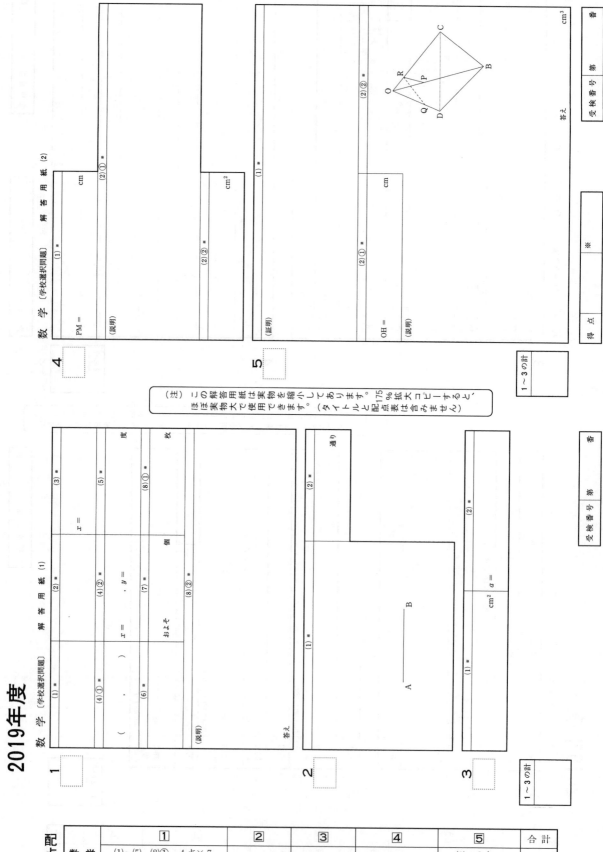

2019年度

数学〔学校選択問題〕 解答用紙 (1)

1

(1)*		(2)*	(3)*
			$x =$
(4)① * (,)	(4)② * $x =$, $y =$	(5)*	
(6)*	(7)*	(8)① *	個
(説明)		(8)② * およそ 枚	
答え			

2

(1)* A———B	(2)* 通り

3

(1)*	(2)*
cm^2	$a =$

受検番号　第　　　番

1〜3の計

数学〔学校選択問題〕 解答用紙 (2)

4

(1)* PM =	(2)① * cm
(説明)	(2)② * cm^2

5

(1)* (証明)	(2)① * cm
	OH = (説明)	(2)② * 答え cm³

受検番号　第　　　番

※

得点

1〜3の計

(注) この解答用紙は実物を縮小してあります。実物大で使用できます。（タイトルと配点表は含みません）
ほぼ実物大で使用できます。175％拡大コピーをすると、

表点配

数学	**1**	**2**	**3**	**4**	**5**	合計
	(1)〜(5), (8)①—4点×7 (6), (7)—5点×2 (8)②—6点	(1)—5点 (2)—6点	(1)—4点 (2)—6点	(1)—5点 (2)—6点×2	(1)—6点 (2)①—5点 (2)②—7点	100点

Memo

Memo

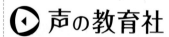